刑事辩护教程　理论篇

CRIMINAL DEFENSE　THEORY

田文昌　主编　　门金玲　副主编

北京市京都律师事务所
组织编写

北京大学出版社
PEKING UNIVERSITY PRESS

图书在版编目(CIP)数据

刑事辩护教程. 理论篇／田文昌主编. —北京：北京大学出版社，2023.3
ISBN 978-7-301-33686-1

Ⅰ．①刑… Ⅱ．①田… Ⅲ．①刑事诉讼—辩护—中国—教材 Ⅳ．①D925.21

中国国家版本馆 CIP 数据核字(2023)第 018777 号

书　　　名	刑事辩护教程（理论篇） XINGSHI BIANHU JIAOCHENG（LILUNPIAN）
著作责任者	田文昌　主　编
责 任 编 辑	陆建华　陆飞雁
标 准 书 号	ISBN 978-7-301-33686-1
出 版 发 行	北京大学出版社
地　　　址	北京市海淀区成府路 205 号　100871
网　　　址	http://www.pup.cn　http://www.yandayuanzhao.com
电 子 邮 箱	编辑部 yandayuanzhao@pup.cn　总编室 zpup@pup.cn
新 浪 微 博	@北京大学出版社　@北大出版社燕大元照法律图书
电　　　话	邮购部 010-62752015　发行部 010-62750672　编辑部 010-62117788
印 刷 者	北京中科印刷有限公司
经 销 者	新华书店 720 毫米×1020 毫米　16 开本　34.75 印张　541 千字 2023 年 3 月第 1 版　2023 年 11 月第 2 次印刷
定　　　价	98.00 元

未经许可，不得以任何方式复制或抄袭本书之部分或全部内容。
版权所有，侵权必究
举报电话：010-62752024　电子邮箱：fd@pup.cn
图书如有印装质量问题，请与出版部联系，电话：010-62756370

编写说明

一位合格的刑辩律师，在业务上必须具备三个"武装"：第一个是理念的武装。正确的辩护理念就像一只看不见的手，指挥着律师在刑辩战场上的每一个瞬间及时作出准确的反应。第二个是法理和规范的武装。辩护过程中每一个行为是否规范，是否服务于法定的辩护职责，取决于刑辩律师对法理和规范的掌握程度。第三个是实务经验的武装。刑事辩护业务的基本逻辑是律师常年在刑辩一线的反复实践中才能掌握的，刑事辩护要想做到精深，离不开长期大量的辩护实务经验的积累。一位优秀的刑辩律师需要抱有终身学习的理念，在实践的磨砺中不断地提升自身的理论素养和实践技能。

基于此，时任中华全国律师协会刑事专业委员会主任（现任顾问）的田文昌老师组织编写了"刑事辩护教程"丛书，覆盖了刑事辩护的理论、实务和实训三个领域。丛书共分三册：《刑事辩护教程（理论篇）》《刑事辩护教程（实务篇）》和《刑事辩护教程（实训篇）》，均由田文昌老师任主编。《刑事辩护教程（理论篇）》和《刑事辩护教程（实务篇）》由中国社会科学院大学法学院副教授门金玲任副主编，并由深谙辩护之道的北京市京都律师事务所律师与学者编著，《刑事辩护教程（实训篇）》由西北政法大学法学院教授刘仁琦任副主编，由来自全国各地并全程参与西北政法大学刑事辩护高级研究院研修班学习的资深刑辩律师、学者参与编著。

《刑事辩护教程（理论篇）》和《刑事辩护教程（实务篇）》全面覆盖了刑事辩护的理论与实务。《刑事辩护教程（理论篇）》是对刑事案件诉讼程序每一个环节所涉及的辩护理念、立法规范沿革、目的和任务的梳理；《刑事辩护教程（实务篇）》是关于刑事案件诉讼程序每一个环节所涉及的辩护的规范行为与技术、技能与技巧，以及常见实践问题及其应对策略。理论篇与实务篇从形式到内容，在逻辑上追求一脉相承，理论篇是实务篇的学术指导，实务篇是理论篇的实践演绎。

《刑事辩护教程（实训篇）》是西北政法大学刑事辩护高级研究院研发中国特色刑辩律师培训模式的成果总结。田文昌老师出任西北政法大学刑事辩护高级研究院院长以后，组织全国各地几十位资深刑辩律师，通过三年时间、数十次集中培训、累计四百多个课时的模拟课程，借鉴国外诊所式培训方式，结合中国刑事司法的特点，探索出一套目前已经包括十二个成熟的培训板块在内的理论与实践相结合的刑辩律师培训模式。这是一套既不同于英美法系当事人主义诉讼制度下的律师培训模式，又区别于大陆法系职权主义诉讼制度下的律师成长模式的具有中国特色、与中国刑事司法制度相结合的刑辩律师培训模式。

《刑事辩护教程（实训篇）》的课程旨在帮助学员掌握《刑事辩护教程（理论篇）》和《刑事辩护教程（实务篇）》中所述的辩护理念、辩护技术、辩护技能与辩护技巧。学员在使用《刑事辩护教程（实训篇）》时，《刑事辩护教程（理论篇）》和《刑事辩护教程（实务篇）》又发挥着教学参考书的功能。

《刑事辩护教程（理论篇）》与《刑事辩护教程（实务篇）》，由北京市京都律师事务所的资深律师撰稿。由于是多位律师共同写一本书，从框架结构到文字表述，需要统一思想，自写作任务启动以来，各位律师办案之余反复讨论、修改，几易其稿，付出了艰辛的努力。《刑事辩护教程（实训篇）》由西北政法大学刑事辩护高级研究院师资班的骨干学员撰稿，将实训研究过程中形成的有关辩护律师培训的理论与实践经验集结成书，旨在手把手教授律师如何开展刑事辩护业务培训。

《刑事辩护教程（理论篇）》全书分为二十三章，内容涵盖三大板块：基本问题板块、辩护流程板块和特殊类型案件板块。基本问题板块是从第一章到第四章，由辩护律师的历史、定位与使命，刑事辩护的一般问题，辩护律师的职业伦理与刑事辩护律师执业权益保障组成；辩护流程板块是从第五章到第十九章，由接待客户与洽谈案件，律师会见，律师阅卷，律师调查取证，批准逮捕程序的辩护，审查起诉程序与律师辩护，庭前会议的辩护，法庭发问与人证，质证概述与律师举证，物证、书证的质证，鉴定意见的质证，视听资料、电子数据的质证，法庭辩论，二审程序中的辩护以及非法证据排除组成；特殊类型案件板块是从第二十章到第二十三章，由认罪认罚程序的辩护，死刑复核案件的辩护，未成年人刑事诉讼程序和涉外刑事辩护业务组成。每一章在内容上都是围绕相关理念、立法沿革、目的与任务展开论述。

全书二十三章的具体分工为：

第一章：田文昌

第二章：印　波

第三章：门金玲、刘仁琦

第四章：杨大民、彭吉岳

第五章：牛支元

第六章：朱勇辉、聂素芳

第七章：徐　莹

第八章：夏　俊、张小峰

第九章：臧德胜

第十章：夏　俊

第十一章：彭吉岳

第十二章：张启明

第十三章：杨大民

第十四章：梁雅丽

第十五章：翁小平

第十六章：梁雅丽

第十七章：孙广智

第十八章：门金玲

第十九章：柳　波、刘立杰

第二十章：刘立杰

第二十一章：汤建彬

第二十二章：朱娅琳

第二十三章：王馨仝

《刑事辩护教程（实务篇）》全书共分为二十二章，内容涵盖了辩护实务概论、辩护实务流程和特殊类型案件辩护实务三大板块。第一章为辩护实务概论板块；第二章至第十八章为辩护实务流程板块，具体包括接待当事人与洽谈案件，律师会见，律师阅卷，律师调查取证，批准逮捕程序的辩护，审查起诉阶段的辩护，庭前辩护，法庭发问及其质证，言词笔录的质证与律师举证，物证、书证的质证，鉴定意见的质证，视听资料、电子数据的质证，法庭辩论，辩护词与其他法律意见书的写作，二审案件的辩护，排除非法证据，财产辩护；第十九章至第二十二章为特殊类型案件辩护实务板块，具体包括认罪认罚案件的辩护，死刑复核案件的辩护，未成年人案件的辩护，涉外刑事诉讼业务。

全书二十二章的具体分工为：

第一章：门金玲

第二章：牛支元

第三章：朱勇辉、聂素芳

第四章：徐　莹

第五章：夏　俊、张小峰

第六章：臧德胜

第七章：夏　俊

第八章：夏　俊（第一节）、彭吉岳（第二节、第三节）

第九章：张启明

第十章：杨照东

第十一章：梁雅丽

第十二章：翁小平

第十三章：梁雅丽

第十四章：孙广智

第十五章：徐　莹

第十六章：万学伟、杨大民

第十七章：梁雅丽、傅庆涛

第十八章：梁雅丽

第十九章：刘立杰

第二十章：汤建彬

第二十一章：朱娅琳

第二十二章：王馨仝

《刑事辩护教程（实训篇）》全书共分为八章和附录，内容涵盖刑事辩护实训的全流程。前言是关于我国律师培训模式的沿革、本书所阐述的律师培训模式的形成及参与研修的师资学员的内容。第一章为刑事辩护实训概论板块，包括刑事辩护实训的概念、特征及原则，刑事辩护实训的方法与流程。第二章至第三章为实训课前板块，由实训筹备与实训预备组成，实训筹备包括案例准备与实训分组，实训预备包括"破冰行动"与实训翻转。第四章至第七章为实训核心课程板块，由实训着手、实训演练、实训提升与实训归纳组成；实训着手包括问题提出的规则与方法，原理讲解的规则与方法，实训演练包括实务效仿与模拟互动的规则与方法；实训提升包括点评反馈的规则与方法，知识拓展；实训归纳包括总结复盘的规则、方法与步骤。第八章为实训课后板块，即实训检验，包括实训效果评估的原则、规则与方法。最后为附录部分，通过一个具体的实训板块的演练过程，展现本书逐章阐释的实训理念与技术。

第一章：韩　哲、门金玲

第二章：梁雅丽

第三章：徐　莹

第四章：毛立新、高文龙

第五章：杨大民、彭吉岳

第六章：柳　波、刘　均

第七章：汪少鹏、翁小平

第八章：蔡　华、刘仁琦

附　录：门金玲

刑事辩护是一门开放的学科，涉及的理论与实务问题很多，难免挂一漏万。刑事辩护又与刑事政策、法律规范以及社会的主流价值观息息相关，很多规范与技术都缺乏明确的操作边界，中国的刑事辩护事业也在不断发展中，刑事辩护的理论也有待逐步成熟。本系列图书编者水平有限，书中难免有不足之处，敬请广大律师同人不吝赐教，以便在修订之时加以完善。

门金玲

2022 年 9 月 15 日初稿

2023 年 4 月 16 日修订

前言
Preface

自1979年律师制度恢复以来，中国律师已经走过了四十余年的历程。四十余年来，经过几代律师的共同努力，中国律师群体展现了从无到有、从弱到强的迅猛发展态势。不仅在数量上从零起步形成人数多达六十余万的庞大律师队伍，还在行动上迎难而上营造了被社会公众接纳和重视的生存环境，宣示了律师对于法治社会不可或缺的重要作用。这四十余年，可谓中国律师的生成期。

然而，由于中国律师制度的历史过于短暂和律师执业环境的艰辛，中国律师队伍虽然发展迅速，却不够健壮。四十余年的征程中，中国律师披荆斩棘、踽踽前行，完成了艰苦卓绝的拓荒之旅，虽竭尽全力但也留下了力所不及的诸多遗憾。律师专业技能的实务培训，就是这些遗憾中的重要一环。

四十余年后的今天，中国律师已经进入走向成熟的发展期。这种转型，意味着律师的执业技能应当从探索前行的初级阶段转向正规化操作的成熟阶段。而实现这种提升的主要途径，就是加强对律师专业技能的实务培训。

由于中国律师制度的历史过于短暂，中国律师的专业技能缺乏传承。过去四十余年中，对律师的业务培训一直停留在知识讲授的单一层面，实务培训长期处于空白状态。以至于在人们的认识中形成一种普遍性的误解，似乎只要学习了法律知识，通过了国家统一法律职业资格考试，就可以做执业律师了，甚至误以为就此便可以符合法官、检察官和律师共同的入职标准。正是这种误解，造成很多法律界人士对自己职责定位认识不清的尴尬局面，以至于在控、辩、审三方各自不同的岗位上，有很多人仍然停留在只懂法律知识而缺乏专业技能的初级水平。

当然，导致这种局面的责任不在于这些法律人士自身，而是我们缺乏和忽视了这种专业技能的实务培训，或者说，我们缺乏这种培训的经验和能力。

实践证明，法学院的知识教育和国家统一法律职业资格考试只是设定了法官、检察官和律师等法律实务工作者的入职门槛，而对于这些职业，专业技能的实务培训才是提升其执业能力的必经之路。

"刑事辩护教程"系列图书是对律师刑事辩护技能进行系统性培训的专用教材，共分为三册：《刑事辩护教程（理论篇）》《刑事辩护教程（实务篇）》和《刑事辩护教程（实训篇）》。

《刑事辩护教程（理论篇）》旨在全面、系统地阐述刑事辩护制度的历史演变过程，介绍和解析刑事辩护的原理和理念，明确在刑事诉讼不同阶段和环节中辩护活动的目的和任务，以及相关的理论和法律依据。

《刑事辩护教程（实务篇）》旨在用以案释法的方式，结合各位作者亲历的案件，明确、具体、细致、生动地深入分析和讲解在刑事诉讼不同阶段和环节中刑事辩护活动的技能和技巧，使读者可以深刻、直观地感受到刑事诉讼过程中的千姿百态，品味刑事辩护活动中的酸甜苦辣，在开阔眼界和总结经验的基础上提升自己的实操能力。

《刑事辩护教程（实训篇）》是对培训模式、程序和具体方法的详解和指引。书中设计的培训模式是针对《刑事辩护教程（实务篇）》中包含的各个专题的具体内容，以学员全员全程参与的方式展开。培训的基本原则是"身份不分主次，答案不设标准，人人高度烧脑，资源充分共享"。旨在以理论研讨与实战演习相结合的方式，使学员在头脑风暴式的高度参与中，快速提升实操能力。

"刑事辩护教程"系列图书的理论篇、实务篇和实训篇涵盖了刑事辩护从理论到实务再到实训的完整内容。三个部分相互衔接，既是统一的整体，又各自独立成篇，是一套对律师进行刑事辩护技能培训的专用教材。其宗旨是从实际案例和律师办案经验出发，以理论释义与实务解析相结合的方式，论证、阐述和剖析刑事辩护的基本原理、规律、规则，以及律师在刑事辩护过程中各个环节的操作技能，使学员通过学习实现刑事辩护理论水平与实务技能的全面提升。

田文昌

2022年12月23日

凡例

User's Guide

1. 本书中法律、行政法规名称中的"中华人民共和国"省略，例如《中华人民共和国刑事诉讼法》简称《刑事诉讼法》。

2. 本书中下列规范性法律文件使用简称：

（1）《最高人民法院关于适用〈中华人民共和国刑事诉讼法〉的解释》（以下简称《刑诉法解释》）；

（2）《最高人民法院、司法部关于规范法官和律师相互关系维护司法公正的若干规定》（以下简称《法官和律师关系规定》）；

（3）《关于依法保障律师执业权利的规定》（以下简称《保障律师执业规定》）；

（4）《最高人民法院关于依法切实保障律师诉讼权利的规定》（以下简称《保障律师诉权规定》）；

（5）《人民检察院刑事诉讼规则》（以下简称《检察院刑诉规则》）；

（6）《人民法院办理刑事案件庭前会议规程（试行）》（以下简称《庭前会议规程》），《人民法院办理刑事案件排除非法证据规程（试行）》（以下简称《排除非法证据规程》），《人民法院办理刑事案件第一审普通程序法庭调查规程（试行）》（以下简称《刑事一审法庭调查规程》），以上统称为"三项规程"；

（7）《关于办理死刑案件审查判断证据若干问题的规定》（以下简称《死刑案件证据规定》）；

（8）《公安机关办理刑事案件程序规定》（以下简称《公安机关刑事程序规定》）；

（9）《最高人民法院、最高人民检察院、公安部关于办理刑事案件收集提取和审查判断电子数据若干问题的规定》（以下简称《电子数据收集提取判断的规定》）；

（10）《公安机关办理刑事案件电子数据取证规则》（以下简称《电子数据取证规则》）；

（11）《关于办理刑事案件排除非法证据若干问题的规定》（以下简称《排非规定》）；

（12）《最高人民法院、最高人民检察院、公安部、国家安全部、司法部关于办理刑事案件严格排除非法证据若干问题的规定》（以下简称《严格排除非法证据若干问题的规定》）；

（13）《最高人民法院关于统一行使死刑案件核准权有关问题的决定》（以下简称《统一行使死刑核准权的决定》）；

（14）《最高人民法院、司法部关于开展刑事案件律师辩护全覆盖试点工作的办法》（以下简称《刑事辩护全覆盖办法》）；

（15）《最高人民法院关于建立健全防范刑事冤假错案工作机制的意见》（以下简称《防范冤假错案意见》）；

（16）《最高人民法院刑事审判第二庭关于辩护律师能否复制侦查机关讯问录像问题的批复》（以下简称《复制讯问录像批复》）；

（17）《最高人民法院关于贯彻宽严相济刑事政策的若干意见》（以下简称《宽严相济刑事政策意见》）；

（18）《最高人民法院关于国家赔偿案件立案工作的规定》（以下简称《国家赔偿案件立案工作规定》）；

（19）《最高人民法院关于刑事裁判涉财产部分执行的若干规定》（以下简称《刑事裁判涉财执行规定》）；

（20）《最高人民检察院、公安部关于公安机关办理经济犯罪案件的若干规定》（以下简称《公安机关办理经济犯罪案件规定》）；

（21）《公安机关办理刑事案件适用查封、冻结措施有关规定》（以下简称《公安机关刑事查封、冻结规定》）；

（22）《最高人民法院关于人民法院确定财产处置参考价若干问题的规定》（以下简称《法院确定财产处置参考价规定》）；

（23）《最高人民法院关于人民法院民事执行中查封、扣押、冻结财产的规定》（以下简称《法院民事查封、扣押、冻结财产规定》）；

（24）《最高人民法院关于人民法院民事执行中拍卖、变卖财产的规定》（以

下简称《法院民事执行中拍卖、变卖财产规定》);

(25)《最高人民法院关于人民法院办理执行异议和复议案件若干问题的规定》(以下简称《法院办理执行异议和复议规定》);

(26)《全国人民代表大会常务委员会关于司法鉴定管理问题的决定》(以下简称《司法鉴定管理问题决定》);

(27)《人民检察院讯问职务犯罪嫌疑人实行全程同步录音录像的规定》(以下简称《检察院录音录像规定》);

(28)《公安机关讯问犯罪嫌疑人录音录像工作规定》(以下简称《公安机关录音录像规定》);

(29)《公安部关于规范和加强看守所管理确保在押人员身体健康的通知》(以下简称《确保在押人员健康的通知》);

(30)《最高人民法院关于人民法院合议庭工作的若干规定》(以下简称《法院合议庭工作规定》);

(31)《全国法院毒品犯罪审判工作座谈会纪要》(以下简称《武汉会议纪要》);

(32)《全国部分法院审理毒品犯罪案件工作座谈会纪要》(以下简称《大连会议纪要》)。

目录

第一章　辩护律师的历史、定位与使命 ………………………… 001
第一节　辩护律师的由来与发展 ………………………………… 002
　　一、西方律师制度发展简史 ……………………………………… 002
　　二、中国刑事辩护律师制度的发展脉络 ………………………… 011
第二节　中国刑事辩护律师的职责定位 ………………………… 028
　　一、律师职业定位的嬗变 ………………………………………… 028
　　二、最大限度地维护当事人的合法权益 ………………………… 030
第三节　中国律师的社会使命 …………………………………… 031
　　一、律师与社会发展 ……………………………………………… 031
　　二、当代中国辩护律师的社会使命 ……………………………… 032
　　三、实现使命的基础与方式 ……………………………………… 034

第二章　刑事辩护的一般问题 …………………………………… 039
第一节　概　述 …………………………………………………… 040
　　一、刑事辩护制度的产生 ………………………………………… 040
　　二、刑事辩护制度的理论基础 …………………………………… 041
　　三、刑事辩护制度的价值 ………………………………………… 043
　　四、刑事辩护的常见分类 ………………………………………… 046
第二节　刑事辩护中的基本关系 ………………………………… 049
　　一、刑事诉讼的基本构造 ………………………………………… 049
　　二、控辩关系 ……………………………………………………… 052
　　三、辩审关系 ……………………………………………………… 056

四、嫌疑人、被告人与辩护律师的关系 …………………………… 060

第三章　辩护律师的职业伦理 …………………………………………… 065
第一节　辩护律师职业伦理的一般问题 …………………………………… 066
　　一、辩护律师的法定职责 …………………………………………… 066
　　二、辩护律师职业伦理的两大基本关系 …………………………… 068
　　三、义务冲突时的价值排序 ………………………………………… 070
　　四、辩护律师职业伦理的特殊性 …………………………………… 074
第二节　辩护律师职业伦理的基本内容 …………………………………… 076
　　一、维护被追诉人利益 ……………………………………………… 076
　　二、保守职业秘密 …………………………………………………… 078
　　三、与媒体的关系准则 ……………………………………………… 081
　　四、维护职业关系 …………………………………………………… 083
　　五、职业伦理的其他内容 …………………………………………… 084

第四章　刑事辩护律师执业权益保障 …………………………………… 087
第一节　相关理念 …………………………………………………………… 088
　　一、国家保障人权的义务 …………………………………………… 088
　　二、国家贯彻无罪推定的义务 ……………………………………… 089
　　三、自然法（right）是人为法（law）的基础 …………………… 090
第二节　我国相关规范性法律文件的沿革 ………………………………… 090
　　一、保障辩护权的法律规范 ………………………………………… 090
　　二、辩护权保障机制 ………………………………………………… 092
第三节　目的与任务 ………………………………………………………… 094
　　一、立法目的 ………………………………………………………… 094
　　二、立法任务 ………………………………………………………… 096

第五章　接待客户与洽谈案件 ········· 103

第一节　客　户 ········· 104
一、刑事案件客户的概念 ········· 104
二、客户的特征和样态分析 ········· 105

第二节　相关理念、目的与任务 ········· 110
一、比较考察：美国律师与委托人关系定位 ········· 110
二、接待客户与洽谈案件的理念 ········· 113
三、目的与任务 ········· 115

第三节　我国相关规范性法律文件的沿革 ········· 116
一、关于律师接受案件的规范 ········· 116
二、关于律师收费的规范 ········· 116
三、关于合同终止与解除的规范 ········· 117
四、关于律师与当事人关系的规范 ········· 117
五、关于律师与当事人关系的禁止性规范 ········· 118

第六章　律师会见 ········· 119

第一节　相关理念 ········· 120
一、会见权的来源 ········· 120
二、律师会见权的相对独立性 ········· 121
三、会见权与侦查权冲突时的价值排序 ········· 122

第二节　我国相关规范性法律文件的沿革 ········· 125
一、律师会见起始阶段的变化 ········· 126
二、会见权的基本内容 ········· 128

第三节　会见的目的与任务 ········· 130
一、确认委托及建立信任关系 ········· 131
二、了解、核实案情，提供法律帮助 ········· 131
三、达成一致的辩护方案 ········· 132
四、充当传递亲情的桥梁 ········· 133

第七章 律师阅卷 ... 135

第一节 相关理念 ... 136
一、平等武装 ... 136
二、有效辩护 ... 138
三、诉讼关照义务 ... 139
四、被告人中心和辩护权独立 ... 139
五、被告人程序主体论 ... 143

第二节 我国相关规范性法律文件的沿革 ... 144
一、规范演进的综述 ... 144
二、阅卷时机的提前 ... 145
三、阅卷范围的变化 ... 146
四、阅卷方式的理性化 ... 146
五、阅卷主体的扩展 ... 147

第三节 阅卷的目的与任务 ... 147
一、掌握控方指控的犯罪事实 ... 148
二、发现指控证据存在的问题,形成质证意见 ... 148
三、获取调查取证的方向 ... 148
四、从卷宗中发现辩护事实和证据 ... 149
五、重构事实,形成辩护思路 ... 149

第八章 律师调查取证 ... 151

第一节 相关理念 ... 152
一、调查取证权释义 ... 152
二、比较考察 ... 154
三、律师调查取证的基本理念 ... 159

第二节 我国相关规范性法律文件的沿革 ... 160
一、我国辩护律师调查取证权的发展过程 ... 161
二、调查取证的范围及辩方开示 ... 163

第三节　调查取证的目的与任务 ·· 164
　　一、实现人权保障、防止控方取证偏颇 ································ 164
　　二、构建控辩平等，保障程序公正 ······································ 165
　　三、全面查清案件事实，促使实体公正 ································ 165
　　四、实现有效辩护的目标 ·· 166

第九章　批准逮捕程序的辩护 ·· 167

第一节　相关理念 ··· 168
　　一、比较考察 ··· 168
　　二、批捕程序的价值定位 ·· 170
　　三、批捕程序的基本原则 ·· 173
　　四、批捕程序的辩护理念 ·· 178
第二节　我国相关规范性法律文件的沿革、目的与任务 ················ 180
　　一、批捕程序的立法沿革 ·· 180
　　二、批捕程序中辩护的目的 ··· 185
　　三、批捕程序中辩护的任务 ··· 187

第十章　审查起诉程序与律师辩护 ·· 191

第一节　相关理念 ··· 192
　　一、审查起诉的概念 ·· 192
　　二、域外比较考察 ··· 192
　　三、起诉法定原则与起诉便宜原则 ······································ 195
　　四、审查起诉程序是对公民发动刑事追诉的屏障 ···················· 199
第二节　我国相关规范性法律文件的沿革 ···································· 200
　　一、我国近代关于审查起诉的相关规定 ································ 200
　　二、中华人民共和国成立后关于审查起诉的相关规定 ············· 202
第三节　审查起诉的目的、任务和律师辩护 ································· 204
　　一、审查起诉的目的和律师辩护 ··· 205
　　二、审查起诉的任务和律师辩护 ··· 207

第十一章　庭前会议的辩护 ………………………………………… 211
第一节　相关理念和目的 …………………………………………… 212
一、比较考察 ………………………………………………………… 212
二、我国庭前会议的创立、定位及目的 ………………………… 215
第二节　庭前会议的相关规程 ……………………………………… 218
一、庭前会议适用范围 …………………………………………… 218
二、庭前会议的启动程序 ………………………………………… 219
三、庭前会议的参与主体 ………………………………………… 220
四、庭前会议的召开方式 ………………………………………… 221
五、庭前会议解决的辩护事项 …………………………………… 221
六、庭前会议事项的处理规则 …………………………………… 224
七、庭前会议的决定及其效力 …………………………………… 225

第十二章　法庭发问与人证 ……………………………………… 227
第一节　相关理念 …………………………………………………… 228
一、法庭发问的相关内容 ………………………………………… 228
二、西方法庭交叉询问的理念 …………………………………… 230
三、中国古代法庭发问的理念 …………………………………… 231
四、中国当代法庭发问的理念 …………………………………… 232
五、人证 …………………………………………………………… 233
第二节　我国相关规范性法律文件的沿革 ………………………… 235
一、1979 年《刑事诉讼法》确立法庭发问规则 ………………… 235
二、1996 年《刑事诉讼法》突出法庭发问的对抗性 …………… 236
三、2012 年《刑事诉讼法》丰富法庭发问的规定 ……………… 237
四、2018 年《刑事诉讼法》的修正及其司法解释给法庭发问带来的新变化 …………………………………………………………… 240
第三节　辩护人法庭发问的目的与任务 …………………………… 242
一、证实辩护事实 ………………………………………………… 242
二、证伪指控事实 ………………………………………………… 242

三、展示程序违法的事实 ·· 243

四、展示被告人的人格 ·· 243

第十三章 质证概述与律师举证 ·· 245

第一节 相关理念 ·· 246

一、质证的概念 ·· 246

二、当事人主义诉讼模式下的"质证" ··························· 251

三、律师举证 ·· 253

第二节 我国相关规范性法律文件的沿革 ···························· 257

一、1979 年《刑事诉讼法》的相关规定 ·························· 258

二、1996 年《刑事诉讼法》的相关规定 ·························· 258

三、1998 年《刑诉法解释》对质证问题的细化和补充 ·········· 260

四、2012 年《刑事诉讼法》对质证的修改 ······················· 261

五、"三项规程"对质证的改革 ···································· 265

六、2021 年新《刑诉法解释》对"三项规程"的吸收 ·········· 269

第十四章 物证、书证的质证 ·· 273

第一节 概　述 ··· 274

一、物证、书证的概念与特征 ···································· 274

二、物证、书证的种类 ·· 275

第二节 相关理念 ·· 277

一、两大法系的相关理念 ··· 277

二、中国古代的相关理念 ··· 279

第三节 物证、书证质证的基本原理与规范 ························· 282

一、概述 ·· 282

二、与案件是否具有关联性 ······································· 283

三、物证、书证是否真实可靠 ···································· 287

四、收集程序的合法性 ·· 292

五、物证、书证的收集与移送 ···································· 296

六、对瑕疵证据印证方式和效力的质疑 …………………………… 297

第十五章　鉴定意见的质证 …………………………… 299
第一节　概　述 …………………………… 300
一、鉴定意见的概念 …………………………… 300
二、鉴定意见的种类 …………………………… 300
三、鉴定意见的特征 …………………………… 301
第二节　基本理念与规则 …………………………… 303
一、司法鉴定的启动权 …………………………… 303
二、鉴定人的角色定位 …………………………… 307
三、鉴定意见特有的质证规则 …………………………… 309
第三节　我国相关规范性法律文件的沿革 …………………………… 313
一、1996年《刑事诉讼法》的修正 …………………………… 313
二、2012年《刑事诉讼法》的大幅增改 …………………………… 314
三、2018年《刑事诉讼法》的修改及其司法解释的突破 …………………………… 315

第十六章　视听资料、电子数据的质证 …………………………… 317
第一节　概　述 …………………………… 318
一、视听资料的概念与特点 …………………………… 318
二、电子数据的概念和特点 …………………………… 320
第二节　相关理念 …………………………… 322
一、视听资料质证的理念 …………………………… 322
二、电子数据质证的理念 …………………………… 324
第三节　质证的基本原理和规范方法 …………………………… 325
一、视听资料质证的基本原理和规范方法 …………………………… 325
二、电子数据质证的基本原理和规范方法 …………………………… 327
第四节　远程取证的质证原理和规范方法 …………………………… 334
一、远程取证的概念和特征 …………………………… 334
二、基本原理和规范方法 …………………………… 335

第十七章　法庭辩论 … 343

第一节　相关理念 … 344
一、比较考察 … 344
二、我国法庭辩论的理念 … 346

第二节　我国法庭辩论的立法沿革及模式分析 … 349
一、我国相关规范性法律文件的沿革 … 349
二、模式分析 … 351

第三节　法庭辩论的目的与任务 … 354
一、对控方事实及证据的拷问 … 354
二、对辩方事实及合理怀疑的主张及构建 … 355
三、对裁判者进行答疑解惑 … 355
四、说服裁判者，实现有效辩护 … 356

第十八章　二审程序中的辩护 … 359

第一节　相关理念 … 360
一、设置司法复审的原因 … 360
二、两审终审制之二审的价值与辩护理念 … 361
三、两大法系的比较考察 … 363
四、我国二审程序的基本原则 … 367

第二节　我国相关规范性法律文件的沿革 … 370
一、1979 年《刑事诉讼法》确立二审程序的基本要素 … 370
二、1996 年《刑事诉讼法》完善二审程序 … 372
三、2012 年《刑事诉讼法》使二审程序实质化 … 375

第三节　二审程序及其辩护的目的与任务 … 376
一、不同于一审的审理（辩护）对象 … 376
二、区别于一审的审理（辩护）程序 … 381

第十九章　非法证据排除 ··· 383
第一节　相关理念 ··· 384
一、保障人权，限制警察权滥用 ··· 384
二、发现真相，防止冤假错案 ·· 384
三、无罪推定 ·· 385
四、程序正义与最好的辩护 ·· 386
五、域外考察 ·· 387
第二节　我国相关规范性法律文件的沿革 ································ 393
一、从1979年入法到1996年《刑事诉讼法》修正 ·············· 393
二、"两高三部"联合出台《排非规定（2010）》 ················ 393
三、从2012年《刑事诉讼法》修正到2017年"三项规程" ·········· 394
四、"两高三部"出台的《严格排除非法证据若干问题的规定》 ······ 396
五、从2018年《刑事诉讼法》修正到2021年《刑诉法解释》
的细化 ·· 397
第三节　我国非法证据排除规则的目的与任务 ························· 401
一、防范冤假错案 ·· 401
二、准确惩罚犯罪 ·· 402
三、规范调查取证 ·· 402
四、推进庭审实质化 ·· 403

第二十章　认罪认罚程序的律师辩护 ······································ 405
第一节　相关理念 ··· 406
一、域外考察 ·· 406
二、迅速裁判，提高诉讼效率 ·· 414
三、繁简分流，优化资源配置 ·· 415
四、宽严相济，认罪从宽为目的 ··· 416
五、协商性司法理念 ·· 417
第二节　我国相关规范性法律文件的沿革 ································ 418
一、实体法 ·· 418

二、程序法 ……………………………………………………… 419
第三节　认罪认罚程序中律师辩护的目的与任务 …………………… 421
　　一、帮助被追诉人全面获取案件信息 ………………………… 421
　　二、提出法律分析意见，综合评估案件走向和结果 ………… 422
　　三、协助开展量刑协商，帮助争取最优结果 ………………… 423
　　四、见证签署认罪认罚具结书 ………………………………… 424
　　五、妥善应对认罪反悔情况，尊重被告人的选择权 ………… 424
　　六、案件宣判后的综合评估与法律辅导 ……………………… 425

第二十一章　死刑复核案件的辩护 …………………………………… 427
第一节　相关理念、目的与任务 ……………………………………… 428
　　一、死刑存废之争 ……………………………………………… 429
　　二、死刑复核程序的理念 ……………………………………… 432
　　三、死刑复核程序的目的与任务 ……………………………… 436
　　四、死刑复核辩护的理念与目的 ……………………………… 437
第二节　我国相关规范性法律文件的沿革 …………………………… 438
　　一、死刑核准权行使的历史沿革 ……………………………… 438
　　二、全面收回死刑核准权后，保障死刑复核阶段律师辩护权的
　　　　重要文件 …………………………………………………… 441
　　三、全面收回死刑核准权后，控制死刑适用的主要法律法规 … 442

第二十二章　未成年人刑事诉讼程序 ………………………………… 447
第一节　相关理念 ……………………………………………………… 448
　　一、西方少年司法理念的比较考察 …………………………… 448
　　二、未成年人的概念界定 ……………………………………… 452
　　三、我国未成年人刑事案件诉讼程序 ………………………… 455
第二节　我国相关规范性法律文件的沿革 …………………………… 458
　　一、未成年人保护的启动与发展 ……………………………… 458
　　二、未成年人刑事司法保护正式写入《刑事诉讼法》 ……… 459

第三节　我国未成年人刑事司法的目的和任务 ………………………… 466
　　一、我国未成年人刑事司法的目的 ………………………………… 466
　　二、我国未成年人刑事司法的任务 ………………………………… 467

第二十三章　涉外刑事辩护业务 ……………………………………… 471
第一节　概　述 ………………………………………………………… 472
　　一、涉外刑事诉讼的界定 …………………………………………… 472
　　二、涉外刑事案件的管辖 …………………………………………… 474
第二节　引渡和国际司法协助 ………………………………………… 477
　　一、引渡 ……………………………………………………………… 477
　　二、国际司法协助 …………………………………………………… 482
　　三、区际司法协助 …………………………………………………… 489
第三节　我国相关的规范性法律文件及参与的公约 ………………… 491
　　一、管辖 ……………………………………………………………… 491
　　二、涉外刑事案件的委托 …………………………………………… 493
　　三、确认被代理人国籍 ……………………………………………… 497
　　四、强制措施 ………………………………………………………… 500
　　五、获得翻译帮助 …………………………………………………… 503
　　六、获得使领馆保护的权利 ………………………………………… 504
　　七、法律制度差异问题 ……………………………………………… 505
　　八、涉外证据的取证问题 …………………………………………… 505
　　九、刑罚适用 ………………………………………………………… 507

编者介绍 ………………………………………………………………… 511

第一章
辩护律师的历史、定位与使命

律师,既不是天使,也不是魔鬼,既不代表正义,也不代表邪恶,律师的职责就是最大限度地维护当事人的合法权益。

纵使在今天,仍然有很多人对律师的职责不甚了解。由于我国的律师制度起步太晚,社会大众对律师的价值和定位多有偏见,特别是对刑事辩护律师,更是有不同的理解和看法:有些人认为律师是要代表正义的;有些人认为律师就是拿人钱财替人消灾的;还有些人认为律师是坏人,因为律师是魔鬼的代言人。

那么,律师到底是好人还是坏人?律师的职责到底是什么?这需要从历史到现实,从西方到我国,梳理与分析律师制度的起源与发展,回归本源,提炼律师职业与律师制度的发展脉络,进而明确当代中国刑事辩护律师的职责与使命。

第一节　辩护律师的由来与发展

一般认为，近现代意义上的刑事诉讼制度诞生于英国。以律师为主体的刑事辩护，在人们的印象中就是律师作为被告人的代言人，在刑事审判中与指控方（检察官）针锋相对、唇枪舌战，这也是人们对普通法系律师形象的一个典型印象。而中国由于特殊的国情，近现代意义上的刑事辩护制度起步很晚，清末修律是其最早的起源：《大清刑事民事诉讼法草案》规定了刑事诉讼的犯罪嫌疑人可以聘请律师辩护。但是，由于清王朝随之灭亡，律师制度未能得以真正建立。直到 1912 年民国政府颁行了《律师暂行章程》，中国才正式建立律师制度。

在专门的刑事辩护制度成型之前，律师由何而来？世界历史上的"律师"都是刑事辩护律师吗？

一、西方律师制度发展简史

律师制度的起源可以追溯到公元前的古希腊、古罗马时期。数千年前，当古希腊文明随着氏族时代的衰落而到来时，人类社会开始出现了国家、阶级、法律和监狱，随之也带来了研究法律的法学家、为统治者提供法律咨询服务的法律顾问，以及为当事人诉讼辩护的"辩护士"。在同时期的古罗马，也出现了专门从事法庭辩护的"代诉人"。随后，律师开始成为一种专门的职业，也就是开始出现了职业律师。正是这种职业的出现，为后来世界各国律师制度的形成和发展奠定了基石。

（一）古希腊时代的"辩护士"

考察律师的起源，有一个人是必须要提及的，那就是古希腊时期的争议人物——安提丰（前 426—前 373）。可能有些人不知道安提丰这个名字，但是大家对他的亲兄弟——柏拉图却并不陌生。和柏拉图一样，安提丰也是古希腊时期著名的哲学家，并且有着十分犀利的口才，是雅典早期著名的演说家之一，被后世评为古希腊早期十大演说家之一。

公元前 5 世纪，雅典城邦的一切制度都以民主政治为基础，当时的雅典人尚未将司法职能与政治职能相分离，公民大会是实施直接民主的主要机关。由普通公民组成的陪审法庭是最高司法机关，几乎拥有对一切刑事案件和民事案件的管辖权。在诉讼中，没有专门的主审法官，案件结果通常由陪审法庭投票表决。陪审员则是在年满 30 岁、没有国库债务的雅典全权公民中抽签选举产生，他们没有受过任何专业的法律训练。

公元前 5 世纪，即梭伦①改革时期，希腊的法庭在审判之时，还不允许有人代理诉讼或辩护。不管是原告还是被告，都必须亲自为自己辩护。所以，谁要是口才欠佳，只好自认倒霉。而决定有罪无罪的陪审团，往往是由非专业的普通民众组成。尽管他们自认为有能力对各种事物上的纠纷作出正确的判断，但实际上，他们的决定往往受到纠纷双方的雄辩演说的直接影响，而不是依据事实证据。结果常常是狡猾者、善辩者无罪，无知者、口拙者受罚。众多普通平民有苦无处诉，有冤无处申。

安提丰发现了这一问题，突发奇想，为这些平民或不善言辞的受害者写法庭辩护词，以此作为谋生手段。他的这项业务一开张，便顾客盈门。不久，他便以"辞章厨师"的称号享誉希腊半岛。当时的农民大半不能识文断字，所以，安提丰除了为他们写诉状、辩护词之外，还得教他们背诵写好的文章，这实际上是教人讲话、演说的技巧，这就是修辞学课程的开端。他教人们何处停顿，何处连读，何处升调，何处降调，何处声大，何处声小，何处加讽刺笑声，何处用悲痛的声音修饰。当然，这一项服务是另外收费的。这项业务也使安提丰有了可靠的丰厚收入。因此，他被认为是律师职业的鼻祖。

对于谈话的价值，安提丰与苏格拉底之间还有一段有趣的"过节"。安提丰与人谈话时收取酬金，遭到了苏格拉底的诘难。安提丰对苏格拉底说："你不向与你交往的人索取报酬，你是正义的。但是，每一件衣服或每一所房子都是值钱的，不能白送。如果你的谈话有价值，那一定会要求别人付以适当的代价。"

---

① 梭伦（约前 638—前 559 年），古希腊时期诗人、立法者。前 594 年，梭伦以其威望和功绩当选为雅典城邦的"执政兼仲裁"，即执政官，开始进行具有宪政意义的一系列经济、政治和社会改革运动。"梭伦改革"是雅典城邦乃至整个古希腊历史上最重要的社会政治改革之一，它为雅典城邦的振兴与富强开辟了道路，奠定了城邦民主政治的基础。而"正义"正是梭伦变法的一个基本原则，他设立了陪审法庭，每个公民都可被选为陪审员，参与案件的审理，陪审法庭成为雅典的最高司法机关。"用我的权力将蛮力与正义相互调谐"，是梭伦留给后代世人的一句名言。

对于替人辩护的人，苏格拉底不屑与之为伍，甚至他的弟子柏拉图也对这个行业没有什么好感，认为这些人无非摇唇鼓舌，玩弄真理与事实于股掌之间。讽刺的是，公元前399年，雅典民众陪审法庭上演了一出悲情审判。苏格拉底被指控不敬城邦所敬的诸神以及败坏青年两项罪名，他拒绝认罪，而且坚持在法庭上自我辩护，发表了慷慨激昂的演说。但是，由抓阄选出的501人组成的陪审团认为苏格拉底顽固不化且蔑视法庭，最后以281票对220票判处苏格拉底死刑。

在安提丰之后，许多当时所谓的知识分子纷纷效仿，这些人就被称为"写逻辑斯者"（logoropher）①。此事形成气候之后，在大家的请求下，法庭不得不允许这些人以亲友的身份直接出庭为当事人辩护。后来，由他人出庭代为辩护的事屡屡发生，而且越来越频繁，以至于最后城邦立法机构不得不修改规定，以法律的形式承认了这种辩护形式。再后来人们便用"辩护士"（sophist，也称诡辩士）来专指那些靠说话、授人辞章为生的识文断字者，他们是一批以提供知识服务来收取佣金的知识分子。而"辩护士"也就成为此后世界各地律师的雏形。

（二）古罗马时代的"代诉人"

公元前5世纪，随着手工业和商业的发展，商业活动中的契约行为日益增多。为了规范这些商业活动中各方的权利义务关系，保障社会经济活动的正常开展，当时的罗马共和国开始制定相应的法律。其中著名的代表是公元前449年的《十二铜表法》。《十二铜表法》基本上是罗马人传统习惯法的汇编，虽然法律上仍然表现出维护贵族和富裕平民利益的倾向，但是它对奴隶主私有制、家长制、继承、债务、刑法和诉讼程序等方面都作了规定，限制了贵族法官随心所欲地解释法律的权力。

罗马法的特点是私法特别发达，是古代法中反映商品交换最完备、最典型的法律。而随着罗马法的发展，出现了许多"职业法律家"，主要是作为国家立法和司法的顾问。到了公元前3世纪，这些法律家们第一次开始分化，除了其中的少部分人继续作为政府和法庭的顾问外，大部分人开始专门从事法庭诉讼辩护工作。

在诉讼制度上，罗马明显受到雅典的影响，但又有自己的特色。罗马也将诉讼分为公诉和私诉，在法庭上实行"辩论式"的诉讼。法庭允许民事诉讼中的当

---

① 此处"写逻辑斯者"为音译，其作用系为当事人在出庭前提供专业的庭前培训和辅导。

事人请人为他的债务诉讼充当"保护人"或"监护人",实际上也就是请"代诉人"或"辩护人"出庭代理诉讼。这些情况在《十二铜表法》中也有反映。

于是,在古罗马后期、罗马帝国(前1—5世纪)前期,法律开始允许刑事案件的当事人自行聘请辩护人出庭辩护,罗马的一个新型职业——专门从事法律辩护的"代诉人"正式兴起。

(三)罗马帝国时期的"职业律师"

随着罗马帝国领土的不断扩张,诉讼的数量日益增多,原来的法律审和裁判审的诉讼模式也在不断发生变化,逐渐地整个诉讼活动在执法官的主持下进行,审判人员完全由行使公共职权的执法官担任,不再有由当事人挑选的私人审判员,也不再要求必须由双方当事人出庭,这使得整个审判过程从自力救济变成一种国家行使管理职能的活动。由此,诉讼程序对诉讼参与人的专业性也提出了新的要求。"官员们开始对那些对法律一无所知的修辞演说家们华丽辞藻堆砌式的推论感到厌烦,裁判官逐渐不再接受没有学习过法律的演说家们为当事人进行辩护。"[1]

正如著名罗马法学家弗里茨·舒尔兹(Fritz Schulz)在《罗马法学史》一书中所言:"到公元4世纪,情况在东罗马帝国发生了变化:律师现在变成了真正的法律专家。"[2] 想要成为律师,必须在古希腊城市贝鲁特或西罗马帝国的罗马接受四年法律学校的正规教育,而不是在修辞学校学习作为辅修课的法律知识。

到了公元5世纪末,律师开始发展成为"自由职业",他们有自己的职业团体,收取报酬,出庭替人辩护。想要成为律师,必须在主要城市学过法律,通过指定的考试,才能取得执业的资格,而且必须是男性。律师的执业活动受到当地执政官的监督,如果违反了职业操守,律师是须承担一定的法律责任的。

当时的罗马已有律师候补制度,律师分为从业律师和候补律师,每个区域从业律师的数量都有一定的限制,只有在从业律师名额空出来的时候,才能由候补律师递补。

可见,到了罗马帝国晚期,律师职业已经形成,律师制度也开始建立,不仅通过法律设定了职业准入制度和行为规范准则,还形成了自己的团体,有一定的

---

[1] Fritz Schulz, *Storia della giurisprudenza romana*, Firenze, 1968, pp. 485-498.
[2] 黄美玲:《律师职业化如何可能——基于古希腊、古罗马历史文本的分析》,载《法学家》2017年第3期。

社会地位，而不像在古希腊时期，仅仅只是一种谋生的渠道，甚至还要遭到当时社会精英——哲学家们的鄙视。

关于"辩护人"的地位和作用，罗马皇帝列奥曾经表示："那些消解诉讼中产生的疑问，并以其常在公共和私人事务中进行辩护，帮助他人避免错误、帮助疲惫者恢复精力的律师，为人民提供的帮助不亚于那些以战斗和负伤拯救祖国和父母的人。因此，对于我们的帝国来说，我们不仅把身披盔甲、手持剑盾奋战的人视为战士，同样认为律师也是战士。因为那些受托捍卫荣耀之声，保护忧虑者的希望、生活和后代的诉讼辩护人是在战斗！"[①]

（四）西方律师职业发展的"暗黑"时刻

公元5世纪后，随着日耳曼人的入侵，西罗马帝国的灭亡，欧洲进入"暗黑时刻"——封建中世纪时代。

西罗马帝国的灭亡，导致西欧政治体制崩溃，但却形成一个统一的基督教统治结构，基督教神权超越世俗政治权力。欧洲各地大大小小的封建领主和公国各自为政，大部分实行政教合一的体制，罗马法被教会法所取代，神明裁判成为诉讼裁决的主要方式。被告可能被要求把手伸入沸水之中，或者在火上行走，如果被告做了这些事情却没有受到伤害，那就一定是上帝在保护他，那就意味着他讲了真话，是无辜的。神明裁判认为，司法裁决的职能不是掌握在人的手里，而只能掌握在神的手里。判决的结果必须得到遵守，无论它显得多么地不可理喻。

除了神明裁判，中世纪的欧洲还有一种在今天普通人看来也是莫名其妙的司法裁判方式——决斗制。

当时，日耳曼法的发展水平比较低，许多制度都比较简单，但却非常重视程序正义，比如在诉讼证据的采信上，日耳曼法沿袭古老的神明裁判制度，通过让当事人承受某种肉体折磨作为考验来证明案件事实，但是此种方法查证的案件事实仍然经常真伪难辨。到了公元501年，日耳曼法开始改变，勃艮第国王贡多巴德坚信：世风日下，人心不古，众多臣民利欲熏心，发假誓，作伪证。为了终止这种可耻的行径，他制定法律：当两个勃艮第人发生争执，一方发誓宣告自己无辜时，双方用剑来解决纷争是完全合法的。对于双方的证人也是如此，每个人都必须准备好用自己的剑来捍卫他所证明的事实，也准备好听从上帝的判断。由此

---

① 〔意〕桑德罗·斯奇巴尼选编：《司法管辖权 审判 诉讼》，黄风译，中国政法大学出版社1992年版，第43页。

掀开了司法决斗的历史,并被日耳曼诸国普遍仿效,在以后约600年的时间内成为一种重要的司法手段。

有一个有趣的故事,公元10世纪的德意志国王奥托一世时期,法学家为"丧父的孙辈是否能与其叔伯父平等地共享祖父的遗产"问题争论不休。最终,他们决定用决斗作出回答。论战双方各选出一名骑士作为代表相互厮杀。最后,支持孙辈获得遗产一方的骑士一矛刺死对手,难题迎刃而解,孙辈的继承权得到承认。

欧洲的司法决斗或者说决斗裁判,并不等同于私人的武力争斗,而是一种由法庭命令或认可,依据预定的规则,遵循固定的仪式,以武力方式证明案件事实和诉讼请求,旨在避免或结束暴力冲突的司法程序。司法决斗带有祈求神灵昭示正义之意,属神判(神明裁判)的一种。孟德斯鸠曾这样评价决斗制度:"日耳曼人在一些特殊案件中把决斗看成是一种天意,并经常以此来惩罚罪犯和篡权者。"①

以12世纪神圣罗马帝国的法律为例,其法规中关于司法决斗的部分规定,参与决斗的双方配备剑和盾,可以穿亚麻布和皮革服装,但头部和脚部必须裸露,双手只戴轻手套。原告可以指定一个地点等待被告来参与决斗。如果被告经3次传唤后依旧不出庭,原告可以在他想要且有机会的时候砍被告两刀和捅被告两下,且他将被视作胜诉。

可是,如果打官司的人是老弱病残该怎么办呢?因此出现了类似于古希腊时期"辩护士"的另一种新型职业,当时负责审判的法官允许当事人花钱雇人参加决斗。这些拿了钱替当事人上场决斗的人被称作"决斗士",是一种正式的职业。后来,法律又逐渐放宽,无论当事人是否有能力决斗,都可以雇佣决斗士来替自己参加决斗。

在中世纪的欧洲,当"决斗士"代替律师在法庭上发挥作用的时候,律师职业的发展基本上陷入了停滞的"暗黑"时刻,律师及律师职业日益萎缩和没落。

尽管如此,也有学者认为,存续了一千多年的决斗制度,对欧洲的法律制度和文化的影响是不可抹杀的,比如决斗制度中所体现的程序正义原则、当事人地位平等原则以及公开对抗制的纠纷解决机制等,都成为后来欧洲诉讼制度的基石。

---

① 徐昕:《司法决斗与现代诉讼制度》,载《法制资讯》2011年第2期。

决斗文化在西方历史上影响深远,敢于参加决斗并获胜,曾一度代表着荣誉和地位,练习剑术成了欧洲人的一项"必修课",后来慢慢演变成击剑运动。西方历史上也留下了很多著名的关于决斗的故事,比如美国第七任总统安德鲁·杰克逊就以决斗闻名,1806年5月30日他杀死了著名决斗者查尔斯·迪金森,自己则留下了终生未愈的胸伤,据说他还曾和一位律师决斗,双方都未受伤。

(五)英国——近现代辩护律师制度的出现

实际上,中世纪的教会是反对司法决斗制的,梵蒂冈更是多次发布通谕:摒弃一切司法决斗制度。但是,也有学者认为,就当时的社会政治结构而言,很难说他们的这种努力是出于人道主义,还是同敌对的世俗王权竞争的缘故。

在英国和法国,虽然以决斗形式来判决成为一种习俗,但是也随之出现了很多血腥的乱象,因此很多人希望能够用制度加以约束。由此各个地方也出现了一些官方禁令,最后严格到只有严重的罪行,如谋杀及叛国,才允许用决斗的方式来裁决。

因此,随着司法程序和取证手段的进步,欧洲中世纪的世俗君主们也开始着手改革野蛮原始的诉讼制度。英国国王亨利二世(1154—1189年在位)在统治期间进行了重大的司法改革,其主要内容之一就是废除神明裁判的方式,禁止司法决斗,而代之以誓证法,即诉讼当事人向神宣誓,以证明自己所言的真实性。其他西欧国家也相继进行了司法改革,神判法和司法决斗制度因此开始衰落。各国法律对司法决斗制度的废止是一个极其漫长的过程,直到文艺复兴之后的16、17世纪,司法决斗这一在西欧法制史上一度盛行的制度才退出历史舞台。

在"神明裁判""司法决斗"消亡的同时,欧洲大陆和英国的诉讼制度开始沿着不同的方向发展,逐渐形成两种不同诉讼模式——大陆法系和英美法系。也正是借此契机,英国成为现代律师制度的摇篮,其中最直接的原因是英国实行的陪审制和当事人对抗制。

1. 英国早期的"辩护律师"(出庭律师)

亨利二世时期实行的司法改革,为英国律师的职业化道路做了很好的铺垫,当时英国开创了通过陪审进行事实审理的制度,以及采用"令状"(即今天的起诉状)作为诉讼开始的制度。这些制度使得法院的审理程序变得复杂,当事人由于对程序和规则的不了解,只能求助于精通于此的法律专业人士,并且请他们代为出庭。

公元 11 世纪，诺曼底人征服英格兰两个世纪之后，爱德华一世在 1292 年发布敕令，要求高等民事法院甄选"代理人和有识之士"参与庭审，从而正式开启了英国律师职业化的道路。

2. 英国近现代刑事辩护制度的确立

从欧洲法律制度发展的历史来看，就刑事案件而言，除了市民可以提告之外，在罗马时期就已经出现了"非常审判"的程序，即允许官员通过所掌握的治安机构主动调查犯罪，随后依职权的纠问式刑事诉讼模式开始出现。由此，由国家机关主动承担起刑事犯罪追诉的责任成为近现代诉讼制度发展的必然趋势。

从公元 5 世纪西罗马帝国灭亡到 15 世纪中期文艺复兴之前的中世纪欧洲，刑事案件纠问式的诉讼模式由于顺应了强化王权和宗教专制统治的需要而得到全面的应用。因此，在纠问式的诉讼模式下，被告人的证词（供述）成了最重要的证据，刑讯逼供、有罪推定大行其道，并被合法化，辩护律师也就成了可有可无的摆设，甚至很多地方还不允许律师出现在刑事案件的法庭上。

在公元 18 世纪之前，英国刑事审判程序遵循这样一个原则：被控重罪的被告人受审时不应获得律师的辩护。法官常援引"法庭就是被告人的辩护人"这一格言以拒绝被告人聘请辩护律师的要求。在 18 世纪早期，英国的刑事审判非常简短，平均一次审判不会超过半小时。审判之前，被告人只能在监狱里等待，他无法事前知晓被指控的具体性质，难以获知控方证人的证词，也不能申请强制证人出庭。庭审中，法官起主要作用，被告人和证人都要接受法官的审问。被告人也可就相关问题向控方发问，陪审团也会就事实发问。1565 年，史密斯（Sir T. Smith）记录了庭审中法官、陪审团、证人与被告人之间审问、辩驳等杂乱的情景，将之描述为"一场吵闹"。一旦法官对相关案情"心满意足"，便会叫停这场"吵闹"，并作出他认为恰当的结案评论，并指示陪审团作出裁决。①

不过，在当时的英国，犯轻罪的被告人是可以聘请律师为自己辩护的。有学者认为，其中的缘由是许多轻罪具有民事和行政属性，当刑事审判涉及财产权之类的问题时，禁止律师的参与是不适宜和不便利的。

改变的苗头出现在 17 世纪末期，当时的英国出现了著名的"天主教阴谋案"：两名神职人员编造了英国天主教团体意欲谋害国王的谎言，掀起了一场迫

---

① 参见何勤华、王涛：《论刑事辩护制度的起源》，载《现代法学》2015 年第 4 期。

害英国天主教徒的冤狱，许多人因此被判死刑。1689 年光荣革命后，辉格党人为避免再受到以叛国罪为名的政治迫害，同时鉴于法庭内原被告双方对抗能力的严重失衡，于 1696 年出台了《叛国罪审判程序法》，突破了不允许被告人聘请辩护律师的规定。

18 世纪 30 年代，真正的刑事辩护律师开始零星地出现在英国普通重罪审判中，随后越来越多的法官允许律师为重罪被告人辩护。但是，当时的辩护律师仍然受到很多限制，能为被告人做的只有询问、交叉询问证人和就法律问题发表意见。辩护律师不能代表被告人向陪审团发言，也不可以就证据所展示的事实问题为被告人进行辩护。

在 1821—1836 年之间，英国议会开始讨论授予重罪被告人获得全面辩护权的法律草案。虽然当时社会上仍然存在很多不同的声音，但随着欧洲社会法律面前人人平等、保护公民人身权利、诉讼公开、被告人有权获得应有的辩护等理念的普及，英国议会最终于 1836 年通过了《被告人律师法》，规定任何一个重罪被告人都被允许在庭审中聘请执业律师代为回答问题和进行全面辩护，由此确立了刑事辩护律师在法庭上的全面辩护权。

总而言之，英国从 18 世纪以前控辩双方没有律师、直接对抗的"争吵式审判"，经由 18 世纪 30 年代的律师介入而逐步嬗变，到 19 世纪形成由律师主导、至今仍盛行于普通法国家的"对抗式庭审"，与其特定时期的政治、文化和社会发展有着直接的关系。当时著名的启蒙思想家，如英国的李尔本、洛克，法国的狄德罗、伏尔泰、孟德斯鸠等人，提出"天赋人权""主权在民""法律面前人人平等"等口号，在诉讼中主张用辩论式诉讼模式取代纠问式模式，赋予被告人辩护权，在审判中实现辩护原则。

事实上，刑事诉讼新的审判模式的出现，也使得英国的法律体系进一步顺应了工业革命的需求，为英国刑事司法制度的现代化奠定了重要基石。在英国确立全面刑事辩护制度前后，美国、德国、法国等西方主要国家也先后通过立法的方式确定了律师全面参与刑事辩护制度。

（六）当代西方刑事辩护权的发展

在经历"一战""二战"等人类的巨大磨难之后，从宏观上看，当代西方各国刑事辩护制度的发展总体上呈现出不断限制公权力，不断扩大对被告人、辩护人权利保障的趋势。

在现代刑事诉讼中，律师扮演着极其重要的角色。如果将刑事司法制度比作一台机器，"没有刑事辩护律师，该机器便无法运转"这样的观念已经成为人们的共识。刑事辩护律师的诉讼权利也日益增加，比如，1993年法国修改了《刑事诉讼法》，允许律师在刑事侦查阶段即可介入，规定嫌疑人在被拘留后就有权会见律师。①

此外，从20世纪60年代开始，欧洲法学界提出"保障公民获得司法正义的权利"的口号，继而掀起了世界范围内的"获得司法正义的权利"运动。具体在刑事司法领域，法律援助制度的发展、对当事人公正审判权的保障、审判前程序公开化程度的提高、对刑事简易程序以及辩诉交易制度的讨论等等，都是保障当事人辩护权理念的体现。②

二、中国刑事辩护律师制度的发展脉络

比较中外历史，中国古代从未出现过像古希腊、古罗马时期的职业"辩护士"或"代诉人"，律师制度更是从未在法律上被合法地承认过。因此，严格意义上说，在清末以前中国几千年的历史中，律师和律师制度是一个空白。但是，我们不能就此无视中国历史上曾经出现过的与律师职能相类似的如"讼师""刀笔吏"等行当的历史作用。

（一）古代中国"讼师"（"刀笔吏"）

研究中国传统的诉讼文化，"讼师""刀笔吏"是一个无法回避的独特身份。

何为"刀笔吏"？在纸张还没有面世的时候，文字被记载在简牍上，如果有错，必须得用刀进行削改，所以当时的读书人、官员都得随身携带刀和笔，由此历代的文职官员就被称作"刀笔吏"。后来，人们又特将讼师、幕僚称作"刀笔吏"，既指他们了解法律规则、文笔犀利、用笔如刀，也暗指通过他们可以让许多案件扭转乾坤。③

1. 诉讼代理人的出现

关于我国诉讼代理人的最早记录，有学者认为是西周时期。在陕西出土的西

---

① 参见韩正武：《辩护权的基本权利之维》，法律出版社2019年版，第31页。
② 参见熊秋红：《刑事诉讼法学的未来发展》，载《法学论坛》2011年第2期。
③ 参见（清）黄六鸿：《福惠全书》，周绿明点校，广陵书社2018年版，"被告抄状入手，乃请刀笔讼师又照原词多方破调，骋应敌之虚情，厌先攻之劲势"。

周青铜器铭文上曾记录,当时案件开庭审理时除原、被告外,还允许诉讼代理人或者证人出庭,并可以提交讼词或辩护词。①但是,由于资料有限,无法判断这样的规定是针对所有的案件,还是只限定于特定的部分案件,也无法确定当时诉讼代理人的身份是如何取得的。

从时间上,与西周同期的欧洲,正处于从史前时代向古典时代过渡的时期,还没有到出现"辩护士"的古希腊文明时代,因此如果要作横向比较的话,可以认为我国出现诉讼代理人的时间并不比西方晚。但遗憾的是,基于不同的历史发展脉络,诉讼代理人并没有形成一个长期化、制度化的职业团体。

最早有较为详细记载的辩护人出现在春秋时期。《春秋左传·僖公二十八年》载有案例:"卫侯与元咺讼,宁武子为辅,针庄子为坐,士荣为大士。"前632年冬,卫国大夫元咺状告卫侯杀人,晋文公邀请齐、鲁、宋、蔡、郑、陈、莒、邾、秦等国诸侯在温地(今河南温县)会盟,同时还请来了周天子。会盟期间,诸侯们临时组成了一个"国际法庭"进行审判。由于卫侯是卫国国君,元咺是卫国大臣,二人是君臣关系,按礼,二人不能平等出庭,因此卫侯指派宁武子为辅,相当于后来的诉讼辅佐人;针庄子为坐,相当于后来的诉讼代理人;士荣为大士,相当于后来的律师。此案审理的结果是卫侯败诉,晋文公逮捕了卫侯,把他送到京师关了起来,并且杀了士荣,砍掉了针庄子的双脚。至于宁武子,念其忠君,则被赦免了。在晋国干预下,元咺回到卫国,立公子瑕为国君。

有学者认为,这场诉讼可以算是我国古代诉讼中有代理人出庭进行辩护的最早记载。不过,那时的诉讼代理人仅仅是因为从《周礼》规定的"凡命夫、命妇不躬坐狱讼"特权原则出发,即凡是大夫以上的贵族及其妻子都有特权不亲自出庭受审,可派遣其部属或晚辈代为诉讼。所以,如果败诉,代理人或辩护人也要代人受过。②

2. "讼师"("刀笔吏")的演变与发展

有文献记录的较早专门从事狱诉之事代理的人,是春秋末期时郑国的邓析。邓析是名家创始人,也是法家思想的传播者。他擅长辩论,虽然有人称他"操两可之说,设无穷之词""以是为非,以非为是",但当时的民众对他还是十分敬佩的。

---

① 参见茅彭年、李必达:《中国律师制度研究》,法律出版社1992年版,第28页。
② 参见王申:《中国律师探源》,载《政治与法律》1991年第1期。

《吕氏春秋》记载，邓析"与民之有狱者曰，大狱一衣，小狱襦裤。民之献衣襦裤而学讼者不可胜数"。实际上，这就相当于收取律师代理费，大的案件收取一件外衣，小的案件收取一件短裤。很快，大家发现这工作有利可图，于是又纷纷交费报名参加他的"律师培训班"。因此，也有人把邓析称为中国"讼师""刀笔吏"的"祖师爷"。

邓析曾编写过一部"刑法范本"，因为书写在竹简上，所以被称为"竹刑"（相较于此前刻在鼎上的刑法，更适合流传），邓析也因此招致杀身之祸。至于邓析之死，有不同的历史观点。其中一种观点认为，在他的倡导下，郑国出现了一股新的思潮——即依法治国，而不是以礼治国，与官府分庭抗礼，以至于"郑国大乱，民口欢哗"，对当时的统治者造成严重威胁。继子产①、子大叔而任郑国执政的姬驷歂对付不了这种局面，于是"杀邓析，而用其竹刑"。

到了秦代，出于维护统治的需求，诉讼代理人的活动近乎绝迹。隋唐以前，虽然史料中未见关于讼师的记载，但经过汉代儒家和法家的合流，各种经学、律学开始兴盛，为讼师文化的复燃和发展创造了较好的文化基础。隋唐时期，随着社会经济文化的大发展，讼师活动也开始逐渐成形，以至于当时的法律都要对其进行约束，如唐律规定："诸为人作辞牒，加增其状，不如所告者，笞五十；若加增罪重，减诬告一等。"②

在宋代，由于商品经济较为发达，科技、文化、思想等各方面都有了很大的进步，因此，民间的争讼也较多，南宋著名诗人陆游在其《秋怀》诗中就写道："讼氓满庭闹如市，吏牍围坐高于城。"由此可见，"讼师""刀笔吏"的活动也达到了历史的高潮。因此，有不少学者认为，我国的"讼师"正式形成的时代是在宋朝。

宋朝法律规定诉状"不经书铺不受，状无保识不受，状字过二百不受，一状诉两事不受，事不干己不受……"③，也就是说普通老百姓要打官司必须提交书面诉状，而诉状必须盖书铺印，否则不予受理。这就是我国司法制度上有名的"官代书"——得到官方认可的民间专门代写诉状的机构，虽然这些"写状钞书铺

---

① 子产最先打破一直以来"刑不可知、威不可测"的传统，颁布了最早的法律制度，使得广大群众可以知道这些法律，但是也有很多人对此不满，认为他的做法过于简陋，邓析就是其中一员。
② 《唐律疏议·斗讼》第16页，转引自谢佑平：《差异与成因：中国古代"辩护士""讼师"与现代职业律师》，载《比较法研究》2003年第2期。
③ 党江舟：《中国讼师文化——古代律师现象解读》，北京大学出版社2005年版，第184页。

户"是民间组织，但他们要严格遵守官府的要求和规范，如有违反会受到重罚或者吊销资格，实际上也是受官府控制的。

宋代以后的历代王朝，"讼师""刀笔吏"的作用没有重大的改变或突破，一直无法演变成为一个合法化的、制度化的职业群体。相对于"讼师""刀笔吏"的代书作用，在元明清时期，中国法律上也曾出现过诉讼代理制度的规定，但这种代理仅限于两种对象，一是官吏，二是老废笃疾，代理人也仅限于家人亲属。例如，元朝有规定，年老、废疾、笃疾者，除了某些重大案件和涉及告者本身利益的案件以外，可令家人亲属代理诉讼。

3. "讼师"（"刀笔吏"）的历史地位

纵观中国古代，讼师的活动包括代写诉状、出谋划策、疏通关系、代打官司等。因为官府的打压，很多讼师书写诉状，都不署真实姓名。若官府询问代书人，当事人一般会推说随便找的算命先生，根本无从查找。有讼师出庭的，又都假称是当事人亲属。

关于"讼师""刀笔吏"的历史地位，一方面，讼师因善于帮弱者维权，让普通老百姓告状有门，而得到人们的尊重和认可，出现了一些讼师"路见不平、拔刀相助"的正义故事。但另一方面，在强调国家权威、以和为贵的传统文化里，它又从未得到官方的正式承认，传统观念也认为讼师颠倒是非、咬文嚼字、播弄乡愚、不择手段。比如，很多朝代都有法律明文规定要查禁和严惩"讼师"。清雍正二年（1724年）出版官修典籍《圣谕广训》共十六条，其中四条涉及讼狱主旨都是劝民息讼、无讼。皇帝苦口婆心地警告子民："（讼师）操刀笔，逞词讼。告不休，诉不已。破身家，谁怜尔？……每一事，须三思。远棍徒，屏讼师。虑其终，慎其始。无大仇，辄自止。"讼师大体等于恶棍刁徒，皇帝如此看讼师，则讼师在传统社会的地位就被钦定了。① 正是基于这样的认识，讼师也被贬称为"诉棍"，具有了很强的"两面性"。

4. "讼师"为何没有发展成为律师职业

正如前文所述，我国历史上出现诉讼代理人的时间并不晚于西方社会，但为何几千年的中华文明却没有孕育出律师职业和律师制度？其原因主要在于我国封建专制制度影响下存续几千年的小农经济体系、重农抑商的传统观念以及以和为

---

① 参见王菲：《清末讼师群体消亡原因分析》，载《国家检察官学院学报》2014年第5期。

贵（息讼、无讼）、义务本位、家国天下的儒家文化。

而其中最重要的因素，则是我国几千年的专制统治和官本位思想，使代表民间社会力量的讼师难以与听讼断案的官府处于平等地位。在自上而下的权威主义政治氛围中，上下有别、贵贱有差，没有平等观念，哪有辩论可言？自然也就没有律师及律师职业的用武之地。此外，统治者还通过儒家文化教导民众"无讼"的意识，在舆论上对"兴诉"进行排斥，希望民众安分守己，形成稳定秩序。《清稗类钞》的作者徐珂曾经说过："讼师之性质，与律师略同。然在专制时代，大干例禁，故业是者十九失败。"[①]

因此，在我国古代，由于根本没有发展成为以民主、平等为基因的现代律师制度的土壤，而一直处于被压制状态的"讼师"也未能演变为"律师"。

5. 我国"重刑轻民"的制度渊源

相对于我国古代司法实践"刑民不分"的特点，"重刑轻民"的倾向更显突出。实际上，我国早在西周时期就有了"讼"和"狱"的明确划分，《周礼》记载："讼，谓以财货相告者；狱，谓相告以罪名者。"只是，到了秦汉以后，在诉讼程序上，没有再延续这样的划分，而主要是根据案件的类型和适用刑罚的轻重来划分为"重案"（大案）和"细故"（小案）。比如，明朝将"户婚、田土、斗殴、相争"案件与"奸、盗、诈伪、人命"案件用"小事""重事"加以区分。"小事"一般须由本里老人、里甲断决，"大事"才许赴官陈告。"细故"也并非完全都是民事案件，其中还包括一些刑罚较轻的刑事案件。此外，这两类案件在管辖、审理方式上也有一定的区别。因此，古代的刑事与民事之间，不是没有区分的，只是概念比较模糊而已。

从立法内容可见，我国古代的立法历来是以刑为主，民附于刑。从夏代的禹刑（《左传·昭公六年》记载"夏有乱政，而作禹刑"）到《秦律》《唐律》《大明律》《大清律例》，都是以刑为主，附带有一部分民事的规定，并同时兼具实体法和程序法的性质。

在国外，以罗马的刑法为例，虽然从原始社会末期的犯罪与侵权行为之混沌不分，公民所赖以受到保护、不受强暴或欺诈的不是刑法而是"侵权行为法"，处理犯罪行为时的"一罪但一法"，处罚犯罪的不是固定的法院而是执政官

---

① 徐珂：《清稗类钞（第3册）》，中华书局1984年版，第1190页。

或者元老院的状态中走了出来,但整体上还没有达到刑法文明成熟、定型之程度。比如,公元前449年完成的《十二铜表法》包含了大量真正的民法规范,刑法规范则很少,体现了以民为主、以刑为辅的典型特征。尔后经过300多年,至公元前149年(我国的汉朝时期),罗马执政官古尔潘尼斯·披梭(L. Calpurnius Piso)颁布实施了《古尔潘尼亚贪污法》(Lex Calpurniade Rapotundis),专门针对处理盗用金钱的案件,赋予各"省民"对总督不正当征收的金钱有偿还的请求权,并且建立了永久的、正规的刑事法院"永久审问处"之后,罗马的刑法(包括刑事诉讼法)才真正定型。①

可见,相对于国外比较早的专门刑事法律以及专门刑事法院的形成,以及民事责任和刑事责任上的明确划分,我国也缺乏产生专门的刑事辩护群体的法律基础。虽然我国古代在法律规范上是以刑为主、以民为辅,但是由于没有刑事责任和民事责任的明确界限,再加上维护君主专制统治的需要,专门的刑事诉讼程序自然更是无从谈起。

(二)近代中国律师制度的正式建立

1. 清末时期

1840年鸦片战争以后,随着西方列强领事裁判权的确立,西方的律师制度开始被引进中国,律师先是在租界法庭上出现,随后又参与中外混合的会审案件,进而在中国公民之间的案件中参与辩护。慢慢地,律师的作用和地位开始得到社会的承认。

伍廷芳②实际上是第一位真正的中国律师。1874年,32岁的伍廷芳自费到英国学习法律,两年后取得律师资格,成为中国历史上第一个取得外国律师资格的人。三年后,伍廷芳回到香港成为执业律师,获委任为太平绅士,曾经代理华人

---

① 参见何勤华:《法律文明的起源——一个历史学、考古学、人类学和法学的跨学科研究》,载《现代法学》2019年第1期。

② 伍廷芳,清末民初杰出的外交家、法学家,1874年进入伦敦大学法学院攻读法学,获博士学位及大律师资格,成为中国近代第一位法学博士,后回香港任律师,成为香港立法局第一位华人议员。他力主废除"凌迟""枭首""戮尸""缘坐""刺字"等酷刑,使中国流传数千年的野蛮重刑律法得以废除。他还先后主持起草了《大清商律》《大清印刷物件专律》《商会简明章程二十六条》《铁路简明章程二十四条》《各级审判厅试办章程》以及《大清刑事民事诉讼法草案》等新法;创办中国第一所近代法律学堂,培养了近万名法律人才。辛亥革命爆发后,伍廷芳为帝制的覆灭、司法制度的改革、国权的维作作出巨大贡献。他曾任中华民国军政府外交总长,主持南北议和,达成迫清室退位。南京临时政府成立后,他又出任司法总长。

被英国人酗酒后打死的案件，促成凶手判刑并为当事人争得赔偿。

清末预备立宪之时，伍廷芳和修律大臣沈家本一起提出，对于从律师业者，"俟考取后，酌量录用，给予官阶，以资鼓励"，将律师纳入职官之列；又说"国家多一公正之律师，即异日多一习练之承审官也"①。他们设置的律师制度，初见于1906年的《大清刑事民事诉讼法草案》，虽然这部草案因为种种原因未能实施，但却成为近代中国律师制度的起点。该草案规定律师有权代被告缮具诉词、同被告上堂辩护、代被告对质原告及证人、陈述辩词、将辩词尽情援据例案讨论等。

1910年沈家本支持制定的《大清刑事诉讼律草案》更进一步规定了辩护人可以查验证据、阅视抄录文书、会见被监禁的被告人并通信等基本的辩护权，初步打造了一个近现代刑事辩护律师制度的雏形。后来，又在《各级审判厅试办章程》《法院编制法》中对律师代理、律师辩护等作了更为具体规定。

当然，清末律师制度只是我国律师制度初创的雏形，随着清王朝的灭亡，这些法规也没能正式颁布实施。但它是我国律师制度形成的开端，对民国时期建立律师制度起了极其重要的影响作用。

2. 民国时期

1911年10月10日的辛亥革命，推翻了清政府的统治，以孙中山为代表的资产阶级革命派，在废除君主专制制度、打碎旧的国家机器的基础上，仿效西方资本主义国家，建立了民主共和政体性质的国家制度。孙中山在1912年3月内部警务局局长呈送的《律师法草案》的批文中指出："查律师制度与司法独立相辅为用，夙为文明各国所同行。现各处既纷纷设立律师公会，尤应亟定法律，俾资依据。"② 这表明临时政府已经对律师制度建立的必要性有了清醒的认识。此后的北洋政府时期，至少在形式上标榜所谓司法独立、公开审判、辩护等法律原则，并在《律师法草案》的基础上进行修改，1912年9月16日，北洋政府公布实施《律师暂行章程》，这是中国律师制度最终形成的标志。《律师暂行章程》对律师资格、律师证书、律师名簿、律师职务、律师义务、律师公会、惩戒等方面作了规定。

辛亥革命之后，政治环境发生了巨大的变化。应该看到，南京临时政府时期

---

① 商务印书馆编译处：《大清光绪新法令（第19册）》，上海商务印书馆1909年版，第2页。
② 孙中山：《大总统令法制局审核呈复律师法草案文》，载《临时政府公报》1912年3月22日。

的政治环境以及政府对建立律师制度所持的积极态度，为中国律师制度的形成创造了良好的政治条件。随后的北洋政府时期，虽然政局动荡，甚至出现一定程度的倒退，但是最起码在表面上，统治阶层是愿意设立律师制度的。显然，辛亥革命的发生，使影响中国律师制度形成的政治因素发生了积极的变化，直接促成了中国律师制度在民国初年的最终确立。

毋庸置疑，中国律师制度是舶来品。1906年完成的《大清刑事民事诉讼法草案》和随后一些法律制度中对律师制度的相关规定及其相继流产，只是表明中国律师制度的"被动移植"过程已经开始；1912年民国政府公布实施的《律师暂行章程》，标志着西方律师制度在中国"移植"成功，中国律师制度得以正式确立。清末律师制度虽然只是停留在纸面上，但对中国律师制度在民国时期的确立起到了极其重要的先导作用。正是因为有了清末修律的基础，中国律师制度才可能在民国初年就得以颁布实施。

需要特别指出的是，1911年的辛亥革命是中国律师制度六年形成期的分水岭。在此之前，清政府是被外国列强逼迫着、极不情愿地移植西方国家的律师制度；在此之后，民国政府则是积极学习和借鉴西方国家的经验，主动建立律师制度。①

(三) 中华人民共和国成立后的律师与律师制度

1. 旧法与"学苏"——"文革"前的律师与辩护

中华人民共和国律师制度萌芽于新民主主义革命时期。1932年6月9日颁布的《中华苏维埃共和国裁判部暂行组织及裁判条例》中，就确立了诉讼中的辩护制度，"被告人为本身的利益，经法庭许可派代表出庭辩护"。抗日战争时期各根据地政府相继颁布了一些条例，使辩护制度得到一定体现。1948年2月，东北解放区制定了《法律顾问处组织简则》，其中规定在人民法庭设法律顾问处，为诉讼当事人解答法律及诉讼制度中的疑难问题。这些虽然还谈不上是律师制度，但为中华人民共和国律师制度的建立积累了一定的经验。

中华人民共和国律师制度是在彻底废除了国民党政权下旧的律师制度后，依照新的政治理念重新创立的。

第一，产生于新民主主义革命时期的辩护制度在宪法和法律中有所规定。

---

① 参见赵朝琴：《论影响中国律师制度形成的历史原因》，载《史学月刊》2009年第6期。

1950年7月20日，中央人民政府政务院颁布了《人民法庭组织通则》，其中第6条规定："县（市）人民法庭及其分庭审判时应保障被告有辩护及请人辩护的权利。"1954年9月中华人民共和国颁布的第一部《宪法》中"被告人有权获得辩护"的规定，事实上为律师制度在社会主义中国的建立提供了依据。

第二，1954年颁布的《人民法院组织法》第7条规定："人民法院审理案件，除法律规定的特别情况外，一律公开进行。被告人有权获得辩护。被告人除自己行使辩护权外，可以委托律师为他辩护。"此规定进一步从程序上确立了辩护律师的法律地位。

在确定了刑事诉讼中的辩护制度后，中华人民共和国取缔了旧律师，解散了律师公会。鉴于当时还有一些旧律师，以律师名义"刊登启事执行职务"。中央人民政府司法部于1950年12月发布了《关于取缔黑律师及讼棍事件的通报》，该通报指出，由于已经废除了国民党的"六法全书"，若旧律师仍有非法活动，对于法院威信及人民利益均有危害，应予取缔。

1954年，我国开始筹划学习苏联模式建立中国的律师制度。1954年7月31日，中央人民政府司法部发出了《关于试验法院组织制度中几个问题的通知》，该通知决定在北京、上海、南京、武汉、沈阳、哈尔滨等大城市开展律师工作。到1956年年初，全国已有33个市县建立了律师组织，有158人从事律师工作。

1956年1月，国务院正式批准了司法部提出的《关于建立律师工作的请示报告》，该报告对律师工作机构、性质、任务、任职资格等问题都作了明确的规定，并建议通过国家立法正式确认律师制度。与此同时，司法部于1957年上半年完成起草《律师暂行条例（草案）》。

至1957年6月，全国共建立了19个律师协会，800多个法律顾问处，有专职律师2500多人，兼职律师30多人，形成了律师制度顺利发展的局面。① 而且，在司法审判活动中，律师开始发挥独特的作用。据上海市1956年内9个月的不完全统计，1800多件有辩护人出庭辩护的刑事案件判决后，被告人提出上诉、申诉的很少，基本上没有发现冤假错案，这不但减少了许多不应有的讼累，而且法院和检察院也提高了办案效率和质量。②

---

① 参见茅彭年、李必达主编：《中国律师制度研究》，法律出版社1992年版，第28页。
② 参见陶髦等：《律师制度比较研究》，中国政法大学出版社1995年版，第21页。

2. 彻底废除——律师成为右派分子

自 1957 年下半年起，由于受"左"倾思潮影响，律师制度受到极大的冲击。在席卷全国的"反右派斗争"中，中国的律师绝大多数被打成了右派分子。当时律师的主要职能就是刑事辩护，而律师被打成右派分子的主要理由就是替坏人辩护。1959 年司法部被撤销，律师制度也随之夭折，其后二十多年特别是"文革"期间，律师制度实际上已被取消。

从 1957 年到 1978 年中国共产党的十一届三中全会之前，由于受"左"的政治思想路线的影响，律师制度被当作社会主义制度的对立物而被彻底否定；律师机构及律师的执业活动完全被取消；执业律师纷纷改行他业。不仅如此，由于律师的辩护活动受到政治上的否定评价，被打成右派的律师蒙受了长期的非难和迫害。著名律师张思之先生既是 1954 年受命组建北京律师队伍的发起人，也是律师被打成右派分子的代表人物。

3. 方兴未艾——改革开放后的律师制度

在经历了"十年文革"后，伴随着政治上拨乱反正的进程，律师制度得以在中国恢复。这不仅反映了新时期法律制度建设的实际需求，同时也体现了国家领导层和社会公众对"极左"路线的深刻反思以及他们对自身权益保护的强烈愿望。这种需求和愿望为律师制度恢复提供了良好的社会基础。

1978 年《宪法》恢复了刑事辩护制度。1979 年颁布的《刑事诉讼法》及《人民法院组织法》又对律师参与刑事辩护作了原则性规定。随后的一个标志性事件是，1980 年 8 月 26 日，第五届全国人大常委会第十五次会议通过了《中华人民共和国律师暂行条例》（以下简称《律师暂行条例》），该条例对律师的性质、任务职责、权利、义务、资格条件及工作机构等作了明确规定。这是中华人民共和国成立以来有关律师制度的第一部法律，它的颁布使我国律师制度以法律形式固定下来，从而使我国律师制度的建立和发展走上了法制化轨道。

依据这些制度，自 1979 年起，全国从一些大、中城市继而到各个县、区，相继建立了法律顾问处或律师事务所；很快，到了 20 世纪 80 年代中期，律师执业机构已遍布全国各地；专职律师、兼职和特邀律师已具有一定规模；以刑事辩护为主导的律师执业活动成为司法程序中的重要内容，律师制度在整体上得到全面恢复。

20 世纪 80 年代中后期，在司法行政机构的倡导下，中国律师制度开始了探索和改革的进程。贯穿于这种探索和改革的深层思考是：中国律师制度及其实践如何更好地贴近和体现律师这一职业的社会本质；中国律师制度及其实践如何更好地适应并满足中国特定的社会要求，显示出其应有的功能和特色。

围绕这些主题，司法行政机构在广泛借鉴国外律师制度普遍性规则的基础上，认真总结我国律师制度恢复以来的运作实践，以国办律师事务所改制为主线，从扩大律师事务所权利，改革和调整律师事务所管理机制、用人机制以及分配机制入手，相继提出了一系列的改革方案。不少律师事务所也在司法行政机构及律师协会的支持下，以积极的姿态进行了富有创造性的改革尝试。

1993 年，司法部根据我国社会主义市场经济确立和发展的要求，结合前期改革实践，提出并报经国务院批准了《关于深化律师工作改革的方案》（以下简称《方案》）。这一方案对中国律师的性质进行了重新界定，突破了以往在中国律师定性与定位问题上的禁区与束缚，恢复了律师作为社会法律服务专业人员、律师事务所作为社会法律服务中介机构的一般属性，拉近了中国律师制度与国际惯例的距离，为中国律师制度适应市场经济的确立和发展创造了条件。

该《方案》还对律师事务所的管理体制以及律师行业的管理体制提出了阶段性的改革思路和步骤。《方案》的出台适应了市场经济发展的需要。按照《方案》所提供的政策依据，大批合伙、合作律师事务所在各地成立，国办律师事务所也纷纷试行改制。各个领域的法学专业人才，包括在海外学业有成的专家踊跃加入律师队伍，不仅为律师队伍带来了很大活力，而且也在很大程度上改善了律师队伍的知识结构，提高了律师队伍的总体素质。中国律师业的发展也由此进入了一个新的阶段。

1996 年 5 月，《中华人民共和国律师法》（以下简称《律师法（1996）》）正式颁布。这标志着中国律师制度基本框架的初步形成。《律师法（1996）》系统地吸纳了中国律师制度创立、恢复以及改革中所形成的实践成果，界定了律师职业所涉及的司法行政管理机构、律师自律组织、律师事务所和律师各自的法律地位以及各主体之间的相互关系，同时也在一定程度上涉及了律师与社会其他相关主体之间的职业联系。[1]

从 1980 年到 1998 年，我国律师队伍发展迅速。据有关部门统计，截至 1998

---

[1] 参见巴能强、徐香花：《中华人民共和国律师制度建设及律师业的发展》，载《北京社会科学》2002 年第 1 期。

年年底，全国共有律师101220人，其中专职律师60000多人，律师事务所已达8978家。

与此同时，律师的业务领域也有了较大拓展。1998年全国律师解答法律咨询4898647件，担任常年法律顾问235676家，代理民事诉讼526633件，代理婚姻家庭类案件166702件，代理经济诉讼414229件，担任刑事辩护296668件，办理涉外法律事务21618件。律师制度在保障和促进改革开放、经济发展、建立社会主义市场经济体制、健全社会主义民主与法制、维护社会稳定方面发挥了重要作用。在我国律师制度的发展历程中，1980年颁布的《律师暂行条例》和1996年颁布的《律师法（1996）》具有里程碑意义，前者标志着我国律师制度的恢复和重建；后者则集中体现了我国律师制度改革所取得的成就，也大大激发了律师队伍中蕴含的社会生产力，律师队伍迅猛发展。

根据2022年8月司法部网站公布的统计数据，截至2021年年底，全国共有执业律师57.48万多人，其中专职律师45.82万多人，全国共有律师事务所3.65万多家。全国律师办理各类法律事务1308.5万多件，其中，办理诉讼案件811.6万多件，办理非诉讼法律事务167.9万多件。在律师办理的811.6万多件诉讼案件中，刑事诉讼辩护及代理122.8万多件，占诉讼案件的15.13%；民事诉讼代理660.1万多件，占诉讼案件的81.35%；行政诉讼代理26.2万多件，占诉讼案件的3.22%；代理申诉2.4万多件，占诉讼案件的0.3%。

由此可见，经过几十年的发展，不管是律师以及律师事务所的数量，还是律师办理各类法律事务的数量，都有了大幅增长，反映出律师在社会活动中的地位和作用也在日益凸显。

（四）我国当前辩护律师制度

1. 我国刑事诉讼法以及辩护制度的演变

辩护制度作为一个国家民主、法治、文明的符号和象征，对于保障犯罪嫌疑人及被告人的合法权益、促进程序和实体公正、推动我国法治文明建设具有不可替代的重要作用。从中华人民共和国成立到"文革"，再到改革开放四十多年来，我国的刑事辩护制度在曲折中前进，得到了前所未有的建设与发展。

从中华人民共和国成立到1956年期间，我国没有正式的刑事诉讼法律、法规。最早的相关规定是1956年10月印发全国的《关于北京、天津、上海等十四个大城市高、中级人民法院刑事案件审理程序的初步总结》（以下简称《总结》）。该《总结》进一步明确了律师刑事辩护权的行使方式，比如法庭辩论阶段的辩论权以及辩论顺序等。1956 年至 1957 年期间，全国人大、最高司法机关等部门也先后以各种文件的形式对刑事辩护权，包括会见权、阅卷权、调查取证权等具体行使作出规定。

该《总结》在中华人民共和国的刑事诉讼法发展过程中具有举足轻重的作用，为随后 1957 年《中华人民共和国刑事诉讼法草案（草稿）》、1963 年《中华人民共和国刑事诉讼法草案（初稿）》以及《刑事诉讼法（1979）》的出台提供了直接的文本基础。

1957 年的《刑事诉讼法草案（草稿）》明确赋予了被告人委托他人进行辩护的权利，规定每名被告人的辩护人不得超过 3 人；规定了由人民法院指定辩护的事由和情形。辩护人有与在押的被告人会见和通信的权利，还可以请求阅览卷宗、证物及摘录文件。需要特别提及的是，《刑事诉讼法草案（草稿）》还规定了被告人在有罪判决发生法律效力以前，应当假定是无罪的人，即无罪推定原则。近亲属免除作证义务以及国家工作人员、医师、律师、助产士和宗教师等特定职业人员的拒绝作证特权。

1963 年的《刑事诉讼法草案（初稿）》，对辩护制度又有了一定的调整。首先，明确规定了自行辩护、委托辩护和指定辩护三种辩护类型；其次，规定辩护人（不限于律师）有阅卷权、会见权和通信权，但是必须经过人民法院的许可。但遗憾的是，这个在今天看来都依然不落伍的草稿，一直处在"草稿"阶段，始终没有进入任何的立法程序。

1966 年"文化大革命"开始，这部《刑事诉讼法草案（初稿）》没有真正"落地"，但是，它为 1979 年首部《刑事诉讼法（1979）》的快速出台（3 个月）奠定了坚实的基础。

1979 年的《刑事诉讼法（1979）》是在《刑事诉讼法草案（初稿）》基础上进行了两轮修改后形成的。关于辩护制度的内容，放宽了辩护律师的权利范围，辩护律师可以不经过法院许可而享有查阅案件材料、了解案情、同在押的被告人会见和通信的权利。其他的辩护人经过法院许可，也可以了解案情，同在押的被告人会见和通信。

伴随着《刑事诉讼法（1979）》的出台，还必须要提及的一份重要文件是《中共中央关于坚决保证刑法、刑事诉讼法切实实施的指示》（以下简称"1979

年64号文件"），这份文件首次提出了"社会主义法治"的概念，理顺了党与法律、司法之间的关系，取消了党委审批案件制度，再次重申了刑事诉讼法规定的法律面前人人平等、严禁刑讯逼供等规定。

1996年的《刑事诉讼法》进行了第一次大修改。这次修改，再次扩大了辩护律师的权利，改变了过去被告人在法庭审理阶段才可以委托辩护人的做法，允许嫌疑人在侦查阶段委托律师为其提供帮助。在审查起诉和法庭审理阶段，则可正式聘请辩护人。此外，该次修改还明确了法院"可以指定"法律援助律师（经济困难或其他原因）以及"应当指定"法律援助律师（盲聋哑被告人以及可能被判处死刑）的情形。

与辩护制度相关的法律，不仅仅体现在《刑事诉讼法》中，还有《刑法》《律师法》等其他法律。比如于1997年修订《刑法》时，其中第306条专门以律师为特殊主体规定了"律师伪证罪"，即在刑事诉讼中，辩护人、诉讼代理人毁灭、伪造证据，帮助当事人毁灭、伪造证据，威胁、引诱证人违背事实改变证言或者作伪证的，处3年以下有期徒刑或者拘役；情节严重的，处3年以上7年以下有期徒刑。这被称为"悬在律师头上的一把达摩克利斯之剑"，备受诟病。

进入21世纪以后，我国刑事辩护权上的重大进步体现在《律师法（2007）》中。比如，关于会见权，根据《律师法（2007）》第33条规定，犯罪嫌疑人被侦查机关第一次讯问或者采取强制措施之日起，受委托律师有权会见犯罪嫌疑人、被告人并了解有关案件情况；律师会见，不被监听。第34条关于阅卷权的规定，在审查起诉阶段，律师可以查阅的材料从以前的"与案件有关的诉讼文书、技术性鉴定资料"发展成"诉讼文书和案件材料"。此外，《律师法（2007）》还对辩护律师的执业豁免权、执业保密义务、职业性质、执业特别许可制度、执业监管等作出了新规定。

回顾以上变革轨迹，不难发现，法律订立、修改活动在不断推进，社会大众的法治观念在不断进步，司法体制改革在持续深化，刑事辩护在各方因素的联动作用下逐渐在时间和空间上不断延伸，国家司法文明和人权保障事业在不断进步。

2012年《刑事诉讼法》再次修改，将"尊重和保障人权"正式确立为刑事诉讼法的任务，并在吸收司法经验的基础上对刑事辩护制度进一步予以完善。

一方面，根据2012年《中华人民共和国刑事诉讼法》[以下简称《刑事诉讼法（2012）》]第 37 条、第 38 条的规定，辩护律师在执业过程中所遇到的"会见难""阅卷难"问题基本上得以解决；明确了律师在侦查阶段的辩护人身份，保障了律师会见在押犯罪嫌疑人的权利以及会见期间不被监听的权利；扩大了法律援助适用的阶段和案件范围，从审判阶段扩大到侦查、审查起诉阶段，增加了精神病人和可能被判处无期徒刑案件的指定辩护。

另一方面，相关证据规则的确立也为辩护工作的实质开展提供了重要的制度依托。这次修法吸纳了非法证据排除规则、不得强迫自证其罪规则、直接言词规则以及专家出庭制度。这一系列证据规则与证据制度的确立使辩护律师在庭审中逐渐呈现出由被动到主动，由防御向攻击的转变态势。

此外，《刑事诉讼法（2012）》还充分贯彻、体现了无罪推定原则的基本精神。根据该法第 49 条的规定，检察机关应当承担证明被追诉人有罪的举证责任。相应的，第 35 条删去了"辩护人的责任是根据事实和法律，提出证明犯罪嫌疑人、被告人无罪、罪轻或者减轻、免除其刑事责任的材料和意见"中的"证明"一词。这一做法并非多余，因为在法律未作此规定之前，实践中确实存在法院要求辩方承担无罪辩护举证责任的情形。例如，在云南杜培武案中，原一、二审判决认为被告人及其辩护人没有提出证据证明被告人系无罪，故对其辩护意见不予采纳。

在随后的几年间，又陆续出台了一系列文件，包括中央深改组通过的《关于深化律师制度改革的意见》、"两高三部"联合印发的《保障律师执业规定》等，进一步完善刑事辩护律师的诉讼权利。

2017 年，为了发挥法律援助值班律师在以审判为中心的刑事诉讼制度改革和认罪认罚制度改革试点中的职能作用，"两高三部"联合出台了《关于开展法律援助值班工作的意见》，最高人民法院、司法部还专门制定了《关于开展刑事案件律师辩护全覆盖试点工作的办法》（以下简称《刑事辩护全覆盖办法》）。

2018 年，全国人大首次对《刑事诉讼法》以修正案方式进行修改，在试点改革经验的基础上从立法上确立了值班律师制度，明确值班律师的职责是为没有委托辩护人的被追诉人提供"法律咨询、程序选择建议、申请变更强制措施、对案件处理提出意见等法律帮助"，在身份和职能上将其与普通辩护律师进行了明确区分。

随着《监察法》的出台，2018 年《刑事诉讼法》修正案对律师会见权进行了一定的限缩，仅限《监察法》范围犯罪案件在侦查阶段律师是无法会见的。对于贪污贿赂犯罪及经最高人民检察院核准的严重危害国家安全犯罪恐怖活动犯罪案件，建立了刑事缺席审判制度。

此外，随着认罪认罚制度上升到法律层面，修正案也明确了侦查机关对于认罪认罚制度的告知义务——"侦查人员在讯问犯罪嫌疑人的时候，应当告知犯罪嫌疑人享有的诉讼权利，如实供述自己罪行可以从宽处理和认罪认罚的法律规定"；以及辩护律师或者值班律师的在场见证权——"犯罪嫌疑人自愿认罪，同意量刑建议和程序适用的，应当在辩护人或者值班律师在场的情况下签署认罪认罚具结书"。

2. 刑事辩护全覆盖——新改革、新突破

孟德斯鸠说："在政治宽和的国家里，即使是一个最卑微的公民，其生命也应当受到尊重。国家在控诉他的时候，也必定要给他一切可能的手段为自己辩护。"① 无论在审判过程中的何种阶段，被追诉人如果缺乏有效的辩护活动，那么该刑事司法活动就是不公正的。② 我国《宪法》第 130 条、《刑事诉讼法（2018）》第 11 条均规定了"被告人有权获得辩护"。但是，在实践中，由于各方面的原因，我国的刑事辩护率只有 30% 左右。③

2017 年 4 月 26 日，司法部在当年的第一次新闻发布会上，首次提出要"逐步实现刑事案件律师辩护全覆盖"。2017 年 10 月 11 日，最高人民法院、司法部联合发布了《刑事辩护全覆盖办法》，宣示我国在国家层面正式提出了"律师辩护全覆盖"的主张并付诸实施。根据文件内容，我国目前的刑事案件律师辩护全覆盖主要是审判阶段的律师辩护全覆盖，具体而言包括以下内容：

一是被告人除自己行使辩护权外，有权委托律师作为辩护人。

二是被告人具有《刑事诉讼法（2018）》第 35 条、第 304 条规定的情形，包括未成年人，盲、聋、哑人，尚未完全丧失辨认或者控制自己行为能力的精神病人，可能被判处无期徒刑、死刑的人，没有委托辩护人的，人民法院应当通知法律援助机构指派律师为其提供辩护。

三是除上述规定外，其他适用普通程序审理的一审案件、二审案件、按照审判监督程序审理的案件，被告人没有委托辩护人的，人民法院应当通知法律援助机构指派律师为其提供辩护。这就将辩护范围扩大到法院适用普通程序审理的所

---

① 〔法〕孟德斯鸠：《论法的精神》，张雁深译，商务印书馆 1959 年版，第 75—76 页。
② 参见艾超：《辩护权研究》，武汉大学 2010 年博士学位论文，第 70 页。
③ 参见吴忧：《法庭上的那个位置，别空着》，载《四川日报》2017 年 11 月 1 日第 13 版。

有一审案件、二审案件和按照审判监督程序审理的案件，可以大幅度提升刑事案件的律师辩护率。

四是适用简易程序、速裁程序审理的案件，被告人没有辩护人的，人民法院应当通知法律援助机构派驻的值班律师为其提供法律帮助。

五是在法律援助机构指派的律师或者被告人委托的律师为被告人提供辩护前，被告人及其近亲属可以提出法律帮助请求，人民法院应当通知法律援助机构派驻的值班律师为其提供法律帮助。

《刑事辩护全覆盖办法》的颁布实行是我国刑事诉讼制度的新改革、新突破，主要体现在以下三个方面：

第一，扩大了指定辩护的范围。我国的辩护主要分为自行辩护、委托辩护和指定辩护三种类型。新的规定突破了《刑事诉讼法（2018）》中关于法定法律援助的案件范围，将指定辩护范围扩大到审判阶段适用普通程序审理的所有案件，更好地保护被告人的辩护权。

第二，明确规定了指定辩护中的律师职责。在法律援助案件中，由于法律援助案件补贴较低和律师自身情况等一系列原因，存在一些辩护效果欠佳的问题。为此，《刑事辩护全覆盖办法》第 20 条规定了律师应当"会见被告人"、应当"阅卷并复制主要的卷宗材料"、要做好"庭前准备工作"、参加"全部庭审活动"并进行充分的"质证、陈述"，要发表"具体的、有针对性"的辩护意见等，对律师的辩护工作进行了具体、严格的要求，让法律援助有了"质"的保障。

第三，多渠道加强了"律师辩护全覆盖"的工作保障。在经费方面，《刑事辩护全覆盖办法》提出了要"建立多层次经费保障机制""有条件的地方可以开展政府购买法律援助服务""探索实行由法律援助受援人分担部分法律援助费用"等系列探索工作，并要求"提高办案补贴标准并及时足额支付"，完善律师开展法律援助工作的经济保障。此外，"建立律师开展刑事辩护业务激励机制"、评选表彰优秀的刑事案件法律辩护律师等工作，提高律师在法律援助案件中参与辩护的积极性。

"律师辩护全覆盖"制度的建立，有助于解决检察官在刑事案件中"少有对手"的"不平等对抗"的局面，帮助被告人解决由于自身法律知识不足导致举证不到位、质证不透明、辩论不充分的问题，使得控辩双方得以平等对抗。法官可以在双方的对抗碰撞中，更好地发现案件事实真相，这也符合"以审判为中心"的诉讼制度改革中"确保审查起诉的案件事实证据经得起法律的检验"的要求。"强化诉讼过程中当事人的辩护辩论权的制度保障"的要求也符合《世界人权宣言》中所要求的受刑事控告者所进行的公开审判要"获得辩护上所需要的一切保证"，顺应世界人权保障的潮流。①

但是，必须要指出的是，受一些地方律师数量有限、经费保障不足、相关部门重视不够等种种现实原因影响，"刑事辩护全覆盖"的完全落地，还要假以时日，有待于从立法层面、制度层面进一步完善。比如，为了保障"全覆盖"的真正实现，可以从立法上规定法定后果：审判阶段没有辩护律师参与的，审判活动因违反正当程序而无效。

第二节　中国刑事辩护律师的职责定位

一、律师职业定位的嬗变

律师的职责定位是律师制度乃至法治建设中一个最基本的问题，同时也是最重要的问题。律师的职责定位首先取决于律师的职业定位，职业定位不同，职责定位亦不同；职业定位不清晰，职责定位也不可能清晰。

关于律师的职业定位，我国在不同的社会历史阶段有着不同的定性。回首我国律师制度的发展历程，从中华人民共和国成立后创建律师制度开始，到2007年《律师法》的修改，期间短短五十余年的发展，它走过了一条曲折坎坷之路。关于我国律师职业的立法，大致经历了以下几个发展阶段。

（一）制度内的国家法律工作者

1980年《律师暂行条例》（已失效）第1条规定："律师是国家的法律工作者，其任务是对国家机关、企业事业单位、社会团体、人民公社和公民提供法律

---

① 参见陈光中、张益南：《推进刑事辩护法律援助全覆盖问题之探讨》，载《法学杂志》2018年第3期。

帮助，以维护法律的正确实施，维护国家、集体的利益和公民的合法权益。"将律师定位为"国家的法律工作者"是由当时的政治背景和社会环境所决定的。所谓"国家的法律工作者"，也就意味着律师以国家机构公职人员的身份从事法律业务，律师是"国家的人"，是"国家行政干部"。① 其包括两层含义：第一，"国家的法律工作者"表明律师是国家的公职人员。因此，虽然律师是接受当事人的委托处理具体案件，但是律师与当事人之间并不是单纯的委托关系，也就是说律师代理当事人处理案件还包含公益目的。第二，既然律师是国家公职人员，那么其理应接受司法行政机关的领导，服从其指挥。

将律师定位为"国家法律工作者"是特定历史条件下的产物，这种定位决定了律师首先要维护国家的利益，这就违背了律师服务对象的社会性原则，使之难以全力为当事人服务，同时也降低了当事人对律师的信赖度。因此，律师作为国家公职人员的身份与其维护当事人合法权益的使命有时会存在冲突。

（二）为社会提供法律服务的执业人员

1993年司法部《关于深化律师工作改革的方案》提出，要"充分发挥律师在国家经济生活和社会生活中的中介作用"，将律师视为市场经济的中介组织，并认为"律师是为社会服务的专业法律工作者"。这种定位以"为社会服务"来代替"国家"，明确了律师服务对象的社会性。

继而，1996年5月15日，我国通过第一部《律师法》，其第一章第2条明确规定："本法所称的律师，是指依法取得律师执业证书，为社会提供法律服务的执业人员。"从此，我国律师摆脱了"国家法律工作者"的定性，成为"为社会提供法律服务的执业人员"，律师的国家干部身份逐步演变为真正的职业身份。②

（三）为当事人提供法律服务的执业人员

"律师是为社会提供法律服务的执业人员"的定性使律师职业能够与其他职业有较为明确的区别，但却缺乏了对律师服务对象特定性的考虑，致使社会公众对律师参与诉讼的作用存在疑虑。

2007年10月28日再次修正后的《律师法（2007）》第2条第1款规定："本法所称律师，是指依法取得律师执业证书，接受委托或者指定，为当事人提

---

① 参见张耕主编：《中国律师制度研究》，法律出版社1998年版，第2页。
② 参见郑杭生：《中国特色社会学理论的探索》，中国人民大学出版社2005年版，第319页。

供法律服务的执业人员。"将律师的服务对象从"社会"修正为"当事人",使得律师的服务对象更加明确具体。

总之,中华人民共和国律师制度恢复以来走过了一条曲折的道路。从1979年恢复律师制度到2007年,我国现代律师制度经历了近三十年的蜕变演化,律师职业属性从"国家的法律工作者"演化为"为社会提供法律服务的执业人员",再到"为当事人提供法律服务的执业人员"。这一律师职业定位演化历程说明,我国律师制度基本上完成了从国家化到社会化的过程。这个社会化的成果集中表现为"律师业与国家(相对于社会)关系上发生的以律师业逐渐脱离对国家经费和编制的依赖为主要特征的社会化活动"[①]。在业务对象上,表现为从主要为国家利益服务演化到为包括国家在内的不特定当事人提供服务,这个现实成果是我国律师制度发展的核心内涵。

二、最大限度地维护当事人的合法权益

律师的职责定位是律师制度中最基本的问题,然而,关于这个问题的理念分歧在我国至今并未解决。伴随着对律师职业属性认识的演变,关于辩护律师职责定位也一直处于争议之中。辩护律师的职责到底是什么?是正义的化身?还是邪恶的代言人?一会儿被誉为天使,一会又被视为魔鬼,到头来成了一个不伦不类的怪物。这样的认识既迷惑了社会大众,甚至也误导了律师自身。这种现状实际上很可怕,因为,缺乏准确定位的职业是不会有立足之地的。有的律师对自己的定位也不是很清楚,例如,有些辩护律师认为律师就应当代表正义,甚至有人认为辩护律师的职责是与公诉机关相配合等。这些都是对辩护律师职责定位问题认识的偏颇。

其实,辩护律师的职责定位并不复杂,简言之,就是依法最大限度地去维护当事人的权益。律师并不代表公正,而只能通过参与司法程序的整体活动去实现和体现公正;律师也并不代表邪恶,即使为邪恶者辩护或代理的活动,也是实现与体现法律公正不可缺少的一部分。

当维护当事人利益与维护社会公平两个价值目标冲突时,律师应当将维护当事人利益作为积极义务,而将维护社会公平作为消极义务。因为,律师的职责就

---

① 张志铭:《当代中国的律师业》,载夏勇主编《走向权利的时代——中国公民权利发展研究》,社会科学文献出版社2007年版,第89页。

是以维护当事人利益的方式去追求公平正义。律师在维护当事人利益的基础上，与公权力抗衡，防止公权力滥用，进而达到维护社会公平的价值目标。所以，律师维护当事人利益的价值目标与实现社会公正的价值目标在本质上并不冲突。律师与法治并存，为实现公平、正义而服务，但辩护律师本身并不代表法律的天平，而只是扶正这个天平的砝码。辩护律师维护公平、正义的作用，只能在其为当事人提供法律服务的具体过程中得到综合体现，其服务的宗旨就是在尊重法律、服从法律的前提下，运用法律手段最大限度地维护当事人的合法权益。

第三节　中国律师的社会使命

一、律师与社会发展

律师与社会的发展是相辅相成的。在现代法治国家，社会事务的处理和社会成员的活动都必须服从法律的规制，这使得律师在社会生活中的地位和作用变得越来越重要。同时，也为律师的发展提供了良好的政治空间，使得律师能够在法治大背景下茁壮成长。

在西方国家，自中世纪以后，律师一直是备受人们尊敬的职业。以美国为例，很多管理者都是律师，从事法律职业的人构成了这个社会的贵族阶层。①"正是律师决定着我们的文明，大多数立法者都是律师。他们制定我们的法律，绝大多数总统、州长、政府官员以及他们的顾问和智囊团都是由律师担任的。他们执行着国家的法律。所有的法官都由律师担任，他们解释和实施国家的法律。……我们的政府是一个律师的政府，而不是一个人民的政府。"② 著名法学家费里德曼曾预言："当代发展中国家的律师必须成为制订发展计划的积极负责的参与者。律师工作日益重要的作用，既非诉讼，也非解决争议，而在于决定政策所及的范

---

① 〔法〕托克维尔：《论美国的民主》，董果良译，商务印书馆1998年版，第23页。
② 〔美〕伯纳德·施瓦茨：《美国法律史》，王军等译，中国政法大学出版社1990年版，第235页。

围及其制定。"① 虽然目前中国律师的社会地位不及西方国家，律师参政议政的作用还有限，但律师对社会的发展也是起到了很大的推动作用。

改革开放以来，我国经济建设飞速发展，为律师制度改革打下良好的基础。我国初步建立了社会主义市场经济，国家的经济生活日益多样化和复杂化，这为律师行业的发展提供了广阔的市场，对中国法治建设提出了更高的要求，也显现出对中国律师角色进行新的定位日趋迫切。

鉴于近四十年律师制度变迁和律师领域的良性互动，对于律师职业来说，需要继续推进律师社会化改革，并以立法的形式确保律师社会化的成果；同时，以立法的形式加强对律师权利的保障，积极应对导致律师执业困境的各种因素。我国律师制度的改革发展只有在促进律师自由和保障律师执业权利实现的基础上，才能够积极回应社会多元利益保护的需要，也只有在满足这些需要的基础上，我国律师制度的发展才能够成为社会发展的助推器。

二、当代中国辩护律师的社会使命

（一）尽职尽责——为当事人利益最大化服务

律师的基本职能在于维护当事人的合法权益，律师通过担任法律顾问、代理人和辩护人，为社会提供法律服务。因此，律师是一个有别于法官、检察官和法学家的法律实践者群体。其不同之处在于，律师是接受社会上不同的当事人委托为其提供法律帮助的法律实践者，是当事人利益和权利的捍卫者。为当事人服务，是律师的天职。律师追求正义的职责绝不是一个抽象的概念，而是通过依法维护当事人利益的特定方式去实现的。这是律师职业区别于其他法律职业的基本特征。所以，尽职尽责，为当事人利益最大化服务，始终是律师孜孜追求的目标，也是律师义不容辞的义务。

（二）法律援助与公益诉讼

法律援助和公益诉讼，应当作为律师的一项职业伦理，它源于律师在法律实践中对司法正义的自觉追求和社会责任。中国律师有必要将自身专业的法律技能服务于公益法律事务，以此来实现律师职业最基本的社会责任。律师职业就其内在职业伦理而言，要实现法律面前人人平等的基本目标，就必须保证人人都有平

---

① 〔美〕迪亚斯等：《第三世界的律师》，陈乐康等译，中国政法大学出版社1992年版，第7页。

等接近正义的机会。

目前,中国仍有不少人由于经济、社会和文化等方面的原因陷入困境,属于处于不利社会地位的人群,即所谓的弱势群体。法律援助就是要向这些缺乏能力、经济困难的当事人提供法律帮助,使他们能平等地站在法律面前,享受平等的法律保护。实践中,律师是提供法律援助的主要力量。

公益诉讼是指组织和个人都可以根据法律法规的授权,对违反法律、侵犯国家利益、社会公共利益的行为,向法院起诉,由法院追究违法者法律责任的活动。公益诉讼的目的是促进和保护公共利益,从理论上说,公益诉讼提起的主体包括一般民众、社会团体和检察机关。实践中,律师是提起公益诉讼较为常见的主体。律师提起公益诉讼,运用司法程序,可矫正在经济发展以及社会管理过程中出现的损害群众利益的某些偏失。

法律援助、公益诉讼都属于公益性活动,是律师进行商业性活动之外的重要活动,是律师参与法治社会建设的又一渠道和手段。

(三)积极参与立法与社会政治生活

在不少西方国家,律师始终是政治力量的一种后备资源,律师在社会政治结构中居重要位置,他们直接参与并实际影响西方国家民主政治制度的运作过程。正如西方学者托克维尔所说:"国家常常需要一大批能干的律师去充实政治机构中的上层政治职位,以便不论在朝在野都能提出自己的政治建议。"[1] 在中国,律师基于其法律专业技术优势、角色优势和职业优势,积极参与立法与政治生活同样具有重要的理论意义和实践价值。一方面,可以促使立法机关创新立法理念,开拓和利用多种立法资源,提高立法质量。另一方面,律师通过参与立法,可以提高自身的专业水平和社会影响力。

一般情况下,律师通过当选人大代表或政协委员提出和审议立法议案和提案,通过当选人大立法咨询委员、立法助理等方式参与立法。除此之外,律师还有更多的机会可以在执业过程中对立法活动和社会政治决策发挥作用。例如,可以通过接受立法部门的委托参与立法,或通过直接上书和通过大众传媒向立法部门提出立法建议,还可以通过参加立法论证会、听证会、座谈会等多种形式参与立法。

---

[1] 〔法〕托克维尔:《论美国的民主》,董果良译,商务印书馆1988年版,第211页。

通过个案推动立法，更是律师参与立法和社会政治生活最普遍和最有效的方式。律师是参与社会生活最广泛、最深刻的职业群体，可以在代理案件的过程中发现问题并提出立法和修法建议。这是律师履行社会责任最可行也是最必要的方式。

政府法律顾问制度的建立和推行，为律师参与政治生活拓宽了途径。法律顾问可以提供以下法律服务：可以为政府重大决策、重大行政行为提供法律意见；可以参与法律法规规章草案和规范性文件送审稿的起草、论证；参与合作项目的洽谈；可以协助起草、修改重要的法律文书或者以党政机关为一方当事人的重大合同；可以为处置涉法涉诉案件、信访案件和重大突发事件等提供法律服务；参与处理行政复议、诉讼、仲裁等法律事务；等等。这些活动中，律师们可以大显身手，他们对不同利益有着敏锐观察力，他们对法律规范能够精准把握，他们能够熟练运用论辩技巧和说服艺术。更重要的是，律师来源于社会，在社会管理中有着相对独立的身份和地位，有时更能让民众接受和相信，在处置涉法涉诉案件、信访案件和重大突发事件，参与处理行政复议、诉讼、仲裁等法律事务中有着难以替代的优势。这些活动使得律师成为与政府事务相关的法治社会建设中的重要角色。[①]

三、实现使命的基础与方式

（一）提升理论水平与专业技能

如今社会上案件普遍增多，当事人对法律服务的要求越来越精细化和专业化，律师需要具备足够的理论水平和过硬的专业技能，才能更好地为当事人服务，最大限度维护当事人的合法权益。扎实的法学理论功底和丰富的法律实践经验，是成为一名优秀律师不可或缺的两个基本条件。

为此，律师要加强业务学习和知识更新，不断提升自我理论水平。现代社会已进入人类文明高速发展的时代，法律更新的速度很快，几乎每天都会有新的法律、法规出台。这就要求，律师能够在第一时间内了解和掌握新法、新规。而且，律师办案只熟悉法条是远远不够的，还需要加强基本理论的学习。很多案件在没有头绪时，就需要回过头来看看部门法的原理和原则，深入了解法律的精

---

① 参见陈柏峰：《法治社会建设的主要力量及其整合》，载《法律和政治科学》2019 第 1 辑。

髓。要把律师做好,首先要把法理学好,要把原理、原则学好。理念、原理、原则是一个合格法律人必须吃准、吃透并可以运用自如的基本功底。很多冤假错案的出现,都是源于对这些问题的认识错误。做律师不能犯这种错误,而且还要善于帮助其他人纠正这种错误。

律师还要积极参加各种业务培训,不断提升自己的专业技能。我国律师制度恢复以来,基本操作技能的培训非常欠缺,可以说基本处于空白状态。绝大部分律师都是在摸索中前进。近年来,律师业务相关培训平台及各种线上、线下培训活动逐渐增多,律师应抓住各种学习机会,积极参加各种业务培训活动,并在自己的办案实践中,不断总结经验,将自己的培训收获运用到实践中去,不断提升自己的专业能力。

随着刑事诉讼制度的发展,庭审走过场、以书面辩护意见为主要载体的传统辩护方式将被摈弃。根据以审判为中心刑事诉讼制度改革的要求,庭审实质化将是未来刑事辩护的重要方向。随着未来证人、鉴定人、专家辅助人、侦查人员出庭率的提高,对刑事辩护律师在法庭调查过程中的发问技巧等具体技能也提出了越来越高的要求。

因此,刑事辩护的专业化未来将成为不可逆转的趋势。而不断提升理论水平与专业技能,则是每一位刑辩律师迫切而长期的任务。

(二)及时更新理念

在我国的特定环境下,人治理念与法治理念的冲突与碰撞会持续较长的时间。在这个特定时期内,滞后的理念无疑是法治化进程的羁绊。所以,对于任何一位专业法律人士来说,更新理念都显得至关重要。

从宏观角度而言,人治与法治的本质区别何在?人治与法治各自的人性论基础是什么?从微观角度而言,律师的职责定位是什么?律师与正义的关系如何?律师与当事人的关系如何?这一系列问题,都是一位专业律师不容回避的。一位专业法律人士,如果对法治的本质缺乏正确而深刻的理解,对自己的执业理念都模糊不清,对自己的职责定位都搞不清楚,何谈尽职尽责?但是,在当前的中国社会,这些问题至今并没有真正厘清而且仍然争议不断。

所以,与法治发达国家相比,及时更新理念是中国律师一项更为特殊的重要任务。为此,律师不仅要不断加强理论学习,而且要随时关注法律更新的进程和价值观的变化,及时提高自己的法律素养。

(三) 修炼人格素养

律师的人格素养,主要是指律师的职业道德和责任心。

律师的职业道德,是律师在为社会提供法律服务的过程中,应当遵循的职业道德意识、职业道德规范和职业道德情操的合称。道德意识是律师内心深处对职业道德的理解和信服,对道德规范自觉信守的意念。而作为为社会提供法律服务的特殊行业,律师职业道德规范有其自身的特征。一方面,它是由中华全国律师协会通过规范性文件的形式来体现的,其中许多规范直接来源于有关法律、法规和行政规定。另一方面,律师违反律师职业道德规范一般会受到一定的制裁。

律师在办案过程中,要严格遵守《律师职业道德和执业纪律规范》的要求。律师应当忠于宪法和法律,坚持"以事实为依据,以法律为准绳"的原则出庭辩护。敬业勤业、尽职尽责、仗义执言、据理力争,是律师应当坚守的情操。举止端庄、诚恳谦逊,是律师不可缺少的风度。

律师的人格素养需要在长期的执业实践中修炼而成,刑辩律师应顺应社会发展潮流,自觉提高人格素养,使自己成为适应时代发展所需要的德才兼备的优秀人才。

责任心包括律师的立场性和原则性。律师的首要责任是依法维护委托人的利益,这也是律师的行为准则。所以,律师必须坚持对委托人负责的立场并始终坚持这一原则。在任何情况下,律师都不能出卖委托人的利益,即使在与委托人产生意见分歧而又无法取得共识的情况下,也不能违背委托人的意愿而提出不利于委托人的辩护意见。现实中,有的律师在被告人坚持不承认有罪的情况下,却以律师可以独立行使辩护权为由而坚持为其作罪轻辩护,以至于在法庭上与被告人发生冲突。这种做法是对律师辩护权独立性内涵的误解。律师独立行使辩护权的含义应该是独立于法律之外的其他各种因素的影响和干预,而不是独立于委托人的意志之外,因为律师的权利来自于当事人的委托,而不是国家的授权。

如果委托人的要求超出了法律规定的范围怎么办?例如,如果在有罪证据确凿的情况下,委托人坚持要求律师作无罪辩护,甚至公然要求律师帮助其伪造证据或者诬陷他人,律师应当如何应对?在这种情况下,律师首先应当以法律人的专业能力去影响和说服对方,力求与对方达成共识。在最终无法取得共识的情况下,律师则应当遵守三个原则:

一是可以与委托人解除委托关系,放弃辩护,但不可以违背其意愿提出对其不利的辩护意见。

二是律师不能提出不利于委托人的证据,因为律师负有对委托人隐私的保密义务,这种义务也是免作证权。

三是在任何情况下,律师都不得帮助委托人伪造证据,这是律师职业道德的底线。

(四)以个案推动社会发展与进步

从广义上说,律师的责任不仅包括对委托人的责任,还包括对社会的责任,因为律师职业所面对的各种权利义务关系涉及全社会政治生活和经济生活的各个方面。律师的执业活动不仅仅关系到委托人的权利和义务,也关系到相对人的权利和义务。同时,律师的执业活动又与全社会的法治大环境紧密相关。与某些单纯的技术性工作不同,律师的每一项执业活动乃至律师的自身权利都与社会生活中的各种权利义务关系相关联。正是由于律师职业这种特殊的社会属性,决定了律师所承载的社会责任更重要、更广泛。所以,律师的职业责任与社会责任具有十分密切的内在联系。

办好一个案件,可以防止一个错误,维护一次公正。如果因此能推动立法的改进,可以防止一类错误,维护一片公正,帮助一批人免受不公正的追究。这正是"个案推动立法"的意义所在。因此,一位具有强烈社会责任感的律师,应将"以个案推动立法"视为自己的使命。这也是其他从事法律实务工作的群体即司法人员的共同使命。

近年来,随着社会矛盾的不断多样化,实际案例日益复杂,因个案引发立法或修法的情况不断出现。例如2003年3月,在广州务工的湖北青年孙志刚被收容并被打死一案,引发了关于"《城市流浪乞讨人员收容遣送办法》是否应该废除"的全民大讨论。著名宪政学者、时任全国人大秘书局副局长的蔡定剑主持了"公民上书全国人大常委会要求对《城市流浪乞讨人员收容遣送办法》进行违宪审查的案例分析会"。在会上,多名律师积极参与讨论、各抒己见。最终在同年6月,该办法被废除。遗憾的是,在这之前,收容遣送制度已经实施多年,近似的案例一再出现,都没有引起足够的重视,直到付出孙志刚被收容并被打死这样惨重的代价。

在新的问题刚刚暴露时,如何更积极、更主动、更及时地发挥"个案推动立法"的作用,如何对典型个案深入分析和总结,以此考察立法的合理性和可操作性，及时提出修法建议，并大声呼吁，促使立法者及时解决这些问题，是律师应尽的责任。律师在办理案件过程中，把自己办案中的体会加以研究、分析、总结和提升，同时提出立法、修法的建议，提出司法改革的建议，这样就有了更重要的意义。律师不仅办了案子，做好了自己的事业，而且又推动了法治的建设，推动了司法改革的进程。因此，刑事辩护律师应时刻牢记"个案推动立法"的使命，通过个案推动法律的修订与完善，促进社会的进步与发展。

回顾过去，展望未来，刑事辩护业务一直都是挑战和机遇并存。尽管未来的道路仍然布满荆棘，刑事辩护仍然是"皇冠上那颗璀璨的明珠"。

第二章 刑事辩护的一般问题

刑事辩护制度是基于对抗国家的追诉权,维护被追诉人自身利益而萌生的一项制度,追求的是一种趋于平等的诉讼模式。刑事辩护制度的理论基础包括无罪推定原则、程序主体性理论、对立统一规律、相对制度等。刑事诉讼制度的价值在于真实发现、公平裁判、权利实现、刺激交易、符合标准以及法律秩序进化。刑事辩护依据辩护人产生方式和辩护权的行使主体,可以分为自行辩护、委托辩护与指定辩护;依据审判程序是否必须有辩护人参与的标准,可以分为强制辩护与任意辩护;依据辩护人的职责,可以分为无罪辩护、罪轻辩护与量刑辩护;依据辩护的内容分类,可以分为实体辩护、程序辩护和证据辩护。我国的刑事辩护需要在以审判为中心的诉讼制度改革中不断改革完善,当前所存在的辩审冲突、辩护冲突也会在司法改革进程中逐渐消解。

第一节 概　述

一、刑事辩护制度的产生

根据近代西方的自然法思想和社会契约理论，每个人都享有一些不可剥夺的与生俱来的权利，如生命、健康、自由、安全和反抗压迫等。这些基本人权在人类社会的各个领域都得到了反映和体现，而辩护权正是反抗压迫权在刑事诉讼领域的延伸与彰显。基于人性的本能，当一个人受到压迫和侵害的时候，就会采用一切可能的手段予以反抗。刑事诉讼在本质上是国家与个人间一种权益的冲突，当犯罪嫌疑人、被告人实施了犯罪行为，就会受到国家的刑事处罚，而国家刑罚权的实现也会危及被追诉人的人身和财产等权利。这时，被追诉人本能地就会运用一切合法的手段对检察机关提出的控诉予以反驳。[1] 辩护权的目的就是对抗国家的追诉权，维护被追诉人的合法权益。

在人类早期的弹劾式诉讼中就已出现刑事辩护的影子。只不过在奴隶制社会中国家公权力的介入不深，控诉权并不是由国家来行使的，而是由被害人直接向审判机关提出自诉。被害人与被告人作为诉讼地位平等的诉讼主体，享有同等的诉讼权利。在弹劾式的诉讼模式下，被告人的辩护权得到了法律上的肯定和保障，为刑事辩护制度的出现奠定了基础。

到了封建社会时期，普遍推行的是纠问式的诉讼模式，在这种模式下，被追诉人不是诉讼主体，而是沦为诉讼客体，是国家机关发现真相的工具，有招供的义务，而辩护成为一项消极的权利，只是"喊冤"，司法官奉行有罪推定原则，刑事被告人没有真正意义上的辩护。整个中世纪之后资产阶级革命之前，辩护制度一直受到压制。

资产阶级取得革命胜利以后，民主、平等、人权等价值理念的呼吁对纠问式

---

[1]　参见谢佑平：《生成与发展：刑事辩护制度的进化历程论纲》，载《法律科学》2002年第1期。

诉讼模式的改造产生了深刻影响，现代意义上的控辩式诉讼模式得以产生。控辩式诉讼模式不仅强调要惩罚犯罪，还强调要对被追诉人的权利进行保障。控辩式诉讼是以无罪推定理念为前提的，在这一理念下，被追诉人在未被法院判定有罪之前都应推定为无罪，应享有与普通公民同等的诉讼权利。在控辩式诉讼模式下，被追诉人的法律地位同国家机关趋于平等，被追诉人不再是纠问式诉讼模式下的诉讼客体，而是作为诉讼主体，享有与其地位相对等的完整的诉讼权利，辩护权就是其中的一项。由此，刑事辩护制度在真正意义上得以重生。

二、刑事辩护制度的理论基础

在我国，对于刑事辩护制度理论基础的学术探讨不是很热烈。通行的观点认为，马克思列宁主义是构建我国刑事辩护制度的理论基础，特别是马克思主义认识论、马克思主义哲学中的"对立统一规律"更具有决定意义。[①] 也有学者认为："人权保障是刑事辩护制度的价值论依据、无罪推定制度是制度性依据、相对制度是方法论依据。"[②] 综合国内外学者的主张，有代表性的理论观点主要有以下几种。

（一）无罪推定原则

虽然未被正式写入我国《刑事诉讼法》中，但无罪推定原则是现代刑事诉讼制度的基石，是区别于封建刑事诉讼制度的根本标志。世界上许多国家在刑事诉讼中普遍奉行无罪推定原则。1948年，联合国大会通过的《世界人权宣言》第11条第1项规定："凡受刑事控告者，在未经获得辩护上所需的一切保证的公开审判而依法证实有罪以前，有权被视为无罪。"这被认为首次在世界范围内确认了无罪推定原则。1966年联合国大会通过的《公民权利和政治权利国际公约》第14条第2款规定："凡受刑事控告者，在未依法证实有罪之前，应有权被视为无罪。"《欧洲人权公约》第6条第2项规定，任何被指控实施犯罪的人在依法被证明有罪之前应被假定为无罪。

无罪推定原则要求在犯罪嫌疑人、被告人未经法院判决为有罪之前，应在法律上假定其无罪。在证明责任的分配上，被告人不负举证责任，由控方承担证明

[①] 参见陈光中：《刑事诉讼法学（新编）》，中国政法大学出版社1996年版，第109页。
[②] 陈兴良：《为辩护权辩护——刑事法治视野中的辩护权》，载《法学》2004年第1期。

被告人有罪的责任。但是这并不意味着犯罪嫌疑人、被告人毫无作为，面对控方想方设法证明有罪，其可以采取维系其无罪假定的手段，那就是刑事辩护。刑事辩护是确保自由人不被无辜追究的一种必要的方式，是无罪推定原则的应有之义。

（二）程序主体性理论

所谓主体性是指自由地决定、选择、支配自身命运的特性，与之相对的是客体性，即被动地接受他人的安排。① 在刑事诉讼中，犯罪嫌疑人、被告人应当与控诉机关和审判机关拥有同等的程序主体地位。检察院是公诉权和侦查权的主体，法院是审判权的主体，二者是代表国家追诉和惩罚犯罪的主体，作为被追诉对象的犯罪嫌疑人、被告人并不因受到控诉和审判而被工具化，其是对侦查、起诉、审判有着防御权的主体。

程序主体性理论主要体现了以下思想：第一，犯罪嫌疑人、被告人在刑事诉讼过程中应当被尊重为诉讼主体，而不能被当作客体来对待，不能单纯地被当作国家追诉犯罪的工具。第二，应当承认被追诉人的程序主体权，即犯罪嫌疑人、被告人在刑事诉讼中应拥有程序上的基本人权。第三，国家立法和司法机关应当对犯罪嫌疑人、被告人的基本人权进行有效的保障，以巩固其程序主体地位。程序主体性理论要求应当尊重犯罪嫌疑人、被告人的尊严，国家权力机关不能对其采用刑讯逼供的手段，应当给予其陈述申辩和聘请律师为自己辩护的权利。质言之，将犯罪嫌疑人、被告人当成人而非物，将其作为刑事诉讼过程中的主体而非客体对待，有必要为其配备足够的武器——刑事辩护，使其能够拥有真正意义上的刑事诉讼法上的尊严。

（三）对立统一规律

对立统一规律是唯物辩证法的三大规律之一，认为世界万物都包含既斗争又统一的两个方面。列宁称对立统一规律为辩证法的本质和核心。对立统一规律为人们提供的认识论是矛盾分析法。刑事诉讼的基本内容是查明已经发生的客观存在的案件事实，继而惩罚犯罪分子，其是一种认识活动。

刑事诉讼中的认识包括对案件事实的认识和对法律适用的认识。在刑事诉讼中，始终贯穿着控辩双方的矛盾，控诉方采取各种手段收集证明被追诉人有罪的

---

① 参见陈瑞华：《刑事审判原理论》，北京大学出版社1997年版，第77页。

证据，辩护方则想尽一切办法来予以反驳证明被追诉人无罪或者罪轻。而要达到真理性的认识，就需要在控辩双方对抗的矛盾中寻求。因此，赋予被追诉人辩护权，创立刑事辩护制度是维系这种矛盾的必然要求。这种理论是以发掘真实作为导向的，符合唯物主义与自然辩证法的价值诉求。

（四）相对制度

相对制度是西方国家对刑事辩护理论根据的一种表述。我国也渐渐出现一些学者采用相对制度理论作为刑事辩护制度的法理基础。相对制度，是指无论某种观点看来多么有理，或某种主张看来多么正当，都应当允许另一方面的意见存在。并且，提出主张者必须和否认主张的权威行使者即裁判者要分开——控审分离。

把相对制度运用到刑事诉讼中，一方面，应当允许持不同主张的诉讼当事人作为合理存在参与到诉讼活动中，不能允许出现"话语霸权"，只让代表国家的控诉机关说话，而不让代表个人的辩护方说话；另一方面，还要求诉讼参与人，即使是代表国家提起控诉的检察官，也必须和作为裁判者的法官相分离，因为司法正义有一个基本的理念，那就是任何人不能充当自己案件的法官。[1] 这样的分离结构使得整个诉讼流程更为民主、科学、人道，而非单方面的压制，可减少冤假错案的出现。如果只有控诉，没有辩护，刑事诉讼活动就会沦为行政治罪活动，失去刑事诉讼的相对性。[2]

三、刑事辩护制度的价值

刑事辩护在刑事诉讼中到底具有怎样的功能，能起到什么样的效果，即刑事辩护存在的意义和价值到底是什么，这是一个需要探讨的重要问题。学者在此问题上存在较大争议，没有达成共识，但也出现了几个具有代表性的理论。

（一）真实发现理论

该理论认为，刑事辩护制度的设立服务于发现真实的刑事诉讼目的。通过控辩双方对同一问题的陈述和发生的激烈对抗，从中发现案件真实。该理论假定在刑事诉讼中控辩双方都站在有利于己方的立场上发表意见进而发挥作用，他们并

---

[1] 参见龙宗智：《刑事庭审制度研究》，中国政法大学出版社2001年版，第346—347页。
[2] 参见田文昌主编：《刑事辩护学》，群众出版社2001年版，第4页。

不直接地揭示案件的事实真相，但他们却在互相对抗的过程中无心地服务于发现真实的制度性目的。因此，刑事辩护制度具有有利于揭示案件事实真相的工具性价值。① 刑事辩护制度为裁判者发现真实提供了制度性保障。一则辩护人有可能会提请关注或申请收集对被告人有利的证据，从而保证证据查证的全面性；二则辩护人通过质证、交叉询问等揭示了案件的另一面，从而防止裁判者形成先入为主的偏见，为不偏不倚地认定案件事实提供保障。

（二）公平裁判理论

该理论认为，审判不是发现真实的最好方式。非亲历者不可能知悉曾经发生的事情的所有细节，只能通过收集足够的证据来证明自己假设的正确性。设立刑事辩护制度，对警察、检察官单方发现事实的规则进行说明，赋予被指控人反对自我归罪的权利以抑制政府的有利地位并确保政府不强迫被指控人进行供述，从而使得被指控人能够具有影响地参加诉讼，同时带给被指控人更多的公平和接受裁判结果的自愿性。②

（三）真实发现与公平裁判相结合理论

该理论认为，真实发现与公平裁判是不可分的，设立刑事辩护制度在发现真实与公平裁判两方面均有积极意义。不公正的程序可能导致发现的事实是扭曲的、错误的事实，公正的程序与案件事实的发现之间存在联系。但是，也有学者提出，程序公正与否与发现案件事实并无关系，很多时候程序公正反倒会阻碍事实的发现，而只要裁判者依据程序规则进行审判就是公正的。

（四）权利理论

该理论认为，在刑事诉讼中，赋予被指控人辩护权，建立刑事辩护制度，旨在为政府提出和赢得起诉设置障碍。根据这种观点，或真实发现或公平裁判，或者二者均是刑事诉讼的价值目标。然而，刑事诉讼还有一个附加的政治性目标，即确保警察的侦查权和检察机关的公诉权不被作为一般性的权力加以使用。因此，赋予被指控人权利可防止政府权力滥用从而保护所有公民不受非法侵害。③ 刑事法律是政府最重要的武器之一，政府可以利用其来控制人民。法官作

---

① 参见熊秋红：《刑事辩护制度之诉讼价值分析》，载《法学研究》1997 年第 6 期。
② 参见陈兴良：《为辩护权辩护——刑事法治视野中的辩护权》，载《法学杂志》2004 年第 1 期。
③ 参见熊秋红：《刑事辩护制度之诉讼价值分析》，载《法学研究》1997 年第 6 期。

为权力集团的一员,是不可能对抗政府的,即使法官具有独立性,但其作出的判断仍然会不自然地偏向政府一方。而辩护律师的作用就是通过为被追诉人提供有利的辩护,从而使得政府的刑事追诉活动变得更为理性。

（五）交易刺激理论

该理论认为,赋予被追诉人一系列权利为以审判之外的方式解决刑事案件提供了前提。根据这种理论,刑事审判被认为是处理刑事案件的例外方式。由于控辩对抗会给审判结果带来极大的不确定性,遭受损失的风险很高,因此,双方当事人都愿意通过协商以签订协议的方式来解决纠纷,从而使案件不进入审判程序,这时查明真相也就显得不那么重要了。该理论是美国有罪答辩和辩诉交易制度在诉讼理论上的反映。

（六）标准理论

该理论认为,刑事辩护制度的设计是为了创造公众容易接受的观念。根据这种理论,审判的结果不必反映案件事实,而是因为公众选择相信它。审判的目的不是为了发现案件事实,而是为了得到公众可普遍接受的裁判。辩护律师的设置是为了对控诉方提出的指控进行检验,如果控诉方通过了困难的检验,那么就更具有说服力,更能证明被追诉人犯了罪。

（七）法律秩序进化理论

该理论认为,国家的法律秩序需要通过证明,才能得到不断优化。刑事诉讼的三方构造中,刑事辩护的价值体现在对代表政府意见的控方指控提出挑战,并且通过辩护意见的表达,提供对刑事规则的另一种解释。长此以往,一个又一个个案的积累,就会弱化刑事法律秩序中的一些固执的偏见,特别是来自代表政府意见的控方指控可能存在的偏见,并且把一种变化的动力注入既有的刑事法律秩序中。因此,刑事辩护具有独特的价值,一方面印证了既有刑事法律的权威性,另一方面也补充了新的内容,优化了法律的内容,使之不断得到进化,并且进一步巩固了刑事法律秩序。[①]

上述这些关于刑事辩护制度价值的理论学说,为研究我国刑事辩护制度的价值提供了丰富的素材。不可否认的是,刑事辩护制度的建立是人类在法治发展史上的一大进步,刑事辩护作为刑事诉讼的重要一环,对其价值的探究应当从刑事

---

① 参见田文昌主编：《刑事辩护学》,群众出版社2001年版,第8—9页。

诉讼目的、价值目标等方面展开。刑事辩护制度对于实体正义、程序正义的实现和诉讼效率的提高都具有重要意义。对于加强人权保障，防止国家公权力的滥用，维护社会的稳定和谐起到重要作用。

2004年，我国将"国家尊重和保障人权"正式载入宪法修正案，2012年，修改《刑事诉讼法》时，再次将尊重和保障人权写入《刑事诉讼法》的任务中。这里的人权就包括辩护权。《刑事诉讼法（2012）》第11条规定了被告人有获得辩护的权利，人民法院有义务保证被告人获得辩护。《刑事诉讼法（2012）》第32条规定犯罪嫌疑人、被告人除了可以自行辩护外，还可以委托一至二人为其辩护。辩护权的行使让刑事辩护制度得以建立并发展，同时，刑事辩护制度也是基于辩护权进而完善的。

四、刑事辩护的常见分类

（一）自行辩护、委托辩护与指定辩护

在一些教科书中，对辩护所作的基本分类是根据辩护人的产生方式和辩护权的行使主体，将刑事辩护大体区分为自行辩护、委托辩护和指定辩护。① 这种分类直接源于《刑事诉讼法》的规定，被大多教科书所采纳。

自行辩护，是指被追诉人自己进行辩护。任何一个案件，不管被追诉人是否有聘请的辩护律师，或者指定的辩护律师，其都有自我辩护的权利。在这个意义上，似乎自行辩护不应该成为辩护的一个分类，因为自我辩护是国家使用刑事诉讼的方式追究公民有罪时，公民拥有的贯穿诉讼始终的自然权利。所以，狭义上讲，这里所讲的自行辩护应该是指没有辩护律师参与情况下的自行辩护。

委托辩护，是指被追诉人委托律师或其他人代为辩护。委托辩护的成立除了需要委托人的单方授权外，还需要律师同意，形成合意，则委托关系成立。由于我国实行羁押为常态、取保候审为例外的制度，因此，首次委托一般都是被追诉人的近亲属代为委托，然后在会见被追诉人时确认，形成委托代理关系。

指定辩护，是指由国家指定律师为被追诉人辩护。依照法律规定，对于可能被判处无期徒刑、死刑的被追诉人，对于经济上有困难的人，对于有感官瑕疵的

---

① 参见陈光中主编：《刑事诉讼法（第四版）》，北京大学出版社、高等教育出版社2012年版，第137页。

盲、聋、哑等残疾人，自己没有委托律师的，应当或可以由国家指定律师为其辩护。

（二）强制辩护与任意辩护

纵观世界其他法治国家的情况，也有一些学者根据审判程序是否必须有辩护人参与的标准，将辩护分为强制辩护与任意辩护。

根据我国《刑事诉讼法（2018）》第 35 条的规定，可能被判处无期徒刑、死刑的被追诉人，没有委托辩护律师的，人民法院应当为其指定辩护人。因为使用的立法表达是"应当"，此谓强制辩护。对于经济上有困难的，或者有感官瑕疵的盲、聋、哑等残疾人，没有委托辩护律师的，人民法院可以为其指定辩护律师。因为使用的立法表达是"可以"，此谓任意辩护。

我国自 2017 年 10 月 9 日最高人民法院、司法部联合出台《刑事辩护全覆盖办法》以来，指定辩护率大大提高，对于不属于强制辩护范围的案件和没有委托辩护律师的案件，在刑辩律师数量允许的情况下，尽可能加大指定辩护的范围和数量。2022 年 10 月 22 日，"两高两部"联合出台《关于进一步深化刑事案件律师辩护全覆盖试点工作的意见》，该意见进一步强调并细化了包括刑事辩护覆盖的阶段、程序保障、配套设施完善、组织领导支持等在内的相关规定。

（三）无罪辩护、罪轻辩护与量刑辩护

按照《刑事诉讼法（2018）》第 37 条的规定，辩护人的责任是要以事实和法律为依据，提出犯罪嫌疑人、被告人无罪、罪轻或者减轻、免除其刑事责任的材料和意见。此条规定包括无罪辩护、罪轻辩护与量刑辩护三种形态。

无罪辩护是指彻底否定公诉方指控的罪名，说服法院作出无罪判决的辩护。根据无罪的理由，分为事实层面的无罪和法律层面的无罪。事实层面的无罪辩护，即指控犯罪事实不能成立，因此无罪的辩护；法律层面的无罪辩护，即指控的事实无异议，但是法律评价错误，因此无罪的辩护。

罪轻辩护是指辩护律师通过论证当事人涉嫌的罪名变化，达到刑罚结果较轻的辩护，换言之，辩护律师通过论证当事人不构成某一较重的罪名而构成另一较轻的罪名的辩护活动。比如故意杀人罪与过失致人死亡罪或故意伤害致人死亡罪，贪污罪共犯与转移、掩饰、隐瞒非法所得罪，诈骗罪与非法经营罪等。这种辩护的目标并不是要说服法院作出无罪判决，而是要说服法院将刑罚较重的罪名改为较轻的罪名。

量刑辩护是指辩护律师对公诉方指控的罪名没有异议，只是追求对被告人有利的量刑结果的辩护。比如通过减少犯罪数额、减少指控的罪数、降低法定刑幅度，以达到依法从轻、减轻或免于刑事处罚。辩护律师不对是否构成犯罪进行辩护。

（四）实体辩护、程序辩护与证据辩护

按照辩护的内容分类，可以把辩护分为实体辩护、程序辩护和证据辩护的。其中，证据辩护从内容上与实体辩护、程序辩护有交叉。因此，严格意义上的基础性分类就是实体辩护与程序辩护。

实体辩护是以案件事实的认定以及是否符合刑法犯罪构成要件为内容的辩护活动。其中，案件事实的认定涉及证据辩护问题。确立的案件事实是否符合刑法犯罪构成要件，以及一些从轻、减轻或免于处罚的构成要件，这是一个刑事案件辩护的主要阵地。程序性辩护也好，证据性辩护也好，其目的都是最终实现案件实体上不构成犯罪，或者构成轻罪、罪轻。

程序性辩护是以案件诉讼的程序性条件为内容的辩护活动。其作为一种"反守为攻"的辩护，通过"指控"侦查人员或审判人员违反法律程序来说服司法机关，作出宣告实体无效之决定。在司法实践中，程序性辩护主要发生在以下两种情形下：一是针对侦查人员实施的非法侦查行为，如刑讯逼供等，根据《刑事诉讼法（2018）》第56条的规定作出排除非法证据的决定；二是针对一审法院违反法律程序、影响公正审判的行为，根据《刑事诉讼法（2018）》第236条的规定说服二审法院作出撤销原判、发回原审法院重新审判的裁决。

证据辩护是指根据证据规则对单个证据能否转化为定案根据，以及根据现有证据综合评价是否达到法定证明标准所作的辩护活动。证据辩护追求两方面的效果：一是控方证据不能转化为定案的根据；二是裁判者对被告人的犯罪事实无法达到排除合理怀疑的确信程度。前者可以称为针对单个证据的证据辩护，后者则可称为针对证明标准的证据辩护。① 证据辩护关涉程序的合法性问题，也关涉经验常理层面的证明标准问题，因此，在内容上证据辩护与程序性辩护和实体性辩护都有交叉的部分。

此外，所谓的"骑墙式"无罪辩护在刑事法律界是一个耳熟能详的名词，采用这类辩护方式的惯常表达是"辩护人认为，被告人不构成犯罪，退一步讲，即

---

① 参见陈瑞华：《论刑事辩护的理论分类》，载《法学》2016年第7期。

使被告人构成犯罪，也具有以下从轻情节……"这种表述方式其实是同时在进行"无罪辩护"和"量刑辩护"。在实践中，有的法官认为采用此类辩护方式的辩护律师观点不明确，会给人承认犯罪行为的感觉，从而要求辩护律师在进行无罪辩护之后，不能进行罪轻辩护或量刑辩护。有的律师不认同此类辩护方法，认为采取这种退一步的辩护方式是一种辩护律师对自身业务水平不自信的体现。但这种"骑墙式"的辩护是我国当前的审判模式催生的一种特有的现象，存在一定的合理性。其一，我国目前法庭审理是定罪与量刑一并审理的庭审方式，法官对于控辩双方是否构成犯罪的争论并不及时给出裁判结论，主张无罪辩护的律师并不知道自己在庭上质证、举证和辩论的意见是否被法官采信，紧接着就要开始关于量刑的控辩争论。有的时候，定罪和量刑是掺在一起，甚至连先后顺序都无法分辨。这样的情况下，辩护律师只能是"骑墙辩护"。其二，我国当前还处在控审不分、控辩双方不平等的背景下，在司法实践中，法官推翻控方指控，判无罪的概率是万分之三。"骑墙辩护"并不是辩护律师对自身观点的不自信，而是对极低的无罪判决率的司法现状不自信。在无罪辩护意见极少被法官采纳的情况下，为了维护当事人的合法权益，有必要在作无罪辩护的同时提醒法官注意到有利于当事人的从轻或者减轻处罚的量刑情节。

迄今为止，以上辩护形态在我国律师界得到广泛认可。由于采用了不同的分类标准，因此彼此之间在内容上有交叉。比如实体辩护，可以同时又是定罪辩护，或者量刑辩护；证据辩护可以同时是实体辩护或程序辩护。任何分类方法，由于受到标准的制约，有着一定的局限性。今后，有必要结合实践中出现的现实情况，确立新的分类标准，进一步完善辩护形态的分类理论。

第二节 刑事辩护中的基本关系

一、刑事诉讼的基本构造

（一）基本概念阐释

刑事诉讼构造，又称为刑事诉讼形式或者刑事诉讼结构。在我国刑事诉讼法学界，一些学者对刑事诉讼构造、刑事诉讼形式或者刑事诉讼结构进行了定义。有教科书认为："刑事诉讼形式是指国家专门机关在当事人和其他诉讼参与人的参加下进行刑事诉讼的基本方式和结构。它包括刑事诉讼法规定的整个诉讼程序和各个诉讼阶段的结构，实施诉讼行为的方式，国家专门机关、被告人及其他诉讼参与人在诉讼中的法律地位，等等。"①

有教科书认为："刑事诉讼结构是指刑事诉讼法所确立的进行形式诉讼的基本方式以及专门机关、诉讼参与人在刑事诉讼中形成的法律关系的基本格局，它集中体现为控诉、辩护、裁判三方在刑事诉讼中的地位及相互间的法律关系。"② 有学者认为："刑事诉讼构造是由一定的诉讼目的所决定的，并由主要诉讼程序和证据规则中的诉讼基本方式所体现的控诉、辩护、裁判三方的法律地位和相互关系。"③

目前，刑事诉讼构造的定义的通说认为，刑事诉讼构造的主体是控诉、辩护和裁判三方，其内容是三方的法律地位和相互关系。尽管从定义上看，刑事诉讼构造仍不过是刑事诉讼法律关系的代名词，但又鉴于控诉、辩护和裁判作为三方诉讼主体各自承担的诉讼职能，以及它们之间透过具体诉讼行为发生的贯穿于刑事诉讼始终，同时又对刑事诉讼产生决定性影响的相互作用，使得刑事诉讼构造与一般意义上的诉讼法律关系区别开来，成为一个独立的理论范畴。④

（二）诉讼模式的分类

现代刑事诉讼构造理论发源于美国。20世纪60年代初，美国赫伯特·帕卡提出了犯罪控制模式和正当程序模式学说，作为美国刑事诉讼模式的开创性理论，不仅对美国及其他西方国家的刑事诉讼构造产生了深远的影响，也对我国的刑事诉讼构造有着启发性的意义。⑤

学者归纳总结出不同的诉讼构造类型。在评价人类社会诉讼构造的历史时，理论通说将刑事诉讼构造的类型归纳为弹劾式、纠问式和混合式。弹劾式是

---

① 陈光中主编：《刑事诉讼法学》，中国政法大学出版社1990年版，第9页。
② 宋英辉、甄贞主编：《刑事诉讼法学（第四版）》，中国人民大学出版社2013年版，第21—22页。
③ 李心鉴：《刑事诉讼构造论》，中国政法大学出版社1992年版，第7页。
④ 参见陈瑞华：《刑事诉讼的前沿问题（第五版·上册）》，中国人民大学出版社2016年版，第52页。
⑤ 参见李心鉴：《刑事诉讼构造论》，中国政法大学出版社1992年版，第2页。

人类刑事诉讼制度史上的第一种诉讼构造。欧洲奴隶制民主共和国和封建初期的一些国家采用此种诉讼构造。在弹劾式的诉讼构造中，控辩双方具有平等的诉讼地位，法官作为居中者针对控辩双方提出的证据作出相应的裁判。纠问式是继弹劾式之后出现的又一诉讼构造类型，其主要是在从13世纪到19世纪上半叶除英国之外的一些欧洲国家盛行。在纠问式的诉讼构造中，法官集侦查、控诉、审判职能于一身，被告人只是被纠问的对象，基本上没有什么诉讼权利。混合式是法国资产阶级大革命以后欧洲大陆实行的诉讼构造。学者对于混合式诉讼构造含义和范围有着广义和狭义的理解，但不论是广义还是狭义的理解，都认为混合式是弹劾式与纠问式的混合。

学者用当事人主义与职权主义分别来概括英美法系和大陆法系国家的诉讼构造类型。当事人主义是以弹劾主义为基础发展起来的，反映的是侦查、控诉、审判机关与辩护方处于平等的诉讼地位，强调控辩双方平等，法官居中作消极的裁判。职权主义反映的是侦查、控诉、审判机关与辩护方处于不平等的诉讼地位，前者处于优势的诉讼地位，而后者处于劣势的诉讼地位，其强调作为国家机关的控方和审方在诉讼中的主导作用，侦查机关依职权主动追究犯罪，法官可以依职权主动调查，讯问被告人和询问证人，而当事人处于相对被动的地位。当事人主义和职权主义是诉讼构造论对当代诉讼构造的概括性的理论分类。然而，彻底的当事人主义与彻底的职权主义诉讼构造在当代并不存在，采取当事人主义的国家已或多或少借鉴了一些采取职权主义的国家的做法，采取职权主义的国家也吸收了一些当事人主义的因素。这是刑事诉讼构造发展的自然规律，也是采取当事人主义的国家与采取职权主义国家的互相交流、互相借鉴、互相促进的结果。其中，日本以当事人为主、以职权主义为辅的诉讼构造独树一帜。

（三）我国刑事诉讼构造

我国刑事诉讼构造的研究起步较晚，但也取得了一定的成果。研究者一般都认为我国的刑事诉讼构造仍属于职权主义类型，但也融入了当事人主义的一些因素。我国现在使用控辩审三方刑事诉讼构造，抽象出来是一个等腰三角形关系的构造：法官居中掌控局面，控辩双方对席辩论。控辩双方平等对立，法官作为第三方听取控辩双方的证据和调查辩论，在全面准确认识证据、了解案情的基础上，作出公正的裁判，解决纠纷。如果控审两方联合起来一同对付辩护方，那么这个三角构造就会变形，形成作为国家机关的控审方与作为个人的辩方的两面对立局面，诉讼构造的公正性就不复存在。如果控辩双方的地位不平等，"武器"差距悬殊，那么这个三角形的左角度数将大于右角度数，等腰三角形的构造也就被破坏了。从诉讼构造原理上讲，刑事诉讼应当由控诉、辩护、审判三方相互独立、相互制衡的基本诉讼职能构成。控诉与审判不应融为一体，而应相互分离，控方与辩方的地位、"武器"应当平等，控方承担证明犯罪嫌疑人、被告人有罪的责任，辩方就应享有广泛的保障犯罪嫌疑人、被告人合法权益的辩护权，这样才能进行理性的、有效的抗衡。现代刑事诉讼是由控诉、辩护、审判三项基本诉讼职能的科学定位和正当运行构成的。其中辩护职能居于特殊地位，从某种意义上讲，辩护职能的确立和强化正是封建制刑事诉讼与现代刑事诉讼的分野。

在我国的刑事诉讼法教材和各种著作中，主张辩护人与公诉人应当居于平等地位、实现控辩平衡已成为一种共识。然而要真正实现这种平等，除了要明确控辩双方的关系外，还需要赋予控辩双方同等的诉讼权利。一是在证据的调查方面，控辩双方应享有平等的请求权；二是在举证方面，控辩双方应享有平等的举证权利，公诉人作为控方，应在庭审中承担举证责任，被告人和辩护人不承担证明责任，但有权提出辩护的证据；三是在质证和辩论方面，控辩双方应享有同等的机会。辩护人和公诉人有权对被告人和证人、鉴定人进行发问和对对方的证据进行质证。这种发问应当按照交替发问的规则进行，以保证控辩双方发问和质证的轮次是均等的。审判人员不得限制或者剥夺控辩双方任何一方的合法发问和质证机会。在法庭辩论中，辩护人和公诉人的辩论秩序和次数也应当保持均衡。只要公诉人发表一次公诉观点，辩护人就有权对此答辩予以回应。审判人员不得随意限制辩护人的发言时间，应当允许控辩双方就案件的事实、证据、定罪、量刑和法律适用等方面进行充分的辩论。

二、控辩关系

刑事辩护以刑事控诉为前提，没有控诉即不存在辩护。① 在刑事诉讼中，辩护人与犯罪嫌疑人、被告人共同形成了辩方。随着当事人主义日趋植入我国刑事诉讼过程，辩护律师在诉讼中发挥着越来越重要的作用。辩护律师的设置是平衡

---

① 参见田文昌主编：《刑事辩护学》，群众出版社2001年版，第4页。

诉讼结构的需要。因为控方作为国家机器的代表，在进行调查的过程中容易出现忽视收集对犯罪嫌疑人有利的证据的情况，这时候辩护律师可以把收集到的对犯罪嫌疑人、被告人有利的证据提交给法庭，从与控方相反的立场出发主张事实与法律适用，从而避免出现控方一方独大的局面。另一方面，通过辩护律师的加入，加强辩方的力量，使控辩双方的武器平等，而只有在控辩双方平衡的情况下，庭审中的两造对抗才具有实质性的意义。合理配置控辩双方的权利，赋予辩护方完整的主体性权利以及充分的防御和对抗的机会，使控辩双方在"平等武装"和"平等保护"的前提下展开攻防活动日益受到重视。但在职权主义诉讼模式的影响下，我国的刑事诉讼构造中的控辩关系一度呈现出控方的诉讼地位、权利相对强势，而犯罪嫌疑人、被告人及其辩护律师的诉讼地位、权利相对弱势的态势。与《刑事诉讼法》几次修改的内容相适应，我国的控辩关系也处于不断变化的过程之中。

(一)《刑事诉讼法（1996）》

我国 1996 年对《刑事诉讼法》进行过一次全面修订，在诉讼制度和诉讼程序的设计上，力图借鉴当事人主义对抗制的一些成功经验，通过对质证程序的相关规定来改造控辩双方的地位，以求营造出一种控辩双方平等对抗的环境。但在实践中仍然暴露出许多问题，主要有以下几个方面：

一是在侦查阶段，律师的法律地位不明确，律师的权利受到严格的限制。《刑事诉讼法（1996）》第 96 条规定了律师可以在犯罪嫌疑人被侦查机关第一次讯问后或者采取强制措施之日起介入。律师介入刑事诉讼的时间虽然从审判阶段提前到了侦查阶段，但在该阶段律师的地位不是"辩护人"。并且律师进入侦查程序后的权利范围只能是为犯罪嫌疑人提供法律咨询、代理申诉、控告、申请取保候审。除此之外，律师不能进行其他的诉讼防御行为。

二是在审查起诉阶段，辩方的权利有限且无法得到充分保障。《刑事诉讼法（1996）》第 33 条规定，在公诉案件中，犯罪嫌疑人有权自案件移送审查起诉之日起委托辩护人。自诉案件的被告人有权随时委托辩护人。接受委托的辩护律师可以通过以下活动来行使辩护权：（1）自人民检察院对案件审查起诉之日起，可以查阅、摘抄、复制本案的诉讼文书、技术性鉴定材料；（2）可以同在押的犯罪嫌疑人会见和通信；（3）申请人民检察院、人民法院收集、调取证据；（4）经证人或者其他有关单位和个人同意，可以向他们收集与本案有关的材料，经人民检察院或者人民法院许可，并且经被害人或者其近亲属、被害人提供的证人同意，可以向他们收集与本案有关的材料。但是，在实践中，辩护律师的这些权利往往无法充分地得以行使，例如对于控方收集掌握的证据材料很难获取，在调查取证时，需要经过同意才能进行收集等。

三是在审判阶段，控辩双方的地位、"武器"失衡。由于在侦查和审查起诉阶段，控辩双方的诉讼地位和权利不平等，导致在审判中控辩双方获得的信息不对称。这样，辩护律师的辩护职能就会被大大地弱化，辩护律师想要通过提出事实和证据来影响法官的裁判就变得尤为困难。[1]

在刑事诉讼中，控诉、辩护和审判是三大基本职能。控辩平衡是基于这三大基本职能，从诉讼构造设计的角度出发提出的理论。有人狭隘地把控辩平衡理解为在庭审中赋予辩护律师和公诉人对等的权利和义务，但如果在侦查、审查起诉阶段没有充分地保障律师的会见权、阅卷权和独立的调查权，那么辩护律师在法庭上的辩护效果就会大打折扣，只会起到走过场的作用。事实上，平衡控辩双方的诉讼权利在刑事诉讼的不同阶段都应予以体现。首先，是控方的侦查权与辩方的会见权、阅卷权、调查取证权的平衡；其次，是控方的讯问权与被告人的沉默权、律师在场权的平衡；再次，是控辩双方在庭审中对抗机会的均等。[2] 全国政协社会和法制委员会曾就"律师在刑事诉讼中的地位和作用"在2010—2011年进行过专题调研，调研发现，刑事辩护律师的法定权利落实不到位，救济渠道不通畅，司法机关对律师辩护意见不重视，是造成律师参与刑事诉讼比例过低的主要原因。[3]

（二）《刑事诉讼法（2012）》

2012年，我国再一次全面修订《刑事诉讼法》，此次修订对控辩平衡的理念进行了进一步强化，主要体现在以下几个方面：

1. 《刑事诉讼法（2012）》第33条规定了犯罪嫌疑人自被侦查机关第一次讯问或者采取强制措施之日起，有权委托辩护人，但在侦查期间只能委托律师作

---

[1] 参见傅冰、王东：《刑事诉讼构造中的控辩关系与律师权利保护——司法改革语境下的分析》，载《当代法学》2007年第4期。
[2] 参见潘申明、刘宏武：《论刑事辩护制度的革新——以新〈刑事诉讼法〉为基点》，载《法学杂志》2013第3期。
[3] 参见甄贞：《论中国特色的控辩关系——以新刑事诉讼法关于刑事辩护制度的规定为视角》，载《河南社会科学》2012年第7期。

为辩护人。这说明从侦查阶段开始，律师可以受犯罪嫌疑人、被告人的委托，以辩护人的身份介入诉讼，即确立了刑事辩护人的诉讼主体地位。此项规定将委托辩护的时间从审查起诉阶段提前到犯罪嫌疑人在被侦查机关第一次讯问或者采取强制措施之日起，解决了侦查阶段律师身份不明的问题。律师在侦查阶段以辩护人的身份参与诉讼，在一定程度上能对侦查活动起到外部监督和制约作用，有利于保障犯罪嫌疑人、被告人的合法权益。

2.《刑事诉讼法（2012）》第 35 条规定辩护人可以根据事实和法律，提出犯罪嫌疑人、被告人无罪、罪轻或者减轻、免除其刑事责任的材料和意见。结合第 49 条规定的"公诉案件中被告人有罪的举证责任由人民检察院承担"，该条确立了辩方不承担举证的责任，由控方对被告人有罪承担举证责任。

3.《刑事诉讼法（2012）》第 37 条规定辩护律师有权持律师执业证书、律师事务所证明和委托书或者法律援助公函等"三证"要求会见犯罪嫌疑人、被告人，且在会见时不被监听，这对保证律师与犯罪嫌疑人、被告人进行有效的沟通起到了良好的保障作用。

4.《刑事诉讼法（2012）》第 38 条规定辩护律师自人民检察院对案件审查起诉之日起，可以查阅、摘抄、复制本案的案卷材料。这一规定扩大了辩护律师在审查起诉阶段与审判阶段查阅案件材料的范围。

5.《刑事诉讼法（2012）》第 39 条规定辩护律师可以申请调取证明犯罪嫌疑人、被告人无罪或者罪轻的证据材料。

《刑事诉讼法（2012）》的颁布与施行使得辩护律师在会见、阅卷、调查取证等方面的诉讼权利得到强化，与《律师法（2012）》有效衔接，控辩平衡的现代司法理念得到了比较充分的彰显，在立法上无疑对我国法治的发展起着积极而深远的影响。但落实到执法上，实践中会见难、阅卷难、调查取证难、发表辩护意见难的问题还是没有得到彻底解决。

（三）《刑事诉讼法（2018）》

2018 年年底，为了与《监察法》衔接，配合检察机关自侦案件范围的调整，配合监察委承担职务犯罪案件的调查的改革，再一次全面修订了《刑事诉讼法》。此次修改，虽然承认了监察机关对职务犯罪调查所获证据可以在刑事诉讼中使用，但是在长达 6 个月的监察委的留置期间，律师无法介入，不能会见，要一直到案件进入审查起诉阶段才能会见。此次修改无疑限缩了律师辩护权。

（四）对抗，从形式到冲突再到理性的演进

在中国法治建设的不同阶段，控辩双方的对抗关系也处于不同的状态和变化之中。在律师制度恢复初期，控辩双方曾经处于一种形式对抗的状态之中，属于形式上对抗、实质上配合的关系。在这种形式对抗状态下，辩护律师实质上是与控方一道配合法官办案，并非在真正行使辩护权。辩护律师的参与并不具有实质性的意义，实施的辩护也不可能是有效的辩护。

后来，随着律师制度的发展和律师事务所由公办向民营的转制，在律师职能的独立性逐渐增强的过程中，控辩关系又因矫枉过正而走向另一个极端，由形式对抗转向冲突性对抗，导致庭上庭下双方交恶的非理性冲突的后果。形式对抗与冲突性对抗都是违背刑事诉讼规律的控辩关系，是中国辩护制度不成熟的体现。目前，随着庭审方式的不断改进和以审判为中心的诉讼制度改革，中国刑事诉讼中的控辩关系正在向理性对抗的正常化状态转变。

在以审判为中心的诉讼制度改革下，公诉人与辩护人在法庭上的对抗性增强，但二者对立统一的关系仍然没有改变。在以审判为中心的视野下，控辩双方应以司法公正和保障人权为目标，加强交流互动，促进协商合作。检察官和辩护律师有着共同的价值理念和职业道德要求，二者应当互相尊重，形成"对抗而不对立、交锋而不交恶"的理性对抗关系。

三、辩审关系

在现代刑事诉讼中，控方与辩方的关系既是相互对立的又是相互抗衡的。相比之下，审判人员需要在控辩双方之间保持中立，从而使得控辩之间可以充分对抗、制衡。在充分抗辩的基础上，律师需要通过法官实现自己的辩护目的，而法官则需要通过律师达到兼听则明的效果。所以，与控辩关系具有对抗性不同，辩审关系具有依存性。

（一）关于辩审关系的法律规范

关于辩审关系的定位其实并不复杂，但由于我国法治化进程的历史短暂，司法经验不足，对辩审关系的理解自然存在一些误区。为此，相关部门相继出台一些关于明确辩审关系的规范性文件。2004年3月19日，最高人民法院、司法部联合发布了《法官和律师关系规定》。该《法官和律师关系规定》是根据《法官法》《律师法》等有关法律、法规制定的，目的是加强对法官和律师在诉讼活动

中的职业纪律约束，规范法官和律师的关系，维护司法公正。《法官和律师关系规定》要求法官和律师依法履行职责，共同维护法律尊严和司法权威；法官要严格依法办案，不受各种关系和不正当方式的干涉；律师也不能利用各种关系或者法律禁止的其他形式干涉或者影响司法；法官和律师不能私自会见；法官要严格执行回避制度、公开审判制度；律师不得非法打听案情，不得违法误导当事人；法官不得为当事人推荐、介绍、暗示其更换律师，不得为律师介绍代理、辩护等法律服务业务；律师不得明示或者暗示法官为其介绍代理、辩护等法律服务业务；法官要严格遵守审理期限的规定，合理安排审判事务，律师要严格遵守诉讼文书的提交期限的规定，法官和律师均要遵守开庭时间，不得借故延迟开庭；法官应当尊重律师的执业权利，认真听取诉讼双方的意见，律师也应当遵守法庭规则，尊重法官权威；法官和律师都要严格遵守司法礼仪，保持良好的仪表，举止文明。

2015年9月16日，"两高三部"印发《保障律师执业规定》，共49条。《保障律师执业规定》要求应当尊重律师，健全律师执业权利保障制度，依法保障律师知情权、申请权、申诉权，以及会见、阅卷、收集证据和发问、质证、辩论等方面的执业权利，不得阻碍律师的依法履行辩护、代理职责，不得侵害律师的合法权利。之后，最高人民检察院下发通知，要求各级检察机关认真贯彻执行9月16日"两高三部"联合印发的《保障律师执业规定》。2015年12月29日，最高人民法院印发了《关于依法切实保障律师诉讼权利的规定》（以下简称《保障律师诉权规定》），要求依法保障律师的知情权，阅卷权，出庭权，辩论、辩护权，申请排除非法证据的权利，申请调取证据的权利；代理申诉的权利等。

各地方人民法院和司法厅、局也都出台相关规定规范法官与律师之间的关系。例如2009年8月4日，云南省法官协会和律师协会联合发表了关于法官和律师之间关系的《共同宣言》。2010年4月1日，辽宁省高级人民法院与司法厅也联合下发《关于进一步规范法官与律师相互关系共同维护司法公正廉洁的实施意见》。

这些规范性文件的出台对规范法官和辩护律师之间的关系起到了积极的作用，但在目前的司法实践中，法官和辩护律师之间仍存在一些冲突，社会各界对法官和律师的关系颇有微词。

（二）实践中的辩审冲突

近些年来，在我国各地相继发生了一些辩审冲突现象，这些冲突主要体现在法庭审理过程中。一方面，有法官限制律师辩护权的问题；另一方面也有律师不尊重法官违反法庭秩序的问题。在一个健全的法治环境下，控辩冲突实属正常，而辩审冲突确属反常。因为，在辩审双方具有依存性的前提下，二者并不存在相互冲突的正当理由。

反观我国辩审冲突现象，主要原因无非有两点：一是庭审规则不够明确，控辩审诉讼职责不清；二是法官的独立性和中立性受到质疑。

至于个别律师和个别法官也会因个人原因而引发冲突，则属于各行各业都会有的个别现象，不是制度原因引起的普遍需要关注的现象，不是辩审冲突的主要原因。

作为一个正常的法治环境下不应发生的反常现象，辩审冲突问题已经引起法律界和社会的关注，也成为我国推进现代化进程中一个亟待解决的重要课题。

（三）法官与辩护律师的良性互动

事实上，辩护律师和法官有着相同的专业知识背景、相同的法治思维方式和法治信仰，二者在我国法治工作队伍中均必不可少，共同肩负着推动法治中国建设的重任。辩护律师与法官应该相互尊重、相互认同、相互学习、相互监督，形成良性互动的关系，共同营造公开透明、和谐共进的职业环境。

（1）法官和辩护律师要相互尊重，形成良性互动。法官和辩护律师之间要积极寻求有效的沟通渠道，了解对方的职业属性、职业价值、职业目标和职业规则，增进对对方的理解和认同。在法庭上，作为法庭的裁判者和主宰者，法官理应坚守中立的立场，严格遵循法定程序，不偏不倚地协调控辩关系，创造出兼听则明的良好氛围。而作为辩护方的律师，则应当在遵守规则、尊重法庭的基础上，勤勉尽责地履行辩护职责，以充分的理由和诚恳的心态去说服法官，争取辩护的成功。

（2）法官和辩护律师要相互认同，积极打造和谐的新型关系。法官要认同律师也是法律职业共同体的一员，律师要严守职业道德，对法官的庭审活动要尊重，积极引导当事人通过合法渠道，理性地表达自己的诉求，不应该违背法律原则，煽动或者诱导自己的当事人用极端非法的方式表达诉求，激化矛盾，损害司法在大众面前的形象。

（3）法官和辩护律师要相互监督，保证清明廉洁的司法环境。法官和律师在职业上应该相互帮助，共同杜绝关系庸俗化，要共同遵守法律规定，信守职业道德和良知，维护司法的权威和公信力。

（四）辩护律师的法庭义务

辩护律师在享有职业权利的同时也承担着各种义务。

1. 英美法系辩护律师的法庭义务

在英美法系，对律师的法庭义务规定得十分精细，涉及法庭的许多方面，职业伦理规范自洽性较强，形式更为合理。辩护律师除了为客户承担义务外，还要为法庭承担义务，这两种义务应当实现平等。要注意的是，这里的义务对象是法庭，而不是法官。在英美法系，律师加入律师协会，需要宣誓表明他们不仅为自己的顾客服务，而且要为公众福利献出他们的智慧和汗水。法庭履行其司法职能。律师的行为在法院的管辖范围内，不能被立法剥夺。律师对法庭的义务也源于律师在法庭上的历史地位，即"法庭职员"。这与习惯意义上的公民权利形象有很大的不同，它们更像是为法院服务的公职人员。如果律师使用一些不必要的诉讼技巧，不遵守规则，就会造成频繁的延误、不便和不必要的开支，这将妨碍案件管理，给司法系统造成巨大的压力，并可能最终导致司法系统崩溃。因此，迅速、经济地处理诉讼中的公共利益逐渐被人们所认同。[①] 由于英美法系强调律师对法庭的义务[②]，因此，当律师违反了对法庭的义务，便可能招致相应的惩戒后果。

2. 我国辩护律师的法庭义务

大陆法系更为强调发现实体真相，律师服务于发现真相的诉讼目的，行使辩护职能必须依据事实和法律进行。我国刑事诉讼程序虽为大陆法系模式，但随着当事人主义日趋植入刑事诉讼程序中，辩论主义日盛，辩护律师的作用日趋重要。在司法改革的大背景下，我国应该加强法庭权威，进一步规范律师对法庭的义务。律师对法庭的义务大致可以归纳为[③]：

（1）坦诚义务。它通常被认为是律师正直的表现。坦诚义务不要求律师向法

[①] Boyle v. Ford Motor Co. Ltd［1992］1 W. L. R. 476.

[②] 借用 Ipp 大法官系统而又权威的归纳，即律师对法庭的义务包括：（1）有效和迅速处理案件的一般义务；（2）不能滥用法庭程序的一般义务；（3）向法庭开示信息的一般义务；（4）不能干扰司法的一般义务。参见 Justice David A. Ipp, "Lawyers' Duties to the Court (1998) 114," *The Law Quarterly Review* 63.

[③] 参见印波：《法槌下的正义：审判中心视野下两大法系辩审关系探析》，人民法院出版社 2018 年版，第 33—49 页。

庭展示自己所知道的一切，而是确保不使用可能误导法庭的战略。律师不能虚假陈述法律。无论是否支持己方的观点，律师都有义务充分展示所有与案件相关的法律规定，包括成文法与判例。

（2）遵守法庭规则的义务。律师必须尊重法庭，服从法庭的指挥。事实上，普通法制度对藐视法庭的行为的处罚更为严厉，规定了律师尊重法庭的责任。

（3）在法庭上必须履行公正、文明、礼貌的义务。无论是对法官，还是对控方或其他诉讼参与人，律师必须公正地对待。在维护当事人权益的同时，仍有必要积极配合法庭推进诉讼过程。

（4）不滥用司法程序的义务。律师应当熟悉案件和法律，如果没有法律上的理由，不应武断地提出妨害司法程序的主张。

四、嫌疑人、被告人与辩护律师的关系

在刑事诉讼活动中，除了控诉方与辩护方、辩护方与审判方之间的关系外，还存在其他诉讼关系，这里主要探讨的是被告人与辩护律师之间的关系。这也是刑事辩护的核心关系之一。

（一）冲突与调适——维护一致性

被告人与辩护律师之间的关系理应处于和谐一致的状态，但当二者对于问题的处理方式存在不同的看法时，会出现紧张或冲突关系。

实践中，被告人与辩护律师因在辩护权的行使与辩护策略的选择上产生冲突的案例屡见不鲜：在北京崔英杰案中，被告人在一审法庭上否认自己犯罪，但两位辩护律师却作故意伤害罪的罪轻辩护①；再如"华南虎照"案中，被告人周正龙在庭上多次认罪，而其辩护律师却坚持为其作无罪辩护②；而随着李庄案中被告人与辩护律师间"南辕北辙局面"的出现③，将针对被告人与辩护律师间辩护冲突的讨论推向高潮。

相较于辩护策略上的冲突，针对具体辩护意见的冲突则更为频繁：对某一证

---

① 参见佚名：《崔英杰杀人案第一次庭审实录》，载新浪网（http：//blog.sina.com.cn/s/blog_4ba69a15010007i4.html），访问日期：2017年12月10日。
② 参见梁娟：《认罪与无罪辩护冲突 二审改判周正龙落泪》，载中国法律网（http：//www.5law.cn/b/a/falvzhuanti2/zpzlx/2012/1217/54382.html），访问日期：2017年12月10日。
③ 参见赵蕾、雷磊：《李庄案辩护：荒诞的各说各话？》，载《南方周末》2010年8月12日，第4版。

人是否出庭的意见不一，对某一证据是否出示犹豫不定等。① 不论是辩护策略上的冲突，抑或辩护意见上的冲突，都突显特定辩护关系中存在的一种紧张状态。这种紧张状态不但会影响辩护律师与被告人之间的信任关系，更有可能直接削弱辩护效果。由此，如何处理委托人与辩护律师间的关系，不仅是解决辩护冲突的关键问题，更是律师在执业过程中不得不考虑的现实问题。

学术界对于辩护权冲突这一问题的解决有不同的处理意见：有的学者认为律师独立辩护模式是我国应对被告人和律师辩护权冲突问题的最佳解决机制。② 有的学者对独立辩护模式提出批评和质疑，认为在律师已经社会化的今天，我国有必要实现从独立辩护观向最低限度的被告中心主义辩护观的转变。③ 也有的学者在对域外两种辩护模式分析研究的基础上，提出我国辩护冲突的解决应当借鉴"律师独立辩护"模式之所长，实现从"绝对独立"向"相对独立"的转型，并通过"辩护协商"工作机制预防和化解辩护冲突。④

运用正确的辩护观解决冲突是关键所在。在刑事诉讼中，辩护律师是协助与独立的统一体。一方面，辩护律师因指定辩护或委托辩护而与被告人产生诉讼代理关系，其负有运用自身的专业知识协助被告人实现辩护权的责任。另一方面，辩护律师因其专业性和职业性，又有着超乎被追诉人的独立立场，承担着维护司法正义的责任。这两个方面，前者是基础，是核心，任何可能伤及律师与委托人之间信任关系的举措，都应该是律师执业伦理所不容的，由此，刑辩律师的公法义务，便只能是消极义务。如果二者都是积极的，则会让辩护律师陷入自我矛盾，这不符合制度设计的逻辑。诚然，对于被追诉人不合理、不合法的要求，辩护律师是不惜辞去委托都要坚决拒绝的。

律师介入刑事辩护后，所拥有的辩护权可以划分为固有权利与继受权利。固有权利专属于辩护律师，是辩护律师基于其辩护关系而享有的诉讼权利，如阅卷权、调查取证权等；继受权利本为被告人之诉讼权利，但由辩护律师代为行

---

① 参见韩旭：《被告人与律师之间的辩护冲突及其解决机制》，载《法学研究》2010年第6期。
② 参见王明芳、傅潇蕾：《被告人与律师辩护权冲突及解决机制：从李庄案二审谈起》，载《兰州大学学报》（社会科学版）2014年第4期。
③ 参见吴纪奎：《从独立辩护观走向最低限度的被告中心主义辩护观——以辩护律师与被告人之间的辩护意见冲突为中心》，载《法学家》2011年第6期。
④ 参见韩旭：《被告人与律师之间的辩护冲突及其解决机制》，载《法学研究》2010年第6期。

使,如上诉权、申诉权等。①

(二)应注意的问题

律师在处理与被告人的关系时应当着重注意以下三个方面:

其一,权利的来源。遇到冲突需要作出选择时,时刻牢记权利来源,这是处理二者关系的基础。继受权利直接来源于被告人授权,受被告人意志严格约束,辩护律师仅扮演"代言人"的角色。因此,针对继受权利的行使,被告人的意志具有最终决定作用。而针对固有权利,由于直接受律师支配,忠诚于委托人利益的辩护观便占据中心地位。综合来看,继受权利的积极层面,被告人意志应当被赋予优先地位;固有权利的积极层面,被告人利益应当被赋予优先地位。

其二,充分地告知。在实践中,被告人大多欠缺法律知识,对事实和法律规定可能存在认知上的错误。辩护律师在与被告人对话时,掌握的信息往往更多,两者之间的信息交换是不对等的。因此,律师应充分地告知。首先,律师应当对案情进行客观分析,就被告人的疑问进行解答,并提出相应的辩护方案。其次,律师应当向被告人介绍案件的有关证据情况、法律适用问题以及存在的争议点,使其有直观的了解。律师应当告知可供选择的辩护方案,分析各种方案推进过程中可能的风险与后果。在被告人未了解情况并且没有同意之前,律师不应单方面地采取行动。

其三,必要的协商。法律是一种涉及价值判断的技术性操作,被告人就算充分获知案件的相关情形,也可能作出违背自身利益或司法正义的选择。因此,辩护律师与被告人之间应当做到必要且充分的协商。根据不同的辩护情形,或律师居于主导权,在提出辩护方案后,与被告人充分沟通,阐明利弊,尽量说服其接受。若被告人始终固执己见,辩护律师应忠诚于被告人利益,但需要避免与被告人产生直接冲突。律师站在被告人的立场,充分阐述可能存在的冲突、产生的风险以及最坏的法律后果;同时做到认真倾听,适当修正自身的辩护立场。但即使矛盾始终无法消除,抑或双方产生严重冲突,也不能违背被告人意志,提出不利于被告人的辩护意见。②

---

① 参见印波、王瑞剑:《律师辩护观的要素缕析、模式变迁和进路选择》,载《江西社会科学》2021年第3期。

② 参见印波、王瑞剑:《律师辩护观的要素缕析、模式变迁和进路选择》,载《江西社会科学》2021年第3期。

其四，退出辩护。在与被告人的意见无法统一，且也无合法行使辩护权的空间时，辩护律师如何选择，既是一个职业伦理问题，也是一个实践操作问题。辩护律师在充分告知、必要协商均无果后，便需要理性地遵从法律所赋予的执业伦理的约束，退出辩护，而绝不能在法庭上与被告人的观点直接对立，更不能通过扰乱法庭秩序的方式向被告人施压。总之，判断是否需要退出辩护的标准，是遵从被告人意志是否不违背最低限度的司法正义要求。可见，退出辩护是充分告知、必要协商的后置机制，是应对实践情况的无奈之举。换言之，最为合理的辩护关系，是辩护律师与被告人优势互补、形成协同之势，而告知与协商是其基础，退出辩护是最后的救济方式。

第三章
辩护律师的职业伦理

辩护律师的职业伦理体现的是一个国家在维护律师与被追诉人的关系和律师与国家、社会的关系之间的价值排序,以及律师在履行辩护职责过程中与其他行业之间的关系的处理准则。其中,律师与被追诉人之间的信赖关系是维系律师辩护权正当性的基础,是辩护制度存在的根基,是职业伦理的基本关系;同时,在不伤及与被追诉人信赖关系的基础上,辩护律师也承担着一定的公法义务。厘清辩护律师职业伦理的内涵、理念、目的和任务,有助于辩护律师恪尽职守地维护被追诉人利益,处理职业关系,承担社会责任。

第一节　辩护律师职业伦理的一般问题

一、辩护律师的法定职责

辩护律师职业伦理是在辩护律师法定职责的基础上形成的。考诸世界设立辩护制度的国家，辩护律师的法定职责可以概括为三个方面：一是实现被追诉人的辩护权；二是防止国家公权力滥用；三是防止冤假错案。

（一）实现被追诉人的辩护权

实现被追诉人的辩护权是辩护律师最基本的法定职责。

1. 是现代法治的要求

现代刑事诉讼模式之下设定的刑事辩护律师角色，就是为了确保被告人的辩护权得以实现，设立辩护律师制度的逻辑起点和终点都是实现被追诉人的辩护权。

当面临不利指控时，辩护是人之本能反应，是最质朴的自然法则。现代法治在程序和实体上的复杂性、专业性，是普通公民所不能完全把控的，被追诉人或许被限制人身自由，或有其他因为涉嫌犯罪而被限制的权利，因此其自行行使辩护权的能力是有限的，赋予律师独立的辩护权利以帮助被追诉人实现辩护权，是公民享有辩护权的内在应有之义。律师帮助权也是法治国家宪法普遍保障的公民基本权利。

2. 维护被追诉人的主体地位

主体与客体是相对应的概念，主体地位指的是行为人对诉讼活动的主导性，体现为享有一系列程序权利以及对诉讼活动的话语权；客体地位指的是行为人在诉讼活动中是被支配的对象，是没有话语权的被动的结果承受者。

现代刑事诉讼文明发展史也是被追诉人从客体走向主体的历史。被追诉人的主体地位是公民拥有辩护权的标志。辩护律师确保被追诉人实现辩护权的根本就是避免被追诉人在诉讼中毫无话语权，沦为指控证据之源。被告人主体性地位体现在无罪推定原则的国际共识；体现在刑事诉讼中国家承担证明公民有罪的证明责任，公民不承担证明自己无罪的证明责任；体现在被追诉人享有一系列程序权利。为实现这些目的在法律上专设辩护律师角色，赋予其法定职责，监督国家作为追诉方以合法的程序、以达到法定证明标准的证据，完成证明被告人有罪的责任。

（二）防止国家公权力滥用

这是律师法定职责在维护程序正义上的体现。从追诉者的角度审视，辩护律师的法定职责是防止国家公权力在追究犯罪过程中滥用。

1. 是国家理性的体现

一个国家的刑事诉讼从惩罚犯罪这一单一价值诉求到保障人权与惩罚犯罪的多元价值诉求，标志着国家惩罚犯罪的活动走向理性——即便是惩罚犯罪也不可纵容公权力滥用。

无罪推定原则的确立，在不能认定或者尚未经过法定程序认定被告人有罪之前，与其说辩护人是为"坏人"代言，不如说辩护人是与强大国家权力针锋相对的"正义化身"——防止国家公权力滥用。公权力具有天然的扩张本性，如果没有制约会不断突破底线，直至将全体国民推定为犯罪嫌疑人来管控。诉讼文明的发展成果正是认清了公权力这一特质，法治国家开始建构律师制度，从制度上赋予辩护律师监督国家工作人员在诉讼活动中依法行使国家公权力的职责。

2. 维护被追诉人的程序权利

无罪推定原则之下，在国家对一个公民发动的刑事追诉中，辩护律师是与强大国家权利针锋相对的"正义化身"——当然，这里的"正义"指的是"程序正义"。即便是有录像公开显示证明，或者众目睽睽之下实施犯罪行为，"犯罪分子"一旦面临国家公权力的刑事追诉，便在程序意义上享有宪法赋予的人权保障。国家需要保护被追诉人在整个刑事诉讼过程中享有的程序权利。在程序正义与实体正义的冲突中，如果是严重侵犯人权的程序违法，比如刑讯逼供，在价值排序上，宁舍实体正义也要保程序正义，宁可放纵犯罪也要维护程序正义，这是因为放纵公权力滥用的危害远远大于放纵一次犯罪的危害，这个认知已经是现代法治理念的国际共识。

3. 维护全体国民的权利

犯罪行为可以发生在任何地方，从这个意义上讲，每一个公民都有可能成为潜在的被怀疑对象。当国家启动对一个刑事犯罪的调查时，被怀疑的每一个公民，都应受到程序正义的保护。辩护律师的职责是防止公权力滥用，促使国家公权力理性地对待每一位犯罪嫌疑人，这意味着不仅仅是为了眼前的委托人（犯罪嫌疑人、被告人），也是为了未来的委托人以及所有公民。

（三）防止冤假错案

如果说防止国家公权力滥用，维护国家追诉公民犯罪中的程序正义是辩护律师制度存在的基础，那么，防止冤假错案就是辩护律师制度追求的最高境界。

对于案件事实清楚证据确实充分的犯罪，也需要辩护律师去维护程序正义，也需要辩护律师的参与，确保国家公权力在追诉活动中的理性。这是律师制度存在的基础。

对于冤假错案，在任何一个国家都是其司法制度无法承受之重。防止冤假错案是辩护律师维护公民人权，实现社会正义的最高境界。冤假错案是国家侵犯人权中最为严重的一种，特别是错抓犯罪嫌疑人，让真正的犯罪人逍遥法外，这是最严重的侵犯人权的情形。防止冤假错案，以及在纠正冤假错案的重大事件中，都有辩护律师的身影，辩护制度以及辩护律师在防止冤假错案中起着令人瞩目的作用。

二、辩护律师职业伦理的两大基本关系

决定辩护律师职业伦理内容的两大基本关系：一是辩护律师与被追诉人的关系，二是辩护律师与国家、社会的关系。这两大基本关系的价值排序几乎可以解答所有司法实践中出现有关职业伦理问题的争论。在应然层面上，辩护律师与被追诉人的关系是必须放在第一位维护的信赖关系，这是辩护律师角色以及辩护制度存在的基础。与被追诉人的信赖关系是架构辩护律师职业伦理的基本逻辑。

（一）辩护律师与被追诉人的关系

辩护律师与被追诉人之间关系是指应然意义上的信赖关系，也可从义务视角称之为信赖义务。

辩护权要实现的是犯罪嫌疑人、被告人在诉讼中的防御权，辩护人的权利源自犯罪嫌疑人、被告人的委托，犯罪嫌疑人、被告人对辩护律师的信赖是实现这一目的的关键。因此，设定辩护义务，在一般情况下不得与维护辩护律师与被追诉人之间的信赖关系相矛盾，换言之，维护与被追诉人之间的信赖关系是第一辩

护义务，法律上也不应设定有伤及信赖关系的义务。比如公民有揭发犯罪的义务，但是对辩护律师就不应设定揭发委托人的义务。一般法治国家不但不设定辩护律师有此义务，还在制度上确立律师与委托人之间的拒证权，这样才不至于让辩护律师陷入自相矛盾的角色之中。一旦辩护律师的法定义务中有伤及信赖关系的内容，就会从根基上伤及律师角色，妨碍辩护义务的履行，从而导致"刑事辩护"成为"形式辩护"。

在辩护过程中，除法律明文规定的基于存在正在发生或即将发生的需要保护人身及重大公共利益免于危险的例外，任何有损辩护人与委托人之间信赖关系的行为都不被律师职业伦理所接受。试想，当委托人对辩护人处于不信任的状态，当辩护人对委托人实施了揭发，还有什么正当的逻辑和理由替当事人尽职辩护。辩护人与被追诉人之间丧失信赖关系，并且该信赖关系难以恢复时，辩护律师不应固执地维系这种委托关系，这是辩护律师职业伦理的基本点。

（二）辩护律师与国家、社会的关系

辩护律师与国家、社会的关系体现在义务层面是指其实现社会正义的义务，简称公法义务。

存在这一关系是基于辩护律师在履行职责的过程中适用的是公法——刑法和刑事诉讼法，与社会公共利益和公共安全有关，解决的是国家与公民之间的矛盾，因此，"实现社会正义"的公法义务要求辩护律师担负公益性社会责任。

在刑事诉讼中，法律赋予刑辩律师享有独立于被追诉人的会见权、调查取证权、阅卷权，律师在法庭审判中享有辩护权，等等。这些一般公民不享有的权利彰显了刑辩律师在法律事务中的专业地位，因此，赋予刑辩律师必须承担社会所期待的"公共责任"，是权利与义务相一致的体现，也是世界诸多法治国家的共同选择。比如日本《律师法》第1条第1款把刑事律师和民事律师的共同使命规定为"律师的使命是，维护基本人权，实现社会正义"。比如，据大判昭和5年（1930年）2月7日《刑集》第9卷第51页记载，辩护人阻止真正的犯人去自首，继续为替身犯人进行辩护活动，结果被认定为隐匿罪犯罪。[①] 可见，虽然从未有哪个国家会赋予辩护人积极揭发犯罪的义务，但也不容忍律师用积极作为的方式共谋犯罪，要求律师承担一定的实现社会正义的公法义务。

---

① 参见〔日〕佐藤博史：《刑事辩护的技术与伦理——刑事辩护的心境、技巧和体魄》，于秀峰、张凌译，法律出版社2012年版，第44页。

我国《律师法（2017）》第 2 条第 2 款明确规定律师的使命为"律师应当维护当事人合法权益，维护法律正确实施，维护社会公平和正义"。我国《律师执业行为规范（试行）（2017）》第 7 条也表达了相应的意思："律师应当诚实守信、勤勉尽责，依据事实和法律，维护当事人合法权益，维护法律正确实施，维护社会公平和正义。"可见我国相关立法规定的律师使命包括维护当事人利益和承担公法义务两方面，且后者被更加强调。在我国依据长期以来积累的认识形成的对律师"公共责任"的期待是根深蒂固的，在大力推进司法制度改革的今天，律师的"公共责任"更加突显。

三、义务冲突时的价值排序

法律问题的答案多是藏在多元价值的排序里，而不是肯定一个就一定否定另一个，不是非黑即白、非左即右。解决价值排序的方法是找到一般性的原则性的常态情形和极端个别的例外的可操作性的边界，在适用法律时一般性为第一选择，存在个别例外时才可以打破一般原则。当是否属于个别例外情形存在争议时，价值取向则是按照一般情形对待，换言之，对适用个别例外情形采用严格标准。

（一）相关概念的厘定

目前，学界曾经出现过的与辩护律师义务相关的概念有私法义务与公法义务、忠诚义务与真实义务、积极义务与消极义务等成对的概念。这些相对应的义务概念，是律师职业伦理的两大基本关系在义务层面的体现。

1. 私法义务与公法义务

由于辩护律师的辩护权来自于被追诉人的辩护权，来源于被追诉人的委托，属于私权利，因此，维护与被追诉人之间的信赖关系被称为私法义务；由于辩护律师在履行辩护职责的过程中，适用的是刑法和刑事诉讼法，是公法，是关乎整个社会的安全治理的，不单单关乎被告人与被害人关系，更是关乎被告人的行为与其他公民以及社会安危的关系，甚至有的刑事犯罪不存在具体的被害人，也依然具有社会危害性。因此，辩护律师也被赋予实现社会正义的公法义务。

2. 忠诚义务与真实义务

由于辩护律师实现的是被追诉人的辩护权，与被追诉人之间的关系必须是信赖关系，辩护才有正当性。因此，这种信赖关系体现在义务上被称为忠诚义务，即辩护律师必须忠诚于被追诉人的委托；同时，辩护律师与国家、社会的关系中，国家要追究犯罪，发现犯罪真相，律师在履职过程中，必不能以积极作为的方式主动阻碍国家发现真实，帮助伪证，这被称为律师的真实义务。

3. 积极义务与消极义务

这是从履行义务的方式上对刑事辩护职业伦理的两大基本关系的概括。由于维护律师与被追诉人之间的信赖关系是基本义务，是辩护制度以及辩护律师角色存在的根基，因此，凡维护当事人利益，维护信赖关系的义务都要以积极作为的方式实现，称之为积极义务；由于辩护律师的公法义务有时是与维护信赖关系义务冲突的，如果公法义务也是积极作为的方式，会伤及辩护制度的基础，律师会陷入角色矛盾之中。因此，在履行方式上规定以消极的不作为的方式履行，被称为消极义务。这是对两大基本关系冲突时的调和和平衡，这样，既不伤及信赖关系，也不伤及国家对犯罪的指控，从制度上排除了律师角色陷入自我矛盾，依法履行了辩护职责，维护了当事人的利益。

因此，所谓私法义务、忠诚义务、积极义务，是从不同侧面对两大基本关系之维护律师与被追诉人之间的信赖关系的表达；所谓公法义务、真实义务、消极义务是从不同侧面对两大基本关系之律师承担实现社会正义的社会职责的概括。为了表述的准确性和方便，对于两大基本关系概念可以表达为两大基本义务，前者可以统称为维护信赖关系的义务，后者可以统称为辩护律师的公法义务。

（二）两大基本义务的价值排序

1. 维护信赖关系的义务是根本

律师能否为实现公法上的社会正义而牺牲当事人的利益？比如，一个入户盗窃的被追诉人告知律师他还在入户盗窃的时候强奸了女主人。由于女主人更在意自己的隐私保护，所以没有对办案人员讲。律师知道后是否可以揭发？再比如，被追诉人告知律师自己确实杀了人，但是要求律师帮助其在法庭上隐瞒掩饰，做没有杀人的无罪辩护，此时辩护律师维护当事人利益就会引发实现社会正义的危机，维护社会正义就会伤及与当事人的信任关系，影响到辩护的根基。这些问题的不同回答都可归于对两大基本关系的价值排序的不同，如何博弈，这曾经是一个世界性的命题。法律制度不可以在一个角色上设置相互矛盾的职业诉求，在多元价值诉求之下，必须确立义务冲突时的价值排序，以使得从业者在面临冲突境遇时可以有明确的选择。

如果法律允许辩护律师做出伤害被追诉人利益的事情，在制度上设定律师有揭发上述被追诉人强奸犯罪行为的义务，律师此时所做的不但不是"辩护"，而是"指控"，会陷入法定角色混乱。如果法律允许辩护律师做出伤害被追诉人利益的事情，则与律师应该履行的"辩护"任务相悖，"揭发"与"辩护"不可同时设定在同一需要维护信赖关系的义务中。同样，一个不被委托人信任的律师，履行的委托义务也失去了正当性基础。

基于信赖关系和维护当事人利益是辩护律师这一角色存在的基础，因此确立辩护律师与被追诉人的信赖关系理应为基本关系，维护被追诉人利益理应为辩护角色存在的第一价值诉求。法治思想在经历了数百年的发展之后，迎来国际共识：维护与被追诉人的信赖关系成为第一选择。在辩护律师的义务里，任何其他价值诉求都要让位于维护信赖关系，因为辩护律师的法定职责是为被追诉人实现辩护权，维护被追诉人利益。

2. 辩护律师的公法义务及其限定

（1）辩护律师承担"实现社会正义"的义务，被写入各法治国律师法的基本义务中。但是，在履行方式上被限定为消极方式、不作为的方式。具体而言，律师在履行以实现社会公共安全为内容的公法义务时，履行方式应限定为消极方式、不作为的方式。这是基于如果以积极方式履行会伤及和律师制度根基息息相关的第一基本义务——信赖关系。既不能伤及信赖关系，又不能因此放弃律师的公法义务，故而在履行方式上设定为消极方式、不作为的方式，这是对发生冲突的两大基本义务最好的平衡。对于"不作为""消极方式"，最朴素的解释就是"停下来"，就是"保持缄默""啥也不做"。律师面对不利于被追诉人但或可惠及公共利益的事项，履行义务的方式就是"消极方式""不作为方式"。

（2）律师既不得主动揭发被追诉人的其他犯罪，也不能在明知的情形下以主动积极作为的方式，帮助被追诉人隐瞒真相比如帮助做伪证。例如上述事例中，律师不得主动揭发其知悉的被追诉人在入户盗窃过程中又实施的强奸行为，律师也不得帮助被追诉人做伪证来掩盖这一事实阻挠法庭调查真相。律师只能以消极方式对待——缄口沉默、啥也不做。揭发犯罪、打击犯罪是全体公民履行维护社会公共安全的公共义务和职责，但律师角色的特殊性决定了其只能用消极和不作为方式应对。

（3）律师不得主动帮助办案人员获得本案的指控证据。公、检、法机关的办案人员对涉嫌犯罪的嫌疑人、被告人进行侦查、起诉和审判，是为了打击犯罪，属于维护社会公共利益的诉求，但是律师对于其在办案过程中获得的有利于指控的事实与证据，也应当采取消极不作为的方式处理，需要"三缄其口"，没有向办案人员披露的义务，更没有在法庭上帮助指控的义务，不得有所作为，否则有违法定的辩护义务。

（4）遇到"替身犯人"怎么办？公民自己犯了法，找人代为受过，这是任何一个国家的法律制度都不允许的，都是从制度上全方位设防的。律师知道了被追诉人为"替身"时，通过辩护帮助"替身"形成自己涉嫌犯罪的假象也属于帮助伪证，为职业伦理所禁止。但是，律师若主动揭发"替身"，又伤及委托关系中的信赖利益。此时，律师只能以消极不作为的方式应对。日本律师协会在讨论职业伦理时给全国律师建议的统一做法是："不得揭发"，但需"辞去委托"。[①] 用"辞去委托"的方式，用辩护上的不作为，表达对"替身犯人"的反对，维护公共利益，承担公法义务。同时，用"不得揭发""缄默"，来维护与被追诉人的信赖关系。

律师经常会碰到进退两难的境地：一方面知道了被追诉人犯罪的事实真相，另一方面被追诉人还想让律师帮助自己在法庭上隐瞒。为此，日本律师协会也给出了一个统一建议，可以在第一次会见时告知委托人，最好不要将对自己不利的事实告知律师，以免律师知道后陷入职业伦理困境而无法为其辩护[②]；这犹如西方警察在逮捕犯罪嫌疑人时常用的沉默权告知的做法和功能。纵然我国的立法规范和国情与日本不同，但个中逻辑相同，个中道理也或许有些相通之处，对我国刑辩律师在执业中如何应对两难境地有所启发。

此外，律师对于公权力滥用的程序违法，理应积极主动检举举报。

律师实现社会正义的公法义务应该拓展到程序法义务层面。律师通过维护被追诉人的合法权益，对国家追诉犯罪过程中出现的程序违法和实体错误发表意见，防止刑事追诉的国家机器跑偏，防止国家公权力滥用，从这个意义上，辩护工作不仅仅是为了眼前的被追诉人利益，也是为了未来的委托人以及所有的公

---

① 参见〔日〕佐藤博史：《刑事辩护的技术与伦理——刑事辩护的心境、技巧和体魄》，于秀峰、张凌译，法律出版社 2012 年版，第 45 页。
② 参见〔日〕佐藤博史：《刑事辩护的技术与伦理——刑事辩护的心境、技巧和体魄》，于秀峰、张凌译，法律出版社 2012 年版，第 47 页。

民，同样具有实现社会正义之功能。对于办案人员代表公权力在行使追诉权的过程中，滥用公权力、侵害被追诉人权利的行为，律师理应用作为的方式、积极主动的方式加以干预。

3. 极个别的例外

纵观各国立法，辩护律师出现义务冲突时，在极为个别的情形下，公法义务可优位于维护与被追诉人信赖关系义务。

我国《刑事诉讼法（2018）》第 48 条后半段规定："辩护律师在执业活动中知悉委托人或者其他人，准备或者正在实施危害国家安全、公共安全以及严重危害他人人身安全的犯罪的，应当及时告知司法机关。"1983 年美国律师协会出台了《律师职业行为示范规则》，允许律师披露委托人的秘密"以阻止委托人实施律师认为有可能导致迫在眉睫的死亡或重大伤害的犯罪行为"，在 2002 年的修订版中该条被修订为允许律师披露委托人的秘密信息"以阻止合理的死亡和重大伤害"，极大地限缩了极个别例外的披露范围。

一般立法将这种极端个别的例外规定为"面临正在发生，或即时会发生的生命安全和重大公共安全事件时"。比如获悉被绑架人质的藏匿之处，不及时救出人质就会出现生命危险；比如获悉了定时炸弹安放的地点，不及时告知就会发生爆炸等诸如此类与"即时"发生"生命危险"和"公共安全"事件有关的情形，律师才被允许伤及与被追诉人的信赖关系，告知有关机关。在法治发达国家，只有在这种极端情形下，"出卖"被追诉人才不会受到律师协会的惩戒。

四、辩护律师职业伦理的特殊性

（一）与"恶"为伍

用一般社会道德评价国家惩罚犯罪，肯定是惩恶扬善的活动。然而，一般社会道德评价的"善""恶"不能用来解释辩护律师职业伦理的"善"与"恶"。

在法治的世界里，作为国际共识，无罪推定原则已经被确立在各国法律规范里，未经人民法院审判任何公民都是无罪的。因此，犯罪分子即便是在众目睽睽之下实施的犯罪行为，从程序意义上都被假定为无罪，在法院判决之前的程序里，辩护律师都要为其辩护，确保其程序权利和实体权利不受国家公权力的侵犯。这是国家在惩罚犯罪的道路上自己给自己设置的"绊脚石"，这也让辩护律师这一角色从法定的根源上就似乎显得非常"离经叛道"，与"恶"为伍。然而，如果允许国家公权力以侵犯人权为手段惩罚犯罪，更是一种恶，是一种更大的恶。公权力滥用是可能危及所有国民的恶，国家设置辩护律师的职责的意义正是为了防止国家公权力在追究犯罪时的滥用，因此辩护律师角色的设定是为了防止更大的恶而不得已表面上显得似乎是与"恶"为伍。

(二) 与社会公共道德的关系

1. 道德与伦理

道德和伦理在文义上存在交叉，简单来说都有指称规范人行为向善的力量。但二者又有所不同。不同个人的道德观会在一个群体里形成伦理规范体系，而伦理对人的行为产生规范作用要借助于道德的力量。道德一词的内涵更丰富，外延更大。道德可以指一个人的价值和行为规则的总体，可以无死角地用来评价一个人的各个方面，因此道德更多启用的是价值判断。道德是存在于人内心世界的力量，是支配人行为的内在动力，一般指个人内心对于自己修为的自我要求。因此，道德一般指个人修为。"伦理"，是"人与人之间的行为准则"，在这个意义上，"伦理"与不涉及他人时的内心状态的"道德"（morality）是有差异的。[①] 一般而言，伦理具有"合道德性"，且总与世界观、人生观、价值观相关联，属于客观的行为关系，表现为现实的群体规范，因此具有外在性、客观性、群体性等特征。伦理更多地用在群体规范中，用来指称由同类人组成的某社会群体对于其所属成员所要求的行为准则。比如处于婚姻关系存续期间的男女，身为夫妻、父母这一角色，需要遵循家庭伦理。如果这个社会群体是职业群体，则规范成员行为的约束力量被称为职业伦理。对于个人错误行为的谴责，来自道德的评价多表现为内心谴责，而来自伦理的评价可以是外化的惩戒力量。

2. 辩护律师职业伦理与社会公共道德

职业伦理是指职业化群体基于特定职业的需要而产生的约束群体成员职业行为的规范和准则。辩护律师职业伦理是基于为涉嫌犯罪的公民实现辩护权，维护其被追诉过程中的程序权利和实体权利而产生的约束律师辩护行为的规范和准则。社会公共道德是历史形成的人们都应遵守的社会交往和公共生活的行为准则，是维护社会成员之间最基本的社会关系秩序、保证社会和谐稳定的最底层最

---

① 参见〔日〕佐藤博史：《刑事辩护的技术与伦理——刑事辩护的心境、技巧和体魄》，于秀峰、张凌译，法律出版社2012年版，第5页。

基本的道德要求。由于截然不同的规范目的，辩护律师职业伦理与社会公共道德不同。

第一，辩护职业伦理要求维护被追诉人的利益，而非其他社会成员的利益。当一个公民被宣布涉嫌犯罪，实质上等同于这个公民被从社会公众中孤立出来，成为社会公共道德谴责的对象。辩护律师就是法定地站在社会公共道德的对面，帮助这个涉嫌犯罪的公民完成辩护这一法定义务。制度设计不能让一个人陷入角色矛盾，因此在具体个案中，辩护律师甚至无法兼顾维护被害人利益，更遑论社会公众利益。由此从职业群体内部产生的职业伦理规范自然与社会公德不同。比如，职业的刑辩律师不可以公开谴责涉嫌犯罪的被告人，因为这会伤及需要维护的与委托人群体之间的信任关系。

因此，辩护律师职业伦理是在特定职业中产生的，服务于辩护职业的需要，并不与公共道德和一般公众意识产生直接联系。

第二，社会文明达到一个高度后，社会公德的内容也必然包括对律师职业的认同。律师的职业行为不能用社会公共道德标准来评价。如果一名律师履行辩护职责的职业行为经常遭受来自社会公共道德的谴责，必然会影响公民辩护权的实现，最终伤及整个辩护制度。一个社会对辩护律师职业行为认同度的高低反映了这个社会法治水平的高低。

第二节　辩护律师职业伦理的基本内容

辩护律师职业伦理的基本内容从不同的维度、在不同的逻辑层面上有不同的解读，从两大基本关系和两大基本义务出发，律师职业伦理基本内容大致包括但不限于维护被追诉人利益，保守职业秘密，维护与媒体、同行及其他行业的社会关系，规范执业等相关内容。

一、维护被追诉人利益

辩护律师的角色定位就是为被追诉人辩护，观辩护之文义，在被追诉人受到国家公诉机关的指控时，为其"辩解"并"维护"其利益，因此辩护律师职业伦理的核心内容是且只能是维护被追诉人利益。从逻辑关系上看，辩护律师职业伦理的其他内容都是围绕维护被追诉人利益而衍生出来的。

（一）辩护目标与被追诉人保持一致

辩护目标与被追诉人不一致，会伤及信赖关系，影响辩护的正当性。维护被追诉人利益要求辩护律师在辩护目标上与被追诉人保持一致。

这里的"保持一致"意在防止伤及被追诉人的辩护权，作无罪辩护是辩护权实现的最终极目标，是最大限度地实现被追诉人利益，因此，被追诉人自己作有罪辩护时，在不反对被追诉人对事实所作的认定的前提下，辩护律师可以作无罪辩护，这不被认为是对"与被追诉人保持一致"的违反。但是，辩护律师不能在被追诉人坚持自己无罪的情形下作有罪辩护，否则构成对律师辩护义务的实质性违反。

有观点认为，律师辩护时应独立辩护，因此辩护目标可以与被追诉人不一致，这种观点是颠倒了"独立"与"辩护"的关系。律师"辩护"是基本义务，"独立"是相对的，是服务于"辩护"的。律师辩护的独立性不可以伤及辩护，如果是被告人坚持自己无罪，律师作有罪"辩护"，则这里的"辩护"本质上已经不是辩护了，而是指控。辩护的独立性也需要以"辩护"为纲、为根本；之所以赋予辩护人相对独立性，是基于被追诉人或被限制人身自由，或不懂法律，或基于被告人的身份而无法有所作为，因此，辩护权虽来源于被告人的委托，但在有些方面赋予律师相对独立的辩护权，比如阅卷权、会见权、调查取证权，都是方便辩护、为辩护服务的，都是不能突破"辩护"这一底线的。

司法实践中经常基于个案的复杂情景出现辩护律师与被追诉人事先商量好的"诉求不一致"，这是特定情形下的辩护策略选择，不是这里讨论的辩护律师职业伦理之维护被追诉人利益的内在应有之义。

（二）维护被追诉人程序权利

国家要对一个无罪推定原则之下的公民发动刑事追诉，无论是立案侦查、搜集证据、审查起诉、法庭审理，还是采取强制措施，都要遵循法定程序。未经人民法院判决，任何公民不得被认定为有罪。无罪推定原则的确立，决定了在人民法院判决之前，国家指控机关对公民采取的人身自由的限制、财产的搜查和扣押、相关个人行为的强制侦查，都是公民个人基于维护公共安全的需要让渡的权利,并非国家当然的权力。国家在整个追诉过程中,需要严格依照法定程序行使权力,贯彻谦抑原则。辩护律师存在的意义就是针对侵犯被追诉人权利的行为提出抗辩,依法维护被追诉人利益。

(三)为被追诉人提供法律帮助

法律人独有的一套不同于普通大众的法律适用的逻辑,包括对规范概念的适用和解释、对案件事实的认定以及将案件事实涵摄于规范概念之中。这套逻辑只有经过法学院的培养和法律实践的历练才可获得,是在法官、检察官和律师之间专用的对话逻辑。刑事诉讼也不是社会生活中普通百姓都能接触到的日常活动,而是法律专业人士参与的针对特定少数人的活动。正因如此,各国都将公民在刑事诉讼中获得律师帮助作为宪法权利固定下来。

公民一旦陷入刑事诉讼,需要具有专业知识的律师帮助其辩护。由于辩护律师提供帮助的对象是面对国家公权力追诉的人,即辩护律师"对抗"的对象是国家公权力,一旦没有规范要求,很容易倒向公权力,与公权力一起追诉,而让律师角色的设定失去制度设计的目的,因此更需要明确的职业伦理规范律师不得伤害被追诉人利益。辩护律师职业伦理要求其需要凭借自己的专业知识,全方位为被追诉人分析、研判、提出辩护方案,供被追诉人选择。

辩护是一项极其复杂的工作,有很多实践性标准。在每一个具体的个案中,"维护当事人利益"中的"利益"不是抽象意义上的概念,而是个具体的概念,是辩护律师所代理的具体个案中具体的被追诉人的"利益"。且"利益"不等于"正义",有时候包含有"功利"的因素。同样一种情形,对于不同的人、不同的时期,有着不同的"利益"或"不利益"的判断。比如,诉求缓刑,马上放人出来,对于被追诉人来说是"利益",还是在羁押状态下经历漫长的等待和博弈冒着失败的风险去等一个可能的无罪判决对于被追诉人来说是"利益"?因人而异,因案而异。

总之,维护被追诉人利益是律师职业伦理的核心内容。由此衍生的其他职业伦理的内容的具体内涵和外延,诸如保守职业秘密、维护职业关系、接受监督与惩戒,都须围绕维护被追诉人利益而架构。

二、保守职业秘密

律师对在执业过程中获悉的有关当事人及其案件的信息负有保密义务。这一原则和规定不只适用于刑辩律师，对所有的律师都适用。保密职业秘密是律师的法定义务之一。

(一) 为何要保守职业秘密

律师是法定的帮助被追诉人辩护的角色，在信赖关系之下，被追诉人自然需要向律师全方位披露和自己涉嫌犯罪有关的信息。如果法律一方面赋予辩护律师为被追诉人提供辩护的权利，一方面又不禁止辩护律师将对被追诉人不利的信息披露出去，则必然无法通过辩护律师实现被追诉人辩护权。因此，保守职业秘密，成为辩护律师职业伦理的基本内容之一。辩护人不得将被告人对他告白的情况向外界透露，这是维系信赖关系的基本点。

(二) 何谓职业秘密

我国《律师办理刑事案件规范（2017）》第6条规定："辩护律师在执业活动中知悉的委托人的有关情况和信息，对任何单位和个人有权予以保密。但是，委托人和其他人准备或者正在实施危害国家安全、公共安全以及严重危害他人人身安全的犯罪事实和信息除外。"《刑事诉讼法（2018）》第48条也规定了相关的权利和义务。这里的"委托人的有关情况和信息"范围很广泛，包括犯罪行为、商业秘密、个人隐私等。据此可以得出，辩护律师需要保守的职业秘密是指其在为被追诉人辩护过程中，基于辩护工作的需要而了解的被追诉人的信息，都被认定为职业秘密。

在司法实践中，有观点认为，律师办理的民事案件的信息不属于保密义务的范畴，这是对规范的误读。只要是办案过程中获悉的信息，律师都有义务保守秘密法律有明确规定的例外情形除外，否则律师有权以法定的保密义务对抗要求其披露的任何机关和个人。

办案过程中，法律赋予辩护律师辩护权，比如可以会见、阅卷、调查取证。通过会见同被追诉人交流，通过阅卷了解指控证据，通过调查取证主动去调取相关证据，以及以其他法律不禁止的方式了解到的和案件有关的信息，都是辩护律师需要保守的职业秘密。

根据规范概念的解释，与案件有关的信息既包括对被追诉人有利的信息，也包括对被追诉人不利的信息。但保守职业秘密主要指的是对被告人不利的信息，以及涉及宪法所保护的被追诉人的隐私等方面的信息。

履行辩护职责必然要向办案机关披露对被告人有利的信息，因此保守职业秘密的义务不包括行使辩护权向办案人员提交对被告人有利的辩护意见。对这些信息哪些依法可以披露，哪些严格禁止披露，要以维护被追诉人利益为判断依据，要以服务于辩护目的为判断依据，要以法律的禁止性规定为依据。

（三）保守秘密的对象

要向谁保守获悉的不利于被告人利益的职业秘密？

1. 对办案机关和办案人员保密

在刑事诉讼中，辩护律师的角色定位是帮助被追诉人面对国家追诉，是与被追诉人一起行使辩护权对抗国家追诉，自然可以合理推导出其保密义务就是对办案机关和人员保密。换言之，就是禁止随意向办案机关披露履职过程中获悉的对被追诉人不利的信息。"刑事诉讼"活动的模式就是"控辩平等对抗，审者中立裁判"，作为控辩对抗的双方，辩方不可给控方输送"武器弹药"，这是维系"刑事诉讼"活动的基本逻辑。一般情况下，律师只有维护被追诉人利益并为其辩护的义务。

如果允许或者规定律师应当向办案人员披露辩护过程中知悉的不利于被追诉人的秘密，会架空法律设定的辩护人这个角色，伤及辩护制度的根基，就连"刑事诉讼"活动也被异化了。

2. 对社会保密

第一，禁止披露被追诉人不利信息的义务，也包括不得对社会披露。一方面，如前文所述，与为被追诉人辩护的角色相矛盾；另一方面，律师是以职业化群体的身份为社会提供法律服务的，律师职业群体与被委托人群体之间的信赖关系，是个案中律师与被追诉人之间信赖关系的基础，从建构律师职业群体与被追诉人群体之间相互信赖的社会心理结构出发，也要求辩护律师不得向社会披露对被追诉人不利的信息。

第二，被追诉人也享有隐私权保护。刑事法律治理是一项系统工程。为了公共安全追究公民的犯罪，只是刑事法律治理的一部分，被追诉人在履行完刑罚，也要回归社会。如果因为受到一次刑事追诉，基于律师对被追诉人案件信息的披露，导致被追诉人陷入舆论的漩涡，甚至导致"社会性死亡"，必为律师职业伦理所禁止。

（四）保密义务的例外

有原则就有例外，且原则适用于一般情形，例外只能适用于极个别的极端情形。辩护律师职业伦理从基本关系到基本内容的逻辑是需要周延的，保密义务的例外与两大基本义务冲突时价值排序的例外需相辅相成。律师只有在获悉的被追诉人犯罪行为具有"即时"且"重大生命财产危险"时，方可向办案机关披露。如前文所述，比如辩护过程中获悉被追诉人安放定时炸弹的位置，不及时披露就会发生爆炸，危及公共安全；获悉被绑架人质的藏匿地点，不及时披露就会发生生命危险等极端事件，此种极端的"即时发生的重大危险"存在时，才被允许向办案机关披露。

（五）律师免证权

基于保障特定社会关系的价值超越了惩罚犯罪的价值，因此规定了相关人员的免证权。目前已经获得国际共识的需要放到惩罚犯罪之前保护的特定社会关系包括：律师与委托人关系，牧师与信徒关系，医生与患者关系，夫妻关系。法治发达国家在这四种最需要特殊保护的社会关系之间规定了免证权（也有人翻译成拒证权）。

辩护律师免证权是与辩护律师保密义务相关的证据制度，是指基于辩护律师与被追诉人之间特殊的法律关系定位，基于维护信赖关系的需要，基于帮助被追诉人对抗国家公诉行使辩护权的需要，基于律师角色的法定辩护义务，而规定了辩护律师免于承担作证的社会义务，即对于被追诉人的犯罪行为，享有免证权——即享有对抗国家公权力提出的要求律师证明被追诉人有罪的作证义务。律师的保密义务与免证权就像一枚硬币的两面，确立了律师保密义务，意味着免证权必须就位。

免证权表面上看是辩护律师的一种权利，实际上从职业伦理的角度看，也是对辩护律师职业伦理的规范，即律师不得为指控被追诉人作证。如果律师作证指控被追诉人有罪，则该证据因为违反免证制度会被排除。而作证的律师也会被律师协会惩戒，甚至被吊销执业证书。

三、与媒体的关系准则

在与媒体的关系中，辩护律师可以在恪守对社会保守职业秘密，不披露对被告人不利信息的同时，借助媒体发挥司法监督的作用。

（一）揭露违法与炒作案件

辩护律师可以借助媒体揭发程序违法，但是不得炒作案件。媒体对于司法是把双刃剑。一方面，媒体对于司法的监督有利于司法公正的实现，辩护律师可以揭发公权力办案程序的违法，这是媒体监督作用的体现；另一方面，媒体对司法裁判形成的干扰又是司法独立裁判所排斥的，这是律师不得炒作案件的体现。为此，联合国在《媒体与司法关系的马德里准则（1994年）》中，使用复杂的程序技术，在公众的知情权与司法独立之间设定了媒体与司法互动的边界。根据公约缔结国的立法实践，尽管控辩双方都有保密义务，但审前信息的秘密性并不能限制犯罪嫌疑人的言论自由权，如他可以将他自己受到虐待的情况公之于众。犯罪嫌疑人对于过度强制措施和虐待行为都可以提出自己的看法，这些是媒体可以报道的。因为对这些内容的报道是基于无罪推定又不妨害和泄露官方调查信息的前提下进行的，对以上内容保密是违背人权标准的要求的。

利用媒体监督司法公正与利用媒体炒作案件是不同的。利用媒体"炒作"案件有干扰司法独立裁判之嫌，是任何法治国家都禁止的。然则，向媒体披露案情如何定义？是利用媒体监督，还是利用媒体炒作，还是要回归到职业伦理的规范中。如果在恪守保守职业秘密的伦理规范的前提下，不披露案件信息，只是揭露办案人员的程序违法，是为利用媒体监督司法公正。如果没有恪守保守职业秘密的伦理规范，导致案件信息在审判前泄露，造成民意审判，干扰了司法独立办案，则为利用媒体炒作。

我国最高人民法院、司法部2018年联合下发《关于依法保障律师诉讼权利和规范律师参与庭审活动的通知》第4条后半段要求"律师认为法官侵犯其诉讼权利的，应当在庭审结束后，向司法行政机关、律师协会申请维护执业权利，不得以维权为由干扰庭审的正常进行，不得通过网络以自己名义或通过其他人、媒体发表声明、公开信、敦促书等炒作案件"。

（二）安全岛原则

法治国家通行的安全岛原则是指根据控辩平等原则，如果控辩双方中有一方先行在媒体上公开对己方有利的证据，为了防止现有证据带来舆论的偏颇审判，误导裁判，另一方等同于获得了"安全岛"平台，也可以披露对己方有利的证据向媒体作出回应。

根据控辩平等的原则，在与媒体关系上，代表国家公诉的指控机关与媒体关系的准则同样也被要求遵守规范。未经人民法院审判之前，办案机关向媒体披露公民涉嫌犯罪的新闻必须遵守严格的限制，不得在未经法院审判之前在新闻媒体上报道被追诉人"认罪"的信息，禁止披露与裁判有关的案件信息，禁止发表有倾向性的言论，以防止架空无罪推定的程序法则，导致媒体审判，干扰司法独立裁判。

四、维护职业关系

律师是具有社会属性的职业，并不拥有国家公权力。辩护律师的工作内容之一是与公、检、法机关的国家工作人员打交道，禁止与办案人员不正当接触也应成为律师职业伦理的内容。如若涉嫌行贿罪，理应受到刑罚处罚。

我国《律师职业道德和执业纪律规范（2001）》第 20 条明确规定："律师不得以影响案件的审理和裁决为目的，与本案审判人员、检察人员、仲裁员在非办公场所接触，不得向上述人员馈赠钱物，也不得以许诺、回报或提供其他便利等方式与承办案件的执法人员进行交易。"

上述条文一方面要求辩护律师不得与办案人员在非办公场所接触；另一方面禁止包括钱权交易在内的一切非正常交易。

在任何国家的法律中，律师都被禁止与法官、检察官、警察有不正当接触，更不允许向法官、检察官、警察行贿或以其他不正当方式影响案件的审判。刑事辩护律师，是刑事被追诉人的代理人，是连接法官、检察官、警察的桥梁，虽然因各自的立场使其站在了利益的对立面，但仍属于法律职业共同体内成员，有共同维护司法权威、法律职业共同体声誉之职责。

我国近些年来司法人员受贿案件时有发生，而行贿主体中不乏执业律师。如，2020 年 12 月初，海南省高级人民法院原副院长张家慧涉嫌受贿、枉法裁判、诈骗案一审宣判，其获刑 18 年，并处罚金人民币 400 万元，厚达 158 页的判决书详尽披露了 37 名行贿人名单，其中有 18 人为律师。"刑事辩护的第一要义在于：律师不能将自己送进监狱。"[①] 为此，在当事人及其家属提出各种要求之后，辩护律师必须对要求的合法性、正当性进行判断。如有当事人提出诸如与法官、检察官、警察进行单独接触或行贿，辩护律师应当谨慎保持职业敏感性，采取各种方式予以拒绝，甚至解除委托合同。

---

① Hall, "Defensive Defense Lawyering or Defending the Criminal Defense Lawyers from the Client," 11 UALR L. J. 10（1988-1989），转引自兰荣杰：《刑辩律师维护当事人利益的行为界限》，载《交大法学》2018 年第 2 期。

五、职业伦理的其他内容

(一)规范委托关系

1. 不得以个人名义与当事人签署委托协议

辩护律师作为职业群体,不得以个人名义与当事人签署协议,律师必须加入律师事务所,以律师事务所为单位与委托人签署协议,接受行业规制。具体表现为委托人需要与律师事务所签订委托合同,确定双方的权利义务,再由律师事务所根据委托人的信任和委托,确定具体的承办律师。这样确保律师履行义务时接受律师事务所的规范管理,这是行业管理的要求,律师事务所集体接受律师协会的管理。

正是职业群体的管理模式,制度设计的逻辑才赋予律师拥有独立的会见、阅卷、调查取证、法庭辩护等辩护权利,且在没有相反证据证明虚假的情况下,律师依法向相关办案机关提交文书材料时,相关办案机关应依法接受并接待。

2. 在同一个案件中只能为一名被告人辩护

刑事案件不同于民事案件。由于民事法律是私法,民事权利遵循"意思自治"和"自由处分"原则,公民对于自己的民事权利可以放弃,对自己不利的事实也允许自认,对于共同利益的一方多人可以共同委托一个律师代理;刑事法律是公法,面临国家指控的被告人需要对自己危害社会的行为承担刑事责任,不可让他人代为受过,同案被告人属于同一犯罪行为的共同实施者,最终的角色分配以及责任分担与辩护效果直接相关,彼此之间一定存在利益冲突,因此律师在同一个案件中只能为一个被告人辩护。

律师在同一案件中只能为一个被告人辩护,这不仅是律师的职业伦理规范,也是律师事务所应该遵守的规范和义务。由于委托人是与律师事务所签订的委托协议,因此律师事务所指定律师时,有责任和义务避免一名律师在同一案件中为两名以上被告人辩护。

实践中有人将"律师不得为同案两名以上被告人辩护"的规范极端化,认为"同一律师事务所的律师""不得为同案两名以上被告人辩护",这是不成立的,不可以将这里的"律师"扩大为"同一律师事务所的律师",而应该解释为"律师个体"。首先,从同事关系上看,律师事务所的律师之间是独立的个体,辩护中律师有独立于律师事务所其他律师的独立意志，不受其他同事约束，律师在自己代理的具体案件上，拥有独立意志，不必经过同事们之间集体讨论。其次，从律师事务所和律师的关系上看，在一个案件的具体业务上，律师事务所对律师没有施加影响性意见的权力。再次，如果不允许同所律师出现在同案的不同被告人的辩护人中，那就意味着一旦该所有一个律师接受了同案一名被告人的委托，则其他被告人都被剥夺了委托该所其他律师的权利。因此，同案不同的被告人可以到同一律师事务所聘请律师。

避免利益冲突也不可在时间维度上扩大化。一个案件结束了，对于律师来说避免利益冲突的义务就结束了，不能让上一个案件的辩护成为选择下一个代理案件的障碍——将避免利益冲突扩大化到"代理过的案件"。律师是职业化的团体，不是熟人社会的利益集团，不能认为一个案子审结了，但"利益还在"，便在规范上禁止代理。即便是两个不同的案件涉及有关联的事实，一旦一个案件已经审结，则律师代理另一个案件时都无需考虑与前一个案件的利益关联——因为对于律师职业性的要求——审结就意味着"无关"，律师只需毫无二心地投入下一个案件中。如果说实践中存在律师在这种情况下违背职业伦理损害委托人利益的情况，属于个案，不能成为规范适用的逻辑前提。

（二）规范律师营销

律师以及律师事务所不是慈善机构，作为自负盈亏、不吃"国家皇粮"的职业，需要获得社会资源，宣传并营销自己。但是，作为特殊的职业群体，在宣传和营销时，除了一般市场宣传应该遵守的规范，比如不得虚假宣传之外，还不得承诺办案后果，不得签署风险代理，不得贬损同行，因为职业群体有架构职业整体形象以获得被委托人群体信任的义务。律师不得以泄露当事人隐私为代价做自我宣传。作为刑辩律师，对被告人回归社会应当尽到关照的义务，比如，不能为了宣传自己，而让被告人曾经犯罪的记忆一直留在互联网上。

（三）依法合规范收费

不得私自收费，是所有律师都应当遵守的规范。委托人将费用打到律师事务所的账号上后，应由律师事务所统一交税、扣除费用、发放（含律师）。由于辩护业务的专业性、垄断性，且委托人与律师之间的信息不对称，若没有律师事务所的管理，任由辩护律师与委托人自行处理费用，容易导致律师业务市场失控。

(四) 接受律师协会监督与惩戒

职业伦理具有强制性。职业伦理是由职业群体内部成员自己制定、修改和遵守的，全体成员适用统一标准。律师协会一般会将职业伦理公示出来，对成员行为产生外在约束力量，规范成员的职业行为，并在其违反后产生一定的惩罚后果。职业伦理必须得到实际贯彻执行才有意义，必须具备外在的惩罚机制。对于辩护律师在执业过程中发生的违反职业伦理规范的行为，律师协会有权处置。根据1992年司法部颁布的《律师惩戒规则》的规定，律师协会对律师的惩戒一般分为警告、停止执业、取消律师资格等。比如私自收费的，迎合当事人不正当要求的，可能被停止执业；侮辱、贬损其他律师或利用不正当手段招揽业务的，可以予以警告；泄露国家机密或委托人的秘密并给其造成重大损失的，可能被取消律师资格。

第四章

刑事辩护律师执业权益保障

著名法学家、中国政法大学终身教授江平说："律师兴则法治兴，法治兴则国家兴。"如果依法治国是一汪水，律师就是这水里的鱼，最能感知依法治国之水的深度和冷暖。律师身负监督法治正常运转的使命，十八届四中全会更是明确提出律师对于监督法治运行要有主动性，也具有不可推卸的责任。既然律师肩负如此重大的使命，需要律师迈开步子、甩开膀子参与到实现法治最高理想中来，对于律师权益的保障就需落到实处，尤其是对于刑事辩护律师权益的保护。因为，刑事辩护律师往往需对公权力"说不"。

辩护律师的权利有两个层面的含义：一是律师依法享有的辩护权，如会见权、阅卷权，在庭审中质证、发表法庭辩论的权利等。这些权利具有一定从属性质，来源于犯罪嫌疑人、被告人，从这个意义上讲，保障律师的权利，就是保护犯罪嫌疑人、被告人的权利。二是辩护律师自身独立享有的权利，如职业豁免权，如根据《律师法（2017）》第37条的规定，律师在执业活动中的人身权利不受侵犯。律师在法庭上发表的代理、辩护意见不受法律追究。保障辩护律师行使这些权利，需要对司法现状有着深刻的观察，需要建构一套包括救济措施在内的保障机制。

第一节 相关理念

现代刑事法律制度中，在控诉权、审判权与辩护权共同构成国家司法权的背景下，如何保障被告人的辩护权，确保三种职能的均衡协调，是构建现代、文明、稳定的刑事诉讼制度的重要议题，也是国家应当保障辩护权的基本原因所在。

一、国家保障人权的义务

《刑事诉讼法（2018）》第 2 条规定："中华人民共和国刑事诉讼法的任务，是保证准确、及时地查明犯罪事实，正确应用法律，惩罚犯罪分子，保障无罪的人不受刑事追究，教育公民自觉遵守法律，积极同犯罪行为作斗争，维护社会主义法制，尊重和保障人权，保护公民的人身权利、财产权利、民主权利和其他权利，保障社会主义建设事业的顺利进行。"尊重和保障人权，是刑事诉讼的重要任务之一。

何为人权？即人的基本权利和自然权利，是指人之所以为人而应享有的权利。具体到刑事司法方面，根据《公民权利与政治权利国际公约》第 14 条的规定，面临刑事指控和裁判，人权主要包含以下几个方面的内容：其一，平等。所有的人在法庭和裁判所前一律平等。其二，无罪推定。凡受刑事控告者，在未依法证实有罪之前，应有权被视为无罪。其三，审级保障。凡被判定有罪者，应有权由一个较高级法庭对其定罪及刑罚依法进行复审。其四，刑事错案的国家赔偿。在一人按照最后决定已被判定犯刑事罪而其后根据新的或新发现的事实确实表明发生误审，他的定罪被推翻或被赦免的情况下，因这种定罪而受刑罚的人应依法得到赔偿。其五，一事不再理。任何人已依一国的法律及刑事程序被最后定罪或宣告无罪者，不得就同一罪名再予审判或惩罚。

在刑事诉讼中，赋予被指控人辩护权，旨在为政府提出和赢得起诉设置障碍，确保起诉方的权力不被作为一种一般性的权力加以使用，因此，赋予被指控人权利可以防止政府权力滥用，从而保护所有公民不受非法侵害。① 被告人的权利之所以应当得到保障，是因为在强大的国家机器面前，犯罪嫌疑人、被告人属于弱者。国家为达到追诉目的，动用司法权，可以采取各种限制甚至剥夺被告人人身自由的强制措施，一旦刑事追诉成功，更会涉及对被告人的生杀予夺。在这种情况下，如果被告人的权利得不到保障，就会造成不可逆转的重大伤害。事实已经说明，依靠司法机关的自我约束与谨慎从事是难以保障被告人的权利的。为此，必须通过刑事辩护，使被告人获得专业的法律援助，必须在国家的刑事追诉过程中能够保障被告人的合法权利。② 因此，人权保障就是刑事辩护制度的基础理念之一。

二、国家贯彻无罪推定的义务

任何人未经法院审判，不得被认定为有罪，这是现代刑事司法制度的基本理念，正如贝卡里亚指出："在法官判决之前，一个人是不能被称为罪犯的。只要还不能断定他已经侵犯了给予他公共保护的契约，社会就不能取消对他的公共保护。"③ 但在封建社会的刑事司法制度中，却处处体现着有罪推定的思想。被指控的人往往在经过审判程序之前便被认定为有罪，在这种情况下，被告人应当承担证明自己无罪的责任。在有罪推定原则下，被告人至多可以做一些自我辩解，而根本谈不上制度层面的辩护权，更不存在律师辩护。被告人就刑事指控可以提出无罪或者罪轻的辩解活动，自古就有，但刑事被告人的辩护权，则是在无罪推定被确立为刑事诉讼法的原则以后才出现的现象和概念。④

无罪推定还有举证责任划分的含义。根据无罪推定原则，控方承担搜集证据、证明犯罪成立的举证责任，被追诉者没有自证其罪或者自证清白的义务。无罪推定首先确立一种被追诉者不构成犯罪的假定，如果控方证据体系不足以推翻这种假定，则经过判决，这种假定就会成为一种法律事实。在无罪推定制度下，控方承担主要的举证责任，控诉权具有进攻性；被追诉者及其辩护人不负有自证清白的义务，辩护权具有防御性。

---

① 参见熊秋红：《刑事辩护论》，法律出版社1998年版，第116—119页。
② 参见陈兴良：《为辩护权辩护——刑事法治视野中的辩护权》，载《法学》2004年第1期。
③ 〔意〕切萨雷·贝卡里亚：《论犯罪与刑罚》，黄风译，北京大学出版社2008年版，第37页。
④ 参见王敏远：《刑事辩护概念的发展》，载陈卫东主编：《司法公正与律师辩护》，中国检察出版社2002年版，第28—29页。

无罪推定原则假定被告人在经过法官判决有罪之前是无罪的，因而确立了被告人的诉讼主体的法律地位，为其自我辩解以及委托他人进行辩护提供了理论基础，也为辩护权奠定了基础。离开无罪推定，辩护权就如无本之木，无源之水，会丧失坚实的正当性根基。

三、自然法（right）是人为法（law）的基础

在受到指控时进行自我辩护，是人类的本能反应。花瓶被猫咪碰倒摔碎在地，面对大人的误解和责问，即便是年幼无知的儿童，也会本能地辩解："这不是我做的！"即使是在宗教神话中，"万能"的上帝要惩罚偷食了禁果的亚当和夏娃，惩罚之前也让其充分进行陈述和辩解。辩护是人的本性，是人的自然权利。

既然辩护是一种自然权利，那么由谁来辩护只是关乎辩护效果的问题，而并不影响辩护权的性质。人人面对刑事指控都可以进行自我辩护，这是辩护权的根本起点，为了进行更加专业和有效的辩护，委托律师辩护就成为自我辩护的合理延伸。

如果说在传统社会，就理解起来相对简单的自然犯罪而言，被追诉者进行自我辩护尚为可行。那么在法律制度日趋复杂的现代社会，法律知识以及诉讼程序已经成为高度专业化的知识，一般情况下难为普通人所精通或驾驭。更何况，一旦被指控涉嫌犯罪，当事人往往很快就会被采取刑事强制措施，人身自由受到很大限制，无法再接触到相关证人和资料等，在这种情况下自己很难再进行有效的辩护。

因此，委托辩护就变得尤为重要。委托具有专业法律知识的律师进行辩护，会使辩护工作的专业性大大加强，从而提升辩护的效果。自我辩护和委托辩护只是辩护权的不同表现形式，从性质上讲，都属于人的自然权利。面对刑事指控，人人都天然具有获得辩护的权利。

第二节　我国相关规范性法律文件的沿革

一、保障辩护权的法律规范

《刑事诉讼法》等法律法规授予了辩护律师多项权利，有学者认为：在律师

权利体系中，具体执业权与执业保障权是律师权利的基本分类方式；具体执业权利就其来源，又细化为固有权和代理权。在立法规制方面，《律师法》规范律师权利的重点在于执业保障权；《刑事诉讼法》则侧重于具体执业权。①

《刑事诉讼法》赋予了辩护律师多项权利，主要有：会见、通信权，阅卷权，收集证据权，申请司法机关收集、调取证据权，向侦查机关了解案情权，请求变更、解除强制措施权，在场权，陈述意见权，发问权，举证权，辩论权，代为申诉、控告权，上诉权等。这些主要是律师在进行辩护工作时所必不可少的权利，否则辩护权便无从谈起，因此属于执业权的范畴。

律师行使执业权的对象往往是侦查机关和司法机关，因此上述执业权的落实和保障离不开侦查机关、司法机关等相关部门的配合。为了使《刑事诉讼法》明确的上述权利得到落实，司法机关也陆续颁布了多项司法解释等文件加以保障。例如：2014年12月23日，最高人民检察院颁布《保障律师执业规定》；2015年9月20日，最高人民法院、最高人民检察院、公安部、国家安全部、司法部联合颁布《保障律师执业规定（2015）》，这些规定从更加细微的方面对律师有效行使执业权利进行了保障；《刑事诉讼法（2018）》第39条第2款规定："辩护律师持律师执业证书、律师事务所证明和委托书或者法律援助公函要求会见在押的犯罪嫌疑人、被告人的，看守所应当及时安排会见，至迟不得超过四十八小时。"对此，司法实践中，有办案部门则认为看守所只需在48小时内安排会见事宜，至于所安排的具体会见时间，则不以48小时为限。对此，《保障律师执业规定（2015）》第7条予以了明确，辩护律师依法申请会见的，看守所应当"保证辩护律师在48小时以内会见到在押的犯罪嫌疑人、被告人"。

除了在开展辩护工作时所需的具体执业权利，辩护律师还享有一定人身性权利，以保障其能够顺利履行职责，如律师言论豁免权等，可以称为执业保障权。

《律师法》是对律师管理、律师权利保障等事项的基础性规范。明确了一系列律师执业保障权，如确立律师在庭上发表辩护意见不受追究的权利、拒绝继续辩护的权利等。

在《律师法》的基础上，相关部门还陆续出台了一系列文件，进行细化规定，2016年4月6日，中共中央办公厅、国务院办公厅印发的《关于深化律师制

---

① 参见陈卫东：《刑事辩护律师权利体系的合理架构与立法规制》，载《国家检察官学院学报》2005年第13卷，第3期。

度改革的意见》，从深化律师制度改革的总体要求到完善律师执业保障机制、健全律师执业管理制度等方面，全面提出了深化律师制度改革的指导思想、基本原则、发展目标和任务措施。2016年9月18日，司法部出台《律师执业管理办法（2016）》；2017年9月20日，中华全国律师协会出台《律师办理刑事案件规范》，对刑事案件中，律师的职业保障及权利义务等做了专门规定；2017年1月8日，中华全国律师协会通过三份文件：《律师协会维护律师执业权利规则（试行）》《律师执业行为规范》和《律师协会会员违规行为处分规则（试行）》。

有观点认为，《律师法》及相关规范的重点应该是律师职业保障权，因为辩护律师的执业权已经由《刑事诉讼法》作出了基本规定，《律师法》没有必要再进行列举，况且关于律师执业权的很多规定涉及国家机关、司法体制等方面的立法内容，《律师法》作为一部"非基本法律"，对很多权利的完善问题是"束手无策"的。如关于会见权的完善问题，必然涉及为公安机关、检察机关增加相关的保障义务、违反责任等内容，而为这些国家机关设定义务显然已经超出了《律师法》应有的调整范围。因此，《律师法》等相关规范应当着重于律师的执业保障权，为律师依法辩护创造良好的环境。

二、辩护权保障机制

从律师辩护权利的范围上讲，我国立法相较于英美法系中辩护律师权利体系还存在某些缺位或者保障不够完善之处，下述权利亟待确立。

（一）执业豁免权

律师的执业豁免权，即律师的执业行为或职务行为本身尤其是律师参加诉讼活动的职务行为本身不受国家法律的制裁，不论此种行为是否背离或超越了案件的真实情况，只要遵守了国家的法律即可。1990年9月7日联合国第八届预防犯罪和罪犯待遇大会通过的《关于律师作用的基本原则》第20条规定："律师对于其书面或者口头辩护时发表的与案件有关的言论或因为某项职责任务出现于法院、法庭或者其他法律或者行政当局之前所发表的有关言论，应享有民事和刑事豁免权。"

根据《关于律师作用的基本原则》第16条第3款的规定，各国政府应保证律师不会由于其按照公认的专业职责、准则和道德规范所采取的任何行动而受到或者被威胁会受到起诉或行政、经济或其他制裁。

许多国家和地区的立法以及一些国际性法律文件都将律师的执业豁免权作为律师的一项诉讼特权确立了下来。如《英格兰和威尔士出庭律师行为规则》规定"在通常情况下，律师在法庭辩论中的言论享有豁免权"。根据英国学者的解释，作为当事人的辩护人和诉讼代理人，凡与法庭诉讼程序有关的言论和通信，律师均享有不受法律追究的绝对特权。《卢森堡刑法典》第452条第1款规定："在法庭上的发言或向法庭提交的诉讼文件只要与当事人有关，就不能对他提起任何发言或向法庭提交的诉讼文书提起诽谤、污辱或藐视法庭的诉讼。"

综上所述：第一，各国对律师豁免权普遍予以承认。第二，豁免的范围主要是言论豁免权，有的除言论豁免权外，还包括律师的其他执业活动。第三，豁免的内容主要是刑事豁免权，有的也包括其他法律责任的豁免。

我国《律师法（2017）》第37条第1、2款规定："律师在执业活动中的人身权利不受侵犯。律师在法庭上发表的代理、辩护意见不受法律追究。但是，发表危害国家安全、恶意诽谤他人、严重扰乱法庭秩序的言论除外。"这可以理解为我国的律师执业豁免权。但是，这一权利范围还比较狭窄，仅仅限于代理、辩护意见的豁免权。第一，该规定没有对律师在庭上发表的举证、质证意见进行豁免；第二，该规定没有明确执业豁免的内容是否包含书面言论；第三，该规定没有将通信言论纳入豁免权范围；第四，执业豁免权的范围仅限于言论，而不包括行为，比如辩护律师往往可能出于良好意愿，向法院提供或出示的证据材料失实时，可能被追究刑事责任，不在豁免之列。

（二）免证权

大多数国家的诉讼法或者证据法中均赋予了律师保守执业秘密的特权而享有拒绝提供证言的权利，简称拒证权或免证权。免证权是律师保密义务实现的基本条件，如果没有免证权的具体落实，则立法上已经确立的律师保密义务就无法实现。《刑事诉讼法（2012）》第46条赋予了辩护律师保密义务：辩护律师对在执业活动中知悉的委托人的有关情况和信息，有权予以保密。这项权利同时也是律师保密的义务。律师保守办案期间获悉的委托人的信息，其保守秘密的对象是办案机关以及社会公众，因此，必须配套赋予其免证权，从立法层面才算是赋予了律师保密的权利和义务。

（三）秘密交流权

为彻底保障律师与当事人之间相互交流的秘密性，许多国家的刑事诉讼法中规定了对律师与当事人之间往来的材料、通讯禁止进行搜查、扣押或者监听，即使处于协调社会安全与保障辩护权等不同价值的考虑需要对律师事务所进行搜查、扣押或者监听时，也应当设置更为严格的程序以最大限度地保障律师正常执业。这就是律师秘密交流权。根据我国《刑事诉讼法》第 39 条第 4 款规定，辩护律师会见犯罪嫌疑人、被告人时不被监听。但是，司法实践中办案机关对"监听"有时存在不同理解。例如，有人认为，法律仅仅规定不被"监听"，没有禁止"监视"，是否可以采用"看得见但听不见的方式"对辩护律师的会见进行监督？实践中常有类似案例发生。

第三节　目的与任务

一、立法目的

在刑事诉讼中，为了保障国家与个人进行平等的理性的对抗，实现以"法律的统治"为内容的真法治，而不是"运用法律治民"的伪法治，需要在立法层面确立律师权益保障。从制度上在刑事诉讼中确保辩护律师权益是法治国家的体现。

（一）维持控辩平衡

法律程序的核心目的之一是实现公正。何为公正，亚里士多德指出，公正，就是给予人们他所应得的东西。[①] 这可以说是从结果方面对公正的理解，是一种对利益的合理分配。要实现这一结果，还需要从程序意义上理解公正。在各方利益主体的博弈过程中，只有各方具有相当的力量时，才最有可能实现均衡的结果。

刑事诉讼，本质上是国家机器对个人的追诉，是公权力对私权利的追诉。一般而言，公权力以强大的国家实力为后盾，具有天然的优势。相较而言，公民个

[①] 参见〔美〕迈克尔·桑德尔：《公正：该如何做是好？》，朱慧玲译，中信出版社 2012 年版，第 213 页。

人的私权利是"势单力薄"的。以强大的公权力追诉弱小的私权利，具有天然的不对等性。在这种情况下，很难保障结果的公正。

因此，现代刑事诉讼的架构，很重要的目的就在于在刑事诉讼的过程中，限制公权力，加强私权利。一方面，对公权力的限制体现在一系列严格的程序规定以及监督措施，比如只有符合法定条件并经过批准时办案机关才可以行使逮捕权，又如侦查机关对其所搜集的证据的合法性负有证明义务，如果相关证据系非法取得，不得被作为定罪证据使用。另一方面，对私权利的加强则主要体现为辩护权。受到刑事指控的人，可以委托专业律师为其进行辩护，可以加强对其合法权利的保护力度。辩护律师可以搜集证据，可以对案件发表法律意见，还可以与犯罪嫌疑人、被告人进行会见和通信，以便更好地实现辩护效果。这大大加强了被追诉者的辩护能力。

可以说，控辩双方就是刑事诉讼这座天平的两端。只有双方势均力敌时，天平才最接近平衡状态。因此，面对强大的国家机关，赋予犯罪嫌疑人、辩护人辩护权就成为实现控辩平衡的必然选择。

（二）维护程序正义

作为人类法律制度的基本价值，正义一般有两种表现形式：一是实体正义，一是程序正义。程序正义是刑事诉讼制度的重要目的之一，犯罪不仅要得到惩罚，而且要以法律规定的程序得到惩罚，如果说实体正义因每个案件的事实和情节都不完全相同，所涉及的法律问题也可能千差万别，在裁判结论形成之前，或许有些不确定性。那么，程序制度的设计，与个案的案情或情节没有直接的关系，它们体现在司法裁判的过程之中，是明确、具体的具有可操作性的制度，是属于"看得见的正义"，这样的"正义"不光当事人能感知，社会大众也能感知。程序正义的诉讼价值取向是被指控人的权利，正是程序正义决定了法治与任意或反复无常的人治之间的大部分差异，而辩护律师顺利履行刑事辩护职能对于保障被指控人的合法权利来说是十分重要的。因此，要实现程序正义，必须注重律师辩护权的行使，只有坚定地遵守严格的法律程序，才可能实现人人在法律面前平等享有正义。

（三）防止冤假错案

律师在防止冤假错案中的作用无须赘述，辩护律师从某种意义上可以被理解为法律实施的监督者，对冤假错案的过滤者。通过制度设计，尽可能让律师多发挥作用，让其挑错，将会极大地提升人民法院的审判质量。实践证明，一些冤假错案的产生，与律师无法充分发挥作用有很大关系。近年来，广受社会关注的几起冤假错案，当时辩护律师基本上都是作的无罪辩护，只可惜没有引起法官足够的重视，法官没有正确地对待和处理律师的意见和建议。① 作家萧乾在《一个中国记者看二战》一书中曾经做过深刻的反思：对于纽伦堡审理纳粹战犯，尤其是那些罪行累累、十恶不赦的纳粹头目，为什么还允许他们自我辩解，聘请律师出庭辩护？还为每一位被告不只聘请一名律师？到了1957年夏天才体会到，被告为自己辩护，律师为被告辩护，不仅是对被告本人的公道，也是对后人，对历史负责。审判不是泄愤或报复的同义语。据其所知，凡在纽伦堡被判刑的，至今没有一个需要改正或平反的。

二、立法任务

无救济则无权利，维护律师执业权利的重要任务是建立律师权利救济机制。建立起一套完善的救济机制后：一方面，辩护律师遭遇权利被侵犯的情形后，能够有机会恢复正常的权利行使；另一方面，也会使侵犯律师权利的行为面临一定不利后果，从而形成威慑作用，减少侵权行为的发生。

（一）现行律师辩护权利救济机制

1. 投诉机制

投诉机制是指，按照规定，当办案机关及其工作人员侵犯辩护权时，辩护律师可以向该办案机关或者其上一级机关投诉，办案机关或者其上一级机关接到投诉以后，应该及时进行调查，发现情况属实的，应该依法立即纠正，有关机关拒不纠正或者屡纠屡犯的，应当由相关机关的纪检监察部门依照有关规定调查处理，相关责任人构成违纪的，给予纪律处分。例如，根据《保障律师执业的规定》第41条的规定，律师认为办案机关及其工作人员明显违反法律规定，阻碍律师依法履行辩护、代理职责，侵犯律师执业权利的，可以向该办案机关或者其上一级机关投诉。办案机关应当保持律师反映问题和投诉的渠道畅通，安排专门部门负责处理律师投诉，并公开联系方式。办案机关应当对律师的投诉及时调

---

① 参见张立勇：《河南高院院长：几起冤假错案因法官未重视律师意见》，载中国新闻网（http://www.chinanews.com/fz/2013/05-23/4847898.shtml），访问日期：2022年8月27日。

查，律师要求当面反映情况的，应当当面听取律师的意见。经调查情况属实的，应当依法立即纠正，及时答复律师，做好说明解释工作，并将处理情况通报其所在地司法行政机关或者所属的律师协会。

投诉机制以内部行政管理为基础，以纪律处分为后盾，具有便捷、高效的优点，但是这种机制的也存在一定缺陷。一是主体不具有中立性。由于组织内部上下级之间形成的庇护与依附关系，两者在利益上一损俱损一荣俱荣，因此由上级对下级的侵权行为进行救济，其身份不具有中立性，难以客观公正地予以救济。二是非程序性。程序是对恣意的排除，当主体不具有中立性时，尚可以借助严密的程序，减少主体的自利或偏袒行为，而如果主体不中立且又缺乏严密程序规制时，那么主体的恣意无法避免，其能否公正行事，完全取决于其能否自律。三是救济的不彻底性。投诉机制最多只能制止侵权行为，制裁侵权行为人，却无法切除侵权行为带来的"后果"，因此它是一种不彻底的救济机制。

2. 控告申诉机制

控告申诉机制是指向人民检察院申请救济的机制。按照规定，当办案机关及其工作人员侵犯辩护权时，辩护人可以向同级或者上一级人民检察院申诉、控告，检察院应当在接到申诉控告后 10 日以内进行审查，发现情况属实的，应当通知有关机关予以纠正。这是《刑事诉讼法（2012）》新确立的一项机制，也是一项具有中国特色的救济机制。[①]

《刑事诉讼法（2018）》第 49 条规定："辩护人、诉讼代理人认为公安机关、人民检察院、人民法院及其工作人员阻碍其依法行使诉讼权利的，有权向同级或者上一级人民检察院申诉或者控告。人民检察院对申诉或者控告应当及时进行审查，情况属实的，通知有关机关予以纠正。"

控告申诉机制是一种兼具程序性与便捷性的救济机制，它比投诉机制具有更严格的程序，但这种机制同样存在明显缺陷：一是它与投诉机制一样，也存在主体不中立的问题。当检察机关侵犯辩护权时，适用这种机制意味着是由侵权者向被侵权者提供救济，而在公安机关、法院侵犯辩护权时，适用这种机制意味着是由其对手给他提供救济。二是它是一种低规格的程序机制。虽然这种机制具有比投诉机制更严格的程序，比如明确规定了审查期限、答复形式等，但它仍然是一

---

① 参见陈卫东、林艺芳：《论检察机关的司法救济职能》，载《中国高校社会科学》2014 年第 5 期。

种低规格的程序设计，辩护律师难以介入，无法与侵权者对席辩论，即使辩护律师有权发表意见，但由于检察机关对其处理决定不需要说明理由，因此辩护律师很难对检察机关形成制约，它实质上是由检察机关单方面自行决定的，本质上仍然是一种行政审批机制。① 三是后果不具有强制性。这种机制采用的是通知有关机关纠正的处理方式，但该处理方式是一种建议性而非强制性的方式，它对侵权者没有约束力，是否纠正以及如何纠正均取决于侵权者自身，如果它拒不纠正，检察机关对此并无有效的办法。

3. 上诉机制

上诉机制是指向上级法院请求救济的机制。按照规定，如果被告人不服一审裁判，可以向上一级人民法院上诉。上诉对象既包括事实问题，也包括法律问题和程序问题。辩护权属于程序问题，因此当其被侵犯时，被告人及其辩护人可以以程序违法为由提起上诉，如果二审法院认为其属于严重程序违法时，则应该撤销原判发回重审。

上诉机制是一种司法救济机制，是由上级法院给予救济，这种救济机制存在的问题是：第一，对辩护权的救济不具有独立性和专门性，而是依赖于对整个一审判决实体问题的救济。由于对于程序违法是否需要撤销原判发回重审主要取决于实体是否正确，而许多程序违法并不会影响实体的正确性。第二，上诉机制只适用于一审程序中侵犯辩护权的情形，不适用于审前程序中侵犯辩护权的情形。

（二）律师辩护权利救济机制的完善

如前所述，我国现阶段虽然存在多种对辩护律师权利的救济机制，但是这些救济机制均无法实现对辩护权的有效、稳定和可预期的救济。要建立完善的辩护权利救济机制，应当从两个层面着手：第一，要设置客观中立的救济主体，组织起中立的审查机制。第二，要更加注重律师的执业保障权，特别是执业豁免权，这样才能免去律师执业的后顾之忧，也更有利于法律共同体的建设。第三，对于侵犯律师权利的行为者要设置较为严格的惩罚后果，并且要置于可公开的监督之下，让其不能，也不敢侵犯律师的正当权利。上文提到的部分律师最终被无罪释放的案件中，执法者到底有多少人受到了处罚，受到了何种形式的处罚？很少有相关责任人被追究行政或刑事责任，大多数情况下可能就是不了了之。

---

① 参见詹建红：《程序性救济的制度模式及改造》，载《中国法学》2015年第2期。

1. 从行政属性到司法属性

现行救济机制很大程度上具有行政审查色彩。行政审查是一种单方的、流程化的程序模式，在这种模式下，往往具有内部审查的性质，被投诉者和审查者常常隶属同一体系。司法救济与此不同，从程序架构来讲，司法救济具有三方构造。正如一场诉讼中具有控辩审三方构造，控辩双方基于相对立场表达诉求和观点，中立第三方居中审查判断，形成一种稳定的结构。

2. 从依附模式到独立模式

对侵犯辩护权的司法救济，主要有两种模式：一种是独立模式，一种是依附模式。这两种模式的主要区别在于能否单独就侵犯辩护权立即向法院申请救济，还是必须依赖于本案的审判程序，等到案件进入审判程序才能申请救济。独立模式是指独立于本案审判程序（包括庭前程序）的模式，也即在辩护权被侵犯后，辩护人可以立即向法院申请救济，请求法院确认侵权并制止侵权行为，而无须等到案件进入审判程序后，再通过申请法院排除相关非法证据、终止诉讼等方式而获得救济。依附模式是指依附于本案审判程序的模式，也即在辩护权被侵犯后，辩护人不能立即请求法院救济，而只能等到案件进入审判程序以后，才能以申请法院排除相关非法证据、终止诉讼等方式获得救济。

因为独立模式更有助于权利的救济与实现，因此大多数国家都采用了这种模式，如德国、法国和日本。在这些国家，对于侵犯实体性权利和程序性权利的，如果该决定是非法院做出的，则可以立即向法院提出准抗告，如果是法院做出的，则可以立即向上一级法院提出抗告，通过抗告和准抗告，可以立即制止侵权行为，而无须等到案件进入审判程序后才能救济。①

3. 建构程序性裁判机制

我国要建立辩护权的司法救济机制，要做好以下几方面的工作：

第一，将法院的权力由审判程序延伸到审前程序。目前，我国的刑事司法制度缺乏审前司法审查机制，法院只是被动地等到审判阶段发挥职能。在审前阶段，强制措施的采用、证据的搜集等主要事项均由侦查机关和检察机关决定，其同时作为指控机关行使这些职能，不免具有"既当运动员，又当裁判员"的色彩。因此，在审前程序中，以法院作为中立方，辩护律师权利受到侵犯时可以诉

---

① 参见杨杰辉：《侵犯律师辩护权的救济研究》，载《法治研究》2016 年第 5 期。

诸法院寻求救济，这种机制更具客观性和公平性。

第二，必须规定侵犯辩护权的程序性后果。为了保证这一救济机制的有效性，还应该规定侵犯辩护权的不利程序性后果，比如排除非法证据、终止诉讼等。

第三，建立独立程序性上诉机制。在审前程序中，辩护权受到侵犯时可以由法院充当中立裁决方，在审判阶段辩护权受到侵害的，法院就成为当事人之一，不宜继续充当裁决者，因此应当设立独立的程序性上诉机制。上诉是一种司法救济，应该按照司法的方式运作，因此在上诉程序中，对程序性问题也应该以司法方式，在三方的共同参与下进行审查并作出决定，而不能像现在一样，以行政化的方式由法院单方面审查决定。

（三）律师执业豁免权的完善

律师执业豁免权是指具有律师身份的人在整个执业过程中所产生的书面、口头言论和相关行为，不受法律的指控和追究的职业特权。在律师执业豁免权当中，刑辩律师的执业豁免权最为引人关注，因为刑辩律师面临的执业风险最为突出。

我国关于律师执业豁免权的规定主要体现在《律师法（2017）》第 37 条第 1、2 款："律师在执业活动中的人身权利不受侵犯。律师在法庭上发表的代理、辩护意见不受法律追究。但是，发表危害国家安全、恶意诽谤他人、严重扰乱法庭秩序的言论除外。"

我国律师执业豁免权具有以下特征：第一，豁免范围过窄。仅包含言论豁免，不包括行为豁免，且言论豁免仅限于当庭发表的代理、辩护意见。第二，豁免时限过短，限于律师在法庭上的发言，而不包括庭下律师为代理案件所发表的言论。第三，律师执业豁免权缺乏救济机制。《律师法（2017）》对律师执业豁免权的规定并不包括一旦遭到侵犯律师该如何寻求救济。第四，《刑法》规定的律师伪证罪在一定程度上与律师执业豁免权相冲突。第五，扰乱法庭秩序罪对律师执业豁免权有一定负面影响。

为使辩护律师权利得到更加周详的保护，可以对我国律师执业豁免权进行进一步完善，具体而言，建议采取以下措施：

第一，扩大律师执业豁免权的范围。建议将律师执业豁免权的内容扩大到包括庭上和庭下书面和口头言论豁免、通信豁免和过失向法院提交失实材料的行为豁免，全方面、多角度保障律师在代理案件过程中的相关权利。

律师在刑事诉讼中享有言论的豁免：（1）律师的刑事辩护言论，应当依法不受追究；（2）律师在调查取证过程中，对证人所作出的一些诱导性的问话或伦理道德上的开导，应当依法不受追究。

律师在刑事诉讼中享有行为的豁免：（1）律师非因故意在刑事诉讼中向法庭提供和出示之文件、材料失实的，不受法律追究。《刑法》第306条第2款规定："辩护人、诉讼代理人提供、出示、引用的证人证言或者其他证据失实，不是有意伪造的，不属于伪造证据。"这一规定是对律师妨害证据犯罪的排除性规定，即律师不应因使用证据方面之过失而承担刑事责任；（2）在刑事诉讼过程中，律师的人身自由应当依法得到保障。

第二，将律师执业豁免权的时限扩展到整个执业活动中。因为，只有将律师执业豁免权的时限扩展到整个执业活动过程中，才能保障整个案件代理过程中的律师合法权益，才能顺理成章地将各类案件的律师纳入到律师执业豁免权的主体范围内。

第三，完善律师执业豁免权保障机制。建议《律师法（2017）》应当和《法官法（2019）》第64条、《检察官法（2019）》第65条一样规定通过控告的方式对权利加以救济。同时建议在《刑法》《刑事诉讼法》中增加侵犯执业律师人身权和职业豁免权的相关罪名、相关刑事诉讼程序保障等内容。

没有律师就没有法治。刑事辩护律师执业权益保障，不仅仅是律师行业的一个现实问题，而且是国家法治文明与否的试金石，是法律能否正确实施的基本保障。最重要的是，只有每一位刑事辩护律师的执业权益有了保障，这个社会中的每一个人，特别是每一位被告人的合法权益才会更有保障。

CHAPTER 5
第五章

接待客户与洽谈案件

　　刑事辩护业务是从接待客户与洽谈案件开始的。接待客户与洽谈案件是每一位刑辩律师最基础、最首要的工作,也是律师取得客户信任并建立委托代理关系的重要步骤。在刑事法律实务中,接待客户与洽谈案件并不是容易的事情,不但具有专业性,而且具有艺术性。律师只有在日常接待与洽谈中不断地磨练才能不断地提高接待水平,才能够进入熟能生巧的境界。

第一节 客 户

一、刑事案件客户的概念

刑事辩护业务的客户概念有狭义和广义之分。

狭义的客户是指在刑事诉讼活动中,与律师事务所签订委托或者代理合同,聘请律师担任刑事案件当事人的辩护人或者代理人的单位或者个人。在嫌疑人、被告人被羁押的状态下,根据《刑事诉讼法(2018)》第 34 条第 3 款的规定,监护人、近亲属先行代为委托,再由被关押的嫌疑人、被告人确认委托,这种情况下刑事案件的客户包括嫌疑人、被告人及其监护人、近亲属。司法实践中,对于没有监护人、近亲属的,或者监护人、近亲属远在偏远地区无法联系的,也可由单位代为委托。因此,狭义上的客户包括:委托的嫌疑人、被告人,及其监护人、近亲属,或者代为委托的单位。

广义的客户,除了委托的嫌疑人、被告人的监护人、近亲属和嫌疑人、被告人、单位之外,还包括代为支付律师费的第三方、日常交流的联系人等。委托人或者被代理人一般是律师费用的支付人,实务中也有第三方代为支付律师费用的情形。有些案件的当事人,会选择懂些法律的亲戚、朋友代为与律师日常沟通。在刑事诉讼过程中,律师有许多工作也需要委托人或者被代理人配合,需要与客户沟通、合作、交流。因此,刑事案件客户也应包括与律师日常交流的联系人,是刑事案件当事人一方的权益代表。

2017 年 9 月中华全国律师协会发布了《律师办理刑事案件规范》,其中第 8 条对律师参与刑事诉讼的业务范围进行了明确规定:"(一)接受犯罪嫌疑人、被告人的委托,担任辩护人。犯罪嫌疑人、被告人的近亲属、其他亲友或其所在单位代为委托的,须经犯罪嫌疑人、被告人确认;(二)接受涉嫌犯罪的未成年人或精神病人的监护人、近亲属的委托,担任辩护人;(三)接受公诉案件的被害人、其法定代理人或者近亲属的委托,接受自诉案件的自诉人、其法定代理人的委托,接受刑事附带民事诉讼的当事人、其法定代理人的委托,担任诉讼代理人；(四)接受刑事案件当事人、其法定代理人、近亲属的委托，接受被刑事判决或裁定侵犯合法权益的案外人的委托，担任申诉案件的代理人；(五)接受被不起诉人、其法定代理人、近亲属的委托，代为申诉、控告；(六)在公安机关、人民检察院作出不立案或撤销案件或不起诉的决定后，接受被害人、其法定代理人、近亲属的委托，代为申请复议或起诉；(七)在违法所得没收程序中，接受犯罪嫌疑人、被告人、其近亲属或其他利害关系人的委托，担任诉讼代理人；(八)在强制医疗程序中，接受被申请人或被告人的委托，担任诉讼代理人；在复议程序中，接受被决定强制医疗的人、被害人、其法定代理人、近亲属的委托，担任诉讼代理人；(九)其他刑事诉讼活动中的相关业务。"

需要指出的是，上述关于律师参与刑事诉讼业务范围的规定，包括了刑事被告人的辩护业务与刑事被害人的代理业务。从专业性的角度看，这两类业务是本质完全不同的业务：刑事辩护业务是代表被国家追诉的人，同公权力"对立"的业务，该业务的特殊性就是在社会管理的制度层面承载着维护人权、防止公权力滥用的价值诉求。而刑事被害人代理业务，即上述规范规定的业务范围之(三)、(六)，是与公权力站在同一边，追究犯罪的业务，非此章探讨的重点。这两类业务，从业务内容，到价值诉求，还有背后的理念，都是完全相反的趋向，因此，业务的原则、目的都是不同的。

二、客户的特征和样态分析

(一)客户的来源分析

在实务中，刑事案件客户对于律师事务所和律师的选择，根据客户消费趋向的不同，一般分别采取就熟、就近、就名、就网、就巧、就低等原则。

1. 就熟原则

就熟原则，就是指刑事案件客户发生法律业务需求时，首先想到的是自己熟悉的律师。刑事案件客户相信自己熟悉的律师更能够保护和帮助自己。

2. 就近原则

就近原则，是指刑事案件客户发生法律业务需求时，客户主要在自己所在的城市，所在的区域，所在的楼宇寻找律师，或者在自己方便的地方寻找律师。这就是所谓的就近原则。

3. 就名原则

就名原则，是指律所办理过刑事大案、要案、名案时，有法律业务需求的客户往往会慕名而来，在北、上、广、深等地的名所寻找知名的律师，客户相信他们能够更好地帮助自己。

4. 就网原则

在互联网时代，在众多的营销方式中，不得不提及的是网络营销。过去当事人打官司想聘请律师，大部分的人都是找熟人介绍，要么就直接去律所。而现在，刑事案件客户发生法律业务需求时，常常先上网搜索类案，然后按照自己的消费趋向联系相关律师，这就是就网原则。好些律师也在研究"互联网+科技+法律服务"的营销方式。

5. 就巧原则

就巧原则，是指刑事案件客户的法律服务需求发生时，在寻找律师时机缘巧合正好遇到了某位律师，缘分让大家走到了一起。

6. 就低原则

就低原则，是指刑事案件客户的法律服务需求发生时，客户根据自己的案件情况和支付能力寻找律师，把价格作为主要因素考量，谁出的价低就选择谁。

(二) 客户的心理分析

律师分析和掌握客户的心理，对于建立信任和委托关系至关重要。律师只要抓准了客户的心理动态，就掌握了沟通的主动权。

在心理学当中，弗洛伊德有个"挫折攻击论"。他指出："人的基本欲望是寻求快乐和逃避痛苦，人满足其基本欲望的行为一旦受挫，攻击便成为最原始、最普遍的反应。"[①] 刑事案件发生后，恐惧、焦虑、担忧、畏罪、侥幸、对抗和求援的各种复杂心理因素常常笼罩着当事人及其家属。他们开始搜遍各种渠道，只为找到靠谱的律师，能够为他们出谋划策，提供法律服务。

1. 戒备心理

戒备心理是一种原始的自我保护心态。正常情况下，人们在身处困境时，面对陌生的环境和陌生人，会处于戒备和警惕状态。为此，刑辩律师可以和当事人

[①] 〔奥〕弗洛伊德：《弗洛伊德文集1——癔症研究》，车文博译，长春出版社2004年版，第97页。

先熟悉，后交谈，待当事人心理松弛下来后，再适时将谈话引入正题。

2. 抵触心理

抵触心理是当事人出于自卫而产生的一种消极情绪。当事人到律师事务所找律师，大多属于不得已而为之。当事人与律师谈话时，也常常话不投机半句多，会出现抵触情绪，使得谈话陷入僵局。出现这种情况时，律师应当平心静气，不疾不徐，耐心倾听，逐渐形成交流与沟通的良好氛围，逐步削弱、转化当事人的抵触心理，从而有效地掌控谈话进程。

3. 恐惧心理

在实务中，犯罪嫌疑人、被告人被抓后，家属也常常被作为同案犯或者污点证人传讯。所以，到律师事务所来的当事人因为害怕自己和家人受到追究、处罚，常常唉声叹气，坐卧不安，普遍带有紧张、恐惧、绝望等消极情绪。律师应当积极化解这种情绪，让当事人正确对待人生逆境，重新树立生活的信心。

4. 侥幸心理

侥幸心理是当事人认为靠人不如靠己，因此，他不相信任何人，也不相信律师。对于案件实情，特别是对自己不利的证据，当事人心存侥幸，缄默不语，即便对律师也不轻易和盘托出。对此，律师要告诉当事人，律师有为当事人保密的义务，要打消其顾虑，使其积极配合律师开展工作。

5. 失衡心理

有的犯罪嫌疑人、被告人长期养尊处优，一旦被抓，心态瞬间严重失衡。比如，有的职务犯罪嫌疑人对于自己被查很不服气，认为不止自己一个人腐败，别人为什么没事儿，怎么就我倒霉。这就是失衡心理的典型表现。律师要根据其心理状态，让其面对现实。律师还要告诉他，刑事诉讼讲的是证据，倒霉不倒霉，关键在于有没有证据证明有犯罪事实。

6. 求援心理

刑事案件客户找到刑辩律师，就是为了家里人的生命、自由、财产、尊严而来。他们把自己家的身家性命交给了刑辩律师，对律师怀着极高的期望，希望律师是他们的救星。客户见到律师，就好比见到了亲人。在谈话过程中，说到伤心处，常常会怒不可遏甚至泣不成声。作为律师，一定要有同理心，要有共情的能力。作为一位刑辩律师，虽然可能每天见到的都是类似情形，但是这绝不是可以麻木不仁的理由。刑辩律师不仅要以专业的法律服务取胜，还要站在客户的角度，想他们之所想，急他们之所急，让客户找到可以倾诉的对象，让客户找到可以托付的律师，尽力满足他们的求援心理。

（三）客户的动机分析

1. 免费咨询型

这样的客户来跟律师谈的时候，他只是来咨询律师，把当事人的情况跟律师说一下，想通过律师的专业了解案件的走向。

2. 随机比对型

这样的客户在来谈之前，已经跟很多律师接触过了，属于走马观花，只是来做一个比对，比较律师，比较价格。

3. 委托意向型

这样的客户基本上是通过介绍，或者通过某种渠道联系到律师，在来之前，就已经做好委托律师的准备。

（四）客户选择律师的因素分析

律师要赢得客户，必须站到客户的角度，来思考律师必须要回答的问题。

参照销售心理学的原理，一般客户都有如下一些疑问：

其一，你是谁：你是什么人；

其二，你这人怎么样：你有什么名声、水平和经验；

其三，是什么，干什么：就是你能帮我干什么；

其四，为什么：你的产品和服务对我有什么好处，为什么我要跟你买；

其五，怎么样：你的产品和服务对我会不会有用，如何证明你介绍的是真实的；

其六，多少钱：你的价格是多少。

具体到刑事案件客户，选择律师必然也要反复对比，多方面考察。客户具体考量因素概括如下：

（1）律师的知名度；

（2）律师的专业水平；

（3）律师的阅历和业绩；

（4）律师的类案经验；

（5）对律师的感觉和印象；

（6）律师的案件分析水平；

（7）律师的办案能力；

（8）律师的责任心；

（9）律师的同理心；

（10）律师费的因素。

当然，客户选择律师时还有传统的经典三问：一问是什么结果，二问有没有关系，三问律师费能不能再便宜些。对这些问题，律师一定要依法依规、中规中矩地回答。

（五）客户在签约中的角色分析

1. 与犯罪嫌疑人、被告人的关系

来律师事务所咨询，一个人来的情况比较少，一般是几个人一起来。来的人当中，有当事人，也有当事人的家属，还有的是当事人的亲戚、朋友、同事，甚至不排除当事人潜在的对立面。这些人的关系、动机、利益往往各不相同，在委托关系的建立方面作用也不同。

2. 参与谈判的动机和原因

律师要了解来访人各自的情况，搞清楚他们来访的动机和原因。实务中，有着形形色色的来访者，有的是为自己亲人的前途命运担忧，有的是出于对朋友的关心和交情，有的是跟着捧个场，也有个别心怀叵测的人想落井下石。

3. 参与谈判的利益因素

律师要了解来访人各自的利益情况。比如，如果在来客当中有一个是被告人的债权人，他来咨询的目的可能是为了自己的债权利益，而不是为了当事人的利益，在接待中这些细节都需要注意到。

4. 在签约中的影响力

来的这些人当中，有的是有权利签合同的人，有的是说了算的人，有的是负责掏钱的人，不一而足。律师一定要区分来者的身份，这样才能够在谈判中做有效沟通。

（六）客户决策类型分析

从人格角度划分，客户可以分为信任型、怀疑型、挑剔型；从性格角度划分，客户可以分为冲动型、理智型、犹豫型；从客户趋向划分，客户可以分为结果型、权威型、情感型。客户的人格、性格、趋向不同，其行为表现也往往大相径庭。律师在与各种性格的人打交道的过程中，要针对差异，区别对待。这里仅就理智型、冲动型、犹豫型性格客户在签约中的特点予以分析。

1. 理智型性格

理智型当事人做事周密，一般要求律师要对案情进行非常详尽的分析，并要有细致的方案。所以律师在与理智型当事人打交道时，要尽量满足其要求，对案情做综合解剖，当然也需要注意详略得当。

2. 冲动型性格

在实务中，冲动型当事人一般为胆汁型性格，这类当事人做事情很冲动。其特点是抽刀断水，干净利索；其缺点是容易情绪化，说不定一回头就忘了刚才说的话。律师在和这种客户洽谈时，要以情理为主，尽力与其保持情感上的共鸣。如果律师沟通到位，这种当事人马上就会"产生感觉"，往往快刀斩乱麻就把合同签了。

3. 犹豫型性格

犹豫型当事人容易患得患失。和犹豫型当事人洽谈时，律师需要尊重其个性，让其有自己做主的感觉，同时要防范风险，防止当事人反复。

第二节　相关理念、目的与任务

一、比较考察：美国律师与委托人关系定位

世界各国在刑事诉讼发展进程中，就律师与委托人的关系，逐步形成了一些理念和共识。作者以美国法为例，在公民权利与政府权力的平衡中，美国模式是将政府权力减到最低的典范，反映到诉讼中，美国是当事人主义模式的国家，刑事诉讼中检察官被当事人化，也是诉讼中的普通的一方当事人，与辩护律师享有的权利义务基本无差。美国也是实现了职业共同体的国家，大律师公会同时也是法官、检察官的摇篮，检察官和辩护律师，在庭上有时会被法官同时称呼为"律

师"，控辩裁三方的律师，共同遵守大律师公会制定的职业伦理，即司法伦理。

（一）有益于委托人

律师是委托人的代理人。在法律允许和律师执业责任许可的范围内，委托人对所要达到的目的有最终决定权。在法律允许和律师执业责任许可的范围内，委托人有权同律师磋商达到代理目的应适用的方法。

美国有关代理、职业责任、不当执业以及刑事诉讼法相关法律都规定，某些决定权必须保留给委托人，而不能由律师擅自做主。在刑事案件中，委托人有权选择做有罪辩护或者无罪辩护，有权决定是否放弃陪审团审判，有权决定是否作证。

当然，律师享有某种权利和承担某种义务。律师为委托人服务意味着律师的行为要有益于委托人，但代理并不意味着律师要全方位赞同委托人的意见和行为。通常情况下，律师决定"法律技术问题"，例如在哪里起诉、依据哪个判例原理、提交什么证据、传唤什么证人以及确定何种论点。美国《律师职业行为示范规则》要求律师不仅应该"遵守客户有关代理目标的决定，而且应该就追求这些目标的方法征询客户的意见"[①]。

（二）保守客户秘密

为客户保密的责任，是律师职业道德的基本伦理，也是法律规定的律师核心义务之一。

相关伦理规则规定：一个关于委托人的资料目录，无论那些资料是否从委托人处获得，律师不可以自动地适用或公开。

美国《律师职业行为示范规则》第1.6条对这个义务的界定是："律师不得披露与代理委托人有关的资讯。"[②]

（三）信任、信用与信赖

世界上有各种各样的信任，有些信任比其他信任有更高的责任，其中律师的责任是最高的。"这种史无前例的信任依靠，来源于人们为了自己的目的去雇用

---

① 《美国律师协会职业行为示范规则（2004）》，王进喜译，中国人民公安大学出版社2005年版，第13页。

② 《美国律师协会职业行为示范规则（2004）》，王进喜译，中国人民公安大学出版社2005年版，第20页。

律师做出执业司法判断……是充满十分的信任和信心。"①

在委托协议成立后，委托人对律师充满信任和期待。具体原因有三：一是委托人对律师职业的正直、公正和判断充满期待；二是委托人对律师执业过程中获取的不对称信息充满期待；三是委托人一般不会轻易调换律师，因而在经济或心理上对律师代理充满期待。

在律师和委托人关系成立后，律师与委托人的信任关系成为整个辩护工作的基础，至关重要。律师与委托人之间的信任，不仅基于具体的某个委托人和某个律师之间，还基于委托人群体对律师群体的信任，这种信任是一种社会心理结构。这种社会心理结构信任的构建，需要协会以及律师群体一起努力共同不懈地完成。

（四）知情、告知与劝告

在委托协议履行过程中，委托人享有知情权。律师对委托人有通知、提示和劝告的责任。

律师有责任提醒委托人去警惕法律问题，因为律师从专业的角度出发，更能够认知和分析委托人的法律需求和风险。

谨慎的律师，会小心翼翼地处理与委托人的关系。律师会定期通报案情的进展，时常征询委托人的意见，在重大关键问题上让委托人自己作出决断。

（五）忠诚、勤勉与敬业

律师要履行忠诚义务。忠诚就是要心怀同理心和怜悯心。同理心是一种感受别人感受的技能，主要是对弱者和不幸者的同情，并要设法帮助别人的心理。怜悯心是对肉体或精神上遭受痛苦的人或者对悲惨的人表示同情，并要求人们抚慰他人内心的情感、挫折和磨难。

同理心和怜悯心，是包含在一个人灵魂深处最大的善。人人都应该具有不同程度的同理心和怜悯心。

作为救人于危难之中的刑事辩护律师，更应当培养一种与当事人感情共鸣的才能，设身处地地去感受当事人的情感，用自己的良知和职业技能，在当事人心目中树立起忠诚勤勉敬业的形象。

---

① 刘译矾：《论委托人与辩护律师的关系——以美国律师职业行为规范为切入的分析》，载《浙江工商大学学报》2018 年第 3 期（总第 150 期）。

二、接待客户与洽谈案件的理念

理念问题至关重要。律师接待客户与洽谈案件时，一定要树立正确的理念，一定要坚持正确的价值选择。

（一）忠于使命

刑事辩护律师这个称号，包含着忠诚、责任、担当、用心、不舍和无奈。

美国法学家克罗曼曾在《迷失的律师》一书中提出了法律共同体的使命："法律人的理想是具有责任担当的，是追求卓越的。法律共同体要实现历史使命，更应该坚守自己的职业伦理，法律共同体更是一个伦理共同体。他们遵循一个最基本的法律职业伦理准则，即以追求秩序和正义为最高、永恒的目标，并且通过他们各自的具体行动表达对法律的忠诚和信仰。"[1]

作为法律共同体的律师，既然选择了这个职业，就要承担起律师的使命和担当：其一，要有社会良知，当良知和压力产生冲突的时候，要把良知作为最高的行为准则，这是法律人应该具有的职业操守；其二，要有斗争精神，当权势和法律产生冲突的时候，要唯真理和法律是从，这是法律人应有的职业信仰；其三，要有使命意识，当使命和利益产生冲突的时候，要忠诚勤勉尽责担当，这是法律人应有的职业追求。

（二）讲究格局

刑事辩护律师从事的是一项伟大的事业，事关维护公民人权，防止公权力滥用。刑事辩护律师的工作，关乎着人的生命权、自由权、财产权和名誉权，关乎着人性，关乎着同理心。做刑辩律师一定要有格局，一定要有家国情怀和责任担当。具体体现在与客户打交道时，也一定要讲格局，有大局观。

（三）以人为本

在刑事诉讼过程中，面对公权力，犯罪嫌疑人、被告人为弱势方。作为刑事辩护律师，一定要贯彻保障人权的宪法原则和刑事政策，全力维护犯罪嫌疑人、被告人的合法权益。

"如果说公诉人诉一个就定一个有罪，那么法官就没有用了；如果说律师辩护一个就判一个无罪，那么公诉机关就没有用了，这是不可能的事情，也是不正

---

[1] 王克民：《职场文存：一个律师的工作资料》，法律出版社2019年版，第1页。

常的事情。""律师的辩护,是他维护委托人或被告人应该被维护的那部分合法权益,这是他的职责。一个无罪的人,通过律师的辩护,可以重获清白;一个罪轻的人,通过律师的辩护,可以免受重罚;而一个真正犯有重罪的人,经过律师的充分辩护之后,仍被处以重刑,也可以在程序正义中体现出法律的公正性。"[①]

同时,刑辩律师是陪伴着那些被羁押的人度过他们人生当中最艰难的岁月的人,这种陪伴对于他们重新回归社会也是一种力量。

（四）开放包容

在接待客户的时候,一定要以平等的姿态、协商的姿态,对客户予以充分的尊重。作为刑辩律师,对于前来托付的人,要有同理心,对他们面临的困境要感同身受。对他们体现出尊重、体现出温度、体现出关怀。传递正能量,设身处地地为客户考虑。律师要善于倾听,要善于引导当事人把话说出来,要从心灵深处给他们以关怀。在研究、解答案件法律问题的同时,律师还要适当安抚客户的恐惧、焦躁和不安的情绪,以减轻他们的心理压力。

（五）诚实守信

刑事辩护律师接待客户,要用诚心沟通,要用信誉立业,坚持实事求是,做到量力而行。律师在案件分析、专业解答等各个环节都要实事求是,绝对不做虚假宣传和虚假承诺,不能为了代理案件而不择手段。

签约无望时,也要冷静、体面地退出。不能认为是当事人浪费了自己的时间,讨了自己的便宜,甚至情绪激动,大动肝火,对客户冷嘲热讽,这种做法一定要杜绝。接待客户本身也是辩护律师工作的一个部分,要爱惜羽毛,维护行业的整体声誉。

（六）责任至上

受人之托,忠人之事。刑事辩护工作是个体力活儿,是个脑力活儿,更是个良心活儿,所以刑辩律师的责任心尤其重要。一定意义上讲,责任心甚至要远远地大于能力水平。因为能力水平有限,可以通过责任心来弥补;而如果缺乏责任心,则再有能力水平也是白搭。

在接待客户时,律师的责任心也能够潜移默化地体现出来,从而影响客户对

[①] 选自田文昌律师在荣获央视2013年度十大法治人物荣誉时的感言,载西北政法大学官网（https://xyb.nwupl.edu.cn/xfdr/jyfc/77160.htm）,访问日期:2022年4月18日。

律师的选择。律师收了委托人的律师费，刑事辩护的法律服务合同就成立了。律师能够提供的是什么？是服务，是知识，是经验，是质量，是标准。至于什么是质量，质量就是尽心程度，就是责任心；什么是标准，标准就是尽责水准，就是行为规范。

当然，在强调刑事辩护工作责任心的同时，也要把握好度，要界定好责任心的边界。在实务中，律师与客户要合心而不能合体，要忠心而不能痴心。律师既不能成为第二当事人，也不能成为神龙见首不见尾的飞人。

三、目的与任务

（一）了解客户

律师要了解客户的基本情况，这是律师代理案件的前提和基础。律师要了解犯罪嫌疑人、被告人所涉的罪名，了解刑事诉讼的进展和阶段。律师要了解客户性格和心理，有针对性地做好沟通工作。律师要对案情作出客观的判断，并预判案件难易程度和辩护空间，要预判和评估案件的可代理性。在此基础上，律师要进一步了解客户的有效需求，甄别客户质量，预判客户的可签约性。

（二）解决问题

律师接待的最终目的，是要成为问题的终结者。律师要针对客户需求，提出解决办法，提出法律建议或忠告，善意提示潜在的法律风险。一般而言，谈判的目的就是为了签约。律师要努力促成正式的委托关系。律师要评估经济效益、社会效益及律所声誉积累，预测成本和利润空间，提出合理的报价方案。在双方合意的基础上，律师要与委托人签订委托代理协议，明确双方权利义务关系，深入开展法律服务。

（三）建立信任

律师要减轻客户压力，让客户产生依赖感，进而建立起高度信任的关系。对于刑辩律师而言，人生没有彩排，天天都是直播。刑辩律师时时刻刻都在给自己做广告。无论签约与否，每一次接待都是一次形象展示。律师要展示自身专业能力，树立自身的职业形象。律师接待客户有不可不知的两个定律。其一，斯通定律：对于同样一件事，用不同的态度去对待，就会有不同的结果。接待客户与洽谈案件时的心态要积极努力。其二，250 定律：每一位客户身后，大致有 250 名亲朋好友。因此，在每一个客户面前都应维护好自己的形象，维护好律师这个职业群体的形象。

第三节　我国相关规范性法律文件的沿革

一、关于律师接受案件的规范

律师接受案件，必须由律师事务所统一接受委托，不得个人私自接案。

《律师执业管理办法（2016）》第 26 条规定："律师承办业务，应当由律师事务所统一接受委托，与委托人签订书面委托合同，并服从律师事务所对受理业务进行的利益冲突审查及其决定。"

《律师执业行为规范（2018）》第 35 条规定："律师应当与委托人就委托事项范围、内容、权限、费用、期限等进行协商，经协商达成一致后，由律师事务所与委托人签署委托协议。"

二、关于律师收费的规范

《律师事务所管理办法（试行）（2018）》第 47 条第 1 款规定："律师事务所应当按照有关规定统一收取服务费用并如实入账，建立健全收费管理制度，及时查处有关违规收费的举报和投诉，不得在实行政府指导价的业务领域违反规定标准收取费用，或者违反风险代理管理规定收取费用。"

需要强调的一点是，近年来为全面深化"放管服"改革，健全主要由市场决定价格的机制，进一步降低实体经济成本，持续改善营商环境，激发市场活力，国家有关部门出台了一系列的政策措施，逐步将律师服务收费由政府定价改为实行市场调节价。目前，全国已经有十几个省市的律师服务收费实行市场定价机制，按照"凡是市场能自主调节的就让市场来调节"的原则，律师服务收费由市场主体协商定价。

三、关于合同终止与解除的规范

《律师执业行为规范（试行）（2018）》第 59 条规定："有下列情形之一的，律师事务所应当终止委托关系：（一）委托人提出终止委托协议的；（二）律师受到吊销执业证书或者停止执业处罚的，经过协商，委托人不同意更换律师的；（三）当发现有本规范第五十条规定的利益冲突情形的；（四）受委托律师因健康状况不适合继续履行委托协议的，经过协商，委托人不同意更换律师的；（五）继续履行委托协议违反法律、法规、规章或者本规范的。"

《律师执业行为规范（试行）（2018）》第 60 条规定："有下列情形之一，经提示委托人不纠正的，律师事务所可以解除委托协议：（一）委托人利用律师提供的法律服务从事违法犯罪活动的；（二）委托人要求律师完成无法实现或者不合理的目标的；（三）委托人没有履行委托合同义务的；（四）在事先无法预见的前提下，律师向委托人提供法律服务将会给律师带来不合理的费用负担，或给律师造成难以承受的、不合理的困难的；（五）其他合法的理由。"

四、关于律师与当事人关系的规范

根据《律师执业行为规范（试行）（2018）》的相关规定，律师与当事人的关系应遵守的规范概括如下：

1. 律师应当充分运用专业知识，依照法律和委托协议完成委托事项，维护委托人或者当事人的合法权益。

2. 律师与所任职律师事务所有权根据法律规定、公平正义及律师执业道德标准，选择实现委托人或者当事人目的的方案。

3. 律师应当严格按照法律规定的期间、时效以及与委托人约定的时间办理委托事项。对委托人了解委托事项办理情况的要求，应当及时给予答复。

4. 律师应当建立律师业务档案，保存完整的工作记录。

5. 律师应谨慎保管委托人或当事人提供的证据原件、原物、音像资料底版以及其他材料。

6. 律师接受委托后，应当在委托人委托的权限内开展执业活动，不得超越委托权限。

7. 律师接受委托后，无正当理由不得拒绝辩护或者代理，或以其他方式终止委托。委托事项违法、委托人利用律师提供的服务从事违法活动或者委托人故意隐瞒与案件有关的重要事实的,律师有权告知委托人并要求其整改,有权拒绝辩护或者代理、或以其他方式终止委托,并有权就已经履行事务取得律师费。

8. 律师在承办受托业务时,对已经出现的和可能出现的不可克服的困难、风险,应当及时通知委托人,并向律师事务所报告。

9. 律师根据委托人提供的事实和证据,依据法律规定进行分析,向委托人提出分析性意见。

10. 律师的辩护、代理意见未被采纳,不属于虚假承诺。

五、关于律师与当事人关系的禁止性规范

《律师法(2017)》第 40 条规定:"律师在执业活动中不得有下列行为:(一)私自接受委托、收取费用,接受委托人的财物或者其他利益;(二)利用提供法律服务的便利牟取当事人争议的权益;(三)接受对方当事人的财物或者其他利益,与对方当事人或者第三人恶意串通,侵害委托人的权益;(四)违反规定会见法官、检察官、仲裁员以及其他有关工作人员;(五)向法官、检察官、仲裁员以及其他有关工作人员行贿,介绍贿赂或者指使、诱导当事人行贿,或者以其他不正当方式影响法官、检察官、仲裁员以及其他有关工作人员依法办理案件;(六)故意提供虚假证据或者威胁、利诱他人提供虚假证据,妨碍对方当事人合法取得证据;(七)煽动、教唆当事人采取扰乱公共秩序、危害公共安全等非法手段解决争议;(八)扰乱法庭、仲裁庭秩序,干扰诉讼、仲裁活动的正常进行。"

CHAPTER 6
第六章

律师会见

  会见、阅卷、调查取证被称为律师庭外辩护的三大权利，其中会见是极其重要的一项权利。根据2019年3月12日《最高人民检察院工作报告》数据显示，2018年全年，全国检察机关共批准逮捕各类犯罪嫌疑人1056616人，对涉嫌犯罪但无须逮捕的决定不批准逮捕116452人。在检察机关认为涉嫌犯罪的案件中，批捕人数是不批捕人数的9倍多。由此也可以看出，在我国的刑事诉讼程序中，被追诉人被羁押为常态、不被羁押为例外。在犯罪嫌疑人、被告人普遍被羁押的情况下，会见已成为律师辩护的一项重要内容，会见既是当事人委托律师的动因，也是律师履行辩护工作的重要途径和内容。

第一节 相关理念

理念是行为的先导,是行为的驱动力,有什么理念指引,就会自觉不自觉地做出什么样的行为。会见过程中,遇到一些棘手的问题,究竟应该怎么解释规范、怎么行为,这和一个人有什么样的会见权理念紧密相关。而各国对会见权的规定、实施现状亦可追溯到不同的理念基础。

一、会见权的来源

会见权,究竟是律师的权利还是被追诉人的权利,一度成为大家争论的焦点。律师会见权当然源自被追诉人的权利,基于被追诉人的委托将自己享有的辩护权延伸至辩护律师。产生争论的原因是基于实践中犯罪嫌疑人、被告人通常只能被动等待律师来会见,主动提出会见律师的要求则由于法律没有明确规定而可能被忽略,这便是没有深层思考律师会见权利来源所导致的现实状况。实践中,会见与侦查工作发生冲突时,哪一方的权利应当被优先保障,不同的理念同样会导致不同的做法。

在刑事诉讼程序中,国家是追诉者,嫌疑人、被告人是国家公权力追诉的对象,是刑事追诉后果的承担者,无论是基于自然法则,还是无罪推定的现代刑事司法理念或委托关系的本质上,嫌疑人、被告人都是这场刑事诉讼程序中的辩护权之源,所有的辩护权利,都归源于被追诉人,作为辩护权内容之一的会见权,也不例外。

辩护权是一个公民在面对国家追诉时的宪法权利,会见权是其诸多辩护权中的一项,是嫌疑人或被告人获得法律帮助的权利的延伸,因而嫌疑人或被告人享有主动要求会见律师的权利应是其辩护权的应有之义。因此,多数国家都规定了嫌疑人、被告人有要求会见律师的权利,只是各国人权保障的力度不同,而导致要求会见律师的时间先后不同。《日本宪法》规定,犯罪嫌疑人与辩护人的会见权是犯罪嫌疑人的权利。《德国刑事诉讼法》规定,犯罪嫌疑人在被讯问之前，必须被告知有权同辩护人商议。《英国警察与刑事证据法》规定，除极有限并明确规定的情形外，犯罪嫌疑人必须被允许向律师咨询。告知他们有在任何时候以会面、书信或电话的方式与律师取得单独联系的权利。在被拘留36小时后，必须允许会见律师。①

会见权源于嫌疑人或被告人自身应有的权利，则嫌疑人或被告人有权主动提出会见律师的要求，相应地，看守所收到被羁押人员要求会见律师的诉请，有法定的告知律师和安排律师会见的义务。我国《刑事诉讼法》并没有明确赋予犯罪嫌疑人可以主动要求会见律师的权利，只是笼统地规定嫌疑人、被告人有委托辩护人的权利，同时规定辩护律师可以同在押的嫌疑人、被告人会见，所以当嫌疑人或被告人主动提出会见律师的要求时，实践中做法不一，并无统一标准。有的看守所管教会代为通知律师前来会见，但也有看守所对嫌疑人、被告人会见律师的要求置之不理，导致嫌疑人或被告人只能被动等待律师前来会见。

二、律师会见权的相对独立性

律师会见权的相对独立性是指虽然会见权源自被追诉人，但一旦产生，便可独立于被追诉人而存在，只要委托关系在，律师为被追诉人辩护的职责在，则律师会见被追诉人，就是辩护律师享有的相对独立的权利。

律师会见权虽然源自被追诉人，但是一旦拥有便有相对独立性，可以不基于被追诉人的意思而独立提出会见诉请，有关机关应依法及时安排。首先，法律帮助的专业性，知识垄断性决定了，辩护律师会见的需求不能完全基于被追诉人的意思表示，更多的是基于辩护律师对于案件专业分析的诉求。如果不能承认这一点，则辩护权难以落到实处。其次，只要委托关系没有被解除，律师基于辩护职责所提出的会见，是独立的诉请，被追诉人同意与否，都需要亲自当面确认，而非羁押人员"传话"确认。

《刑事诉讼法（2018）》第39条第1款前半段规定："辩护律师可以同在押的犯罪嫌疑人、被告人会见和通信。"《律师法（2017）》第33条规定："律师担任辩护人的，有权持律师执业证书、律师事务所证明和委托书或者法律援助公函，依照刑事诉讼法的规定会见在押或者被监视居住的犯罪嫌疑人、被告人。辩

---

① 参见傅跃建、司现静：《论犯罪嫌疑人的会见权》，载《法治研究》2012年第5期。

护律师会见犯罪嫌疑人、被告人时不被监听。"可见，我国《刑事诉讼法（2018）》和《律师法（2017）》均将会见权规定为辩护律师的权利。会见既是律师履行辩护义务的需要，也是律师辩护权应有的内容。

三、会见权与侦查权冲突时的价值排序

会见权是"人权保障"的价值诉求，侦查权是"打击犯罪"的价值诉求，"人权保障"与"惩罚犯罪"，同为刑事诉讼的基本任务，律师会见与办案机关侦查犯罪发生冲突时，哪一方的权利会首先得到保障，全看二者的价值排序如何。不同的理念基础导致实践中不同的做法。会见权作为辩护权的一种，只要实施，势必会加强嫌疑人、被告人的防御能力，可能会给惩罚犯罪带来障碍，但是却能很好地实现人权保障。故而，这两个理念的选择直接影响着会见权与侦查权发生冲突时的不同做法。

（一）惩罚犯罪至上

若秉持惩罚犯罪至上的理念，则会见权必受阻。人们普遍认为，在诉讼过程中尤其是在侦查初期，律师会见嫌疑人不利于定罪供述的取得，即不利于惩罚犯罪。那么，在惩罚犯罪至上理念下，当惩罚犯罪与人权保障发生冲突时，人权保障需让步于惩罚犯罪。虽然随着法治理念的不断深入，近年来，人权保障的重要性越来越受到重视，《刑事诉讼法（2012）》首次将"尊重和保障人权"写入条文之中，在立法层面确立了刑事诉讼活动保障人权的任务。在具体程序方面，律师会见不被监听，律师提出会见要求后看守所应及时安排，至迟不得超过48小时等规定，均是尊重和保障人权的具体体现。但是，受传统观念的影响，惩罚犯罪至上的理念根深蒂固，成为造就律师司法实践中会见难的理念障碍。

在惩罚犯罪至上理念下导致的会见难具体体现在：（1）提审优先于律师会见，公安机关提审与律师会见的申请同时提出时，常常是优先保障公安机关提审，这已经成为实践中的普遍做法，甚至个别案件中出现以提审为借口阻止律师会见的情况。（2）不当阻挠律师会见，比如在定罪口供尚未取得的情况下，可能会出现以各种手段设置会见障碍（不间断提审、以监察委介入办案为由拒绝律师会见、以当事人拒绝委托为由拒绝安排律师会见等），阻碍律师会见当事人。（3）对律师会见的时间、次数加以限制，由于羁押人数多，很多看守所因会见场所等客观条件的限制，会对律师的会见时间和次数加以限制，客观上对会见权的

行使形成障碍。(4) 违规监听律师会见，虽然我国《刑事诉讼法》明确规定了律师会见不被监听，但在惩罚犯罪至上理念下，有些人对"监听"做出了限制性的解读，将监听理解为仅限于技术手段的监听，导致实践中以其他手段监听律师会见情况的出现，熊昕律师被控"辩护人伪证罪"一案即是例证。据澎湃新闻报道：熊某，江西东昉律师事务所律师，2018年4月20日，熊某接受委托后到南昌市第一看守所会见强奸案嫌疑人韩某。2018年9月13日，熊某被南昌市公安局东湖分局以涉嫌伪造证据罪刑拘，此后被逮捕、起诉。起诉书称，熊某会见韩某期间，南昌市公安局红谷滩分局民警张某某在走廊休息时，听见了熊某唆使韩某作虚假供述。2019年5月7日、8月27日，东湖区法院开庭审理熊某一案。2019年12月5日，熊某被取保候审。2020年12月4日，南昌市东湖区人民法院作出刑事裁定，准许东湖区人民检察院撤回起诉，撤回起诉的理由是"情节显著轻微，危害不大，不认为是犯罪"。(5) 忽略被追诉人本人作为诉讼参与人应有的权利，进而产生律师在会见中能否向当事人出示证据的争论（相关问题将在审查起诉阶段的会见详细展开）等。

（二）人权保障优先

若秉持人权保障优先的理念，则律师会见必定不受阻碍。人权保障功能是在无罪推定原则基础上衍生出的功能，其具体内容，是通过限制国家刑罚权的行使，防止被追诉人受到刑罚权恣意行使的侵害。在人权保障优先理念指导下，嫌疑人或被告人被赋予充分的获得法律帮助的权利，其中最根本的即是会见权，嫌疑人或被告人的会见权优先于侦查权，相关内容在众多国际人权公约中均有所体现。例如，《关于律师作用的基本原则》《保护所有遭受任何形式拘留或者监禁的人的原则》《囚犯待遇最低限度标准规则》等国际人权公约均规定，被追诉人享有及时、充分、不被监听和监视地与律师会见磋商的权利。《关于律师作用的基本原则》① 第7条、第8条规定："各国政府还应确保，被逮捕或拘留的所有的人，不论是否受到刑事指控，均应迅速得到机会与一名律师联系，不管在任何情况下至迟不得超过自逮捕或拘留之时起的四十八小时。""遭逮捕、拘留或监禁的所有的人应有充分机会、时间和便利条件，毫无迟延地、在不被窃听、不经检查和完全保密情况下接受律师来访和与律师联系协商。这种协商可在执法人员能看

---

① 《关于律师作用的基本原则》，1990年8月27日至9月7日，在古巴哈瓦那第八届联合国预防犯罪和罪犯待遇大会通过。

得见但听不见的范围内进行。"《保护所有遭受任何形式拘留或监禁的人的原则》》①原则 18 规定："应允许被拘留或被监禁人有充分的时间和便利与其法律顾问进行磋商。除司法当局或其他当局为维持安全和良好秩序认为必要并在法律或合法条例具体规定的特别情况外，不得终止或限制被拘留人或被监禁人授受其法律顾问来访和在既不被搁延又不受检查以及在充分保密的情形下与其法律顾问联络的权利。被拘留人或被监禁人与其法律顾问的会见可在执法人员视线范围内但听力范围外进行。本原则所述的被拘留人或被监禁人与其法律顾问之间的联络不得用作对被拘留人或被监禁人不利的证据，除非这种联络与继续进行或图谋进行的罪行有关。"可见，在人权保障理念下，及时、充分、自由是会见权的基本权利内容。

（三）人权保障优于惩罚犯罪

现代刑法理论一般认为，自由保障、法益保护、行为规制是被普遍认可的刑法的三个重要机能。自由保障机能来自罪刑法定主义原则，是指刑法具有通过制约国家刑罚权的行使，保障行为人不受国家滥用权力的侵害的机能。因此，自由保障机能也被称为人权保障机能。法益保护机能，是指刑法具有保护法益不受侵害的机能，该机能需要通过对犯罪行为的惩罚来实现。"可以肯定的是，刑法的法益保护机能与自由保障机能不免存在紧张关系。如果强调刑法的法益保护机能，刑法的自由保障机能就受到限制；反之，如果强调刑法的自由保障机能，就会招致法益侵害的增加。"② 刑法自由保障机能与法益保护机能之间的矛盾，实际上就是人权保障与惩罚犯罪之间的矛盾，二者如何调和，才能充分发挥刑法的机能，一直是刑法学以及刑事诉讼领域的重要课题。

要判断"惩罚犯罪"与"保障人权"哪个更应当优先，不妨先来分析一下刑法法益保护和自由保障两项机能的本质内涵。从前述对法益保护机能和自由保障机能的概述可以看出，法益保护机能是通过对刑罚权这一公权力的行使，实现对法益的保护，是对公权力的运用；自由保障机能则是通过对刑罚权的制约，来保障行为人不受公权力滥用的侵害，是对公权力的制约。正如孟德斯鸠所言："一切有权力的人都容易滥用权力，这是万古不易的一条经验。有权力的人们使用权

---

① 《保护所有遭受任何形式拘留或监禁的人的原则》，联合国大会 1988 年 12 月 9 日第 43/173 号决议通过。

② 张明楷：《外国刑法纲要（第 3 版）》，法律出版社 2020 年版，第 5、6 页。

力一直到遇有界限的地方才休止。"因此，权力必须有边界，权力的行使必须有规范，公权力被滥用的后果将导致私权利无从被保护，所有人都将生活在被公权力肆意践踏的不稳定之中，对整个社会都将造成危害，这样的危害远远高于放纵一次犯罪对个别法益侵害造成的危害。可见，要赋予一项公权力，首先要有制约该权力行使的规范，为了防止权力被滥用，保障人权应优先于惩罚犯罪。

要判断"惩罚犯罪"与"保障人权"哪个更应当优先，我们不妨再来计算一下"错放"与"错判"哪个危害更大。对此，何家弘教授提出，"错放"可能放错了一个罪犯，是一个错误；而"错判"不但放纵了一个真正的罪犯，还错误地惩罚了一个无辜的人，实际上是两个错误。① 从这样一个角度看，"错判"显然比"错放"的危害更大，会使得广大社会公民的基本人权时刻处于被公权力肆意侵犯的危险之中。

因此，当惩罚犯罪与人权保障发生冲突时，人权保障应当优先，这也被认为是维护罪刑法定原则、保障国民自由的必要代价。当然，在一些极端的反人类案件中，不完全排除可以有不同的价值选择。例如，对于极端主义、恐怖主义犯罪案件，世界各国基本都有区别于普通犯罪案件的规定，对嫌疑人的权利加以一定程度的限制，这也是惩罚犯罪与人权保障在特殊犯罪案件中价值平衡的结果。

第二节　我国相关规范性法律文件的沿革

从1979年、1996年、2012年到2018年《刑事诉讼法》对会见权的规定来看，会见权的行使时间、律师会见时办案人员在场权的规定以及特殊案件会见权的限制等对会见权行使具有重大影响的内容发生了较大变化。总体来看，会见权作为辩护权行使的保障性权利，越来越受到重视，保障会见权的规定也越来越明确。

---

① 参见何家弘：《司法与公正论》，载《中国法学》1999年第2期。

一、律师会见起始阶段的变化

我国《刑事诉讼法》及相关司法解释对辩护律师会见权的规定经历了一个逐步发展的过程。

(一)《刑事诉讼法（1979）》确立会见权

《刑事诉讼法（1979）》规定的律师会见权始于审判阶段。

律师会见权的规定仅出现在第 29 条："辩护律师可以查阅本案材料，了解案情，可以同在押的被告人会见和通信；其他的辩护人经过人民法院许可，也可以了解案情，同在押的被告人会见和通信。"在《刑事诉讼法（1979）》的全篇中再也没有关于会见二字的立法描述。第 29 条之"经过人民法院许可"也被解释为仅限于审判阶段，律师方可会见被告人。因此，在《刑事诉讼法（1996）》实施之前，只有在审判阶段，律师才可以会见被告人。

(二)《刑事诉讼法（1996）》将会见提前

《刑事诉讼法（1996）》第 96 条规定律师会见始于"被侦查机关第一次讯问后或采取强制措施之日起"。将辩护律师会见在押当事人的时间提前到侦查阶段，即犯罪嫌疑人在被侦查机关第一次讯问后或者采取强制措施之日起，就可以聘请律师，受委托的律师可以会见在押的犯罪嫌疑人，了解有关案件情况。但《刑事诉讼法（1996）》同时规定，侦查阶段的律师会见，侦查机关根据案件情况和需要可以派员在场，涉及国家秘密的案件，律师会见则必须经过侦查机关的批准。可见，《刑事诉讼法（1996）》在律师可以会见在押当事人的起始时间上有了很大的进步，但侦查阶段办案人员的在场权在司法实践中一直饱受诟病，可以说在很大程度上制约了辩护律师辩护权的行使。值得一提的是，虽然《刑事诉讼法（1996）》没有对看守所安排律师会见的最晚时间作出直接规定，但最高人民法院、最高人民检察院、公安部、国家安全部、司法部、全国人民代表大会常务委员会发布的《关于刑事诉讼法实施中若干问题的规定》（1998 年 1 月 19 日发布并生效，已废止）中明确，律师提出会见犯罪嫌疑人的，应当在 48 小时内安排会见，对于组织、领导、参加黑社会性质组织罪，组织、领导、参加恐怖活动组织罪或者走私犯罪、毒品犯罪、贪污贿赂犯罪等重大复杂的两人以上的共同犯罪案件，律师提出会见犯罪嫌疑人的，应当在 5 日内安排会见。

（三）《刑事诉讼法（2012）》取消在场规定

《刑事诉讼法（2012）》取消了侦查阶段办案机关在场权的规定，但对特别重大贿赂案件在侦查阶段会见做出限制。

《刑事诉讼法（2012）》吸纳了《律师法（2007）》中辩护律师会见嫌疑人、被告人不被监听的规定，取消了侦查阶段办案人员在场权的规定，明确了辩护律师持三证（律师证、事务所函或指派函、委托书）即可会见，并吸收 1998 年六部委《关于刑事诉讼法实施中若干问题的规定》的相关内容，增加了除三类案件会见需要批准外，其他案件看守所均应在 48 小时以内安排会见，这些规定在一定程度上缓解了侦查阶段会见难的问题。但《刑事诉讼法（2012）》将侦查阶段需要许可才能会见的案件从《刑事诉讼法（1996）》的涉及国家秘密的案件扩大到三类案件，即危害国家安全犯罪、恐怖活动犯罪和特别重大贿赂犯罪案件。根据《检察院刑诉规则（2012）》的规定，涉嫌犯罪数额在 50 万元以上的贿赂案件即属于特别重大贿赂犯罪案件，这导致当时大量的涉嫌贿赂案件的会见均需要获得办案机关许可。

（四）《刑事诉讼法（2018）》与《监察法》衔接

《刑事诉讼法（2018）》与《监察法》衔接，取消了特别重大贿赂案件侦查阶段经许可方能会见的规定，但在监察委的最长 6 个月留置期内律师不享有会见权。

随着《监察法》和《监察法实施条例》的出台，包括贪污、受贿等在内的 101 个罪名的职务犯罪案件改由监察委管辖。立法理由是：监察委的调查程序并非司法程序，因此未赋予被调查人辩护权，自然也就没有辩护律师帮助辩护，这也就意味着这些案件在监察委调查阶段最长可达 6 个月的留置时间里，辩护律师不再享有会见权。据此，2018 年 10 月 20 日，《刑事诉讼法》再次修订，取消了特别重大贿赂案件在侦查阶段经许可后可以会见的规定。

《监察法》规定了留置权，且监察委在留置期间所取得的证据可以作为指控犯罪的证据使用，这其实从本质上确认了监察机关在留置期间的刑事侦查权。留置本质是对公民人身自由的剥夺，既然监察调查取得的证据可以作为刑事追诉的证据使用，既然留置的本质是对公民人身自由的剥夺，自然留置期间被调查时也应该被视为对公民发动的刑事追诉活动的一个组成部分，自然也应该保障公民的辩护权，包括会见权。遗憾的是，目前在监察委留置期间，在最长 6 个月的时间内，尚无规定律师可以会见被调查人。因此，目前对监察委办理的刑事案件，只有当案件由监察委移送检察机关审查起诉之后，辩护律师才能会见犯罪嫌疑人。

二、会见权的基本内容

现行法律对会见权的规定主要包含以下几方面内容：

（一）普通刑事案件凭"三证"会见

根据《刑事诉讼法（2018）》第 39 条第 1 款、第 2 款及《公安机关刑事程序规定（2020）》第 53 条第 1 款的规定，普通刑事案件，律师凭"三证"即可会见，但实践中，由于多数案件中律师初次会见在押嫌疑人时，基本都是由近亲属代为委托辩护人，因此，很多看守所除要求辩护律师出示三证以外，还需要出示委托人的身份证复印件以及委托人与在押嫌疑人、被告人的身份关系证明。

（二）"及时安排"与"至迟不得超过 48 小时"

所谓"及时安排"，在没有任何客观原因不能安排的情况下，看守所应立即安排，而不能等到 48 小时再安排。除危害国家安全犯罪、恐怖活动犯罪案件须经许可方能会见以外，安排会见是看守所独立的权利与义务，不需要经过批准，因而应当在收到律师的会见材料时立即安排会见。

所谓"至迟不得超过 48 小时"，是对看守所安排会见时间的底线规定，即最晚到 48 小时，看守所不得以任何理由拒绝安排律师会见。但实践中，看守所以提审、房间不够需排队等为由不在 48 小时内安排的情形并不罕见。对房间不够的问题，需要通过增设律师会见室、合理分配设置律师会见排队、预约制度等方式解决。以提审为由不安排会见则是惩罚犯罪至上理念误区下的错误做法。所谓"至迟不得超过 48 小时"，应理解为 48 小时内安排律师会见到嫌疑人、被告人，《公安机关刑事程序规定（2020）》对此也有明确规定。

（三）"特殊案件"经许可

在侦查阶段会见需要经过许可的特殊案件，由原来的三类修改为两类：危害国家安全案件和恐怖活动犯罪案件。根据《刑事诉讼法（2018）》第 39 条第 3 款、《公安机关刑事程序规定（2020）》第 52 条的规定，对于危害国家安全、恐怖活动犯罪案件，侦查阶段会见须经侦查机关许可。通常情况下，侦查初期会见申请被许可的可能性比较小，但律师仍应提出书面会见申请，如首次申请不被许可的，也应与办案人员保持沟通，申请办案机关在"有碍侦查或者可能泄露国家秘密"的情形消失后及时安排律师会见。

（四）会见时的"可为"

《刑事诉讼法（2018）》第 39 条第 4 款以及中华全国律师协会《律师办理刑事案件规范（2017）》第 22 条、第 23 条、第 24 条、第 25 条对律师会见中的具体权利及律师在具体会见中的工作做出了规定和指引，律师可以围绕相关内容展开会见工作。但实践中每个案件都有不同的焦点和辩点，需要律师在反复会见、阅卷以及在其他辩护工作中发掘，且不同的诉讼阶段会见重点也有所不同，相关内容在实务部分将具体展开阐述。

（五）会见时的"不可为"

《公安机关刑事程序规定（2020）》第 55 条第 2 款、《律师办理刑事案件规范（2017）》第 26 条对律师会见中的行为做出了禁止性规定，实践中，各看守所往往还有不同的会见要求，如有的看守所不允许律师携带通信工具进入会见场所等。在不影响会见工作有效进行的情况下，律师应服从看守所的管理规定。另外，虽然《律师办理刑事案件规范（2017）》规定律师可以接受犯罪嫌疑人、被告人提交的与辩护有关的书面材料，但需要注意的是，犯罪嫌疑人、被告人交给律师的与案件有关的材料同样属于应保密的材料，不能随意披露给家属或其他人员。

（六）会见不受监听、不得派员在场

《刑事诉讼法（2018）》第 39 条第 4 款、《公安机关刑事程序规定（2020）》第 55 条第 1 款、《律师法（2017）》第 33 条明确规定律师会见不受监听、不得派员在场。会见不受监听，是律师与被追诉人充分、自由交流的保障形式，"充分、自由地交流"被诸多国际人权公约视为会见权的基本内容。根据《关于律师作用的基本原则》第 8 条的规定，遭逮捕、拘留或监禁的所有的人应有充分机会、时间和便利条件，毫无迟延地，在不被窃听、不经检查和完全保密的情况下接受律师来访和与律师联系协商。根据《保护所有遭受任何形式拘留或监禁的人的原则》第 18 条的规定，被拘留人或被监禁人与其法律顾问的会见可在执法人员的范围外进行。根据《囚犯待遇最低限度标准规则》[①] 第 93 条的规定，警察或

---

① 《囚犯待遇最低限度标准规则》，1955 年在日内瓦举行的第一届联合国防止犯罪和罪犯待遇大会通过，由经济及社会理事会以 1957 年 7 月 31 日第 633C（XXIV）号决议和 1977 年 5 月 13 日第 2076（LXII）号决议予以核准。

监所官员对于囚犯和律师间的会谈,可用目光监视,但不得在可以听见谈话的距离以内。明白了这一点,就不难理解,除不被监听外,任何有碍律师与被追诉人充分、自由交流的情形也均不能被允许,从律师会见过程中获得的任何不利于被追诉人的证据和线索均不能被用来指控被追诉人。

(七) 律师会见权保障的相关规定

"两高三部"发布的《保障律师执业规定》第 7 条、第 8 条、第 9 条对律师执业权益保障中的会见权保障做出了相关规定,其中明确了实践中常出现争议的几个问题:(1) 看守所有义务保证辩护律师在 48 小时以内"会见到"嫌疑人、被告人;(2) 看守所安排会见不得附加其他条件或者变相要求辩护律师提交法律规定以外的其他文件、材料,不得以未收到办案机关通知为由拒绝安排辩护律师会见;(3) 在押的犯罪嫌疑人、被告人提出解除委托关系的,辩护律师可以要求会见在押的犯罪嫌疑人、被告人,当面向其确认解除委托关系,看守所应当安排会见。但值得注意的是,上述第 8 条第 1 款后半段同时规定"犯罪嫌疑人、被告人书面拒绝会见的,看守所应当将有关书面材料转交辩护律师,不予安排会见"。该条规定超越了看守所的职能范围,看守所是羁押依法被拘留、逮捕的嫌疑人、被告人的场所,依据《刑事诉讼法(2018)》的规定有安排律师会见的职责,而确认委托则需要律师在会见过程中完成,与看守所无关,看守所既无此职责,也无此权力,此过程不能被替代。否则,无疑将为律师会见遭遇障碍埋下严重的隐患。

第三节 会见的目的与任务

会见是辩护律师与犯罪嫌疑人、被告人进行沟通、了解案情的主要方式,作为整个辩护工作的基础、前提,在司法实践中,会见被羁押的嫌疑人、被告人显得尤为重要。会见至少具有以下几方面的目的与任务。

一、确认委托及建立信任关系

与委托人之间建立信任关系,这是律师会见要实现的首要目的,也是律师进一步开展辩护工作的基础。信任关系,包括外在的信任与内在的信任。所谓外在的信任,即委托人对律师专业能力的信任,需要律师通过自身谈吐、对案件的事实及法律分析的能力来取得。内在的信任,则是委托人对律师立场的信任,这是律师职业伦理的重要内容之一。

通过会见,辩护律师可以与委托人面对面交流,建立联系。委托辩护律师是犯罪嫌疑人、被告人的权利,实践中,多数情况下,是嫌疑人、被告人被羁押后先由近亲属代为委托律师。在此情况下,接受家属委托的辩护律师只有获得嫌疑人、被告人本人的同意,才能正式成为辩护律师,在法律上享有相应的诉讼权利。因此,辩护律师与嫌疑人、被告人的初次会见就显得尤为重要,在前述建立信任关系的基础上,正式确立委托关系。这是辩护律师真正接受委托,开展下一步辩护工作的前提。

二、了解、核实案情,提供法律帮助

多数案件委托人并不精通法律,在此情况下,律师会见的一个重要任务就是了解案情,核实案情,为委托人提供法律咨询。同时,由于委托人才是案件本身以及整个刑事司法程序的亲历者,通过与委托人的会见、沟通,辩护律师能最直接地了解到与案件相关的实体及程序性问题,为提出辩护意见、履行其他辩护职责(申请变更强制措施、羁押必要性审查,申请排除非法证据,收集、调取证据材料,对嫌疑人、被告人权利被侵犯的行为提出申诉、控告等)奠定基础。

(一)告知相关诉讼权利

依据《刑事诉讼法(2018)》的相关规定,犯罪嫌疑人、被告人享有委托辩护人、申请办案人员回避、申请解除或变更强制措施、申请补充鉴定或重新鉴定、申请使用本民族语言文字进行诉讼、对于案件无关的问题有权拒绝回答、有权核对笔录、对权利被侵犯的情况有权提出申诉和控告、申请排除非法证据等诉讼权利。

(二)了解、核实案情

会见过程中,辩护律师需要向委托人了解一切与追究其刑事责任有关的实体及程序性事实，主要包括：委托人的自然情况，到案经过，涉嫌罪名，是否参与及如何参与所涉嫌的案件，是否存在自首、立功、退赃、赔偿等量刑情节，其他无罪及罪轻辩解，被采取强制措施的法律手续及程序，是否存在人身权利、财产权利、诉讼权利被侵犯的情况及其他需要了解的情况等。特别是辩护律师在阅卷之后，对于卷宗中的指控事实和证据，作为被追诉人，享有辩护权意味着对卷宗证据的知情，只有"知道"才能"辩护"。在我国公民自行行使侦查权被严格限制，主要的辩护资源一般都是来自卷宗，因此，辩护律师与被追诉人核实卷宗证据，核实案情，寻找辩点，是会见最主要的目的。

（三）提供与案件有关的法律咨询

辩护律师会见过程中可以为委托人提供法律咨询，主要包括：对委托人涉嫌罪名的构成要件及量刑档次的分析，关于自首、立功、退赃、赔偿等量刑情节的规定，关于犯罪预备、犯罪中止、犯罪未遂等犯罪形态的规定及对量刑的影响，对刑事诉讼程序及期限的告知，有关强制措施的适用条件、期限的规定，有关管辖及回避的规定等。

上述告知权利、了解事实、提供咨询的过程，在会见中交叉进行。律师首先需要明确告知委托人其所享有的基本的诉讼权利，之后往往是在了解事实的基础上进行法律分析、发掘案件辩点、为委托人提供必要的法律咨询，又在提供法律咨询的基础上启发委托人进一步陈述与案件有关的事实，循环往复，直至发掘出所有与辩护有关的事实。

三、达成一致的辩护方案

通过会见时的沟通、分析案情和交流辩护观点，最终达成一致的辩护方案。

一次又一次的会见，是律师和委托人形成一致的辩护思路与方案的重要途径。刑事追诉的后果最终由被追诉人承担，律师需要对辩护方案进行详尽的解释，包括可能的后果，而这一切沟通和交流，都在会见时才能实现。如果律师的辩护观点不能与委托人的观点保持一致，比如：委托人认罪，但律师认为无罪；或者委托人主张无罪，但律师认为有罪，遇到这种情形，就需要花费大量的时间与委托人沟通，需要多次会见。以获得委托人的认可为前提，以最大限度维护委托人的合法权益为目标，只有这种达成一致意见、形成合力的辩护，才是最好的辩护。而这种一致辩护思路的达成，正是在反复会见，与委托人充分沟通、交流的基础上实现的。

四、充当传递亲情的桥梁

通过会见充当委托人与家属之间生活及精神上沟通的桥梁，传递亲情。

通常情况下，尤其是在侦查阶段，在押嫌疑人、被告人只能与辩护律师见面。也就是说，在漫长的未决羁押的时间里，嫌疑人、被告人能见到的"外面的人"，只有律师！因此，在会见过程中，除与案件有关的专业法律服务内容外，辩护律师也不可避免地要承担起充当当事人与家属之间生活及精神上沟通桥梁的作用，以及成为那个陪他度过人生最艰难最难熬的那段时光的人。辩护律师在会见时需要了解当事人在生活方面的需求，了解其心理及精神状态，必要的时候安抚其情绪，使当事人了解其亲属的基本情况等。

对于大多数身陷囹圄的委托人而言，律师对其心理的安抚与精神上的陪伴，是他们度过人生中最艰难时光的重要依靠。甚至可以说，只有意识能够达到这个层面的律师，才能称得上有深厚内功修炼的好律师。只有在这种饱含实际内容的人文关怀中，委托人才能切实感受到律师与自身立场的一致性，委托人与律师之间的信任关系也就是这样渐渐丰满坚实的。

CHAPTER 7
第七章

律师阅卷

阅卷在大陆法系国家的刑事诉讼中是辩方获得辩护"武器"的重要手段。阅卷权与会见权、调查取证权一起,合称为"庭外三大辩护权"。卷宗制度是和成文法制度、公民的刑事案件调查权配置、职权探知的审理模式等诉讼机制相配套的制度设计,是辩方获得辩护资源的重要手段。我国法律规定了全案卷宗移送制度,刑辩律师自审查起诉阶段起即可全案阅卷,保障律师阅卷是检法机关的法定义务。

第一节　相关理念

大陆法系国家在刑事诉讼发展进程中，形成保障阅卷权的理念，并在此基础上又产生不同的与阅卷权相关的刑事诉讼制度。

一、平等武装

在大陆法系国家，阅卷权是辩方获得平等武装，行使辩护权的重要手段。特别是在我国，在刑事案件中法律赋予公民调查案件的手段是极其有限的，要想获得平等武装，唯阅卷为辩方最主要的获取案件信息的手段，也是最安全的手段。

（一）概念诠释

平等武装原则（the principle of equality of arms）是植根于普通法系和民法法系传统的一个古老原则，最早出现在欧洲人权委员会关于民事诉讼的判例中，随后逐渐出现在一些刑事案件中。平等武装原则关注参与诉讼双方之间的公正和平衡，也被称为"控辩平衡理论"。平等武装原则自正式产生之后，即在欧洲，乃至世界范围内产生深远而广泛的影响。在理论研究方面，1972年的第十二届国际刑法学协会大会曾以"平等武装"为主题探讨控辩双方诉讼地位的平衡问题。在刑事司法实践中，欧洲人权委员会在对奥夫纳与鲁普芬诉奥地利（Ofner and Hopfinger v. Austria）[①] 一案的裁决中指出：委员会的观点是平等武装，即被告人与检察官之间的程序平等，是公正审判的一项内在要素。"公正审判"是欧洲人权法院裁判的灵魂，"是法院对控辩双方地位，尤其是被告人权利保护的基础性考量元素"。

在刑事诉讼活动中，控辩双方平等武装的逻辑前提是，控辩双方存在着激烈的诉讼对抗，不能力量悬殊。因此，平等武装原则要求参与诉讼的双方在诉讼权

---

① Erdei A., Introduction: Comments from the Hungrain Persprctive. *Comparative Law Yearbook*, Vol. 9 Martinus Nijjbof Publishers, 1985. p. 12.

利、攻防手段上保持大致的平等。各国普遍确立了一系列制度来确保该原则的实施。

（二）理念的基础

其一，实现控辩平衡需要双方力量均衡，而国家是天然的强者，掌握着公权力，掌握着国家机器，公民在其面前，先天弱小，因此，在制度设置上需要向公民倾斜。侦查机关具有强大的公权力背景，对指控犯罪进行侦查，而与之相对应的是辩护方作为私权利很难有与公权力对抗的能力，因此，为了保障辩护方能够有充分的防御能力，通过阅卷制度实现辩护方的证据知悉权。

其二，国家所掌握的人力、物力、财力，以及在发动对公民的刑事追诉时所耗费的人力、物力、财力，都是仰赖公民的税收维持，而被追诉的公民也是奉献税收的一分子，从这个意义上，很多国家认为，公权力利用税收而完成的刑事卷宗，以及收集到的证明被告人有罪的证据，都必须向被告人披露、共享。

（三）证据开示与阅卷之比较

在不同的诉讼模式的型塑下，英美法系逐渐形成证据开示制度，而大陆法系设立了阅卷制度。两种制度殊途同归，都是为着一个目的，实现控辩平等武装。具体而言，都是为了使被追诉人在庭审前知悉证据情况，为辩护做好准备，从而更有效地保护被追诉人的诉讼权利。

证据开示制度产生于英美法系的对抗制诉讼构造之下，在对抗制下，控辩双方都享有充分的调查权，都会尽可能地搜集和使用对自己有利的证据，同时用尽一切方法削弱对方的进攻。在这种情况下，庭审很容易过分白热化、竞技化、失去焦点。证据开示的目的之一就在于避免庭审过分竞技化，有利于控辩双方的平等武装，明确案件争点。同时，由于控方的背后是国家，在调查取证问题上有国家强大的财力、物力和人力的支持，因此，证据开示主要是指控方向辩方的无条件全面开示，而辩方证据则依法有限开示即可。因此，英美法系的证据开示制度主要是指控方向辩方的开示。

阅卷制度与大陆法系职权主义诉讼构造相配套，由于法官有发现真相的义务，需要掌握全案卷宗。公民往往没有配置强大的侦查权，对于辩护武器的获得需要从卷宗中找到，因此，保障律师全案阅卷，对于实现控辩平等武装，就变得尤为重要。

二、有效辩护

通过阅卷获得平等武装，掌握辩护武器，才可能完成有效辩护，因此，阅卷也是律师实现有效辩护的基本条件。

（一）理念的起源

有效辩护的理念来源于美国，但在规范概念上，美国制度采行"无效辩护"的表达，这主要是基于有效辩护的标准没有操作性，很多情形下，概念的表达无法从正面在逻辑上做到全面满足什么是"有效"，但是，却可以从反面准确地判断"无效"的标准，这就如同在诉讼中对证据资格的表达一样，我们可能无法说清楚哪些证据是可以用的，只要有相关性的证据都可以用来证明，但是，我们清楚地知道哪些证据是不能被允许的，一旦被允许，则对诉讼活动的危害超越了诉讼活动价值本身，因此我们用排除规则来表达证据的法定资格——没有被排除的证据都是可以用在诉讼中的证据。无效辩护与有效辩护的概念也是一样的，从正面来表达，考量何谓有效辩护很难做到不伤及刑事辩护律师的正常辩护，因此美国的制度是从反面表达，不去评价刑辩律师辩护的有效性，而是将"无效辩护"的标准列举出来，将无效辩护与程序错误并列为上级法院撤销原判、发回重审的依据，在美国，"无效辩护"概念的提出是基于被告人宪法权利保障而出现的，是美国刑事诉讼制度的特殊经验。①

（二）我国的借鉴

有效辩护相关理论传入我国，是基于对律师辩护工作的质量考量而出现的，一直从正面表达辩护的有效性判断，引发了讨论，也是因为有效辩护的标准无从规范化。学界普遍认为，有效辩护是指勤勉、高水准的尽职辩护，因为法院的判决结果不是律师能够掌控的，律师只需要在辩护的过程中勤勉尽责，符合职业道德，就实现了有效辩护的目的。但也有学者提出，有效辩护应当是指"有效果的辩护"，从结果层面考察刑事辩护活动的效用，更符合当事人利益最大化的辩护目的和律师职业相关伦理，有利于促进司法公正的全面实现和司法公正社会认同的形成。② 显然，唯结果论偏离了辩护制度存在的基础。

---

① 参见陈瑞华：《刑事诉讼中的有效辩护问题》，载《苏州大学学报》2014 年第 5 期。
② 参见左卫民：《有效辩护还是有效果辩护？》，载《法学评论》2019 年第 1 期。

（三）判断的标准

无论"有效辩护"的判断标准是程序还是结果，是尽职辩护还是有效果的辩护，还是说最终也要回到其反面表达"无效辩护"上来设定判断标准，没有武器，无法辩护，对于我国的诉讼制度来说，阅卷，是掌握辩护武装的重要来源。规范上的表达需要标准，但在理念上，"有效辩护"的理念作为刑事司法界的流行话语，对于辩护理论的发展与刑事辩护实务都产生了积极的影响。"有效辩护的理念恰如其分地回应着人类社会文明发展所带来的对辩护制度的进一步要求。"[①]——实际上更应该表达为对被告人宪法权利保障的要求，而要实现"有效辩护"，阅卷权的保障必不可少。

三、诉讼关照义务

为什么控辩双方作为诉讼对立的双方，其中控方有义务把自己指控使用的全部卷宗，披露给辩方阅读？因为诉讼活动的本质是通过理性对话来解决纠纷。刑事诉讼中，不用强权不用武装，用理性对话解决公民犯罪问题，首要的就是要解决强势一方的国家对弱势一方的公民的关照，以实现平等对话——平等对抗。诉讼关照义务是辩方阅卷权的又一理念基础。诉讼关照义务指国家侦控机关在刑事诉讼中有义务对被追诉人行使其诉讼权利给予必要的关照，有义务协助犯罪嫌疑人、被告人充分行使诉讼权利。比如，《德国刑事诉讼法典》引言中表述：法院、刑事追究机关有义务帮助不熟悉刑事程序的被告伸张自己的权利。因为侦控机关作为国家公权力机关，享有侦查权、调查权等具有强制力的手段，而相比之下，被追诉人的私权利显然处于弱势，为了维护被追诉人的基本人权，保证控辩平衡，实现司法公正，公权力机关有义务对其予以适当的关照。让被追诉人享有阅卷权即为关照的一个方面，让被追诉人了解侦控机关指控自己犯罪的材料，进行充分的防御准备，否则只能闭着眼睛挨打，不是诉讼活动解决犯罪问题的方式。

四、被告人中心和辩护权独立

阅卷权究竟是属于被告人的权利？还是辩护律师的权利？抑或是被告人和辩护律师共同拥有的权利？需要一一厘清。

[①] 白冰：《论被告人阅卷权的理论基础》，载《时代法学》2016年第4期。

(一) 被告人中心论决定了被告人当然拥有阅卷权

被告人中心主义辩护观，体现在阅卷问题上就是被告人拥有当然的阅卷权，体现在辩护律师与被告人的关系上，就是辩护律师要以被告人利益为中心，被告人对辩护律师掌握的证据和拟采用的辩护策略有知悉权，辩护律师要与被告人沟通。

关于被告人中心主义辩护观，以美国为代表，根据《美国律师协会职业行为示范规则》1.2 的规定，律师应当遵循委托人就代理的目标及部门重要事项所作出的决定，应当就追求这些目标所要使用的手段同委托人进行磋商。在刑事案件中，委托人就进行何种答辩、是否放弃陪审团审判以及委托人是否作证等事项同律师磋商后所作出的决定，律师应当遵守。① 根据 1.16（B）（3）的规定，即便对当事人的利益有"实质的不利影响"，如果当事人坚持要追求律师认为是"矛盾的或者鲁莽的"目标，律师也即使退出辩护。这里，律师即使退出辩护，也不被授予可以独立辩护，可以违背被告人意志的权利。全美法律协会颁布的《律师执业法重述》要求：在与当事人商量之后，以合理的方式去实现当事人规定的法律目的，明确当事人对律师的所作所为有基本的控制，因为律师代理涉及当事人的事宜并且是为了实现当事人的合法目的。联邦最高法院在 Faretta v. California 案中指出："辩护的权利是直接给予被起诉人的，因为他将可能直接承受案件失败的后果"，"一个助手，虽然是一个专家，但还是一个助手"，"第六修正案的条文和精神都认为：跟其他被修正案保证的辩护手段一样，辩护律师应当是对被告人的一种协助，否则律师将不会是提供帮助的人，而变成了主导者，结果是辩护成了剥夺修正案所坚持权利的一种方式"。联邦最高法院把当事人控制自己案件的权利上升到了宪法的高度。

被告人中心主义辩护观与当事人主义的诉讼构造密不可分，在当事人主义的诉讼构造之下，法官消极中立，被告人与控诉方力量悬殊，为了维持公平，贯彻平等武装原则，就必须为被告人提供各种诉讼防御武器，辩护人作为被告人的代理人弥补其诉讼力量的不足，维持控辩平等的诉讼构造。

"根据被告中心主义辩护观，辩护律师应当更多地扮演案情的客观分析者、

---

① 参见《美国律师协会执业行为示范规则》，王进喜译，中国人民公安大学出版社 2005 年版，第 13 页。

辩护方案的提供者、方案选择的协助者以及被告人选择方案的积极执行者的角色。"① 被告人为作为一个重要的当事人，享有辩护权，并可以亲自行使那些以辩护权为核心的诉讼权利，因为被告人的授权，辩护人才可以代替被告人行使包括"阅卷权"在内的辩护权，作为权利来源的主体被告人当然也享有与辩护人同等的"阅卷权"。同时，在被告人中心主义辩护观下，辩护方案的最终决策者是被告人，律师只是提出专业意见的协助者，被告人对案卷材料的知悉必不可少。

在任何一种诉讼模式的国家，从侦查阶段开始，都是有办案卷宗的，只是基于不同诉讼模式，裁判者的职能设置和诉讼模式的差异，导致从检察机关到法院阶段，英美法系国家采用起诉状一本主义，大陆法系是全卷移送。对于犯罪嫌疑人、被告人来说，全面知悉卷宗内容是其基本的诉讼权利。域外很多国家的法律当中都有明确的规定，比如：《美国联邦政府刑事诉讼规则》第 16 条（a）规定：由政府方披露证据，披露范围包括：（A）被告人陈述；（B）被告人先前记录；（C）文件和有形物品；（D）检查、试验报告。根据被告人的请求，政府应当将上述证据向被告人透露。《英国刑事诉讼法》第 35 条规定："1. 被告人和辩护人在诉讼过程中可以阅览或复印有关材料……"根据《俄罗斯联邦刑事诉讼法典》第 201 条的规定，刑事被告人"有权亲自或由辩护人帮助了解全部案件材料，以及提出补充侦查的申请。如果刑事被告人没有申请辩护人，将全部案件材料提供给他阅读……"《德国刑事诉讼法典》第 114b 第 2 项第 7 款（向被逮捕之被告进行告知）规定："应向被告人晓示以下事项，被告无辩护人时，得依照第 147 条第 7 项之规定申请获得案卷讯息及案卷副本。"《奥地利刑事诉讼法》第 45 条第 2 款规定："阅卷权仅能由被告之辩护律师行使，但依法而无辩护律师之被告，得由被告人行使。"《韩国刑事诉讼法》（2007 年修订）第 35 条规定："1. 被告人和辩护人在诉讼过程中可阅览或复印有关材料或政务。"

综观域外立法，在明确赋予被追诉人阅卷权的情况下，又对被追诉人阅卷权的行使方式做了两类划分：一类是被追诉人与辩护人同时享有阅卷权；另一类是被追诉人通过辩护人了解案卷情况，在其没有辩护人的情况下，可以直接行使阅卷权。

---

① 吴继奎：《从独立辩护管走向最低限度的被告中心主义的辩护观》，载《法学家》2011 年第 6 期，第 119 页。

（二）辩护权独立论并不阻却被告人的阅卷权

辩护律师独立论是指辩护律师享有的辩护权具有相对独立性。这里的相对独立是指：一方面，辩护权的委托源自被追诉人；另一方面，一旦辩护律师接受委托进入诉讼中，便是法律共同体的一员，有相应的公法义务。辩护权的独立性是相对的，体现在阅卷问题上：一方面，权利的"相对性"体现在律师的阅卷权不可能离开被追诉人的委托，既然是被追诉人的委托，被追诉人当然享有阅卷权，换言之，由于辩护律师享有法律知识以及被追诉人人身自由被限制，将自己的阅卷权委托给律师行使；另一方面，权利的"独立性"体现在辩护律师一旦接受被追诉人的辩护委托，便成为相对独立于被追诉人的法律共同体的一员，有权知道案件真相，也不得用伪证或者帮助伪证的方式干扰法庭调查真相。

独立辩护论是源自德国的辩护理论，《德意志联邦共和国律师法》第 1 条规定"律师是独立的法律工作者"。根据《德国刑事诉讼法典》第 137 条的规定，辩护人不仅仅是被告人的利益代理人，更是独立于被告人之侧的"独立司法机关"。这与大陆法系职权主义的诉讼构造密不可分，在职权主义的诉讼模式之下，强调发现真相的诉讼理念和检察官的客观公正义务决定了律师应当是独立的诉讼参与人，律师除了保护私益外，还承担着协助法庭发现真相，保护公共利益的职责。

一直以来，德国的独立辩护论成为被告人没有阅卷权的理论基础，其实这是对独立辩护论的误读。在这里有必要澄清的是，辩护的"独立"理念也是旨在保障被告人的辩护权而产生的，因此，"独立论"不可伤及被告人辩护权，当被告人意志与辩护人意志不一致时，辩护人不可依"独立论"而违背被告人意志，当二者不一致时，当被告人意志违背社会公法利益及公序良俗被禁止时，辩护人作为律师，当然不得是共犯，因此"辩护人退出"这种消极方式便是对"独立论"最终极的行使方式。对辩护人而言，断不应有进一步的积极方式的反对。

独立辩护理念长期以来在我国居于主导地位，刑事审判法庭上被告人与辩护人观点不一致的情况屡见不鲜。实际上，允许在被告人不同意的基础上，发表对被告人不利的辩护意见，这种对辩护制度的误解必须被澄清。因为刑事辩护具有专业性，辩护律师凭借其专业知识以及丰富经验，可以做出比被告人本人更为专业的对其有利的辩护方案。这是被告人辩护需要律师帮助的基础，但不是辩护律师可以违背被告人利益做不利于被告人辩护的依据，被告人与辩护人的信任基础是辩护制度存在的前提,被告人才是判决结果的承担者和诉讼主体。

(三)两种观点从不同侧面保障被告人的阅卷权

现代刑事诉讼的发展是伴随着公民权利保障的扩张而演进的。对于被告人来说,其为刑事诉讼的中心和主体的理念,越来越被广泛接受。作为被追诉的对象,作为刑事惩罚后果的承担者,作为无罪推定理念之下刑事诉讼活动的主体,而非客体,赋予刑事被告人阅卷权,是正当程序的必然选择。对于辩护律师来说,保障其能够实质地为被告人提供辩护,允其知悉卷宗内容也是法定的权利。在对法庭的真实义务与对当事人的忠诚义务之间,前者是消极的义务,后者是积极的义务,已发展为当前司法伦理的共识。

如果否认被追诉人的阅卷权,就会导致一个悖论:作为原始权利主体的被追诉人享有辩护权却没有阅卷权,而作为派生权利主体,帮助行使辩护权的辩护人反而享有阅卷权,这在理论上难以站住脚。[①] 无论如何,随着人类社会的发展进步,刑事司法制度的发展,独立辩护观与被告人中心主义辩护观的关系会越来越清晰,在被告人中心主义辩护观的理念之下,辩护人的权利来源于被追诉人的授权,阅卷权的主体是被追诉人也获得了理论依据。

五、被告人程序主体论

被告人中心论和被告人主体论是一个问题的不同侧面,都是强调被告人在诉讼活动中的主动权和话语权。被告人不再是刑事追诉的客体,而是拥有了诉讼的主体地位。被告人主体论决定了被告人在国家的刑事追诉中拥有知情权,对国家追诉的理由和指控证据的知悉,这是行使辩护权的前提。被告人拥有阅卷权是其拥有辩护权的应有之义。

在刑事诉讼发展史上,被追诉人曾经被认为是刑事诉讼的客体,只能被动地等待接受审判,对于指控内容无权知悉,权利受到忽视。随着人权理念的发展,现代法治国家的刑事诉讼,以控诉制度为架构原则,公正审判为基本要求,从而赋予被追诉人程序上的主体地位。既然是主体,对于指控卷宗的内容,当然地享有知悉的权利。被追诉人是刑事裁判结果的直接承担者,作为程序主体,其应当有充分的机会、富有意义地参与刑事裁判的制作过程,此即被追诉

---

① 参见刘作凌、刘学敏:《论被追诉人本人的阅卷权》,载《法学论坛》2012年第5期。

人的听审权。据此，法院在作出裁判之前必须先经庭审被追诉人的程序，保障被追诉人有针对裁判基础事项陈述意见并影响结果的机会。① 听审权保障内涵包括请求资讯权、请求表达权与请求注意权。请求资讯权，顾名思义，即请求获得与指控本人犯罪有关的所有材料的权利，阅卷是获得资讯的基础。

大陆法系国家，如德国，学界通识认为听审权是阅卷权的主要法律基础，德国学者称之为"听审权之请求资讯权"。那么，听审权的主体无疑是被追诉人本人，作为听审权内涵之一的请求资讯权，包含了被追诉人阅卷权在内的一切获取充分资讯的权利，阅卷权的主体也应当是被追诉人，阅卷权是被追诉人的固有权利。

第二节 我国相关规范性法律文件的沿革

作为实现辩护权的一项重要内容的阅卷权，在不断地发展变化，过去，我们谈到阅卷时，更强调阅卷的时机和范围，律师怎么才能从办案机关又快又全面地查阅到全部的案卷材料。如今，当我们再谈论阅卷时，更关注阅卷的实质性，仅是文义上的查阅，还是可以复制，通过阅卷为辩护打下坚实基础。这一点，从我国《刑事诉讼法》有关阅卷制度的变迁就可见一斑。

一、规范演进的综述

《刑事诉讼法（1979）》第29规定："辩护律师可以查阅本案材料，了解案情，可以同在押的被告人会见和通信；其他的辩护人经过人民法院许可，也可以了解案情，同在押的被告人会见和通信。"

《刑事诉讼法（1996）》第36条规定："辩护律师自人民检察院对案件审查起诉之日起，可以查阅、摘抄、复制本案的诉讼文书、技术性鉴定材料，可以同在押的犯罪嫌疑人会见和通信。其他辩护人经人民检察院许可，也可以查阅、摘

---

① 参见陈光中主编：《刑事诉讼法（第二版）》，北京大学出版社、高等教育出版社2005年版，第89页。

抄、复制上述材料，同在押的犯罪嫌疑人会见和通信。辩护律师自人民法院受理案件之日起，可以查阅、摘抄、复制本案所指控的犯罪事实的材料，可以同在押的被告人会见和通信。其他辩护人经人民法院许可，也可以查阅、摘抄、复制上述材料，同在押的被告人会见和通信。"

《律师法（2007）》第 34 条规定："受委托的律师自案件审查起诉之日起，有权查阅、摘抄和复制与案件有关的诉讼文书及案卷材料。受委托的律师自案件被人民法院受理之日起，有权查阅、摘抄和复制与案件有关的所有材料。"

《刑事诉讼法（2012）》第 38 条规定："辩护律师自人民检察院对案件审查起诉之日起，可以查阅、摘抄、复制本案的案卷材料。其他辩护人经人民法院、人民检察院许可，也可以查阅、摘抄、复制上述材料。"

《律师法（2012）》第 34 条规定："律师担任辩护人的，自人民检察院对案件审查起诉之日起，有权查阅、摘抄、复制本案的案卷材料。"

《刑事诉讼法（2018）》第 40 条规定："辩护律师自人民检察院对案件审查起诉之日起，可以查阅、摘抄、复制本案的案卷材料。其他辩护人经人民法院、人民检察院许可，也可以查阅、摘抄、复制上述材料。"

二、阅卷时机的提前

从最初的审判阶段阅卷，提前到了审查起诉阶段可以阅卷。《刑事诉讼法（1979）》规定"辩护律师可以查阅本案材料"。结合《刑事诉讼法（1979）》规定"被告人可以委托律师担任辩护人"，这一规定实际将律师的辩护权限缩在了审判阶段，在案件进入审判阶段之前律师都无法查阅案卷材料。

《刑事诉讼法（1996）》将律师阅卷的阶段提前到"自人民检察院对案件审查起诉之日起"。至今，该规定未再改变。

目前，《刑事诉讼法（2018）》仅赋予了辩护律师在侦查阶段向侦查机关了解犯罪嫌疑人涉嫌的罪名和案件有关情况，提出意见的权利，没有赋予律师在侦查阶段查阅案卷材料的权利。近些年，学者和实务工作者们也对律师阅卷权是否有必要提前到侦查阶段进行了研究和热烈的探讨，也进行了比较法上的研究，德国、美国等在侦查阶段均赋予了律师阅卷权。在我国，阅卷阶段不包括侦查阶段，形式上的原因是案件尚在侦查过程中，尚未形成完整的卷宗，自然也没有阅卷权一说。但究其实质上的原因，实是为了保障侦查的进行，保障侦查机关的资讯优势，防止因为与案件情况有关的案卷材料内容被泄露，被告方了解侦查机关的底牌，做出防御的准备和行为，给侦查活动造成困难，更为严重的后果是，被告方毁灭、伪造证据，威胁、引诱证人改变证言，或者串供。这些现实问题如何解决？我国辩护人的阅卷阶段将来是否有望提前到侦查阶段？尚需司法实务经验的积累和学术层面的研究。

三、阅卷范围的变化

从最初的有限阅卷，到今天的全案阅卷，其间也经历了几次反复。《刑事诉讼法（1979）》规定的阅卷范围为"本案材料"，《刑事诉讼法（1996）》针对审查起诉和审判阶段，细化规定了不同的阅卷范围，在审查起诉阶段，仅能查阅"本案的诉讼文书、技术性鉴定材料"。审判阶段可以查阅与本案所指控的犯罪事实有关的材料。《律师法（2007）》将审查起诉阶段律师的阅卷范围扩大到"与案件有关的诉讼文书及案卷材料"。审判阶段为"与案件有关的所有材料"。《刑事诉讼法（2012）》又改为"辩护律师自人民检察院对案件审查起诉之日起，可以查阅、摘抄、复制本案的案卷材料"。可见对于阅卷的范围，一直是实践中争议较大的问题，立法表述反映出一个博弈的过程，对于辩护人是否能查阅所有材料，以及案卷材料的范围，在博弈中形成的立法规定表述含含糊糊，犹抱琵琶半遮面。根据《检察院刑诉规则（2019）》第47条的规定，案卷材料包括案件的诉讼文书和证据材料。"诉讼文书"的范围，在《检察院刑诉规则（1999）》中有过涉及，其第319条中明确诉讼文书包括立案决定书、拘留证、批准逮捕决定书、逮捕决定书、逮捕证、搜查证、起诉意见书等为采取强制措施和其他侦查措施以及立案和提请审查起诉而制作的程序性文书。"证据材料"，即侦查机关移送人民检察院和人民检察院移送人民法院的案卷中的各种材料，包括其中的证明犯罪嫌疑人、被告人是否有罪、犯罪情节轻重的所有证据材料等。

四、阅卷方式的理性化

程序理性是指程序设计体现了基于达到规范目的而需要的合理性。阅卷方式的理性化体现在将实现阅卷的目的纳入了阅卷方式的考量中。从在法院"查阅"，到可以"复制"带回，这无疑关乎到辩护律师是否能够对卷宗内容反复研究。阅卷的方式从《刑事诉讼法（1979）》的"查阅"，发展到《刑事诉讼法

（1996）》规定的"查阅、摘抄、复制"。《刑诉法解释（2012）》第47条明确规定，"复制"包括复印、拍照、扫描等方式。中华全国律师协会《律师办理刑事案件规范》第34条进一步扩大复制的手段，可以采用复印、拍照、扫描等方式。

阅卷方式的变化，实际上是随着科技手段的发展而同步进步的，从最初的查阅、摘抄，到复印机普及之后的复印，再到扫描仪普及后的扫描文件，直至拍照、电子数据复制，随着科学技术的进一步发展，阅卷方式上可能有新的技术手段出现。纵使千变万变，阅卷最终的目的是使被告人和辩护人能够掌握卷宗中的内容，能够控制在自己手里慢慢分析研究，因此，都必须是现实的、合理的、合目的的方式和方法。

五、阅卷主体的扩展

从辩护律师扩展到辩护人，通过现有法律的解释，也完全可以覆盖被告人。《刑事诉讼法（1979）》阅卷主体仅为"辩护律师"，《刑事诉讼法（1996）》扩展到辩护律师以及其他经许可的辩护人。《刑事诉讼法（2012）》第37条第4款前半段规定："辩护律师会见在押的犯罪嫌疑人、被告人……自案件移送审查起诉之日起，可以向犯罪嫌疑人、被告人核实有关证据。"实践中，阅卷主体是否包括犯罪嫌疑人、被告人，目前仍然存在争议，但实际上我国当前的立法规范，将阅卷主体解释到被告人是完全有立法依据的。

总而言之，立法通过将律师阅卷阶段的提前，阅卷范围的变化，阅卷方式的增加，阅卷主体的扩展等，通过实现律师辩护权的制度性保障，来保证犯罪嫌疑人、被告人的权利得到实实在在的保障。

第三节 阅卷的目的与任务

我国目前虽然已经展开了庭审中心主义改革，已经开始关注庭审对裁判结论的影响，但在司法实践中依然有着很强的书面审理的逻辑，案卷材料在司法裁判中仍然居于主导地位。在刑事案件的审理中，法官对证据的调查质证、对事实的分析认定仍然离不开甚至依赖于侦查机关和检察机关制作的案卷笔录。在此情境下，阅卷之于辩护，是最为重要的根基，通过阅卷，我们要为辩护做好充分的准备。

一、掌握控方指控的犯罪事实

起诉意见书、起诉书查明的事实部分必须字字有依据，依据在哪儿？就体现在繁杂的证据卷材料当中，阅卷，相当于对方将手中的牌向你开示，你可以看到对方手上都有什么牌。但是，对方只会把牌展示给你，不会告诉你他准备怎么打，是打单，还是打对，还是王炸。这就需要律师通过阅卷，了解卷内信息，分析对方的指控思路和指控逻辑。从这个角度看，律师阅卷要站在指控的角度，去分析、预判指控思路，做好防御准备。

二、发现指控证据存在的问题，形成质证意见

阅卷过程，是给控方证据挑毛病的过程，如果跟着控方的证据和思路走，对证据都没有质疑，那么律师就会变成第二公诉人，阅卷也将失去意义。阅卷的目的，就是要找出控方指控证据存在的问题，在程序上有没有瑕疵，存不存在非法取证，不具有合法性而应予排除；是否具有真实性，与其他证据能够相互印证，形成完整的证据链条；是否具有关联性，能够证明待证的犯罪事实。法庭质证就是对控方指控犯罪事实的证据的三性提出质疑，进而打破控方证据链的过程。如何通过阅卷，对控方指控证据进行分析，准备质证意见，是刑事辩护律师需要修炼的基本技能。从这个角度看，律师阅卷要带着批判性思维，怀疑一切。

三、获取调查取证的方向

律师通过细致的阅卷可以发现，控方指控的犯罪事实是什么？指控的犯罪事实是否成立？证据是否确实充分？是否存在遗漏的事实？是否存在尚未查清的问题？进而做出是否需要调查取证的判断，以及确定调查取证的方向和内容。有些调查取证的线索就在案卷当中，比如通过阅卷，在讯问笔录中发现侦查人员有向被告人核对某些非常重要的书证材料，可是卷宗中却没有随卷移送，这便是可以申请调取证据的合法合理依据，抑或就是撬动本案的重要辩点。再比如通过阅

卷，发现如果取到指控证据相反的事实证据，本案就无法成立。

四、从卷宗中发现辩护事实和证据

全案卷宗移送制度要求指控机关移送卷宗时不得有意隐瞒，要全案移送。我国立法要求指控机关履行客观义务，要求他们既要收集对被告人不利的证据，也要收集对被告人有利的证据。很多案件，卷宗中都是既有指控证据，也"藏着"辩护证据，需要辩护律师尽职尽责地全面阅卷，去发现。因此，司法实践中辩护律师经常可以通过阅卷，找到直接推翻指控事实的证据，以及一些对辩护有利的证据。

五、重构事实，形成辩护思路

阅卷的终极目的是形成辩护思路，通过分析研究对方证据，批判对方证据，进行必要的调查取证等工作，律师心里应当构筑起一个无罪、罪轻的事实，用质疑、否定控方证据，打破控方证据链条的方式，用控方证据中有利于自己的部分，用调查取证获取的证据，证明辩方事实，说服法庭，这就是律师的辩护思路和理由。

CHAPTER 8
第八章

律师调查取证

　　律师调查取证在刑事辩护工作中是挑战与风险并存的课题。实践中，律师调查取证不仅困难重重，还要面对诸多风险。困难主要源自律师调查取证的法定手段有限以及社会上对于辩护律师工作的不理解；风险主要由于办案机关、委托人、第三方以及律师自身原因所导致。正因为这些问题和风险的存在，导致很多律师在面对调查取证工作时顾虑重重、如履薄冰。

　　在刑事诉讼过程中，证据是控、辩、审三方共同关注的焦点，面对那些可能会对案件定罪量刑起到关键作用的证据，为了取得良好的辩护效果，律师就必须进行调查取证工作。全面把握和了解调查取证的相关理念、原则以及目的、任务，对于刑事律师而言，显得尤为必要。

第一节 相关理念

调查取证权是刑事辩护权的重要组成部分，就是通过收集、调取有利于犯罪嫌疑人、被告人的证据材料，从而在法庭上与控方展开实质对抗，实现有效的辩护，影响审判者的裁判。"对犯罪嫌疑人而言，何以证明自己的事实主张或反驳控方的指控，这一切都构筑于自身充分收集相应证据的能力之上。"[1]

一、调查取证权释义

（一）基本含义

律师调查取证是指律师在执行律师业务活动过程中所享有的调查、了解案件有关情况和收集获取有关证据的权利。刑事案件中，律师调查取证权是《刑事诉讼法》赋予律师作为辩护人的一项权利，调查取证权是律师辩护权的有机组成部分，是基于被告人和犯罪嫌疑人的诉讼主体地位而存在的。律师受到刑事诉讼主体的委托，并为其提供服务时，享有调查取证权，并受到法律保护。

1979年，我国第一部《刑事诉讼法》赋予了被追诉者自行辩护和委托他人辩护的权利。1996年，《刑事诉讼法》修改，赋予辩护律师调查取证的权利，并在随后的两次修改中，一直沿用至今。

学界根据权利范围的大小，对调查取证权做出广义和狭义之分。根据我国《刑事诉讼法（2018）》第41条和第43条之规定，调查取证权在广义上包括三种情形：辩护律师的自行调查取证权，辩护律师申请调查取证权和辩护人申请无罪、罪轻证据的调查取证权。由于在我国尚未形成申请权对裁判权的制约机制，因此，后两个申请权在当前尚未具有实质意义，因此，在狭义范围上的调查取证权仅指辩护律师的自行调查取证权。[2] 辩护律师自行调查取证权的取证主体

---

[1] 褚宁：《构建侦查阶段辩护律师调查取证权的建议》，载《河南社会科学》2014年第3期。
[2] 参见魏晓娜：《审判中心视角下的有效辩护问题》，载《当代法学》2017年第3期。

是律师，取证方式和内容主要是亲自向被害人及其近亲属、证人或者其他有关单位和个人，收集与本案有关的物证、书证、证人证言及其他证据材料。辩护律师申请调查取证权的取证主体实质上是人民法院或者人民检察院，并且禁止以颁发调查决定书的形式交由辩护律师自己调取。取证的内容限于辩护律师在亲自调查取证的过程中确有困难，难以调取的证据材料。辩护人申请无罪、罪轻证据的调查取证权的取证主体是人民检察院或者人民法院，取证的内容限于侦查或审查起诉期间，辩护人发现公安机关或人民检察院未提交已经收集到的可以证明犯罪嫌疑人、被告人无罪或者罪轻的证据材料。

(二) 基本特征

1. 调查取证权是一项宪法权利，不得剥夺

调查取证权具有法定性。调查取证是通过法律的形式赋予辩护律师的一项基本权利，也是一种宪法性权利。刑事辩护权的根本是人权保障，而人权是宪法规范并保障实施的基本权利，辩护律师的调查取证权作为律师辩护权的一部分，当然也属于宪法性权利。律师在接受委托或者指派成为辩护人后，依照法律的规定享有调查取证权，不需要再次专门经过法律或者被追诉者的授权。

2. 调查取证具有私权属性，不受非法证据排除规则限制

第一，调查取证权是辩护律师在刑事诉讼过程中，为了维护犯罪嫌疑人、被告人的合法权益而享有的一种权利，其属性为一种私权利，因此不具有强制性。辩护律师在行使调查取证权时，面对证人或者有关单位和个人，调取收集与本案有关的证据材料时，不可以采取任何类似于侦查权的强制性措施，在权利受到侵犯时，也只能依照法律规定向有关机关寻求救济。辩护律师的调查取证权作为一种私权利，在行使权利的过程中，只要严格遵守法律规定的界限，不逾越法律的强制性规定，所获得的权益就应当是合法有效的。①

第二，辩护律师作为调查取证权的主体，其身份是为当事人提供法律服务的执业人员，作为一个公民权利属性的主体，也决定了行使权利所获得的证据，不受证据合法性判断的约束，即不因程序违法而产生程序后果——被排除。即便辩护律师在调查取证过程中，违背了法律的强制性规定，所获得的证据，依然具有定案根据的资格。作为行使私权利而获得的证据，不发生程序性制裁后果，不受

---

① 参见陈在上：《侦查阶段律师辩护权研究》，西南政法大学 2017 年博士学位论文。

非法证据排除规则的规制。至于律师在取证过程中违反强制性规定的行为，则根据情节严重程度依法另行处理。

3. 调查取证权相对独立于当事人

辩护律师在行使调查取证权时具有独立性，即独立于犯罪嫌疑人、被告人，不受限于委托合同的约定和委托人个人意志的约束。实践中，往往犯罪嫌疑人、被告人有可能不知法、不懂法，他们不知道自己的行为已经超越了法律的界限，更不知道如何有效地维护自己的合法权益。辩护律师启动调查取证行为是基于自己的专业判断，通过其专业的法律知识和丰富的刑事辩护经验，独立行使调查取证权，调取收集有利的事实证据材料，与控方展开平等对抗，会更有利于委托人合法权益的维护。

4. 调查取证具有谦抑性，且应以不干扰侦查为前提

辩护律师调查取证权和侦查机关侦查权，客观上都是为了收集、调取与本案有关的事实材料。需要注意的是，辩护律师的调查取证权应该保持一定的谦抑性，应以不干扰到侦查为前提。事实上，侦查活动的诉求是打击犯罪和维护社会秩序的稳定，辩护律师的调查取证则是为了维护被追诉者的合法权益。假如辩护律师的介入调查会破坏一些证据材料，且不能实现两种目的同时兼顾时，就必须要贯彻谦抑原则，不得干扰侦查活动。需要强调的是，这里的"不得妨碍侦查"是指不得以积极作为的方式"帮助犯罪嫌疑人、被告人隐匿、毁灭、伪造证据或者串供"，不得"威胁、引诱证人作伪证以及进行其他干扰司法机关诉讼活动的行为"，并非基于调取证据而客观上给指控犯罪带来障碍的"干预国家追诉"的行为。

二、比较考察

（一）英美法系

1. 美国

在美国，辩护律师在接受被告人合法有效的委托后，可以采取以下两种方式进行调查取证：

其一，自行调查取证。根据《美国联邦刑事证据规则》第 15 条的规定，辩护律师分析案件的实际情况并对案件展开调查和取证的行为，同时律师也可以自由选择是否要雇佣侦探或侦查公司辅助调查取证。辩护律师有权向案件相关人员

进行询问、访谈，但必须获得被询问人的同意，且不能采取任何形式的强迫手段来达到调查取证的目的。受辩护律师委托的私家侦探、民间鉴定机构或者个人是调查取证权的延伸，能够在合理范围内协助辩护律师进行现场勘查、走访咨询等。①

其二，申请调查取证。考虑到辩护律师执行调查取证的薄弱性，美国宪法赋予了辩护律师经过强制程序进行调查取证的权利，从而树立了辩护律师申请调查取证的权威性。在获得强制取证特权之后，辩护方能够更加便捷地获取利己证据，被调查取证对象应当配合辩护方的合理要求，从而能够为庭审提供更加充分、客观的证据材料，辩护方能够做到真正的有效辩护。②《美国联邦刑事证据规则》第15条中还具体规定了辩护律师的强制取证权，"辩护方预备提供的证人证词需要先行采证并存留到审判环节，法庭依据辩护方的申请以及对有关当事人的预先通知，命令对此类证人的证词采证，命令展示非特权保密范围的材料，比如录音、录像、文件等"。

2. 英国

在控辩平等原则的基础上，英国确定了刑事辩护律师调查取证权，依据普通法传统，侦查机关无须承担积极调查收集有利于犯罪嫌疑人的证据的义务，为了弥补这一缺陷，赋予辩护律师充足的调查取证权显得尤为必要，具体包括以下两个方面：

其一，自行调查取证。《英国警察与刑事证据法》赋予了辩护律师广泛的自行调查取证的权利，只要是辩护律师认为有利于当事人的证人证据，都可以行使自己的调查取证权，从而掌握辩护所需的人证、物证、证词等。另外，相关法律并未过多限制辩护律师调查取证的手段，因此辩护律师可供选择的调查取证手段是多种多样的，可以向公立机构、鉴定机构调查取证，也可以是个人民间性质的调查取证，其收集的范围甚至包括非法获取的证据，只要并未对第三方造成重大侵害，同样可用于庭审辩护。③

其二，申请调查取证。若辩护律师自行调查取证面临难以克服的困难，有权

---

① 参见张鹏莉、游鹏：《权利与权力之间——侦查双轨制和单轨制实质分析》，载《北华大学学报》2017年第2期。
② 参见魏晓娜：《审判中心视角下的有效辩护问题》，载《当代法学》2017年第3期。
③ 参见陈在上：《侦查阶段律师辩护权研究》，西南政法大学2017年博士学位论文。

向法官提出申请，由法官出面强制传唤证人。可见，辩护律师的申请调查取证手段是建立在法官审判权利基础上的，法官有权利传唤案件相关人员出庭作证，且法官可以凭借自身的自由裁量权利，本着公平正义的目的，在庭审过程中再次传唤已经传唤过的证人进行二次审讯。

（二）大陆法系

1. 德国

在德国刑事诉讼理论体系中，非常重视辩护律师的独立地位。辩护律师有别于司法工作人员，同时也并非单纯的被追诉人的代言人，辩护律师属于刑事诉讼体制内的独立机构，其基本职能是维护当事人的权益。为了抗衡司法机关的职权优势，维护被追诉人的权益，辩护律师的调查取证行为也更为自由，基本手段仍然是自行调查取证和申请调查取证两类：

其一，自行调查取证。《德国刑事诉讼法典》第 201 条规定："当事人有权向法院提交利己的额外证据。"第 244 条规定："被告人有权利遵循个人意志进行调查取证。"在案件诉讼流程中，检察机关和侦查机关有权决定是否对犯罪嫌疑人提起诉讼，而在诉讼阶段，犯罪嫌疑人有权参与调查取证过程，从而掌握更多的利己证据。比如，辩护律师可以委托私人侦探辅助调查案件事实，邀请鉴定机构对证据进行认证，利用合法手段对证人进行询问，对公共场所开展勘察活动等。

其二，申请调查取证。《德国刑事诉讼法典》第 38 条规定："侦查机关有义务在案件询问阶段告知犯罪嫌疑人有权向法官提出收集利己证据的申请。"第 136 条规定："犯罪嫌疑人在庭审阶段可以向法官申请出具对己有利的证据，在校验证据合法性、有效性之后，该项证据应当得到庭审采纳和重视。"另外，依据相关法律规定，当犯罪嫌疑人申请的证据与案件无关或申请的证据并不重要时，司法机关有权利拒绝犯罪嫌疑人提出的调查取证申请。

2. 法国

《法国刑事诉讼法典》没有明文提及辩护律师调查取证权，也并未对行使权利程序做出规定，但在司法实践中，辩护律师可以进行调查取证，获取的证据材料得到法院、检察机关、侦查部门的认可。[①] 充分实现了"法无禁止皆可为"的公民权利。

[①] 参见汪海燕、胡广平：《辩护律师侦查阶段有无调查取证权辨析——以法律解释学为视角》，载《法学杂志》2013 年第 11 期。

目前，在法国，辩护律师行使调查取证权的方式有以下几种：

其一，自行调查取证。《法国刑事诉讼法典》第116条规定："辩护律师有权利会见当事人并向其询问案情，还可以依据当事人指出的方向来追索证据。"在司法实践中，辩护律师在自认为有必要的时候可以参与案件侦查活动，或者向侦查机关申请获取侦查成果，还能够自费委派私家侦探辅助调查，向业内专家咨询案情、法理知识等。

其二，申请调查取证。在20世纪90年代之前，仅检察官有权向预审法官申请调查取证，这一时期控辩双方存在严重的不对等。为了弥补这一缺陷，《法国刑事诉讼法典》明确提出了"辩护律师有权向预审法官提出调查取证的申请"。《法国刑事诉讼法典》第82条规定："在案件侦查阶段，当事人有权向预审法官提交书面申请，预审法官可以通过分析当事人的申请是否有助于侦破案件来决定是否接受该项申请。当事人可以提出的调查取证申请包括询问证人、陈述证词、现场勘查、庭上对质、要求控方提供必要证据等。"第456条规定："本着还原案件事实的原则，法庭可以应检察院、当事人、辩护律师的要求，在职权范围内开展实地调查。现场调查应当有辩护方在场，同时做好调查记录。"① 以上规定为律师申请调查取证提供了相应的法律依据。

（三）两大法系差异比较

1. 二者之间的异同

（1）相同之处。对于辩护律师调查取证权，两大法系都认可其为具有辩护性质的私权。从发展路径来看，两大法系都经历了将在审判阶段授权提前到侦查阶段授权的转变。同时，两大法系都认为司法机关的调查取证能力相比辩护律师更具有司法强制性，而对于辩护律师来说，这是其调查取证权的缺陷，但规定了相关法律救济措施予以补偿。②

（2）不同之处。英美法系国家采取的是属于当事人主义的诉讼模式，对于控辩双方在权利、对抗性的平衡上更加注重。在英美法系国家，会赋予更多的调查取证手段以保障辩护律师调查取证，从而让辩方在庭审对抗时获得更有利的证据条件。而在大陆法系国家，法律对于辩护律师调查取证没有做禁止规定，但职权

---

① 冀祥德：《辩诉交易中国化的理论与现实考量》，载《刑事法评论》2007年第1期。
② 参见易延友：《对抗式刑事诉讼的形成与特色——兼论我国刑事司法中的对抗制改革》，载《清华法学》2010年第4期。

主义的模式使得调查取证更多的是仰赖国家公权力,代表私权的律师取证明显不发达,因而,在案件调查取证实施过程中辩护律师通常不会太主动参与。相比而言,英美法系国家对辩护律师调查权限制少,赋予的权限大,调查取证的环境相对更加宽松,辩护律师会更积极地去调查取证。

2. 差异存在的原因

辩护律师调查取证权在两大法系中存在差异,既有历史原因也有现实原因。

(1) 两大法系不同的刑事诉讼模式使然。大陆法系采用的是职权主义诉讼模式,而英美法系采用的是当事人主义诉讼模式。前者注重法官的职权调查,后者注重控辩双方的对抗。在刑事诉讼中,控方拥有更加强势的主动地位。英美法系为了实现控辩双方的对抗平衡,赋予了辩护方更多的调查取证权利和更宽泛的取证范围。大陆法系国家则相对更加注重国家司法机关通过职权方式收集获取证据的方式,当然其并不排斥辩护律师拥有调查取证权,但辩护律师在调查取证权的获取上受到了更多限制。①

(2) 两大法系不同的侦查模式使然。英美法系采取的是双轨制侦查模式,司法机关与辩护方可通过独立渠道依法取证,互不干涉,辩护律师拥有非常自由的调查取证权利和范围,甚至可以借用私人侦探等民间力量来依法取证。这也意味着,辩方在庭审上能拥有更多的与控方对抗的证据支持。而大陆法系国家采用的是检警一体化的侦查模式。在调查取证方面,检察官和警察的力量都可集中使用,可通过运用政府力量和职权调查取证;而辩护律师更多只能通过查阅控方卷宗来获取相应的证据资料和案情资料,属于取证不占优势的一方。事实上,大陆法系国家的辩护律师通常无法从被调查者这里直接获取证据,也无权调动国家政府力量去强行获取证据。

(3) 两大法系不同的历史发展和文化背景使然。英美法系国家对于人人平等、自由的历史传统和司法理念更加注重,而对国家机关则相对不够信任,因此辩护律师的调查取证方式容易得到重视。大陆法系多数国家的历史发展轨迹多是国家集体主义或国家集权居多,民间力量对于国家机关信任度较高,因此相对而言,对辩护人取证的诉求就没有那么强烈了。② 因此,辩护人调查取证受到诸多限制。

---

① 参见董坤:《律师侦查阶段调查取证权新探》,载《武汉大学学报》2016 年第 2 期。
② 参见冀祥德:《辩诉交易中国化的理论与现实考量》,载《刑事法评论》2007 年第 1 期。

三、律师调查取证的基本理念

(一) 体现了被告人诉讼主体地位

从法治建设的历史进程来看,在封建制度下的纠问式诉讼制度中,被告人一直都居于诉讼客体的地位,是证据之源。在诉讼中,被告人是被审讯的对象,对来自追诉犯罪的指控,只有消极被动的配合,没有主动的辩护权。在这种情况下,不要说调查取证权,就连基本的对指控全面知情的权利都没有,因此,导致很长时间内存在刑讯逼供成合法化的现象。

随着司法文明的进程推进,纠问式诉讼制度的弊端日渐凸显,平等对抗理念逐渐深入人心,在实行平等对抗制的刑事诉讼程序下,被告人不再是诉讼客体,转而成为诉讼的主体,在面对国家追诉时,除了享有广泛而有效的防御权之外,辩护权呈现主动性,辩护律师被赋予了一系列积极辩护的措施,而调查取证权就是其中之一。在诉讼参与的过程中,辩护律师可以基于辩护人的身份而享有对刑事案件事实的调查权,但辩护律师的调查取证一般是针对对被告人有利的事实。与单纯地寻找指控证据的瑕疵、削弱指控事实相比,主动地去搜集被告人无罪或罪轻的证据,以对抗指控机关对被告人构成犯罪的追诉,这属于一种积极主动的辩护。

(二) 体现了辩护权主动性的一面

辩护权本质上就是法治国家制度与国家追诉犯罪相向而立的一面,是存在于国家追诉后的防御,本质上是被动性的;而调查取证权则具有主动进攻性,意味着辩护律师可以行使该权利主动干预国家追诉。在无罪推定的理念之下,一般国家却都赋予了追诉机关在未经裁判的情况下,可以先予采取搜查、扣押或限制人身自由等措施,那么,公民的防御权里也就必然包括积极主动搜集无罪或罪轻的证据,以对抗国家指控。

(三) 不受非法证据排除规则的制约

在无罪推定原则之下,公权力不得随意侵犯公民权利,即便是维护公共安全、打击犯罪的刑事侦查,取证手段也必须要严格依法,否则,该证据就应当被排除。但律师的调查取证却不适用非法证据排除规则,主要理由如下:

1. **非法证据排除规则的规范目的是规制公权力滥用。** 警察权代表了公权力，公权力违法污染的是"水源"，因此，需要"剥夺违法者违法所获得的利益"，即排除非法证据。相对应地，律师手里没有掌握公权力，律师代表的是民权，其调查取证不属于运用公权力的行为，自然也不应受非法证据排除规则的制约。

2. 若将非法证据规则分为证据取得禁止和证据使用禁止，则警察非法取证需要同时适用取得禁止和使用禁止，因为取得手段违法所以禁止使用，这也是程序性制裁的逻辑。而律师调取的证据，由于是使公民出罪或罪轻的证据，因此不得禁止使用，不能因为律师违法取证而让公民蒙冤入狱，这是基本的逻辑。

3. 律师的调查取证必须依法进行。虽然律师通过违法手段获得的辩护证据不适用程序性制裁的后果——不能被排除，对律师取证行为的行使不做程序性要求。但是，并不意味着律师的违法取证行为可以不受法律的制裁。针对个案中具体的违法情节轻重，可另行依照诸如《律师法》《行政处罚法》《刑法》等实体法的规定做出处理。

（四）有关单位和个人具有作证义务

作证是一个人的社会义务。在法治国家，任何组织或个人涉诉时，都有权要求知情者提供作证帮助。同时，基于人权保护和司法公正的需要，他们也有权获得律师的法律帮助。当涉诉当事人要求知情者提供作证帮助的权利不能实现时，该权利便演绎成为其辩护的律师的调查取证权，由律师以社会法律工作者的身份向有关单位和个人收集和调取证据。我国《刑事诉讼法》也明确规定，凡是知道案件情况的人，都有作证的义务。

第二节 我国相关规范性法律文件的沿革

由于我国特殊的历史及政治经济条件，调查取证的产生及发展，经历了一个从不健全到日益健全，从不完善到逐渐完善，从法无明文规定到被明确具体地规定于我国《刑事诉讼法》中的发展过程。律师可行使调查取证权的阶段也在不断扩大，从一开始只能于审判阶段行使，逐步扩大到审查起诉阶段和侦查阶段。行使调查取证权的程序性规定也在法律条文中逐步得到完善，律师既可自行开展调查取证，也可以通过《刑事诉讼法》赋予其的权利申请相关机关开展取证工作，并且对取证的保障日趋完善。

一、我国辩护律师调查取证权的发展过程

（一）律师调查取证权从无到有

关于刑事律师的调查取证权，《刑事诉讼法（1979）》第117条第1款规定："法庭审理过程中，当事人和辩护人有权申请通知新的证人到庭，调取新的物证，申请重新鉴定或者勘验。"由此可以看出，《刑事诉讼法（1979）》对于刑事律师的调查取证权只规定了庭审过程中的申请调查取证权，而对于审判阶段以前该怎样行使律师的调查取证权并未做出明确规定。也就是说，律师审前调查取证在这一时期仍处于无规定、无保障的阶段。

《刑事诉讼法（1996）》第37条规定："辩护律师经证人或者其他有关单位和个人同意，可以向他们收集与本案有关的证据材料，也可以申请人民检察院、人民法院收集调取证据，或者申请人民法院通知证人出庭作证。辩护律师经人民检察院或者人民法院许可，并且经被害人或者其近亲属、被害人提供的证人同意，可以向他们收集与本案有关的材料。"该条文的意义在于：一是在我国《刑事诉讼法》中以明文规定的方式，确立了辩护律师审前阶段享有调查取证权。二是在确立辩护律师享有审前阶段调查取证权的基础之上，进一步对辩护律师充分行使调查取证权的方式进行相应的细化，将律师的取证权划分为律师的自行调查取证权与申请调查取证权。三是采用法条规定的方式明确了我国律师在开展自行调查取证与申请调查取证时具体的行使程序。从此，律师调查取证的权利在法律层面正式确立，并持续至今。

（二）律师能够调查取证的阶段逐步提前

《刑事诉讼法（1996）》第33条第1款规定，"公诉案件自案件移送审查起诉之日起，犯罪嫌疑人有权委托辩护人"。基于该法条的存在，法律虽然将辩护律师调查取证的活动扩展至审查起诉阶段，但在侦查阶段犯罪嫌疑人仍然无权聘请保障其权益的辩护人，律师也就无法在"侦查"这一办理刑事案件的核心重要阶段介入案件，更无法行使其自身所拥有的调查取证权，因此《刑事诉讼法（1996）》虽然进一步将律师的调查取证活动提前至审查起诉阶段，但法律对于

"侦查"这一核心阶段辩护律师调查取证的行使规定仍然存在缺失。

2012年，全国人大常委会对我国《刑事诉讼法》进行了进一步的修改，此次修改在完善我国刑事诉讼程序的基础上进一步扩大了律师的取证权。修正后的《刑事诉讼法（2012）》第33条第1款规定："犯罪嫌疑人自被侦查机关第一次讯问或者采取强制措施之日起，有权委托辩护人；在侦查期间，只能委托律师作为辩护人。被告人有权随时委托辩护人。"由此可以发现，相较于此次修改之前的《刑事诉讼法（1996）》，犯罪嫌疑人可以委托辩护人保障其诉讼中合法权益的时间点，已经从审查起诉之日起进一步跨越提前至第一次被讯问或者采取强制措施之日起。从另一层面来讲，该法条的规定也意味着我国法律将犯罪嫌疑人能够委托辩护人保障自身权益的阶段，从审查起诉阶段进一步扩大到侦查阶段，调查取证权作为律师辩护权中最核心的权利之一，其开始行使的阶段自然也相应地被提前到了追诉活动的侦查阶段，这无疑是法律在对犯罪嫌疑人权益保障方面的重大进步。

（三）有些调查取证需要得到相关部门允许

《刑事诉讼法（2018）》第42条规定："辩护人收集的有关犯罪嫌疑人不在犯罪现场、未达到刑事责任年龄、属于依法不负刑事责任的精神病人的证据，应当及时告知公安机关、人民检察院。"《刑事诉讼法（2018）》第43条规定："辩护律师经证人或者其他有关单位和个人同意，可以向他们收集与本案有关的材料，也可以申请人民检察院、人民法院收集和调取证据，或者申请人民法院通知证人出庭作证。辩护律师经人民检察院或者人民法院许可，并且经被害人或者其近亲属、被害人提供的证人同意，可以向他们收集与本案有关的材料。"因此，辩护律师在收集相关证据时，还需要得到司法机关的许可。

（四）律师调查取证制度日趋完善

《刑事诉讼法（2018）》关于辩护律师调查取证的规定与《刑事诉讼法（2012）》基本保持一致，表明目前律师调查取证制度的发展是具有可实践性和合理性的。此外，值得注意的是，在《律师法》《刑事诉讼法》等法律层面对律师调查取证制度做出相应完善的情况下，在地方立法机关与政府层面，也逐渐开始加强了对律师调查取证权的保护，如江苏省2019年8月印发的《关于依法保障律师调查取证权的若干规定》，对进一步完善律师调查取证权具有重要意义。总之，我国的律师取证制度正在日趋完善当中。

二、调查取证的范围及辩方开示

（一）必须是与"本案有关的材料"

《刑事诉讼法（1996）》《刑事诉讼法（2012）》和《刑事诉讼法（2018）》都规定了辩护律师经证人或者其他有关单位和个人同意，可以向他们收集与本案有关的材料，也可以申请人民检察院、人民法院收集、调取证据，或者申请人民法院通知证人出庭作证。但有一点必须要明确，即收集的材料必须是与本案有关的材料，这意味着《刑事诉讼法》并没有明确规定调查取证的详细范围，《刑事诉讼法》的这一规定可以理解为，律师调查取证的范围和内容取决于——律师辩护工作的需要以及是否有利于保护犯罪嫌疑人、被告人的合法权利。

（二）明确辩方开示证据的义务

辩方开示是指刑事诉讼中作为辩护的一方，对于自己掌握的对自己有利的证据是否有义务在开庭前告知公诉人。控辩平等是诉讼的本质，刑事诉讼是国家与公民之间的指控与辩护的对弈，国家掌握着强大的国家机器，搜集证据的手段和武装远远强过被追诉人，因此，开庭前控辩双方证据开示的范围，成为调节控辩平等的手段。对于职权主义模式下的刑事诉讼，被告人和辩护律师拥有阅卷权，相当于公诉人负有向辩方全面开示证据的义务，辩护律师基于调查取证手段较少，能力较低，一般只对重要的不构成犯罪证据负有开示义务。我国《刑事诉讼法》从2012年修订时将辩方开示义务写进去至今，一直都明确规定：辩护人调取的有关犯罪嫌疑人不在犯罪现场、未达到刑事责任年龄、属于依法不负刑事责任的精神病人的证据，应当及时告知公安机关、人民检察院。辩护律师经人民检察院或者人民法院许可，并且经被害人或者其近亲属、被害人提供的证人同意，可以向他们收集与本案有关的材料。这意味着，法律明确规定了对于证明被告人无罪的证据辩方有及时开示的义务。

第三节 调查取证的目的与任务

辩护律师的职责是以事实和法律为根据,依法维护当事人的正当权益,而调查取证就是保证律师充分履职的重要手段,积极地调查取证行为,是辩护律师履行忠诚义务的体现。毋庸置疑的是,辩护律师准确把握和厘清调查取证的目的和任务,会更有利于实现案件的有效辩护。

一、实现人权保障、防止控方取证偏颇

在刑事追诉的过程中,惩罚犯罪与保障人权的两大诉讼目的应当同时兼顾,既要惩罚犯罪,又必须要尊重和保障人权。《刑事诉讼法(2018)》第2条前半段明确规定"中华人民共和国刑事诉讼法的任务,是保证准确、及时地查明犯罪事实,正确应用法律,惩罚犯罪分子,保障无罪的人不受刑事追究"。第52条前半段规定"审判人员、检察人员、侦查人员必须依照法定程序,收集能够证实犯罪嫌疑人、被告人有罪或者无罪、犯罪情节轻重的各种证据"。该条款规定了我国检察官具有客观义务。客观义务是指检察官在搜集证据的时候应坚持全面原则——无罪和有罪、罪重和罪轻的证据都要搜集。

但是,制度的理性也是需要人来实现的,而人往往带有感性的本能。控方为了更好地完成指控任务,将惩罚犯罪作为其主要目的,注重有罪证据的搜集,这也是符合主体追求职业利益最大化的自然法则的。在收集证据的过程中,控方难免会将收集有罪证据作为主要目的,而将收集无罪或罪轻证据作为次要目的,实践中,无罪或罪轻的证据往往较少被收集或被直接忽视,这都会影响到证据的全面性,不利于保障被告人的合法权益。这也是法律设置辩护律师这一角色站在控方对面检视指控是否偏颇的意义所在。通过控辩双方对抗的制度,通过赋予辩护人调查取证权,实现对被告人合法权益的保障,实现全面搜集证据,进而实现诉讼制度的理性。

辩护律师在调查取证中,必须站在保护当事人合法权益的角度上,通过行使调查取证权，调取、收集证明其罪轻或无罪的证据，依法维护当事人在诉讼过程中的合法权益。

二、构建控辩平等，保障程序公正

控辩平等是现代刑事诉讼所推崇的先进理念，控辩平等是程序公正的主要内容，在调查取证问题上，允许控辩双方都有取证权也是程序公正的需求。如果只允许控方行使侦查权，调取收集证据，即使获取的证据材料十分全面、客观，也仅是站在单方的角度，不利于裁判者"兼听则明"，无法实现程序公正和实体公正。①

事实上，检察机关作为控方，代表国家对刑事犯罪提出指控，其身后以强大的国家作为后盾，而犯罪嫌疑人、被告人一般为普通公民或者单位，两者地位相距甚远。在国家与个人的不平衡对抗中，辩护律师的加入可以更好地构建控辩平等的格局。辩护律师通过运用自己的专业知识和法律素养，严格依照法律和事实，采取各种手段积极收集调取有利于当事人的证据材料，进而对控方的指控进行法律分析，寻找漏洞，结合证据规则和法律条款，充分发表自己的辩护意见，以期消除或者削弱控方的指控，实现当事人权益的最大化。"正是借助辩护律师的介入，削弱了国家与个人之间的不平等关系，有利于构建平等的控辩诉讼格局，也只有让辩方与控方拥有相同的信息，才能真正地实现控辩平等。"②

总之，控辩平等是裁判者发现案件事实真相的必要条件，辩护律师积极调查取证是实现控辩平等的手段之一。

三、全面查清案件事实，促使实体公正

保证辩护律师调查取证权的有效行使，既有利于全面收集与案件相关的证据，查清案件事实，也有利于裁判者在全面把握案情的基础上，依法作出客观公正的裁判。

案件的裁判，关键在于证据，证据是认定案件事实的唯一根据。案件事实是否均有证据证明，是否所有证据均查证属实，所有事实是否达到排除一切合理怀

---

① 参见冀祥德：《对我国控辩平等的检视与思考》，载《法学论坛》2007年第6期。
② 赵培显：《侦查阶段律师辩护的保障机制》，载《河南师范大学学报》2014年第2期。

疑的证明力，只有以上几点全部得到验证后，才可以对被告人准确定罪量刑。那么相对应地，展示在裁判者面前的证据就必须要求全面、准确、客观，如果只允许控方行使侦查权调取收集证据，那么即使获取的证据材料十分全面、客观，也仅是站在单方的角度，不利于裁判者"兼听则明"。此外，不排除有部分侦查人员为了完成规定的"任务量""破案率"等绩效考核指标，超出法律界限，以违反法律规定的方式收集有罪证据，侵犯人权。此时，辩护律师更应站在保护当事人合法权益的立场上，通过行使调查取证权，调取、收集证明其罪轻或无罪的证据，帮助裁判者去全面查清案件事实，客观中立地作出裁判。

律师在调查取证过程中，往往通过寻找新的证据材料来展示案件事实的另一个面向，从指控事实的另一个侧面展示真相，从而使法庭基于客观事实和平等原则对被告人作出客观、公正的判决。

四、实现有效辩护的目标

"有效辩护"是衡量辩护律师工作价值的标准，是律师基于忠诚义务，充分以委托人的利益为出发点，尽心尽责地行使辩护权利，提出有利的辩护意见，积极与控方展开实质对抗的一种诉讼活动。根据《刑事诉讼法（2018）》第37条的规定，辩护人的责任是根据事实和法律，提出犯罪嫌疑人、被告人无罪、罪轻或者减轻、免除其刑事责任的材料和意见，维护犯罪嫌疑人、被告人的诉讼权利和其他合法权益。因此，为了更好地履行辩护职责，律师应当通过调查取证获得犯罪嫌疑人、被告人无罪、罪轻或者减轻、免除其刑事责任的证据，以期实现"有效辩护"的结果。

要想实现"有效辩护"，律师就必须充分行使调查取证权。事实上，控方作为国家权力机关，掌握着大量证明犯罪嫌疑人、被告人有罪的证据材料，具有先天性优势。辩护律师通过行使调查取证权，向证人和有关单位、个人了解相关事实，咨询专业领域的专家学者等，去收集调取不构成犯罪或者具有减轻、免除处罚情节的证据，收集控方在侦查过程中违法的证据，继而与控方展开实质对抗。并且，辩护律师在积极行使调查取证权的过程中，有可能会收集到对案件起到至关重要作用的"三类无罪证据"，这些证据的提交会有助于当事人早日摆脱诉累，让案件真正取得实现"有效辩护"的良好结果。

第九章

批准逮捕程序的辩护

我国《刑事诉讼法（2018）》第 87 条规定："公安机关要求逮捕犯罪嫌疑人的时候，应当写出提请批准逮捕书，连同案卷材料、证据，一并移送同级人民检察院审查批准。必要的时候，人民检察院可以派人参加公安机关对于重大案件的讨论。"该条赋予了检察机关批准逮捕权，也确立了我国刑事诉讼中的批捕程序。《刑事诉讼法》第 34 条第 1 款前半段规定"犯罪嫌疑人自被侦查机关第一次讯问或者采取强制措施之日起，有权委托辩护人"。第 88 条第 2 款规定："人民检察院审查批准逮捕，可以询问证人等诉讼参与人，听取辩护律师的意见；辩护律师提出要求的，应当听取辩护律师的意见。"最高人民检察院《关于在检察工作中防止和纠正超期羁押的若干规定》第 2 条第 1 款规定"人民检察院在审查决定、批准逮捕中，应当讯问犯罪嫌疑人。检察人员在讯问犯罪嫌疑人的时候，应当认真听取犯罪嫌疑人的陈述或者无罪、罪轻的辩解。犯罪嫌疑人委托律师提供法律帮助或者委托辩护人的，检察人员应当注意听取律师以及其他辩护人关于适用逮捕措施的意见"。根据这些规定，在批捕程序中，律师可以为犯罪嫌疑人提供辩护。

律师需要深入了解批捕程序的相关理念、原则以及辩护的目的、任务，从而在批捕程序中发挥实质作用，实现有效辩护，维护委托人的权利，为委托人争取利益最大化。

第一节 相关理念

理念是实践的先导,正确的实践需要正确的理念指导。通过比较考察法治国家的相关理念,准确掌握批捕程序价值定位、基本原则对形成批捕程序辩护的理念和方法具有重要意义。

一、比较考察

逮捕是国家在惩罚犯罪的过程中,采取的对公民个人基本权利干预最为强烈的手段,涉及对公民的未决羁押,关乎犯罪嫌疑人的人身自由权利,而人身自由权利具有普遍性,所以逮捕问题也是各个国家和地区普遍存在的问题,了解、借鉴域外逮捕的程序和权力配置,有助于深入研究我国的批捕制度,强化辩护的效果。

(一)国际通例

1. 逮捕与羁押的分离

无论是英美法系国家,还是大陆法系国家,法治的典型特征之一就是国家公权力干预公民人身自由这一宪法规定的权利时,需要司法官批准。因此,"逮捕"只是一个行为,不是一个状态。逮捕表示该公民因为涉嫌刑事犯罪而可能遭到国家追诉,但并不因为警察作出"你被捕了"的决定而使得该公民当然面临人身自由的丧失。至于是否被羁押,警察需要在未来的 36 小时或 48 小时(各国规定的时长不等),将该公民带到司法官——法官面前,根据法律的规定,由法官作出判断,是对该公民"羁押",还是"保释"。一般情形下,"保释"为常态,"羁押"为例外。此时的法官被称为侦查法官。在我国,被逮捕后自然处于羁押状态,而在外国,逮捕只是一种行为,相当于我国所称的"抓捕"。

2. 国际公约的相关规定

1948 年 12 月 10 日,联合国大会通过并颁布《世界人权宣言》,其中第 9 条规定:"任何人不得加以任意逮捕、拘禁或放逐。"该条旨在保障公民的人身自由,强调公民的人身自由不受任意侵犯。

1966年12月16日,在《世界人权宣言》的基础上,联合国大会通过了《公民权利和政治权利国际公约》,其中第9条对不受非法拘禁、逮捕的权利作出了更为具体明确的规定,主要为:(1)有权享有人身自由和安全,不得任意逮捕或拘禁;(2)在被逮捕时能获知逮捕理由,了解指控;(3)被逮捕或拘禁后,应被迅速带见司法官员;(4)可以针对逮捕或拘禁提起诉讼,由法庭决定是羁押还是释放;(5)遭受非法逮捕或拘禁后,有权利得到赔偿。

联合国大会1988年12月9日通过的《保护所有遭受任何形式羁押或监禁人的原则》对逮捕、拘留等问题作出了专门性规定,内容包括:所有遭受任何形式拘留或监禁的人均应获得人道待遇和尊重其固有人格尊严的待遇。逮捕、拘留或监禁仅应严格按照法律规定并由为此目的授权的主管官员或人员执行。遭受任何形式拘留或监禁的人在任何国家内依据法律、公约、条例或习惯应予承认或实际存在的任何人权,不应因本原则未承认或仅在较小范围内予以承认而加以限制或减损。任何形式的拘留或监禁以及影响到在任何形式拘留或监禁下的人的人权的一切措施,均应由司法当局或其他当局以命令为之,或受其有效控制。

以上国际条约的规定中,对羁押这种剥夺人身自由的行为的批准提出了程序性要求,即由司法官员决定,以避免任意的剥夺。

(二)英美法系国家的相关规定

在英国,警察将嫌疑人逮捕后自行决定的羁押期限不得超过36小时,羁押满36小时后,警察如果认为还有必要对嫌疑人继续羁押的,必须向治安法院申请签发"进一步羁押的令状"。治安法院接到申请后一般要举行专门的听证程序,警察和嫌疑人作为控辩双方参与庭审的过程,并发表意见,进行辩论。其间,嫌疑人有权获得治安法院指定的事务律师的免费法律帮助。①

在美国,逮捕属于《宪法第四修正案》中规定的对人的"扣押",系警察依据权力限制个人离开或者走动的自由的强制性措施。② 警察实施逮捕包括有令状和无令状两种情况,但都需要有合理根据相信犯罪事实确系被逮捕人所实施。在公共场所逮捕,可以没有令状,只要警察有合理根据即可,但为了防范警察权的

---

① 参见张剑峰:《逮捕制度新论》,中国社会科学出版社2016年版,第64页。
② 参见宋英辉、孙长永、朴宗根等:《外国刑事诉讼法》,北京大学出版社2011年版,第72页。

滥用，按照美国的诉讼制度，警察必须迅速将被逮捕人带到联邦治安法官或者州地方法官面前，由法官判断逮捕是否具有合理根据。届时，法官将传嫌疑人出席庭审，其委托或者被指定的辩护律师参与庭审，警方派出的代表出席，双方可以就是否羁押、应否保释等问题进行辩论，法官作出是否保释的决定。除非有特殊的紧急情形，警察进入住宅实施逮捕应当先行获取令状。

综合上述情况，在英美两国，需要对犯罪嫌疑人羁押的，由警察提交法院进行司法审查。

（三）大陆法系国家的相关规定

在德国，待审羁押是刑事诉讼法所规定的几种限制人身自由的强制措施之一。待审羁押首先要满足形式要件，由法官签署羁押令，通常由检察官申请法庭签发羁押令。在实践中，羁押令通常并非事前申请，而是由警察依法暂时逮捕犯罪嫌疑人，随后将其交给法官，法官在听取检察官和犯罪嫌疑人的陈述后，决定是否签署羁押令。其次要满足实质要件，即有重大犯罪嫌疑，同时又具备特别的羁押理由，如犯罪嫌疑人在逃或者有逃跑的危险；有掩盖真相的危险；有再犯的嫌疑等。

在日本，逮捕和羁押是不同的强制措施，对被逮捕的人实施逮捕后是否羁押，需要由法官审查决定①，从制度上建立了未决羁押的司法审查程序。司法警察、检察官将犯罪嫌疑人逮捕后，应在法定期限内向法官请求羁押犯罪嫌疑人。法官受理检察官的羁押申请后，应当听取嫌疑人的陈述和辩解，根据审查情况作出是否羁押的决定。受羁押人或者辩护人等可以要求告知羁押理由，告知羁押理由需要在公开的法庭上进行，庭审中，受羁押人、辩护人可以陈述意见，检察官也可以陈述意见，法庭如果查明羁押不合法或者缺乏理由或必要的，应当撤销羁押。

综合上述情况，在德日两国，需要进行审前羁押的，需要有检察官提请法院进行司法审查。

二、批捕程序的价值定位

我国《刑事诉讼法》将一般案件的诉讼程序分为侦查、审查起诉和审判三个阶段。批准逮捕的权力主体是检察机关，但批捕程序不是发生在审查起诉阶

---

① 参见宋英辉、孙长永、朴宗根等：《外国刑事诉讼法》，北京大学出版社2011年版，第462页。

段，而是在侦查阶段，使得批捕程序成为侦查程序的中间程序①，属于程序中的程序。这样的程序设置，决定了批捕程序特殊的价值定位。

（一）未决羁押属性的程序性措施

逮捕是一种未决羁押属性的程序性强制措施，是我国《刑事诉讼法》规定的强制措施之一。所谓刑事强制措施，是公安机关、人民检察院和人民法院为保证刑事诉讼的顺利进行，依法对刑事案件的犯罪嫌疑人、被告人的人身自由进行限制或者剥夺的各种强制性方法。我国刑事诉讼法规定了拘传、拘留、取保候审、监视居住以及逮捕等五种强制措施，逮捕是其中最为严厉的一种，对逮捕可以作以下理解。

第一，逮捕具有强制性。公安机关提请逮捕的对象有两种情况。其一是已经被刑事拘留的犯罪嫌疑人，本身处于羁押状态，被逮捕后将继续羁押，逮捕能够解决拘留期限过短的问题。其二是没有被羁押的犯罪嫌疑人，包括取保候审或者没有采取强制措施的，一经逮捕之后则进入羁押状态。由于逮捕要剥夺犯罪嫌疑人人身自由，需要国家的强制力作为保障。一方面，检察机关批准后，公安机关必须立即执行；另一方面，公安机关执行逮捕，犯罪嫌疑人及其他人不得抗拒。正是这种强制性的存在，就要求逮捕必须严格遵循法律规定，检察机关要把好批捕关，公安机关执行逮捕也要履行法定的程序。《刑事诉讼法（2018）》第93条规定："公安机关逮捕人的时候，必须出示逮捕证。逮捕后，应当立即将被逮捕人送看守所羁押。除无法通知的以外，应当在逮捕后二十四小时以内，通知被逮捕人的家属。"

第二，逮捕具有程序性。逮捕是在诉讼进行过程中的一种强制措施，决定犯罪嫌疑人在诉讼过程中的状态以及人身自由状况，并不是案件的实体处理结果。从制度设计上看，最终的实体处理结果不应该取决于强制措施，诉讼程序终结，强制措施的使命也就完成。逮捕与案件的处理结果没有必然联系，也就不是必经程序。由于刑事诉讼法规定了多种强制措施，逮捕就具有可替代性。随着诉讼的进展，逮捕也具有可变更性，即对已经逮捕的犯罪嫌疑人、被告人，变更为其他更为轻缓的强制措施。

---

① "中间程序"的概念源自比较法，西方国家将一些"诉中诉""案中案""程序中程序"命名为"中间程序"。

第三，逮捕具有合目的性。由于逮捕具有强制性和程序性的特点，由此延伸出司法机关决定和执行逮捕，要具有合目的性。逮捕的目的在于保障诉讼的顺利进行，司法机关在决定是否逮捕时，就应当考虑程序需要，即实施逮捕是否符合逮捕的法定目的，要从保障诉讼顺利进行的角度看待问题。不逮捕也不影响诉讼顺利进行的，就没有逮捕必要。逮捕的合目的性，要求司法人员慎重适用逮捕，能不逮捕的则不逮捕，必须逮捕的才予以逮捕。

（二）关乎犯罪嫌疑人的基本人权

逮捕虽然是一种程序性强制措施，但作为一种最为严厉的强制措施，直接关乎犯罪嫌疑人的诉讼权利和实体利益。逮捕措施的实施，在事实层面上，会影响案件实体结果。

第一，逮捕影响犯罪嫌疑人的人格尊严。有尊严地参加诉讼，是公民的基本权利，也是无罪推定原则的基本要求。但是，一旦犯罪嫌疑人被逮捕，面临漫长的羁押，身陷囹圄，无形中被扣上了犯罪分子的帽子，对其本人及家庭都将产生严重的影响。即使最终被确定无罪，曾经的逮捕羁押经历也将伴其余生，挥之不去。

第二，逮捕影响犯罪嫌疑人辩护权的行使。被逮捕的犯罪嫌疑人，其人身自由受到了限制，刑事诉讼法所赋予的诉讼权利的行使，自然会受到影响。一是影响其自行行使辩护权。身受羁押的犯罪嫌疑人，与外界隔离，掌握信息有限，容易受到司法人员的误导和诱使，从而违心地供述案件事实。二是影响其获得律师的有效帮助。虽然辩护律师可以会见在押的犯罪嫌疑人，但是在司法实践中，律师会见会受到各种限制，会见的效果有限。律师不能做到和犯罪嫌疑人充分沟通，不利于辩护权的行使。

第三，逮捕影响案件的实体结果。从司法实践情况来看，强制措施很大程度上影响最终的裁判结果。一是影响非监禁刑，尤其是缓刑的适用。从裁判结果来看，取保候审的被告人能够获得更多的缓刑机会，而被羁押的被告人宣告缓刑相对较难。之所以存在这种状况，很大程度上是因为办案人员不愿意为了变更强制措施而耗费精力，因为变更强制措施，需要经过一些内部审批程序。[①] 二是影响无罪裁判的作出。对于被逮捕羁押的被告人，如果被宣告无罪，则面临国家赔

---

① 参见臧德胜：《关于缓刑适用现状的统计与分析》，载《中国刑事法杂志》2005年第2期。

偿，所以被宣告无罪的阻力更大。如果被告人未被羁押，宣告无罪就不存在国家赔偿的问题，司法人员的顾虑相对较小。所以，是否逮捕，对于无罪裁判的作出会有一定的影响。

（三）批准逮捕程序是制约权力的需要

不受监督、缺乏制约的权力，就难免被滥用，司法权也不例外。形成权力之间的制约机制，是约束公权力滥用的有效手段。在刑事诉讼领域，主要表现为侦、控、审三机关之间的相互制约。刑事诉讼法设立检察机关批捕程序，体现了司法权对侦查权的监督制约[1]，进而保障犯罪嫌疑人的权利。

第一，逮捕涉及犯罪嫌疑人的重大人身权利，具有司法审查的必要性。如前所述，一旦逮捕，犯罪嫌疑人将面临漫长的羁押，人身自由这一基本人权受到限制甚至是剥夺。按照比例原则，越是涉及重要的权利，越是需要设计更为严格的诉讼程序。对涉及限制或剥夺公民人身自由权利的行为实施司法审查，是一项较为通行的做法：一方面反映了国家对公民人身权利的尊重，另一方面也能有效避免错误的逮捕行为。

第二，侦查权相对强大，设置批捕程序有助于弱化犯罪嫌疑人和侦查机关之间的力量悬殊。一方面，为了有效查处犯罪，刑事诉讼法赋予了侦查机关较大的权力，侦查机关可以实施讯问、搜查等一系列的侦查行为，还能够采取拘传、拘留等强制措施，这些规定提升了侦查机关的能力。而另一方面，犯罪嫌疑人的对抗手段相对较弱，不了解侦查机关掌握的证据情况。在这种力量极度悬殊的情况下，设置批捕程序，由第三方来裁决是否应予逮捕，能够弱化这种力量对比悬殊带来的消极后果。

三、批捕程序的基本原则

批捕工作由侦查机关提起，检察机关进行审查并作出决定。作为一项关乎当事人重大权利的诉讼程序，必须遵循相应的司法原则，以保证诉讼行为正确的发展方向，尤其是在法律没有规定或者规定不明确的情况下，司法人员应当根据司法原则作出决定。

---

[1] 参见邓思清：《中国检察制度概览》，中国检察出版社 2016 年版，第 87 页。

（一）坚持无罪推定原则

无罪推定原则具有悠久的历史，1764年7月，贝卡里亚在其名著《论犯罪与刑罚》中提出了无罪推定的思想："在法官判决之前，一个人是不能被称为罪犯的。只要还不能断定他已经侵犯了给予他公共保护的契约，社会就不能取消对他的公共保护。"① 这句话现在常被简化为：一个人未定罪之前，都是无辜的。1948年12月10日，联合国大会通过的《世界人权宣言》第11条第1项规定："凡受刑事控告者，在未经获得辩护上所需的一切保证的公开审判而依法证实有罪以前，有权被视为无罪。"我国《刑事诉讼法（2018）》第12条规定："未经人民法院依法判决，对任何人都不得确定有罪。"这些规定都体现了无罪推定的精神。

无罪推定原则贯穿于刑事诉讼活动的始终（执行程序除外）。在批捕程序中，案件尚处于侦查阶段，而且往往案件侦查的期间较短，对于刑事拘留的犯罪嫌疑人，最长是在30日以内提请批准逮捕。在这样一个案件诉讼流程的起始阶段，更应该坚持无罪推定的原则。

第一，以无罪推定的原则对待案件事实。《刑事诉讼法（2018）》第87条前半段规定："公安机关要求逮捕犯罪嫌疑人的时候，应当写出提请批准逮捕书，连同案卷材料、证据，一并移送同级人民检察院审查批准。"侦查机关制作的《提请批准逮捕书》会对案件事实作出认定，检察人员需要保持警惕心，始终以怀疑的眼光来看待案件事实，而不能先入为主。对于侦查机关提供的证据材料，也要严格审查判断。同时，要听取犯罪嫌疑人及其辩护人的意见，以全面、客观掌握案情。辩护律师更应该树立无罪推定的观念，与犯罪嫌疑人充分沟通，听取其意见，及时向司法机关反映，就是否批捕提出自己的意见。

第二，以无罪推定的原则对待犯罪嫌疑人。无罪推定原则要求，在未被法院依法确定有罪之前，对任何人不得推定有罪，而是要将其看作无罪的人。一个没有被定罪的人，应当享有相应的待遇。检察人员应当允许犯罪嫌疑人提出辩解，并能认真听取其辩解，不能因为辩解而作出对其不利的决定。同时，不能要求犯罪嫌疑人证明自己无罪，被追诉人没有自证有罪或者自证无罪的义务。在批捕过程中，检察机关要以平和的姿态对待犯罪嫌疑人。辩护律师更应该从维护委托人利益的角度，把其推定为无罪的人，全力争取其利益的最大化。

---

① 〔意〕切萨雷·贝卡里亚：《论犯罪与刑罚》，黄风译，北京大学出版社2008年版，第37页。

（二）注重人权保障原则

2004年3月，第十届全国人民代表大会第二次会议通过了《中华人民共和国宪法修正案》，第一次将"国家尊重和保障人权"写入国家的根本大法，为保护人权提供了强有力的宪法保障。《刑事诉讼法（2012）》在第2条"刑事诉讼法的任务"中增加了"尊重和保障人权"的内容①，这是在人权入宪之后，在部门法中关于人权问题的一次明确规定。

刑事诉讼法是与人权保障密切相关的法律，逮捕直接关乎公民的人身权利，是最为重要的人权内容，所以注重人权保障，应当是批准逮捕程序中一项重要的原则。

第一，要防止对无罪的人错误批捕，确保逮捕的合法性。防范冤假错案是刑事诉讼法的一项重要任务，而对没有犯罪的人予以逮捕乃至于判刑，是典型的冤假错案。错误逮捕，不仅导致犯罪嫌疑人身处羁押状态，而且很可能导致最终的错判。把好批捕关，对无罪的人不予批捕，是设置批捕程序最为直接的目的。如果把关错误，对无罪的人实施了逮捕，则属于非法逮捕。根据《国家赔偿法》第17条第2项的规定，对公民采取逮捕措施后，决定撤销案件、不起诉或者判决宣告无罪终止追究刑事责任的，侵犯了受害人的人身权，受害人有取得赔偿的权利。所以，这种情形的错误逮捕，后果最为严重，也是需要防范的重点。

第二，对没有逮捕必要的人不予批捕，确保逮捕的合比例性。《刑事诉讼法（2018）》第81条第1、2款规定："对有证据证明有犯罪事实，可能判处徒刑以上刑罚的犯罪嫌疑人、被告人，采取取保候审尚不足以防止发生下列社会危险性的，应当予以逮捕：（一）可能实施新的犯罪的；（二）有危害国家安全、公共安全或者社会秩序的现实危险的；（三）可能毁灭、伪造证据，干扰证人作证或者串供的；（四）可能对被害人、举报人、控告人实施打击报复的；（五）企图自杀或者逃跑的。批准或者决定逮捕，应当将犯罪嫌疑人、被告人涉嫌犯罪的性质、情节，认罪认罚等情况，作为是否可能发生社会危险性的考虑因素。"由此可见，逮捕具有严格的条件，并非构成犯罪即可逮捕，也非可能判处徒刑以上刑罚

---

① 根据《刑事诉讼法（2012）》第2条的规定，中华人民共和国刑事诉讼法的任务，是保证准确、及时地查明犯罪事实，正确应用法律，惩罚犯罪分子，保障无罪的人不受刑事追究，教育公民自觉遵守法律，积极同犯罪行为作斗争，维护社会主义法制，尊重和保障人权，保护公民的人身权利、财产权利、民主权利和其他权利，保障社会主义建设事业的顺利进行。

即可逮捕,而是采取其他强制措施不足以防范危险的,才能予以逮捕。逮捕只适用于罪行相对严重且具有社会危险性的犯罪嫌疑人,逮捕决定要与行为人的所犯罪行和社会危险性相适应,即符合比例原则。从人权保障角度看,对于没有逮捕必要的犯罪嫌疑人批准逮捕,同样是对其人身权利的侵犯。防止没有逮捕必要的犯罪嫌疑人被批捕,同样是保障人权的需要。

第三,对特殊人群慎重批捕,确保逮捕的人道性。根据《刑事诉讼法(2018)》第 67 条第 1 款第 3 项的规定,犯罪嫌疑人属于以下几种情形,采取取保候审不致发生社会危险性的,则不应逮捕:(1)患有严重疾病的人;(2)生活不能自理的人;(3)怀孕或者正在哺乳自己婴儿的妇女。以上三个群体的人员,需要给予人道主义关怀,即使其涉嫌的罪行严重,如果没有社会危险性,也应当予以取保候审。给予特殊群体特殊关照,正是《刑事诉讼法》在逮捕制度中关注人权保障的体现,对这些人员免于审前羁押,有利于其疾病治疗或者生活,保障其权利。

(三)兼顾风险防控原则

从无罪推定以及人权保障角度看,对犯罪嫌疑人均不应逮捕羁押,而应采取非羁押型强制措施,只有判决生效以后才对判处监禁刑的犯罪嫌疑人收监羁押。但是,一律实施非羁押型强制措施,又有可能存在一些风险,比如逃跑、继续犯罪、干扰证人作证等。从制度设计上需要平衡多种利益,包括人权保障与风险防控之间的平衡,既保证诉讼的顺利进行,又能最大限度地保障人权。鉴于此,《刑事诉讼法(2018)》第 81 条第 1 款规定"采取取保候审尚不足以防止发生下列社会危险性的,应当予以逮捕"。这就体现了兼顾风险防控的要求,即对犯罪嫌疑人以取保候审为原则,以逮捕为例外,逮捕的必备条件之一是采取取保候审不足以防止发生社会危险性。

第一,防范继续危害社会的风险。对于人身危险性较高可能继续危害社会的犯罪嫌疑人,有必要予以逮捕羁押。一类是具有实施新的犯罪的潜在风险,既然是实施犯罪,危害性自然较大;另一类是有危害国家安全、公共安全或者社会秩序的现实危险,此类风险关乎国家利益、公共利益、社会利益等重大利益,一旦发生风险,即使不构成犯罪,也危害较大,所以对于有危害此类利益现实危险的犯罪嫌疑人,有必要予以逮捕羁押。

第二,防范危害诉讼活动顺利进行的风险。在司法实践中,确实存在一些犯罪嫌疑人采取各种手段干扰诉讼,企图影响案件事实的查明,或者逃避诉讼。具体包括，可能毁灭、伪造证据，干扰证人作证或者串供的；可能对被害人、举报人、控告人实施打击报复的；企图自杀或者逃跑的。一旦发生这些行为，既反映了行为人主观上的对抗态度，也会造成客观上的危害后果。逮捕羁押，能够有效避免此类行为的发生。

为了防控风险，刑事诉讼法规定，对于有些犯罪嫌疑人应当采取逮捕的强制措施。检察机关在审查批捕过程中，需要兼顾风险防控。但对于犯罪嫌疑人是否具有此类风险，需要结合其实施犯罪情况、一贯表现以及犯罪后的态度等综合评判，不可任意认定。辩护人需要对此项原则有正确的认识，提供犯罪嫌疑人没有危险性的证据和意见，以争取不批捕的结果。

危险发生可能性的判断必须是以一定的概率作为标准，结合具体的案件判断，而不是自然事实意义上的只要有一丝可能发生，或者曾经发生过极个别个案，即判断为此案也"存在社会危险性危害"，这样就会架空取保受审的规定。

（四）书面审查与听取意见相结合

《刑事诉讼法（2018）》第88条规定："人民检察院审查批准逮捕，可以讯问犯罪嫌疑人；有下列情形之一的，应当讯问犯罪嫌疑人：（一）对是否符合逮捕条件有疑问的；（二）犯罪嫌疑人要求向检察人员当面陈述的；（三）侦查活动可能有重大违法行为的。人民检察院审查批准逮捕，可以询问证人等诉讼参与人，听取辩护律师的意见；辩护律师提出要求的，应当听取辩护律师的意见。"检察机关对于侦查机关的提请逮捕，需要进行审查。检察机关作为司法机关对侦查活动中的重要行为进行审查，具有司法审查的性质。但是，一直以来，关于我国审查逮捕程序存在诸多批评声音，包括逮捕行政化审批、司法属性不明显、信息来源单向、无法兼听则明以及缺少司法救济途径等。[①]

鉴于批捕程序的重要性，在批捕的过程中要坚持书面审查与听取意见相结合的原则，防止错误或者不当批捕。

第一，书面审查。侦查机关提请批捕，需要向检察机关移送案件卷宗材料和证据材料，这些材料是侦查机关前期工作的记载。一方面需要审查是否全面提供了证据材料，另一方面需要审查证据材料的真实性以及是否能够证明犯罪事实。按照我国现行法律规定，在批捕程序中，辩护律师不能查阅卷宗，但律师应当对

---

① 参见孙谦：《关于司法改革背景下逮捕的若干问题研究》，载《中国法学》2017年第3期。

卷宗材料予以关注。对于辩护律师通过会见犯罪嫌疑人或者其他渠道知悉的有利于犯罪嫌疑人的证据,应当向检察机关核实侦查机关是否随案移送,必要时直接向检察机关提交,以确保审批机关能够全面掌握案情。

第二,听取意见。《刑事诉讼法(2018)》规定了几种应当听取意见的情形,目的在于通过听取意见了解是否符合不批准逮捕的条件。听取意见的范围包括犯罪嫌疑人和律师,必要情况下可以询问证人等其他诉讼参与人。通过这种直接言词的方式,有助于检察机关进一步掌握案情。辩护律师需要充分利用这一规定,正确表达意见,帮助检察人员作出正确决定。

第三,二者相结合。书面审查和听取意见各有侧重点,前者有助于全面了解案情,后者有助于直接把握当事人、诉讼参与人的意见。从检察人员的角度,在书面审查的基础上要高度重视听取意见。从辩护律师的角度,应当积极作为,全面、准确把握案情,有效提出法律意见。具体包括两个方面的内容:一是当面向检察人员提出意见;二是提交书面意见,对案件进行全面系统分析,目的在于说服检察人员不予批捕。

四、批捕程序的辩护理念

作为刑事诉讼中的一个重要阶段,批捕程序中辩护律师具有较大的工作空间,犯罪嫌疑人、被告人和辩护律师也需要高度重视批捕阶段的辩护工作。虽然批捕只是诉讼中的一个环节,但辩护律师应当有整体理念,把辩护工作与相关问题相结合,而不能孤立地对待。

(一)与辩护目标相结合

辩护律师接受委托担任犯罪嫌疑人、被告人的辩护人后,对案件会有一个整体性的判断,形成一个辩护思路,包括无罪辩护、罪轻辩护等。当然,随着诉讼流程的进展,律师的辩护思路会有所调整。一旦形成整体性的辩护思路,对于某一环节的某一问题的辩护,也要服务于整体辩护目标。批捕程序的辩护也不例外,律师需要结合整体辩护目标,确定批捕阶段的辩护策略。

第一,对于拟作无罪辩护的案件,争取批捕程序终结诉讼。刑事诉讼犹如一辆行使中的列车,列车驶离起始点越远,速度越快,叫停越难。在批捕期间,公诉机关还是处于相对超脱的地位,案件结果与其没有利害关系,可以保持相对中立的立场。一旦批捕,检察机关就为侦查机关做了背书,其需要维护批捕决定正确性，下一步起诉的可能性更大。对于那些无罪的案件，辩护律师更需要重视批捕阶段的辩护，一旦争取到不批捕的结果，公安机关就有了撤销案件的可能。即使公安机关仍然移送审查起诉，检察机关也可以超脱地决定是否提起公诉。

第二，对于拟作罪轻辩护的案件，争取不批捕从而为量刑辩护奠定基础。司法实践中，大量案件并非无罪案件，律师宜做罪轻辩护。如前文所述，是否批捕在一定程度上会决定案件的量刑结果，尤其是非监禁刑的适用，所以律师同样要重视批捕阶段的辩护。在批捕程序中识别、创造从宽情节：一方面有利于争取到不批捕的结果，另一方面可以为以后的量刑协商等程序中的辩护工作做好准备。

（二）与刑事政策相结合

刑事政策是国家刑事法治思想的外在形式，对刑事立法、刑事司法均具有指导意义。律师在批捕程序辩护中，要结合刑事政策，妥善提出辩护意见。

第一，结合宽严相济的刑事政策开展辩护。《最高人民检察院关于在检察工作中贯彻宽严相济刑事司法政策的若干意见》指出："逮捕是最严厉的刑事强制措施，能用其他强制措施的尽量使用其他强制措施。审查批捕要严格依据法律规定，在把握事实证据条件、可能判处刑罚条件的同时，注重对'有逮捕必要'条件的正确理解和把握……对于不采取强制措施或者采取其他强制措施不至于妨害诉讼顺利进行的，应当不予批捕。对于可捕可不捕的坚决不捕。"辩护律师应当结合宽严相济刑事政策的精神，根据具体案情，提出辩护意见。

第二，结合少捕慎捕的司法理念开展辩护。近年来，降低审前羁押率成为检察机关一项重要的工作目标，这有利于律师开展批捕阶段的辩护。辩护律师需要深刻领会最高检察机关提出这一理念的背景及意义，掌握检察机关的办案心理，找到辩护的突破口。

（三）与社会形势相结合

所有刑事案件的发生，都有特定的社会背景。社会形势不同，司法机关对案件的处理态度不同，律师的辩护思路也不同。律师代理刑事案件过程中，需要将具体案件放置于社会大背景之下考察。在批捕程序的辩护中，要找准社会形势中有利于案件辩护的因素，争取好的结果。

第一，结合中央保护民营企业发展的精神开展辩护工作。2019年12月，中共中央、国务院发布的《关于营造更好发展环境支持民营企业改革发展的意见》指出，应当"健全执法司法对民营企业的平等保护机制"。最高人民检察院张军检察长指出，民营企业在经济上犯罪的，可捕可不捕的不捕、可诉可不诉的不诉、可判实刑可判缓刑的判处缓刑。① 孙谦副检察长也曾指出，对于民企犯罪行为，不用逮捕也能办的案子，一律不逮捕。② 最高人民检察院领导的讲话与中央精神相一致，对各级检察机关办理批捕案件具有指导意义。辩护律师在办理涉民营企业家刑事案件时，应结合相关精神提出辩护意见。

第二，结合合规不起诉的试点工作开展辩护工作。2020 年 3 月，最高人民检察院在 6 个基层检察院率先部署了企业刑事合规不起诉改革的试点工作，随后，全国各地相继开展了相关探索。2021 年 4 月，《最高人民检察发布关于开展企业合规改革试点工作的方案》，启动了第二期企业刑事合规不起诉改革试点，标志着改革步入了新阶段。在这一背景下，对于一些企业犯罪，通过开展刑事合规，做到不起诉。这一工作，需要往前延伸，在批捕阶段，辩护律师就应当着眼于刑事合规的开展，与办案人员充分沟通，争取不捕，为之后的不起诉做好准备。

第二节　我国相关规范性法律文件的沿革、目的与任务

律师要做好批捕阶段的辩护工作，需要深入了解批捕程序的立法沿革，从而对该项制度有实质性的理解，明确辩护的目的与任务，拓展开展辩护工作的视野和思维。

一、批捕程序的立法沿革

逮捕是一项重要的强制措施，关于批准逮捕制度的相关规定也就成为不同时期刑事诉讼制度的重要内容。我国《刑事诉讼法》制定前后，关于批准逮捕制度均有相关规定。

---

① 参见 2019 年 10 月 18 日，最高人民检察院检察长张军在北京大学作"中国特色社会主义司法制度的优越性"专题讲座时对有关问题的解答和解释说明。

② 参见 2019 年 3 月 13 日，十三届全国人大二次会议海南团小组会审议"两高"报告，最高人民检察院副检察长孙谦列席会议时就有关问题所作的回应。

（一）中华人民共和国成立初期的相关规定

我国 1954 年 12 月 20 日通过的《中华人民共和国逮捕拘留条例》第 2 条规定："对反革命分子和其他可能判处死刑、徒刑的人犯，经人民法院决定或者人民检察院批准应即逮捕。应当逮捕的人犯，如果是有严重疾病的人，或者是正在怀孕、哺乳自己婴儿的妇女，可以改用取保候审或者监视居住的办法。"根据该条例，逮捕的对象是严重的犯罪分子，检察机关是批准机关，但是，在当时的法治环境下，该条例实施效果有限。

1979 年 2 月 23 日，全国人大常委会通过新的《中华人民共和国逮捕拘留条例》，其中第 3 条规定："主要犯罪事实已经查清，可能判处徒刑以上刑罚的人犯，有逮捕必要的，经人民法院决定或者人民检察院批准，应即逮捕。应当逮捕的人犯，患有严重疾病，或者是正在怀孕、哺乳自己婴儿的妇女，可以改用取保候审或者监视居住的办法。"这一规定与之前的条例相比，调整了逮捕对象的范围。

（二）《刑事诉讼法（1979）》的相关规定

1979 年 7 月 1 日全国人民代表大会通过的《刑事诉讼法（1979）》是我国第一部《刑事诉讼法》，它将 1979 年《中华人民共和国逮捕拘留条例》中关于批捕的规定纳入。第 39 条规定："逮捕人犯，必须经过人民检察院批准或者人民法院决定，由公安机关执行。"第 40 条规定："对主要犯罪事实已经查清，可能判处徒刑以上刑罚的人犯，采取取保候审、监视居住等方法，尚不足以防止发生社会危险性，而有逮捕必要的，应即依法逮捕。对应当逮捕的，应即依法逮捕。对应当逮捕的人犯。如果患有严重疾病，或者是正在怀孕、哺乳自己婴儿的妇女，可以采取保候审或者监视居住的办法。"

这一立法规定，决定了对侦查机关办理的案件，批准逮捕的权力在于人民检察院，公安机关只是执行机关。同时，该法对批准逮捕的条件要求过于严格，必须是"主要犯罪事实已经查清"，这虽然有利于防范错误逮捕，但也会导致逮捕措施难以发挥防控风险的作用。

（三）《刑事诉讼法（1996）》的相关规定

《刑事诉讼法（1996）》对逮捕的批准机关延续了《刑事诉讼法（1979）》的规定。《刑事诉讼法（1996）》第 59 条规定："逮捕犯罪嫌疑人、被告人，必须经过人民检察院批准或者人民法决定，由公安机关执行。"对逮捕的条件，《刑事诉讼法（1996）》作了修改，第 60 条规定："对有证据证明有犯罪事实，可能判处徒刑以上刑罚的犯罪嫌疑人、被告人,采取取保候审、监视居住等方法,尚不足以防止发生社会危险性,而有逮捕必要的,应即依法逮捕。对应当逮捕的犯罪嫌疑人、被告人,如果患有严重疾病,或者是正在怀孕、哺乳自己婴儿的妇女,可以采取取保候审或者监视居住的办法。"可见,该法将原法"主要犯罪事实已经查清"的规定修改为"有证据证明有犯罪事实",放宽了逮捕的条件。相对而言,这一规定更符合诉讼规律,也更符合实际需要。

(四)《刑事诉讼法(2012)》的相关规定

《刑事诉讼法(2012)》对批捕权力的设置与之前的规定一致,第 78 条规定:"逮捕犯罪嫌疑人、被告人,必须经过人民检察院批准或者人民法院决定,由公安机关执行。"

对于逮捕的条件,《刑事诉讼法(2012)》则作出了修改,第 79 条规定:"对有证据证明有犯罪事实,可能判处徒刑以上刑罚的犯罪嫌疑人、被告人,采取取保候审尚不足以防止发生下列社会危险性的,应当予以逮捕:(一)可能实施新的犯罪的;(二)有危害国家安全、公共安全或者社会秩序的现实危险的;(三)可能毁灭、伪造证据,干扰证人作证或者串供的;(四)可能对被害人、举报人、控告人实施打击报复的;(五)企图自杀或者逃跑的。对有证据证明有犯罪事实,可能判处十年有期徒刑以上刑罚的,或者有证据证明有犯罪事实,可能判处徒刑以上刑罚,曾经故意犯罪或者身份不明的,应当予以逮捕。被取保候审、监视居住的犯罪嫌疑人、被告人违反取保候审、监视居住规定,情节严重的,可以予以逮捕。"

这一修改,明确了具有逮捕必要的法定情形,即第 79 条第 1 款规定的五种情形。"修改后的刑事诉讼法关于逮捕条件的规定基本上完成了从自由裁量模式向严格规则主义的转型。"① 不属于此五类情形的,则没有逮捕必要,可以采取取保候审强制措施。

同时,《刑事诉讼法(2012)》规定了应当径行逮捕的情形,即第 79 条第 2 款的规定:"对有证据证明有犯罪事实,可能判处十年有期徒刑以上刑罚的,或者有证据证明有犯罪事实,可能判处徒刑以上刑罚,曾经故意犯罪或者身份不明的,应当予以逮捕。"这种情形的犯罪嫌疑人,要么罪行严重,可能判处 10 年有期徒刑,要么人身危险性严重,曾经故意犯罪或者身份不明,《刑事诉讼法

---

① 吴宏耀、杨建刚:《逮捕条件的新发展:多元与细化》,载《检察日报》2012 年 7 月 18 日,第 3 版。

(2012）》的这一规定，突出了对防控风险的重视。

（五）《刑事诉讼法（2018）》与《检察院刑诉规则（2019）》的相关规定

1. 《刑事诉讼法（2018）》的规定

《刑事诉讼法（2018）》对逮捕及批准逮捕制度与《刑事诉讼法（2012）》的规定基本一致①，只是增加了一款规定："批准或者决定逮捕，应当将犯罪嫌疑人、被告人涉嫌犯罪的性质、情节，认罪认罚等情况，作为是否可能发生社会危险性的考虑因素。"这一规定，对可能发生社会危险性的考虑因素作了明确，与认罪认罚从宽制度相契合。

《刑事诉讼法（2018）》第 88 条规定了批准逮捕中检察人员应当开展的工作②，包括讯问犯罪嫌疑人、询问证人、听取律师意见等，明确了律师可以介入批捕程序辩护工作。

《刑事诉讼法（2018）》第 95 条规定了逮捕后的必要性审查制度："犯罪嫌疑人、被告人被逮捕后，人民检察院仍应当对羁押的必要性进行审查。对不需要继续羁押的，应当建议予以释放或者变更强制措施。有关机关应当在十日以内将处理情况通知人民检察院。"这一规定，使得已经批捕的犯罪嫌疑人，有了救济的途径。

2. 《检察院刑诉规则（2019）》的规定③

《检察院刑诉规则（2019）》进一步明确了批准逮捕的条件，第 128 条第 2 款规定，有证据证明有犯罪事实是指同时具备下列情形：（1）有证据证明发生了

---

① 《刑事诉讼法（2018）》第 80 条："逮捕犯罪嫌疑人、被告人，必须经过人民检察院批准或者人民法院决定，由公安机关执行。"第 81 条："对有证据证明有犯罪事实，可能判处徒刑以上刑罚的犯罪嫌疑人、被告人，采取取保候审尚不足以防止发生下列社会危险性的，应当予以逮捕：（一）可能实施新的犯罪的；（二）有危害国家安全、公共安全或者社会秩序的现实危险的；（三）可能毁灭、伪造证据，干扰证人作证或者串供的；（四）可能对被害人、举报人、控告人实施打击报复的；（五）企图自杀或者逃跑的。批准或者决定逮捕，应当将犯罪嫌疑人、被告人涉嫌犯罪的性质、情节，认罪认罚等情况，作为是否可能发生社会危险性的考虑因素。对有证据证明有犯罪事实，可能判处十年有期徒刑以上刑罚的，或者有证据证明有犯罪事实，可能判处徒刑以上刑罚，曾经故意犯罪或者身份不明的，应当予以逮捕。被取保候审、监视居住的犯罪嫌疑人、被告人违反取保候审、监视居住规定，情节严重的，可以予以逮捕。"

② 《刑事诉讼法（2018）》第 88 条："人民检察院审查批准逮捕，可以讯问犯罪嫌疑人；有下列情形之一的，应当讯问犯罪嫌疑人：（一）对是否符合逮捕条件有疑问的；（二）犯罪嫌疑人要求向检察人员当面陈述的；（三）侦查活动可能有重大违法行为的。人民检察院审查批准逮捕，可以询问证人等诉讼参与人，听取辩护律师的意见；辩护律师提出要求的，应当听取辩护律师的意见。"

③ 2019 年 12 月 2 日最高人民检察院第十三届检察委员会第二十八次会议通过，自 2019 年 12 月 30 日起施行。

犯罪事实；（2）有证据证明该犯罪事实是犯罪嫌疑人实施的；（3）证明犯罪嫌疑人实施犯罪行为的证据已经查证属实。犯罪事实既可以是单一犯罪行为的事实，也可以是数个犯罪行为中任何一个犯罪行为的事实。

《检察院刑诉规则（2019）》对应当逮捕的五种情形的认定作出了明确，规定了何谓"可能实施新的犯罪"[1] "有危害国家安全、公共安全或者社会秩序的现实危险"[2] "可能毁灭、伪造证据，干扰证人作证或者串供"[3] "可能对被害人、举报人、控告人实施打击报复"[4] 以及 "企图自杀或者逃跑"[5]。

《检察院刑诉规则（2019）》第 140 条规定了轻罪不予以批捕的情形："犯罪嫌疑人涉嫌的罪行较轻，且没有其他重大犯罪嫌疑，具有下列情形之一的，可以作出不批准逮捕或者不予逮捕的决定：（一）属于预备犯、中止犯，或者防卫过当、避险过当的；（二）主观恶性较小的初犯，共同犯罪中的从犯、胁从犯，犯罪后自首、有立功表现或者积极退赃、赔偿损失、确有悔罪表现的；（三）过失犯罪的犯罪嫌疑人，犯罪后有悔罪表现，有效控制损失或者积极赔偿损失的；

---

[1] 《检察院刑诉规则（2019）》第 129 条："犯罪嫌疑人具有下列情形之一的，可以认定为'可能实施新的犯罪'：（一）案发前或者案发后正在策划、组织或者预备实施新的犯罪的；（二）扬言实施新的犯罪的；（三）多次作案、连续作案、流窜作案的；（四）一年内曾因故意实施同类违法行为受到行政处罚的；（五）以犯罪所得为主要生活来源的；（六）有吸毒、赌博等恶习的；（七）其他可能实施新的犯罪的情形。"

[2] 《检察院刑诉规则（2019）》第 130 条："犯罪嫌疑人具有下列情形之一的，可以认定为'有危害国家安全、公共安全或者社会秩序的现实危险'：（一）案发前或者案发后正在积极策划、组织或者预备实施危害国家安全、公共安全或者社会秩序的重大违法犯罪行为的；（二）曾因危害国家安全、公共安全或者社会秩序受到刑事处罚或者行政处罚的；（三）在危害国家安全、黑恶势力、恐怖活动、毒品犯罪中起组织、策划、指挥作用或者积极参加的；（四）其他有危害国家安全、公共安全或者社会秩序的现实危险的情形。"

[3] 《检察院刑诉规则（2019）》第 131 条："犯罪嫌疑人具有下列情形之一的，可以认定为'可能毁灭、伪造证据，干扰证人作证或者串供'：（一）曾经或者企图毁灭、伪造、隐匿、转移证据的；（二）曾经或者企图威逼、恐吓、利诱、收买证人，干扰证人作证的；（三）有同案犯罪嫌疑人或者与其在事实上存在密切关联犯罪的犯罪嫌疑人在逃，重要证据尚未收集到位的；（四）其他可能毁灭、伪造证据，干扰证人作证或者串供的情形。"

[4] 《检察院刑诉规则（2019）》第 132 条："犯罪嫌疑人具有下列情形之一的，可以认定为'可能对被害人、举报人、控告人实施打击报复'：（一）扬言或者准备、策划对被害人、举报人、控告人实施打击报复的；（二）曾经对被害人、举报人、控告人实施打击、要挟、迫害等行为的；（三）采取其他方式滋扰被害人、举报人、控告人的正常生活、工作的；（四）其他可能对被害人、举报人、控告人实施打击报复的情形。"

[5] 《检察院刑诉规则（2019）》第 133 条："犯罪嫌疑人具有下列情形之一的，可以认定为'企图自杀或者逃跑'：（一）着手准备自杀、自残或者逃跑的；（二）曾经自杀、自残或者逃跑的；（三）有自杀、自残或者逃跑的意思表示的；（四）曾经以暴力、威胁手段抗拒抓捕的；（五）其他企图自杀或者逃跑的情形。"

（四）犯罪嫌疑人与被害人双方根据刑事诉讼法的有关规定达成和解协议，经审查，认为和解系自愿、合法且已经履行或者提供担保的；（五）犯罪嫌疑人认罪认罚的；（六）犯罪嫌疑人系已满十四周岁未满十八周岁的未成年人或者在校学生，本人有悔罪表现，其家庭、学校或者所在社区、居民委员会、村民委员会具备监护、帮教条件的；（七）犯罪嫌疑人系已满七十五周岁的人。"这一规定，为轻罪案件犯罪嫌疑人争取取保候审提供了依据和可能。

（六）立法演变的特点

通过梳理逮捕和批准逮捕的立法规定可见，逮捕一直是我国刑事诉讼中的一项重要诉讼活动。立法规定表现出以下特点。

第一，逮捕的批准权一直归检察机关享有。基于权力制约的要求，没有把逮捕的决定权赋予侦查机关。

第二，对于逮捕的条件规定逐步趋于明确化，司法人员和诉讼参与人更加有据可循。

第三，逮捕的程序性特定更加突出，不是确有逮捕必要的犯罪嫌疑人，以不逮捕为原则。

第四，犯罪嫌疑人、辩护人的诉讼地位逐步提升。检察机关需要听取意见，犯罪嫌疑人、辩护人可以提出相关意见。

二、批捕程序中辩护的目的

批捕程序中的辩护工作具有自己的特殊性，既是诉讼的一个环节，又没有形成典型的三方构造；律师可以参与，但参与程度又有限。而且批捕程序时间短，最长只有7日，律师需要在有限的时间内争取最好的目标，完成最为重要的任务。正确把握批捕程序辩护的目的与任务，才有利于开展辩护工作，制定辩护策略。

所谓目的，即行为主体预先设定的行为目标和结果，目的明确有助于行动。律师在批捕程序中开展辩护工作，应当明确辩护的目的，找准辩护的方向。批捕程序中辩护的目的包括直接目的和间接目的两个层次。

（一）直接目的

刑事诉讼法设定批捕程序，没有把逮捕的权力交给法官，而是交由检察机关行使，这是我国刑事司法领域中人权保障的局限性。检察机关后期担任的公诉机关的角色，使得侦检在刑事诉讼中的总体诉求是一致的，因此批准逮捕权由检察官行使，在制约效果上具有一定的局限性。但是，我国法治的中国特色，体现了检察权的特殊性，有法律监督之职，有客观义务，因此，也在一定程度上体现了对剥夺人身权利强制行为的慎重，也是避免侦查权过于强大，实现权力制约的需要。进入批捕程序的案件，侦查机关均认为符合逮捕条件，有逮捕必要，检察机关的任务在于审查是否符合逮捕条件，有无逮捕必要。

辩护律师接受委托或者指定，为犯罪嫌疑人提供辩护，直接目的在于争取检察机关不批捕的决定。提出不应批捕的意见，是辩护律师在此阶段首要的选择。

第一，这是由无罪推定原则决定的。在批捕程序中，犯罪嫌疑人的罪行尚处于查处阶段，侦查机关的证据搜集尚未完成，离对被告人定罪尚有距离，不论是从法律层面还是从认识层面，均应当推定犯罪嫌疑人是无罪的。辩护人在此时应当秉持无罪推定的理念，提出犯罪嫌疑人不符合批捕条件或者没有逮捕必要的法律意见，争取检察机关作出不批捕的决定。

第二，这是由人权保障原则决定的。犯罪嫌疑人一旦被批捕，将面临漫长的羁押，不论是否有罪，能不批捕的均应不批捕，司法机关应当克服"够罪即捕"的认识，从人权保障的角度减少审前羁押。辩护人应当从人权保障的角度，提出不批捕的法律意见。对于无罪的人予以逮捕肯定是错误的，但对于有罪的人不逮捕并不存在错误。所以，律师在批捕程序中提出不应批捕的辩护意见，具有充分的依据，也是应当追求的目标。

第三，这是由律师的职责决定的。《刑事诉讼法（2018）》第 37 条规定："辩护人的责任是根据事实和法律，提出犯罪嫌疑人、被告人无罪、罪轻或者减轻、免除其刑事责任的材料和意见，维护犯罪嫌疑人、被告人的诉讼权利和其他合法权益。"在批捕阶段，维护犯罪嫌疑人权益的最为直接表现就是争取不批捕的结果。律师以不批捕为辩护目的，符合其职责定位，也符合委托人的需求。

（二）间接目的

律师应当以争取不批捕为辩护的直接目的，但这一目的能否实现，具有不确定性。律师的辩护目的也不能仅限于此，而应当通盘考虑，在争取不批准辩护目标的同时，为后续辩护工作打下基础，这也是批捕阶段辩护的间接目的。

第一，为不批捕后的公安机关撤销案件打下基础。《刑事诉讼法（2018）》第 163 条规定："在侦查过程中，发现不应对犯罪嫌疑人追究刑事责任的，应当撤销案件；犯罪嫌疑人已被逮捕的，应当立即释放，发给释放证明，并且通知原批准逮捕的人民检察院。"如果检察机关以不构成犯罪为由不批准逮捕的，公安机关后续侦查也没有新的进展，则公安机关具有撤销案件的可能性。一般而言，检察机关未批捕的案件，公安机关撤销案件的可能性更大。辩护人在辩护过程中，要充分阐释犯罪嫌疑人不构成犯罪的理由，争取检察机关以没有犯罪事实为由作出不批捕的决定。在检察机关不批捕后，及时向公安机关提出撤销案件的意见。

第二，为后续的量刑辩护打下基础。对于犯罪嫌疑人构成犯罪，但没有逮捕必要不予批捕的案件，或者检察机关批准逮捕的案件，下一步很可能将进入审查起诉程序。按照当前"捕诉合一"的工作机制，原检察人员将继续办理该案。检察机关提出的量刑建议，对审判机关的量刑具有一定的影响。辩护律师在批捕阶段就需要向检察人员充分阐明犯罪嫌疑人应当轻缓化处理的意见，从案件初期影响检察人员的认识，防止其产生犯罪嫌疑人罪行严重的先入之见。

三、批捕程序中辩护的任务

在辩护目的明确的情况下，就应当确定辩护的具体任务，从而找准工作的方向。鉴于批捕程序的特殊性，辩护工作的任务也不同于其他阶段。

（一）尽可能多地掌握案情

只有对案件事实有了准确把握，才能正确研判，提出有针对性的辩护意见。在批捕阶段，律师介入诉讼不久，尚未能全面阅卷，首要的任务是先了解案情。批捕阶段律师尚不能查阅卷宗，为掌握案情带来了障碍。这就需要律师积极作为，通过多种途径掌握案情。

第一，会见犯罪嫌疑人了解案情。犯罪嫌疑人作为当事人，对案件事实情况最为了解，会见犯罪嫌疑人是掌握案情的最为直接方式。律师通过会见，与犯罪嫌疑人交流，一方面听取其对案情的介绍，另一方面了解侦查人员讯问的主要内容和回答内容，从而确定侦查机关掌握的案件情况。

第二，与犯罪嫌疑人亲属等知情人交流了解案情。一般的刑事案件，犯罪嫌疑人亲属、朋友、同事或者证人对案件情况会有所了解，也有向辩护人提供信息的意愿。律师通过与这些人员的交流，能够了解一些案件事实，或者获取有关线索。

第三，与侦查人员沟通了解案情。《刑事诉讼法（2018）》第38条规定："辩护律师在侦查期间可以为犯罪嫌疑人提供法律帮助；代理申诉、控告；申请变更强制措施；向侦查机关了解犯罪嫌疑人涉嫌的罪名和案件有关情况，提出意见。"批捕程序尚处于侦查期间，辩护律师与侦查人员沟通具有法律依据。通过沟通了解案件的基本情况。

第四，与检察人员沟通了解案情。案件进入批捕阶段后，检察机关有了具体的承办人员，承办人员有卷宗材料，对案情的了解更多。辩护律师要积极主动与检察人员沟通，不能满足于提交书面辩护意见。在与检察人员沟通过程中，陈述自己了解的案情，听取检察人员对案情的介绍，在两相结合中对案件事实会有一个相对准确的判断。

（二）识别、"创造"有利情节

律师辩护工作在于维护委托人利益的最大化。一个案件要获得好的辩护效果，维护委托人的利益，就需要获得有利于当事人的情节。在批捕程序辩护中，辩护律师应当高度关注有利情节。

第一，识别有利于犯罪嫌疑人的情节。在办理案件过程中，辩护律师要保持专业敏感性，捕捉有效信息，发现有利于犯罪嫌疑人的情节，包括定罪情节和量刑情节，常见情节如投案自首、犯罪未遂、未成年人犯罪等。

第二，积极创造有利于犯罪嫌疑人的情节。对于事实上存在但没有被侦查机关调取的有利情节，要积极提供，比如调取有利于犯罪嫌疑人的证据。在案发以后，动员犯罪嫌疑人及其亲属向被害人赔偿、退赔以获取谅解，检举揭发争取立功表现等。

（三）提出不予批捕的辩护意见

在批捕阶段，辩护律师的工作最终表现为辩护意见，即律师形成对于犯罪嫌疑人是否符合逮捕条件、为何不应当逮捕的基本意见。这种辩护意见，一般以书面形式提交，载入检察机关卷宗材料。根据具体案情，辩护意见主要有两种类型。

第一，没有犯罪事实的辩护意见。逮捕的前提条件是有证据证明有犯罪事实，即涉嫌构成犯罪，反之如果没有犯罪事实，则不能逮捕。此种辩护意见，从根本上否认行为人构成犯罪，具体包括两种情形：其一，没有证据证明犯罪嫌疑人实施了犯罪行为，此种情况下，侦查机关试图认定的事实缺乏证据，不能成立，属于事实不成立的无罪。其二，犯罪嫌疑人所实施的行为不属于犯罪行为，此种情况下，侦查机关认定的事实成立，但该行为依法不属于犯罪行为，不符合某一犯罪的构成要件，属于法律适用的无罪。在这两种情况下，对犯罪嫌疑人都不能逮捕。

第二，没有逮捕必要的辩护意见。在有证据证明有犯罪事实的情况下，律师应当从逮捕是否必要角度提出不应当批捕的辩护意见。其一是罪行较轻，犯罪嫌疑人可能判处的刑罚不属于徒刑以上的刑罚，可能判处徒刑以上的刑罚，是逮捕的罪行条件，不符合的则不应当逮捕。多数罪名对应的法定刑均包括有期徒刑、拘役，辩护律师需要结合案情分析犯罪嫌疑人不应当判处徒刑，而只能判处拘役。其二是社会危险性较轻，不属于刑事诉讼规定的应当予以逮捕的情形，采取取保候审足以防止发生社会危险。辩护律师需要结合犯罪嫌疑人的具体情况，提供相应证据，阐明其社会危险性较小的理由。

（四）说服检察人员

公安机关提请批准逮捕后，案件进入检察机关审查批准逮捕程序，检察机关决定是否批准逮捕。在检察机关内部，则由具体的检察人员负责办理。在批捕程序中，提出批捕诉求的是公安机关，犯罪嫌疑人及辩护律师提出辩护意见认为不应当批准逮捕。辩护律师的重要任务在于说服检察人员作出不批准逮捕的决定。

第一，从说服的方式上，应当做到书面意见和当面交流相结合。辩护律师一方面要撰写系统的书面辩护意见，提交给检察人员；另一方面要争取与检察人员当面交流，阐明主要意见，在交流互动中了解检察人员的思路，及时调整辩护策略。

第二，从说服的策略上，应当做到法理与情理相结合。法理是辩护意见的重要基础，主要从法律层面阐述行为人的行为是否构成犯罪，构成何种犯罪，承担何种责任。但在批捕程序辩护中情理同样至关重要，尤其是在那些可捕可不捕的案件中，发挥情理的作用，能够有效影响检察人员的决断，争取好的效果。

CHAPTER 10
第十章

审查起诉程序与律师辩护

　　审查起诉程序是连接侦查阶段与审判阶段的中间程序，旨在保障起诉符合诉讼要件，防止把公民错误带入刑事审判程序。负责审查起诉的检察院一方面需要监督侦查活动的合法性，指导侦查机关针对犯罪构成要件所需要的事实进行取证；另一方面需要保证符合起诉条件的案件移送法院，并代表国家向被告人提起国家公诉。我国的刑事诉讼构造属于公、检、法流水作业式，一旦起诉至法院，便很难获得无罪辩护的空间，因此，审查起诉是决定对一个公民诉与不诉的关键程序。

第一节　相关理念

提起公诉是重大的诉讼行为，必须具有充分合理的法定理由以及具备法律上规定的要件才能提起公诉，因此各国都在立法上将审查起诉作为一项慎之又慎的环节。作为刑事律师，深入了解审查起诉程序的相关概念、原则以及目的、任务，有利于在审查起诉程序中发挥实质辩护的作用，为委托人争取利益最大化，真正实现"有效辩护"。

一、审查起诉的概念

在我国，审判中心主义尚在改革之中，诉讼阶段论依然主导现状，根据《刑事诉讼法》的相关规定，刑事案件自刑事立案到庭审判决，主要分为侦查阶段，审查起诉阶段以及审判阶段，三个阶段平行存在，各自都有其独立的规范，审查起诉阶段是侦查阶段和审判阶段的中间过渡期。审查起诉的内容包括：对移送起诉案件的受理；对案件的实体问题和程序问题进行全面审查，监督侦查机关或侦查部门的侦查活动，纠正违法情况；经过审查依法作出起诉或不起诉决定等。在西方国家，贯彻审判中心主义，并未明确规定有审查起诉阶段，但对于案件是否符合起诉条件，设有独立的程序和严格的条件来进行审查，将是否启动对公民的刑事追诉，看作是一个独立的蕴含人权保障的事项。因此，从内容上，审查起诉是指由特定部门依职权对侦查终结的案件进行独立审查，以确定是否符合起诉标准，是否移送法院提起公诉的诉讼程序；从功能上，审查起诉是指限制公权力滥用对公民的追诉权。

二、域外比较考察

了解、借鉴域外审查起诉的程序和相关规定，通过分析中外差异，有助于我们深入研究我国的审查起诉制度，进一步强化辩护的效果。

（一）大陆法系

1. 德国

德国的整个刑事诉讼程序从过程上看分为三个并列阶段：前程序（侦查程序）、中间程序和主审程序。前程序和中间程序的划分以检察官提起公诉为界限，中间程序和主审程序以法院裁定准予主审为分界。德国法的起诉审查制，即中间程序作为德国刑诉法的重要程序，主要目的有两点：一是从权力制衡的观点来看，目的在于监督检察官的起诉权力，防止滥用起诉权；二是从保护被告的权利观点来看，中间程序赋予被告另一个机会去对抗检察官的起诉处分。中间程序的目的在于阻止检察官滥用起诉权，使不应该进入审判程序的案件不进入审判程序。德国中间程序的主要缺陷在于中间程序的法官和主审程序的法官可以是同一法官，这极容易引起法官的预断和偏见，针对此问题，曾在德国引起过激烈的争论。[①]

2. 法国

法国实行的是两级预审制度。对于轻罪案件和违警罪案件，由警察对案件进行"初步侦查"，违警罪在检察官申请时才由预审法官预审，轻罪案件由检察官提请预审法官预审，预审法官作出准予或不准予提起公诉；对于重罪案件，要进行两级预审，由预审法官进行一级预审，然后再由管辖重罪的地方上诉法院起诉审查庭进行二级预审。预审法官对案件正式侦查完毕后，如果认为该案件应当起诉，对于轻罪案件和违警罪案件，则把案件移送到有管辖权的法院；对于重罪案件，则连同证据移送至上诉法院，再交由上诉法院起诉审查庭作进一步预审。因此，上诉法院的起诉审查庭通过书面和开庭两种方式对案件进行审查，审查后作出起诉或不起诉决定，或作出移送轻罪法庭或违警罪法院的裁决。[②]

（二）英美法系

1. 英国

英国实行治安法官预审制度。对警察和检察官提起控诉的案件，首先由治安

[①] 参见陈卫东：《初论我国刑事诉讼中设立中间程序的合理性》，载《当代法学》2004年第4期，第25页。

[②] 参见谢佑平、邓立军：《预审法官制度比较研究》，载《中国人民公安大学学报》2004年第5期，第113—114页。

法院进行审查，预审庭开庭时被告必须出庭，预审除有不得公开的理由外，一般公开进行。英国的预审有两种形式，即书面预审和言词预审。一般情况下，预审法官进行书面预审，只有在下列两种情况下才进行言词预审：（1）被告人没有律师出庭；（2）治安法官收到起诉方提交的书面陈述中，要求被告人提交正式审判的证据材料不充分。治安法官经过预审审理后，如果认为起诉方提供的证据从形式上看有理由成立案件，就可以决定交付审判。如果认为起诉方提供的证据不充分，就应决定不起诉，并将被告人立即释放。如果起诉方对治安法官不起诉的决定有异议，可以向刑事法院提出自行起诉书，但提出自行起诉书要征得高等法院法官的同意，否则刑事法院可以驳回起诉。

2. 美国

由于美国各州法律不同，因而起诉审查的程序也不尽相同。但一般说来，主要通过预审制和大陪审团两种形式对检察官的起诉进行审查。重罪案件起诉书有两种形式：一是由大陪审团提出起诉书；二是由检察官签名提起起诉书。预审与大陪审团审查的目的都是防止检察官滥用起诉权。在联邦及绝大多数州都明确以法律规定被告有请求预审的权利。原则上，除非被告放弃此权利或检察官在法定期间内取得大陪审团的起诉书，否则刑事诉讼皆必须经过此程序。

在英美法系的诉讼制度中，陪审制有大、小陪审团之分。一般来说，行使起诉职能的是大陪审团，行使审判职能的是小陪审团。在美国，公诉权由检察官和大陪审团分别行使。刑事起诉有两种主要形式，即大陪审团提出起诉和检察官提出公诉。有些刑事案件的起诉，由检察院直接决定和提起；而有些案件，特别是重罪案件，提起公诉并交付审判必须由大陪审团决定，程序上由检察官将拟好的起诉书草案和有关材料提交给有管辖权法院组织的大陪审团进行审查，然后决定是否交付审判。[①]

美国的大陪审团最初是仿照英国的陪审团制定的，但相对于英国的陪审团，它从一开始就有一些创新，在各种各样的公众和政府活动中，它充当了反映司法方面意见的舆论工具。在美国独立战争期间，它是阻挠英国维护王室特权的一股力量。正因为这一特殊的历史作用，在美国独立以后，各州都保留了大陪审团，大陪审团制度作为社会民众参与司法、监督司法的有效途径，规定在美国的

[①] 参见晏向华：《美国大陪审团与检察官的公诉权》，载《人民检察》2004年第10期，第72、73页。

"权利法案"中。其特点是：①"双重起诉"制。自陪审制度诞生以来，美国实行陪审团和检察官的"双重起诉"制，其立意在于陪审员来自于社会各个阶层，在诉讼中体现民众的意见。检察机关只是代表人民行使检察权，而不应当将检察机关异化为检察权的垄断者。②"双重起诉制"是司法人员与非司法人员在诉讼中合作的典范。由非司法职业人员与司法职业人员相结合，共同行使一定范围的司法权，不仅有利于防止司法权的滥用和腐败，而且有利于防范外部的不当干预，保证司法的中立、独立和公正。③美国大陪审团通过审查起诉，其主要作用在于防止不当追诉。此外，美国的大陪审团除了有审查起诉的职能以外，还有调查职能，大陪审团可以对检察机关出于政治需要或种族歧视等因隐含特别因素不便起诉的案件进行调查和起诉，并且在揭露政府腐败问题中起到独特的作用。

三、起诉法定原则与起诉便宜原则

公诉机关依照何种原则起诉，在立法上和学说上有起诉法定原则和起诉便宜原则之分。认为有足够的证据证明有犯罪嫌疑且具备起诉条件，公诉机关则必须起诉的原则是"起诉法定原则"；相反地，认为虽有足够的证据证明犯罪嫌疑且具备起诉条件，但公诉机关斟酌各种情形，认为不必要处以刑罚时，可以将裁量决定不起诉的原则称为"起诉便宜原则"或"起诉裁量原则"。两者的主要区别是公诉机关对确有犯罪嫌疑的人是否有决定不起诉的自由裁量权。

（一）大陆法系国家

日本、德国、中国同属于具有大陆法传统的国家，在刑事诉讼的制度设置上有许多共同之处，历史上都曾经长期适用起诉法定原则。随着社会发展和司法进步，起诉便宜原则也在上述三国的刑事诉讼中被逐渐采纳，但不同国家在适用程度和适用技术上却存在着较大的差别。①

起诉便宜原则的产生归因于20世纪60年代犯罪情况的变化，由于当时犯罪大幅度增长，给刑事责任追究带来了很大的负担，且在大量增加的普通刑事犯罪中，有相当一部分为轻微犯罪，特别是简单的侵犯财产的不法行为和交通肇事行为，这就促使政府为减轻压力而寻求对轻微犯罪的简便、迅速且成本低的解决方

---

① 参见林劲松：《日、德、中三国适用起诉便宜原则之比较》，载《浙江大学学报》2002年第6期，第36页。

式，起诉便宜原则因此而产生。

以德国为例，德国曾经长期坚持彻底的起诉法定原则，但是自20世纪60年代以来，德国检察机关的职能经历了巨大的转变，其中一点就是将检察机关的行为准则由起诉法定原则转变为起诉便宜原则。在德国，起诉便宜原则最初仅适用于青少年刑法、微罪案件、轻罪案件。由于基于起诉便宜原则而不追诉的案件在德国持续增长，考虑到对司法的负担，起诉便宜原则在司法实践中发挥了重要作用。① 德国的附条件不起诉制度极为典型，从立法和司法的角度来看，对于轻罪和中等程度的犯罪案件，附条件不起诉制度在确保刑事政策贯彻执行下，成为减轻司法负担而采取的不可或缺的有效手段。②

在德国，检察院除了根据起诉法定原则、根据德国《刑事诉讼法》第170条第2款的规定不提起公诉以外，检察院和法院还可以根据起诉便宜原则终止诉讼程序。因此，即便犯罪嫌疑人的行为可以被证实有罪，符合起诉条件，但是如果其罪责很轻，符合德国《刑事诉讼法》第153条的规定或者有其他理由，也可以不提起公诉。德国刑事诉讼法中规定的附条件不起诉分为两类：一类为由检察院在审判前主导的附条件不起诉；另一类为法院在审判中主导的附条件不起诉。

在德国刑事诉讼中，终止调查程序之一的"附条件不起诉"，可以说是德国刑事诉讼中最重要的"绿色经济化"审前快速分流程序的方案之一。它作为刑事案件"去犯罪化"的手段之一，限制了刑事追诉的强制性。因此，我们认为，德国检察院基于起诉便宜原则而适用的"附条件不起诉"是一种司法上的理智选择，其发展脉络与司法实践的具体数据对我国审前分流机制的改革有一定的参照意义。

（二）英美法系国家

我们以美国为例，来看看起诉裁量权的相关问题。对于美国起诉裁量权的研究，有必要从美国刑事程序所采取的立场谈起。③

理论上来讲，犯罪行为直接侵犯社会及其成员安全，危害国家治安秩序，发生犯罪时必须运用国家公权力进行追究，这是"起诉法定原则"秉承的基本理念。19世纪中期之前，由于"有罪必罚"的报应刑刑罚思想和注重对犯罪人进行

---

① 参见李倩：《德国附条件不起诉制度研究》，载《比较法研究》2019年第2期，第177页。
② 参见李倩：《德国附条件不起诉制度研究》，载《比较法研究》2019年第2期，第178页。
③ 参见杨树艳、王若思：《美国起诉裁量权研究》，载《河北法学》2011年第8期，第174页。

一般预防的刑事政策在刑事法领域占据着主导地位,因而"起诉法定原则"被广泛采用。随着社会的发展,绝对的"起诉法定原则"逐渐暴露出其自身不可克服的弊端,假若凡是具备起诉条件的都必须起诉,势必会影响刑事诉讼的总体效率,造成司法资源的浪费;如果不问犯罪轻重而有罪必诉,也势必会造成短期自由刑增多,而造成潜在的社会危害等。① 由此,"起诉便宜原则"应运而生,美国便是使用起诉便宜原则典型的国家之一。起诉便宜原则要求检察官充分考虑刑事程序所涉及的各种利益,并且在此基础上权衡是否起诉以及起诉何种罪行。起诉便宜原则不仅能弥补起诉法定原则的弊端,可以根据个案提出有针对性的处理意见,以实现具体正义,还可以更便捷地使得没有起诉价值的案件或者不需要判刑的人尽快从诉讼中解脱出来等。②

在美国,虽然检察官起诉裁量权非常大,但是也不可能对所有案件均进行起诉,主要因为在实践中有诸多障碍,刑事政策上也未必能够收到良好的效果。美国起诉便宜原则之下检察官超大起诉裁量权的形成,其实还有更深层次原因:一方面,美国实行当事人主义的诉讼模式,当事人在整个诉讼中可以自由处分自己的诉讼权利;另一方面,独特的政治体制决定了这种现状。美国的联邦和绝大多数州的检察官都是选举产生,他们只需对各自的选民负责,州检察官、市检察官、镇检察官之间不存在隶属关系,所以检察官的地位非常独立。毋庸置疑的是,检察官具有如此广泛的裁量权,自然会引起许多学者对起诉裁量权程度强烈的批评,其中最有挑战性的观点是对正当程序和平等保护要求的质疑。然而,即使争论持续存在,美国的联邦最高法院还是一贯地保护广泛的起诉裁量权,更多地通过立法审查、司法监督以及强制、公开解释起诉决定的建议等来限制广泛的裁量权所可能带来的危害。③

(三) 我国

由于中华人民共和国成立后对原国民党统治时期的法律予以全面废除,所以起诉便宜原则的确立历程要从 1949 年中华人民共和国成立后谈起。在 20 世纪 50 年代镇压反革命期间,检察机关根据"惩办与宽大相结合"以及"区别对待分化瓦解"的刑事政策,在实践中创立了免予起诉制度,对应当追究刑事责任,但能

---

① 参见宋英辉:《刑事诉讼原理》,法律出版社 2003 年版,第 279 页。
② 参见杨树艳、王若思:《美国起诉裁量权研究》,载《河北法学》2011 年第 8 期,第 175 页。
③ 参见杨树艳、王若思:《美国起诉裁量权研究》,载《河北法学》2011 年第 8 期,第 177 页。

真诚坦白或者有立功表现，可以免予刑罚的自首者，作出免予起诉的决定，不再追究其刑事责任。免予起诉制度体现了起诉便宜原则的精神。1979 年制定的《刑事诉讼法》和《人民检察院组织法》均对免予起诉作出了具体的规定，即被告人的行为已经构成犯罪，但依照《刑法》规定不需要判处刑罚或者免除刑罚的，人民检察院可以免予起诉，不将被告人提交人民法院审判。免予起诉制度在刑事司法中发挥过积极的作用，但也存在不少问题，受到诸多理论界学者的批评。批评的焦点在于免诉决定有罪认定的性质。1996 年，修改后的《刑事诉讼法》废除了免予起诉制度，同时在摒弃其不合理成分、吸收其合理内核的基础上，设立了酌定不起诉制度，规定对于犯罪情节轻微、依照《刑法》规定不需要判处刑罚或者免除刑罚的犯罪嫌疑人，人民检察院可以作出不起诉决定。从检察机关是否有决定不起诉的自由裁量权来看，酌定不起诉和以前的免予起诉是一致的，体现了刑事诉讼对起诉便宜原则的适用。[①]

在我国，酌定不起诉又称"相对不起诉""构罪不起诉"，我国《刑事诉讼法 (2018)》第 177 条第 2 款规定，犯罪嫌疑人的犯罪情节轻微，依照刑法规定不需要判处刑罚或者免除刑罚的，人民检察院可以作出不起诉决定。即同时具备两个条件：第一，构成犯罪，但是情节轻微，危害不大；第二，依据《刑法》不需要判处刑罚或免除刑罚的。根据我国《刑法》规定，不需要判处刑罚或免除刑罚的情形包括：又聋又哑的人或者盲人犯罪的（第 19 条）；预备犯（第 22 条第 2 款）；从犯（第 27 条第 2 款）；在外国犯罪已经受过刑罚处罚的（第 10 条）；有重大立功表现的（第 68 条）；正当防卫明显超过必要限度造成重大损害的（第 20 条第 2 款）；紧急避险超过必要限度造成不应有的损害的（第 21 条第 2 款）；胁从犯（第 28 条）；犯罪情节轻微不需要判处刑罚的（第 37 条）；犯罪较轻的自首犯（第 67 条）；没有造成损害的中止犯（第 24 条第 2 款）。此外，未成年人涉嫌侵犯公民人身权利、民主权利罪、侵犯财产罪、妨害社会管理秩序罪时，对于可能判处一年有期徒刑以下刑罚，符合起诉条件，但有悔罪表现的，人民检察院可以作出附条件不起诉的决定。很显然，以上规定充分体现我国刑事诉讼中对起诉便宜原则的应用。

事实上，作为公诉制度的两项基本原则，起诉法定原则和起诉便宜原则各有

[①] 参见林劲松：《日、德、中三国适用起诉便宜原则之比较》，载《浙江大学学报》2002 年第 6 期，第 38 页。

利弊。起诉法定原则能确保法的安定性、公平性以及法律适用的一致性,符合传统刑法"有罪必罚"的报应刑理论。由于起诉法定原则过于僵硬,既可能造成刑事追诉机关不必要的负担,也可能造成个案的不正义。① 如果对所有具有犯罪嫌疑的案件,在具备诉讼条件和处罚可能性的情况下,不问犯罪情节如何,一律进行追诉,那么,势必会违背具体正义和刑事政策,而此时,起诉便宜原则恰恰可以弥补以上不足。因此,在司法实践中,起诉法定原则与起诉便宜原则同时并存、相互补充更为适宜。

四、审查起诉程序是对公民发动刑事追诉的屏障

审查起诉程序是在国家对公民发动刑事追诉时设置的屏障。审查起诉阶段是整个刑事诉讼的枢纽和桥梁,在国家对公民进行刑事追诉时发挥屏障功能,因此启动国家机器追究公民犯罪须审慎。审查起诉程序对于防止滥诉,保障人权具有重要的意义。

事实上,审查起诉作为决定是否提起公诉的程序,被各国立法所重视。不同国家在审查起诉的设置上既有相似之处也存在差异,相似之处体现在审查内容上,即审查案件是否符合起诉条件,是否起诉以及向哪个法院起诉等。差异之处体现在各国的制度设计上:第一,从审查起诉的主体来看,英、美、德、法等国是由法院进行的。英国由治安法院进行,美国由地方法院或大陪审团进行,法国的两级预审分别由地方法院和上诉法院的刑事审查庭进行,我国则是由检察机关执行上述国家法院的预审职能。第二,从审查起诉的流程来看,国外的预审不是公诉案件的必经程序。在英国,只有按正式起诉程序审判的案件才进行预审。在美国,犯罪嫌疑人对预审有选择权。在法国,违警罪不必经过预审。在我国,审查起诉是独立的诉讼阶段,检察官主导整个审查起诉程序,通常是由公安立案,侦查终结后移送给检察院,检察院对公安机关侦查终结移送起诉的案件进行审查后,分别作出提起公诉、不起诉、退回补充侦查等决定。第三,从审查起诉的形式来看。国外的预审一般采用开庭的方式,以美国为例,美国主要通过预审制和大陪审团两种形式对检察官的起诉进行审查,预审与大陪审团起诉的目的皆在于防止检察官滥用起诉权。大陪审团在审查时,控、辩、审三方到场,大陪审

---

① 参见林劲松:《日、德、中三国适用起诉便宜原则之比较》,载《浙江大学学报》2002年第6期,第38页。

团会在听取检察官陈词及证人证言后，组织各位陪审员发表对案件的看法，经过集体讨论后投票表决然后作出是否支持起诉决定，相当于进行了独立的诉讼程序。我国的审查起诉程序没有控辩裁三方到场的程序设计，不采用开庭审判形式，而是通过分别讯问、征求意见等形式，综合分析之后作出决定。实践中的困难在于，这种模式可能会导致"辩护律师的参与范围极为有限，典型意义上的诉讼形态再没有形成，在程序构造上属于典型的行政治罪活动"[①]。

我国刑事诉讼已经形成了由控、辩、审三项基本职能组成并运行的规范机制，控、辩、审任何一方作用的缺失或弱化，都可能导致法律设定程序的预期目标无法实现，导致对人权保护的不利，导致对司法公正的损害。积极完善审查起诉阶段的辩护制度，一方面可以更好地维护犯罪嫌疑人的合法权益；另一方面也可以保障检察机关所收集证据的全面性和客观性，促使检察机关在实体上对案件作出正确的处理。

第二节　我国相关规范性法律文件的沿革

世界各国的公诉制度是不断发展的，各国公诉制度之间也互相影响和相互借鉴，取长补短，择善而从。[②] 由于我国特殊的历史及政治经济条件，审查起诉制度的产生及发展，也经历了一个不断完善，十分独特且漫长的历史过程。

一、我国近代关于审查起诉的相关规定

（一）晚清的变法与辛亥革命时期

1. 清朝末期的法制变革是中国法律近代化转型的开端

1906 年，清政府模仿资本主义国家的"三权分立"原则，建立了行政权、立

[①] 陈瑞华：《刑事诉讼的前沿问题》，中国人民大学出版社 2000 年版，第 273 页。
[②] 参见姜伟：《公诉制度的历史沿革和发展趋势》，载《浙江社会科学》2002 年第 4 期，第 78 页。

法权、司法权的分立体制,并按照大陆法系的法律结构模式来改造传统的法律体系:原刑部改为法部,掌管全国司法行政,不再兼理审判;改大理寺为大理院,为最高审判机关,并负责解释法律,监督各级审判。同时,各级审判庭相应地设立各级检察厅,由检察机关专门行使公诉权。晚清检察机关的职权,主要规定在1907年颁布的《高等以下各级审判厅试办章程》中,主要包括如下内容:(1)刑事提起公诉;(2)收受诉状,请求预审及公判;(3)指挥司法警察官逮捕犯罪者;(4)调查事实,收集证据;(5)充当民事案件的诉讼当事人和公益代表人;(6)监督审判,纠正违误;(7)监视判决的执行。这是中国司法制度史上首次实现控审分离,中国现代意义上的公诉组织机构——检察院从此应运而生。[①] 晚清的司法改革尽管由于清王朝的迅速覆灭而未发挥作用,但这些改革成果后来成为北洋政府司法制度的基础,其中的检察制度大多为北洋政府所采纳。

2. 辛亥革命后仍然沿用清末的法律制度而未对检察机关的职权作太大变动

中国审查起诉制度形成的初始阶段,明显受到西方法学理念的直接影响。在国民党政府统治时期,尽管曾就检察机关存废问题展开过争论,但并没有对检察机关的作用和地位造成实质影响,对检察机关的职权也未作太大的变动,仍然沿袭晚清变革以来的司法传统。

(二) 新民主主义革命时期

新民主主义革命时期,中国共产党在革命根据地创建了检察制度,为中华人民共和国检察权理论的形成积累了丰富的经验。

1931年,中国共产党在江西瑞金建立了中华苏维埃共和国,并开始建立检察机关。在这一历史时期,人民检察制度较多地还是借鉴自晚清以来所取得的司法改革成果和经验。解放战争时期,检察机关的组织建设得到新的发展,各级检察机关的职权主要是:(1)检举一切破坏民主政权、侵犯民主权利的违法行为;(2)检举各级公务员触犯行政法规的行为;(3)检举违反政策事项。这三项检察结果属于犯罪的,有权向法院提起公诉;检察结果属于违法错误应作行政处分的,呈请边区政府核办;等等。由于当时正处于战争时期,各地检察机关的组织建设和职权范围并不统一,且实行"审检合署"的制度,公诉制度尚不完备,但

---

① 参见姜伟:《公诉制度的历史沿革和发展趋势》,载《浙江社会科学》2002年第4期,第76页。

十多年的公诉实践仍为审查起诉制度的创建积累了经验。

二、中华人民共和国成立后关于审查起诉的相关规定

中华人民共和国成立后检察制度的发展并不是一帆风顺的,经历了一个艰难曲折的过程,从照搬苏联的一般监督模式到后来注重借鉴外国经验与中国实际相结合的模式,检察机关作为国家公诉机关及法律监督机关的职能才得以延续至今。

(一) 1949 年中华人民共和国初建时期

1949 年 12 月颁布的《中央人民政府最高人民检察署试行组织条例》确立了检察机关的法律地位,明确了其对刑事案件行使公诉权的基本职能。1954 年通过的《宪法》及《人民检察院组织法》在肯定人民检察院是国家法律监督机关的同时,进一步明确规定检察机关是国家唯一的公诉机关。在"文化大革命"期间,受"极左"思潮的冲击,1975 年的《宪法》取消了检察机关的设置,检察机关的各项职权由公安机关行使,公安机关成为当时的公诉机关。直到 1978 年,第五届全国人民代表大会第一次会议通过的《宪法》规定重新设置人民检察院。

(二) 1979 年结束"文革"后《刑事诉讼法》立法时期

1979 年通过了《刑事诉讼法》和《人民检察院组织法》。根据 1979 年的《刑事诉讼法》第 11 条规定,"有下列情形之一的,不追究刑事责任,已经追究的,应当撤销案件,或者不起诉,或者宣告无罪:(一)情节显著轻微、危害不大,不认为是犯罪的;(二)犯罪已过追诉时效期限的;(三)经特赦令免除刑罚的;(四)依照刑法告诉才处理的犯罪,没有告诉或者撤回告诉的;(五)被告人死亡的;(六)其他法律、法令规定免予追究刑事责任的"。这条规定是审查起诉的重要立法之一,也是律师辩护时需要重点关注的。根据 1979 年的《刑事诉讼法》第 95 条的规定,"凡需要提起公诉或者免予起诉的案件,一律由人民检察院审查决定"。第 96 条规定,"人民检察院审查案件的时候,必须查明:(一)犯罪事实、情节是否清楚,证据是否确实、充分,犯罪性质和罪名的认定是否正确;(二)有无遗漏罪行和其他应当追究刑事责任的人;(三)是否属于不应追究刑事责任的;(四)有无附带民事诉讼;(五)侦查活动是否合法。第 98 条规定,人民检察院审查案件,应当讯问被告人"。以上规定,进一步确定了检察机关作为法律监督机关的法律地位,明确规定检察机关是代表国家行使追诉权的公诉机

关，自此中国的公诉制度逐步走向完备。

（三） 1996 年诉讼制度大改革时期

1996 年修正的《刑事诉讼法》进一步完善了我国的公诉制度及检察制度，由此形成我国目前的公诉制度。《刑事诉讼法（1996）》第 136 条明确规定："凡需要提起公诉的案件，一律由人民检察院审查决定。"第 139 条规定："人民检察院审查案件，应当讯问犯罪嫌疑人，听取被害人和犯罪嫌疑人、被害人委托的人的意见。"第 140 规定，"对于补充侦查的案件，人民检察院仍然认为证据不足，不符合起诉条件的，可以作出不起诉的决定"。以上规定相比 1979 年公布的《刑事诉讼法》更加完善，其中，检察机关在审查案件之时，除了讯问犯罪嫌疑人，还应当听取被害人和犯罪嫌疑人、被害人委托的人的意见，这条规定更加有利于保障相关人员的诉讼权利。

（四） 2012 年《刑事诉讼法》全面修正时期

2012 年修正的《刑事诉讼法》又进一步完善了我国的公诉制度及检察制度。《刑事诉讼法（2012）》第 170 条规定："人民检察院审查案件，应当讯问犯罪嫌疑人，听取辩护人、被害人及其诉讼代理人的意见，并记录在案。辩护人、被害人及其诉讼代理人提出书面意见的，应当附卷。"第 171 条规定，"人民检察院审查案件，可以要求公安机关提供法庭审判所必需的证据材料；认为可能存在本法第五十四条规定的以非法方法收集证据情形的，可以要求其对证据收集的合法性作出说明。对于二次补充侦查的案件，人民检察院仍然认为证据不足，不符合起诉条件的，应当作出不起诉的决定"。很明显，以上规定相对于《刑事诉讼法（1996）》，明显又进了一步，检察机关在审查案件时，不仅要听取意见，还要记录在案，辩护人、被害人及其诉讼代理人提出书面意见的，还应当附卷。另外，《刑事诉讼法（2012）》的相关规定相对于《刑事诉讼法（1996）》的相关规定还有一个明显变化就是：当案件证据不足，不符合起诉条件的，检察院由之前的"可以"作出不起诉决定变为"应当"作出不起诉决定。

（五） 2018 年《刑事诉讼法》与《监察法》衔接

2018 年修正的《刑事诉讼法》又在之前的规定基础上与《监察法》作了进一步衔接。《刑事诉讼法（2018）》第 170 条规定："人民检察院对于监察机关移送起诉的案件，依照本法和监察法的有关规定进行审查。人民检察院经审查，认为需要补充核实的，应当退回监察机关补充调查，必要时可以自行补充侦查。对于监察机关移送起诉的已采取留置措施的案件，人民检察院应当对犯罪嫌疑人先行拘留，留置措施自动解除。人民检察院应当在拘留后的十日以内作出是否逮捕、取保候审或者监视居住的决定。在特殊情况下，决定的时间可以延长一日至四日。人民检察院决定采取强制措施的期间不计入审查起诉期限。"第172条规定，"人民检察院对于监察机关、公安机关移送起诉的案件，应当在一个月以内作出决定，重大、复杂的案件，可以延长十五日；犯罪嫌疑人认罪认罚，符合速裁程序适用条件的，应当在十日以内作出决定，对可能判处的有期徒刑超过一年的，可以延长至十五日"。以上规定，针对监察机关移送起诉的案件以及认罪认罚案件，作出了具体明确的规定。另外，第173条还规定，"人民检察院审查案件，应当讯问犯罪嫌疑人，听取辩护人或者值班律师、被害人及其诉讼代理人的意见，并记录在案。辩护人或者值班律师、被害人及其诉讼代理人提出书面意见的，应当附卷。犯罪嫌疑人认罪认罚的，人民检察院应当告知其享有的诉讼权利和认罪认罚的法律规定，听取犯罪嫌疑人、辩护人或者值班律师、被害人及其诉讼代理人对下列事项的意见，并记录在案……"。第176条规定："人民检察院认为犯罪嫌疑人的犯罪事实已经查清，证据确实、充分，依法应当追究刑事责任的，应当作出起诉决定，按照审判管辖的规定，向人民法院提起公诉，并将案卷材料、证据移送人民法院。犯罪嫌疑人认罪认罚的，人民检察院应当就主刑、附加刑、是否适用缓刑等提出量刑建议，并随案移送认罪认罚具结书等材料。"以上规定，主要针对认罪认罚案件进行了补充规定，这相对于2012年发布的《刑事诉讼法》更加具有现实意义，也更趋完备。

综上，从我国审查起诉的历史沿革来看，随着相关规定和制度逐步完善，审查起诉程序成为整个刑事诉讼的枢纽和桥梁，日趋发挥出重要的作用。

第三节 审查起诉的目的、任务和律师辩护

审查起诉程序是刑事公诉案件的必经程序，是连接侦查和审判程序的纽带，对于刑事案件的正确处理，实现刑事诉讼的任务具有重要意义。在审查起诉

阶段，检察机关在对案件审查后作出起诉或者不起诉决定。律师在审查起诉阶段，通过充分履行辩护职责，尽力为犯罪嫌疑人争取不起诉的有利辩护结果；在不能获得不起诉的情况下，也尽力为犯罪嫌疑人争取更为有利的指控，为审判阶段的辩护工作作好充分准备。

一、审查起诉的目的和律师辩护

（一）审查起诉的目的

首先，审查起诉为法院实现公正审理奠定基础。审查起诉阶段，通过审查和必要的补充侦查，将案件事实清楚、证据确实充分、符合起诉条件的案件依法提起公诉，这也意味着审查起诉程序为在法庭上证实犯罪、依法惩罚犯罪奠定了基础。

其次，审查起诉相对于侦查程序而言，是刑事诉讼的"第二道工序"，会对侦查工作成果进行质量检验和把关，即审查监督侦查活动是否合法，当发现侦查活动有违反法律的情形时，应当及时提出纠正意见，对可能存在《刑事诉讼法（2018）》第57条规定的以非法方法收集证据情形的，要求公安机关对证据收集的合法性作出说明，从而督促侦查机关严格依法办案。

最后，保障公民的合法权益，节约诉讼资源。通过审查起诉，查清案件事实，对符合起诉条件的依法提起公诉，不符合起诉条件的依法作出不起诉决定，保证了起诉的公正性和准确性，防止将无罪的人、依法不需要追究刑事责任的人以及指控犯罪证据不足的人交付审判，从而保障公民的合法权益，节约诉讼资源。

（二）律师辩护的目的

1. 弥补犯罪嫌疑人自行辩护的不足

就审查起诉阶段而言，虽然犯罪嫌疑人在法律上享有自行辩护权，但是在刑事诉讼的实际运行中，这一权利有很大的局限性。原因在于：大部分犯罪嫌疑人不懂法律，不知如何行使自己的法定权利，甚至不知到底有哪些权利。即使犯罪嫌疑人懂法，但由于大多数犯罪嫌疑人往往被采取强制措施而被限制或剥夺人身自由，致使其自身不可能进行调查、收集证据来证明自己是无罪或罪轻。犯罪嫌疑人作为刑事诉讼中被追究的对象，诉讼结果与其有着切身的利害关系。基于这一原因往往导致刑事执法人员不相信犯罪嫌疑人的辩解，同时又因犯罪嫌疑人为逃避罪责，总是企图否认和抵赖罪行，这又加剧了刑事执法人员对其辩解内容的不信任。① 有鉴于此，有必要由熟悉法律的律师来保护犯罪嫌疑人的合法权益。律师相较于犯罪嫌疑人而言，精通法律和辩论，具有丰富的法律知识和办案经验，熟悉诉讼程序、办案业务，同时因其所处的地位，具有犯罪嫌疑人不可比拟的职业优势。

从法理上讲，辩护律师参与诉讼的价值一方面在于扩张犯罪嫌疑人的行为能力，使之能够超越时空限制，突破自身知识、能力、经验的缺陷，更加深入地参与诉讼；另一方面在于补足犯罪嫌疑人的行为能力，因为犯罪嫌疑人多数缺乏法律知识，更不具备律师那样的实践经验，从而不能正确地运用法律维护自身的合法权益，而律师恰恰具备这方面的优势。② 从实践上来看，律师在辩护活动中，可以凭借律师事务所的整体作用，群策群力，集思广益，共同研讨案件的难点和疑点，以弥补个人力量的不足，从而提高办案的质量和效益。③ 由此可见，通过律师进行辩护是犯罪嫌疑人行使辩护权的最佳途径。

2. 维护法律的正确实施

司法实践中，检察机关对于案件事实、证据的认定，大多取决于案件侦查终结后移送审查起诉的案卷材料，从某种意义上说往往处于相对被动的地位。同时，正是由于这部分证据是侦查机关调取的，致使在大数情况下侦查机关为达到立案、侦查效果，过于注重收集指控犯罪嫌疑人有罪或者罪重的证据材料，而忽视收集证明犯罪嫌疑人无罪、罪轻或者减轻、免除刑事处罚的证据。至此，承担公诉任务的检察机关如果仅对上述材料进行审查，则很难全面、客观、公正地把握案件的全部事实和证据，容易对犯罪嫌疑人作出先入为主的有罪推定，这本身也有碍检察机关法律监督权的行使。而解决这一问题最有效的路径，关键在于检察机关在审查起诉中加强其"主动性"，除自身发现问题、调取相关证据外，很重要的一点就是依法听取辩护律师的意见。④ 在审查起诉阶段，辩护律师根据事

---

① 参见宋英辉、吴宏耀：《刑事审判前程序研究》，中国政法大学出版社 2002 年版，第 388 页。
② 参见程滔：《辩护律师的诉讼权利研究》，中国人民公安大学出版社 2006 年版，第 5 页。
③ 参见李春霖：《辩护律师在刑事诉讼中的地位与作用》，载《法学杂志》2000 年第 6 期，第 15 页。
④ 参见李连嘉、吴春妹、桂杨：《审查起诉阶段要充分听取律师辩护意见》，载《检察日报》2008 年 1 月 2 日，第 3 版。

实和法律提出对犯罪嫌疑人有利的意见，有助于保障检察机关所收集证据的全面性和客观性，有助于检察机关在实体上对案件作出正确的处理，进而协助检察人员全面查明案情，正确判断证据，准确适用法律，并据此作出起诉或不起诉决定。

二、审查起诉的任务和律师辩护

（一）审查起诉的任务

审查起诉活动后于侦查活动先于提起公诉，体现着独立诉讼价值，拥有独特的法律功能。不管在立法上还是司法上，我们都必须明确审查起诉的独特功能，从而使刑事诉讼更符合诉讼的内在规律，使刑诉中各权力机关的分工更加明确，使犯罪嫌疑人和其他当事人的权利得到更有力的保障。

从审查起诉公正与效率的价值出发，结合国内外的司法实践，笔者认为审查起诉具有以下四个任务：

第一，监督任务。检察院及其相应机构的法律性质和专有职权决定了审查起诉的首要功能是监督功能，即通过审查案件所依据的事实证据和法律依据，监督办案人员程序上是否违法，有无刑讯逼供、诱供、超期羁押，辩护律师、诉讼代理人有无串供、作伪证等，从而保障公民的权利不受侵犯，实现司法公正。

第二，诉讼过滤和分流任务。过滤使本来不构成犯罪但却被纳入刑事程序的案件，对其作出无罪的处理，即作出不起诉的决定。分流则是对构成犯罪但情节轻微或证据不足的案件作出不起诉的决定。两者在保障犯罪嫌疑人的人权和节约司法资源、提高审查起诉的效率等方面，都共同体现着公正和高效的价值。

第三，建立新的控辩法律关系。侦查阶段是一种单向的诉讼结构，也即控方为主，犯罪嫌疑人处于被动地位；审判阶段是三向诉讼结构，控辩审三位一体；而审查起诉作为连接侦查与审判的中间阶段，有着不同于两者的诉讼结构，此时，控方为侦查机关，辩方为律师及犯罪嫌疑人，裁方为检察官，此时检察官在这一三角结构中发挥证据审查作用。这种三角形诉讼结构，是以当事人主义为主、职权主义为辅的诉讼结构，有利于实现实体真实与正当法律秩序相结合的诉讼目的。

第四，间接开启审判。公诉案件在经过审查起诉后，一般会有两种结果，即起诉与不起诉。如决定起诉，则由相关部门向法院提起公诉，由此，公诉案件正式进入新的诉讼阶段，建立新的诉讼法律关系，开启了审判程序。由于审查起诉与提起公诉并无必然的联系,所以,这种开启只能是间接意义上的。

(二) 审查起诉程序中律师辩护的任务

辩护律师要高度重视审查起诉阶段,充分行使辩护权,向检察机关提交高质量的辩护意见,促使其作出对嫌疑人有利的决定,最大限度地去维护当事人的合法权益。具体来说,在审查起诉阶段,律师辩护的工作任务如下:

第一,查阅、摘抄、复制案卷材料,认真阅卷。在审查起诉阶段,按照法律规定,辩护律师自检察机关对案件审查起诉之日起,可以查阅、摘抄、复制案卷材料。并且,律师应当认真审查全案卷宗,审查在案证据的真实性、合法性和关联性,确定其证据资格和证明能力,然后根据在案证据所证实的事实,有针对性地展开辩护。

第二,会见当事人,核实相关证据。审查起诉阶段的会见工作,律师可根据辩护工作的需要适时、多次地进行安排。辩护律师在审查起诉阶段会见在押嫌疑人,要结合阅卷情况来会见。在阅卷以后,辩护律师已详细了解了案情,辩护思路已然形成,在这个时候,辩护律师会见当事人时,要针对在阅卷中发现的问题有针对性地向当事人进行核实。

第三,进行必要的调查取证。辩护律师在会见当事人后,如果当事人对起诉意见书所指控的涉嫌犯罪事实不予认可,讲述了真实的事情经过,并提供了证据线索且这些证据能够证实被告人无罪或者罪轻的,此时,辩护律师要充分利用《刑事诉讼法(2018)》第41条、第42条、第43条赋予辩护律师的调查取证权,依法进行调查取证,以获取对我们案件有帮助的证据,实现有效辩护。

第四,撰写律师意见。依据《刑事诉讼法(2018)》第37条的规定:"辩护人的责任是根据事实和法律,提出犯罪嫌疑人、被告人无罪、罪轻或者减轻、免除其刑事责任的材料和意见,维护犯罪嫌疑人、被告人的诉讼权利和其他合法权益。"在审查起诉阶段,辩护律师经过会见嫌疑人、阅卷以及经过必要的调查取证,已经了解案件的基本事实,辩护思路已经形成,接下来的任务就是撰写辩护意见,详细阐述辩护观点,供办案人员参考和采纳,促使办案人员作出对当事人有利的处理结果。

第五,及时递交辩护意见,并与办案机关充分沟通。在审查起诉程序中,律师可以通过递交羁押必要性审查、变更强制措施、退回补充侦查、要求不予起诉等相关的法律意见书,力求实现"三不一退",即不羁(更变强制措施)、退补

（退回补充侦查）、不重（少罪、轻刑）以及不诉（不提起公诉）。根据《刑事诉讼法（2018）》第173的规定，"人民检察院审查案件，应当讯问犯罪嫌疑人，听取辩护人、被害人及其诉讼代理人的意见，并记录在案。辩护人、被害人及其诉讼代理人提出书面意见的，应当附卷"。因此，按照法律规定，检察机关应当听取辩护律师的意见并制作笔录附卷，这也是辩护律师当面向检察院陈述辩护意见的法律依据。在审查起诉阶段，律师应及时形成辩护意见递交到办案机关，并争取与承办人员当面沟通意见，这样对维护委托人的合法权利将大有裨益。

第六，收集、调取证据。在审查起诉期间，辩护律师如认为侦查机关有证明犯罪嫌疑人无罪或者罪轻的证据材料未移送审查起诉的，有权申请检察机关调取。如果在审查起诉阶段律师发现或调取到关键证据，与检察机关及时沟通，那么可能就会在审查起诉阶段消化掉案件或者是减少审判阶段时庭审的争议点，从而开足火力对准更核心的问题，也可以为犯罪嫌疑人扭转不利的局面或是与检察官进行诉辩交易。

第七，申请非法证据排除。辩护律师根据掌握的证据材料以及在与犯罪嫌疑人充分沟通后，认为确有非法证据的，可以向检察机关申请排除非法证据，并提供涉嫌非法取证的人员、时间、地点、方式、内容等相关证据材料或者详细线索。人民检察院在审查起诉中，对于非法言词证据应当依法予以排除，不能作为提起公诉的依据。如若辩护律师的意见被检察机关采纳，那么极有可能会促使检察机关作出退回侦查机关补充侦查、不起诉等决定，或是在起诉时不移交该部分不利于犯罪嫌疑人的非法证据。

第八，申请变更强制措施。刑事诉讼法规定侦查阶段、审查起诉阶段、审判阶段，犯罪嫌疑人都可以申请变更强制措施，关键是看犯罪嫌疑人是否符合变更强制措施的条件。例如，犯罪嫌疑人在审查起诉阶段被超期羁押的，辩护律师有权要求对犯罪嫌疑人依法释放或者变更强制措施，申请取保候审或监视居住。

第九，申请启动羁押必要性审查。审查起诉阶段，犯罪嫌疑人被羁押后，辩护律师可以提交羁押必要性审查申请。在完成阅卷、会见工作后，辩护律师对案件的情况非常了解，也能够以更充分的理由去为犯罪嫌疑人争取"不予羁押"。辩护律师可以根据《人民检察院办理羁押必要性审查案件规定（试行）》的相关规定，向检察机关提交羁押必要性审查申请书。

第十，在认罪认罚案件的审查起诉阶段，充分行使辩护权。认罪认罚从宽制度的适用加大了对律师的依赖，律师的辩护作用也应当被强化。辩护律师或者值班律师在保障认罪认罚的"自愿性"方面发挥着不可或缺的作用。律师的作用不能只局限于签署认罪认罚具结书时的"见证人"，而应该在保证认罪认罚"自愿性"方面发挥实质性的监督功能。同时，认罪认罚从宽制度也为律师程序性辩护开辟了新的空间。① 在认罪认罚从宽制度背景下，律师辩护的形态由对抗式转变为协商式，律师进行这种协商式辩护的前提，就是确保被追诉人认罪认罚的自愿性与明智性。在协商式辩护模式下，律师应掌握好对抗的尺度，重视量刑辩护与强制措施辩护。② 毋庸置疑，认罪认罚案件的辩护重心前移到了审查起诉阶段，这也意味着，辩护律师应在审查起诉阶段全面提出核心辩护意见，竭力争取不起诉结果，同时也要重视轻罪辩护，以适度程序辩护推动实体辩护。

综上，审查起诉程序是整个刑事诉讼程序中的枢纽和桥梁，是启动对公民刑事追溯的屏障，对于防止滥诉、保障人权具有极为重要的意义。同时，审查起诉阶段对于辩护律师而言，也是其大展身手的阶段，只要律师工作到位，辩护得力，就有可能为委托人争取到不起诉、罪轻等理想的辩护效果。在审查起诉程序中，律师必须要将辩护重心前置，打好"庭前保卫战"，充分履行辩护职责，切实维护好委托人的合法权益，以期真正实现"有效辩护"！

---

① 参见魏晓娜：《认罪认罚从宽制度中的诉辩关系》，载《中国刑事法杂志》2021年第6期，第61—62页。

② 参见李辞：《认罪认罚从宽制度下的辩护形态》，载《理论月刊》2021年第10期，第142页。

第十一章

庭前会议的辩护

为确保审判程序能够集中审理,各国刑事诉讼制度都设有庭前程序。庭前程序是为庭审程序的顺利进行而设立。作为我国审判中心主义改革的有机组成部分,《刑诉法解释(2021)》吸收了以往相关规范性法律文件的内容,专门设立一节"庭前会议与庭审衔接",规定了庭前会议与法庭审理之间如何分工,庭前会议的程序以及参与人的权利与义务。实践中,既要防止庭前会议架空庭审程序,又要在庭前会议程序中找到实质辩护的空间,是辩护律师面临的新课题。

第一节　相关理念和目的

一、比较考察

无论是英美法系还是大陆法系，世界上很多国家都设置了刑事诉讼的审前程序。

（一）英国

英国刑事司法改革的重要内容就是进行庭前准备程序的改革，以便提高诉讼效率。其主要建立了两个程序：一是1995年设立的答辩和指导性听审程序；二是1996年在《英国刑事诉讼与调查法》中设立的预备听审程序。

1. 答辩和指导性听审程序

答辩和指导性听审程序，即"英国立法机构旨在通过这一答辩和指导性听审程序使控辩双方做好准备工作，同时使法庭做好必要的审判前安排并了解足够多的情况"[1]。

该程序主要有两种情况：第一，当被告人作有罪辩护时，法官需直接进入量刑阶段。此时控辩双方各自的主要责任不同，辩方的主要责任是：举证时辩方若需要控方证人出庭，则需提前提供相应名单；控方主要责任是：向法官提交简要的重大复杂案件的案情陈述。第二，若被告人作无罪答辩或控方不认可其答辩时，控辩双方除上述各自的责任外，还需要将己方在庭审时需要对方提供的出庭证人人数、控方证人顺序等清单列出。[2]

答辩和指导性听审程序既是被告人是否认罪的答辩程序，亦是法官了解相关材料、解决证据可采性等争议事项的程序，该程序的目的在于促进控辩双方做好庭审的准备工作，使法官做好审判前安排并了解必要的情况。

---

[1] 潘金贵：《英国刑事预审程序及其借鉴意义》，载《学术交流》2008年第5期。
[2] 参见乔伟荣：《刑事庭前准备程序研究》，西南政法大学2011年硕士学位论文，第8页。

2. 预备听审程序

1996年《英国刑事诉讼与调查法》设立的预备听审也叫预先听审，主要针对庭审时间可能较长的重大复杂案件。其发动在陪审团宣誓之前由法官或控辩双方申请，主持该程序的法官即为刑事法院审判该案的法官。该程序的主要目的是在陪审团宣誓前，先解决案件有关的法律问题。如果法官决定预备听审，则审判就从预备听审开始。在此程序中，法官可以对有关证据可采性等问题作出裁定，并且该裁定在之后的庭审中仍具有法律效力，除非按照司法程序对其撤销或变更。其救济方式主要是上诉至上诉法院或上议院，在对上诉作出裁定之后方能正式开庭。①

（二）美国

在美国，审前程序包括很多内容，如检察官起诉（简易起诉）或大陪审团起诉后的罪状否认程序（arraignment）和辩诉协商程序（plea bargaining），也有已经进入审判后的审前程序。进入审判后的审前程序，又称之为狭义的审前程序，包含审前动议（pretrial motion）、审前证据开示（pretrial discovery）和审前会议（pretrial conference）。②

1. 审前动议和审前证据开示

审前动议是诉讼当事人就其权利向法院提出申请的程序，如申请法官回避、排除非法证据、申请人身保护令等。

审前证据开示则是控辩双方交换证据的程序，以避免正式庭审时出现证据突袭。在开示程序中未予提出的证据，在开庭时原则上将成为失效的证据。

2. 审前会议

审前会议制度规定在《美国联邦刑事诉讼规则》第17.1条："在提出大陪审团起诉书或者检察官起诉书之后，法庭可以根据任何一方当事人的动议或者根据自己的动议，命令举行一次或多次会议以研究考虑诸如促进公正、迅速审判等类事项。在会议的最后决定中，法庭必须就已经达成协议的事项准备和提出备忘录。被告人或者律师在会议上所作的任何承认都不得被用来反对被告人，除非这

---

① 参见张东峰：《浅析英美法系中"刑事庭前准备程序"之比较》，载《职工法律天地》2016年第14期。

② 参见柯葛壮：《刑事诉讼"审前会议"之立法比较和实务运作》，载《东方法学》2013年第3期。

些承认被做成书面并且经过被告人及其律师的签字。本规则不适用于被告人没有律师作为其代表的案件。"在美国审判实务中通常将下列事项作为审前会议的主要讨论对象：(1) 找出双方不争执的事实而促成合意。(2) 确认各种文件与证物的同一性。(3) 对传闻证据与文书的真实性达成合意。(4) 删除对共同被告有偏颇的供述。(5) 对被告或案件分开审理。(6) 审判时被告与辩护人的座位安排。(7) 是否适用陪审以及有关挑选陪审员的发问内容。(8) 对陪审员适格性的调查。(9) 是否对陪审员行使绝对回避权及其人数确定。(10) 有两名以上辩护人或检察官出席时，其提出异议的程序。(11) 有两名以上的被告，进行诘问的程序。(12) 有两名以上的被告，其提出证据与辩论的程序。(13) 于审判何时，辩护人暂不得出庭。[①]

(三) 日本

1. 日本的庭前准备程序

日本的庭前准备程序分为第一次公审期以前的公审准备和第一次公审期以后的公审准备。《日本刑事诉讼法》规定第一次开庭前的准备程序主要由两部分构成：一部分是程序性的工作准备，即法院在审判前应当就审判的事项开展适当的审判准备工作，如起诉书副本的送达、指定审判日期等；另一部分则相当于审前会议所要解决的问题，即法院对于复杂疑难案件认为有必要时，可以在第一次审判日期前，召集检察官、被告及辩护人出庭进行准备程序，通过双方接洽协商主要解决案件的争议焦点及证据的整理问题，以使审判程序得以顺利进行，但基于"排除预断原则"，法院不得涉及足以产生预先判断之虞的事实。

2. 准备程序的具体内容

包括：(1) 明确起诉原因及处罚条文。(2) 整理案件的争点。(3) 释明计算结果及其他繁杂事项。(4) 晓为证据调查之请求。(5) 明确举证主旨、讯问事实。(6) 命提出证据书类或证物。(7) 确定是否为《日本刑事诉讼法》第326条的同意（即使用传闻证据之同意）。(8) 确定是否为《日本刑事诉讼法》第327条的书面调查请求。(9) 为调查证据之裁定或驳回调查证据之请求之裁定。(10) 对有关调查证据之请求所提出之异议为裁定。(11) 决定调查证据的顺序及

[①] Comment on Rule 491 to Uniform Rules; Holten & jones, supra note 179, at 269. 转引自柯葛壮：《刑事诉讼"审前会议"之立法比较和实务运作》，载《东方法学》2013 年第 3 期。

方法。①

日本的审前程序中，值得注意和参考的至少有三点：一是准备程序在解决案件争议焦点及证据整理问题时，必须坚持"排除预断原则"。二是在准备程序中，检察官和被告人、辩护人一般全部出庭，但如有事先释明不出庭意思的人且法院认为适当时也可由部分人出庭进行。三是法院认为有必要时在开庭前可以讯问证人，讯问时被告人可以不在场但须有辩护人在场。和我国庭前会议程序一样，日本庭前准备程序也包括整理实体争议焦点的内容。在不同国家具体制度设计的背后，我们可以读出其理念的异同：各国审前准备程序的具体制度设计虽然不同，但其蕴含的价值却是相通的，即为贯彻连续审理原则、提高庭审的效率与质量。

在英美法系的当事人主义诉讼模式下，庭前程序注重对当事人权利的保护，其程序内容更注重证据开示、证据可采性及对非法证据的排除等方面，以期提高庭审效率。

大陆法系国家的法官职权主义色彩浓厚，在一定程度上侧重对案件争点和证据的整理。

二、我国庭前会议的创立、定位及目的

（一）我国庭前会议制度的创立

2012年修正的《刑事诉讼法》第182条第2款（现行《刑事诉讼法》（2018）》第187条第2款）规定："在开庭以前，审判人员可以召集公诉人、当事人和辩护人、诉讼代理人，对回避、出庭证人名单、非法证据排除等与审判相关的问题，了解情况，听取意见。"这标志着我国刑事诉讼庭前会议制度的正式确立。2018年底《刑事诉讼法》再次修正时，对庭前会议的规范作了强调，并通过司法解释强化了这一规范的适用。

庭前会议制度旨在解决庭审流于形式的问题，希望能够通过庭前会议制度处理干扰法庭集中审理的其他事项，聚焦争点，实现庭审实质化，因此庭前会议制度也是推进以审判为中心的诉讼制度改革的重要举措。法官在庭前就案件的管

---

① Comment on Rule 491 to Uniform Rules; Holten & jones, supra note 179, at 269. 转引自柯葛壮：《刑事诉讼"审前会议"之立法比较和实务运作》，载《东方法学》2013年第3期。

辖、回避、出庭证人名单、非法证据排除等程序性问题事先作出妥善安排或必要准备，能够防止程序反复中断，保障庭审集中顺利进行，从而提高诉讼效率。法官对控辩双方争议焦点进行整理归纳，形成庭审重点的认识，体现了司法裁判权对控诉与辩护职能的有效引导，有助于强化庭审对抗的实效性，最终落实审判中心主义的要求。

（二）庭前会议与法庭审理的分工

庭前会议只是正式法庭审理的准备活动，其作用在于通过提前汇总，解决程序性的问题，保障庭审的顺利进行。定罪量刑等实体性问题仍然只能在庭审中解决。

庭前会议不能弱化庭审，更不能取代庭审。庭前会议召开的目的是开展必要的庭审准备工作，因此庭前会议可以进行证据展示，但不能以证据展示取代庭审举证和质证；可以整理事实和证据争点，其目的是突出庭审重点，以确保庭审的质量和效果，但不能弱化和取代庭审调查、辩论等。[1]

实践中，在个别案件中存在一定程度上的"大庭前会议，小庭审程序"的现象，作为辩护律师应当引起注意。因为庭审程序才是解决定罪量刑问题的正式程序，如果将相关问题一概通过庭前会议解决，可能导致被告人权利得不到充分保障。据学者统计，从北京市2018年审结的一审刑事案件中筛选出了召开庭前会议的案件40个，40个案件庭前会议所用时间共计82小时，平均每个案件约2小时，庭审时间共计126小时，平均每个案件约3小时。有10个案件庭前会议的用时超过正式庭审用时（约占案件总数的25%）。[2]

（三）庭前会议的定位

庭前会议的功能定位有两方面：程序性问题的汇总解决及部分实体问题的整理明晰。[3] 对于一项制度，立场不同，对制度的定位也有所不同。庭前会议制度，对法官、检察官、辩护律师、被害人等而言，定位的侧重点有所不同。明确庭前会议的功能定位，是辩护律师合理行使权利，制定诉讼策略的前提。

---

[1] 参见戴长林、鹿素勋：《〈人民法院办理刑事案件庭前会议规程（试行）〉理解与适用》，载《人民法院报》，2018年1月31日，第6版。

[2] 参见吴小军：《庭前会议的功能定位与实践反思——以B市40个刑事案件为样本》，载《法学杂志》2020年第4期。

[3] 参见闵春雷、贾志强：《刑事庭前会议制度探析》，载《中国刑事法杂志》2013年第3期。

对于法官而言，庭前会议的重点在于为正式庭审扫清障碍，提高庭审效率。对于检察官而言，通过庭前会议交换证据而减轻其在庭审中的举证负担。对于辩护律师而言，庭前会议是一项集中表达程序性问题法律意见，了解控方指控逻辑及证据体系的机会。

在参加庭前会议时，辩护律师应当秉持的核心理念是：提出并解决程序性问题、了解并归纳实体性争议。在此理念指导之下，应当做好以下几个方面的工作：

第一，辩护律师要充分准备可能需要在庭前会议中提出的问题，以及对公诉人、法官有关意见的应对。例如，提出管辖权异议，要将所有关于刑事案件管辖的法律规定悉数掌握，明确犯罪行为地、犯罪结果地的范围，搜集和固定有关当事人行为地、结果发生地的证据。

第二，辩护律师要通过庭前会议活动，了解掌握控方指控思路、举证顺序等。

第三，庭前会议后，辩护人通过解决程序问题、了解证据和实体问题争议，为参加法庭审理做好准备。

（四）庭前会议的目的

1. 提高庭审效率

庭前会议制度设计的目的在于解决与审判有关的程序性事项，提升庭审效率和庭审质量，实现庭审实质化，深入推进以审判为中心的刑事诉讼制度改革。没有庭前会议，很多时候庭审会因为程序性问题屡屡中断。这种局面，不利于法庭正常开展审判工作，对律师而言，争议性问题无法快速解决，并且在频繁对抗的过程中极易深化控辩审各方之间的敌对态度，有弊无利。

2. 为法庭辩护做好准备

对辩护律师而言，提高庭审效率即是提高辩护效率。庭审效率和辩护效率的提高有赖于程序性问题的提前解决和实体争议的及时归纳。辩护律师在这些工作中发挥着不可替代的作用，因为辩护律师既是程序性问题的主要提出者，又是发表法律意见的两大主体之一。

因此，辩护律师对待庭前会议，要报以积极主动的态度，如存在相关问题，应及时申请召开，并认真参加庭前会议，尽早解决相关问题。

第二节 庭前会议的相关规程

2012年修正的《刑事诉讼法》第182条第2款规定:"在开庭以前,审判人员可以召集公诉人、当事人和辩护人、诉讼代理人,对回避、出庭证人名单、非法证据排除等与审判相关的问题,了解情况,听取意见。"该条款标志着我国刑事诉讼庭前会议制度的正式确立。

《刑诉法解释(2012)》和《检察院刑诉规则(2012)》对庭前会议的适用作出了进一步规定。

2017年11月27日发布的最高人民法院关于办理刑事案件的"三项规程"[①],其中之一便是2018年1月1日起施行的《庭前会议规程》,以专题性的文件对庭前会议的各项内容进行了进一步的明确。《庭前会议规程》共计27条,规定了庭前会议的功能、适用范围、基本规程、主要内容、效力及与庭审的衔接方式等。

2018年底,《刑事诉讼法》再次修正时延续了2012年《刑事诉讼法》关于庭前会议制度的规定。

2021年3月1日实施的《刑诉法解释》,在《庭前会议规程》的基础上,吸收实践经验,从第226条到233条,对庭前会议的相关内容作了更为详细的规定。

一、庭前会议适用范围

根据《刑诉法解释(2021)》第226条,庭前会议主要适用于以下几种类型的案件:

(1)证据材料较多,案情重大复杂的案件。如:涉及多个罪名、多起事实或者多名被告人的黑社会性质组织犯罪案件、经济犯罪案件等。

(2)控辩双方对事实、证据存在较大争议的案件。如可能需要排除非法证

---

① 最高人民法院印发的《庭前会议规程(试行)》《排除非法证据规程(试行)》《刑事一审法庭调查规程(试行)》,以下统一简称为"三项规程"。

据,或者辩护人、被告人已经提出申请排除非法证据的案件。

(3) 社会影响重大的案件。一些案件事实并不复杂,当事人争议也不大,但案件本身由于当事人身份、案件后果等因素引起社会普遍关注。

(4) 需要召开庭前会议的其他情形。如当事人提出的申请或者异议可能导致庭审中断的案件。主要是指《庭前会议规程》第10条或《刑诉法解释(2021)》第228条列举的对案件管辖提出异议,申请有关人员回避等可能导致庭审中断的情形。

《庭前会议规程》第1条第1款规定,人民法院适用普通程序审理刑事案件,对于证据材料较多、案情疑难复杂、社会影响重大或者控辩双方对事实证据存在较大争议等情形的,可以决定在开庭审理前召开庭前会议。《刑诉法解释(2021)》第226条正好吸收了上述规定。①

二、庭前会议的启动程序

庭前会议制度的启动可以分为两种情形:一是法院依职权启动;二是控辩(包括被告人及其辩护人)双方提出申请,经法庭审查后决定召开庭前会议。

其中,根据《庭前会议规程》第1条第3款规定,被告人及其辩护人在开庭审理前申请排除非法证据,并依照法律规定提供相关线索或者材料的,人民法院应当召开庭前会议。《刑诉法解释(2012)》第99条规定,开庭审理前,当事人及其辩护人、诉讼代理人申请排除非法证据,人民法院经审查,对证据收集的合法性有疑问的,才应当召开庭前会议。通过对比可以发现,在因申请排除非法证据而召开庭前会议的情形下,实现了由"法官酌定"到辩护人、被告人按要求提供证据线索后"法定召开"的转变,法官在这一问题上的裁量权有所减弱。

实践当中,绝大多数庭前会议由法庭依职权启动召开,辩护律师因鲜有证据向法庭出示,故其申请召开庭前会议的积极性或者次数有限。② 不过在一些程序性问题较多的案件中,辩护律师往往更倾向于申请召开庭前会议,集中表达对办案程序的意见及提出相关申请。

---

① 参见刘静坤编著:《最新刑事诉讼法司法解释条文对照与适用要点》,法律出版社2021年版,第166页。
② 参见闵春雷、贾志强:《刑事庭前会议制度探析》,载《中国刑事法杂志》2013年第3期。

三、庭前会议的参与主体

庭前会议的参与主体主要包括：

1. 庭前会议主持者

根据《刑诉法解释（2021）》第230条规定，庭前会议由审判长主持，合议庭其他审判员也可以主持庭前会议。而《庭前会议规程》第3条规定的是由承办法官主持庭前会议，并且承办法官可以指导法官助理主持庭前会议。可以发现，并非全部合议庭成员都会参加庭前会议。

需要注意的是：（1）合议庭的人民陪审员主持庭前会议并不适宜，故将庭前会议的主持人限定为"审判长"或者"合议庭其他审判员"。但是，人民陪审员可以参加庭前会议。（2）对于法官助理是否可以主持庭前会议，存在不同观点。最终《刑诉法解释（2021）》没有赋予法官助理主持庭前会议的权限。因为，《刑事诉讼法》明确规定，庭前会议由审判人员召集，法官助理属于审判辅助人员，不属于"审判人员"，不宜由其主持庭前会议。①

2. 公诉人和辩护人

被告人申请排除非法证据，但没有辩护人的，人民法院应当通知法律援助机构指派律师为被告人提供帮助。

3. 被告人

根据案件情况，被告人可以参加庭前会议。被告人申请参加庭前会议或者申请排除非法证据等情形的，人民法院应当通知被告人到场。《刑诉法解释（2021）》也持相同观点，明确庭前会议准备就非法证据排除了解情况、听取意见，或者准备询问控辩双方对证据材料的意见的，应当通知被告人到场。此外，《刑诉法解释（2021）》原本拟吸收《庭前会议规程》第3条第3款规定的"被告人申请排除非法证据，但没有辩护人的，人民法院应当通知法律援助机构指派律师为被告人提供帮助"。但在征求意见过程中，对此规定存在不同认识。鉴于此，本条未予吸收，留待司法实践继续探索。②

---

① 参见最高人民法院关于《刑事诉讼法解释》的理解与适用，网址：https：//mp.weixin.qq.com/s/qUapQch7S7lGkSSdCDK5Pw，访问日期：2022年4月23日。

② 参见闵春雷、贾志强：《刑事庭前会议制度探析》，载《中国刑事法杂志》2013年第3期。

《庭前会议规程》第 4 条规定："被告人不参加庭前会议的，辩护人应当在召开庭前会议前就庭前会议处理事项听取被告人意见。"第 8 条规定，人民法院通知参会人员的时间是召开庭前会议三日前。这使得辩护律师增加了一项法定职责，即在接到庭前会议通知后、召开庭前会议前，必须会见被告人，辩护律师应当注意完善和留存会见笔录内容。

有多名被告人的案件，人民法院可以组织多名被告人分别参加。对于辩护律师而言，庭前会议也是一次了解同案被告人及辩护律师观点的机会。

4. 附带民事诉讼当事人

《庭前会议规程》第 3 条还规定，庭前会议中进行附带民事调解的，人民法院应当通知附带民事诉讼当事人到场。

四、庭前会议的召开方式

根据《刑诉法解释（2021）》第 231 条之规定，庭前会议一般不公开进行。根据案件情况，可以采取视频等方式进行。庭前会议不是正式庭审程序，故一般不公开进行。庭前会议可以多次召开，有些案件，人民法院休庭后，为准备再次开庭，也可以在再次开庭前召开庭前会议。

五、庭前会议解决的辩护事项

（一）法定事项

《庭前会议规程》第 10 条列举了庭前会议所处理的十大事项，《刑诉法解释（2021）》在其基础上增加了关于涉案财物权属及处理建议的事项。

（1）是否对案件管辖权有异议。为了确保审判的合法性，避免无效审判，有必要在正式审判前解决案件管辖权问题。特别是一些存在指定管辖的重大案件中，指定程序是否合法，侦查、检察、审判机关是否相互对应协调，级别管辖是否合法，都是应当注意的问题。

（2）是否申请有关人员回避。在一些需要提交审判委员会讨论的重大案件中，除了合议庭成员、书记员、检察人员外，审判委员会委员亦属于《刑事诉讼法（2018）》第 29 条所规定的"审判人员"，同样属于申请回避的对象。例如，在"杭州保姆莫焕晶放火、盗窃案"二审中，合议庭在庭前会议中告知该院审判委员会名单，全面保障了辩方的申请回避权。

（3）是否申请不公开审理。根据《刑事诉讼法（2018）》第 188 条之规定，有关国家秘密或者个人隐私的案件，不公开审理；涉及商业秘密的案件，当事人申请不公开审理的，可以不公开审理。

（4）是否申请排除非法证据。一般而言，证明取证合法性需要调取讯问被告人同步录音录像、体检记录、侦查人员说明情况等，这些材料往往并不随案移送，因此需要在庭前专门解决这些问题。

关于审查证据合法性的方式，《刑诉法解释（2021）》第 130 条规定，人民检察院可以通过出示有关证据材料等方式，对证据收集的合法性加以说明。必要时，可以通知调查人员、侦查人员或者其他人员参加庭前会议，说明情况。

同时，《刑诉法解释（2021）》第 131 条还规定证据以及排除非法证据的申请都可以撤回，在庭前会议中，人民检察院可以撤回有关证据。撤回的证据，没有新的理由，不得在庭审中出示。当事人及其辩护人、诉讼代理人可以撤回排除非法证据的申请。撤回申请后，没有新的线索或者材料，不得再次对有关证据提出排除申请。

关于对证据合法性的调查结论和处理方式，《刑诉法解释（2021）》第 133 条规定，控辩双方在庭前会议中对证据收集是否合法未达成一致意见，人民法院对证据收集的合法性有疑问的，应当在庭审中进行调查；对证据收集的合法性没有疑问，且无新的线索或者材料表明可能存在非法取证的，可以决定不再进行调查并说明理由。根据上述规定，法庭不在庭前会议中当庭作出是否排除非法证据的决定，体现了以庭审为中心的理念。

（5）是否提供新的证据材料。辩护律师对于证明被告人无罪或罪轻的证据，也应尽快提交法院，尽量避免进行证据突袭。

（6）是否申请重新鉴定或勘验。根据《刑诉法解释（2021）》第 273 条规定，申请重新鉴定或者勘验的，应当说明理由。法庭认为有必要的，应当同意，并宣布休庭；根据案件情况，可以决定延期审理。

（7）是否申请收集、调取证明被告人无罪或者罪轻的证据材料。本项实质上是对《庭前会议规程》第 10 条第 7、8 项内容进行了合并表述，申请收集和调取的材料主要有两类，一是在侦查、审查起诉期间公安机关、人民检察院收集但未随案移送的证明被告人无罪或者罪轻的证据材料；二是向证人或有关单位、个人收集、调取证据材料。

（8）是否申请证人、鉴定人、有专门知识的人、调查人员、侦查人员或者其他人员出庭，是否对出庭人员名单有异议。相较于《庭前会议规程》，《刑诉法解释（2021）》新增了对调查人员的出庭申请，并且规定了"其他人员"作为兜底条款。关于调查人员的规定，主要是与监察委办案程序相互衔接，因而在侦查人员之外增加了调查人员的表述。

（9）是否对涉案财物的权属情况和人民检察院的处理建议有异议。本项是《刑诉法解释（2021）》在《庭前会议规程》基础上新增的内容。《刑诉法解释（2021）》明确将涉案财物的权属和处置作为法庭审理的一项内容。相应地，庭前会议中也需要对被告人和辩护人是否对涉案财物权属情况及人民检察院的处理建议有异议进行处理。

《刑诉法解释（2021）》第 228 条还规定，庭前会议中，人民法院可以开展附带民事调解，这也意味着被害人及其代理人也有必要参加庭前会议。

此外，《刑诉法解释（2021）》第 229 条规定，庭前会议中，审判人员可以询问控辩双方对证据材料有无异议，对有异议的证据，应当在庭审时重点调查；无异议的，庭审时举证、质证可以简化。这一规定基本承袭了《庭前会议规程》第 19 条关于"人民法院可以组织展示证据"的规定，但该条还明确"人民法院组织展示证据的，一般应当通知被告人到场，听取被告人意见；被告人不到场的，辩护人应当在召开庭前会议前听取被告人意见"。而《刑诉法解释（2021）》中没有进一步体现关于询问被告人自身是否对证据有异议的内容。

（二）扩展事项

除了上述基本事项，在司法实践中，庭前会议还拓展了其他功能，主要有以下几点：

第一，推动案件繁简分流。据统计，2020 年认罪认罚从宽制度适用率超过 85%。在认罪认罚案件中，可以选择适用普通程序还是速裁程序或简易程序，从而推动刑事案件繁简分流。

第二，规范撤回起诉程序。司法实践中撤回起诉程序存在诸多问题，如撤回时间几乎不受限制，只要法院宣告判决前均可申请撤回；撤回公诉与无罪判决表现出趋同性，裁定撤诉代替无罪判决等。① 《庭前会议规程》对撤回起诉进行了一

---

① 参见吴小军、董超：《刑事诉审合意现象之透视——以撤回公诉和无罪判决为样本》，载《人民司法》2011 年第 15 期。

定限制,赋予庭前会议部分公诉审查功能,即法院在庭前会议中听取控辩双方对案件事实证据的意见后,对明显事实不清、证据不足的案件,可以建议检察院补充侦查或者撤回起诉;对法院在庭前会议中建议撤回起诉的案件,检察院不同意的,法院开庭审理后,没有新的事实和理由,一般不准许撤回起诉。

第三,协商确定开庭方式。对于二审案件是否开庭,以及开庭方式的问题通常由法庭依职权决定,无须征求控辩双方的意见。但在庭前会议中引入控辩双方参与,可以协商确定开庭方式,充分尊重诉讼主体的意愿,刑事诉讼由传统对抗式趋向现代合意式,彰显司法民主。①

以上便是我国庭前会议制度的基本内容,庭前会议制度本身也是以审判为中心司法改革的一部分,是推进庭审实质化改革的重要举措。庭前会议制度的本质是提供一个集中解决程序问题的场域,对于管辖权、回避、非法证据排除等问题固然有了一个集中讨论的机会,或许也更加能够引起司法人员重视,但是相较于庭前会议制度实施之前,刑事案件非法证据排除的概率、回避的概率有无明显提升,恐怕不得而知。从笔者的实务观感而言,在部分重大、敏感案件中对上述问题的处理,并无明显改观。正如有学者指出:无论是改变法庭审理的顺序、方式、对象,还是贯彻直接言词、集中审理原则,抑或是推行司法责任制、建立员额制,其意义都是极为有限的,刑事庭审实质化的关键制约要素可能就是司法审判的行政化,并构建起以依法独立行使职权为核心的司法独立。② 如此,才能更好地实现庭审的高效和实质化。

六、庭前会议事项的处理规则

对于控辩双方等诉讼当事人在庭前会议中提出的问题,应当当庭解决还是在庭前会议后和正式庭审中进行处理?《刑诉法解释(2021)》对《庭前会议规程》的规定进行了调整,最高人民法院在对《刑事诉讼法(2021)》的理解与适用中做出了解释:《庭前会议规程》第 10 条第 2 款规定:"对于前款规定中可能导致庭审中断的事项,人民法院应当依法作出处理,在开庭审理前告知处理决定,并说明理由……"《刑诉法解释(2021)》第 228 条原本拟吸收上述规定,明确庭前会议阶段可以对程序性事项视情况作出处理。征求意见过程中,有

---

① 参见闵春雷、贾志强:《刑事庭前会议制度探析》,载《中国刑事法杂志》2013 年第 3 期。
② 参见李奋飞:《论刑事庭审实质化的制约要素》,载《法学论坛》2020 年第 4 期。

意见提出,《刑事诉讼法（2018）》第 187 条第 2 款规定,在开庭以前,审判人员可以召集公诉人、当事人和辩护人、诉讼代理人,对回避、出庭证人名单、非法证据排除等与审判相关的问题,了解情况,听取意见。法律没有规定人民法院可以在庭前会议中对有关事项作出实质性处理,上述规定与《刑事诉讼法》的规定不一致,且法庭审判是刑事诉讼的重要环节,在未开庭的情况下对案件的重要事项作出决定,是否与当前正在进行的以审判为中心的诉讼制度改革要求冲突,也需要慎重研究。经研究,采纳上述意见,《刑诉法解释（2021）》第 228 条第 3 款规定:"对第一款规定中可能导致庭审中断的程序性事项,人民法院可以在庭前会议后依法作出处理,并在庭审中说明处理决定和理由。控辩双方没有新的理由,在庭审中再次提出有关申请或者异议的,法庭可以在说明庭前会议情况和处理决定理由后,依法予以驳回。"据此,对庭前会议中的相关事项"在庭前会议后"而非在"在开庭审理前"作出处理,且要求"在庭审中说明处理决定和理由"。

七、庭前会议的决定及其效力

根据《刑诉法解释（2021）》第 233 条规定,对庭前会议中达成一致意见的事项,法庭在向控辩双方核实后,可以当庭予以确认;未达成一致意见的事项,法庭可以归纳控辩双方争议焦点,听取控辩双方意见,依法作出处理。控辩双方在庭前会议中就有关事项达成一致意见,在庭审中反悔的,除有正当理由外,法庭一般不再进行处理。

同时,在证明标准方面,根据《刑诉法解释（2021）》第 232 条的规定,人民法院在庭前会议中听取控辩双方对案件事实、证据材料的意见后,对明显事实不清、证据不足的案件,可以建议人民检察院补充材料或者撤回起诉。建议撤回起诉的案件,人民检察院不同意的,开庭审理后,没有新的事实和理由,一般不准许撤回起诉。这从一定程度上能够限制检察机关滥用撤回起诉的权利,维护人民法院的裁判权力。

第十二章

法庭发问与人证

　　法庭发问不是简单的聊天，而是在法庭调查中展示案件事实的机制，控方想通过发问展现对指控有利的事实，辩方想通过发问展现对辩护有利的事实。虽然大陆法系与英美法系法庭调查真相的机制不同，交叉询问机制在英美法系的法庭审理中被誉为"发现真相的伟大法律引擎"，在大陆法系也是发现真相的关键环节。

　　法庭发问是辩护人在刑事诉讼中履行辩护职责的重要工作内容，是辩护人在庭审中的首次亮相，也是法官、公诉人、旁听人对辩护人庭审能力第一印象的形成阶段。辩护人通过发问揭开法庭辩护的"序幕"，通过"问辩"将自己的辩护观点依次展开，最终为质证和法庭辩论打下基础。法庭发问的成效，对辩护人出庭辩护的效果起关键作用，进而影响整个辩护工作的效果。

　　在英美法系，法庭发问是一项古老的艺术，"成功的法庭盘问需要犀利出众的口才天赋、广泛精准的知识储备、训练有素的逻辑思维和敢于胜利的顽强意志"[1]。在我国不断推动庭审实质化的背景下，刑事诉讼的重心逐步从侦查向庭审转移，辩护人法庭发问能力在各项能力中显得尤为重要。辩护律师立足于辩护工作实践，不断总结法庭发问技巧，提高法庭发问的能力，对于正确履行辩护职责，完成辩护任务具有重要意义。

---

[1] 〔美〕法兰西斯·威尔曼：《交叉询问的艺术》，周华、陈意文译，红旗出版社1999年版，第3页。

第一节　相关理念

英美法系与大陆法系实行不同的诉讼制度，但其理念有相通之处。我国虽然沿袭大陆法系，但是法庭发问制度受传统文化与刑讯制度的深刻影响，在理念方面与英美法系和其他大陆法系国家都有所区别。比较分析西方、中国古代和中国当代不同的发问理念，可以更好地掌握不同的发问方式，实现法庭发问的目的。

法庭发问的理念，是指有关法庭发问的原则、思想与看法。"从历史的角度来看，任何事物的发展都无法超越其必经的历史阶段，而在每一个阶段的提升和跨越过程中，都必然要面对理念的更新。一种滞后的理念无法适应新的机制，反之，一个新的机制也无法在旧理念的围困中正常运行。我们目前正是处于这种痛苦挣扎的尴尬境况之中，而这正是困扰我们推进法治化进程的根源所在。"①

一、法庭发问的相关内容

（一）法庭发问的概念

本处所讲法庭发问，是指在法庭调查中，展示案件事实，发现真相为目的，以程序公正为规范，围绕案件事实及相关情况，对被告人、被害人、证人、侦查人员、鉴定人、有专门知识的人、见证人等依法进行发问的诉讼活动。

第一，法庭发问是法庭调查程序的内容之一。人民法院根据刑事诉讼法的规定围绕被告人是否犯罪、是否应当承担刑事责任进行审判，法庭调查是法庭依程序对案件事实和证据进行调查。控辩交替发问是法庭调查的重要方式，辩护人的法庭发问是法庭调查程序的重要组成部分。基于此，法庭发问遵照刑事诉讼法律程序，服从合议庭指挥，并产生特定的刑事程序效力和实体效力。

第二，法庭发问针对的是与案件事实相关的内容。法庭发问是与案件事实相

---

① 田文昌：《走出刑事诉讼理念的十大误区》，载财新网（网址：https://opinion.caixin.com/2020-09-15/101605412.html），访问日期：2022年8月15日。

关的内容，包括证据、事实、程序等。根据法律规定，公诉人的法庭讯问、询问，应当围绕案件事实相关内容进行，辩护人适用同样的规则。法庭发问是法庭调查事实真相的手段，针对事实问题发问，不能针对法律问题发问。控辩一方发问内容与案件事实无关或违反有关发问规则的，对方可以提出异议，审判长可以予以制止。需要指出的是，辩护人法庭发问所指向的事实的范围不是全部案件事实，而是围绕被告人进行辩护的事实展开，包括确定对当事人有利的事实和情节、否定不利的事实和情节、质疑程序等，对当事人不利的事实和情节的确认，不是辩护人法庭发问的职责。

第三，法庭发问的对象是特定的。包括被告人、被害人、证人、侦查人员、鉴定人、有专门知识的人和见证人。法庭发问的对象，是掌握案件事实、具备专业知识或者参与案件程序的特定出庭人员。对这些特定人员的盘问，公诉人与辩护人通常交替进行，审判人员也可以进行讯问和询问，发问方式一般是一对一以一问一答的方式进行，必要时可以由法庭组织进行对质。辩护人的法庭发问与公诉人的法庭讯问、询问，尽管在发问主体、发问目的、与发问对象的关系等方面存在一定的区别，但二者之间是相伴相生的对抗性的诉讼行为，在语言方式、策略选择、发问规则等方面具有相通之处。

（二）法庭发问与举证、质证的关系

法庭发问程序与举证、质证程序都是法庭调查程序的不同环节，二者存在明显的区别。第一，法庭发问的对象是出庭的人证，包括被告人以及出庭的被害人、证人、鉴定人、侦查人员等；而举证、质证的对象包括言词证据的笔录、物证、书证、鉴定意见、视听资料、电子数据。第二，法庭发问是通过问答的方式来展示案件的事实，按照主询问——反讯问——再主询问——再反讯问的顺序进行；举证、质证是通过宣读、出示或展示证据的方式，来证明案件事实，按照宣读、出示、展示证据——质证的顺序进行。第三，法庭发问遵循的是发问规则，发问的内容应当与案件有关，不得采用诱导方式发问，等等；而举证、质证所遵循的规则，围绕着各类证据的客观性、关联性和合法性，主要是各类证据的采信规则。

法庭发问与举证、质证又存在紧密的联系。第一，对于言词证据，如果以笔录证据的形式予以宣读，则适用举证、质证程序，如果由人证出庭陈述，则通过法庭发问的方式，实践中，往往是在笔录证据真实性存在较大疑问的情况下引出

人证的出庭。以笔录证词取代人证出庭，庭审难以走向实质化。第二，举证、质证所体现的控辩双方的对抗性，在法庭发问中同样存在。举证一方宣读、出示证据，质证一方围绕客观性、关联性与合法性进行质疑，以便法庭对是否采信证据作出选择。在法庭发问中这种对抗，体现在反讯问过程中问答双方的对抗，也体现在控辩双方不同的设置问题的方式。第三，在法庭发问的程序，同样可以进行质证。可以把法庭发问环节理解成广义的举证程序，发问完毕后，双方可以围绕发问的事实进行质证。根据《刑事一审法庭调查规程》第19条的规定，"控辩双方向证人发问完毕后，可以发表本方对证人证言的质证意见"。在发问时，一般不允许与被发问人争论，对发问对象和内容进行评论容易被法庭裁断为进行诱导；待发问结束后，对人证的诚信程度、证词的可靠性、证词本身或者与其他证据是否存在矛盾、证词与整个案件事实的关系乃至法律适用，发问双方可以发布综合性的质证意见。

二、西方法庭交叉询问的理念

（一）发现真相之功用

交叉询问是双方当事人及其诉讼代理人在法庭上通过对证人交替发问及回答来证明案件事实的一种方法。美国证据法学家威格莫尔说："交叉询问是人类探知真相的最伟大的发明，是发现事实真相的最有效的法律装置。"交叉询问有"发现真相的伟大引擎"的美誉。因为言辞证据具有较强的主观性，心理学家韦蒲尔曾指出："无错误的陈述乃属例外。"司法实践中，因证人的错误陈述而导致错案的情况时有发生，而交叉询问被认为是甄别真话与谎话，将夸大的陈述还原到真实的最好途径。

交叉询问首先由提出申请该证人一方的当事人和律师进行询问，称为主询问；然后由对方当事人和律师进行询问，称为反询问；再由最初询问的一方进行再主询问，对方进行再反询问，双方依次交替进行法庭发问。主询问的目的是通过对证人的发问将有利于己方的案件事实进行陈述，以证实己方主张的事实，取得法庭的认可；反讯问的目的则是通过对主询问一方的攻击，以证明其主张的事实的虚假性，以达到证伪的目的。

（二）不可误导裁判者

交叉询问虽然被称为是"发现真相的伟大引擎"，但威格莫尔同时还认为交叉询问"在制造假象方面,也几乎是威力相当"。事实具有多面性,诉讼各方基于不同的立场,从不同的角度去观察、分析和判断事实,自然会有不同的理解,交叉询问作为最富有技巧性的庭审技术,也可能会使虚假的证言被法庭所采信,以误导裁判者。

交叉询问的规则通常禁止主询问一方进行诱导发问,反讯问一般允许使用诱导性询问。所谓诱导发问,是指发问的问题中含有询问者想要的答案。之所以禁止主询问一方进行诱导发问,这是因为主询问通常询问我方证人,诱导性发问通常会误导法庭;而反讯问一方则不然,反讯问是通过发问来获取有利于本方的事实,动摇对方证据的可信性,进行诱导是反讯问的通用方式。

(三) 确保被问者理性冷静

被发问对象作为普通公民,大多是平生第一次参与刑事诉讼,会有紧张、焦虑、对抗等不同的情绪反应,尤其是面对掌握法庭规则和丰富技巧的律师时,情绪可能会有不同程度的激化。交叉询问的目的是获取有利的事实,尽量把被问者的情绪控制在理性冷静的状态,以获取更多的信息,是发问的重要原则之一。

试图激怒发问对象,或者不经意间对他进行攻击、侮辱人格,都是不明智的选择,可能会换来发问者同等的报复或者不配合,使得发问达不到应有目的,甚至造成发问者当庭出丑。所以,要紧紧围绕事实问题对证人进行发问,不要与证人争吵,不要就判断性问题与证人进行争论。

(四) 以控辩平等为原则

交叉询问的程序设计以控辩平等为原则。美国学者伦斯特洛姆称:"在英美法中,对证人进行交叉询问具有一种权利上的属性,交叉询问构筑了正当程序的重要层面。"交叉询问制度体现了控辩双方进攻和防御的平等原则。在发问的机会上,主询问、反询问、再主询问、再反询问,双方基于平等地位交替发问;在发问方式上,禁止主询问一方进行诱导性询问,而反询问一方可以进行诱导性询问;发问的范围上,主询问一方发问的范围限于案件的争议事实,而反询问则应限于主询问的主题之内与证人诚信相关的问题。对方违反发问规则提出异议,请求法庭予以制止,也是控辩双方平等进行攻防原则的体现。

三、中国古代法庭发问的理念

中国古代法庭发问最大的特色在开启法庭发问的方式上,多先予使用恐吓、威慑乃至肉体折磨的方式，开启法庭发问。且发问前刑讯是合法的，发问更准确地说是"逼问"，结合"五声听狱讼"的发问技巧。

（一）刑讯法定化

对于被告人口供，中国古代奉行通过肉刑的方式逼问口供，有发达的刑讯制度，仅称谓就有"拷鞫""掠治""拷掠""拷讯""熬审"等多种。刑讯以法定的形式进行，什么情形下可刑求，"刑"什么部位，用什么刑具怎么"刑"，"刑"错了怎么办，都是以制度化的形式固定下来。

自西周开始即出现刑讯审案方式，秦朝刑讯正式入律，允许通过拷打获取犯人招供。从唐代开始，刑讯制度走向完备，对刑讯的条件、对象、刑具、次数、受刑部分均有规定。清代对老幼及孕妇的刑讯作出了严格的限制性规定。古代一切均以打击犯罪的需要作为出发点，对于证人可以强制押解到庭，跪地听审，甚至可能同被告人一样被逮捕和刑讯。

（二）五声听狱讼

五听即辞听、色听、气听、耳听、目听，是中国古代特殊的察言观色的纠问制度。辞听是"观其出言，不直则烦"；色听是"察其颜色，不直则赧"；气听是"观其气息，不直则喘"；耳听是"观其聆听，不直则惑"；目听是"观其眸子视，不直则眊然"。以后各朝代均以五听作为刑事审判的重要手段，《唐六典》规定："凡察狱之官，先备五听。"

四、中国当代法庭发问的理念

（一）是法庭事实调查的方式

从总体上看，法庭发问是法定调查的有机组成部分，是法庭调查事实的方式。法庭调查是在审判人员的主持之下，在控辩双方及其他诉讼参与人的参与下，当庭对案件事实和证据进行调查、核实的诉讼活动。公诉人宣读起诉书后，随即在法庭的主持下开始法庭调查，公诉人可以对被告人进行发问，被害人、附带民事诉讼的原告人和辩护人、诉讼代理人，经审判长许可，可以向被告人发问。发问同案被告人，应当分别进行。公诉人、当事人和辩护人、诉讼代理人经审判长许可，可以对证人、鉴定人发问。对于被告人、证人、被害人之间的陈述存在矛盾的，法庭可以组织进行对质。对于出庭的鉴定人、有专门知识的人，控辩双方同样可以进行发问。

(二) 承担核实笔录的作用

法庭发问承担核实笔录的作用。我们的庭审长期奉行案卷笔录主义，证人不能直面庭审仍然是一个现实问题，举证、质证大多是围绕被告人、证人的笔录进行，当庭的陈述与书面笔录的证据效力，法律并没有明确规定。对于被告人、证人、鉴定人的发问，在某种程度上承担着核实笔录与证伪笔录的职能，并以此判断二者客观性、关联性、合法性孰高孰低。

(三) 体现了控辩平等的原则

法庭发问的规则体现了控辩平等攻防的原则。公诉人可以对被告人讯问，与此对应的是，辩护人经审判长许可可以讯问被告人；公诉人、辩护人经审判长许可可以对证人、鉴定人发问。控辩双方不仅具有平等的发问机会，也具有平等的发问轮次，以便与控辩双方相对平等地攻防。法律对于发问内容和发问规则的规定，对控辩双方平等适用。

五、人证

(一) 人证是能够统构证言和证人的概念

1. 证言

证言是从证据存在形式的角度对证据的描述，属于法定证据种类的一种，是指证人将其了解的案件信息向公安司法机关所作的陈述。证言一般应当由证人出庭采用口头表述的方式进行，证言中承载着与案件事实相关的信息，因此，可以通过证言来还原事实真相。但证言中案件信息的呈现与陈述者个人的感官能力、理解认识程度、表达能力以及个人倾向等密切相关。因此，证言应该具备客观性、合法性、关联性，但更多时候，证言作为主观证据，具有一定的主观性，因此必须通过回答发问、接受质证以验证证言内容的真伪。

2. 证人

证人是指了解案件事实情况的自然人，是证言的载体。通常而言，证人需要满足以下要求：(1) 证人必须是亲自了解案件事实的人；(2) 证人必须是能够对其了解的案件事实正确表达意思的人。

3. 人证

人证是一种证据方法。证据方法是指提取证据载体上与案件事实相关信息的方法，大陆法系国家一般都会将这些方法法定化下来，用以规范裁判者对事实的认定，称之为法定证据方法。对言词证据的法定证据方法就是人证，指在一系列发问规则的约束之下，证人必须出庭接受控辩双方及法官发问与质诘，用当庭回答发问与质诘的方式，将自己通过感官亲自感知到的与案件相关的信息展现于法庭的证明方法。

4. 证言、证人与人证

证言是证明案件事实有用的信息，证人是言词证据的载体，人证是从证据载体——证人上提取的案件信息（证言）的方法。换言之，通过人证的方式提取证人的证言，因此，人证是能够统构证人和证言的概念。

亲历案件事实的人，必须亲自出庭，在一系列发问规则和庭审程序规则的约束下，接受发问与质诘，展现与案件事实有关的信息，并被验证其言词内容的真伪。人证这一证据方法之所以需要被法定化，是基于约束裁判者的需要，防止裁判者在认定事实时恣意裁判，因此，违反人证这一法定方法的证言不得作为定案根据。

（二）出庭作证

要求证人必须出庭作证是现代主流法治国家实现刑事司法公正与程序正义的基本要求与理念。出庭作证属于程序规范，是人证制度的保障措施。

在大陆法系国家，证人不出庭作证将严重违反直接言词原则，证据并因此而不被采信。直接言词原则是由两个原则组成，直接原则与言词原则。直接原则要求直接审理与直接采证，要求裁判者要直接亲历每个证据，对于证人来说，必须亲自到庭，让裁判者能够亲历证人说出证言的过程，也就是我国古代就有的"五声听狱讼"——辞听、色听、气听、耳听、目听——裁判者通过证人说出证言时的言辞、神情、呼吸、神色、气息等方面判断证言的真伪；言词原则要求诉讼参与者表达意见均必须以口头陈述的方式进行，这是由于书面文字多歧义。因此，证人必须亲自出庭作证，其证言方具有证据的法定资格。德国有相关条文规定，一旦证人被要求出庭作证而拒绝出庭的，除了赔偿必要损失外还要进行5欧元至1000欧元不等的罚款并被采取相应的强制措施。

在英美法系国家，确立严格的传闻证据排除规则，杜绝了笔录作为证据的使用，人证成为法庭调查事实的唯一方法，交叉询问机制也成为了法庭审理的唯一方式，出庭作证，成为最常见的参与诉讼的方式。即便是物证，也不可以自行进入法庭，也需要由发现他的人出庭作证以带入物证。正如英国证据法学家克罗斯（Rupert Cross）教授对传闻证据排除规则所下的定义："不在诉讼中以口头形式作出的陈述不能作为证据采纳。"① 在英国，经传唤后证人必须出庭作证，除法庭可以传唤证人到庭外，当事人也有权决定是否传唤证人到庭。如果证人拒不出庭的，当事人可以申请法院公布令状强制其出庭作证；在美国，法庭可以传唤证人或者根据当事人的申请传唤证人，应当出庭而不出庭作证的证人，将会以藐视法庭罪被追究刑事责任，并处以一定的罚款作为惩戒。

第二节 我国相关规范性法律文件的沿革

法庭发问程序以及证人出庭制度，伴随着我国刑事诉讼模式的改革而逐步深入和完善。刑事诉讼法和最高人民法院对刑事诉讼法的解释是法庭发问以及证人出庭规则的主要依据。以1979年发布的《刑事诉讼法》和1996年、2012年、2018年三次修正《刑事诉讼法》为分界，法庭发问以及证人出庭制度具有明显的阶段特征，内容不断丰富，规则不断完善，大体上经历了从辅助性、补充性到对抗性，再到对抗性与合作性并存这样一个路径。

一、1979年《刑事诉讼法》确立法庭发问规则

（一）立法规范

1979年制定的《刑事诉讼法》解决了我国刑事诉讼长期无法可依的局面，初步建立了刑事辩护制度。借鉴苏联模式，确立了以打击犯罪为主，保护人权为辅的基本理念，与此相应建立了纠问式庭审模式，同时奉行案卷笔录中心主义。

---

① 华静娴、李连群：《传闻证据排除规则及例外研究》，载《法治与社会》2010年第36期，第26页，转引自 See Rupert Cross and Colin Tipper, *Crosson Evidence*, 4thed, Butterworths. 1974. p. 6.

《刑事诉讼法（1979）》第 114 条规定："公诉人在审判庭上宣读起诉书后，审判人员开始审问被告人。公诉人经审判长许可，可以讯问被告人。被害人、附带民事诉讼的原告人和辩护人，在审判人员审问被告人后，经审判长许可，可以向被告人发问。"第 115 条规定："审判人员、公诉人询问证人，应当告知他要如实地提供证言和有意作伪证或者隐匿罪证要负的法律责任。当事人和辩护人可以申请审判长对证人、鉴定人发问，或者请求审判长许可直接发问。审判长认为发问的内容与案件无关的时候，应当制止。"

（二）特点

（1）正式确立了辩护人法庭发问的权利。辩护人可以申请审判人员进行发问，也可以经审判人员的许可直接发问。

（2）以审判人员审问为主，辩护人法庭发问具有辅助性和补充性。由于奉行案卷笔录中心主义，当庭发问环节是案卷笔录的补充。审判人员的审问，主要是针对被告人，是对笔录内容的核对和补充。庭审开始阶段，审判人员先审问被告人，辩护人的发问安排在审判人员审问之后。对证人和鉴定人的发问，辩护人需先向审判长申请。

（3）控辩对抗并不明显。案件的事实主要以审判人员审问方式呈现，而不是以控辩双方的发问来呈现，控辩双方是否发问由审判长决定，对于无关的发问，审判人员应予以制止。

（4）没有否认笔录证据的资格。只要诉讼法上不取消笔录可以进入法庭成为定案根据的资格，即使确立强制证人出庭制度，也不能使得证人出庭常态化。只要允许用笔录证据定案，就不可能有实质的法庭调查，没有实质的法庭调查，就没有真正的庭审实质化，更谈不上以庭审为中心。

二、1996 年《刑事诉讼法》突出法庭发问的对抗性

（一）立法规范

1996 年对《刑事诉讼法》的修正，强调打击犯罪与保护人权并重，初步确立了控辩对抗式庭审模式的改革方向，法庭发问成了控辩对抗的重要组成部分。《刑事诉讼法》及 1998 年《刑事诉讼法司法解释》，对法庭发问的规则予以明确和细化，现行司法实践的法庭发问规则主要是《刑事诉讼法（1996）》确立的框架。《刑事诉讼法（1996）》第 155 条规定："公诉人在法庭上宣读起诉书后，被

告人、被害人可以就起诉书指控的犯罪进行陈述,公诉人可以讯问被告人。被害人、附带民事诉讼的原告人和辩护人、诉讼代理人,经审判长许可,可以向被告人发问。审判人员可以讯问被告人。"第156条规定:"证人作证,审判人员应当告知他要如实地提供证言和有意作伪证或者隐匿罪证要负的法律责任。公诉人、当事人和辩护人、诉讼代理人经审判长许可,可以对证人、鉴定人发问。审判长认为发问的内容与案件无关的时候,应当制止。审判人员可以询问证人、鉴定人。"

(二)特点

这一阶段对法庭发问的规定具有如下特点:

(1)以控辩发问为主,审判人员发问为辅。从法庭发问的时长和内容上看,主要都是由公诉人和辩护人发问,公诉人宣读起诉书之后开始对被告人讯问,辩护人经审判长准许,对被告人发问,审判长认为有必要时对辩护人发问。对证人的发问也是如此。辩护人发问的地位凸显,需要确立明确的发问目的,制定发问策略。审判人员在控辩双方发问之后做补充发问。

(2)审判人员主持发问程序。审判人员享有庭审发问的程序指挥权,包括发问对象、发问顺序、发问内容是否适当、是否对质,等等。

(3)明确了发问的规则。《刑事诉讼法(1996)》确立对被告人的发问顺序,对申请出庭的证人和鉴定的发问顺序,确立了主询问和反询问的规则。细化了发问的规则,最高人民法院在司法解释中明确,发问应与案件事实相关,不得对被发问人以威胁、诱导、损害其人格尊严等。

(4)司法实践中,证人、鉴定人不出庭的情况比较普遍,法庭发问的对象以对被告人的发问为主。

(5)在证人出庭制度方面,没有否定笔录的证据资格,证人可以不出庭。

三、 2012年《刑事诉讼法》丰富法庭发问的规定

(一)立法规范

2012年《刑事诉讼法》的修改是在深化司法改革的大背景下,突出了强化权利保障的理念,着力解决辩护难的症结。对法庭发问的规定,延续了《刑事诉讼法(1996)》的相关规定,刑事诉讼其他程序的改革,丰富了法庭发问的内容并首次确立了强制证人出庭制度。最高人民法院的相关解释也对法庭发问的内容、

程序和规则进一步细化。

1. 出庭作证的法定条件

《刑事诉讼法（2012）》第187条规定："公诉人、当事人或者辩护人、诉讼代理人对证人证言有异议，且该证人证言对案件定罪量刑有重大影响，人民法院认为证人有必要出庭作证的，证人应当出庭作证。人民警察就其执行职务时目击的犯罪情况作为证人出庭作证，适用前款规定。公诉人、当事人或者辩护人、诉讼代理人对鉴定意见有异议，人民法院认为鉴定人有必要出庭的，鉴定人应当出庭作证。经人民法院通知，鉴定人拒不出庭作证的，鉴定意见不得作为定案的根据。"

2. 强制出庭作证的规定

《刑事诉讼法（2012）》第188条规定："经人民法院通知，证人没有正当理由不出庭作证的，人民法院可以强制其到庭，但是被告人的配偶、父母、子女除外。证人没有正当理由拒绝出庭或者出庭后拒绝作证的，予以训诫，情节严重的，经院长批准，处以十日以下的拘留。被处罚人对拘留决定不服的，可以向上一级人民法院申请复议。复议期间不停止执行。"

3. 庭前会议的发问

2017年11月27日，发布的最高人民法院关于办理刑事案件的"三项规程"，其中《庭前会议规程》第1条规定，"人民法院适用普通程序审理刑事案件，对于证据材料较多、案情疑难复杂、社会影响重大或者控辩双方对事实证据存在较大争议等情形的，可以决定在开庭审理前召开庭前会议"。《排除非法证据规程》第19条规定："法庭决定对证据收集的合法性进行调查的，一般按照以下步骤进行：（一）召开庭前会议的案件，法庭应当在宣读起诉书后，宣布庭前会议中对证据收集合法性的审查情况，以及控辩双方的争议焦点；（二）被告人及其辩护人说明排除非法证据的申请及相关线索或者材料；（三）公诉人出示证明证据收集合法性的证据材料，被告人及其辩护人可以对相关证据进行质证，经审判长准许，公诉人、辩护人可以向出庭的侦查人员或者其他人员发问；（四）控辩双方对证据收集的合法性进行辩论。"

4. 一审程序的发问

《刑事一审法庭调查规程》第7条规定："公诉人宣读起诉书后，审判长应当询问被告人对起诉书指控的犯罪事实是否有异议，听取被告人的供述和辩解。对于被告人当庭认罪的案件，应当核实被告人认罪的自愿性和真实性，听取其供述和辩解。在审判长主持下，公诉人可以就起诉书指控的犯罪事实讯问被告人，为防止庭审过分迟延，就证据问题向被告人的讯问可在举证、质证环节进行。经审判长准许，被害人及其法定代理人、诉讼代理人可以就公诉人讯问的犯罪事实补充发问；附带民事诉讼原告人及其法定代理人、诉讼代理人可以就附带民事部分的事实向被告人发问；被告人的法定代理人、辩护人，附带民事诉讼被告人及其法定代理人、诉讼代理人可以在控诉一方就某一问题讯问完毕后向被告人发问。有多名被告人的案件，辩护人对被告人的发问，应当在审判长主持下，先由被告人本人的辩护人进行，再由其他被告人的辩护人进行。"第8条规定："有多名被告人的案件，对被告人的讯问应当分别进行。被告人供述之间存在实质性差异的，法庭可以传唤有关被告人到庭对质。审判长可以分别讯问被告人，就供述的实质性差异进行调查核实。经审判长准许，控辩双方可以向被告人讯问、发问。审判长认为有必要的，可以准许被告人之间相互发问。根据案件审理需要，审判长可以安排被告人与证人、被害人依照前款规定的方式进行对质。"第10条："为解决被告人供述和辩解中的疑问，审判人员可以讯问被告人，也可以向被害人、附带民事诉讼当事人发问。"第12条规定："控辩双方可以申请法庭通知证人、鉴定人、侦查人员和有专门知识的人等出庭。被害人及其法定代理人、诉讼代理人，附带民事诉讼原告人及其诉讼代理人也可以提出上述申请。"第13条规定："控辩双方对证人证言、被害人陈述有异议，申请证人、被害人出庭，人民法院经审查认为证人证言、被害人陈述对案件定罪量刑有重大影响的，应当通知证人、被害人出庭。控辩双方对鉴定意见有异议，申请鉴定人或者有专门知识的人出庭，人民法院经审查认为有必要的，应当通知鉴定人或者有专门知识的人出庭。控辩双方对侦破经过、证据来源、证据真实性或者证据收集合法性等有异议，申请侦查人员或者有关人员出庭，人民法院经审查认为有必要的，应当通知侦查人员或者有关人员出庭。为查明案件事实、调查核实证据，人民法院可以依职权通知上述人员到庭。人民法院通知证人、被害人、鉴定人、侦查人员、有专门知识的人等出庭，控辩双方协助有关人员到庭。"第14条规定："应当出庭作证的证人，在庭审期间因身患严重疾病等客观原因确实无法出庭的，可以通过视频等方式作证。证人视频作证的，发问、质证参照证人出庭作证的程序进行。

前款规定适用于被害人、鉴定人、侦查人员。"

（二）特点

这一阶段对法庭发问的规定具有如下特点：

（1）虽然明确证人应当出庭的条件，但仍无法解决证人不出庭的问题。《刑事诉讼法（2012）》着重解决证人出庭难的问题，确立了关键证人出庭需要同时具备三个条件：第一，控辩双方存在争议；第二，对定罪量刑有重大影响；第三，人民法院认为有必要。其中第二、第三个条件均依赖于法官的主观判断，缺乏客观可执行标准，并不能解决证人普遍不出庭的问题。

（2）庭前会议制度的建立，使得法庭发问的焦点更明确，对抗性更强。《刑事诉讼法（2012）》确立了庭前会议规则，使得庭审程序焦点问题得以明确，法庭发问的重点更加突出。《刑事诉讼法》及相应的司法解释对量刑规范化的改革，使得对定罪问题的发问与对量刑问题的发问区别对待，这要求进行法庭发问的律师们掌握更加专业的法律知识。

（3）非法证据排除制度的建立，使得对证据合法性的发问更加重要。2017年，最高人民法院、最高人民检察院、公安部、国家安全部、司法部（以下简称"两高三部"）共同发布的《关于办理刑事案件严格排除非法证据若干问题的规定》对非法证据排除进行了原则性的规定。《刑事诉讼法（2012）》及最高人民法院的相关解释，对庭审中非法证据排除程序作了具体规定，使得对证据合法性的发问成为法庭发问的重要内容。《排除非法证据规程》规定了对出庭的侦查人员和其他人员的发问的具体规则。

（4）法庭的发问规则进一步丰富和完善。《刑事一审法庭调查规程》对法庭发问的规则进一步完善，比如对被告人有关证据问题的发问，多名被告人的对质程序，对被害人的发问规则。

（5）强制证人出庭制度并不能从根本上解决证人不出庭的司法难题。法律认为笔录证词与出庭证言具有同等的效力，在奉行案卷笔录中心主义的司法惯性之下，出庭提供证言成为笔录证词的补充方式，围绕笔录证词的举证、质证，与直接言辞原则相背离。

四、2018年《刑事诉讼法》的修正及其司法解释给法庭发问带来的新变化

2018年对《刑事诉讼法》的修正，主要增加了认罪认罚程序和速裁程序，进

一步强调了侦查人员出庭作证等程序，在立法层面主要有以下内容：

(一) 立法规范

2018 年《刑事诉讼法》的修正，立足于案件繁简分流，规定了认罪认罚程序和速裁程序，在速裁程序中，一般不进行法庭发问。《刑事诉讼法（2018）》第 15 条规定："犯罪嫌疑人、被告人自愿如实供述自己的罪行，承认指控的犯罪事实，愿意接受处罚的，可以依法从宽处理。"第 222 条规定："基层人民法院管辖的可能判处三年有期徒刑以下刑罚的案件，案件事实清楚，证据确实、充分，被告人认罪认罚并同意适用速裁程序的，可以适用速裁程序，由审判员一人独任审判。人民检察院在提起公诉的时候，可以建议人民法院适用速裁程序。"第 224 条规定："适用速裁程序审理案件，不受本章第一节规定的送达期限的限制，一般不进行法庭调查、法庭辩论，但在判决宣告前应当听取辩护人的意见和被告人的最后陈述意见。"

最高人民法院于 2021 年 1 月 26 日发布的《刑诉法解释》，对侦查人员出庭、鉴定人出庭、未成年证人发问进一步予以明确。《刑诉法解释（2021）》第 249 条规定："公诉人、当事人或者辩护人、诉讼代理人对证人证言有异议，且该证人证言对定罪量刑有重大影响，或者对鉴定意见有异议，人民法院认为证人、鉴定人有必要出庭作证的，应当通知证人、鉴定人出庭。控辩双方对侦破经过、证据来源、证据真实性或者合法性等有异议，申请调查人员、侦查人员或者有关人员出庭，人民法院认为有必要的，应当通知调查人员、侦查人员或者有关人员出庭。"第 251 条规定："为查明案件事实、调查核实证据，人民法院可以依职权通知证人、鉴定人、有专门知识的人、调查人员、侦查人员或者其他人员出庭。"第 266 条规定："审理涉及未成年人的刑事案件，询问未成年被害人、证人，通知未成年被害人、证人出庭作证，适用本解释第二十二章的有关规定。"

(二) 特点

这些改革使得法庭发问呈现如下特点：

(1) 部分案件简化发问程序。基于对案件繁简分流的考量，2018 年《刑事诉讼法》的修正规定了认罪认罚制度和速裁程序，控辩合作模式在部分案件中得以制度化。法律明确规定了对于适用认罪认罚从宽程序的案件，庭审中法庭调查程序可以予以简化。

(2) 明确了未成年人人证的特殊保护规则。

第三节 辩护人法庭发问的目的与任务

《刑事诉讼法》第37条规定:"辩护人的责任是根据事实和法律,提出犯罪嫌疑人、被告人无罪、罪轻或者减轻、免除其刑事责任的材料和意见,维护犯罪嫌疑人、被告人的诉讼权利和其他合法权益。"法庭发问作为履行辩护职责的重要工作内容,其首要目的是维护被告人的合法权益,证明被告人无罪、罪轻或者减轻、免除刑事责任。法庭发问的目的和任务包括以下几方面:

一、证实辩护事实

控方的主要工作,是将庞杂的事实依照法律的规则进行浓缩,浓缩的过程也是事实流失的过程,其中不乏对被告人有利的关键事实,这也往往是侦查工作疏漏所在,辩护人可以通过发问予以揭示。即便有些控方遗漏的事实并不是十分关键,但辩护人基于整体的辩护思路,仍有必要在法庭发问阶段对此予以揭示。控辩双方对于指控事实存在较大分歧,辩护人认为存在无罪的事实或者罪轻的事实,可以在法庭发问环节,通过对被告人、证人的发问来明确这部分事实,为无罪辩护或罪轻辩护打下基础。

对于对被告人有利的量刑情节,虽然按照制度设计,控方秉承客观公正原则也可能会出示并论证被告人从轻、减轻情节的情节,但是,作为被告人权利的法定维护者,辩护律师才是这块领地的"领主"。对于控方发问中已经涉及的自首、立功等法定量刑情节,辩护人仍可以通过发问展示更多细节;对于控方普遍忽视的酌定量刑情节,辩护人更有必要"锱铢必较",通过发问进行展示。

二、证伪指控事实

对于不能成立的指控事实,辩护人可以在对被告人发问时予以澄清,也可以通过对证人的发问进行揭露。在控方列举的证据体系中,对于言词证据内容的矛盾、言词证据之间的矛盾、言词证据与客观证据之间的矛盾、言词证据与经验逻辑的矛盾等，辩护律师可以通过法庭发问将矛盾予以揭露并使之进入法庭讨论的视野，以期达到法庭采信证据时进行去此存彼的选择，进而去动摇控方基于证据搭建的整个证明体系。

控方的证据是不是客观存在的，是否包括主观想象、猜测或杜撰的内容，证据与案件待证事实之间是否存在客观联系，是该证据能否被采纳并用之构建案件事实的基础。在庭审中，辩护人普遍通过发问来质疑证据的客观性与关联性。包括对证据部分内容的质疑，对证据本身的质疑，对证据与待证事实客观联系的质疑，等等。

三、展示程序违法的事实

通过对被告人、证人的发问，以查清是否存在刑讯逼供、暴力取证的线索，进而决定是否申请法庭启动非法证据排除程序。对于不符合排除条件的非法取证行为，通过发问程序对其合法性进行质疑，要求法庭不予采信。

法律对刑事程序的明确规定，并不等同于侦查人员遵守程序的自觉，尤其是在法律缺乏程序违法的制裁措施的情况下，程序违法的成本与风险相对较低。辩护律师除了承担维护当事人合法权益的职责，同时还承担维护司法公正的职责。程序公正是司法公正的组成部分，对不同程度的程序违法或瑕疵，通过法庭发问予以揭露，对辩护工作具有独立的程序价值，也能收到一定的实体效果。

四、展示被告人的人格

高度机械化的刑事诉讼程序，容易形成侦查、审查起诉、审判流水线式的作业，被告人则成为众多流水线产品其中的一个符号。司法人员的习惯思维，主要是追求同类的相似性，极易忽略被告人独立的特性。事实上，同类案件背后的每个被告人，都有完全不同的家庭背景、成长环境、行为方式，这些往往是辩护工作所关注的重点。在法庭发问中，遴选其中对被告人有利的部分予以发问，以突出被告人的品格，争取有利情节。

第十三章
质证概述与律师举证

大陆法系国家，质证是指在法庭调查阶段，控辩双方对对方的举证发表的意见，一般是指否定性的意见。英美法系国家是通过交叉询问机制实现控辩双方的质证权。由于在刑事诉讼中，公诉人承担证明公民有罪的责任，因此，质证一般是指辩护人对于公诉人的举证的意见。具体而言，对于辩护人来讲，质证就是刑事诉讼庭审过程中，在法庭调查阶段，针对公诉人为支持指控的事实向法庭所作的举证证明，辩护人就证据的合法性、客观性、关联性提出疑问和反驳意见，削弱其证明力甚至否定其证据能力，提出该证据不能成为定案根据的辩护行为。

第一节 相关理念

质证权是公民的基本权利,并且被规定在刑事司法制度中,被告人享有质证权,国家保障质证权的充分行使,是刑事法治文明的要求,也是人们相信法律相信司法公正的前提与基础。

一、质证的概念

(一)语义解读

(1)"质证"一词是"质"和"证"的组合,必然蕴含着这两个字的本义。《新华大字典》对"质"和"证"两个字作出如下解释,质:询问;责问;质问、质疑、对质。证:①证明,用可靠的凭据来表明或判定,证实、查证、当面对证;②有证明作用的凭据:证据、凭证、以此为证。

(2)"质"和"证"组合成动宾结构的"质证"一词,常人的一般的理解就是质疑证据。

《汉语大词典》将"质证"界定为四种含义:第一,凭据,证据;第二,质疑论证;第三,对质证明;第四,核实验证。

简而言之,"质证"在汉语的最基本含义就是通过对质、询问、质疑等方法、对事实、事物或证据提出怀疑,进而经过核实验证、达到消除疑问、辨别是非的目的。与现代司法证明中的"质证"含义基本一致。

(3)《中国司法大辞典》和《法学大词典》对"质证"的定义。

20 世纪 90 年代国内出版的两部比较权威的司法词典对于"质证"有着不同的定义和解释。《中国司法大辞典》的定义是:"在刑事审判的法庭调查阶段,公诉人、被害人、被告人和辩护人在法庭上对与证人证言有关疑难问题,以提问的方式进行核实查证的诉讼活动。"[①]《法学大词典》的解释为:"质证,刑事诉讼

[①] 江平主编:《中国司法大辞典》,吉林人民出版社 1991 年版,第 260 页。

中指对证人证言提出疑问,要求证人作进一步的陈述,以解除疑义,确认证言的证明作用。是法院审查核实证人证言真实可靠程度以查明案情的一种方法。在我国刑事诉讼法中,证人证言必须在法庭上经过公诉人、被害人和被告人、辩护人双方质证,经过查实以后,才能作为定案依据……质证仅限于在法庭上核实证人证言,并且是法定核实证人证言必须采用的方式和程序。"①

(二) 规范概念诠释

从法律意义上讲,质证的概念是随着我国刑事诉讼法的诞生、修改、发展和刑事审判方式的改革应运而生的。是我国民事诉讼法和行政诉讼法在立法和司法中先后提出并建立的一项程序保障制度,也是我国刑事、民事、行政三大诉讼法依法确立并在实践中逐渐完善的一个重要的庭审环节和制度保障。

从辩护人的角度看,质证是刑事司法活动中的一个重要环节,也是被告人及其辩护人行使辩护权的前提和基础。正确理解和解读质证的概念,具有重要的现实意义。

目前学术界对"质证"概念存在多种学说和定义,具有代表性的观点归纳如下:

1. 根据证据的审查判断方式下定义

审查判断方式说,将质证当作审查判断证据的方式。这曾经是一种主流观点,也是我国刑事审判中普遍实践的方法之一。这是从质证功能角度进行的界定。

由此得出第一种定义:质证作为审查甄别证据的常用方法,"是指在法庭审理过程中,在法官的主持下,控辩双方对对方所提出的诉讼证据,进行询问、质问、质疑、反诘和辩论等活动,旨在审查其真伪,与案件是否有关联和是否合法等问题,它是法庭审理时审查证据的基本方式"②。

2. 根据权利下定义

权利说,是将质证当作当事人的一项权利,这是从质证的权利性质角度进行的界定。由此得出第二种定义:"质证指诉讼当事人及其代理人在审判过程中针对对方举出的证据进行质疑和质问。"③

---

① 曾庆敏主编:《法学大词典》,上海辞书出版社1998年版,第1029页。
② 胡锡庆主编:《刑事审判方式改革研究》,中国法制出版社2001年版,第116页。
③ 何家弘、刘品新:《证据法学》,法律出版社2004年版,第242页。

3. 根据质证内容下定义

质证内容说，是以质证的内容来界定质证概念，其中，根据质证内容的具体不同又可以分为"证据能力说""证明力说"。

由此得出第三种定义："质证程序是指在审判人员的主持下，由法律允许的质证主体对各种证据进行审查、质疑、说明、解释、咨询和辩驳，以审查证据真实性、相关性和合法性，来确立或者排斥证据的证据能力从而对法官的判案形成强烈影响的一种诉讼活动。"该定义将确立或排斥证据能力作为质证活动的中心，也即"证据能力说"，该说认为质证的内容包括证据的证据能力。

由此得出第四种定义："质证是指在审判人员的主持下，由案件的当事人对法庭上出示的证据进行对质核实，以确认其证明力的诉讼活动。质证通常表现为对证据的辨认、质疑、解答、证明、辩驳等形式。"该定义将证明力的确认作为质证活动的中心，也即"证明力说"，该说认为质证的内容包括证据的证明力。

4. 根据质证对象下定义

质证对象说，主要是以质证适用对象的范围来界定质证概念。根据质证对象的具体不同又可以分为"证言说""言词证据说""一切证据说"。

由此得出第五种定义：质证是"提出问题要求证人作进一步陈述，以解除疑义并确认证明作用的诉讼活动，是审查核实证人证言的一种方式"[①]。该定义是围绕证人证言展开的质疑，也即"证言说"，该说将质证的对象限定在证人证言。

由此得出第六种定义：质证是"指以交叉询问的方式对言词证据的真实性提出质疑而确认其作用的诉讼活动"。上述概念不再局限于证人证言，而是扩展至言词证据。也即"言词证据说"，该说将质证的对象限定在言词证据。

由此得出第七种定义：质证是指"在法官的主持下，由当事人双方对法庭上出示的各种证据材料及证人证言等进行对质核实的活动"。该定义进一步扩展质证的对象，包括一切证据种类，也即"一切证据说"，该说将质证的对象设定在一切证据种类。

5. 根据质证方法下定义

质证方法说，是以质证的具体方法来界定质证概念，可以将具体方法分为对质或交叉询问。

[①] 《法学词典》编辑委员会编：《法学词典》，上海辞书出版社1980年版，第607页。

由此得出第八种定义："质证又称对质，即诉讼中就同一事实，组织两人或者两人以上当面质讯诘问的一种询问和证明形式"。

由此得出第九种定义："质证是指在刑事诉讼法庭审判程序中，控辩双方以询问证人的方式质疑、削弱或者消除言词证据或实物证据的相关性、可采性、可信性的诉讼行为"。

由此得出第十种定义："在质证活动中，质疑和质问是相辅相成、不可偏废的，对证据的内容提出质疑是质证的根本目的，对提出证据的人（包括证人、鉴定人、勘验人、检查人等）进行质问是质证的基本形式"。该定义围绕质证方法进行界定。询问、质疑、质问和对质就是质证的具体方法。

6. 根据涉及诉讼程序的范围下定义

由此得出第十一种定义：质证从广义上说，是指在诉讼过程中，由法律允许的质证主体对包括当事人以及当事人提供的证据在内的各种证据采取询问、辨认、质疑、说明、解释、咨询、辩驳等形式，从而对法官的内心确信形成特定说服力的一种诉讼活动；而狭义的质证，主要是指在刑事庭审法庭调查中，辩护人在公诉人向法庭举证之后，就以与案件定罪量刑有关的所有证据的证据能力和证明力展开质疑。针对举示的证据从合法性、客观性、关联性提出疑问和反驳意见，削弱其证明力甚至否定其证据能力，提出该证据不能作为定案根据，进而动摇法官对案件事实的内心确信的辩护行为。

上述学说和定义是学者从不同角度出发对"质证"的解读，为辩护人认识和理解"质证"概念有很好的铺垫作用。从以上观点和学说可以看出，对于"质证"概念的解读和理解各有侧重。

（三）质证的主体

1. 控辩双方是质证主体

根据《刑事诉讼法（2018）》第 191 条第 1 条第 2 款的规定，公诉人可以讯问被告人，当事人及其辩护人、诉讼代理人经审判长许可可以向被告人发问。根据第 194 条第 1 款的规定，控辩双方经审判长许可，可以对证人、鉴定人发问。根据第 195 条的规定，公诉人、辩护人应当向法庭出示物证，让当事人辨认，并当庭宣读相关书面证据材料，审判人员应当听取控辩双方的意见。由此可见，控辩双方是质证主体。法庭调查中的举证、质证是刑事司法的证明过程，证明责任由控方承担，即控方应当举证证明其指控被告人有罪的主张。由于无罪推定原则的贯彻执行，被告人无需承担证明自己无罪的责任。所谓质证，是针对举证而言，是对对方提出的证据进行质问和质疑。因此，公诉人、当事人及其辩护人和诉讼代理人属于质证主体。

由于刑事诉讼中举证责任在控方，因此，主要的质证任务在辩方，在辩护律师。

2. 法官不是质证主体

虽然根据《刑事诉讼法（2018）》第191条第3款、第194条第2款的规定，审判人员可以讯问被告人，也可以询问证人、鉴定人。根据《刑事诉讼法（2018）》第196条的规定，审判人员有庭外调查核实证据的权力。但这不是法官的质证权，这是基于大陆法系职权主义审理模式下法官的职权调查义务。法官作为中立的裁判者，在刑事诉讼中处于客观中立的地位，并没有自己的诉讼主张，也谈不上举证、质证。立法之所以规定审判人员可以讯问或询问相关人员，且有庭外调查核实证据的权力，这与我国法律对法官的定位有关，即法官有真相义务。

那么，对于法官依职权调取的证据，法庭上如何举证和质证？对控辩双方来说，现行规范的制度逻辑是按照对何方有利，推定何方为举证方，庭审中由其举证，而对方则为质证方，双方对质。制度是美好的，但实践是艰难的。试想，由法官亲自调查而来的证据，无论是控方还是辩方发表质疑意见，对于既是证据调查者，又是裁判者的法官来说，如何做到摒弃人的本性，从上帝视角，去公正听取呢？

3. 专家辅助人是帮助辩护律师质证的人

《刑事诉讼法（2012）》建立专家辅助人制度，专家辅助人（即有专门知识的人）出庭的目的是针对专门性问题，在庭审中帮助辩护律师就鉴定人作出的鉴定意见提出问题，并接受询问。

由于鉴定工作的专业性较强，仅凭其他诉讼参与人自身的知识很难发现鉴定中存在的问题，很难对鉴定意见进行质证。专家辅助人参与法庭质证，有助于法官对科学问题的慎重审理，也有助于实现控辩平衡。提出意见本身不是重新鉴定，只是具有专门知识的人从专业角度对鉴定意见提出质疑，具有专门知识的人提出的质疑意见如被采纳，则可能带来相关的鉴定意见不能被采信的后果。专家辩护人参与质证并提出质疑意见，不需要鉴定人资格。

这里需要探讨的是，现行规范规定专家辅助人可以接受发问，这存在很大问题，毕竟质证将对法官采信证据事实产生影响，专家辅助人如果因为回答不当，或者专业知识的欠缺，给被告人的辩护权带来不利，该如何认定？而司法实践中已经出现专家辅助人出庭的情况。

二、当事人主义诉讼模式下的"质证"

大陆法系和英美法系遵循不同的诉讼模式，大陆法系是职权主义诉讼模式，英美法系是当事人主义诉讼模式，不同的诉讼模式对质证的型塑也有很大差异。

（一）权源分析

以美国为例，有关质证权价值和理论的争论颇多，而影响比较深远的以下四种理论，可以被视为质证理念的价值支撑。

1. 防御权理论

认为保障被告方的质证权是对抗式诉讼制度下保护被告人防御权的需要。持这一主张的学者认为，质证权是《美国宪法第六修正案》的一部分。由于第六修正案的目的在于保护对抗式诉讼制度下被告人进行充分防御的权利，因而质证权（也就是被告人的质证权）自然属于"充分防御"的必要构成之一，质证权保护被告人免受匿名控告者的侵害。它允许被告人听取证言，并尽可能充分地盘查对其不利的证据。至于发现事实，只是质证权的附带产品。而不是宪法保护质证权的主要目的。有人甚至认为，保障被告人获得充分的防御权比发现案件事实更为重要，即使在某些案件中，质证不利于案件事实的发现，也不能以此为由禁止被告方行使质证权。因此，在美国的诉讼进程中，为公诉人指控公民犯罪"制造合理怀疑"是被告方当然的权利。

2. 真实性理论

认为通过质证，可以使案件事实从两个相反的方向逼近真相，这样更科学更有利于发现案件真实。具体的方法是控辩双方通过对对方（也被称为"敌方"）证人的交叉询问来发现证人证言可能不真实的地方，确保证人陈述的真实性。

3. 防止政府权力滥用理论

该理论认为美国联邦宪法及其修正案的目的在于防止政府滥用权力。《权利法案》关心的中心目标之一在于保护社会免受统治者的压迫。在刑事诉讼中，政府拥有广泛的资源，相对于犯罪嫌疑人、被告人，政府永远处于优势地位，宪法修正案的目的就在于通过控制政府权力的行使来实现控辩之间的平衡。如果允许政府采取秘密的方式询问证人，将极易造成权力的滥用。质证的目的就是为了遏制以上滥用权力的行为。质证条款是《美国宪法第六修正案》的一个组成部分，《美国宪法第六修正案》是权利法案的一个组成部分，权利法案是美国宪法的组成部分。尽管权利法案已经通过二百多年，但在刑事诉讼中，确保被告与公众有权对控方滥用权力的行为进行监督和揭露仍然非常重要。

4. 增进公权力公信力的理论

按照这一理论，赋予被告方质证权有利于增进社会公众对案件裁判、作出裁判的程序以及法律的信任。持这一观点的逻辑是：如果人们认为法律所确认的国家权力具有正当性，那么人们就更有可能遵守法律，人们对国家权力正当性的信念是与其对国家权力所遵循的法律程序是否公正的判断紧密相连的，人们对案件裁判程序的参与程度又直接决定着人们对程序公正性的评价，质证对于增强人们对案件裁判程序的实质参与程度具有非常重要的意义。因而质证对增进人们对案件裁判、作出裁判的程序以及法律的信任具有非常重要的价值。如果国家赋予公民个人质证的权利，并尽其所能地保障这种质证权得以实现，在质证无法实际实现时尽可能保护质证所追求的价值目标得以实现，那么公民个人就更可能认为法律以及国家权力是正当的。总之，严格保护质证权，哪怕是最低程度地保护，也将有助于增进国家权力的正当性，进而促进人们对法律的遵守。

（二）实现方式

在英美法系国家，由于案件审理模式与大陆法系不同，整个案件事实的发现是通过交叉询问制度架构出来的，严格的传闻证据排除规则，使得整个庭审都是以人证的方式统构所有证据，因此，其对于质证的具体实现方式有以下环节：

（1）凡证据，不管实物证据还是言词证据，都必须由人证带出——即由亲历者或发现者（勘验）出庭作证。比如公诉人不可以自行举证物证、书证等实物证据，需要由勘验现场的警察出庭接受询问；比如目击证人必须亲自就自己眼耳鼻舌身所感知的事实出庭作证。

（2）凡出庭者都必须接受交叉盘问。所谓交叉盘问，更主要的是指对对方证人的诱导式发问，以质疑和证伪为目的。裁判者以听取问答内容的方式获得事实真相。因此，英美法系的"质证"是通过控辩双方对人证的"询问——回答"而体现出来的，特别是对对方证人的诱导式询问，实现质疑并证伪对方。

（3）在交叉询问中，双方都受到严格的证据排除规则的限制。为了防止在质疑和证伪对方时误导裁判者，因此英美法系国家出台了大量的排除规则——比如传闻证据排除、意见证据排除、品格证据排除等一系列规则，还有免证特权、非法证据排除的规则等。

（4）在交叉询问中，双方的盘问方式都要受到严格的询问规则的限制，比如不得问辩论性问题以引起与被问人辩论，询问本方证人时不得诱导性发问等。

严格意义上，质证是大陆法系的概念，两大法系在概念使用上或许不同，但允许被告人对指控事实提出质疑和证伪的理念是相通的，在英美法系的诉讼模式中，事实调查中的质证更多被直接理解为"证伪"。

三、律师举证

（一）律师举证的含义

1. 概念

律师举证是指在刑事诉讼庭审中，公诉人举证完毕后，为了支持自己的辩护主张，辩护人将自己收集的证据在法庭上予以公开出示的辩护行为。同时，律师也要就证据的证明目的，证据的形成、来源、内容以及所要证明的问题、证据能否采信和成立的理由向法庭阐明。

2. 被告人没有证明自己无罪的责任

根据《刑事诉讼法（2018）》第37条的规定，辩护人的责任是根据事实和法律，提出犯罪嫌疑人、被告人无罪、罪轻或者减轻、免除其刑事责任的材料和意见，维护犯罪嫌疑人、被告人的诉讼权利和其他合法权益。该规定在《刑事诉讼法（2012）》中的表述是"辩护人的责任是根据事实和法律，提出证明犯罪嫌疑人、被告人无罪、罪轻或者减轻、免除其刑事责任的材料和意见，维护犯罪嫌疑人、被告人的诉讼权利合法权益"。可见，对辩护人责任的描述，将原"提出证明……的材料和意见"中"证明"二字删除了。这一变化非常重要，原来的"证明"二字，相当于规定了辩方有举证责任，把"证明"二字去掉，等于去掉了辩方的举证责任，辩方只需要提出材料和意见，陈述理由就可以了。因此，法院在审判活动中,在认定事实的时候,不能让辩方举证证明,不能以辩方理由没有证据支持为由,判决对辩方观点不予支持。因为,在刑事诉讼中,对案件事实的举证责任在控方,辩方没有举证责任。

3. 服务辩护的目的

作为辩护人的律师没有举证责任,但是可以在公诉人举证完毕后,向法庭举证,提出被告人无罪、罪轻或者减轻、免除其刑事责任的材料和意见,阐明辩方的理由。庭审中辩方的举证,其目的就是支持和服务辩护行为,让辩方的辩护观点和理由更充分、更直观、更具有说服力。

(二)律师举证的内容

律师举证的内容,即举什么?就是辩护人针对起诉书指控的事实和辩方的观点提出被告人无罪、罪轻或者减轻、免除刑事责任的材料。这些材料包括书证、物证、视听资料、证人证言、被告人陈述、鉴定意见。又可以分为新证据和卷宗中的辩护证据。

1. 新证据

新证据,就是在案件卷宗里没有的,律师自行调取的证据,对于这些证据的形成过程、内容的真实性、来源的合法性以及所要证明的问题,需要辩护律师逐一向法庭阐明,并且说明法庭采信新证据的理由。

2. 卷宗中的辩护证据

卷宗中的辩护证据,就是案件卷宗中已经有的证据,只是这些证据所证明的内容和问题是有利于被告人的,可以作为支持辩方主张和观点的辩护证据向法庭出示。包括公诉人已经向法庭出示的证据和公诉人未向法庭出示的证据。

(1)公诉人已经出示的

公诉人已经出示的证据,其内容有利于被告人,但公诉人举证时并没有明确表达该证据对被告人的有利之处。换言之,虽然该证据内容有利于被告人,但是公诉人出示的证明目的并不是有利被告人。《刑诉法解释(2021)》规定,一切证据未经当庭质证不得作为定案依据。一旦控方或者法庭找律师的毛病,以证据未经质证为由,不作为定案依据,律师就会陷入被动。由于控方往往会忽略或者回避案卷中有利于被告人的证据,如果辩方不能当庭出示并强调这些证据,就容易使法庭和旁听者形成对被告人不利的印象,产生对被告人不利的后果。所以，卷宗里控方提供的证据中有利于被告人的证据，律师应当作为辩方证据在法庭上专门举证，并向法庭阐明该证据有利于被告人的理由。

（2）公诉人未出示的

公诉人未出示的证据，虽然没有出示，但是该证据在卷宗内，并且其内容有利于被告人。对于这类证据，辩护人需要单独从卷宗中摘录，作为辩护证据向法庭举证，阐明该证据有利于被告人的理由，引起法庭的注意。所有的证据必须在出示法庭，经过举证质证才能作为定案的根据。对于公诉人没有出示的证据，只要内容有利于被告人，辩护律师就有必要将该证据作为辩护证据出示在法庭，经过控方的质证之后，该份证据才有可能被法院采信成为定案的根据。

（三）律师举证的方式

1. 案卷证据如何举证

卷宗证据是控方向法庭提交指控犯罪构成的证据材料，案卷材料中有利于控方的证据就成为控方证据，而其中有利于辩方的证据，就成为辩方证据。从不同的角度来利用卷宗，就会形成不同的证据体系。所以，辩护人要把这些有利于被告人的辩方证据从卷宗中整理出来，专门装订成册，列出目录，像举新证据一样举证。对于举证的方式要征求法庭意见，如果需要，就一个证据一个证据举，如果不需要，就把证据名称、证明内容和证明目的阐述一遍。如果控方截取了证人证言的部分内容宣读，断章取义，那么律师就要将同一份证言有利于被告人的那部分提出去，单独举证，把没有宣读的有利于被告人的那部分进行宣读，这样就会使有利于被告人的证据得以强化，引起法庭的重视，为律师接下来的辩护工作打下有利的基础。卷宗证据是控方提供的，控方证据不可能无懈可击，实践中，由于控方不重视证据收集的合法性和规范性，导致证据本身存在很多的漏洞，律师如果以子之矛，攻子之盾，更容易被法院采信，使辩护工作发挥有效作用。

2. 新证据如何举证

新证据属于律师自行调取的证据，不是卷宗证据，律师在举证时，要向法庭说明证据的形成、证明内容、证据来源以及所要证明的问题，并特别注意以下问题的阐述：证人证言的合法性；书证、物证、视听资料来源的合法性；证据内容的真实性；证据于案件本身与其他证据之间的关联性。对于新证据的举证，公诉人提出异议的，律师应当有针对性地进行回应和辩论，阐明理由，维护自己证据的可信性。

3. 庭下如何沟通

庭下，特别是庭前，要与公诉人、法官交流沟通，了解控方对案件的基本观点和示证提纲，了解公诉方的举证顺序。

对于案情比较复杂，案卷证据材料较多，争议较大的案件，辩护人在庭下，应当与公诉人进行沟通，了解公诉机关对案件的基本观点和出示证据的顺序，一方面是为了质证作好准备；另一方面则有针对性地设计举证策略，知己知彼，百战不殆。

精心设计举证提纲，安排举证顺序并列出举证目录。举证不是简单的证据材料的堆砌，而是有针对性地利用证据来反驳指控事实的辩护行为，这就需要辩护人在庭下精心设计举证提纲。举证提纲的核心是确定好举证顺序，举证顺序要注重条理性、层次性和逻辑性。条理性就是律师准备出示的证据要有序，不能东一个证据，西一个证据，证据之间没有关联性，而是一个证据接着一个证据，所出示的证据环环紧扣，共同指向同一个待证事实。有的按照证据证明力的强弱排序，由弱到强；层层递进，共同指向同一个待证事实。这就要求律师根据具体的案情，反复研究证据之间的逻辑性，对举证顺序进行排列组合，设计一个最有说服力的举证目录，形式上出示的证据有先后顺序，内容上出示的证据存在逻辑上的联系，最后呈现出来的是一个有利于被告人的举证结果。

4. 庭上如何举证

（1）围绕争议焦点出示证据

很多案件法官在开庭审理前就整理出案件争议焦点，实际上，也是律师的辩护焦点。律师出示证据时，注意围绕焦点展开，将所有能够证明被告人罪轻、无罪以及可以或者应当从轻、减轻、免除刑事处罚的事实证据集中起来，先主要证据后次要证据，先直接证据后间接证据，逐一向法庭出示并说明该证据的来源、所要证明的问题以及可采信的理由。围绕争议焦点出示证据，就是有针对性地举证，律师举证都必须有针对性，有针对性地举证才能为辩护工作作好铺垫。

（2）按照证据编号出示证据

将出示的证据一个一个按编号向法庭出具，就是按照庭前准备好的证据目录出示。律师在开庭举证时，可以根据案情的特点和证据性质，将证据分门别类逐一编号，庭审出具证据时就按照编号逐一出示，特别是某些物证较多的案件，可将物证逐一编号贴上标签，出具证据时逐一说明物证的来源、固定方法和特征。

按编号出具证据可以有效防止众多证据杂乱无章或同类证据容易混淆，免得开庭时律师手忙脚乱，使律师能够井然有序出具证据，让法官清晰明了地接收到律师举证所要传达的信息和目的。

（3）出示证据形成证据链条

出示证据不是简单地将证据出示在法庭，而是旨在向法庭展示一个完整的证据链条。任何一个单一的证据只能证明案件事实的一个方面或者一个片段，要完整地证实整个案件事实和各个方面，律师就必须运用科学的逻辑推理，对证据进行排列组合，使各个证据紧密相连，形成一个无懈可击的证据链条。在证据体系中，常常是原始证据与传来证据、直接证据与间接证据、言词证据与实物证据相互印证、交叉使用，进而证明待证事实。律师要在出示证据的顺序，阐明证据的内容，证据证明的问题上找到内在的联系，形成一个逻辑上的闭环。

（4）出示证据支撑辩护意见

刑事诉讼中控方具有举证责任，辩方只要根据事实和法律，提出犯罪嫌疑人、被告人无罪、罪轻或者减轻、免除其刑事责任的材料和意见。出示证据就是向法庭提供材料，证明什么，否定什么，反驳什么，用证据否定，用证据反驳。律师的辩护意见不能是套话更不能是空话，而必须是有证据支撑的真话。律师举证向法庭出示的所有证据就是为发表辩护意见支持辩护观点的。

（5）防御公诉方的质证意见

律师举证完毕，公诉方会对辩方出示的证据进行质证，发表质证意见。由于实践中辩方举证的机会少于控方，因此，应对公诉方发表质证意见的时候，不能缺乏防御意识。律师举证一方面要对所出具的证据和证据证明的问题非常熟悉，对证据被采信的理由要表达得足够充分；另一方面也要防范公诉方对辩方证据的质证意见，辩方不能只顾举证，而没有防御。

第二节 我国相关规范性法律文件的沿革

我国刑事诉讼的模式经过四十余年的发展与改革，由建立之初的职权主义诉讼模式逐渐向控辩式诉讼模式发展。质证模式随着刑事诉讼模式的转换也从审问式质证模式转变成抗辩式质证模式。这种转变是对司法认识的进步，这种进步以刑事立法的方式体现。梳理对质证的相关法律规定，对于辩护人理解质证尤为重要。

一、1979年《刑事诉讼法》的相关规定

1979年7月1日，中华人民共和国第一部《刑事诉讼法》正式通过，该法明确提出了"质证"这一法律概念，标志着我国刑事诉讼质证制度进入了有法可依的阶段。《刑事诉讼法（1979）》第36条规定，证人证言必须在法庭上经过公诉人、被害人和被告人、辩护人双方讯问、质证、听取各方证人的证言并经过查实以后，才能作为定案的根据。第114条规定，公诉人在审判庭上宣读起诉书后，审判人员开始审问被告人；公诉人经审判长许可，可以讯问被告人；被害人、附带民事诉讼原告人和辩护人，在审判人员审问被告人后，经审判长许可，可以向被告人发问。第115条规定，当事人和辩护人可以申请审判长对证人、鉴定人发问，或者请求审判长许可直接发问。第116条规定，审判人员应当向被告人出示物证，让其辨认；对未到庭的证人的证言笔录、鉴定人的鉴定结论、勘验笔录和其他作为证据的文书，应当当庭宣读，并且听取当事人和辩护人的意见。

根据上述规定，在刑事诉讼法庭调查阶段，审判人员处于主导地位，负责调查核实证据、主动讯问被告人，询问证人、鉴定人，出示物证、书证，查明案件事实，控辩双方仅起辅助作用。审判人员主导着刑事诉讼审判程序，具有强烈的刑事追诉色彩，控、辩、审三方虽然分离，但控、审双方并未真正分立而是各司其职，控辩双方的法庭对抗并未真正形成。法庭调查实际上就是法庭审判人员针对案件事实而进行的"纠问式"审理活动，法庭调查的主体是审判人员。因而，在《刑事诉讼法（1979）》的规范下，法庭中有法庭调查而无质证和质证规则，更不存在现代法治意义上的质证和质证规则。质证虽然有法可依，但并没有形成一套系统的具有可操作性的质证规则。整个刑事审判法庭都没具有可操作的质证规则，辩护人的质证效果更无从谈起。没有规则和标准的质证，也就失去了质证的基础和依据。

二、1996年《刑事诉讼法》的相关规定

1996年《刑事诉讼法》修正，对庭审方式进行了重大改革，这对于中国质证

制度的发展具有重大意义。借鉴对抗式诉讼模式，实行所谓的"控辩式"庭审方式。这为中国对抗性质证的构建奠定了程序基础。针对法庭调查阶段，弱化了审判机关的追诉色彩，使其更倾向于消极、中立，审判人员更多地承担起中立裁判者的角色。控辩双方参与质证的程度增强、被告人的权利得到尊重和保障。

1996年修正后《刑事诉讼法》将法庭调查中的法官主导变更为控、辩双方主导，主要体现在如下方面。

第一，在法庭调查中，讯问和询问被告人是控辩双方的权利，以控辩双方为主，审判人员讯问被告人仅作为补充。根据《刑事诉讼法（1996）》第155条规定："公诉人在法庭上宣读起诉书后，被告人、被害人可以就起诉书指控的犯罪进行陈述，公诉人可以讯问被告人。被害人、附带民事诉讼的原告人和辩护人、诉讼代理人、经审判长许可，可以向被告人发问。审判人员可以讯问被告人。"

第二，询问证人、鉴定人是控、辩双方的权利，审判人员的询问仅作补充。根据《刑事诉讼法（1996）》第156条的规定，"公诉人、当事人和辩护人、诉讼代理人经审判长许可，可以对证人、鉴定人发问。审判长认为发问的内容与案件无关的时候，应当制止。审判人员可以询问证人、鉴定人"。

第三，物证、书证由控辩双方向法庭出示，审判人员应当听取控、辩双方的意见。《刑事诉讼法（1996）》第157条规定："公诉人、辩护人应当向法庭出示物证，让当事人辨认，对未到庭的证人的证言笔录、鉴定人的鉴定结论、勘验笔录和其他作为证据的文书，应当当庭宣读。审判人员应当听取公诉人、当事人和辩护人、诉讼代理人的意见。"

根据上述修改的内容，《刑事诉讼法（1996）》关于法庭调查部分的规定，顺应控辩式庭审方式的改革要求，增强了控辩双方在法庭调查中的作用，控辩双方向法庭举证并对对方出示的证据发表意见，审判人员处于主持、指挥、控制庭审的作用。同时也保留了审判人员的能动作用，即审判人员既可以讯问或者询问相关人证，也享有法庭外调查核实证据的权力。此外，第155条初步规定了交叉询问的基本顺序。具体言之，在刑事法庭调查过程中，质证的主体是控辩双方，质证的对象是控辩双方出示的证据，质证的方法既可以是对相关人证直接发问，也可以是直接出示证据让当事人辨认，还可以是宣读相关书面材料并听取控辩双方的意见。

1996年的《刑事诉讼法》吸收了当事人主义诉讼模式的立法精神和庭审中心

主义的立法理念，弱化了刑事诉讼庭审中审判人员的追诉功能，加强了控、辩双方庭审的对抗性，是我国刑事诉讼法治建设的重大进步。但1996年的《刑事诉讼法》并没有涉及庭审质证规则，控辩双方在庭审质证环节如何质证、依据或者遵循什么样的规则进行质证却并没有被明确规定。

三、1998年《刑诉法解释》对质证问题的细化和补充

1998年最高人民法院发布《关于执行〈中华人民共和国刑事诉讼法〉若干问题的解释》（以下简称《刑诉法解释（1998）》）对于质证问题进行了细化和补充，进一步规定了质证的具体规则，主要体现在以下几个方面：

第一，明确了质证在事实认定中的地位和作用。根据《刑诉法解释（1998）》第58条规定，证据必须经过当庭出示、辨认、质证等法庭调查程序查证属实，才能作为定案的根据。证人证言只有经过审查确实才能作为定案的根据，否则不能作为定案根据。质证是认定证据的前提和基础。

第二，具体规范了法庭发问的顺序。根据《刑诉法解释（1998）》143条和145条的规定，向证人、鉴定人发问，应当先由提请传唤的一方进行；反问完毕后，对方经审判长准许，也可以发问。第149条规定了证人、鉴定人作证的相关事项。即"向证人和鉴定人发问应当分别进行。证人、鉴定人经控辩双方发问或者审判人员询问后，审判长应当告其退庭。证人、鉴定人不得旁听对本案的审理"。

第三，明确规定了询问证人应当遵循的基本原则。《刑事诉讼法（1996）》没有涉及庭审质证规则的规定，但《刑诉法解释（1998）》初步确立了一些质证规则，尤其列举了一些禁止性的询问内容和方式。包括：询问的内容应当与案件事实有关；禁止以提示性或诱导性的方式提问；禁止威胁证人；禁止损害证人的人格尊严。

第四，规范了实物证据的质证规则。根据《刑诉法解释（1998）》第150条的规定，当庭出示的物证、书证、视听资料等证据，应当先由出示证据的一方就所出示的证据的来源、特征等作必要的说明，然后由另一方进行辨认并发表意见，控辩双方可以互相质问、辩论。

第五，细化了审判人员在质证中的指挥权。根据《刑事诉讼法（1996）》第155条、第156条的规定，审判人员有权控制整个法庭询问的内容和方式。如果

控辩双方询问被告人、证人、鉴定人的内容与本案无关，审判长有权制止。如果控辩双方询问被告人、证人、鉴定人的方式不当，审判长也有权予以制止。

第六，增加了"对质"这一质证方法。根据《刑诉法解释（1998）》第134条的规定，对于共同犯罪案件中的被告人，应当分别进行讯问；合议庭认为必要时可以传唤共同被告人同时到庭对质。

1999年1月18日，最高人民检察院发布的《检察院刑诉规则（1999）》也规定了质证的程序和要求。特别规定了两个问题：其一，规定了对质的方法。根据《检察院刑诉规则（1999）》第335条第4款的规定，被告人、证人对同一事实的陈述存在矛盾需要对质的，公诉人可以建议法庭传唤有关被告人、证人同时到庭对质。其二，明确了发问的形式。根据《检察院刑诉规则（1999）》第338条第4款规定，发问应当采取一问一答形式，提问应当简洁、清楚。

我国质证制度的建立和发展是伴随刑事诉讼法的立法、修法以及审判方式的改革。最高人民法院《人民法院五年改革纲要（1999—2003）》明确指出，应当规范质证制度，质证是法官正确认证的前提，在任何证据未经法庭质证，不得作为定案的根据。在这一阶段，地方性证据规则也相继出台，进一步推进了质证活动的规范化。"证据必须经过法庭当庭出示、辨认、质证等法定程序查证属实，才能作为定案的证据。"这是所有法律人的共识，且被立法规范化。质证，有法可依，有法规范，是刑事诉讼制度的进步。

遗憾的是，在这一阶段的司法实践中，实质意义的对抗性质证并没有真正实施和运行，这使得案件事实认定前的质证程序难以实质化，刑事法官难以避免先入为主，被告方难以实质、有效地参与质证过程，辩护人在质证阶段的发挥依然有限。

四、2012年《刑事诉讼法》对质证的修改

2012年刑事诉讼法再次修改，进一步增强了法庭审判的言词性和对抗性。对质证问题又作出具体的规定，强调证人、鉴定人出庭作证。具体如下：

（一）质证的对象和方法

2012年发布的《刑事诉讼法》对法庭质证的对象和方法作出了具体的规定，《刑事诉讼法（2012）》第193条第1款规定，在法庭审理过程中，对与定罪量刑有关的事实，证据都应当进行调查、辩论。经审判长许可，公诉人、当事

人和辩护人、诉讼代理人可以对证据和案件情况发表意见并且可以互相辩论。据此，"定罪与量刑证据"均是质证的对象，而"发表意见并且可以互相辩论"是一种重要的质证方式。

（二）质证的方式

延续《刑事诉讼法（1996）》有关质证方式的规定：

首先，对于被告人，根据《刑事诉讼法（2012）》第186条规定，公诉人和审判人员可以讯问被告人，被害人、附带民事诉讼的原告人和辩护人、诉讼代理人，经审判长许可，可以发问。根据《刑事诉讼法（2012）》第189条规定，公诉人、当事人和辩护人、诉讼代理人经审判长许可，可以向证人、鉴定人发问。

其次，针对物证、未到庭的证人的证言笔录、鉴定人的鉴定意见、勘验笔录和其他作为证据的文书，通过"发表意见和听取意见"的方式质证。根据《刑事诉讼法（2012）》第190条的规定，公诉人、辩护人分别向法庭举示证据，对于物证，由当事人辨认，对于证言笔录、鉴定意见等书面材料，审判人员应当听取公诉人、当事人和辩护人、诉讼代理人的意见。

（三）证人、鉴定人出庭作证

明确证人、鉴定人出庭作证，保障法庭质证的有效运行：

1. 明确证人、鉴定人出庭作证的条件

根据《刑事诉讼法（2012）》第187条第1款的规定，证人出庭作证的条件有三个，即"公诉人、当事人或者辩护人、诉讼代理人对证人证言有异议，且该证人证言对案件定罪量刑有重大影响，人民法院认为证人有必要出庭作证的。"根据该条第3款的规定，鉴定人出庭作证的条件有两个，即"公诉人、当事人或者辩护人、诉讼代理人对鉴定意见有异议，人民法院认为鉴定人有必要出庭的"。

2. 明确了证人、鉴定人不出庭作证的后果

根据《刑事诉讼法（2012）》第188条的规定，证人没有正当理由拒绝出庭或者出庭后拒绝作证的，可以对证人予以训诫或者处以10日以下的拘留。根据《刑事诉讼法（2012）》第187条第3款的规定，经人民法院通知，鉴定人拒不出庭作证的，鉴定意见不得作为定案的根据。

3. 增加证人出庭作证的保障措施

（1）确立强制证人出庭作证制度。根据《刑事诉讼法（2012）》第188条的

规定，证人经通知无正当理由不出庭的，人民法院可以强制其到庭。

（2）保障证人及其近亲属的安全，增加对特定案件的证人、被害人采取特别保护措施的规定。

（3）增加对证人的补助和证人所在单位不得克扣其福利待遇的规定。

（四）确立庭前会议，保障庭审质证的针对性

《刑事诉讼法（2012）》第182条第2款确立了庭前会议制度。这一制度的目的是审判人员就回避、管辖、出庭证人名单、非法证据排除等问题"了解情况，听取意见"。这一程序设计就是允许法院在正式开庭前，在控辩双方同时参与下，对案件的程序性争议问题集中听取意见。这一规定有利于确定庭审重点，便于法官确立庭审的主要争议焦点，妥善安排庭审过程，有利于法庭质证的针对性。

（五）确立非法证据排除规则，为质证提供更多依据

2010年，"两高三部"发布的《排非规定》，首次以司法解释的形式确立了非法证据排除规则。警察取证手段的合法性成为法庭质证的对象，侦查人员是否非法取证，非法取证是否达到应当排除的条件等成为法庭质证的焦点。并且规定了在双方异议无法解决的情形下，侦查人员需要出庭作证的。

（六）建立专家辅助人制度，增强质证手段

根据《刑事诉讼法（2012）》第192条第2款规定，我国刑事诉讼中确立了专家辅助人制度。专家辅助人，即具有专门知识的人出庭，其主要任务是对鉴定人出具的鉴定意见进行质证，质证的方式是针对鉴定意见的有关内容向鉴定人进行发问，由鉴定人进行回答。据此，专家辅助人在一定程度上成为法庭质证的助手。

（七）有关技侦证据材料的质证问题

2010年，"两高三部"发布的《死刑案件证据规定》第35条第1款规定，侦查机关依照有关规定采用特殊侦查措施所收集的物证、书证及其他证据材料，经法庭查证属实，可以作为定案的根据。但是，技侦证据材料的使用会有两个问题，一是公开技侦措施可能不利于将来的侦查破案；二是，公开技侦措施还可能对相关人员的人身安全产生危险。因此，《刑事诉讼法（2012）》第152条规定，如果使用该证据可能危及有关人员人身安全，或者可能产生其他严重后果

的，应当采取不暴露有关人员身份、技术方法等保护措施，必要的时候，可以由审判人员在庭外对证据进行核实。那么，对于一个不知道由谁做出的，怎么做出的"神秘"证据，具体如何保障辩方对该种证据的质证？如何核实？立法并未明确规定。这使得该证据材料游离于质证规范之外，无法真正实现有效质证。这里存在一个问题需要探讨，即前述"应当采取不暴露有关人员身份、技术方法等保护措施"，有关信息是否也需要对刑辩律师保密？换言之，刑辩律师作为一个执业群体而非普通的自然人，是否也是保密的对象？辩护律师基于辩护的需要，是否应该享有质证、与审判人员一起核实的权利？若有关信息对辩护律师保密，那么控辩裁三方中，相当于控方和裁判方都知道该证据，只有辩方毫不知情。为了安全，特殊情形可以不让被告人知道，那是否可以让辩护律师"代替"被告人"知道"并质证呢？显然，基于辩护律师作为执业群体而存在以及辩护权的需要，辩护律师应当拥有对证据的知情权，这是公正的底线。

（八） 2012年刑诉法解释对质证的细化和补充

（1）《刑诉法解释（2012）》第63条在对庭审原则进行规定的同时，作出"法律和本解释另有规定的除外"的但书规定，确保通过技术侦查措施获取的证据材料可以由审判人员在庭外进行核实的特殊质证方式于法有据。

（2）《刑诉法司法解释（2012）》进一步明确可以召开庭前会议的情形，以及庭前会议可以对哪些问题"了解情况，听取意见"。

（3）对证人出庭相关问题予以细化，明确规定了证人无法出庭作证的情形，强制证人出庭以及对证人保护的具体程序。

（4）对有专门知识的人出庭质证的问题进行了细化。

（5）对证人、鉴定人等发问的顺序、发问应当遵守的规则进行了细化。

（九） 2012年最高检规则细化证据合法性

《检察院刑诉规则（2012）》对与证据合法性有关的举证、质证作了具体规定。《检察院刑诉规则（2012）》第446条第1款规定，在法庭审理过程中，被告人及其辩护人提出被告人庭前供述系非法取得，审判人员认为需要进行法庭调查的，公诉人可以根据讯问笔录、羁押笔录、出入看守所的健康检查记录、看守管教人员的谈话记录以及侦查机关对讯问过程合法性的说明等，对庭前讯问被告人的合法性进行证明，可以要求法庭播放讯问录音、录像，必要时可以申请法庭通知侦查人员或者其他人员出庭说明情况。第447条规定，公诉人对证据收集的合法性进行证明后，法庭仍有疑问的，可以建议法庭休庭，由人民法院对相关证据进行调查核实。人民法院调查核实证据，通知人民检察院派员到场的，人民检察院可以派员到场。第 452 条规定，人民法院根据申请收集、调取的证据或者合议庭休庭后自行调查取得的证据，应当经过庭审出示、质证才能决定是否作为判决的依据。未经庭审出示、质证直接采纳为判决依据的，人民检察院应当提出纠正意见；作出的判决确有错误的，应当依法提出抗诉。

五、"三项规程"对质证的改革

刑事诉讼的发展，离不开一轮又一轮的司法改革。2014 年，党的十八届四中全会发布《中共中央关于全面推进依法治国若干重大问题的决定》提出："推进以审判为中心的诉讼制度改革"启动了新一轮的司法改革。

2016 年 7 月，"两高三部"发布《关于推进以审判为中心的刑事诉讼制度改革的意见》，对贯彻"推进以审判为中心的诉讼制度改革"提出了具体的要求和措施。旨在"规范法庭调查程序，提高庭审质量和效率，确保诉讼证据出示在法庭、案件事实查明在法庭、诉辩意见发表在法庭、裁判结果形成在法庭"。

2017 年 6 月，为了深化庭审实质化改革，最高人民法院下发通知，在全国 17 个中级人民法院辖区开展《庭前会议规程（试行）》《排除非法证据规程（试行）》和《刑事一审法庭调查规程（试行）》（以下统称"三项规程"）的试点工作。进一步明确和细化了庭前会议、非法证据排除、法庭调查等关键环节、关键事项的基本程序。

2017 年"两高三部"《排非规定》对非法证据的配套规则进一步完善。扩大了非法证据的实体范围，规范了排除非法证据的程序，确立了一些新的规定、规则。例如，将威胁、非法限制人身自由纳入非法证据排除的对象，初步确立重复性供述排除规则，完善侦查阶段非法证据排除的程序，确立检察机关证据失权制度，等等。2017 年 11 月 27 日，最高人民法院向全国各省高级人民法院、中级人民法院发布新的"三项规程"，自 2018 年 1 月 1 日起在全国范围内试行。

"三项规程"与法庭质证最具有相关性的是《刑事一审法庭调查规程》。主要内容包括：对被告人的讯问程序、被害人参与诉讼的方式以及对被害人的发问程序、出庭作证程序、举证和质证程序（举证质证的一般规则、各类证据的举证方式、证据疑问和异议的处理程序、量刑事实的法庭调查）、认证规则等。

《刑事一审法庭调查规程》细化了与质证有关的规定，体现了庭审过程中的司法证明实质化、控辩双方对抗实质化的特点和趋势，对于法庭调查的顺利进行和案件的公正审理具有积极的作用。具体而言，可以归纳出如下亮点：

1. 将证据裁判、程序公正、集中审理和诉权保障确立为法庭调查的基本原则

（1）根据《刑事一审法庭调查规程》第1条规定："法庭应当坚持证据裁判原则。认定案件事实，必须以证据为根据。法庭调查应当以证据调查为中心，法庭认定并依法排除的非法证据，不得宣读、质证。证据未经当庭出示、宣读、辨认、质证等法庭调查程序查证属实，不得作为定案的根据。"

（2）根据《刑事一审法庭调查规程》第2条规定："法庭应当坚持程序公正原则。人民检察院依法承担被告人有罪的举证责任，被告人不承担证明自己无罪的责任。法庭应当居中裁判，严格执行法定的审判程序，确保控辩双方在法庭调查环节平等对抗，通过法庭审判的程序公正实现案件裁判的实体公正。"

（3）根据《刑事一审法庭调查规程》第3条规定："法庭应当坚持集中审理原则。规范庭前准备程序，避免庭审出现不必要的迟延和中断。承办法官应当在开庭前阅卷，确定法庭审理方案，并向合议庭通报开庭准备情况。召开庭前会议的案件，法庭可以依法处理可能导致庭审中断的事项，组织控辩双方展示证据，归纳控辩双方争议焦点。"

（4）根据《刑事一审法庭调查规程》第4条规定："法庭应当坚持诉权保障原则。依法保障当事人和其他诉讼参与人的知情权、陈述权、辩护辩论权、申请权、申诉权，依法保障辩护人发问、质证、辩论辩护等权利，完善便利辩护人参与诉讼的工作机制。"

诉权保障，尤其要依法保障辩护人发问、质证、辩论等权利，是辩护人在法庭上行使"质证权"的制度保障，也是防止庭审虚化，实现庭审实质化的一项重要举措。

2. 就证据问题向被告人的讯问可以在举证、质证环节进行

根据《刑事一审法庭调查规程》第7条规定，公诉人宣读起诉书后，审判长应当询问被告人对起诉书指控犯罪事实是否有异议，听取被告人的供述和辩解。在审判长主持下，公诉人可以就起诉书指控的犯罪事实讯问被告人，为防止庭审过分迟延，就证据问题向被告人的讯问可在举证、质证环节进行。

3. 同案被告人之间可以当庭对质和发问，保障被告人的质证权

根据《刑事一审法庭调查规程》第 8 条第 2 款规定："被告人供述之间存在实质性差异的，法庭可以传唤有关被告人到庭对质。审判长可以分别讯问被告人，就供述的实质性差异进行调查核实。经审判长准许，控辩双方可以向被告人讯问、发问。审判长认为有必要的，可以准许被告人之间相互发问。"同案被告人之间对质和发问有利于进一步挖掘犯罪人在共同犯罪中的地位、作用等案件事实，对于准确定罪量刑均有积极的意义。同时也是对被告人质证权的具体保障。

4. 证人之间就证言实质性差异可出庭对质、互相发问

根据《刑事一审法庭调查规程》第 24 条规定："证人证言之间存在实质性差异的，法庭可以传唤有关证人到庭对质。审判长可以分别询问证人，就证言的实质性差异进行调查核实。经审判长准许，控辩双方可以向证人发问。审判长认为有必要的，可以准许证人之间相互发问。"一般情况下，能够出庭的证人大都对案件的定罪量刑等关键事实有着重大影响。所以，《刑事一审法庭调查规程》第 24 条与第 8 条均采用"实质性差异"的表述内容，体现了对言词性证据同样的判读标准。

5. 理顺证人交叉询问顺序，规定无法出庭的证人可以视频作证

根据《刑事一审法庭调查规程》第 13 条的规定，经控辩双方申请，人民法院通知有关人员出庭后，控辩双方应当负责协助对本方诉讼主张有利的有关人员到庭。在对证人的发问方面，《刑事一审法庭调查规程》第 19 条规定，证人出庭后，先向法庭陈述证言，然后先由举证方发问；发问完毕后，经审判长准许，对方也可以发问。在作证方式上，除了前述提到的到庭作证方式外，第 14 条规定了远程视频作证方式"因身患严重疾病等客观原因确实无法出庭的，可以通过视频等方式作证"。该规定有利于提升证人作证出庭率，为法庭准确查明案件事实进一步提供了手段上的保障。

6. 有专门知识的人出庭的质证方法

鉴定意见在许多刑事案件中对定罪量刑至关重要，是非常关键的证据。《刑事诉讼法（2018）》第 197 条规定，控辩各方均可申请专门知识的人出庭对鉴定意见提出意见。《刑事一审法庭调查规程》第 26 条进一步规定有专门知识的人可以向鉴定人发问，或者对案件中的专门性问题提出意见，因此，庭审中在对鉴定

意见发表质证意见的同时，对鉴定人或专门知识的人也可以相互发问。可见，无论是被告人之间、证人之间的对质和发问以及鉴定人之间的发问，均是通过发问的方式以期查明案件事实。

7. 明确了辩方可以用出示证据的方式发表质证意见，而非等到辩方出示证据程序才可出示

事实问题的认定有时是证据与证据碰撞，当控方举证时，辩方只需要举出相反的证据，便可以成功推翻指控事实。因此，质证时需要以举证的方式进行。但是，以往通常情况下是法庭会让辩护人等到辩方举证环节再说。这样会人为地分割控辩双方的举证程序，对辩方有利且可以完全反驳控方证据的辩方证据只能等到辩方举证的时候才能出示举证，反驳不及时，证明效果大打折扣。所以，《刑事一审法庭调查规程》第 28 条规定，公诉人举证完毕后，被告人及其辩护人举证。公诉人出示证据后，经审判长准许，被告人及其辩护人可以有针对性地出示证据予以反驳。必要时，控辩双方可以对争议证据进行多轮质证。此项规定，系司法证明实质化的体现，无疑增强了庭审中控辩双方的激烈对抗。然而，在司法实践中，由于该条款"公诉人举证完毕后，被告人及辩护人举证"。这句话，成为审判人员阻止辩方及时举证反驳的根据，还是会要求辩护人将举证放到辩方举证环节，让质证大打折扣。

8. 规定关键证据和存在争议证据的举证方式和质证方式

根据 2018 年最高人民检察院发布的《人民检察院公诉人出庭举证质证工作指引》第 40 条的规定，质证应当一证一质一辩。一证可以是一个单独的证据，也可以是证明一个情节的一组证据，具体情况由审判人员根据案件的情况掌握。需要指出的是，这里的"组"必须是在合理性范围内，所谓合理性的范围，从涉及的证据数量上，必须是诉讼参与人都能够"听得清""听得懂""记得住"的范围，而不能是多到即便是看着文字材料都无法知道举了多少个证据、涉及多少个事实。从质证的目的上，需要保障诉讼参与人能够有效质证。司法实践中，涉案人员众多、疑难复杂的案件，公诉人通常会按组出示证据，但是，这里的"组"通常多到一页 A4 纸都写不完庭审笔录中证据目录，这已经不是举证了，而是念证据目录，这除非是电脑，人脑估计无法记住，因此无法质证。实际上，用常理判断，这么多的证据目录可能就连公诉人也不知道自己都举了哪些证据。为了解决此问题，《刑事一审法庭调查规程》第 31 条规定，"对于可能影响

定罪量刑的关键证据和控辩双方存在争议的证据，一般应当单独举证、质证，充分听取质证意见"。该项内容对可能影响定罪量刑的"关键证据"和控辩双方"存在争议的证据"，规定了一证一举一质的方式，也是庭审实质化的重要制度保障。

《刑事一审法庭调查规程》是一部专门的法庭调查规则，其中多达26条与质证有关。质证在法庭调查中处于承上启下的重要位置，既是对公诉人举证的回应，又是法官认证的基础。

通过梳理质证的刑事立法过程，可以感受到"质证"在我国刑事诉讼中从无到有，从粗到细，从虚到实的发展历程，其正在一步一步、一点一点建立、规范、完善。虽然与法治成熟的国家相比相对滞后，但是也已经逐渐呈现出自己的一套质证体系，今天的辩护人在法庭上较过去的辩护人来说，对于质证不再陌生，有了更多的理论基础、法律依据、程序规则和甄别标准。有学者指出，庭审实质化的核心就是质证实质化。从司法实践来看，法庭辩论阶段基本上都能够保障控辩双方充分发表辩论意见，形式化问题并不突出。因此，庭审实质化改革的重点应当是对法庭调查阶段的形式化问题进行改革。在此阶段，主要包括举证、质证、认证三个环节，其中举证环节基本上是公诉人的程序化流程，而认证环节由于庭审的特殊性只能由审判人员在庭审之后对案件进行综合认定。因而法庭调查阶段实质化改革的核心无疑应当是实现质证的实质化。法庭上的质证环节才是控辩双方在一个具体案件中充分利用证据规则、帮助法庭查明事实、就定罪量刑的证据问题公开发表意见，从而对案件定罪量刑产生积极有效的影响和作用。对于辩护人来说，更加至关重要，需要对质证环节给予更多的重视，对质证问题给予更深入的研究。

六、2021年新《刑诉法解释》对"三项规程"的吸收

2021年1月26日发布的最高人民法院《刑诉法解释（2021）》。《刑诉法解释（2021）》共计27章、655条、9万余字，修改幅度之大，篇幅之多，在充分保障被告人的辩护权、获得法律帮助权，以及保障辩护律师的各项权利方面，都比《刑诉法解释（2012）》有所进步，有所完善。该司法解释对律师的辩护工作将产生积极影响。

在庭审举证质证方面，主要是将"三项规程"的一些规定吸收进来，进一步

明确。

（一）再次明确证据必须经过当庭质证，才能作为定案根据

根据《刑诉法解释（2021）》第71条的规定，证据未经当庭出示、辨认、质证等法庭调查程序查证属实，不得作为定案的根据。

该规定进一步表明，质证是庭审实质化的核心，证据作为定案的根据，必须经法庭查证属实，其前提基础是证据必须当庭出示、辨认、质证。如果一份证据未经质证，就不能作为定案的根据。可见，质证对认定事实、定罪量刑的影响至关重要。

（二）质证时可以就证据问题再次向被告人发问

《刑诉法解释（2021）》第242条规定："……根据案件情况，就证据问题对被告人的讯问、发问可以在举证、质证环节进行。"

向被告人发问，此前按照规定，通常都是在法庭调查开始公诉人发问完毕后，由辩护人针对起诉书指控向被告人发问，核实有关问题。上述《刑诉法解释（2021）》的规定，将"三项规程"之《刑事一审法庭调查规程》中的相关规定直接写进其中，让辩护人在举证、质证环节发问，实际上是让质证实质化。

（三）进一步完善庭审举证、质证程序

《刑诉法解释（2021）》第268条规定："对可能影响定罪量刑的关键证据和控辩双方存在争议的证据，一般应当单独举证、质证，充分听取质证意见。对控辩双方无异议的非关键证据，举证方可以仅就证据的名称及拟证明的事实作出说明，召开庭前会议的案件，举证、质证可以按照庭前会议确定的方式进行。根据案件和庭审情况，法庭可以对控辩双方的举证、质证方式进行必要的指引。"该条是对公诉人庭审举证的随意性的限制和《刑诉法解释（2012）》规定不足作出的进一步完善，对控辩双方，特别是辩方的质证权起到了制度保障作用。

（1）关键证据"单独举证、质证"：对可能影响定罪量刑的关键证据和控辩双方存在争议的证据，一般应当单独举证、质证，充分听取质证意见。该规定既有效保护了辩护方质证权的实现，避免了在司法实践中控方打包举示证据，摘要式宣读有罪供述等给辩护带来的措手不及，又避免了审判方由于不能充分听取辩方的有效质证带来的"偏听偏信"，而不能"兼听则明"。

（2）无争议证据可简化质证：控辩双方无异议的非关键证据，举证方可以仅就证据的名称及拟证明的事实作出说明。不必采取"一证一举一质"，这样就充

分提高了审判效率，而不再拘泥于程序的形式要求。

（3）可召开庭前会议：召开庭前会议，可以使诉讼参与人在一个相对较为宽松的环境里对话，对于控方的举证方式、范围，对于辩方质证的方法、重点，双方的争议焦点，都可以先行探讨，审判人员可以询问控辩双方对证据材料有无异议，对有异议的证据，庭审时重点调查；对无异议的，庭审时举证、质证可以简化，这无疑对推进庭审质证的实质化具有重要作用。

（4）强调法庭对质证的程序指挥权。根据案件和庭审情况，法庭可以对控辩双方举证、质证方式进行必要的指引。

CHAPTER 14
第十四章

物证、书证的质证

  在我国刑事诉讼法有关证据种类的规定中，物证、书证排在八种证据种类的第一位和第二位，充分说明了在诉讼中物证、书证的地位和作用。物证、书证作为客观证据，对于证明案件事实具有重要的意义。一旦其真实性无法保证，轻则被告人不服判，伤及刑事诉讼的程序正义价值；重则造成实质的冤假错案，程序和实体价值都不复存在。物证、书证质证的重心在于其真实性，如何从证据的合法性、客观性、关联性出发，质疑物证、书证的真实性，是刑辩律师在法庭调查程序中的重要任务。

第一节　概　述

一、物证、书证的概念与特征

证据法学中的物证是指以其内在属性、外部形态、空间方位等客观存在的特征证明案件事实的物体和痕迹。[①] 物证是用其物理属性证明案件事实的,而书证是以其承载的文字、符号或图形等信息来证明案件事实的。

书证与物证的根本区别表现在证据内容上,物证是以物质本身具有的特征、性能为证据内容来证明案件事实,而书证不管是以文字、符号或图形的一种或几种方式表现,也不管表现为何物,其本质都是人的有意识的思想的反映。[②]

物证与书证经常出现竞合的情形,即在能够证明案件事实的物证上有与案件事实相关的文字、图形、符号。那如果该证据在以其物理属性证明案件事实的时候则为物证,遵循物证的质证规范;如果该证据以其承载的文字、图形、符号证明案件事实时则为书证,遵循书证的质证规范。

物证、书证是刑事诉讼中广泛运用的两种证据形式,其在刑事诉讼证明中具有重要作用,二者具有如下共同特点:

第一,直观性。物证、书证需要在法庭上出示或展示,属于展示性证据,能够给事实裁判者留下较为直观的印象。物证通过在法庭上出示,可以清楚地展示其外部物理特征,这种直观的印象会比证人证言等言词证据更加具体和清晰。而书证通过出示和宣读,也可以让裁判者具体、直观地了解案件的有关事实。[③] 物证、书证的这种直观性往往会对事实裁判者形成强烈的感官印象[④],刑辩律师应该学会善用物证、书证进行有效辩护。

第二,相对稳定性。物证是客观存在的物品和物证痕迹,作为物其是永恒存

---

① 参见何家弘、刘品新:《证据法学》,法律出版社2013年版,第149页。
② 参见卞建林主编:《证据法学》,中国政法大学出版社2002年版,第74页。
③ 参见尚华:《论质证》,中国政法大学2011年博士学位论文,第132—133页。
④ 参见尚华:《论质证》,中国政法大学2011年博士学位论文,第132—133页。

在的，只要及时提取，用科学的方法固定、保存，它就具有较强的稳定性和可靠性。书证是待证事实形成过程中形成的书面材料，相对于待证事实，其不是事后形成的，因此也具有相对稳定性。物证、书证与证人证言不一样，其不会受到诸如感知能力、记忆能力、表达能力、诚实性等影响，一般都会长时期保持一定的稳定状态。物证、书证的这种客观性也带来了其在运用中的相对稳定性，其外部特征或其他展示内容一般不会经常变化，有利于固定案件事实。

第三，被动性。主要体现在三方面：一是物证、书证需要人的收集、固定和保管、移交等，它们需要物证专家等真正"识货"的人去发现、提取和保管。如果任何一个环节存在问题，都会影响证据的真实性、同一性和证明力。二是这些证据的举证需要当事人在法庭上展示和说明，它们无法自己主动阐述案情。物证被称为"哑巴证据"，如一把刀插在胸口上，无法仅仅凭该物证断定案情是他杀，还是自杀；虽然有些书证，比如日记、书信能够呈现与案件直接关联的信息，但是更多其他类型的书证，比如商标，则无法单独证明是否与侵权商标相同或近似。三是这些证据证明作用的发挥一般还需要借助于其他证据相互印证才能共同完成。作为物证的匕首不能单独证明其与案件事实之间的关系，但如果该匕首与证人证言"看见被告人用这把匕首刺伤了被害人"结合，就能很好地证明案件的待证事实；作为书证的商标，结合侵权商标，经过比对就可以证明构成相同或近似。①

二、物证、书证的种类

（一）物证的种类

物证从不同角度可以有多种不同的分类方法，但从实践中物证使用的角度看，其大致可以分为以下几类：

1. 犯罪工具。如杀人的刀、枪，盗窃使用的撬锁工具等。

2. 犯罪现场留下的物品。如犯罪分子遗留在作案现场的烟头、纸屑、衣服等。

3. 犯罪行为产生的痕迹。如作案现场遗留的脚印、指纹、血迹，被破坏的门窗上留下的撬压痕迹，强奸案件中的精斑等。

---

① 参见尚华：《论质证》，中国政法大学2011年博士学位论文，第132—133页。

4. 犯罪行为侵犯的客体物。如盗窃、抢劫或经济犯罪中的赃款、赃物,杀人案件中的尸体等。

5. 犯罪行为所产生的非法物品。如伪造的国家公文、证件,非法制造的枪支、弹药,非法出版的出版物等。

6. 在犯罪过程中或犯罪后,犯罪人为掩盖罪行、对抗侦查而伪造的各种物品或痕迹。

7. 其他可供查明案件真实情况的物品或物质痕迹。[①]

(二) 书证的种类

书证的形式多种多样,按不同标准、从不同角度可以进行不同的分类。

1. 按表现形式不同,书证可以分为以文字形式表现的书证和以图形、符号等形式表现的书证。

2. 按书证物质载体不同,可以分为书面材料和以其他材料(墙壁、石碑等)为载体的书证。

3. 按制作书证的方法不同,可以分为原本、正本、副本、节录本、影印本等。

4. 按制作书证时有无特殊要求,可以分为一般书证和特殊书证。

5. 按书证的内容不同,可以分为处分性书证和记述性书证。

6. 按书证是否系国家机关等依职权制作,分为公文性书证和非公文性书证。[②]

物证、书证的分类的意义是提醒律师质证时注意不同类别的物证、书证具有不同的特点,不同形式的物证、书证,在规范上或有不同,是否需要出示原物、是否需要鉴定、是否需要结合其他证据印证,都是质证关注的重点。不同形式的物证、书证,在证明力判断上也要结合其具体形式的特点,比如书信,应重点质证其形成时间——是否待证事实形成过程中的,而不能是事后伪造的;比如证书,应重点质证公章真假、发证机关及其权限等。

[①] 参见常铮、张青松:《刑事辩护中对物证、书证的审查与运用》,载豆丁网(网址:https://www.docin.com/p-963534587.html),访问日期:2022年8月12日。

[②] 参见常铮、张青松:《刑事辩护中对物证、书证的审查与运用》,载豆丁网(网址:https://www.docin.com/p-963534587.html),访问日期:2021年1月12日。

第二节　相关理念

一、两大法系的相关理念

（一）大陆法系围绕证据能力和证明力

大陆法系国家对证据的审查判断主要针对证据能力和证明力两方面，质证的过程也主要围绕这两方面内容进行。证据能力是指作为定案根据的证据需要具备的资格和条件，没有证据能力的材料就不能作为定案的根据，证据能力一般由法律规定，实行法定证据主义。

比如德国的证据能力规范体现在证据取得禁止和证据使用禁止两方面。

证据取得禁止是指禁止用某些手段获取证据，这些规定体现在：其一，直接禁止使用暴力、欺骗、威胁方法收集证据（《德国刑事诉讼法》第136a条）；其二，间接禁止某些收集证据的方法和程序，例如，只要《德国刑事诉讼法》规定了取得证据的方式，如要求事先得到特定官员的授权（见《德国刑事诉讼法》第81a条第2款、第100b条第1款、第105条第1款），或者规定了取得证据的特定方法（例如《德国刑事诉讼法》第81a条第1款，要求侵扰性的身体检查由有执照的医师进行），法律就间接地禁止了通过其他方法收集这类证据。[①] 通过法律禁止的方法获取的证据将会被禁止在法庭上使用。

证据使用禁止，包括两方面：一方面是上述因为取证手段违法而禁止使用的证据；另一方面是宪法上的证据使用禁止，表现为虽然取得手段没有不合法，但如果允许使用，则侵犯公民的宪法权利。基于法律要保护更大的利益，因此规定了禁止使用。比如日记，由于涉及公民的隐私权，涉及公民的思想自由，涉及是否会误导裁判者因为日记中的一些想法而对实际行为在裁判时有失偏颇等，尽管取证方法合法，但依然被禁止使用。

证明力是指证据性事实对案件待证事实发挥证明作用的价值和程度，一般由

[①] 参见龙敏：《德国证据禁止制度简述》，载《人民法院报》2019年9月20日，第8版。

事实认定者自由裁量，实行自由心证主义。质证的依据是经验、常理和常识。鉴于大陆法系国家大多将证据规则融入诉讼程序法，因而一般通过规范诉讼程序来对证据资格及其准入进行控制，这一点与英美法系国家不同。从质证者的角度，证据能力和证明力都可能成为刑辩律师质疑和攻击的内容。

（二）英美法系围绕可采性和相关性

在英美法系国家，一项证据材料进入诉讼后，首先需要具备可采性，然后再评估其证明力。质证的内容主要针对证据的可采性和相关性，质证的形式融入法庭交叉询问机制。

证据的可采性（admissibility）又称证据的容许性，与大陆法系严格证明中的证据能力类似，是指一项证据能够被容许作为定案根据，并作为事实认定者进行事实推论的基础。英美法系国家之所以用可采性规则来筛选证据，其根本原因在于当事人主义下的对抗制、陪审团和集中审理。① 英美法系国家一般都有独立于诉讼程序法的专门性证据规则，证据的可采性一般通过证据的排除规则加以确立和体现，例如，传闻证据规则、意见证据规则、非法证据排除规则等。在美国，可采性问题主要体现在《联邦证据规则》第402条，相关证据一般具有可采性；不相关的证据不可采，即"除《美国宪法》、国会立法、本证据规则或最高法院依据法定权限制定的其他规则另有规定外，所有相关证据均具有可采性。不具有相关性的证据不可采"。可以这样讲，相关性是可采性的基础，因此，英美法系的质证主要围绕可采性和相关性展开。

（三）两大法系的异同

两大法系国家关于质证内容的概念表述和立法模式不尽相同，但在实质内容上却几乎相同，大有"殊途同归"之效果。两大法系都强调证据应当具备法律上的资格，只是大陆法系更多是从程序上加以规范，而英美法系制定有独立的证据规则进行排除和控制。这些差别主要与诉讼体制和审判模式有关。大陆法系国家由职业法官决定案件的事实和法律问题，而在英美法系国家则出现了二分法，即由职业法官决定案件的法律问题，由陪审团决定案件的事实问题。由此形成证据的可采性问题主要由法官掌控，而相关性大小的评估一般由陪审团判断。尽管两

---

① 参见裴小梅：《论我国鉴定意见可采性规则的构建》，载《河南省政法管理干部学院学报》2011年第1期。

大法系在程序设置和司法制度上存在很大差异，但二者在证据制度上存在实质共通性，都是从证据在法律上的准入资格和证明作用强弱来定义证据属性的。因此，二者在质证内容上有其共通性。

具体到物证、书证，其事实推论过程主要包括可靠性推论、相关性推论和合法性评价，辩护律师的质证也主要围绕三者展开。可靠性推论主要围绕法庭上出示的物证、书证的来源、载体和内容是否可靠，包括物证、书证的制作、提取、保管、出示等环节的可靠性进行，从而确保该物证、书证从案发现场到法庭中始终具有"同一性"和"真实性"。所谓可靠性就是指证据的确实性，它是在证据来源合法性的基础上进一步确定证据与案件事实的关联性和真实性。① 相关性推论主要围绕具有可靠性的展示性证据与待证事实之间的逻辑联系进行，这里的相关性推论既包括证明作用的有无（相关性），也包括证明作用的大小（证明力）。这两大推论过程共同决定着物证、书证能否作为定案的根据以及其证明程度，其中任何一个环节出现偏差或错误都会影响到案件事实认定的结果。此外，合法性评价主要涉及取证合法性，这也是刑辩律师应该重点关注的内容。

二、中国古代的相关理念

在中国古代的审判实践中，不仅重视言词证据的运用，对于物证、书证等实物证据也非常重视。多种证据的广泛运用也体现在质证对象的多元化。

（一）关于物证的质证

对于物证，中国古代常用的质证方法是辨认，通过当事人和有关证人对物证及其外部特征进行识别，来判断该物证与案件待证事实的相关性及其客观性。据《清稗类钞》记载，郑裕国令归安，一日，乡人某入城购食物，过一点心店，食汤圆而无铜钱，乃以银币一元为质而去，事竣则持铜钱赎银，店主不认。曰："汤圆值数十文，焉用银。"乡人诉之令。即签传店主，坚不承。乃暗使役向店主妇取赃，绐之曰："尔夫已供认矣，速交可免责。"妇曰："我原劝其不可昧良，今何如？"遂以原银币给役持归。郑获赃，谓乡人曰："汝银当于他处遗失，彼不承，我不能滥刑徇私，不如我偿汝，免枉屈良民。"乡人不受，郑佯怒曰："偿当不领，欲何为焉？"掷银二饼，中杂以原物一，听自择。乡人指其一曰："此为小

---

① 参见缪四平：《事实推理及其可靠性》，载《江西社会科学》2009年第1期。

人故物，何得在此?"郑问何所记，曰："此银乃小女聘金，上有双喜朱字，故知为原物也。"以示店主，店主不语，乃俯首伏罪，薄责而释之，乡人顿首致谢去。①

在本案中，郑裕国就是将两枚银币放在一起，并让当事人对银币的特征予以辨认，从而辨明案件的是非曲直。除了对物证本身进行辨认外，还可以通过对物证和其他证据信息之间比较，以揭示矛盾进行质证。

（二）关于书证的质证

书证在中国古代被广泛运用于各种案件，其中最常见的就是各种书面契约。在实践中，也积累起一套对书证的质疑方法，其中最常用的方法就是"比对辨验"的方法。有据可考的中国古代质疑书证的实践有：以税籍、丁籍质证契约；以省簿、图簿、主簿定验图与契约相质证。出簿籍相质证，一般采取以下两种形式：一是当堂呈出，二是当堂验明。归纳起来大致对以下方面内容予以查验质证：契约所使用纸张的新与旧、契约是赤契还是白契、契约内的字迹是否有异、所书亩数是否相符等。②

在清人张自堂审理的僧俗争地案中，审理者怀疑僧人提供的契约是伪造的，但在契约上署名的代笔者已经死亡，便让代笔者的后人找来代笔者生前为他人书写的契约与僧人提供的契约比较，发现两者完全一致，此法即为比对法。但司法官员并没有满足于此，又让代笔者的后人提供了一份当初代笔者为代写契约而收费的记录即收记谢资簿。内载某月某日连收三家，第二家即僧祖法名，验证了僧人所称的某人为其师祖代笔买契的说法不虚，此法即为验证法。两法相结合，认定事实的准确性更高。

"比对辨验"就是中国古代对书证质疑的基本方法。质证对象从言词证据到物证、书证等实物证据，范围广泛，多项证据能够印证同一案件事实才能形成内心确信。

（三）注重言词证据与实物证据之间的矛盾

也有史料记载古时断案在"比对辨验"的同时还会注意不同言词证据与实物

---

① 参见徐珂：《清稗类钞》，载古书房网（网址：https://www.gushufang.com/zibu/qingbaileichao/），访问日期：2022年11月22日。

② 参见祖伟：《中国古代"出簿籍相质证"民事证据规则分析》，载《社会科学辑刊》2012年第3期。

证据之间的矛盾。《徐公谳词》中记载了如下一起案件：漳州人廖绍告妻兄刘临将妻廖刘氏骗卖于叶胜为妻，刘临则辩称是廖绍请张待代书休妻文书，并于文书打上廖绍手印，廖绍否认手印是其本人所打。审判官徐士林便让廖绍将手与文书上的手印印对，发现廖绍手大，而手印小。刘临辩称当初廖绍打手印时人瘦，手印小，而现在廖绍人胖，手印大，但司法官员又问手印大小或因肥瘦所致，而骨节何以长短互异。刘临乃始语塞。可以看出，司法官员对手印的轮廓大小进行了比较，在当事人以言词证据进行辩解时，司法官员又以实物证据进行了补强，推翻当事人的言词证据。

"张举烧猪案"中的做法将"比对辨验"使用于物证，并同时证伪言词证据："张举，吴人也，为句章令。有妻杀夫，因放火烧舍，乃诈称火烧夫死。夫家疑之，诣官诉妻，妻拒而不承。举乃取猪二口，一杀之，一活之，乃积薪烧之，察杀者口中无灰，活者口中有灰。因验夫口中，果无灰，以此鞫之，妻乃伏罪。"说的是在一个妻子杀夫案中，妻子放火毁尸灭迹，对人说是大火烧死的丈夫，丈夫的家人怀疑妻子所说的话，于是县令就告到官衙，妻子拒不认罪。于是县令就找到两头猪，一头杀掉，一头是活的，然后堆放柴火烧这两头猪。等到火熄灭了，在两头猪的尸体中，那头活的口中有草木灰，死的没有。再去验她丈夫的尸首，果然口中无灰。这就说明，在言词证据与实物证据出现矛盾的时候，实物证据往往更容易让人信服，言词证据就很容易被排除。

（四）注重经验、常识和情理的作用

中国古代虽然有了证据裁判主义的萌芽，但终归还是"人断"，裁判者具有较大的主观能动性，并无真正的证据规范约束裁判者。裁判者可以充分发挥自己的个人智慧，将生活常识、经验和情理运用到质疑证据的过程中，甚至可以在案件审理及调解民间纠纷时，绕过法律的明文规定而自由地裁断案件。①

清代龙岩县人林远庵与李允标诉争田地，林姓捏造契约作为本方依据。为使契约可以以假乱真，伪造者在假契上凿孔无数，假装虫蛀。一审县令不辨真伪，断林姓据契管业。李远标不服，诉到道台。徐士林认真查阅林姓契纸，发现蛀孔虽多，但折叠起来看，竟无一孔相对。遂认定契约为伪造。其根据就是当时的常识和经验，因为当时民间契约是折叠存放，虫蛀的蛀孔也应当是基本重合

---

① 参见管伟：《古代中国"能动司法"的实践及特征》，载《浙江工商大学学报》2010年第4期。

的。本案中当事人知道司法官员会以契约上是否有虫蛀来判断是否伪造，便在新契约上凿孔，但是司法官仍能以常理对事实进行认定。①

在中国古代，广为流传的"骗马案"就是通过"老马识途"的常识和经验进行质疑和断案。此外，《疑狱集》中记载的"李崇还儿案"也是如此。该案中，将情理和常识运用到对各方陈述真实性的质疑，起到了至关重要的作用。父子之间在生离死别时的感情流露是难以假装的，将这种经验和常识运用到该案中，就很容易分辨出各种言词证据的真伪。

第三节 物证、书证质证的基本原理与规范

一、概述

物证和书证都属于传统类型的证据，物证以其存在状况、外部特征、构成属性等物理生化特征来证明案件事实，书证以其显示的文字、符号、图形所反映的思想内容来证明案件事实，这些都不难理解。二者相同的直观性、相对稳定性、被动性的特征让其在质证的实践操作中也有类似之处。但是针对二者具体不同的证据种类，在细节操作上还是有差别的。例如对于物证中的犯罪工具、犯罪现场遗留下来的物品、犯罪行为产生的痕迹、犯罪行为侵犯的客体、犯罪行为所产生的非法物品，以及书证中的原件、复制件、是否公文性书证等差别，都会导致实践操作产生巨大差异。辩护律师对物证、书证的质证，必须紧紧围绕法律、司法解释对法官如何审查物证、书证的规定进行。而关于如何对物证、书证进行审查，我国《刑事诉讼法》一直都没有作出具体明确的规定，只是规定了证据收集的一般原则、运用证据的原则。但在2010年6月，"两高三部"联合发布的《关于办理死刑案件审查判断证据若干问题的规定》（以下简称《死刑案件证据规定》）中，对物证、书证的审查则作了较为明确的规定，这无疑填补了立法对司法实践操作指导的空白，为律师辩护提供了一定的空间和较为明确的方向。

---

① 参见蒋铁初：《清代民事诉讼中的伪证及防治》，载《华东政法大学学报》2010年第3期。

《刑诉法解释（2012）》对《死刑案件证据规定》的相关条款又给予了确认和完善，并将之扩展适用至所有的刑事案件。《刑诉法解释（2021）》又对相关内容进行了补充规定。根据《刑诉法解释（2021）》对物证、书证的审查规定并结合司法实践，物证、书证质证的基本原理和规范方法表现在关联性、真实可靠性、合法性、全面性等四个方面。

二、与案件是否具有关联性

物证被称为"哑巴证据"，是否与案件有关联性无法主动阐述。书证种类繁多，最多见的书证是静态意义上的证书、图文标注等，也无法主动阐述与案件事实是否具有关联性。判断物证、书证的关联性是物证、书证质证的基本出发点。

（一）什么是关联性

1. 关联性（相关性）

证据的关联性，又称"相关性（relevancy）"，是指证据与待证事实之间具有证明关系，有助于法官审查判断待证事实成立的可能性。关联性是证据与待证事实之间的一种事实上的逻辑联系。关联性不是哲学上的普遍联系，而是逻辑上的特殊联系，即证据与证明对象或待证事实之间的一种逻辑关联性。

我国的证据理论对相关性的研究比较薄弱，法律也没有明确的规定。关联性作为界定事实存在之间关系的属性，虽然无论在大陆法系，还是在英美法系，判断依据都是常识、常理和逻辑，但是将事实认定置于不同的诉讼模式中，依然会呈现不同的特点。

事实是一个复杂的构成，一个事实的成立需要无数个细节性事实的成立为前提。世界是普遍联系的，事实之间的关联性是一环连一环、一环扣一环的，如果无限扩张事实细节，则犯罪事实的证明便成为不可能。因此，证据法学上证据的关系，分成了两种关系：一种是证据与一般事实之间的关联性；另一种是证据与构成犯罪有关的事实之间的关系。其中，后者一般会被各国立法严格规范。

2. 大陆法系

大陆法系都是成文法国家，在犯罪构成要件这个逻辑大前提之下，事实被区分为要件事实（也称"主要事实""直接事实"）和辅助事实（也称"间接事实"），证据与要件事实的关联性证明，被纳入严格证明范畴。证据与非要件事实之间的关联性证明可以适用自由证明。

3. 英美法系

英美法系是判例法国家,用实质相关性的概念界定了证据与诉讼裁判结果的关系。相关性被定义为包含了证据与事实主张、事实主张与审判之间的两种关系。在英美法国家的法庭上,没有相关性的证据是不允许出示的。对于允许出示的有相关性的证据,按照上述两种关系,又将相关性区分为证明性相关与实质性相关;按照事实逻辑关系判断,证据与事实主张之间的相关为证明性相关,事实主张与裁判事实之间的相关为实质性相关。对应大陆法系的相关概念,相当于把证据与要件事实之间的相关性称之为实质性相关,把证据与非要件事实之间的相关称之为证明性相关。

例如,《美国联邦证据规则》401 相关性定义:"'相关证据'是指使任何事实的存在具有任何趋向性的证据,即对于诉讼裁判的结果来说,若有此证据将比缺乏此证据时更有可能或更无可能。"该定义涉及两个问题:第一,一个证据如果有助于证明或反驳某个事实主张,它就是相关的。例如,提供一张发票证明某人购买了一把凶器的事实主张,这是相关的。第二,该事实主张如果与诉讼有实际关系,它就具有"实质性"(materiality)。[1] 这揭示了该事实主张和审判之间的联系。假设张三被指控犯有谋杀罪,而检控方要求他母亲就张三有疝气作证。这位母亲的证据与他有疝气的事实主张是相关的,但他有疝气的事实主张与该犯罪的构成之间,在事实逻辑上是间接关系,不是直接关系,因此不具有实质性相关,仅有证明性相关。然而,如果另一位证人提供了一张发票,证明张三购买凶器的事实主张,这张发票有助于证明其购买凶器的事实主张,因而是相关的;而且,张三购买凶器的事实主张在审判前就与该诉讼有实际关系,故具有实质性。

所以,证明性相关是证据与事实主张之间的关系,实质性相关是事实主张与审判之间的关系,相关性定义包含了这两种关系。用司法实务中通常的语言来讲,就是不仅要求证据与证据提出者的证明目的相关——证明性相关,而且还要求证明目的与案件构成犯罪的待证事实具有实质相关性。

(二)证明力是一种以关联性为基础的说服力

证明力是一个与相关性紧密相联的概念,是指证据在经验上和逻辑上发挥证

---

[1] 参见郑飞:《证据属性层次论——基于证据规则结构体系的理论反思》,载《法学研究》2021年第2期。

明作用的能力，一个证据应当具有证明某一事实存在或者不存在的能力，任何一个证据要转化为定案的根据，都必须具有证明力。① 这可从两方面来理解：

第一，相关性决定潜在证明力。用米尔建·R.达马斯卡的话说，"相关性涉及的是某项信息在支持或否定某事实结论（待证事实）的存在方面的证明潜力"。相关性本身是一种逻辑上的证明力。证据由于具有相关性而具有证明力，因而有助于法官审查判断案件事实发生的可能性；不相关的证据就没有证明力。沃息·C. 鲍尔说："相关这个词是指具有某种证明力和没有证明力之间的区别……对可能性的某种改变和没有改变之间的区别，似乎得到了普遍的承认。"

第二，相关性和证明力之间仅有程度上的区别。相关性意味着证据与待证事实之间有逻辑联系，只要有任何逻辑联系就具有相关性；而证明力意味着这种逻辑联系的程度。证明力是证据对事实认定者的一种说服力。

（三）关联性的有无与大小

因为关联性的有无是判断证据是否具有法定诉讼资格的起点，不相关的证据不具有证据能力或可采性。所以，对关联性从两个维度判断，一个维度是有无关联，涉及证据的诉讼资格的有无；另一个维度是关联性的大小，这涉及证明力的程度，说服力的程度。在诉讼证明中，关联性大小是被重点关注的维度。

由于物证以其外部特征证明案件事实，本身不具有思想内容，因此应重点质证物证与案件待证事实有无客观联系、能够证明什么、证明的程度如何等。如果物证与待证事实没有逻辑联系，该物证与案件就没有法律上的关联性。如果虽有逻辑联系但不能证明案件事实，那么该物证的证明力就存在缺陷。这是两个不同的问题，前者涉及证据的证据能力或可采性，后者涉及证据对待证事实的证明程度问题。

（四）关联性质证的规范

《死刑案件证据规定》第6条第4项明确规定，应着重审查物证、书证与案件事实有无关联：对现场遗留与犯罪有关的具备检验鉴定条件的血迹、体液、毛发、指纹等生物样本、痕迹、物品，是否通过DNA鉴定、指纹鉴定等，并与被告人或者被害人的相应生物检材、生物特征、物品等比对。

2017年出台的"三项规程"之《刑事一审法庭调查规程》第46条第1款进

---

① 参见陈瑞华：《关于证据法基本概念的一些思考》，载《中国刑事法杂志》2013年第3期。

一步明确规定应通过辨认、鉴定等方式来确定物证、书证的关联性,即"通过勘验、检查、搜查等方式收集的物证、书证等证据,未通过辨认、鉴定等方式确定其与案件事实的关联的,不得作为定案的根据"。

(五)关联性的质证技巧

1. 正确区分关联性的有无与大小

由于物证以其外部特征证明案件事实,本身不具有思想内容,因此应重点质证物证与案件待证事实有无客观联系、能够证明什么、证明的程度如何等。如果物证与待证事实没有逻辑联系,该物证与案件就没有法律上的关联性,属于不具有证据能力,应当排除。如果虽有逻辑联系但证明力微弱,不能证明案件事实,那么该物证的证明力就存在缺陷,需要补证、印证。这是两个不同的问题,前者涉及证据的证据能力或可采性,后者涉及证据对待证事实的证明程度问题,法律后果不同。

2. 鉴别关联性的方法

关联性是事实关系的逻辑,在证据与待证事实之间,内容上以经验、常识、常理作为成立依据,程度上以法定证明标准来判断成立与否。

对物证与案件待证事实是否存在客观联系的审查鉴别,一般通过比较分析、查证检验就可判明。有的物证与案件事实的联系较为隐蔽,凭肉眼很难分辨判断,应及时申请进行司法鉴定予以确定。有时还应将物证同其他证据相结合,审查物证与其他证据是否一致、是否互相印证。物证、书证和其他证据综合审查的关键在于,高度重视物证、书证等客观性证据的科学认定,对于能够直接证明犯罪事实的物证、书证等客观性证据,都应当有符合规定要求、确定无误的科学鉴定意见;对于现场提取的血迹、指纹、毛发、体液等证据,进行物证痕迹科学认定。律师通过对物证、书证与案件事实关联性的审查质证,促使控方提供能够和物证、书证所反映和记载的性状、内容相印证的完备、细致的客观性证据的科学认定材料。

司法机关调取的物证、书证与案件待证事实之间是否具有关联性,也是办案中律师应当重点审查的一方面。如果误把同案件没有联系的物品、痕迹或书面材料当成证据,就不可能正确查清案情,只有同案件有客观联系的物证、书证,才可能对正确查清案情具有实际意义。律师应当结合在案的其他证据,如被告人供述、被害人陈述,并核查现场遗留具备检验鉴定条件的血迹、指纹、毛发、体液等生物物证、痕迹、物品是否通过 DNA 鉴定、指纹鉴定等鉴定方式与被告人或被害人的相应生物检材、生物特征、物品等作同一认定，等等，综合审查在案的物证、书证是否与本案事实有一定的关联性，以排除没有关联的证据。

三、物证、书证是否真实可靠

（一）物证、书证及其来源的真实可靠性

1. 真实可靠性质证的维度

真实可靠性质证的维度包括两方面：一方面是来源的真实可靠性，必须确保来自案发现场的物证、书证，经过规范的程序来固定提取、保管、移送；另一方面是在来源可靠的前提下，物证、书证自身是否真实可靠。这里有两个质证角度：一是判断是否为现场伪造的物证、书证；二是若不是伪造的物证、书证，但时过境迁后是否已发生性质变化而失去证明价值。

2. 审查物证、书证是否伪造

物证具有不可改变的特性，但也有伪造的可能。如果是伪造的现场，则物证和书证可能是虚假证据，这样的话，从其提取、保管、移送的规范角度是无法审查出是否系伪造。如果控方举出的物证是原物，就应审查原物的形状、颜色、体积、温度、质量、来源等，即在什么时间、什么地点、什么情况下发现和取得，是否随时间、空间等变化而改变，从而失去原物的证明价值。

如果物证是原物的复制品或照片，律师质证时就应注意，物证仍是原来的物品和痕迹，复制品和照片只是固定原物的一种方法。即使法庭许可控方举出原物的复制品或照片，也应审查复制品与原物是否相同，照片是不是原物的真实摄影，否则就不可轻易认诺。例如，在一起盗窃案件中，被告人供述其盗窃数额为4000元，是40张面额100元的现金，当天将4000元用于购买笔记本电脑，案发前，其从银行取出了4000元退还给了被害人，但控方出具的物证照片和提取说明显示，侦查人员从被告人宿舍的床上提取到现金人民币4000元，并进行了拍照。控方将该照片作为物证的载体在法庭上出示，用以证明被告人盗窃后藏匿赃款的情况。辩护人发现，控方举证照片上的4000元，是崭新的，而且是连号的，这个细节引起了辩护人的注意，究竟照片上的4000元人民币是不是被告人盗窃的4000元人民币的原物？如果不是，这项物证就不能作为证据使用。最终，通过补

充侦查，发现公安机关在了解到赃款已被被告人用于购买电脑之后，为了说明赃款的数额和去向，为了使案件的证据看起来更充分一些，就人为地制造了一个起获赃物的现场并拍摄了照片，照片上的赃款，不是被告人盗窃的赃物，而是侦查人员自己从银行卡里取出来的。①

书证是否系原件，需要通过辨认确定，必要时通过鉴定来判断，相比物证原件的判断，书证原件的判断需要更强的专业性，需要借助科学技术手段来实现。当然，并不是说物证、书证不是原件就不能作为证据使用，相反，司法实践中大量的物证、书证由于不易提取、难以存放等客观原因，通常都以照片、影像的形式固定下来，这就需要辩护人对照片、影像的真实性进行审查，特别是原件与载体之间的对应性。

3. 来源可靠性质证

对物证、书证来源的可靠性质证，主要围绕法律和司法解释有关物证、书证来源可靠性审查的相关规定进行：

（1）物证、书证的保管链条是否完整

《刑诉法解释（2021）》第 82 条第 3 项规定，对物证、书证应当重点审查其在收集、保管、鉴定过程中是否受损或者改变。该解释第 83 条第 1 款规定，据以定案的物证应当是原物。原物不便搬运，不易保存，依法应当返还或者依法应当由有关部门保管、处理的，可以拍摄、制作足以反映原物外形和特征的照片、录像、复制品。必要时，审判人员可以前往保管场所查看原物。

然而在司法实践中，物证因自然原因、人为原因等改变原貌的现象屡见不鲜。例如，合同一方当事人为了谋取不正当利益，故意将标的物中的合理残次品当做物证，或者故意将他人不合格的物品冒充合同标的物，向另一方索赔所谓的损失等。现场物证也可能因风吹日晒、冰霜雨打发生物理、化学反应，现场勘验、检查人员也可能有意、无意地损毁、污染物证，等等。对于诸如此类物证，律师应当按照物证本身固有的外部特征审查其原始出处，是否被污染、伪造或者更换等。

物证、书证在收集、保管或者鉴定过程中，如果发生破坏或改变，就会使证据失真，丧失一定的证明力。例如，在电信类诈骗案件中，侦查机关使用光盘从

---

① 参见常铮、张青松：《刑事辩护中对物证、书证的审查与运用》，载豆丁网（网址：https：//www.docin.com/p-963534587.html），访问日期：2021 年 1 月 12 日。

犯罪嫌疑人使用的电脑中复制了与诈骗数额相关的交易记录，但侦查人员在使用光盘的过程中，按照侦查人员的办案思路对其中的内容进行了编辑，将电脑中的原始数据按照不同的项目进行了分类、整理，律师审查文档的属性时发现在犯罪嫌疑人到案后，文档还被改动过。这时，经过侦查人员分类、整理后的数据信息，与电脑中的原始数据就有出入，有可能存在侦查人员消除对被告人有利证据的情况。类似在证据收集过程中的改变，律师应当重点审查，不要轻易放过对被告人有利的线索。又如，在故意杀人案件中，侦查人员从被害人体内提取的心血，它的保质期是有限的，但由于每次鉴定之间的相隔时间较长，或多次、重复重新鉴定，心血就会超过保质期，无法作为检材继续供鉴定使用，也就无法发挥其证据效力，律师应特别注意在物证保存的时间、温度、体积、大小等细节上进行审查，对不合理的证据予以排除。

此外，对于无收集、保管记录或收集、保管记录不当的物证、书证，就难以确定该证据是否存在因收集、包装或保管不当而发生破坏的情况。所以，对于这种瑕疵，辩护律师要结合在案材料依法审查以发现问题，并通过质证进行排除。总之，在对物证、书证进行审查判断时，紧紧围绕"保管链条的证明"这一主轴线，审查其来源、收集、保管、鉴定、出示等各个环节，从中找到有效辩点。

（2）物证、书证的提取是否附有笔录或清单

《刑诉法解释（2021）》第86条第1、3款规定，在勘验、检查、搜查过程中提取、扣押的物证、书证，未附笔录或者清单，不能证明物证、书证来源的，不得作为定案的根据。物证、书证的来源、收集程序有疑问，不能作出合理解释的，不得作为定案的根据。因此，对侦查机关在勘验、搜查、检查中提取、扣押的物证、书证，辩护时着重从四方面质证：一是是否附有相关提取笔录或者扣押清单；二是提取笔录或者扣押清单有无侦查人员、物品持有人、见证人签名；三是对物品的特征、数量、质量、名称等有无注明；四是随案移送的物证、书证与提取笔录、扣押清单是否相符，特征是否一致。

（3）物证、书证是否为原物、原件，复制件或照片是否符合相关规定

审查物证、书证是否为原物、原件，如果不是，还要审查复制品或者照片是否符合相关规定。根据法律规定，辩护律师在审查起诉阶段就可以看到案件材料，这时，就要重点去发现案件材料中与案件事实有关联的物证、书证是否提取了原物、原件。如果不是原物、原件，为什么没有提取，其原因是否符合法律规

定的理由，并要将物证的照片、复制品或书证的复印件跟被告人进行核对，并结合其他证人证言或被害人陈述等，查看复制品、复印件等是否真实，能否反映出原物的外形和特征，是否与原物、原件相符合。

对于书证，律师还可以通过查看其签字、印章是否与单位或者个人的签章相符合，以发现书证是否系伪造。如故意杀人案件，对于公安机关提取的案发现场的作案工具，律师要结合犯罪嫌疑人、被告人的供述，审查其是否为作案工具的原物。再比如，合同诈骗案件中，对于被告人与被害人之间的钱款往来单据，双方签订的合同等材料，辩护律师应当审查是否为文本的原件。如果客观条件不允许或者已经不可能取得原物、原件，比如，原物移动不变，或者原物、原件因客观原因已经毁灭，也要与原物进行对比，查明原物、原件毁灭的具体情况；如果原物、原件还存在，则要审查物证的照片、录像或者复制品，书证的副本、复印件与原物、原件是否相符合，以证实是否完全一致。如果发生矛盾，就要查明发生矛盾的原因。

《刑诉法解释（2021）》第82条第1项规定，对物证、书证应当着重审查其是否为原物、原件，是否经过辨认、鉴定；物证的照片、录像、复制品或者书证的副本、复制件是否与原物、原件相符，是否由二人以上制作，有无制作人关于制作过程以及原物、原件存放于何处的文字说明和签名。该解释第83条规定，据以定案的物证应当是原物。原物不便搬运、不易保存、依法应当返还或者依法应当由有关部门保管、处理的，可以拍摄、制作足以反映原物外形和特征的照片、录像、复制品。必要时，审判人员可以前往保管场所查看原物。物证的照片、录像、复制品，不能反映原物的外形和特征的，不得作为定案的根据。物证的照片、录像、复制品，经与原物核对无误、经鉴定或者以其他方式确认真实的，可以作为定案的根据。该解释第84条规定，据以定案的书证应当是原件。取得原件确有困难的，可以使用副本、复制件。对书证的更改或者更改迹象不能作出合理解释，或者书证的副本、复制件不能反映原件及其内容的，不得作为定案的根据。书证的副本、复制件，经与原件核对无误、经鉴定或者以其他方式确认真实的，可以作为定案的根据。

根据上述法律规定，诉讼中收集和提取的证据应当是原物，物证的照片、复制品、录像或者书证的副本、复印件的制作要符合以下条件才有可能被采纳：

第一，物证、书证确实不便移动、易腐蚀变质而不易保存，或者是依法应返还被害人，或因保密工作不能调取的，或因法律规定不宜随案移送而应由公安机关保管的，或者是按照国家有关规定分别移送主管部门处理或者销毁的物品。

第二，制作物证、书证照片、录像、复制品等时，制作人不得少于2人。

第三，制作物证、书证照片、录像、复制品等时，应同时制作文字说明，该说明应明确制作物证照片等的原因、制作过程、制作人、原物存放何处等问题，并由侦查人员、制作人、见证人签名或盖章。

第四，有关制作物证、书证照片的理由、过程等的前述说明应一式两份，其中一份交原物持有者或保管者，另一份则作为附件随同物证照片、录像、复制品等移送备查。经查证，若代替原物提交给法庭的物证、书证照片、物证、书证复制品或物证、书证录像不是按法定要求制作的，那么应排除复制品作为认定事实的依据。①

因此，辩护律师应首先质证物证、书证是否为原物、原件。若不是原物、原件的，要着重质证四点：一是原物、原件不能随案移送的原因；二是照片、录像与原物、原件是否相符；三是复印件是否有单位或者个人"复印属实"的签名，是否盖有公章，有无复制时间、提取人的签名；四是照片、录像、复印件能否反映原物的外形和特征。

（4）审查《调取证据通知书》及签字

注意审查公安机关向有关部门调取物证、书证时，有没有《调取证据通知书》，以及被调查单位有无在书面证据材料上签字。

2020年公安部发布的《公安机关刑事程序规定》第62条规定，公安机关向有关单位和个人调取证据，应当经办案部门负责人批准，开具调取证据通知书，明确调取的证据和提供时限。被调取单位及其经办人、持有证据的个人应当在通知书上盖章或者签名，拒绝盖章或者签名的，公安机关应当注明。必要时，应当采用录音录像等方式固定证据内容及取证过程。

（5）鉴定是否及时

审查检察机关对于扣押的金银、文物、名贵字画、违禁品以及其他不易辨别真伪的贵重物品有没有及时鉴定。

《公安机关刑事程序规定》第230条第3款规定，依法扣押文物、贵金属、珠

---

① 参见丁明俊：《刑事诉讼中物证的认证》，载豆丁网（网址：https://www.docin.com/p-248977927.html），访问日期：2022年4月22日。

宝、字画等贵重财物的，应当拍照或者录音录像，并及时鉴定、估价。

（二）物证、书证真实可靠性的印证

物证作为"哑巴证据"，需要有其他证据的印证才能证明案件事实；有些书证单独也不能证明案件事实，也需要与其他证据印证。

司法实践中，侦查机关提取的有些物证的原物，律师通过阅卷是无法看到的，如作案的工具、案发现场遗留的痕迹、犯罪行为侵犯的客体物等，只能看到物证的照片或通过对所提取的物证进行鉴定而得到的鉴定结论等[1]，这时，由于这些只是物证的载体，无法通过其确认物证的真伪，这就需要律师结合所掌握的其他证据种类，对物证照片所反映的物证的外部形态、数量、质量等特征进行分析、判断。例如，在故意伤害案件中，作案工具常常会被作为物证提取，但是，从照片上反映出的刀、棍等工具的形态，并不能直接与犯罪事实联系起来。这时，就需要律师将刀、棍的外部形态特征与被害人的陈述、伤情鉴定结论等其他证据进行对比，考察被害人的伤口与刀、棍的特征是否吻合，是贯通伤，还是钝挫伤，是刀砍伤的，还是棍打伤的，从而发现证据之间存在的疑点和矛盾。

四、收集程序的合法性

（一）结合规范目的质证

物证、书证的收集程序规范目的包括真相发现和人权保障两个价值诉求，其中规范条文最多、最重要的目的是确保物证、书证与案件事实的关联性以及真实可靠性，以发现真相。在质证时，需要结合规范目的，进行质证。

如果该条款的规范目的是确保证据的真实可靠，则律师应审查违反该程序规范给真相造成的瑕疵程度，并提出要求控方补正的质证意见。在控方补正后，依法审查补正的方式方法是否科学，补充的证据是否充分，是否能够从经验和常识的标准上得出证据真实。如果不能，则提出理应依法排除该物证、书证的质证意见。

如果该条款的规范目的是人权保障的价值诉求，则律师应提出要求控方合理解释的质证意见，并审查解释的合理性，如果未能满足合理性要求，则提出排除

---

[1] 参见常铮、张青松：《刑事辩护中对物证、书证的审查与运用》，载豆丁网（网址：https://www.docin.com/p-963534587.html），访问日期：2021年1月12日。

该物证、书证的质证意见。

物证、书证的获取方式与收集程序包含很多有价值的辩点，甚至是突破点。律师对物证、书证的收集程序、方式进行审查，看其程序是否符合法律及有关规定。主要质证侦查人员对物证、书证的收集程序、方式是否符合刑事诉讼法的相关规定，取证是否合法、及时。具备辨认条件的物证、书证应由被告人、受害人、目击证人进行辨认，特别是作案用的工具必须要有辨认笔录，而且是混合辨认。对于因客观原因无法找到作案工具的，应审查有无被告人指认丢弃地点的指认笔录、描述作案工具特征的讯问笔录、侦查人员的搜寻笔录、办案说明等。

（二）收集物证、书证的程序规范

《刑事诉讼法（2018）》第56条第1款规定，收集物证、书证不符合法定程序，可能严重影响司法公正的，应当予以补正或者作出合理解释；不能补正或者作出合理解释的，对该证据应当予以排除。

2017年"两高三部"联合发布《排非规定》第7条、《刑事一审法庭调查规程》第50条也有类似规定。

《刑诉法解释（2021）》第86条第2、3款对上述规定作了进一步细化规定，物证、书证的收集程序、方式有下列瑕疵，经补正或者作出合理解释的，可以采用：（1）勘验、检查、搜查、提取笔录或者扣押清单上没有调查人员或者侦查人员、物品持有人、见证人签名，或者对物品的名称、特征、数量、质量等注明不详的；（2）物证的照片、录像、复制品，书证的副本、复制件未注明与原件核对无异，无复制时间，或者无被收集、调取人签名的；（3）物证的照片、录像、复制品，书证的副本、复制件没有制作人关于制作过程和原物、原件存放地点的说明，或者说明中无签名的；（4）有其他瑕疵的。物证、书证的来源、收集程序有疑问，不能作出合理解释的，不得作为定案的根据。该解释第126条第2款也规定，认定刑事诉讼法规定的"可能严重影响司法公正"，应当综合考虑收集证据违反法定程序以及所造成后果的严重程度等情况。

具体而言，主要分为以下四种收集程序：

1. 搜查程序是否合法

对于通过搜查获取的物证、书证，律师质证主要针对搜查主体、搜查令状等是否合法。

第一，在搜查主体方面，根据现有法律规定，在我国侦查机关包括公安机关、人民检察院、国家安全机关、军队保卫部门及监狱,其他主体无侦查权。从证据的合法性上看,无侦查权主体侦查收集的证据不具有合法性。诉讼中,若一方出示的物证、书证是非侦查主体动用侦查权获得的,则该物证、书证不能被采纳;但如果该物证、书证是非侦查主体以非侦查性取证措施获得的,则可被法庭采纳。

第二,在搜查令状方面,律师应审查在搜查时是否向被搜查人员出示搜查证,是否由两名以上侦查人员执行搜查,搜查时是否有被搜查人或者他的家属、邻居或者其他见证人在场。根据现有的法律规定,物证、书证若是侦查机关无证搜查时获得的证据则不具有合法性,但在法律认可的紧急情况下的无证搜查,则其是合法的。《刑事诉讼法(2018)》第138条规定,进行搜查,必须向被搜查人出示搜查证。在执行逮捕、拘留的时候,遇有紧急情况,不另用搜查证也可以进行搜查。《公安机关刑事程序规定》第224条规定对《刑事诉讼法(2018)》规定的"紧急情况"作了进一步解释:"执行拘留、逮捕的时候,遇有下列紧急情况之一的,不用搜查证也可以进行搜查:(一)可能随身携带凶器的;(二)可能隐藏爆炸、剧毒等危险物品的;(三)可能隐匿、毁弃、转移犯罪证据的;(四)可能隐匿其他犯罪嫌疑人的;(五)其他突然发生的紧急情况。"此外,《公安机关刑事程序规定》第223条还规定,进行搜查,必须向被搜查人出示搜查证,执行搜查的侦查人员不得少于2人。

据此,无证搜查获取的物证、书证,属于以侵犯公民人权的非法手段获取的证据,未能予以合理解释的,不得采纳为证据。

2. 扣押程序是否合法

根据现有法律规定,无证扣押物证、书证的效力同于无证搜查。缺乏扣押文字记录的物证,与案件的关系处于不确定状态。《刑事诉讼法(2018)》第142条规定,对查封、扣押的财物、文件,应当会同在场见证人和被查封、扣押财物、文件的持有人查点清楚,当场开列清单一式二份,由侦查人员、见证人和持有人签名或者盖章,一份交给持有人,另一份附卷备查。《公安机关刑事程序规定》第229条第1款规定,执行查封、扣押的侦查人员不得少于2人,并出示有关法律文书。该规定第230条第1、2、3款规定,对扣押的财物和文件,应当会同在场见证人和被扣押财物、文件的持有人查点清楚,当场开列查封、扣押清单一式三份,写明财物或者文件的名称、编号、数量、特征及其来源等,由侦查人员、持有人和见证人签名，一份交给持有人，一份交给公安机关保管人员，一份附卷备查。对于财物、文件的持有人无法确定，以及持有人不在现场或者拒绝签名的，侦查人员应当在清单中注明。依法扣押文物、贵金属、珠宝、字画等贵重财物的，应当拍照或者录音录像，并及时鉴定、估价。《检察院刑诉规则（2019）》也有类似规定。

3. 辨认程序是否合法

对于通过辨认获取的物证、书证，主要审查在辨认时主持辨认的侦查人员是否少于2人，辨认对象的数量是否符合法律的规定，辨认对象的差异性是否构成暗示，在辨认前及辨认过程中，侦查人员有无暗示等违法行为，多名辨认人对同一对象进行辨认时，有无个别进行等。因此，律师还要通过会见被告人，向其了解情况，以发现在搜查、扣押等程序上是否有违法的情况。

4. 技术侦查程序是否合法

对于通过技术侦查获取的物证、书证，主要审查技术侦查措施是否经过了批准。《公安机关刑事程序规定》第265条规定，需要采取技术侦查措施的，应当制作呈请采取技术侦查措施报告书，报设区的市一级以上公安机关负责人批准，制作采取技术侦查措施决定书。人民检察院等部门决定采取技术侦查措施，交公安机关执行的，由设区的市一级以上公安机关按照规定办理相关手续后，交负责技术侦查的部门执行，并将执行情况通知人民检察院等部门。

同时还要审查技术侦查的案件是否属于法律规定可以采取技术侦查的案件范围。《公安机关刑事程序规定》第263条规定，公安机关在立案后，根据侦查犯罪的需要，可以对下列严重危害社会的犯罪案件采取技术侦查措施：（1）危害国家安全犯罪、恐怖活动犯罪、黑社会性质的组织犯罪、重大毒品犯罪案件；（2）故意杀人、故意伤害致人重伤或者死亡、强奸、抢劫、绑架、放火、爆炸、投放危险物质等严重暴力犯罪案件；（3）集团性、系列性、跨区域性重大犯罪案件；（4）利用电信、计算机网络、寄递渠道等实施的重大犯罪案件，以及针对计算机网络实施的重大犯罪案件；（5）其他严重危害社会的犯罪案件，依法可能判处7年以上有期徒刑的。公安机关追捕被通缉或者批准、决定逮捕的在逃的犯罪嫌疑人、被告人，可以采取追捕所必需的技术侦查措施。

五、物证、书证的收集与移送

(一) 是否全面收集

《刑诉法解释 (2021) 》第 82 条第 5 项规定, 对物证、书证应当着重审查与案件事实有关联的物证、书证是否全面收集。该解释第 85 条规定, 对与案件事实可能有关联的血迹、体液、毛发、人体组织、指纹、足迹、字迹等生物样本、痕迹和物品, 应当提取而没有提取, 应当鉴定而没有鉴定, 应当移送鉴定意见而没有移送, 导致案件事实存疑的, 人民法院应当通知人民检察院依法补充收集、调取、移送证据。

(二) 是否全面移送

应当移送的物证、书证必须全部移送, 对在勘验、检查、搜查中发现的与案件事实可能有关的血迹、指纹、毛发等痕迹应全部收集、提取。对此, 辩护时应注意五点: 一是能够证实犯罪事实的物证、书证是否全面移送; 二是送检是否全面; 三是送检的检材是否为现场遗留的全部检材; 四是不能随案移送物证、书证的, 侦查机关有无相关办案说明; 五是因客观原因无法提取的物证、书证, 能否说明原因。[①]

律师需要结合物证、书证与案件中其他证据之间的印证, 判断与案件事实有关的血迹、脚印、指纹等痕迹或作案工具、通信工具等物品, 是否都已经全面提取, 有无遗漏。例如, 在一起故意伤害案件中, 被告人供述作案工具是一把菜刀, 丢弃在了案发现场, 但在案证据显示, 被害人所受伤害来自外部打击, 并且没有出血, 侦查人员在案发现场并没有提取到菜刀, 同时, 律师发现, 在现场勘验、检查笔录中, 侦查人员记载从现场提取到一根木棍, 而卷宗中的扣押物品清单中却没有这根木棍, 是侦查人员有意没有提取, 还是粗心大意了忘了记录, 不得而知。但是, 无论如何, 作案工具究竟是菜刀, 还是木棍, 将直接影响对案件基本事实的认定。

(三) 重点审查证明被告人无罪、罪轻的证据

我国《刑事诉讼法 (2018) 》第 55 条规定, 用以定案的证据要达到确实、充分的证明标准。"充分"是对定案证据质与量的要求, 证据要在质与量上符合

---

① 参见于建锋:《"五查"确保物证书证证据力》, 载《检察日报》2017 年 7 月 19 日, 第 3 版。

法律关于定罪的要求。这就要求能够收集、应当收集的证据均要依法收集。同时，既要收集能够证明有罪和可能加重被告人罪责的证据材料，又要收集证明无罪和可能减轻被告人罪责的证据材料，反对主观片面性。所以律师在审查物证、书证时，就要审查所收集的证据是否全面，有无遗漏，能否达到证据充分的标准。对被告人有利的证据是否全面收集。

在刑事诉讼的不同阶段，展现在律师面前的证据会呈现一个由少到多、由粗到精的递进过程。结合这一过程，物证、书证的不足，通常存在两种情况。一种是在审查起诉阶段，部分证据没有向律师开示，这种情况下的不足在后续的程序中通常能够得到补充，但此时，律师应当通过细致阅卷，发现什么是与案件事实密切相关，但在审查起诉阶段的卷宗中没有体现出来的物证、书证，并及时向司法机关提出这些问题，以争取主动权，确保在下一个诉讼阶段，控方能够出示辩方需要的证据。如果说第一种情况与诉讼程序有关，那么，第二种情况就与案件的证据质量有关。这就需要律师从已经掌握的有限的证据中，发现有利于被告人，但是控方并未提供的证据，这种取证工作，恰恰是控方根本没有做的。而这些证据，往往又会对被告人的定罪量刑产生重大影响，因此不可小觑。例如，在公诉机关指控的共同盗窃犯罪案件中，根据被害人的陈述，公诉机关指控进入院内实施盗窃的有四人，但是，其中两名被告人否认进入院内实施了盗窃，辩称二人只是在院外望风，并且，公安机关在案发现场也只提取到了两个人的脚印，同案犯称不知道那两个人具体在干什么。院内究竟留有几个人的脚印？二名被告人究竟有没有进入院内？如果没有进入，是不是应该认定为共同犯罪的从犯呢？如果公安机关因为种种原因没有提取到四个人的脚印，就很难认定四个人进入院内实施盗窃。

六、对瑕疵证据印证方式和效力的质疑

律师在质证时需要关注这种错误的逻辑：单独审视每个证据都是瑕疵证据，都游走于应被排除的边沿，但是多个这样的瑕疵证据放到一起相互印证，裁判者往往就此推出犯罪事实成立——瑕疵证据凑在一起就不存在瑕疵了吗？这种错误的逻辑在司法实践中很常见，律师质证时需要及时提出对瑕疵证据印证方式及其效力的质疑。

首先，印证的判断依据是常识、常理和常情，是事实标准，证据之间的印证

方式必须符合常识、常理和常情的判断，一把匕首刺不出枪伤的痕迹；一个人连续网贷了 10 次，每次都是贷款 1000 元，卡收到是 800 元，但是声称不知道事先会扣除费用 200 元，这是不可信的。违背常识、常理和常情的判断，是不能发生印证效力的。

其次，瑕疵证据不能因为数量多就没有瑕疵。有瑕疵的证据拟相互印证，必须判断瑕疵的部位，如果多个证据瑕疵部位相同，则不能产生印证的效力，只能是增加了对证据拟证明事实的否定力。

最后，对瑕疵证据必须确认瑕疵部位在印证过程中的补正。如果一证据瑕疵部位，比如时间点，正好是另一证据没有瑕疵的事实点，即另一证据在时间点上确凿无疑无瑕疵，这才会对"时间点"这一事实情节构成补正，而另一证据在地点上的瑕疵，又被其他证据补正……瑕疵证据的相互印证必须要将瑕疵的事实点具体化，然后再看不同证据在瑕疵点上的具体信息表达，是否符合常识、常情和常理，以判断是否构成印证。

第十五章

鉴定意见的质证

科学技术的发展使得鉴定意见成为新的"证据之王",在我国的司法实践中,越来越多的案件开始涉及司法鉴定,鉴定意见正成为重要的证据种类之一。

与此同时,在司法实践过程中,因专业领域不同,法官缺乏对鉴定事项所涉及的专业性问题进行鉴定和判断的能力。因此,法官对鉴定意见时常会有一种天然地相信甚至依赖的倾向。"法官和那些总是信赖地采纳鉴定人结论的陪审员一样,认为那纯粹是个技术问题,而不去注意检查鉴定人的工作。鉴定错了,裁判就会发生错误,这是肯定无疑的。"[①] 在我国,鉴定意见采纳率过高早已成为一个值得高度警惕的现象。为了有效应对这一挑战,辩护律师应充分重视对鉴定意见的审查与质证。

---

① 〔法〕勒内·弗洛里奥:《错案》,赵淑美、张洪竹译,法律出版社1984年版,第177页。

第一节 概 述

一、鉴定意见的概念

鉴定意见，是指鉴定人运用科学知识或者专门知识，对诉讼中所涉及的专门性问题通过分析、判断所形成的一种鉴别意见，为诉讼活动和相关执法活动提供科学证据。鉴定意见的内涵包含以下三点主要内容：

第一，鉴定意见是鉴定人对案件中的专门性问题进行鉴定后得出的结论性意见，此处的鉴定人在大陆法系国家需要具有一定的资质，通过一定的考核，且一般情况下需要在司法行政机关登记在册。

第二，鉴定意见是鉴定人运用自己的专门知识和技能，凭借科学仪器和设备，分析研究案内有关专门性问题的结果，此处的专门知识和技能，以及鉴定的方式方法，相较于一些常识，是具有垄断性的特定方法和技术。

第三，鉴定意见是鉴定人对案件中需要解决的一些专门性问题所作的意见。此处的专门性问题是相对于常识性问题而言，是靠普通的经验常识无法判断的问题。此处的专门性问题是事实问题，而不是法律问题。

二、鉴定意见的种类

鉴定意见的种类与司法鉴定的种类相对应，我国的司法鉴定主要包括以下一些种类：

法医类鉴定包括法医病理鉴定、法医临床鉴定、法医精神病鉴定、法医物证鉴定、法医毒物鉴定。物证类鉴定包括文书司法鉴定、痕迹司法鉴定、微量司法鉴定、声像资料司法鉴定，以及计算机司法鉴定、司法会计鉴定、环境监测司法鉴定、建筑工程司法鉴定、产品质量司法鉴定、知识产权司法鉴定、税务司法鉴定、农业司法鉴定、资产评估司法鉴定，等等。

三、鉴定意见的特征

(一) 鉴定意见属于法定证据种类之一

鉴定意见属于法定证据种类之一。根据《刑事诉讼法（2018）》第 50 条的规定，证据共有八大类，包括物证；书证；证人证言；被害人陈述；犯罪嫌疑人、被告人供述和辩解；鉴定意见；勘验、检查、辨认、侦查实验等笔录；视听资料、电子数据。

可见，鉴定意见属于法定证据种类之一，必须经过质证，经过查证属实，才能作为定案的根据。并且，在当事人有异议并提出申请，法庭认为有必要时，鉴定人需要出庭作证。鉴定人通过主观的理解判断，并以口头表达的方式接受质询。

(二) 鉴定意见属于意见证据

1. 鉴定意见是意见证据排除规则的例外

法庭审判中不允许证人做出意见性陈述，只能就其感知的内容向法庭陈述，法庭排斥意见证据，意在防止干扰法官认定事实，意见不是事实，是主观判断。因此，意见证据排除规则是法治国家通行的证据规则，然而，针对这一规则的例外——鉴定意见，法庭是允许其作为证据使用的，这正是因为案件中涉及的专门性问题，超出了常识判定的范围，超出了法官认知的范围，需要专家帮助才能揭示。

2. 鉴定意见是鉴定人对客观的专门性问题的主观判断

在证据属性上，鉴定意见属于作为自然人的鉴定人对一个事实问题（专门性问题）的主观判断。从形式上看，其是鉴定人根据侦查需要，将其意见以书面形式呈现出来的。从本质上看，其是鉴定人针对某一专门性问题利用相关的技术和自己的知识经验而作出的一种事后分析判断。也就是说，鉴定意见是由鉴定人作出的意见性证据，虽然是以书面形式呈现，但表达的内容是言语性的意见，是鉴定人对于专门性问题的个人主观的判断。

3. 鉴定意见不是裁判结论，和其他证据一样需要经过质证

我国《刑事诉讼法（2012）》将"鉴定结论"改为了"鉴定意见"。在将"鉴定结论"改为"鉴定意见"之前，司法实践中对"鉴定结论"的质证常常流于形式，"以科学的方法做出的'鉴定结论'不容置疑"往往是控方甚至是法官

的口头禅。这种认识使得"鉴定结论"往往会被赋予当然的证明力。这一修改是在立法层面上对鉴定问题本质的重新认识，反映出一种要更加谨慎、理智地看待鉴定意见证明力的立法态度。

然而，是否能够真正地把鉴定人做出的对事实的判断，当作"意见"而不是"结论"，主要还是需要程序设计，而非简单的名称改变。对于鉴定人来说，鉴定意见就是他对鉴定事项所下的"结论"是成立的，但是，对于裁判者来说，怎么才能把这个"鉴定人的判断"只当作"意见"而不是裁判"结论"，需要有一系列的程序设计，包括鉴定人出庭接受质询、判决书说理不得照搬照抄鉴定意见、与鉴定意见有矛盾的证据必须在判决书中阐释裁判理由等一系列程序性规范，防止裁判者将鉴定意见直接当做定案依据。

（三）鉴定意见具有主客观双重性

鉴定意见并非绝对真理，具有主客观双重性，鉴定的依据是科学原理，据以鉴定的材料是客观的，鉴定的对象也是客观的，鉴定方法是科学的，鉴定程序是公正的，所以鉴定意见与一般人的主观意见相比，具有一定的客观性。但是，鉴定中的鉴别和判断又是人的主观活动，这种主观性的活动，必然带来其结论的主观性。终其本质它属于一个判断，是人的主观判断，由于人都要受认识的相对性和鉴定主体的局限性等主客观因素的制约，鉴定意见不可能绝对准确地反映客观事实。

（四）鉴定意见具有较强的专业性

首先，鉴定针对的必须是专门性问题，如果法官为推卸裁判难题，将一些非专门性问题交给鉴定机构和鉴定人，以鉴定意见的形式来转嫁裁判压力，是违法的。因此，司法鉴定的对象，必须是《刑事诉讼法（2018）》第146条规定的"专门性问题"，即通过常识经验无法判断出结论的问题。

其次，从事鉴定的鉴定人及其所属的鉴定机构必须是某专业领域的具备法定资质的人或机构。我国采取双重管理制，即对鉴定机构和鉴定人的双重管理。鉴定意见是具有专门知识的鉴定人，通过其专业知识，利用科学技术等方法对专门性问题进行辨析判断，最后做出的具有专业性的一种意见。做出鉴定意见的鉴定机构和鉴定人均需具备法定资质。鉴定人必须具有相关专业知识、相关资质、专业能力，且能够胜任鉴定工作，并经聘请才可从事鉴定工作。

最后，鉴定所使用的方法、程序和标准必须是本专业通行认可的。这个问题是司法实践中经常被忽视的内容。《司法鉴定程序通则（2016）》第23条明确规定："司法鉴定人进行鉴定，应当依下列顺序遵守和采用该专业领域的技术标准、技术规范和技术方法：（一）国家标准；（二）行业标准和技术规范；（三）该专业领域多数专家认可的技术方法。"只有得到多数专家的认可的标准，才可以作为司法鉴定的通用标准，这也是鉴定意见权威性和专业性的具体体现。

第二节　基本理念与规则

一、司法鉴定的启动权

司法鉴定的启动权在控辩双方的分配，承载着诉讼公平正义的价值。司法鉴定的启动是司法鉴定的第一步，对鉴定的过程和结果、鉴定结论的合法性和证明力起到至关重要的作用，直接关系到司法鉴定的公正性及公信力。而司法鉴定的启动模式取决于一国的诉讼结构、证据制度以及对鉴定性质的认识等各种因素。

世界范围内的传统鉴定启动模式分为两种：一种是英美法系实行的当事人模式；另一种是大陆法系的法官决定鉴定启动的职权主义模式。近年来，世界各国在鉴定的启动权问题上，出现了相互吸收和融合的趋势。

（一）英美法系：控辩双方平等启动权

英美法系的当事人主义模式体现在鉴定问题上，就是控辩双方都可以自行启动并委托鉴定，控辩双方的鉴定意见作为证据在法庭上具有同等的诉讼地位。鉴定人相当于证人的角色，被称为"专家证人"，出庭接受交叉询问。

在"专家证人"司法鉴定制度下，控辩双方平等拥有鉴定启动权。一般情况下，专家证人由当事人聘请，法官主动依职权启动专家证人的情况较少。英美法系强调控辩双方当事人在诉讼中的主体地位和积极作用，并以平等对抗的方式推进诉讼进程，由中立的法官居中裁判。

在当事人主义诉讼结构下，证据制度中的证人有普通证人和专家证人之分，而鉴定人被赋予专家证人的诉讼地位。英美法系认为专家证人和普通证人没有什么本质的区别,要说区别也仅仅在于他们的知识层次不同。因此,鉴定人的诉讼地位与证人相同,一样要宣誓或郑重声明,在法庭上接受质证,同时接受询问和反询问,对证人适用的诉讼规则,同样也适用于鉴定人。诉讼双方当事人均有权聘请专家,并强调专家证言也应遵循直接言词审理原则,即受聘于一方的专家证人应出席法庭以言词的方式发表自己的意见,并接受诉讼双方的对抗性质证。它的优势在于诉讼双方当事人聘请的专家证人拥有充分的参与权和平等对抗权,体现了形式正义的诉讼价值目标。

(二)大陆法系:依职权启动为主与自行启动为辅

大陆法系国家受职权主义诉讼模式影响,在诉讼阶段司法鉴定是否启动一般由法官来决定。以德国为例,鉴定人被誉为"法官的助手",因此德国司法鉴定的决定权是被赋予了法官,由法官掌握司法鉴定的决定权。

大陆法系国家强调法官对鉴定启动的控制权,肯定鉴定人所得出结论的权威性,并更多地追求实质公正和效率。它的弊端也显而易见:一是忽视诉讼双方当事人自行鉴定举证的权利,无疑缺乏形式的公正性;二是难以避免鉴定人由于过早或过多了解案件情况而作出预断性结论和法官过分依赖鉴定结论的危险;三是导致鉴定人出庭接受质证的概率较低。

但是,随着两大法系的融合发展,当前德国刑事司法鉴定权配置既保留职权主义诉讼模式的基本特征,又深受权利保障原则影响,审前程序中,检察官和警察享有鉴定启动权。当鉴定可能干涉公民基本权利时,由侦查法官进行审前审批或事后审查。进入审判阶段后,被告人如果对警方、检方提供的鉴定结论不服,可以自行委托鉴定人进行鉴定,也可以申请法院委托鉴定人进行鉴定。法院根据审判需要,也可以主动委托鉴定人就专门问题进行鉴定。[1] 德国刑事诉讼法不仅授权法官可以委任鉴定人,而且允许被告人在法定情况下委任自己的鉴定人,被告人甚至可以申请自己提名的鉴定人在法官指派的鉴定人到场时共同到场进行勘验和调查。还有学者研究认为,德国刑事司法活动中(主要在审判阶段),辩方也享有司法鉴定的启动权。[2]

---

[1] 参见司法部赴德司法鉴定培训团等:《德国司法鉴定制度》,载《中国司法鉴定》2010年第3期。

[2] 参见吴常青、王彪:《刑事司法鉴定权配置:德国的经验及其启示》,载《社科纵横》2012年第8期。

（三）我国：公、检、法决定鉴定的启动

由于受历史传统、法律结构、思维方式和法官地位、作用等因素影响，我国的刑事诉讼结构受大陆法系职权主义影响较深，属于典型的职权主义诉讼结构。我国公安机关、检察院、法院（以下简称"公检法机关"）享有独立的司法鉴定启动权，且享有补充鉴定、重新鉴定的直接启动权。而当事人只享有补充鉴定、重新鉴定的申请权，且公检法机关享有决定权。

1. 公检法机关享有独立的司法鉴定启动权

我国《刑事诉讼法（2018）》第146条规定："为了查明案情，需要解决案件中某些专门性问题的时候，应当指派、聘请有专门知识的人进行鉴定。"其第196条规定，人民法院调查核实证据，可以进行勘验、检查、查封、扣押、鉴定和查询、冻结。

《检察院刑诉规则（2019）》第218条规定："人民检察院为了查明案情，解决案件中某些专门性的问题，可以进行鉴定。鉴定由人民检察院有鉴定资格的人员进行。必要时，也可以聘请其他有鉴定资格的人员进行，但是应当征得鉴定人所在单位同意。"

《公安机关刑事程序规定（2020）》第248条规定："为了查明案情，解决案件中某些专门性问题，应当指派、聘请有专门知识的人进行鉴定。需要聘请有专门知识的人进行鉴定，应当经县级以上公安机关负责人批准后，制作鉴定聘请书。"

可见，在我国，公检法机关享有独立且完整的刑事鉴定启动权，但对其权利的行使缺少相应的限制。公检法机关享有独立、完整的鉴定启动权却不受其他任何职能部门的制约或者当事人的限制，加上现有制度对启动鉴定的条件、鉴定的委托的监督和制约没有明确的规定，往往会导致职能机关在办案过程中过多地干预鉴定从而影响鉴定中立性；同时，也使当事人对于"自侦自鉴""自检自鉴"或者法院委托的鉴定机构和鉴定人产生不信任，进而不断地申请重新鉴定，有损司法权威。

2. 公检法机关享有补充鉴定、重新鉴定的直接启动权

《公安机关刑事程序规定（2020）》第254条规定："经审查，发现有下列情形之一的，经县级以上公安机关负责人批准，应当补充鉴定：（一）鉴定内容有明显遗漏的；（二）发现新的有鉴定意义的证物的；（三）对鉴定证物有新的鉴定

要求的；（四）鉴定意见不完整，委托事项无法确定的；（五）其他需要补充鉴定的情形。经审查，不符合上述情形的，经县级以上公安机关负责人批准，作出不准予补充鉴定的决定，并在作出决定后三日以内书面通知申请人。"该规定第255条规定："经审查，发现有下列情形之一的，经县级以上公安机关负责人批准，应当重新鉴定：（一）鉴定程序违法或者违反相关专业技术要求的；（二）鉴定机构、鉴定人不具备鉴定资质和条件的；（三）鉴定人故意作虚假鉴定或者违反回避规定的；（四）鉴定意见依据明显不足的；（五）检材虚假或者被损坏的；（六）其他应当重新鉴定的情形。重新鉴定，应当另行指派或者聘请鉴定人。经审查，不符合上述情形的，经县级以上公安机关负责人批准，作出不准予重新鉴定的决定，并在作出决定后三日以内书面通知申请人。"

《检察院刑诉规则（2019）》第220条规定："对于鉴定意见，检察人员应当进行审查，必要时可以进行补充鉴定或者重新鉴定。重新鉴定的，应当另行指派或者聘请鉴定人。"

《刑诉法解释（2021）》第99条规定，"经人民法院通知，鉴定人拒不出庭作证的，鉴定意见不得作为定案的根据。鉴定人由于不能抗拒的原因或者有其他正当理由无法出庭的，人民法院可以根据情况决定延期审理或者重新鉴定。"

根据以上规定，公检法机关可以依职权自行启动补充鉴定或者重新鉴定。这也是职权主义诉讼模式的直接体现。

3. 当事人只享有补充鉴定、重新鉴定的申请权，公检法机关享有决定权

《刑事诉讼法（2018）》第148条规定："侦查机关应当将用作证据的鉴定意见告知犯罪嫌疑人、被害人。如果犯罪嫌疑人、被害人提出申请，可以补充鉴定或者重新鉴定。"《检察院刑诉规则（2019）》第221条规定："用作证据的鉴定意见，人民检察院办案部门应当告知犯罪嫌疑人、被害人；被害人死亡或者没有诉讼行为能力的，应当告知其法定代理人、近亲属或诉讼代理人。犯罪嫌疑人、被害人或被害人的法定代理人、近亲属、诉讼代理人提出申请，可以补充鉴定或者重新鉴定，鉴定费用由请求方承担。但原鉴定违反法定程序的，由人民检察院承担。犯罪嫌疑人的辩护人或者近亲属以犯罪嫌疑人有患精神病可能而申请对犯罪嫌疑人进行鉴定的，鉴定费用由申请方承担。"

由此，当事人在刑事鉴定启动方面的权利极为有限，控辩双方力量悬殊，有悖于控辩平等原则。在我国，初次鉴定只能由公检法机关单方启动，被害人以及

犯罪嫌疑人、被告人在初次鉴定的启动上则既无申请权，更无决定权。根据现有制度，当事人只能对已有鉴定结论申请重新鉴定或补充鉴定，并且是否启动也需要由职能机关决定。

4. 当事人自行启动鉴定的后果

司法实践中，立案后对于检材被控制在办案机关手中的事项，当事人只能申请鉴定或重新鉴定，由办案机关决定是否启动鉴定，而当事人没有直接启动鉴定的权利和可能。对于一些特殊检材，不会因为鉴定而影响价值，也不可能被办案机关控制的，也有当事人自行委托鉴定，并将鉴定意见作为辩护证据的组成部分提交法庭，被裁判采信为判决依据的。比如对于矿山价值的鉴定，对于认定合同诈骗罪具有核心价值，办案机关没有做鉴定，当事人自行委托了鉴定，证明被害人获利，没有财产损失，不构成合同诈骗。此时法官不应该不采信此证据。至于自行给矿山做鉴定，属不属于律师使用了法律禁止的手段获得证据而需要被惩戒？显然不属于。

二、鉴定人的角色定位

（一）英美法系：当事人的证人

在英美法系中，鉴定人的角色一般被定位为"当事人的证人"。英美法系基于当事人主义的诉讼模式，建立了专家证人制度，由当事人聘请专家证人对专门问题进行科学鉴定，做出的鉴定意见属于证人证言中的专家证言。美国布莱克法律大词典对专家的解释是，"经过该学科科学教育的男人（或女人），或者掌握有从实践中获得的特别或专有知识的人。"也就是说，专家不需要国家的某种资格认证，不管是大学教授、外科医生还是修理工，只要他能够就某一行业、领域或具体事项提供专业意见，就可以成为专家。如在美国的专家证据制度中，只要具备比较专业的技能或经验，能够帮助法官和陪审团理解这些专业的知识，就能够以"专家证人"的资格出庭作证。

专家被视为证人的一种，作为意见规则的例外，以其专业知识就科技问题向法庭提供专门意见。在对抗制模式下，专家受聘于诉讼的一方当事人，出具的专家意见通常都是有利于己方当事人的。对于同一专门性问题，当事人双方可能提出两份相互对抗的专家证言。因为这种对抗性，对于鉴定意见的质证，英美法系国家采用直接询问和交叉询问相结合的方式，为了保障这种方式，建立了专家证言庭前开示和有异议时专家证人应出庭作证等质证规则。

（二）大陆法系：法官的技术顾问

在大陆法系中，鉴定人的角色一般定位为"帮助法院进行认识的人"，是"法官的科学辅助人"。基于这种角色定位，在诉讼中鉴定人具有较强的中立性和官方性。比如在德国，鉴定人是接受法官委托，来帮助法院认识活动的人，在庭审中，鉴定人必须到庭，当庭宣读鉴定报告，接受法庭和当事人质证；在意大利，鉴定人作为"技术顾问"，是法官的得力助手；德国的鉴定人被统称为"鉴定师"，即有一定知识经验和技术特长的专家。所有涉及需要判断与鉴别的活动，基本上都有具备相应领域专业能力的鉴定师。遇到特殊领域鉴定事项，在诉讼活动中，也可以由法官指定具备相关专业知识的其他未经公开任命的鉴定师承担鉴定工作。

大陆法系基于其职权主义诉讼模式，强调诉讼中的安全价值，对于鉴定意见的质证，采取"以法官为主，以当事人为辅"的模式，由法官主导整个质证过程，当事人只起补充的作用，这种职权主义下的鉴定实质上仍是司法权运作的结果。

（三）我国：公检法机关的辅助人

在我国，鉴定人的诉讼角色难以定位，其既扮演英美法系控方辅助人的角色，又扮演大陆法系法官辅助人的角色。基于上述对司法鉴定启动权的介绍，我国诉讼当事人没有司法鉴定的启动权，而公检法机关才有司法鉴定的启动权，诉讼当事人只有重新鉴定和补充鉴定的申请权。现实中，很多鉴定人也是公安机关内部的工作人员。因此，如果要给我国鉴定人进行角色定位，那么可以说，我国的鉴定人是公检法机关的辅助人。其既帮助公安机关侦查案件，还帮助检察机关追诉案件，也帮助法官查明案件。

这种角色定位，体现出了浓厚的职权主义色彩，而忽视了保障被告人必要权益的国际趋势。为此我国曾经改革鉴定机构和鉴定人管理制度，撤销了设置在法院内部的鉴定机构，但是检察院有自侦案件的需要，公安机关有侦查案件的需要，故分别保留了其内部的鉴定机构，这依然影响鉴定的中立性，从审判中心主义以及控辩平等的视角，应当对我国司法鉴定人的角色定位进行重新设计。

三、鉴定意见特有的质证规则

(一) 英美法系质证规则

1. 技术可靠性规则

科学技术可靠性规则又称"多伯特规则"。在判断科学技术是否可靠这一问题上,美国经历了从"普遍接受标准"到"综合观察标准"的转变。在1923年"弗赖伊案"(Frye v. United States)①中,联邦法院通过对测谎意见的排除,确立了专家意见的"普遍接受标准"(general acceptance),即专家证言的采纳标准是该意见所依据的科学原理在其所属领域中已得到充分证明并被广泛接受,这一标准实际上限制了科学技术和原理的使用。1993年联邦最高法院在"多伯特案"(Daubert v. Merrell Dow Pharmaceuticals, Inc)②中,推翻联邦第九上诉巡回法院依据"普通接受标准"作出的判决,确立了"多伯特规则"。

多伯特规则的综合观察标准为:专家证据所依据的理论或方法是否可核实或已得到证实;形成这种专家证据的方法和理论是否与目前公布出来的出版作品基本相似或相同;就某项特定技术而言,已知或潜在的错误率是多少,以及是否有对该技术操作进行控制的标准。这种技术方法的概论和理念在它特定的科学领域汇总得到了普遍接受。2000年《美国联邦证据规则》修改了第702条,增加了三个限制条件:(1) 证言基于充足的事实或材料;(2) 证言所依靠的是可靠的原理或方法;(3) 证人用可靠的手段将这些原理和方法适用于案件事实。

专家证人的证据所依赖的事实数据、方法理由论证都应是真实确定、依法可靠并且能够运用的。这些原理或者方法,主要是期刊发表、同行认可、实践可行、符合业内标准的。这种可靠性主要以科学方法理论或者原理为基础,并且还要具备三个条件:这种专家证据的方法理论的基础是有效的、能够被采用的;这种方法理论的具体科学技术运用在实际层面是有效的;这种科学技术在特别案件中的运用是合理有效的。

2. 关联性规则

对于专家证据的相关性审查,主要指的是对其证据内容的审查,即关键在于

---

① See Frye v. United States, 293F. 1013 (D. C. Cir. 1923).
② See Daubert v. Merrell Dow Pharmaceuticals, Inc, 509 U. S. 579 (1993).

审查内容，专家证据要与争议事实相关。

根据《美国联邦证据规则》第401条的规定，关联性是指"使任何事实的存在具有任何趋向性的证据，即对于诉讼裁判的结果来说，若有此证据将比缺乏此证据时更有可能或更无可能"，据此，专家证言具有关联性应当包括两方面，一是专家证言必须与待证事项有最低程度的关联，二是专家证言对案件有实质证明的作用。例如鉴定的血液、毛发不是来自案件当事人或者专家证言不能证实或证伪争议事实，那么该专家意见与案件就没有关联，因此就不具有可采性。

3. 排除性规则

与专家证言有关的排除性规则主要是传闻证据排除规则和非法证据排除规则。前者是基于排除真相发现中的障碍而制定的规则，后者是基于规范警察取证手段而制定的规则。

根据《美国联邦证据规则》第801条的规定，"传闻"是指陈述人并非在审判或听证时作出的，但将其作为证据提供给法庭并用以证明所主张事项之真实性的陈述。由于实体上"传闻不可信"及程序上传闻证据无法经诉讼双方交叉询问进行质证，因此予以排除。根据这一规则的要求，专家证人必须出庭，在宣誓后接受当事人双方交叉询问，否则其意见不具有可采性。

在美国刑事诉讼中，非法证据排除规则要求不但要排除警察使用违法手段取得的证据，还要排除基于非法证据而获得的证据——毒树之果，既要排除毒树，又要排除毒树之果。因此，如果专家意见是建立在应当予以排除的非法证据的基础之上的，那么，这个专家意见作为"毒树之果"就应当予以排除。当然，在英国的刑事诉讼中和英美法系的民事诉讼中，对非法证据比较宽容，允许法官自由衡量，鉴定意见即便是"毒树之果"，也并不一定必须予以排除。

（二）大陆法系质证规则

大陆法系国家对证据的认证一般不存在单独的立法，更不像英美法系发展出大量的证据规则，究其原因，在于大陆法系国家没有采用陪审制，且审判程序中职权主义色彩较浓，认定事实与适用法律均由审判法官完成。审判法官作为专业人士，可以凭借自己的知识、技能、经验对证据能力进行判断，因此没有必要像英美法系那样发展大量的证据规则，法官由此也获得了对证据认证相对宽泛的自由裁量权。

这样的背景下，如何让法官客观中立地将鉴定意见当作一个普通证据来对待,成为一个难题。质证规则需要从体系上架构出对采信鉴定意见的一整套约束法官裁判的规范,以避免司法实践中由于鉴定意见的专业性、垄断性,而取代裁判,出现"以鉴代审"。

此外,审查鉴定意见的证据能力,否定或削弱鉴定意见的证明力,就鉴定意见中存在的瑕疵或矛盾进行质证,也是为了防止法官对鉴定意见不加判断地盲目采纳、产生过度依赖。

1. 程序合法原则

(1) 鉴定材料的取得程序合法

依德国刑事诉讼法,证据若想取得证据能力,首先必须不属于"证据禁止"的范围。证据禁止包括证据取得禁止和证据使用禁止,证据取得禁止指规范证据收集、取得程序和方式的禁止性规范,主要用来限制警察和检察官的侦查活动,但违反证据取得之禁止并不一定导致证据被排除,而由法官依据利益权衡原则进行裁量,它也可能带来对警察的纪律处分和追究刑事责任等。证据使用禁止是指法官对于特定的证据不得用作裁决的根据,包括自主性证据使用禁止和非自主性证据使用禁止,前者要排除侵犯了公民的宪法性权利的证据,后者要排除严重违反法定禁止性规范所取得的证据(依据刑事诉讼法的证据排除),证据使用禁止对证据的排除有决定性的意义。[①] 据此,在德国,鉴定所依据的材料必须经合法程序取得,如果其侵犯了公民的宪法基本权利,或者系严重违法取得,则鉴定结论应予以排除。

(2) 鉴定意见的适用程序合法

在德国,鉴定属于应当经过严格证明的证据方法,这包括两个要求:一是应当符合对所有证据适用的共通程序规则,主要是直接审理、言词审理、公开审理等原则。二是应当符合该证据方法的特殊程序。[②] 根据直接审理、言词审理的要求,鉴定人应当出庭并接受法庭的询问和质证,否则,鉴定结论不具有证据能力。鉴定的特别要求主要包括鉴定的必要性、鉴定人的回避、鉴定结论的形式要件等,未满足这一要求的(如鉴定人未回避、鉴定结论未具结的),鉴定结论也不具有证据能力。

---

① 参见林钰雄:《刑事诉讼法(上)》,中国人民大学出版社 2005 年版,第 431—442 页。
② 参见林钰雄:《严格证明与刑事证据》,法律出版社 2008 年版,第 20 页。

2. 科学可靠性规则

德国刑事诉讼法做出规定，如果当事人及法官有确切理由认为，先前鉴定人的专门知识不完备、鉴定技术有缺陷、鉴定的对象来源于不正确的事实、鉴定结论前后出现矛盾或者鉴定人的方法在当时的技术水平来说还有待改进时，被告人及其辩护人有权向法官申请或者直接传唤自己所提名的鉴定人出庭，但法律另有规定的除外。

（三）我国特有的质证规则

我国对鉴定意见特有的质证规则即严格证据资格规则，是指鉴定意见与其他种类的证据相比，法律规定对其适用采取了更为严格的态度。具体表现为：

第一，鉴定意见"不能作为定案的根据"的情形，与其他证据种类相比，条目是最多的。

《刑诉法解释（2021）》第98条明确指出9种鉴定意见不得作为定案依据的情形，包括：（1）鉴定机构不具备法定资质，或者鉴定事项超出该鉴定机构业务范围、技术条件的；（2）鉴定人不具备法定资质，不具有相关专业技术或者职称，或者违反回避规定的；（3）送检材料、样本来源不明，或者因污染不具备鉴定条件的；（4）鉴定对象与送检材料、样本不一致的；（5）鉴定程序违反规定的；（6）鉴定过程和方法不符合相关专业的规范要求的；（7）鉴定文书缺少签名、盖章的；（8）鉴定意见与案件事实没有关联的；（9）违反有关规定的其他情形。

第二，对鉴定意见没有规定通过补正和进行合理解释弥补瑕疵后仍可使用的条款，适用严格排除。

其他种类的证据，如物证、书证存在法定资格瑕疵的，都规定了可以通过补正和进行合理解释后，可以作为证据使用的情形，而鉴定意见只要不符合规定，就予以排除。严格证据资格规则系基于鉴定主体的可选择性及不唯一性，不仅体现实体真实的价值，还体现程序正当的价值。但是，客观地说，该规则也是法庭在对鉴定意见采信实践中最被忽视的规则。

第三，请有专门知识的人出庭帮助质证。

除了严格证据资格规则，我国特有的规则还有专家辅助人规则——从我国的审判实践出发，在吸收和借鉴英美法系专家证人和大陆法系技术顾问等制度相关内容的基础上，创设了我国的专家辅助人制度。《刑事诉讼法（2018）》第197条第2款规定："公诉人、当事人和辩护人、诉讼代理人可以申请法庭通知有专门知识的人出庭,就鉴定人作出的鉴定意见提出意见。"

由于缺乏专业的知识,控辩双方在质证时无法切实指出鉴定意见存在的问题。从立法本意来看,专家辅助人正是站在对立的角度,全方位审核针对诉讼中专门性问题而作出的鉴定意见或其他专家意见的"短板"所在。一方由鉴定人出庭接受质证,另一方由专家辅助人来寻找鉴定意见的漏洞,双方围绕专门知识、专门技术、科学原理、具体操作步骤及结果等专门性问题展开专业争论。

专家辅助人的介入,有利于帮助法官和控辩双方理解鉴定意见,为案件的裁决提供更加合理的依据,也使得法庭审判在质证方面走向实质化,将错误或虚假的鉴定意见排除在法庭之外,保证庭审的科学性和合理性,更好地实现司法公正。

第三节　我国相关规范性法律文件的沿革

在我国刑事诉讼法多次修改的众多亮点中,有关司法鉴定制度的修改虽然不是很引人注目的部分,但这方面的立法进步却是不容忽视的。梳理主要的立法沿革,有助于进一步了解司法实践中司法鉴定问题的演变过程,对于进一步深化我国刑事司法鉴定制度改革具有一定的借鉴意义。

一、1996年《刑事诉讼法》的修正

《刑事诉讼法（1996）》基本沿袭了《刑事诉讼法（1979）》刑事司法鉴定制度的基本框架。将"鉴定结论"作为证据形式的一种,规定:"为了查明案情,需要解决案件中某些专门性问题的时候,应当指派、聘请有专门知识的人进行鉴定""侦查机关应当将用作证据的鉴定结论告知犯罪嫌疑人、被害人。如果犯罪嫌疑人、被害人提出申请,可以补充鉴定或者重新鉴定"。

当然,《刑事诉讼法（1996）》对司法鉴定制度也进行了一定的拓展。主要表现在三方面:

第一,单位成为法定鉴定主体。《刑事诉讼法（1996）》第120条第2款规定,"对于人身伤害的医学鉴定有争议需要重新鉴定或者对精神病的医学鉴

定，由省级人民政府指定的医院进行"。需要注意的是，《司法鉴定程序通则（2016）》第37条规定："司法鉴定意见书应当由司法鉴定人签名。多人参加的鉴定，对鉴定意见有不同意见的，应当注明。"由此，即便是单位鉴定主体出具的司法鉴定，也应当有参与鉴定人员的签名。

第二，鉴定人应当出庭宣读鉴定结论。虽然《刑事诉讼法（1996）》没有规定鉴定人应当出庭，但《刑诉法解释（1998）》第144条规定，"鉴定人应当出庭宣读鉴定结论，但经人民法院事先准许不出庭的除外"。

第三，《刑事诉讼法（1996）》第158条规定："法庭审理过程中，合议庭对证据有疑问的，可以宣布休庭，对证据进行调查核实。人民法院调查核实证据，可以进行勘验、检查、扣押、鉴定和查询、冻结。"这与《刑事诉讼法（1979）》规定的"法院认为必要时"就可以鉴定有所不同。

二、2012年《刑事诉讼法》的大幅增改

《刑事诉讼法（2012）》，对有关司法鉴定的条文进行了大量的修改，新设了一些条款，进一步完善了司法鉴定制度。

（一）将"鉴定结论"改为"鉴定意见"

《刑事诉讼法（2012）》将原条文中的"鉴定结论"修改为"鉴定意见"，进一步明确了司法鉴定的"意见性质"，对司法鉴定在刑事诉讼活动中所发挥的作用有着积极的意义。

从"鉴定结论"到"鉴定意见"，凸显了审判人员对司法鉴定的查证职责，将其角色定位由"客观性质"向"意见性质"进行了转变，结束了鉴定意见的表象时代。正如美国学者在对美国老旧的"弗赖伊案"确立的普遍接受标准作出批评时所指出的那样："诸如普遍接受性这样的表象，对于法院是有吸引力的，这在一定程度上是因为法律制度的参与者在使用这些表象时感到安逸。依赖于表象，使得法院能够'避免来认真对待科学问题'。表象使得缺少科学背景的法官能够'逃避科学问题'。适用诸如普遍接受性这样的表象，消除了这些参与者自己陷入科学知识的需要。这些参与者可以遵从相关专业人员或者政府机构的判断，而不是自己就相关科学领域进行学习。"[①] 司法鉴定只是对专门性问题提供

---

① 〔美〕Edward J. Imwinkelried：《论表象时代的终结》，王进喜译，载《证据科学》2011年第4期。

意见，作为证明事实的一项证据呈现给审判人员，审判人员必须依职责进行审查和判断。

（二）规定了鉴定人应当出庭

《刑事诉讼法（2012）》明确增加了鉴定人出庭制度，第187条第3款规定"公诉人、当事人或者辩护人、诉讼代理人对鉴定意见有异议，人民法院认为鉴定人有必要出庭的，鉴定人应当出庭作证"，同时也明确了鉴定人不履行出庭义务的后果，即"经人民法院通知，鉴定人拒不出庭作证的，鉴定意见不得作为定案的根据"。

这一修改，将鉴定人出庭作为一项义务明确规定在《刑事诉讼法》中，无疑更有助于保障被告人有效行使辩护权。在司法实践中，绝大部分刑事案件都经过公安机关、检察机关的侦查和审查起诉，鉴定意见的作出机构，不是侦查机关自有的鉴定机构，就是由相关司法机关来委托挑选的。从实务角度来看，这在一定程度上会阻碍被告人辩护权的实现。因此，强化鉴定人出庭，对被告人有效行使辩护权、实现司法公正具有深远的现实意义。

（三）确立了专家辅助人制度

《刑事诉讼法（2012）》第192条第2款规定："公诉人、当事人和辩护人、诉讼代理人可以申请法庭通知有专门知识的人出庭，就鉴定人作出的鉴定意见提出意见。"该款规定了有专门知识的人出庭，适用鉴定人的有关规定。

这一修改，标志着在我国刑事诉讼程序中正式确立了专家辅助人制度。针对鉴定意见涉及的专门性问题，仅由鉴定人出庭进行阐述并接受质证，很有可能成为鉴定人的一面之词。而让其他具有专门知识的人出庭参与质证，就专门性问题与鉴定人面对面地质询交锋，更能有效认定鉴定意见的相关信息，保障司法程序公正和实体公正。

三、2018年《刑事诉讼法》的修改及其司法解释的突破

《刑事诉讼法（2018）》经历了1979年以来的第三次修正，但《刑事诉讼法（2018）》关于鉴定制度的规定与《刑事诉讼法（2012）》完全相同，但此时期相关的单行规范和后来的司法解释，都对有关鉴定的规范有所突破。

2017年最高院发布的《刑事一审法庭调查规程》对具体如何在法庭上对鉴定意见进行质证有所细化。例如该规程第26条规定，控辩双方可以申请法庭通知有

专门知识的人出庭，协助本方就鉴定意见进行质证。有专门知识的人可以与鉴定人同时出庭，在鉴定人作证后向鉴定人发问，并对案件中的专门性问题提出意见。可见，从某种意义上说，这一规定重塑了刑事诉讼中的专家辅助人制度，一定程度上拓展了专家辅助人的司法功能。该规程第49条还规定："经人民法院通知，鉴定人拒不出庭作证的，鉴定意见不得作为定案的根据。有专门知识的人当庭对鉴定意见提出质疑，鉴定人能够作出合理解释，并与相关证据印证的，应当采信鉴定意见；不能作出合理解释，无法确认鉴定意见可靠性的，有关鉴定意见不能作为定案的根据。"由此，确认了专家辅助人与鉴定人同时出庭，以及专家辅助人对鉴定意见提出质疑时如何对鉴定意见进行采信的规则。

《刑诉法解释（2021）》将《刑事一审法庭调查规程》中申请鉴定人出庭、有专门知识的人（专家辅助人）出庭的一些规定纳入其中。但是，对于前述法庭调查时如何对鉴定人发问、专家辅助人对鉴定意见提出质疑时的采信规则等内容则没有进一步强调吸收。

《刑诉法解释（2021）》相较于《刑诉法解释（2012）》，关于特定类型的意见或报告能否作为证据使用的问题，亦有所突破。

一是针对无鉴定机构而由有专门知识的人出具的报告能否作为定案依据的问题，《刑诉法解释（2021）》肯定了其证据价值。《刑诉法解释（2012）》第87条规定，"对案件中的专门性问题需要鉴定，但没有法定司法鉴定机构，或者法律、司法解释规定可以进行检验的，可以指派、聘请有专门知识的人进行检验，检验报告可以作为定罪量刑的参考"。而《刑诉法解释（2021）》第100条规定："因无鉴定机构，或者根据法律、司法解释的规定，指派、聘请有专门知识的人就案件的专门性问题出具的报告，可以作为证据使用。对前款规定的报告的审查与认定，参照适用本节的有关规定。经人民法院通知，出具报告的人拒不出庭作证的，有关报告不得作为定案的根据。"

二是《刑诉法解释（2021）》新增了有关部门对事故进行调查形成的报告可以作为定案依据的规定。《刑诉法解释（2021）》第101条规定："有关部门对事故进行调查形成的报告，在刑事诉讼中可以作为证据使用；报告中涉及专门性问题的意见，经法庭查证属实，且调查程序符合法律、有关规定的，可以作为定案的根据。"也就是说，调查报告中涉及专门性问题的意见，在经法庭查证属实并且调查程序合法合规的前提下，是可以作为证据使用的。

CHAPTER 16
第十六章

视听资料、电子数据的质证

　　视听资料、电子数据是随着科技的发展，进入社会生活的新的信息载体，并逐渐成为越来越多的案件定案所依赖的证据。视听资料、电子数据都是依靠专门性的科学技术来承载信息的，因此具有一些特殊的质证法则，这是律师在辩护工作中需要研究的新课题。

第一节 概　述

视听资料、电子数据具有区别于一般证据形式的概念和特点，这些特殊属性决定了其证明案件事实的原理也不同于一般的物证、书证、证人证言等，研究视听资料、电子数据质证的理论必须先厘清它们的概念和特点。

一、视听资料的概念与特点

（一）概念

视听资料是我国《刑事诉讼法（1996）》增加的一种法定证据种类。视听资料即一种以高科技为基础，利用其特有的技术将有关案件事实原始的声像情况真实地进行重现的证据。[①] 其借助于科技设备贮存和展示的视听信息来证明案件事实，一般包括录音录像、计算机等设备记载的视听信息资料。视听资料按照其表现形式可以分为五类：计算机贮存资料、录音资料、录像资料、闭路监视资料和运用科学技术取得的信息资料。

（二）特点

与书证相类似，视听资料是凭借其记载的声像信息证明案件事实的，书证的信息是静态的文字、图形等，视听资料是动态的声音和影像，所以在有些国家将视听资料归入大书证的种类。由于视听资料凝聚着现代科学技术，质证的时候必须关注其如下特点：

1. 视听资料具有高度的科学性

视听资料是无形物质借助于有形物质，反映具有一定思想行为内容、物质形态，分析未知现象的科学证据，其声音、图像、数据、信息是以声、光、电、磁及其他粒子形式存在的。在通常情况下，人们以自己的感官能否直接感知为物质实体作依据，把这种声、光、电、磁等物质视为无形物质。要把这些无形物质原

[①] 参见张卫平主编：《新民事诉讼法专题讲座》，中国法制出版社2012年版，第95页。

声原貌地保存下来,必须运用现代技术手段,进行一系列能量转换,把它们固定或贮存在有形物质中。在将这些资料作为证据使用时,可以借助于录音机、录像机、报警装置、电视监视器等现代化电子科技设备,以显现出可供人们听看和使用的证据材料。①

2. 视听资料具有客观的真实性

视听资料是采用现代科学技术手段,记录下案件真实情况的原始材料,并通过科学技术设备使案件事实得以再现,一般不受录制人、操纵者或其他人主观因素的影响。只要收集的原始材料准确,提取的物品或储存的信息没有差错,使用的设备没有故障,操作的方式符合规范,就能够客观地反映当时的情形,其音响、图像、贮存的数据和资料所证明的事实情况,与其他证据相比具有较大的真实性。但需要注意的是,视听资料也是可以伪造的,因此也需要有效的质证来保证其真实性。②

3. 视听资料具有最直接的直观性

视听资料可以让犯罪行为客观重现。从听觉到视觉,全方位再现犯罪的整个过程,或者某个片段,无疑是最直接再现犯罪行为的方法。一份没有受损的视听资料甚至可以直观地再现犯罪行为人的态度、语气、动作细节、犯罪现场等与定罪量刑相关的细节。究竟犯罪的行为人当时的行为是"穷凶极恶",还是"有所克制"?是有目标的"挥刀冲刺",还是防卫式的"躲避挥舞"?如果没有视听资料,仅凭言语复盘,在持不同立场的控辩双方的语言加工之下,有时候不但不能使真相越辩越明,反倒可能远离真相。视听资料,则可以防止因语言加工而出现的误导法庭,可以以最直接、最直观的方式再现犯罪行为。

4. 视听资料也有"致命风险"

录音资料、视频资料的剪辑和声音模拟,几乎是常人无法看出来或听出来的,证明视听资料被剪辑过、篡改过,识别声音是模拟的,是非常专业的事情,不是检察官、律师和法官用肉眼、常识或者法学知识就能做到的,换言之,其是很难证明的,因此视听资料也是最危险的证据。也正是基于此,立法上

---

① 参见马进保:《对视听资料有关问题的研究》,载《法律科学(西北政法学院学报)》1987年第3期。
② 参见马进保:《对视听资料有关问题的研究》,载《法律科学(西北政法学院学报)》1987年第3期。

从程序角度规定了一系列严格的关于提取、固定视听资料证据的规范。视听资料一旦被篡改，真实可靠性出现瑕疵，则完全可能误导法庭，这是该证据对认定案件事实的"致命风险"。

视听资料的可靠性往往成为法庭争辩的重点之一，它决定着该项证据能否被采纳为定案根据，因此也是律师质证关注的重点。即便不懂科学和技术，但可以从规范的角度质证。

如果将视听资料分成有人录制的视听资料和自动录制的视听资料两类，对其审查判断的要求也不一样。对前者的要求有：（1）录制设备的操作员技术合格；（2）录制设备在录制时工作正常；（3）操作员使用了该正常设备录制谈话；（4）操作员在某特定时间和地点录下谈话；（5）操作员使用适当的程序录制谈话；（6）磁带或者光盘对谈话的复制效果良好；（7）在录制和审判之间的这段时间，操作员负责保管磁带或者光盘；（8）操作员认出用作证物的磁带或者光盘；（9）磁带或者光盘一直保管完好。而对于后者自动录制的视听资料，对其审查判断的因素就少了很多，主要包括：（1）录制设备运行符合科学原理；（2）录制设备工作正常；（3）录音录像制品未被改变状态；（4）在录制和审判之间的这段时间，磁带或者光盘保管链条完好。[①]

因此，依据上述规范，律师质证的重点：第一，视听资料制作阶段可能存在不可靠性。这种不可靠性主要是指视听资料的制作主体、时空条件、制作方式以及科技设备等不可靠。第二，视听资料保管过程的不可靠性。一份视听资料被制作出来后，在其展示在法庭之前，可能存在被调换、删改等的可能性。因而保管过程的可靠性也非常重要。这些都是对视听资料审查判断的重要内容。

二、电子数据的概念和特点

（一）概念

广义上的电子证据是指一切以电子信息形式存在的、可以用作证据使用的材料及其衍生物[②]，它主要存在于电子计算机、网络及其附属设备之中。2016 年最高人民法院、最高人民检察院、公安部印发的《关于办理刑事案件收集提取和审

[①] 参见马进保：《对视听资料有关问题的研究》，载《法律科学（西北政法学院学报）》1987年第3期。

[②] 参见何家弘主编：《电子证据法研究》，法律出版社2002年版，第5页。

查判断电子数据若干问题的规定》（以下简称《电子数据收集提取判断的规定（2016）》）第1条第1、2款较为全面地界定了电子数据的概念："电子数据是案件发生过程中形成的，以数字化形式存储、处理、传输的，能够证明案件事实的数据。电子数据包括但不限于下列信息、电子文件：（一）网页、博客、微博客、朋友圈、贴吧、网盘等网络平台发布的信息；（二）手机短信、电子邮件、即时通信、通讯群组等网络应用服务的通信信息；（三）用户注册信息、身份认证信息、电子交易记录、通信记录、登录日志等信息；（四）文档、图片、音视频、数字证书、计算机程序等电子文件。"

（二）特点

一般来讲，电子数据具有以下几个特点：

1. 无形性与开放性

电子数据是基于计算机应用和通信等信息化技术形成的用以表示文字、图形符号等信息的材料，其本质是一种数据，这些数据是无法被人直观感受到的，只能通过信息技术和电子设备的帮助才能被人直观感受。与物证、书证不同，物证、书证能够被人直观感受到，且靠常识即可会意，而电子数据是以数字和代码作为证明案件事实的信息。

电子数据可以不受时空限制而获取。比如，网络在线提取电子数据，就是针对电子数据原始存储介质在境外或者远程计算机系统中的。

2. 易变性与稳定性

电子数据本质上是一种依附在电子设备里的数据，这就决定了其极容易被破坏，破坏的原因可能是人为因素，也可能是非人为的外部因素（物理条件的变化、病毒入侵、断电等），这就是电子数据的易变性；同时，电子数据具有恢复的可能性，比如被删除掉的电子数据可以通过信息技术手段恢复到被删除前的状态，而且被修改的电子数据会留下痕迹，这就是电子数据的稳定性。

电子数据具有言词证据易变性的特点，同时还具有物证、书证等实物证据的稳定性。就证据载体而言，电子数据存储于虚拟空间，传统证据存储于现实空间。因此刑辩律师在对两者的质证把握时，一定要注意正确理解两种空间中电子数据与传统证据不同的地方。

3. 取证的技术性与规范性

电子数据的取证必须强调技术性与规范性，电子数据是储存于虚拟空间的数字信息，其提取需要专业人员使用专业的技术，因此，取证具有技术性；同时电子数据的数字信息一旦变化，其表达的案件事实信息也会变化，而常人又无法识别是否存在导致数字信息变化的操作，因此，电子数据取证要有比一般证据取证更为严格的规范，来固定取证人员的操作。这也当然地成为电子数据这种证据形式辩护的两个维度——技术与规范。为此，公安部专门颁布了《公安机关办理刑事案件电子数据取证规则》（以下简称《电子数据取证规则（2019）》）。

《电子数据取证规则》规定了有关防止电子数据因为取证过程而被篡改的操作规范，具体包括：要求取证的人必须是具有电子数据专业知识的侦查人员；取证使用的软件必须是符合规范要求的软件；提取并固定数据的流程也必须符合规范；取证笔录必须具有规范操作流程。同时，还规定了违反规范后的相应后果，比如电子数据中的哈希值被篡改的规范后果——不得作为定案根据等。

技术性和规范性的特征决定了电子数据与传统证据在取证上的不同，电子数据取证对技术专家的依赖程度更高，因此对规范的依赖也更高。越是依赖技术的判断，就越需要更为严格的规范。

第二节　相关理念

视听资料和电子数据既有相同点也有不同点，相同的地方是二者都属于有一定科技含量的证据形式，特别是在信息形成方面，需要借助科技手段。不同的是视听资料所承载的案件信息一眼便知，而电子数据所承载的信息需要专业人士的"翻译"才可以还原为案件信息。在对视听资料和电子数据质证时，需要掌握相关理念。

一、视听资料质证的理念

（一）英美法系围绕可靠性

在普通法传统中，法院为确保音像制品的可靠性采取了更为严格的态度，要求对仪器设备操作者的资格、仪器设备及其工作状态、录制过程及其保管、法院举证的完整的保管链条加以证明。对于控方举证的视听资料，辩护律师一般都是从上述维度挑出视听资料的瑕疵，以削弱法官的心证。

比如在美国，对于出庭证人而言，由于证人只能向法庭陈述自己感知的事实，被称为"感知证人"。控辩双方对于对方出庭作证的证人进行交叉询问的时候，多是围绕着自然人的感知能力瑕疵和主观上可能伪证的诸如利害关系、主观好恶等，也就是可靠性展开的。而播放的磁盘上的视听资料，即录制品，如果一位感知证人作证说，他或她听到了一次交谈，而且该磁盘准确复制了这次交谈，那么这种情况下一般就对磁盘的真实性构成了一个允许的推论，这一感知证人的陈述就可以起到为音像制品奠基的作用，即这个视听资料被推定为可靠的。

但如果没有感知证人的加持，播放的视听资料，其内容也发挥着证言的作用，有的称之为"沉默证人"。那么，这种作为真实事件之准确说明的录制品的真实性，是否可靠就取决于录制设备运行之科学原理、操作者之资格、设备之状态、录制品之未改变状态以及从录制设备到法院之保管链条。控辩双方的质诘，以及法官的审查判断，都是围绕上述与视听资料可靠性有关的因素展开的。

（二）大陆法系视作书证

书证以其承载的文字、图形、符号等内容来证明案件事实；视听资料是以其承载的影像、声音等内容来证明案件事实。虽然一个是静态的，一个是动态，但也有相通之处。正是因此，很多大陆法系国家将视听资料纳入书证范畴。

在大陆法系国家，关于视听资料的证据立法较为简略，一般并没有专门的立法规定，常常将其与文书证据并行规范。例如，《德国刑事诉讼法》第97条第5款规定，"在属于第53条第1款第5项所称人员的拒绝作证权范围内，对由该人员、该编辑部、该出版社、该印刷厂或者该广播电视台所保管的文书、录音载体、录像载体、数据载体、图片以及其他资料，不准许扣押"。法国在重视书证的传统下，也将音像资料纳入"大书证"范畴予以规范。《意大利刑事诉讼法典》第234条规定，"可以调取通过照片、影片、录音或者其他手段反映事实、人或物的文书和其他文件"。

尽管立法较为简略，但在司法实践中，法官也积累了审查判断音像资料的经验做法，主要围绕音像资料的制作过程及其内容的真实性，这其实与英美法系殊途同归，都是关注视听资料的可靠性，这些因素也是大陆法系律师质证的重要内容。

二、电子数据质证的理念

如果说视听资料呈现的与案件事实相关联的信息是最直观的，那么电子数据呈现的与案件事实的相关联的信息（数字）是最难懂的，数字对于常人来说是天书。质证需要特别注意以下几方面的内容：

（一）原始性和完整性

电子数据作为能够证明案件事实的证据，必须确保其原始性和完整性，一旦原始性和完整性遭受破坏，其就失去了其作为证据的价值。不同的数字所还原的事实不同，反映出的案件信息也不同，如果不能保证数字的原始性和完整性，则还原的案件事实也不是案发时的原始事实。

电子数据的形成受提取时间、地点、提取人和设备情况的影响，电子数据的原始性和完整性可能都会受到影响。提取过程的规范性对于保障电子数据的原始性和完整性具有重要意义。①

（二）客观性与规范性

电子数据属于处处留痕，因此客观性极强，但这些客观痕迹只有具备专业知识的专业人士才能识别，因此要求操作的规范性格外强，一来严格的规范可以防止数据变动或被篡改，二来作为常人的裁判者和控辩双方，虽然不懂专业，但是看得懂规范，可以从规范的视角审查电子数据的可靠性。电子数据的客观性和操作规范性表现在：

1. 提取过程的可回溯性

步步为营，所有过程都有抹不去的痕迹可循。围绕这些步骤，取证规范也很严苛：涉案电子数据是由何人、何时、在何地、采用何种方式提取、有无见证人在场等必备细节要能够予以完整回溯，从而防止证据栽赃（由他人案发后植入）、调包、混合等情况发生。

2. 电子数据保管链的可视性

证据保管链，是指负责保管证据的人员，从证据收集到证据最终被处理，按时间顺序持续记录证据被收集、转移、存放、使用、处理全部环节的证明文件所

---

① 参见陈瑞华：《实物证据的鉴真问题》，载《法学研究》2011 年第 5 期。

反映的证据流动路径。① 电子数据保管链的可视性，是指能够运用证据证明、显现电子数据保管链的状态及形成过程。

3. 客观性与规范性

任何违反规范的操作都会带来客观性瑕疵，电子数据及其载体客观上经历的流转过程是否符合规范？过了哪些人的手？实施了哪些规范之外的操作？硬盘在各阶段的完整性如何？这些都是验证电子数据真实性的重要方向，都可能会造成电子数据信息元素的变化或在电子数据传输中丢失数据，还可能会降低电子数据的客观性，导致还原出的信息不是案发时的案件信息。

第三节 质证的基本原理和规范方法

视听资料和电子数据具有不同于一般证据的特性，由于科技因素在信息形成过程中的参与，视听资料和电子数据分别呈现出相互矛盾的属性，既有客观、真实、可靠性，又有常人无法识别的易变性。涉及技术标准，又涉及严格的操作规范。要求律师质证时既要了解相关技术原理又要了解相关法律规定。

一、视听资料质证的基本原理和规范方法

尽管各国关于视听资料的立法不尽相同，但在质证实践中，事实认定的普适性规律已经远大于证据政策性要求。不论英美法系国家还是大陆法系国家，视听资料的质证都主要围绕其制作和保管过程的可靠性。

（一）质疑制作主体

质疑视听资料的制作主体。制作主体是否可靠主要体现在两方面：一是制作主体的技术水平。任何一项技术设备最终还需要人来操作，操作者的技术水平将直接影响视听资料内容的可靠性。二是制作主体的客观性。制作者的心理状态也影响着视听资料的内容。实践中，制作者是否忠实于客观真相，是否与案件存在

---

① 参见祁治军、杜国栋：《证据保管链探析》，载《中国检察官》2019年第5期。

利益关系，都是质疑视听资料制作主体的重要角度。

（二）质疑制作技术和设备

质疑视听资料的制作技术和设备。制作视听资料的仪器、设备和装置若出现技术故障或问题，就不能原声原貌地记录对象，在录制中可能出现背景噪音过大、遗漏录制有关细节，甚至凭空增添客观存在之外的东西的情况，从而该视听资料不能作为证据使用。① 视听资料的可靠性很大程度取决于其记录载体的可靠性。质疑和攻击视听资料的制作技术和设备，可以有效地实现对该证据质证的目的。

（三）质疑保管链

质疑视听资料的保管链。法庭展示的视听资料的来源是否可靠，不仅取决于该资料的制作过程，还与其在法庭展示前的保管过程密切联系。实践中，这一保管过程如果受到影响，就很可能影响到该证据的真实性。保管链的断裂很容易造成冤假错案，保管链是否完好也是辩护律师对视听资料质证的重点。以"郭志强（化名）贪污案"为例，该案中的关键证据是一份由证人提交的录音文件，辩护律师发现办案机关提供的录音文件格式与录音整理笔录记载不同，证人也承认储存原始录音文件的手机丢失，在案的是存储在光盘中的复制件。此外，辩护律师还发现录音存在两处断点，并在寻求专业鉴定后证实了该录音经过了剪辑，由此，这份录音文件未被法院采信，从而对案件最终定罪量刑也产生了极大影响。②

（四）质疑视听资料的内容

视听资料最终还是以其记载的内容发挥证明案件事实的作用，因而其内容的真实可靠性更为重要。实践中，如果能够说明视听资料的内容存在较为明显的问题，这也是质证的重要方法和角度。具体而言，可以质疑该视听资料是否存在模糊不清，是否存在伪造或剪辑的处理，等等。实践中有时还需要辅助专家鉴定意见进行说明。比如"华南虎照片造假案"就是颇具代表性的案件，多位专家从多个方面质疑了虎照的真实性，从而使真相最终大白于天下。

（五）我国的相关规范

在我国，《刑事诉讼法》并未专门规定视听资料的质证和审查判断规则，具

---

① 参见申金：《论视听资料的"查证"》，载《铁道警官高等专科学校学报》2010年第2期。
② 李天琪：《梁雅丽：如何让当事人信服令法庭尊重?》，载民主与法制网（网址：http://www.mzyfz.com/index.php/cms/item-view-id-1360758），访问日期：2022年5月21日。

体的质证内容主要体现在司法解释和地方性证据规定中。我国《刑诉法解释（2021）》第108条规定："对视听资料应当着重审查以下内容：（一）是否附有提取过程的说明，来源是否合法；（二）是否为原件，有无复制及复制份数；是复制件的，是否附有无法调取原件的原因、复制件制作过程和原件存放地点的说明，制作人、原视听资料持有人是否签名；（三）制作过程中是否存在威胁、引诱当事人等违反法律、有关规定的情形；（四）是否写明制作人、持有人的身份，制作的时间、地点、条件和方法；（五）内容和制作过程是否真实，有无剪辑、增加、删改等情形；（六）内容与案件事实有无关联。对视听资料有疑问的，应当进行鉴定。"该解释第109条还规定了相关的排除规则："视听资料具有下列情形之一的，不得作为定案的根据：（一）系篡改、伪造或者无法确定真伪的；（二）制作、取得的时间、地点、方式等有疑问，不能作出合理解释的。"

此外，有关视听资料质证和审查判断的内容也体现在有关地方性证据规定中。例如，江苏省高级人民法院、江苏省人民检察院、江苏省公安厅、江苏省司法厅《关于刑事案件证据若干问题的意见》（苏高法〔2008〕101号）第54条规定，"作为定案根据的视听资料必须经过查证。对视听资料的审查判断，应当着重审查以下内容：（一）视听资料获得的方式与来源；（二）视听资料是否伪造或经过拼接，是原件还是复制件；（三）视听资料形成的时间、地点和周围环境；（四）视听资料的保管过程中，有无影响信息真实性的不当情形；（五）有关的制作设备和制作技术是否正常、科学；（六）视听资料的内容有无矛盾"。这些审查判断的规定都是质证者质疑视听资料的重要内容。此外，我国《民事诉讼法（2021）》第74条和《最高人民法院关于行政诉讼证据若干问题的规定》第12条也分别规定了视听资料作为定案根据要求。

二、电子数据质证的基本原理和规范方法

基于电子数据的特点，刑辩律师可以从以下几方面展开质证，如下这些方面或许在逻辑上有些交叉，但属于基于不同层面审视、诠释、质证的基本原理和规范方法：

（一）电子数据与案件是否具有关联性

证据的关联性是指证据必须同案件存在某种联系并因此对证明案情有实际

意义①,电子数据的关联性则是指作为证据的电子数据必须与案件中的待证事实有客观的联系,能够证明案件中的有关待证事实。

把握电子证据与事实的"联结点",其基础在于收集证据信息要全面,尽可能直接提取实物或者全盘复制内部数据,无法直接复制或制作复制件的,应当全面收集与案件有关的电子数据。在审查质证时,要善于发掘电子证据的相关证明信息,比如:(1)主要信息,即文件的内容,包括文字、图像、声音、影像等或实现特定功能的数据代码;(2)附属信息,即关于这些数据内容的来源、创建日期、修改日期、作者等附属信息;(3)环境信息,即数据内容的逻辑存储地址、物理存储地址等。换言之,要重视隐藏在电子证据表现形式背后的信息,即电子数据生成的时间、创建者、保存时间等,这些都可能与待证事实存在密切联系。以数码照片文件(JPG 文件)为例,除内含的图像信息外,还包括相机品牌、型号、拍摄日期、光圈值、曝光时间、目标距离、拍摄地点的经纬度、海拔等附属信息,以及数码照片的存储地址等信息,这些都可能成为电子证据与案件事实的"联结点",既与相关性审查有关,又有助于判断其载体和内容的真实性。

我国众多司法解释都强调了电子数据的相关性审查,《死刑案件证据规定》第 29 条强调应当主要审查电子证据与案件事实有无关联性,并应当结合案件其他证据,审查其关联性;《电子数据收集提取判断的规定(2016)》第 25 条第 2 款规定,认定犯罪嫌疑人、被告人与存储介质的关联性,可以通过核查相关证人证言以及犯罪嫌疑人、被告人供述和辩解等进行综合判断。《电子数据取证规则(2019)》第 14 条还强调扣押原始存储介质,应当收集证人证言以及犯罪嫌疑人供述和辩解等与原始存储介质相关联的证据。《刑诉法解释(2021)》又对视听资料和电子数据的审查与认定以专节的方式进行了详细的规定。应当说现在的法律规范对视听资料、电子数据的审查认定的规定是较为完备的。

(二)电子数据是否具有真实可靠性

电子数据只有具备真实性才可靠。真实性是从实体上对电子数据的审查与判断,完整性是从程序上对电子数据的审查与判断,二者在内容上有交叉重合。

真实性是指用于证明案件事实的电子数据必须是客观、确凿、真实的,不能是虚构的或者伪造的,也不能是不经意导致变化了的。认识电子证据的真实性应

---

① 参见马秀娟:《论证据的关联性及其判断》,载《政法学刊》2008 年第 6 期。

当从原件、具象、整体和空间的理性立场出发，遵循系统性原理、电子痕迹理论与虚拟场理论。①

电子数据的真实性，包括形式的真实性，内容的真实性，以及来源的可靠性。②影响电子数据真实性的两大要素是：（1）电子设备或存储介质计算误差、设备故障等原因使产生或保存的数据不能充分、准确反映有关事实情况；（2）因人为等外来因素造成的数据破坏。电子数据真实性的审查重点：（1）确认电子设备或存储介质的故障或误差对电子数据是否造成影响；（2）辨别并排除电子数据被篡改或删除的情况。

电子数据收集程序的规范一般是以确保电子数据真实可靠性为规范目的的，因此，对电子数据真实可靠性的质证，更多的也是围绕收集程序是否合法来进行的。电子数据的真实可靠性审查主要有三个维度：

第一，一般性的程序规范审查。电子数据的固定保全从步骤上包括提取、封存、保管、移送，除了操作方法上的规范，也包括必须制作一些文书，包括能够证明电子数据来源的《提取电子证据清单》《固定电子证据清单》以及《原始证据封存、使用记录》等材料。检验方法是否科学，是否符合相关技术标准，文书内容是否存在矛盾和不一致，运用的方法能否得出相应的结论或意见，都是质证必须关注的。固定保全措施不到位会导致或证据不得作为定案根据或证据的证明力被削弱的后果。

例如在一起组织、领导传销活动案中，嫌疑人将上千人的组织网络及分配规则等记录在电脑中，公安机关仅将相关 Excel 表格打印后交嫌疑人签名确认，却不提供原始电子存储设备，也未提供提取报告说明提取过程，那这份证据的真实性无法得到证明，可靠性存疑。辩护律师要抓住这一点结合规范目的进行质证。

第二，特别围绕数据的"真实性"进行审查。对电子证据进行检验，通过科学的方法判断电子证据是否真实，有无剪裁、拼凑、伪造、篡改。至于电子数据真实性审查质证的规范方法，《电子数据收集提取判断的规定（2016）》第22条明确规定："对电子数据是否真实，应当着重审查以下内容：（一）是否移送原始存储介质；在原始存储介质无法封存、不便移动时，有无说明原因，并注明收集、提取过程及原始存储介质的存放地点或者电子数据的来源等情况；（二）电

---

① 参见刘品新：《论电子证据的理性真实观》，载《法商研究》2018年第4期。
② 参见王鹏：《电子数据真实性的认证方法》，载《山东法官培训学院学报》2020年第3期。

子数据是否具有数字签名、数字证书等特殊标识；（三）电子数据的收集、提取过程是否可以重现；（四）电子数据如有增加、删除、修改等情形的，是否附有说明；（五）电子数据的完整性是否可以保证。"该规定第 28 条明确规定了相关的排除规则，电子数据不得作为定案根据的具体情形有："（一）电子数据系篡改、伪造或者无法确定真伪的；（二）电子数据有增加、删除、修改等情形，影响电子数据真实性的；（三）其他无法保证电子数据真实性的情形。"

实际上，不难看出上述针对"真实性"目的的规范大多集中在数据的"原始性"和"完整性"上。原始性和完整性都是对数据形式上的判断，"真实性"是对其实体上的判断，数据是否真实可靠，需要用"原始性"和"完整性"，特别是"完整性"来保障。数据只要"完整"必定"真实"，数据"完整"是一个看得见摸得着并可以有相应操作规范来保障的。因此，对数据"真实性"的质证是在数据"完整性"规范的基础上进行的。

第三，重点关注是否及时提取。在传统侦查与现代侦查思维转换的过程中，侦查人员在办案中有时还不习惯及时固定电子数据，导致数据灭失的情形经常发生。无论如何，没有证据不能定案，督促办案机关依法办案是律师的职责，因此律师在质证时，应重点关注电子数据是否及时提取，是否已经灭失。

比如在一起涉嫌开设网络赌场案中，主要犯罪嫌疑人没有供认，致使相关证据无法印证。检察人员拟对嫌疑人使用的电脑进行审查，寻找能够证明嫌疑人赌博金额、利益分配情况的账号信息。发现涉案的 8 名嫌疑人所使用的 13 台电脑，由于侦查人员未立即扣押封存，所有电脑上的内容均被做过删除处理，虽然通过数据恢复找到部分含有账号信息的片段，但大量涉案金额无法印证。从检方的角度，对此案强行定案在证据上就存在很大问题。从律师辩护的角度，必须坚持涉案金额的认定依法要达到法定标准，这是律师防止国家对公民无证定罪的法定职责。

再比如在一起涉嫌诈骗案中，公安机关移送的一份被告人与被害人之间的 QQ 聊天记录，是证实被告人虚构事实，实施诈骗犯罪的关键证据。检察人员在审查被害人电脑时发现，由 QQ 通信软件自动生成的 QQ 聊天记录文件早已灭失且无法恢复，公安机关移送的聊天记录系被害人根据侦查人员的要求，自行整理并打印的。这样的"聊天记录"已经不是客观的电子数据承载的信息了，是被害人的回忆，属于被害人陈述了，律师在质证时需要对该证据的属性作出准确判断。

（三）电子数据是否具有完整性

完整性是从程序上、从形式上对电子数据进行审查，真实性是从实体上对电子数据的判断，完整性与实体视角下的真实性是相辅相成的。数据完整必定真实、可靠。有时候真实可靠性无法由人类认识来判明，无法在争议双方达成共识，但是数据是否完整，作为形式上的程序标准，是可以证明的。

电子数据的完整性是影响真实可靠性的要素之一。电子数据完整性要求是构建电子数据鉴真规则的重要指向。[①] 电子数据的完整性，是指收集、提取的电子数据保持未被篡改、破坏的状态。[②] 可以说，电子数据的完整性是真实性最重要的要素，是真实性的一个维度。考察电子数据的完整性，主要是针对电子数据载体和电子数据的真实性。也即电子数据的完整性由两部分构成：一是电子数据本身的完整性；二是电子数据所依附的计算机系统的完整性。

侦查机关在取证时采取完整性校验、备份、封存等方式，一个重要的目的就是确保电子数据载体和电子数据的完整性，防止载体、数据被篡改、破坏；法官在审查电子数据的真实性时，需要重点审查电子数据载体和电子数据是否存在被破坏、修改、增加、删除等问题。可见，确保电子数据载体、电子数据的完整性，是认定电子数据真实性的重要组成部分。

具体而言，对电子数据完整性质证时需要注意三个问题：

第一，固定证据的链条是否完整。没有完整的校验、证据保管链等保护电子数据真实性的措施，将使得审查电子数据真实性缺乏有效保证。电子数据的完整性，不仅是指对涉案电子数据无遗漏、无毁损地提取，还包括要对电子数据进行"全面提取"。电子数据的特殊性使得其必须存储于、运行于、展示于一定的系统环境，而这些系统环境又是由计算机软件、硬件环境共同组成的。因此，要注意电子数据的附属数据信息，即记录内容信息数据形成、处理、存储、传输等与内容信息数据相关的运行环境和适用条件的信息[③]，例如视频文件大小、文件位置、修改时间、发送、传输、下载路径等附属信息的数据。附属数据信息不能对案件主要事实起到证明作用，但其主要用于证明内容数据信

[①] 参见郭金霞：《电子数据鉴真规则解构》，载《政法论坛》2019年第3期。

[②] 参见《如何保护电子数据的完整性?》，载正义辩护网（网址：http://www.lawyerbianhu.com/cjxszs/140.html），访问日期：2021年1月12日。

[③] 参见王鹏：《电子数据真实性的认证方法》，载《山东法官培训学院学报》2020年第3期。

息的真实可靠性，使电子数据本身形成一个完整的证据链条。如果某一证据是由某种电脑程序或系统运作而得，对该证据的鉴真和识别，则需要用描述该程序或系统的其他证据来进行。

第二，技术设备是否符合标准。电子数据需要借助专业工具和设备进行提取固定，因而技术设备的性能和可靠性对于电子数据的真实性具有一定影响。当工具损坏或取证方式严重失误导致计算机瘫痪或出现数据错误的，应当予以排除；但对于使用有瑕疵的软件或有缺陷的方法提取固定的电子数据，是必须一律予以排除，还是应当具体情况具体分析，还需要进一步研究。

第三，相关规范是否做到。关于电子数据完整性审查质证的方法，不同规范里都有所涉及。

在《电子数据收集提取判断的规定（2016）》第 23 条中明确规定，对电子数据是否完整，应当根据保护电子数据完整性的相应方法进行验证：（1）审查原始存储介质的扣押、封存状态；（2）审查电子数据的收集、提取过程，查看录像；（3）比对电子数据完整性校验值；（4）与备份的电子数据进行比较；（5）审查冻结后的访问操作日志；（6）其他方法。该规定第 29 条第 2 项还规定了完整性校验值的概念，即为防止电子数据被篡改或者破坏，使用散列算法等特定算法对电子数据进行计算，得出的用于校验数据完整性的数据值。

《刑诉法解释（2021）》第 110 条也规定，对电子数据是否真实，应当着重审查是否移送原始存储介质；在原始存储介质无法封存、不便移动时，有无说明原因，并注明收集、提取过程及原始存储介质的存放地点或者电子数据的来源等情况；是否具有数字签名、数字证书等特殊标识；收集、提取的过程是否可以重现；如有增加、删除、修改等情形的，是否附有说明；完整性是否可以保证。

（四）电子数据的收集程序是否具有合法性

电子数据收集程序的合法性与真实可靠性紧密相连。收集程序的合法性是指电子数据的取证主体、证据形式及取证的方法、程序必须符合相关法律规范的要求。对电子数据的收集程序的质证具体围绕以下要素展开：

1. 取证主体

对于取证主体的合法性是否属于电子数据合法性的要求之一，经历了一段讨论①，基于电子数据取证的技术性标准，如果不是具有电子数据专业知识的人取证，很难确保电子数据的原始性和完整性，很容易导致数据变动。因此，取证主体必须符合法律的规定，换言之，取证主体属于电子数据合法性的要求之一，因此也是质证的内容之一。

2. 瑕疵电子数据与非法电子数据

质证时需要区分瑕疵电子数据和非法电子数据：第一，瑕疵电子数据，电子数据取证有瑕疵的，可通过补正或者说明的方式加以弥补。例如：未附搜查笔录、扣押清单而扣押的计算机里存储的电子数据。第二，非法电子数据。对于违反法律程序比较明显或者存在违法故意而获取的电子数据，如未经法定程序或者执法程序且存在较大瑕疵，擅自侵入他人计算机系统或者互联网络系统中获取的电子数据，一般应当排除。

关于瑕疵电子数据，《电子数据收集提取判断的规定（2016）》第 27 条明确规定，电子数据的收集、提取程序有下列瑕疵，经补正或者作出合理解释的，可以采用；不能补正或者作出合理解释的，不得作为定案的根据：（1）未以封存状态移送的；（2）笔录或者清单上没有侦查人员、电子数据持有人（提供人）、见证人签名或者盖章的；（3）对电子数据的名称、类别、格式等注明不清的；（4）有其他瑕疵的。

关于非法电子数据，《电子数据收集提取判断的规定（2016）》第 24 条还对收集、提取电子数据是否合法，应当着重审查的内容做了明确规定：（1）收集、提取电子数据是否由 2 名以上侦查人员进行，取证方法是否符合相关技术标准；（2）收集、提取电子数据，是否附有笔录、清单，并经侦查人员、电子数据持有人（提供人）、见证人签名或者盖章；没有持有人（提供人）签名或者盖章的，是否注明原因；对电子数据的类别、文件格式等是否注明清楚；（3）是否依照有关规定由符合条件的人员担任见证人，是否对相关活动进行录像；（4）电子数据检查是否将电子数据存储介质通过写保护设备接入到检查设备；有条件的，是否制作电子数据备份，并对备份进行检查；无法制作备份且无法使用写保护设备的，是否附有录像。《刑诉法解释（2021）》第 112 条对收集、提取电子数据的合法性及审查内容也进行了规定。

---

① 参见谢登科：《电子数据的取证主体：合法性与合技术性之间》，载《环球法律评论》2018 年第 1 期。

第四节 远程取证的质证原理和规范方法

一、远程取证的概念和特征

信息科技的迅猛发展,对取证技术提出了新的要求。面对网络犯罪及网络侵权行为的大量发生,一方面,网络取证的方法越来越丰富,其应用越来越广泛;另一方面,针对特定的环境分别制定网络取证过程模型,以满足网络取证程序的合法性和真实性要求,显得十分重要。[1]

广义的"远程取证"包括以下五种取证方式:

第一,远程讯问、询问。远程讯问、询问是指通过网络视频等信息技术,对犯罪嫌疑人、被告人、证人、被害人等进行远距离讯问或询问以获取证据。

第二,远程勘验、检查、鉴定。远程勘验是指利用信息技术对远程目标系统实施勘验,以提取、固定远程目标系统的状态和存留的电子数据。[2] 远程检查是指利用信息技术对远方的被害人、犯罪嫌疑人的某些特征、伤害情况或者生理状态进行人身检查,或者对于电子数据证据进行远程检查。远程鉴定是指通过信息技术对远程电子数据证据等进行鉴定。

第三,远程搜查、辨认。远程搜查是指利用信息技术对计算机、网络数据等远程目标进行的证据搜查。远程辨认是指采取信息技术对犯罪嫌疑人、被告人、证人、被害人以及书证、物证等进行的远距离辨认。

第四,远程技术侦查。远程技术侦查是指通过信息技术手段远程获取案件信息、证据和缉拿犯罪嫌疑人等侦查行为的总称。

第五,证据远程传输。远程运输是指对物证、书证等八类证据通过信息技术进行的远距离传输。

狭义的"远程取证"是收集、提取电子证据的一种特殊方式,仅指网络在线

---

[1] 参见张楚、张樊:《网络取证中的若干问题研究》,载《证据科学》2007 年第 Z1 期。
[2] 参见高峰:《电子证据勘查工作初探》,载《犯罪研究》2011 年第 3 期。

提取电子数据和网络远程勘验。根据《电子数据收集提取判断的规定（2016）》第 6 条和第 9 条以及《电子数据取证规则（2019）》第 7 条和第 23 条的规定，网络在线提取电子数据，指对于原始存储介质位于境外或者远程计算机信息系统上的电子数据，或对公开发布的电子数据、境内远程计算机信息系统上的电子数据，可以通过网络在线提取。

根据《电子数据收集提取判断的规定（2016）》第 9 条第 3 款和第 29 条第 3 项以及《电子数据取证规则（2019）》第 7 条和第 27 条规定，网络远程勘验，是指为进一步查明有关情况，必要时，可以通过网络对远程计算机信息系统实施勘验，发现、提取与犯罪有关的电子数据，记录计算机信息系统状态，判断案件性质，分析犯罪过程，确定侦查方向和范围，为侦查破案、刑事诉讼提供线索和证据的侦查活动。由此可见，远程取证通常是在现场取证无法完成时才会采取的取证手段。

二、基本原理和规范方法

《电子数据取证规则（2019）》对远程取证的相关问题，诸如证据的真实性、完整性、合法性和关联性的审查，作了比较详细的规定。

（一）对远程取证中电子数据的关联性质证

《电子数据取证规则（2019）》第 24 条规定，"必要时，可以提取有关电子签名认证证书、数字签名、注册信息等关联性信息"。关联性是证据的根本属性，只有相关的证据才可采，才具有证据能力。如果没有提取有关电子签名认证证书、数字签名、注册信息等关联性信息，该电子数据的关联性无法得到保证，理应因为缺乏关联性而被排除。因此，从解释论的角度看，规范中的"必要时"应当解释为一个无须判断的概念，只要是远程取证，就符合"必要时"的要求，就应该提取认证证书、数字签名、注册信息等信息佐证关联性。

以一起涉嫌组织、领导传销活动罪的案件为例。鉴于不能确定下载数据"提取数据.zip"就是来源于"BJ 某公司会员系统"，鉴定报告及其附件亦未有任何地方显示出取证对象网站或数据是属于"BJ 某公司"所有，而在该次鉴定过程中亦无任何数据记录表明远程取证时到底是与哪个服务器在交换数据，是与哪个 IP 地址在交换数据。因此，下载数据"提取数据.zip"与被告人的关联性无法建立。

（二）对远程取证中电子数据的真实可靠性质证

远程取证中的电子数据在传输中非常容易被截取甚至毁坏，系统自身的故障以及人为因素都可能使传输方面出现问题，因此在进行数据传输时要严格检查系统设备以及保密措施的安全性。所以，除了上述对电子数据真实性的一般审查规则，对于远程取证中电子数据的真实性质证还要注意一些特殊规则。

1. 是否采用录像、拍照、截屏方式记录信息

《电子数据取证规则（2019）》第25条规定，网络在线提取时，对可能无法重复提取或者可能会出现变化的电子数据，应当采用录像、拍照、截获计算机屏幕内容等方式记录以下信息：（1）远程计算机信息系统的访问方式；（2）提取的日期和时间；（3）提取使用的工具和方法；（4）电子数据的网络地址、存储路径或者数据提取时的进入步骤等；（5）计算完整性校验值的过程和结果。

2. 提取笔录是否规范

《电子数据取证规则（2019）》第26条规定，网络在线提取电子数据应当在有关笔录中注明电子数据的来源、事由和目的、对象，提取电子数据的时间、地点、方法、过程，不能扣押原始存储介质的原因，并附《电子数据提取固定清单》，注明类别、文件格式、完整性校验值等，由侦查人员签名或者盖章。该规则第35条规定，网络在线提取、远程勘验使用代理服务器、点对点传输软件、下载加速软件等网络工具的，应当在《网络在线提取笔录》或者《远程勘验笔录》中注明采用的相关软件名称和版本号。

这些规定的规范目的无非是让电子数据具有真实可靠性。如果在提取电子数据过程中在录像上"掐头去尾"，会使得整个提取过程在关键环节上无法查清。一旦案发经常会出现涉案网站无法被访问，就无法对涉案网站的关联性（鉴定结果数据是否确实取自所谓的"涉案网站"）进行核实，进而无法完成对涉案数据的真实可靠性（鉴定所得数据是否确实与所谓"涉案网站"的原始数据一致）进行核实。

3. 取证工具的清洁性和网络环境的可靠性

在远程取证的真实可靠性判断中，取证工具的清洁性和网络环境的可靠性，也是质证的焦点。

从鉴定质量控制角度而言，在实施远程取证之前，应当对取证工具的清洁

性、网络环境的可靠性进行检查，以确保取证结果未受到取证工具或网络环境的干扰。如果一份鉴定报告的"检验过程"描述中，只是记载了该次提取进行了杀毒检测，不仅没有对 IP 地址、host 文件等网络配置进行检查，也没有对 Cookies、IE 缓存等浏览器配置进行检查，那意味着该次鉴定所采取的取证工具所依赖的网络环境等是否已经实质性地影响了鉴定结果，均已无法核查。

前述涉嫌组织、领导传销活动罪的案件中的电子数据鉴定，一方面，既未对取证工具的清洁性进行检查，又未对网络环境的可靠性进行检查。更为重要的是，在电子数据司法鉴定领域用来监控数据交换是否正常的"抓包"措施，该次鉴定亦未予采取。这使得该次鉴定在开展远程取证时到底是与哪个服务器在交换数据，是与哪个 IP 地址在交换数据，均已无法核实。另一方面，即使下载数据"提取数据.zip"是取自某网址，也不能确定就是取自其所对应的 IP 地址及服务器。因此，不能确定下载数据"提取数据.zip"就是来源于"BJ 某公司会员系统"。鉴定报告及其附件亦未有任何地方显示出取证对象网站或数据是属于涉案公司所有。

（三）对远程取证中电子数据的完整性质证

在远程取证中，电子数据的完整性也应该遵循一般电子数据完整性校验方法，尤其是应注意电子数据完整性校验值。《电子数据取证规则（2019）》第 24 条就明确规定，网络在线提取应当计算电子数据的完整性校验值。

根据 GA/T 756-2008《数字化设备证据数据发现提取固定方法》的规定，对远程数字化设备进行检验，首先应当启动数字摄像机或屏幕录像软件，记录检验设备屏幕上显示的内容。随后，实施发现、提取操作步骤，搜索、分析、截获证据数据。对于启动数字摄像机或屏幕录像软件的，要在检验设备屏幕上显示导出的数据文件名称和哈希值并录像。

在前述涉嫌组织、领导传销活动罪的案例中，根据鉴定报告的"检验过程"描述，以及下载录像显示，发现该次鉴定并非于提取开始时启动录像，而是在网页的账户密码登录页面才开始录像。另外，根据鉴定报告，发现该次鉴定将下载的数据打包为"提取数据.zip"并计算完整性校验值（哈希值）。对于如此重要的固定过程，鉴定人员却未按照规范予以录像固定，反而选择提前结束录像。这违反了《检验检测机构资质认定评审准则（2016）》第 4.5.27 条的规定——检验检测机构应当对检验检测原始记录、报告或证书归档留存，保证其具有可追溯性。

在法定需要录像记录全过程的事项上，录像"掐头去尾"，使得整个提取过程在关键环节上已无法查清，电子数据的完整性受到严重破坏。因而，导致不能判断下载数据"提取数据.zip"是否系本次取证所得。

（四）对远程取证中电子数据的合法性质证

除了遵循电子数据合法性审查的一般规则外，远程取证中电子数据合法性质证还要遵循一些特殊规则。

1. 系统访问权限的使用与技术侦查措施的审批

该问非公共用户系统，就如同进入一个公民的家中搜查或翻开一个公民的日记需要法律的授权一样，也需要经过严格的审批程序，否则所获得的证据为非法手段取得的非法证据。

《电子数据取证规则（2019）》第33条规定："网络在线提取或者网络远程勘验时，应当使用电子数据持有人、网络服务提供者提供的用户名、密码等远程计算机信息系统访问权限。采用技术侦查措施收集电子数据的，应当严格依照有关规定办理批准手续。收集的电子数据在诉讼中作为证据使用时，应当依照刑事诉讼法第一百五十四条规定执行。"

前述涉嫌组织、领导传销活动罪的案件中，指控认定提取自"BJ某公司会员系统"的下载数据"提取数据.zip"，涉嫌严重非法远程取证。该次鉴定的取证对象网站是必须通过账户密码登录的，而非公开访问的网站。在没有账户密码的情况下，本次取证是无法完成的。换言之，该次鉴定的检材包括网址、登录网址所必需的账户和密码，均要履行特殊而严格的审批手续拿到，才算是合法进入。

2016年司法部发布的《司法鉴定程序通则》第12条第1款规定，委托人委托鉴定的，应当向司法鉴定机构提供真实、完整、充分的鉴定材料，并对鉴定材料的真实性、合法性负责。司法鉴定机构应当核对并记录鉴定材料的名称、种类、数量、性状、保存状况、收到时间等。而在该次鉴定中，既未说明账户密码的来源，也未说明账户密码来源的合法性。被告人的供述辩解也显示被告人对服务器及其网址均不知情。该次鉴定所使用的账户密码其来源无处可查，而其合法性更是无从说起。以至于，该网站及其账户密码是否确实是被告人所有，这些均无法查证。

《司法鉴定程序通则（2016）》第15条第2项规定，发现鉴定材料不真实、不完整、不充分或者取得方式不合法的，司法鉴定机构不得受理鉴定委托。在公安机关未办理搜查证或技术侦查措施手续的情况下，委托鉴定机构采用"特殊手段"直接对具有账户密码保护的他人私有空间内的电子数据进行强制提取存在重大法律问题。一方面，对公安机关而言，在未办理搜查证或技术侦查措施手续的情况下，对具有账户密码保护的他人私有空间进行强制取证涉嫌严重"非法取证"。另一方面，对鉴定机构而言，在委托人未提供账户密码合法性来源说明的情况下，径直访问具有账户密码保护的他人私有空间并提取其中电子数据，这属于违规取证。

2. 是否符合相关技术标准

《电子数据收集提取判断的规定（2016）》第24条第1项规定，对收集、提取电子数据是否合法，应当着重审查取证方法是否符合相关技术标准。技术标准不同于程序性的规范，技术标准是特定行业内对鉴定的实质性内容的把控，其虽然是依靠专业知识才明白的原理，是法律人或许不懂的，但是鉴定使用的技术标准必须向法庭公开，并在专业技术人员的帮助下完成对是否符合相关技术标准的质证。

前述涉嫌组织、领导传销活动罪的案件中，鉴定报告的"检验过程"描述，该次鉴定依据SF/Z-JD0400001-2014《电子数据司法鉴定通用实施规范》和GB/T 29362-2012《电子物证数据搜索检验规程》进行检验。没有公示相关技术方法标准。

《电子数据司法鉴定通用实施规范》是通用实施规范，而非技术方法标准。其主要规定了电子数据鉴定的通用程序和电子数据鉴定的通用要求，如案件受理的程序、检验鉴定的程序、文书出具的程序、出庭作证的程序，再如鉴定人员、设备环境、鉴定材料流转和保存、鉴定方法、检验记录、档案管理等。

至于具体技术方法标准，应当结合案情进一步选择。根据《司法鉴定程序通则（2016）》第23条规定，司法鉴定人进行鉴定，应当依下列顺序遵守和采用该专业领域的技术标准、技术规范和技术方法：(1) 国家标准；(2) 行业标准和技术规范；(3) 该专业领域多数专家认可的技术方法。按此规定，无技术方法标准的鉴定，属于违规鉴定。

对此，《电子数据司法鉴定通用实施规范》已在"6.4 鉴定方法"中明确规定：6.4.1 应优先使用以国家标准、行业标准或地方标准发布的方法。6.4.2 当没有以国家、行业、地方标准发布的方法时，可根据具体鉴定要求，参照权威组织、有关科学书籍、期刊公布的方法，自行设计制定适用的鉴定方法。自行制定的鉴定方法，在使用前应当通过司法主管部门组织的专家确认。而《电子物证数据搜索检验规程》并不适用于远程取证。《电子物证数据搜索检验规程》第2.1条规定，数据搜索是指在送检存储设备或介质中查找已知内容或关键字检验，包括文件搜索和物理搜索两种方式。

因此，律师质证应当区分鉴定所援引的规范属性，不能用一般性的程序性规范替代技术方法标准。否则鉴定事项也存在合法性瑕疵。

3. 取证过程的全程同步录音录像

根据《电子数据取证规则（2019）》第34条的规定，对以下犯罪案件，网络在线提取、远程勘验过程应当全程同步录像：（1）严重危害国家安全、公共安全的案件；（2）电子数据是罪与非罪、是否判处无期徒刑、死刑等定罪量刑关键证据的案件；（3）社会影响较大的案件；（4）犯罪嫌疑人可能被判处5年有期徒刑以上刑罚的案件；（5）其他需要全程同步录像的重大案件。

律师质证时重点关注以上案件在远程提取电子数据时，是否全程同步录音录像，这关乎电子数据的完整性，进而就是真实可靠性，真实性和完整性无从保证的电子数据依法不应该作为定案的根据。

4. 《网络在线提取笔录》和《远程勘验笔录》的审查质证

（1）《网络在线提取笔录》的审查质证

《电子数据取证规则（2019）》第26条规定，网络在线提取电子数据应当在有关笔录中注明电子数据的来源、事由和目的、对象，提取电子数据的时间、地点、方法、过程，不能扣押原始存储介质的原因，并附《电子数据提取固定清单》，注明类别、文件格式、完整性校验值等，由侦查人员签名或者盖章。

（2）《远程勘验笔录》的审查质证

《电子数据取证规则（2019）》第27条规定，网络在线提取时需要进一步查明下列情形之一的，应当对远程计算机信息系统进行网络远程勘验：（1）需要分析、判断提取的电子数据范围的；（2）需要展示或者描述电子数据内容或者状态的；（3）需要在远程计算机信息系统中安装新的应用程序的；（4）需要通过勘验行为让远程计算机信息系统生成新的除正常运行数据外电子数据的；（5）需要收集远程计算机信息系统状态信息、系统架构、内部系统关系、文件目录结构、系统工作方式等电子数据相关信息的；（6）其他网络在线提取时需要进一步查明有关情况的情形。

具体分析如下：

第一，是否有见证人，如果没有，是否有符合规定的录像。根据《电子数据取证规则（2019）》第30条的规定，网络远程勘验应当由符合条件的人员作为见证人。由于客观原因无法由符合条件的人员担任见证人的，应当在《远程勘验笔录》中注明情况，并按照该规则第25条的规定录像，录像可以采用屏幕录像或者录像机录像等方式，录像文件应当计算完整性校验值并记入笔录。

第二，内容是否完整，是否有相关人员签名盖章，是否附有相关附件。根据《电子数据取证规则（2019）》第31条的规定，远程勘验结束后，应当及时制作《远程勘验笔录》，详细记录远程勘验有关情况以及勘验照片、截获的屏幕截图等内容。由侦查人员和见证人签名或者盖章。远程勘验并且提取电子数据的，应当按照该规则第26条的规定，在《远程勘验笔录》注明有关情况，并附《电子数据提取固定清单》。

第三，是否符合证据的合法性要求，多次远程勘验是否都附有笔录。根据《电子数据取证规则（2019）》第32条的规定，《远程勘验笔录》应当客观、全面、详细、准确、规范，能够作为还原远程计算机信息系统原始情况的依据，符合法定的证据要求。对计算机信息系统进行多次远程勘验的，在制作首次《远程勘验笔录》后，逐次制作补充《远程勘验笔录》。

CHAPTER 17
第十七章

法庭辩论

对刑辩律师而言，在当今控辩式庭审模式中，法庭辩论是表达辩护观点最为集中的阶段，可以说，刑辩律师此前所做的辩护准备工作及所参与的诉讼活动都服务于法庭辩论。作为刑辩律师在法庭上辩护工作的最终呈现，法庭辩论对于辩护效果的呈现和辩护目标的实现具有重要意义。可以说，做好法庭辩论，既是学习刑辩的必修课，也是刑辩律师的基本功。

第一节 相关理念

在刑事诉讼中，任何一项诉讼技能都离不开理念的支撑，理念可以指明行动的方向，明确法庭辩论的理念对于掌握法庭辩论的基本技能并准确运用，无疑是非常重要的。

一、比较考察

众所周知，当代各国的刑事诉讼结构基本上可以分为"职权主义"和"当事人主义"两种类型，前者植根于大陆法系，后者则是英美法系的特色，由此所产生的两类刑事诉讼程序模式及庭审制度无疑对法庭辩论的演变和完善有着深远的影响。

其中，大陆法系起源于古代罗马法。从《十二表法》到注释法学派对罗马法的注释，从规制教会的教会法到伴随教会势力扩张而产生的教会法向世俗裁判领域的扩张，罗马法所奉行自然正义已深深地融入了自然法、万民法等法律渊源之中。1808年的《法国刑事诉讼法典》更是其中的典型代表，而对制定法（成文法）的尊崇也让大陆法系国家更加强调实体权利，体现在诉讼（特别是刑事诉讼）中，则是对客观真实的探究和调查。在这种情况下，大陆法系的刑事诉讼结构普遍具有较强的"职权主义"色彩，具体来讲，在"职权主义"的庭审模式（或曰"庭审制度"）中，法官往往是庭审中的主导者，对于诉讼的进行以及调查也以法官为主，这种庭审模式也往往被称为"纠问式"的庭审模式。由此，法官的作用及其所代表的国家职权得到了体现和加强，法官在庭审中实际兼具了审判者和指控者的职能，在这种情况下，辩护律师的职能在法庭辩论中的发挥在一定程度上受到了抑制，无论是在辩论的角度上，还是在辩论的内容上，都要受到审判者的强势引导。

反观英美法系国家，相较于大陆法系，这些国家则更关注诉讼程序和程序法。1066年诺曼征服给英国带来了一个异族政府，它既要建立中央专制的统治，又要尽可能地缓和民族矛盾。因此，作为异族的英王就不能颁布大陆法系类型的成文法典，而只能依托当地习惯来解决纠纷。这样在英国普通法的形成过程中，由于令状制的普遍使用而从一开始就强调诉讼形式和诉讼程序。尽管目前古老的诉讼形式在英国已经消亡，但其重程序的传统对英美法系国家至今仍有深刻影响。如在美国，受重程序传统的影响尤为显著，正当程序作为一项基本原则为美国联邦宪法所确定，它强调诉讼程序，特别是刑事诉讼程序方面的权利是一种宪法权利。①

与此相对应的是，英美法系国家的庭审模式因更加注重诉讼程序及控辩双方对抗的平衡，因而具有明显的当事人主义色彩。在这种庭审模式下，更强调司法机关或审判人员的中立地位，而诉讼程序的具体推进（特别是法庭调查）则交由控辩双方把握，被告人的诉讼权利保护及控辩双方之间的对抗得到强化。由此，辩护律师的能动性及辩护技巧的重要性得以凸显，从而进一步提高了法庭辩论的自由度和对抗性。而英美法系中的一些固有制度也为这种对抗式的庭审模式提供了肥沃的制度土壤，例如判例法传统和独具特色的律师业。

围绕判例法传统，美国学者在探讨其对抗制审判模式的历史发展时指出，英美法系特有的判例法制度对其审判模式的形成具有非常重要的意义。这种通过逐个案件的判决而获得发展的制度，更加需要在诉讼过程中强化双方被告人的对抗。② 因为，先例拘束原则是判例制度之下法律适用的基本原则；但事实上又不可能真的存在两个完全相同的案件，被告人势必要在浩繁的众多判例当中寻找有利于自己的先例，并通过辩论程序说服法院予以适用。所以辩论的技术和程序就有了重要的意义。③

此外，英美法系国家对抗式诉讼模式发展到现在，与律师的作用也是分不开的。因此，对抗式诉讼模式的正常运转必须以一个强大的律师行业为前提。英美法系国家普遍采取律师强制代理制度，主要原因正在于此。④

---

① 参见霍宪丹：《大陆法系与英美法系诉讼制度之比较》，载《黑龙江省政法管理干部学院学报》1999年第1期。
② See Ellen E. Sward, Values Ideology, and the Evolution of the Adversary Sysem, *Indiana Law Journal*, Spring, 1989, 64 Ind, L. J. 301.
③ 参见〔日〕松尾浩也：《日本刑事诉讼法（上卷）》，丁相顺译，中国人民大学出版社2005年版，第15页。
④ 参见傅郁林：《对于引进对抗制论的质疑》，载《法学》1997年第12期。

二、我国法庭辩论的理念

（一）法庭辩论不是辩护律师的"独角戏"

当提到法庭辩论时，人们脑海往往会浮现出辩护律师在法庭上口若悬河、滔滔不绝的画面。实践中，很多知名刑辩律师的精彩辩论也常常让人津津乐道。久而久之，就容易让人理所当然地以为，辩护律师才是法庭辩论的"主角"，法庭辩论的成败完全取决于辩护律师一人。

然而实际上，律师的辩护权来自被告人的委托，派生于被告人的"辩护权"。因此，律师的辩护不可能独立于被告人自己的辩护，法庭辩论也不应当是辩护律师的"独角戏"。法庭辩论不能脱离案件的事实及证据，虽然辩护律师可以通过阅卷、会见等辩护准备工作形成自己对案件的理解和意见，但首先对案件事实及证据作出是非对错判断的永远是被告人本人，具体体现在：

在庭审过程中，相对于辩护人，被告人要率先对事实、证据，以及事件的定罪量刑进行陈述、发表意见。首先，作为事件的亲历者，在法庭发问环节、质证环节，回应控辩审三方发问的主要是被告人，通过对发问的回应，被告人就案件事实，形成自己的当庭陈述；其次，在法庭辩论过程中，公诉人发表公诉意见后，也是由被告人先行自行辩护，然后才轮到辩护律师发表辩护意见。辩护律师的辩护意见与被告人意见必须保持一致，特别是在事实问题上。无数实例表明，每当辩护律师与被告人观点相左、各说各话的时候，辩护工作的质量和效果就会大打折扣，不仅难以实现维护被告人合法权益的工作目标，还极易招致被告人的不满甚至是投诉。由此可见，从整个庭审流程的设计来看，辩护律师并非"独立"为被告人辩护，而是"帮助"被告人完成辩护，当然，相较于被告人而言，由于律师拥有专业法律知识，这里的"帮助"辩护必须加上引号，它不是普通意义上的帮助，而是有着独立意义，起着主导作用的"帮助"。

因此，无论是从执业规范和执业伦理的角度去分析，还是从保证辩护质量和实现辩护效果来考虑，法庭辩论都不应当是刑辩律师的"独角戏"，而应当是辩护律师和被告人分工明确、相互协作的"系统工程"。在整个辩护活动中，被告人主要负责表明立场、讲清事实，而辩护人则在此基础上，围绕事实、证据和法律进行说理和分析，从而通过"帮助"被告人完成辩护来维护其合法权益。

（二）不能通过法庭辩论"毕其功于一役"

在《刑事诉讼法（1996）》颁布以前，我国的庭审模式具有较强的纠问式色彩，法庭调查由审判者主导，控辩双方对于案件的观点和意见往往会留至法庭辩论阶段一并发表。这在一定程度上让一些律师养成了重法庭辩论，轻法庭调查的工作习惯，殊不知法庭审理的核心是事实问题，法庭调查才是确定案件事实的重要程序，辩护所依据的事实不成立，辩护意见就成了纯粹的主观观点，无法说服法官。关于事实问题的举证、质证，广义上也包括了对具体证据和事实的辩论。可以说，刑辩律师的法庭辩论实际早在法庭调查阶段就已经开始了，也就是"一证、一质、一辩"，在法庭调查过程中，辩护人围绕案件事实和证据与公诉人形成"点对点"的观点交锋；在法庭辩论阶段，辩护人再将这些"点对点"的意见予以整合、补充、完善，最终形成系统的法庭辩论意见。

时至今日，随着法律的修改和实践的摸索，刑事辩护工作越发精细化，如果站在整个刑事诉讼程序的角度来看，辩护律师在侦查、审查起诉和审判各环节都大有可为；而在审判阶段，从法庭调查到法庭辩论，律师的辩护工作也是层层推进、步步为营的，法庭辩论所依托的事实及证据基础均离不开辩护律师在法庭调查阶段对事实的发掘及对证据的分析。

因此，在当今控辩式的庭审模式下，法庭辩论不再是"毕其功于一役"的"战斗"，而是依托于庭前辩护及法庭调查中一系列辩护工作的最终呈现。

（三）法庭辩论应当兼顾"实体"与"程序"

"重实体、轻程序"的问题看似老生常谈，实则常谈常新。随着立法对人权保障原则的确立及不断强化，程序正义之于实体正义的重要意义日益凸显。围绕程序事宜、针对程序违法所展开的辩护日益增多，由此逐渐形成了刑事辩护中的一个独特类型——程序性辩护，而程序性辩护中最为核心的内容无疑就是非法证据排除（以下简称"排非"）。

从 2010 年《死刑案件证据规定》和《排非规定》的颁布，再到 2017 年"三项规程"的出台，有关"排非"中非法证据的内涵和外延、"排非"程序的启动、举证责任分配、认定非法证据的评判标准等重要问题的相关规定也日趋完善，这些法律、法规也为刑辩律师开展程序性辩护提供了重要的法律依据和参考标准。

可以说程序性辩护和实体性辩护互为表里、相辅相成，对案件实体问题的辨析离不开对事实及证据的梳理和分析，而对事实及证据的梳理和分析又离不开对取证程序合法与否的审查和判断。

与实体正义相比较,程序正义因具有更为清晰的判断标准和评判规则,往往被人们称为"看得见的正义"。作为维护被告人合法权益的重要诉讼环节,法庭辩论无疑应致力于程序正义的实现,如果连"看得见"的程序正义都无法捍卫,那又何谈在实体上为被告人寻求有效辩护的结果呢?因此,法庭辩论理应兼顾"实体"与"程序"。

需要说明的是,尽管从程序设计上来看,程序性辩护更多出现在法庭辩论之前(如庭前会议及法庭调查之前针对"排除非法证据"的先行调查),但基于程序性辩护所形成的意见和理由必将整合到对案件实体问题的辩护观点之中,从而在法庭辩论环节中得以系统地呈现,并对案件实体问题的辩护发挥重要的作用。

(四)法庭辩论应兼顾"定罪"与"量刑"

在刑事诉讼中,与"重实体、轻程序"同样根深蒂固的问题无疑就是"重定罪、轻量刑"了。在过往的司法实践中,控、辩双方似乎更倾向于关注"罪与非罪"和"此罪与彼罪"的问题,而对"罪轻罪重"的问题则相对就没有那么重视。比如:公诉人在发表量刑意见时往往只是建议从宽或从重,而宽多少、重多少、如何宽、因何重则往往论证不多;在被告人认罪的案件中,有的辩护律师往往倾向于发表一些"程式化"的辩护观点,比如初犯、悔过、如实供述等,而对于具体的从宽情节(特别是需要结合在案事实证据予以论证的法定情节、酌定情节)的挖掘则往往有所欠缺。

近几年来,随着人民法院量刑规范化的不断增强,以及认罪认罚从宽制度的确立及适用,围绕量刑问题的法庭辩论也日益为控辩双方所重视,庭审中,涉及"罪轻罪重"问题的法庭辩论的比重也在逐渐增加。套用刑事辩护类型中"定罪辩护"和"量刑辩护"的分类,法庭辩论也可以分为"定罪辩论"和"量刑辩论"。

与此相对应的是,《刑事诉讼法(2018)》及一系列法规文件纷纷就量刑辩护作出了更为明确、具体的规定,其中,《刑诉法解释(2021)》第283条第2款规定:"对被告人不认罪或者辩护人作无罪辩护的案件,法庭辩论时,可以指引控辩双方先辩论定罪问题,后辩论量刑和其他问题。"

据此,无罪辩护与罪轻辩护不再"互不兼容",在法庭辩论阶段,辩护人在发表无罪辩护意见的同时,也可以在假定指控成立的基础上,发表有关量刑的辩护意见，从而为维护被告人的合法权益提供多角度的辩护意见，让法庭辩论兼顾定罪问题和量刑问题。

此外，《刑诉法解释（2021）》第280条还规定："合议庭认为案件事实已经调查清楚的，应当由审判长宣布法庭调查结束，开始就定罪、量刑、涉案财物处理的事实、证据、适用法律等问题进行法庭辩论。"据此，除定罪、量刑外，控辩双方对于涉案财物的处理也可以进行法庭辩论。

需要指出的是，有关涉案财物的处理问题在此前的刑事诉讼制度中并未得到足够的重视。事实上，涉案财物的处理问题在刑事案件中（特别是涉经济犯罪案件中）往往尤为重要，其中，有关被告人合法财产的保护，案外人财产权益的保障、被害人财产损失的挽回和补偿，以及办案机关采取"查、扣、冻"措施的正当性审查等诸多事宜均应在庭审中得到妥善的、终局的解决。因此，辩护律师在法庭辩论中既要重视"定罪"，也要重视"量刑"，同时还要兼顾"涉案财物的处理"，从而在人权、产权两个维度上最大化地维护被告人的合法权益。

第二节 我国法庭辩论的立法沿革及模式分析

一、我国相关规范性法律文件的沿革

作为刑事诉讼程序中的重要环节，法庭辩论的内容和形式均应"有法可依"。经分别对1979年、1996年、2012年、2018年的《刑事诉讼法》进行梳理，我国刑事诉讼法关于法庭辩论的相关规定如下表所示：

法律	条文	内容
《刑事诉讼法》（1979）	第118条第1句	法庭调查后，应当由公诉人发言，被害人发言，然后由被告人陈述和辩护，辩护人进行辩护，并且可以互相辩论
《刑事诉讼法》（1996）	第160条第1句	经审判长许可，公诉人、当事人和辩护人、诉讼代理人可以对证据和案件情况发表意见并且可以互相辩论

(续表)

法律	条文	内容
《刑事诉讼法（2012）》	第193条第1、2款	法庭审理过程中，对与定罪、量刑有关的事实、证据都应当进行调查、辩论。 经审判长许可，公诉人、当事人和辩护人、诉讼代理人可以对证据和案件情况发表意见并且可以互相辩论
《刑事诉讼法（2018）》	第198条第1、2款	法庭审理过程中，对与定罪、量刑有关的事实、证据都应当进行调查、辩论。 经审判长许可，公诉人、当事人和辩护人、诉讼代理人可以对证据和案件情况发表意见并且可以互相辩论

（一） 1979年《刑事诉讼法》

如表所示，我国刑事诉讼法历经三次修改，有关法庭辩论的规定内容也存在一些变化。如前所述，在《刑事诉讼法（1979）》中，法庭辩论被限定在法庭调查结束后，而在后续三次修改中，法庭调查与法庭辩论的绝对界限得以打破，"一证、一质、一辩"的规则得以在法庭调查中确立并运用。而根据《刑事诉讼法（1979）》第118条的规定，在法庭审理中，法庭调查与法庭辩论是两个独立的庭审阶段，只有对证据调查完毕后，才能就证据、事实和法律进行辩论；在法庭调查程序中，双方只能对被告人进行询问、发问和质证，而不能对证据和案件情况发表意见、相互辩论。这显然不利于准确、深入地确定证据的证明力大小。

事实上，《刑事诉讼法（1979）》所确立的庭审模式就具有明显的职权主义特征。《刑事诉讼法（1979）》第116条规定："审判人员应当向被告人出示物证，让他辨认；对未到庭的证人的证言笔录、鉴定人的鉴定结论、勘验笔录和其他作为证据的文书，应当当庭宣读，并且听取当事人和辩护人的意见。"由此可见，在《刑事诉讼法（1979）》颁布施行期间，我国的庭审制度具有明显的职权主义色彩，审判人员不仅要主持庭审，甚至还要肩负控辩双方的示证职责，这种纠问式的庭审模式甚至被我国的一些学者概括为"超职权主义"。

（二） 1996年《刑事诉讼法》

《刑事诉讼法（1996）》对《刑事诉讼法（1979）》进行了重大修改，其中最为突出的变化就是在借鉴当事人主义的基础上，引入了对抗式庭审模式中的一些诉讼制度，彻底改变了前述《刑事诉讼法（1979）》中所规定的由审判人员主导法庭调查的审判模式。与这一改变相对应的是，由控辩双方分别负责己方证据的出示、质证、辩论。即控方的证据，由控方出示和主询问；控方主询问后，经审判人员许可，辩方有权对控方的证据进行发问、发表意见。辩方的证据亦由辩方主询问，控方反询问。在主询问和反询问过程中，"经审判长许可，公诉人、被告人和辩护人可以对证据和案件情况发表意见并且可以互相辩论"①。

由上所述，自《刑事诉讼法（1996）》开始，法庭调查与辩论的绝对界限得以打破，"一证、一质、一辩"的辩论模式得以确立并运用于法庭调查之中，这一辩论模式使得法庭调查与法庭辩论产生更为紧密的联系，也让法庭辩论能够更好地综合法庭调查的相关情况，从而使辩论内容可以紧扣案件事实及在案证据，进而让法庭辩论工作能够更好地兼顾实体与程序、定罪与量刑。

（三）2012年《刑事诉讼法》与2018年《刑事诉讼法》

相较于《刑事诉讼法（1996）》，《刑事诉讼法（2012）》和《刑事诉讼法（2018）》在相关条文中又增加了一款，即"法庭审理过程中，对与定罪、量刑有关的事实、证据都应当进行调查、辩论"。从辩证的角度来看，该款内容既是对法庭辩论的限定（仅围绕"与定罪、量刑有关"的内容进行辩论），同时也是对法庭辩论的扩充（凡是与定罪、量刑有关的事实、证据都应当进行调查、辩论）。这种从立法层面对法庭辩论内容的限定和扩充也奠定了事实之辩、证据之辩、定罪之辩及量刑之辩等一系列辩论形式的法律基础。

除此之外，2018年1月1日起试行的《排除非法证据规程》第19条规定，控辩双方可以对证据收集的合法性进行辩论。据此，围绕非法证据排除的"程序之辩"在规范性法律文件中得以正式确立。而自2021年3月1日起施行的《刑诉法解释（2021）》又将涉案财物的处理事宜引入法庭辩论，从而进一步扩充了法庭辩论的内容和角度。

二、模式分析

在这里需要说明的是，我国当下的刑事诉讼庭审制度及由此派生的法庭辩论模式既不是纯粹的职权主义模式，也非改良后的当事人主义模式，而是以职权主

---

① 樊崇义、吴宏耀：《中国刑事庭审制度的改革与特色》，载《中国刑事法杂志》2020年第1期。

义为基础，兼采当事人主义优点的，具有中国特色的庭审制度及辩论模式。究其原因，可概括为三个层面：

第一个层面，经济基础与上层建筑之间的关系决定了我国的刑事诉讼庭审制度（及法庭辩论模式）以职权主义为起点，以吸取当事人主义的优点为改革方向的发展路径。

如前所述，《刑事诉讼法（1979）》出台当时，我国的经济体制仍然是计划经济，强调国家的宏观管控，由此，国家主义、职权主义思维势必从经济基础反映至上层建筑，因而才会在当时形成具有"职权主义"色彩的刑事诉讼制度。在这种制度下，控辩双方的对抗性受到抑制，审判人员主导庭审调查的模式使得这一时期的法庭辩论无论在形式上，还是在内容上往往受限颇多，特别是制度层面上造成的"法庭辩论与法庭调查的割裂"，往往会使法庭辩论因脱离对事实、证据问题的剖析沦为"演说"和"空谈"，难以实现有效的辩护效果。

1996年至今，我国已经由计划经济体制转型为市场经济体制，自由竞争、主体平等、产权保护等观念作为发展市场经济的应有之义也对上层建筑的构建产生了深远的影响，具体到刑事诉讼领域，英美法系中"当事人主义"的庭审模式得到借鉴，过往的"纠问式"庭审模式转为现在的"对抗式"庭审模式。在这种制度及模式转化的背景下，辩护律师的地位、作用、诉讼权利得到了相较以往更为广泛的尊重和重视，相应地，辩护律师的法庭辩论在自由度和内容上也得到了提高和丰富，从事实到证据，从定罪到量刑，从实体到程序，从人身自由到涉案财物均成为法庭辩论中的"兵家必争之地"。

第二个层面，刑事诉讼法的任务在内容上的变化决定了我国庭审制度势必在原先"职权主义"的基础上，进行"当事人主义"式的改良，从而使法庭辩论的平等性和对抗性得到适当加强，以实现尊重和保障人权的立法目的。

《刑事诉讼法（2012）》是该法的第二次大改，其中，在关于"刑事诉讼法的任务"的规定中加入了"尊重和保障人权"的内容。而"当事人主义"所秉承的正当程序观恰恰是诉讼法制度实现尊重和保障人权的重要手段。根据正当程序观，英美法系国家尤其是美国，认为实现刑事诉程序的两造对抗性，需要保障刑事被告人的一定权利，政府当局只有遵守程序从而保护被告人的权利，才可采取反对被告人的行动。①

由此,在"刑事诉讼法的任务"中增加了"尊重和保障人权"就必然决定了要对原有"职权主义"色彩的庭审制度进行"当事人主义"式的改良,具体到法庭辩论上,就是增强控辩双方地位的平等性及辩论的对抗性。

第三个层面,以审判为中心的诉讼制度改革需要解决因"职权主义"所造成的"庭审虚化"问题,增强法庭审理程序的对抗性,使法庭辩论能够在庭审中发挥应有的作用。

党的十八届四中全会通过的《关于全面推进依法治国若干重大问题的决定》(下文简称《决定》),要求"推进以审判为中心的诉讼制度改革""保证庭审在查明事实、认定证据、保护诉权、公正裁判中发挥决定性作用"。为实现改革初衷,"两高三部"颁布了《关于推进以审判为中心的刑事诉讼制度改革的意见》。2017年,最高人民法院发布了《关于全面推进以审判为中心的刑事诉讼制度改革的实施意见》,并印发了"三项规程"。

过往的司法实践往往会呈现这样一种现象,即在一般情况下,对被告人决定批准逮捕的案件在后续的审判中往往很难获得无罪判决甚至很难被判处缓刑,有学者将此概括为"逮捕中心主义",即对事实的调查及证据的认定,乃至对案件的定性似乎早在审查逮捕阶段就已经盖棺论定,由此,后续的法庭审理则往往呈现出"庭审虚化"的问题,即在部分审判实践中,存在法庭调查及法庭辩论过于简略甚至是"走过场"的情况,与庭审相比较,审判人员更倾向于通过在庭前或庭后查阅侦查卷宗来完成对证据的审查和事实的认定,部分学者也将此归纳为"案卷中心主义"。当然,无论是逮捕中心主义,还是案卷中心主义,都体现了侦查机关对审判的影响和干预,也都与"庭审中心主义"背道而驰。②

究其原因,"职权主义"思想和极富"职权主义"色彩的审前阶段及审前程序(特别是侦查阶段及侦查程序)恐怕难辞其咎。也正因如此,《决定》才会明确要求"推进以审判为中心的诉讼制度改革""保证庭审在查明事实、认定证据、保护诉权、公正裁判中发挥决定性作用",相信在改革持续深入的过程中,作为庭审制度重要环节的法庭辩论能够在庭审中发挥应有的作用。

---

① 参见左卫民:《实体真实、价值观和诉讼程序——职权主义与当事人主义诉讼模式的法理分析》,载《学习与探索》1992年第1期。
② 参见汪海燕:《刑事审判制度改革实证研究》,载《中国刑事法杂志》2018年第6期。

综上，从立法沿革上来看，刑事诉讼法及相关规范性文件对法庭辩论的内容和形式的规定体现了立法者对法庭辩论改革的积极探索，在明确法庭辩论应立足于"定罪量刑"的同时，对于涉及定罪量刑的事实、证据，乃至收集证据的程序合法性以及涉案财物的处理事宜均应当进行调查、辩论的规定，进一步丰富了法庭辩论的内涵和外延，有助于保障被告人及辩护人的诉讼权利，同时也在立法层面上呼应了学界和实务界对法庭辩论的探讨和研究。相信在推进以审判为中心的诉讼制度改革过程中，法庭辩论制度也能够在立足国情的基础上，兼采两大法系及两种庭审模式的优点，在庭审中更好地发挥应有的作用，促进辩护人实现有效辩护，依法维护被告人的合法权益。

第三节　法庭辩论的目的与任务

一、对控方事实及证据的拷问

在刑事诉讼中，控辩双方的法庭辩论主要围绕指控内容的"立"与"破"，即针对公诉机关主张的指控事实以及基于指控事实所得出的指控结论。其中最为核心的就是控辩双方围绕公诉方指控事实是否清楚，据以指控的证据是否确实、充分所展开的辩论。

在实践中，往往存在这样一种认识上的误区，就是过于关注法庭辩论的"精彩"程度，而忽略了法庭辩论本该具备的"专业"要素，误把法庭辩论当作"演讲"。尽管丰富的修辞手法和极富雄辩色彩的遣词造句可能会在感性层面上引起旁听群众以及被告人的共鸣和赞许，但如果辩论内容缺失了对指控事实及证据的有效回应，则再华丽的辞藻也将沦为空谈，无法从理性层面说服裁判者采纳相关辩护意见。

作为与法庭调查紧密衔接的诉讼环节，法庭辩论势必要将此前在法庭调查环节中围绕在案证据所形成的"一证、一质、一辩"的分散式辩论予以整合并展开集中辩论，这种将对事实、证据的质疑所形成的分散式辩论转化为集中辩论的过程就是辩护律师不断对控方所主张事实及举示证据的持续"拷问"。唯有如此，辩护律师的法庭辩论才有可能推翻公诉方据以指控的事实基础，从而实现说服裁判者，达成有效辩护的诉讼目标。

二、对辩方事实及合理怀疑的主张及构建

在实践中，被告人对起诉书所指控事实予以否认的同时，往往会就案件事实提出自己的辩解和主张，构建辩护事实。帮助被告人论证、说明其辩解和主张往往是辩护律师法庭辩论中的重中之重。

行文至此，不禁让人想起日本著名导演黑泽明执导的经典影片《罗生门》，影片讲述了这样一个故事：一名武士遇害惨死，为查明死因并向凶手追责，各方人马对簿公堂，然而让人惊诧的是，围绕案件事实，武士的妻子、涉嫌谋杀的强盗，甚至是武士的魂灵都给出了不同版本的说法，案件最后如同一团永远无法看清的迷雾，让人观影之余不免怅然若失。

而真实的庭审诉讼又何尝不是一场场"罗生门式"的事实呈现？围绕案件事实，被告人、被害人、证人均有可能各执一词，而控辩双方借由法庭辩论所寻求的恰恰就是拨开迷雾，探究法律意义上的事实真相。因此，对辩护律师而言，基于被告人所提出的辩解和主张，运用法律知识和诉讼技巧，通过庭审辩护（特别是法庭辩论）来为被告人主张辩护事实或构建合理怀疑，无疑是辩护律师开展法庭辩论工作的重要目的和核心任务。

根据案件的事实、证据情况，辩护律师往往会从两个层面开展相关法庭辩论工作：如果被告人的辩解和主张能够通过在案证据予以证实的话，则辩护人的法庭辩论将立足于论证辩方事实的成立；而如果被告人的辩解和主张虽然无法通过在案证据予以证实，但又无法通过在案证据予以排除或否定的话，则辩护人的法庭辩论将立足于论证有利于被告人的合理怀疑。

因此，继对控方事实及证据的"拷问"之后，法庭辩论的另一项重要任务及工作目标就应当是对辩方事实及合理怀疑的"主张"及"构建"，也就是"先破后立"。

三、对裁判者进行答疑解惑

在整个庭审过程中，控辩双方围绕指控事实、在案证据、罪与非罪、罪轻罪重等问题展开多轮的交锋，最终在法庭辩论中逐渐形成案件争议焦点（法庭往往

也会为控辩双方归纳争议焦点），而这些争议焦点无疑就是法庭最为关注的问题。这里需要强调的是，虽然审判人员往往会在法庭辩论过程中归纳案件争议焦点，但作为辩护律师，不能只是被动地接受审判人员对案件争议焦点的归纳，而是要在整个庭审过程中，时刻捕捉审判人员对案件事实、证据以及法律适用问题所提出的问题或表现出的疑惑，并尽可能在法庭辩论中就这些问题对审判人员进行答疑解惑。例如，实践中，审判人员也会对被告人进行庭审发问，这些问题不仅是审判人员关注的疑点，更是辩护律师需要对审判人员说明、解释的案件争议焦点。

因此，对辩护律师而言，围绕案件争议的焦点、针对审判人员关注的疑点进行答疑解惑显然是在前述先"破"后"立"的基础上，需要进一步实现的法庭辩论目标，而这一目标的实现将更加有助于辩护律师实现法庭辩论的最终目标——说服裁判者。

四、说服裁判者，实现有效辩护

法庭辩论是以说理的方式来解决诉讼中的争议，而辩护人通过说理所要说服的对象无疑就是案件的裁判者。如前所述，辩护律师在法庭辩论中揭露指控中所存在的问题，阐明己方的主张和理由，乃至帮助裁判者答疑解惑，其最终的目标就是说服裁判者接受自己的辩护意见，从而作出有利于被告人的裁判，进而维护被告人的合法权益。

这里需要进一步说明的是，对辩护律师而言，法庭辩论的目的是"说服"裁判者，而不是"征服"裁判者，辩护律师不应该将审判人员作为法庭辩论的"对手"。在一些个案中会存在这样一种现象，即原本应存在于控辩双方的理性对抗莫名转化为辩护律师与审判人员之间的非理性对抗，也就是"辩审冲突"。具体到法庭辩论环节，辩护律师和本应居中裁判的审判人员成为互相辩论的对手，进而引发辩审双方的言语冲突甚至人身攻击。

由于实践中导致"辩审冲突"的原因往往比较复杂，故在这里对于辩审双方孰是孰非不作评判，不过从法庭辩论本身来看，这种现象的出现在一定程度上反映出辩护律师对于法庭辩论的手段和目的产生了认知上的混淆，即误把"目的"当作"手段"。须知，在理想状态下，辩护律师应当通过与控方的法庭辩论阐明己方在案件事实、证据及法律适用方面的观点和理由，从而让审判人员在听取控辩双方意见的基础上，采纳辩方的意见，也就是说，"辩论"是手段和过程，而"说服"是目的和结果，辩论的对象是控方，说服的对象是审判人员，二者不能混淆也不应混淆，否则无异于本末倒置，既没有呈现良好的辩论内容，也未能实现有效的辩护效果。

可以说，只有说服裁判者，才能真正实现有效辩护的工作目标，让辩护工作落到实处。因此，说服裁判者无疑是法庭辩论最重要的目标。

CHAPTER 18
第十八章

二审程序中的辩护

　　刑事辩护律师要做好二审辩护，必须从理念、法理和规范层面深刻理解二审程序在整个审级制度中承担的功能，掌握二审程序与一审程序相区别的地方，才能清楚律师在进行二审辩护时的诉求。案件进入二审程序，从实体上，案件的事实证据都已经完全经历了完整的法庭调查和法庭辩论，一审判决书也明确表达了裁判者的意见，在此基础上开始的二审程序，无论是在审判对象上，还是审理方式上，都有不同于一审的新内容、新的目的与任务。刑辩律师只有掌握了这些不同，才能找到与一审完全不同的二审辩护的方略与技术。

第一节 相关理念

一、设置司法复审的原因

做好二审辩护需要弄清楚一个理念：为什么每个国家都规定刑事司法裁判不是一次性处理，而是要有司法复审？在大陆法系，有的国家实行两审终审，比如我国，有的实行三审终审，比如德国，从审理范围上看，无论是事实问题还是法律问题，都允许提起司法复审。在英美法系国家，陪审团和主审法官二元审理制之下，虽然强调事实问题审理陪审团一裁终局，但是对于法律问题的审理可以提起上诉。在美国，案件可以从州一级上诉至联邦一级的联邦最高法院。目前，从世界范围看《公民权利与政治权利公约》《欧洲人权公约》《美洲人权公约》等，都将被告人的上诉权纳入最低限度程序公正的标准。

狭义的审判中心主义概念仅限于一审的法庭审判。从诉讼的效率而言，一次审理可以更高效；从发现真相、惩罚犯罪而言，第一审程序更加优于上诉审程序，原因在于裁判者直接接触证据，且在第一时间，早于上诉审法院接触最原始的证据，案件事实问题的裁判优势也在一审的裁判者这里。因此，建构一次性解决纠纷的裁判机制，理论上有一定道理。

但是，为什么法治的发展中，不但需要从控辩裁集于一体的"包公制"，发展为控审分离、裁判中立、控辩平等的分权诉讼模式，而且，还要通过司法的审级制度获得终局裁判？这是现代刑事诉讼的多元价值诉求所致，只有通过刑事审级制度才能全方位多元化满足诉讼参与人的诉求。通过审级制度，可以实现纠正司法裁判错误和统一法律适用的功能，同时，保障控辩双方，特别是被告人一方的司法救济权。审级制度一般属于国家的宪法制度，对于被告人来说，享受司法复审的权利是宪法所赋予的。

根据审级制度的不同，二审的功能也是不同的。在三审终审制国家，二审只是一次对一审的司法复审，既包括事实审，也包括法律审，但并不以承担规则治理的功能为主，甚至实现法律统一适用的价值也不是其主要功能，因为三审终审制还有独立的第三审,专门负责法律问题争议的解决,统一法律解释,完成规则治理功能。而对于两审终审的国家,二审既要对一审进行复盘,承担着解决纠纷、纠正错误、查清案件事实的功能,以实现被告人的救济权利;同时又由于是终审,也承担着规则治理的功能,即进行法律解释,以统一法律适用。我国是两审终审制的国家,刑辩律师了解二审的价值,对其做好二审辩护具有重要的意义。

二、两审终审制之二审的价值与辩护理念

我国是两审终审制,因此我国的二审既承担司法复审的功能,又得实现规则治理的功能。这要求二审辩护必须既着眼于一审的事实认定,也要关注一审的法律解释,以及一审的审理程序,乃至法律的统一适用。具体如下:

(一) 纠正司法裁判的错误

允许一个案件再次被审理,可以检验并纠正可能存在的错误,纠正司法裁判的错误,这既是二审的价值,也是二审的辩护理念。

首先,诉讼证明作为一个回溯性的发现真相的过程,每一个案件事实都是对已经发生了的事情的确认,且需在争议双方的争辩中被确认。发生争议的双方一定是站在自己的立场上并只愿意承认对自己有利的事实的,这对于裁判者识别真相并作出裁判是极其困难的。

其次,裁判者是一个没有参与到事件发生过程中的角色,但是裁判者却要对事实作出最终的认定。现代诉讼程序正义的理念要求裁判者不能和对立双方有利益关涉,以防其失去中立性,也不能事先与案件事实有所接触,以防裁判者产生预断。

再次,只要是人的认识活动,就有可能发生事实认定错误,这是毋庸置疑的。人类认识能力的无限性放到全人类可以无穷尽的代际更迭中或许能够成立,但是在每一个具体案件中,每一个具体办案人员对于具体案件的认识能力都是有限的。

因此,要最大限度地确保不出现司法误判,是司法制度设计的应有之义,允许一个案件再次被审理,可以检验并纠正可能存在的错误,从二审的这一价值目标看,二审辩护工作的重心就是"找错",既找出一审审理程序及裁判结论存在的错误。辩护律师参与二审,在法定的角色设定上被定义为"挑毛病""挑错"的立场,律师通过参与二审程序的辩护,促使裁判者纠正在一审审判中出现的实

体与程序上的错误。

（二）统一法律适用

成文法不是制定出来就能完美地发挥其规范的功能，其必须要通过解释才能适用。如何解释法律，确保法律的统一适用，既关系到法治的实现，还关乎"同样的事情同样对待"这最朴素正义的实现。规范层面的法律，是通过一个一个具体的判决被表现出来的，法律功能的实现从来都是立法和法律适用同时作用的结果。关注法律适用是否统一，是评价成文法是否实现其功能最基本的视角。

成文法裁判的逻辑不以判例为规范约束，而以事先拟定的文字形式的法律规范为裁判依据，文字的歧义会让成文法的适用出现五花八门的后果，在对文字进行解释和适用中更容易出现同样的事被不同样对待的情形，一审终审会加重这种弊端。司法审级制度在运行中，通过第二次审理，或者第三次审理，可以让高一级的法院通过司法复审来统一法律适用。高一级的法院让规范解释的共识辐射到更广的地域，甚至是通过最高法院辐射到全国，将某些具体的规范概念解释的争议逐渐调整到一个射程里。法院级别越高，就越有责任，且越有助于实现法律的统一适用。

我国是两审终审，即第二次审理即为终审裁判，二审法院必须承担起统一法律适用的责任。不管一审时是否已经就统一法律适用问题提出过辩护意见，二审辩护律师都要重视二审的这一功能，关注从统一法律适用的视角，利用类案中有利于被追诉人的已决裁判及其法律适用的逻辑，说服法官接受辩护意见。

（三）维护纠纷解决的正当性

1. 实现司法救济功能

对于控辩双方来说，上诉权更多的是为被告人而设，对于代表国家的检察机关抗诉，法律多有限制。在现代刑事诉讼的理念中，不管裁判的错误与正确，一个公民在一次司法裁判之后依然可以获得救济——享有一次或者两次司法复审的权利，这是司法裁判的正当性基础。换言之，现代诉讼中，法院解决纠纷的正当性不可能在一审终审的制度中产生。如果说纠正司法裁判错误的功能是指在实体层面的纠错，那么，这里说的救济更多的是程序正义的内容，更多的是指被告人程序权利上的救济功能。

实体上的"司法误判"是一个认识论的结论。对于诉讼活动来说，在事实争议层面，人们无法将客观存在的没有进入诉讼认识活动视野里的事实作出评判,因此事实认定都终将是片面的。在法律问题争议层面,基于法律解释的复杂性和价值选择的多元性,当下的那个选择,可能永远都存在着无尽的争议,人们也是极尽可能地去接近自己认为的真理。因此,无论是否存在司法错误的裁判,争议双方,特别是被告人一方,从自然法的视角看,都希望案件得到再次审理,以便可以在更高权威的裁判者面前再次获得辩解的机会。

2. 防止司法裁判的专断

审级制度能够防止因为一审终审而带来的司法裁判者的专断。不管裁判的对错,一审定局,终归专断。审级制度下二审法院可以通过推翻原判发回重审或者直接改判,对一审法院的裁判产生约束,有效防止司法裁判的专断。二审法院撤销或推翻下级法院的裁判结论,就意味着对下级法院工作的否定,这种否定会约束一审法官理性裁判,不要专断。

3. 实现程序正义,维护司法权威

众所周知,只要是诉讼就一定会产生一个败诉方,裁判要定纷止争,"定"指的就是败诉方对裁判结果的接受。司法裁判的理性就在于其是充分保障了程序正义基础上的说理之后的结果。就像是打牌,整个洗牌、摸牌、打牌的规则都是明确而既定的,在参与者之间是公开透明的,是在发牌之前就制定好的,那么对于输赢结果,败诉方是可以接受的。程序正义是诉讼结果正当化所必需的"外观设计",不可替代地发挥着吸收当事人,特别是败诉方当事人不满的功能。律师参与二审辩护,就是帮助被告人在二审中"发泄不满"。如何让败诉方接受裁判结论?程序正义是唯一之解。正是因此,在某些事实复杂,真相难辨的诉讼裁判活动中,具体的看得见摸得着的外观正义——程序正义,比实体公正更为重要。

司法裁判是现代社会纠纷解决机制的最后一道关,享有终局权威性,被誉为"实现社会正义的最后堡垒"。虽说有时候实体正义是人类认识能力无法达到的,但程序正义是看得见的,司法的权威更主要地是依靠程序正义来保障的。

总之,在实行两审终审制的我国,二审审理遵循全面审理原则,辩护必须既着眼于一审的事实认定,又要关注一审的法律解释和审理程序。

三、两大法系的比较考察

无论是英美法系还是大陆法系,二审程序都是整个刑事诉讼程序的一个有机组成部分,其设定需要与其他诉讼设施相配套。二审程序如同其他诉讼要素一样,都属于整个诉讼体系的"套件"之一,二审程序的启动、审理范围、审理方式等都与法院体系、裁判模式、法庭调查模式,以及其他程序设计紧密相关,在不同法系的不同国家都有所区别。体系性解读是研究程序法必须一以贯之的视角。

(一) 英美法系的上诉审

判例法的典型代表国家是美国,以美国为例,法院系统的设置与上诉审的构造相辅相成。体系性审视上诉审的设计,可以启示人们在进行司法制度改革的时候不要犯头疼医头、脚疼医脚的片面性错误。

1. 法院系统与上诉审设计

(1) 双重司法系统。美国是联邦制国家,州系统和联邦系统并行,作为司法权载体的法院系统也是这样,有双重法院系统(dual court system),一个是联邦法院系统,一个是州法院系统。联邦法院设有治安法院和联邦地方法院、联邦上诉法院、联邦最高法院三级系统;州法院系统分为初级法院和一般管辖初审法院、中间上诉法院、州最高法院三级系统。其中,联邦最高法院是最高级别的法院。两个系统按照法定的司法管辖权明确分工,有些案件是各自实现初审、上诉审,有些州法院管辖的案件,依照宪法也可以上诉到联邦法院管辖。双重司法系统要求美国的辩护律师对联邦法律和州的法律都要非常精通。

(2) 至少两次审理。以州法院系统为例,初审法院就事实问题和法律问题争议做出裁决之后,被告人如果不服,可以上诉至上诉法院,上诉法院必须受理;如果被告人对上诉法院做出的裁决依然不服,可以上诉到州最高法院,州最高法院并不当然受理,而是要审查法律争议的必要性决定是否接受上诉。如果被告人对州最高法院的判决依然不服的,可以上诉至联邦最高法院。

(3) 直接上诉、审查上诉和人身保护令上诉。美国的上诉有三种情形,一种是对初审法院判决不服的上诉,因为被告人的这次上诉,上诉法院必须受理,因而被称为直接上诉。这也是公民享有司法复审的基本保障。

对上诉法院裁判不服,无论是上诉到州最高法院,还是联邦最高法院,都不必然被受理,由于州最高法院和联邦最高法院具有创制法律的功能,因此,受理的标准是该案是否符合实践中提出的创制法律的必要。换言之,在尊重下级法院裁判与受理上诉案件之间,尊重下级法院裁判的价值排序在先,除非司法实践迫切需要创制某规则时除外。比如,若司法实践中警察违法取证情况严重,亟须一个判例来确定对警察违法取证的规制，这时候的最高法院会等待一个合适的案例，米兰达案就是在这个情形下被诉到最高法院的。如果不是这样的社会背景和实践需要，或许最高法院会不予受理。

人身保护令是针对被告人被羁押的正当性与否的司法审查，就此可以一直逐级上诉至联邦最高法院，也可以直接上诉至联邦最高法院。

复杂的上诉审程序要求美国的辩护律师要精通程序运作。

2. 事实审理与法律审理的程序分离

（1）事实问题审理在初审法院完成。美国的司法制度将事实审与法律审在程序上分离，初审法院中陪审团处理事实法官处理法律。基于事实问题回溯性证明的复杂性，同时也基于事实问题多依据常理常情常识判断，初审法院作为最初接触案件证据的裁判结构，有些选择陪审团审理的案件，审理事实问题是陪审团的专属职权，法官不得行使，因此初审法院最适宜负责事实审理。初审法院对事实问题的裁判一般情况下具有终局效果。

（2）上诉审法院只解决法律问题争议。上诉可以基于实体法和程序法的法律适用等法律问题提出。美国属判例法系国家，上诉审法院透过个案实现创制法律、制定公共政策的目的，因此属于集司法与立法于一身。实际上，在司法过程中，通过对法律问题的争议可以达到撤销原判的结果，撤销原判实际上也意味着即便犯罪事实依然成立，但不发生该事实成立的法律后果。比如，通过对初审法院剥夺被告人聘请律师辩护的权利，或者没有排除非法证据，或者在排除合理怀疑的标准上错误指导陪审团，等等，以这些法律问题为由，成立初审法院审判构成有害错误，可以要求上诉审法院撤销原判。

总之，事实问题的争议靠常理、常情与常识，不需要法律专业知识，但是法律问题一旦离开专业人士就几乎无法作出判断，判例法国家是把事实问题的审理沉到最底层法院解决，针对法律问题的争议可以一直提起上诉。法律问题的专业性给了辩护律师很大的业务空间，当事人离开辩护律师几乎无法诉讼。

我国是把事实问题和法律问题混在一起解决，无论是在法庭审理的程序上，还是在裁判者大脑运行的逻辑里，都是混在一起的，这导致我国的审理程序还没有专业化地将法律问题和事实问题相分离，所以辩护律师给人感觉可有可无，不具备法律专业知识似乎也能解决诉讼纠纷。实际上，即便是在程序上没有将事实问题和法律问题分开解决，但在逻辑上也依然要区分法律问题和事实问题,如果混作一团,则必然导致意见代替事实,主观代替客观,由此伤及的是事实问题认定的客观性,伤及的是法律评价的基础。

(二)大陆法系的二审

作为成文法国家,大陆法系对于审级一般是明确的法定化事项。实行三审终审制的典型代表有德国和日本;实行两审终审制的有法国、俄罗斯,还有我国。两种审级制度下的二审在各方面有所异同,具体表现如下:

1. 价值诉求:两审终审制下,二审既是一审的上诉审,也是终审,因此承载了更多的价值诉求。三审终审制下的二审,就是单纯的司法复审,非终审,因此主要纠正司法错误,实现被告人救济的诉求。

2. 审理范围:(1)既能审理事实问题,也能审理法律问题。二审作为司法复审,无论是二审终审制,还是三审终身制,一般都规定了事实问题和法律问题的全面审理,只有全面审理才能实现司法复审之义。在三审终审制国家,三审作为终审,被设计为纯粹的法律审——只针对法律问题争议受理上诉,这样既较好地解决了事实问题争议,又集中法律专业人员较好地解决了法律问题争议。在两审终审制国家,二审虽然也有统一法律适用,解决审级制度所承载的规则治理功能,但由于同时又要完成司法复审,因此更容易沦为一审的重复。一旦"重复"就容易造成对司法资源的浪费,无法实现制度设计的初衷。(2)全面审理抑或限定审理。在两审终审制下,二审的审理范围不受上诉范围的限制,需要全面审理。在三审终审制之下,二审虽然也是事实问题和法律问题都可审理,但在一般情况下,严格贯彻不告不理的原则,只限于上诉范围。《德国刑事诉讼法典》第327条规定,上诉审法院的审查仅限于判决被提出异议的范围;第328条第1款规定,上诉法院应当在上诉理由的范围内撤销判决并对该案件自为判决;第352条第1款规定,上诉法院的审查只限于提出的上诉申请,如果依据程序错误提出上诉,则仅限于提出上诉申请时所称的事实。[①] 根据《意大利刑事诉讼法典》第597条第1款的规定,第二审法官只能就上诉理由所针对的问题对案件进行审理。[②] 适当限制上诉范围的做法已经是现代法治国家的通例。

适当限定上诉审的范围,可以更加有效地贯彻不告不理原则,可以防止上诉法院通过对初审法院审理的全面重复来控制一审法院,伤及司法独立。适当限定

[①] 参见《德国刑事诉讼法典》,宗玉琨译注,知识产权出版社2013年版,第234—243页。
[②] 参见《意大利刑事诉讼法典》,黄风译,中国政法大学出版社1994年版,第87页。

上诉审范围可以有效地节约司法资源。

3. 形式理由启动：二审的启动不需要对上诉理由作实质审查，只要当事人提起即可启动程序，二审法院不可以不受理。《德国刑事诉讼法典》第 318 条规定，上诉人没有限制或根本没有说明上诉理由时，视为对原判决的全部内容提出异议。① 有人可能会问，这会不会导致司法实践中被告人上诉时消极怠惰而不明确上诉理由，架空前述上诉审限制范围审理的规定呢？答案是不会的。比如对于初审法院认定的对被告人有些有利的事实，被告人或不同意再次审理，因此明确上诉理由，是被告人希望在上诉审中获得更为有利判决的动力。当然，对于实行二审审理范围受上诉理由限制的国家和地区，写好上诉状也是考量刑辩律师专业能力的一个领域。

（三）禁止双重危险、一事不再理与上诉

禁止双重危险与一事不再理，都是指禁止国家公权力就同一事实对公民发动两次犯罪追究，包括审理。前者是英美法系国家发展出来的原则，后者是大陆法系国家发展出的原则。这是对国家公权力的限定，是被告人的权利。当然，两个原则源自不同的法系，在其他方面有诸多区别，比如，上诉审会涉及第二次，甚至是第三次，更多次审理"同一事实"。如果是被告人上诉，则可以推定为自动放弃这一权利。提起上诉是被告人的权利，一旦被告人提出上诉，就被视为其自动放弃禁止双重危险或一事不再理原则，愿意接受国家第二次审判自己。而作为政府一方的检察机关呢？既然对于"同一事实"禁止双重危险或二次审理，因此一般情况下，就事实问题争议，原则上检察官没有抗诉权，特别是明确规定检察机关原则上不能就基于犯罪事实没有成立的无罪判决提起抗诉。尤其在英美法系国家，检察官对陪审团的无罪判决不能提出上诉，否则违反禁止双重危险原则。检察官的上（抗）诉理由被限定在法律问题争议的范围里。这一原则与上诉制度结合，体现了对公权力追究公民犯罪的限制。我国目前尚未确立一事不再理原则，无论是检察机关的抗诉，还是曾经立案，被撤案后再次立案，在同一事实判断下，都是被允许的。

四、我国二审程序的基本原则

程序法最大的特点就是体系性，一环扣一环，不能孤立地看待其中的任何一

---

① 参见《德国刑事诉讼法典》，宗玉琨译注，知识产权出版社 2013 年版，第 235 页。

个制度环节，要用系统性的方法和视角审视。有些改革不能解决问题，反而会带来更多的问题，就是因为没有能够从整体上从系统论的视角厘清程序原理。我国实行两审终审制，一个公民享有两次获得司法裁判的权利。作为司法复审，且在我国是终审，二审在审理与裁判上，有如下原则需要厘清。

（一）限定范围审理与全面审理

规定二审范围被限定在上诉范围之内的国家，往往将不告不理原则严格适用到每一个程序，对司法裁判权的被动性强调到极致。且该国对于司法审级的设计是和法院系统的设计一致，呈金字塔状的。限定二审范围的制度下，诉讼当事人更加需要依赖律师制度，因为辩护律师对于上诉理由的解读会更加专业。

规定二审范围为全面审理的制度，是将不告不理原则定位在一审。一审起诉书起诉的事实，凡属起诉书起诉事实同一性认定之内，为一审审理的范围、辩护的范围、二审审理的范围、一事不再理的范围。二审审理范围依一审范围实行全面审理。

我国的制度属于后者，二审启动依据形式理由，只要提出即可引起上诉程序。二审范围贯彻全面审理原则，而在规范层面明确了二审是事实与法律的全面复审；在司法实践中，为了效率，有时会在控辩双方无异议的情况下，二审只对新证据新事实进行审理。但有时辩护人坚持全面审理，反对只审理二审的新证据新事实，而法官不顾辩护人的异议，硬性推进重点审理。

（二）开庭审理与书面审理

开庭审理是对事实进行调查的必需的诉讼手段；法庭调查程序中，举证、质证、发表质证意见和进行质辩，是对事实问题认定的法定程序，作为定案根据的事实和证据，如果没有经历这个程序，则不得作为定案根据，不具有作为定案根据的法定资格。书面审理是在案件仅存在法律问题争议时可采用的方法。

我国二审是事实与法律的全面复审，因此，只要存在解决事实争议的需要，开庭审理就是必需的手段。书面审理不用面对控辩双方激烈的对抗，不用对证据一一地进行举证、质证、质辩，避免裁判者驾驭庭审的麻烦，但也存在不发达地区法官资源缺乏，无法组成全是审判员的合议庭的难处，因此，我国立法虽然多次强调二审开庭的意义，但司法实践中，二审法官多采用书面审理的方式结案。二审开庭审理，成为当下辩护律师需要争取的一个重要权利。

（三）禁止不利变更与上诉不加刑

禁止不利变更是指审判被告人上诉案件时不得加重原审裁判的刑罚。这一原则既是保障被告人权利的原则，也是确保刑事审级制度得以科学运转的重要基础，没有这一原则，会导致即便原审裁判存在错误，也会因为害怕上诉审法院加重刑罚而不敢贸然行使上诉权。

这一原则产生于大陆法系的 19 世纪资产阶级革命时期，之后在 20 世纪初，其他成文法国家在借鉴禁止不利变更原则的过程中，产生了与其具有内在一致性的上诉不加刑原则。

禁止不利变更或上诉不加刑原则在英美法系的判例中出现得较晚，这是基于判例法的运作特性，加上联邦制国家的双重司法权属性，导致其上诉制度相较于大陆法系国家都是很晚才确立。这种并不鼓励上诉的制度逻辑，对于有激励被告人上诉价值的禁止不利变更或上诉不加刑原则，肯定是不可能早于大陆法系被孕育出来。比如在英国，"皇室法院在处理上诉时的权力规定于经修订的《1981 年最高法院法》第 48 条中"，根据修正，"在理论上皇室法院甚至可以取消被上诉的对 A 罪行的定罪，并增加对 B 罪行的定罪。为避免对上诉人的不公，皇室法院被认为应当保守地使用其在第 48 条中增加的权力"。"实际上，皇室法院增加刑罚的情况不常见。"①

上诉不加刑是指只有被告人上诉的案件，二审不得加重原审判定的刑罚，旨在保障被告人在无恐惧的心态下享受宪法赋予的司法复审的权利。在诉讼法理论中，全面审理是审判原则，上诉不加刑是裁判原则。审判原则是在审理过程中发挥作用，规范裁判者指挥审理程序的行为。裁判原则不约束审理过程，不在审理过程中出现，是在审理过程结束时"跳"出来发挥作用的。按照大陆法系法庭审理的环节，一般的共识是"口头辩论"结束，被认为是法庭审理的实质程序结束，此时，上诉不加刑的裁判原则开始发挥作用，会在法官形成裁判结论时约束裁判权。

上诉不加刑原则的内涵和外延，受制于检察官抗诉权的范围有无限制。一般来说，检察官抗诉的案件，被告人失去上诉不加刑的保护。那么，如果对于检察官抗诉不设限制，则对于被告人来说则可能上诉不加刑的意义有限；对于那些实

---

① 参见〔英〕约翰·斯普莱克：《英国刑事诉讼程序》，徐美君、杨立涛译，中国人民大学出版社 2006 年版，第 681—682 页。

行限制检察官提出上诉的国家来说，上诉不加刑就更具被告人权利保障的价值和意义。

第二节　我国相关规范性法律文件的沿革

通过《刑事诉讼法》的一次立法、三次修正，刑事审判的二审程序分别在启动方式、审理方式、审理范围、二审后处理等方面得到逐步完善。

一、1979年《刑事诉讼法》确立二审程序的基本要素

不得不说，作为中华人民共和国第一部《刑事诉讼法》，法治建设刚刚起步，其所有的规定都很笼统。《刑事诉讼法（1979）》第三章从第129条到第143条共计15条，规定了二审程序的内容。在这部立法中，重点确立了：

（一）被告人和检察官同等的上（抗）诉权

《刑事诉讼法（1979）》第129条第1款规定了被告人不服地方各级人民法院第一审的判决、裁定，有权用书状或者口头向上一级人民法院上诉。被告人的辩护人和近亲属，经被告人同意，可以提出上诉。第130条规定了地方各级人民检察院认为本级人民法院第一审的判决、裁定确有错误的时候，应当向上一级人民法院提出抗诉。

由于我国尚未确立一事不再理的原则，因此立法没有规定对检察机关抗诉的限制，无论是事实问题还是法律问题，无论是对被告人有利的抗诉还是不利的抗诉，检察机关都可以提起，甚至是对法院基于事实不成立的无罪判决，检察机关可以根据实事求是的原则提起抗诉，引起对该事实的二次审理。

对于二审之后被发回重审的案件，在第139条规定了当事人和人民检察院依然可以提出上诉或抗诉，"原审人民法院对于发回重新审判的案件，应当依照第一审程序进行审判。对于重新审判后的判决，当事人可以上诉，同级人民检察院可以抗诉"。

（二）启动二审为形式审查

《刑事诉讼法（1979）》第 129 条同时规定了被告人上诉既可以用书面形式也可以用口头形式，且对被告人的上诉权，不得以任何借口加以剥夺。这意味着我国采用了形式审查的方式启动上诉审，一经提起，二审法院必须启动二审程序。

（三）全面审理原则

《刑事诉讼法（1979）》第 134 条规定："第二审人民法院应当就第一审判决认定的事实和适用法律进行全面审查，不受上诉或者抗诉范围的限制。共同犯罪的案件只有部分被告人上诉的，应当对全案进行审查，一并处理。"这在立法上确立了全面审理原则，这与司法复审的理念是相一致的，但两审终审的审级制度下，二审既为司法复审，又为终局裁判，需要承担事实复审、法律复审以及法律统一适用等多重功能，使其有些不堪重负，在司法实践中，所谓的全面审理面临变成"全面不审"的风险。因此，当时的二审多为书面审理，鲜少开庭审理。

（四）审理方式

《刑事诉讼法（1979）》第 135 条规定："人民检察院提出抗诉的案件或者第二审人民法院要求人民检察院派员出庭的案件，同级人民检察院都应当派员出庭。第二审人民法院必须在开庭十日以前通知人民检察院查阅案卷。"注意此规定不适用反对解释，即在只有被告人上诉，检察院没有抗诉的二审案件中，检察院依然要派员支持公诉。因为结合第 141 条规定的"第二审人民法院审判上诉或者抗诉案件的程序，除本章已有规定的以外，参照第一审程序的规定进行"作体系解释，依然可得出检察院需要派员支持公诉的结论。但实际上，那个时期的司法实践中二审基本上都是书面审理。体系解释是诉讼法最常用的解释方法，因为作为具有操作性的法律需要从整体性的视角来看。一部法律中不同的法条可能同时涉及同一诉讼环节的规范，概念的边界如何界定？如何取舍？条款之间谁对谁有制约？这些问题必须通过体系解释方能得出符合诉讼程序原理的结论，维护法律概念的统一性。

（五）处理方式

根据《刑事诉讼法（1979）》第 136 条和第 138 条的规定，第二审人民法院对不服第一审判决的上诉、抗诉案件，经过审理后，应当按照下列情形分别处理：

1. 经过二审审理，对于原判决认定事实和适用法律正确、量刑适当的，则

"应当裁定驳回上诉或者抗诉，维持原判"。可见，《刑事诉讼法（1979）》从事实、法律和量刑三个层面规定笼统地表述了维持原判的标准。

2. 原判决认定事实没有错误，但适用法律有错误，或者量刑不当的，应当改判。这一规定彰显了二审法院的规则治理功能，即对于存在法律问题争议，或者法律问题错误的案件，不得推给原审法院，二审法院在法律适用上有法律解释和统一法律适用的职能，因此应当直接改判。

3. 原判决事实不清楚或者证据不足的，可以在查清事实后改判，也可以裁定撤销原判，发回原审人民法院重新审判。该项规定彰显了我国的二审是全面司法复审，包括事实问题和法律问题，因此，如果原判存在事实问题争议，则二审法院可以直接审理事实问题，当然也可以发回原审法院审理。

4. 第二审人民法院发现第一审人民法院违反法律规定的诉讼程序，可能影响正确判决的时候，应当撤销原判，发回原审人民法院重新审判。此条规定第一次在刑事诉讼中将有限的程序正义提升到立法层面——因为程序不正义，或可能引起实体裁判的无效，即原判的撤销。但之所以称此规定为有限的程序正义，是因为该条在规定判断"违反法律规定的诉讼程序"时，又折回到了实体层面，即以"可能影响正确判决"作为标准，导致该条款仅仅停留在立法层面，在司法实践中，基于"可能影响正确判决"属于主观意见和判断，无从证明，进而导致司法实践难以实现立法意旨和规范目的。

（六）上诉不加刑

《刑事诉讼法（1979）》第 137 条规定，第二审人民法院审判被告人或者他的法定代理人、辩护人、近亲属上诉的案件，不得加重被告人的刑罚；但是，人民检察院提出抗诉或者自诉人提出上诉的，不受上诉不加刑原则的限制。我国《刑事诉讼法》对于人民检察院抗诉的规定和被告人上诉一样，形式启动，不做实质审查，也不做任何限制。

《刑事诉讼法（1979）》是我国的第一部刑事诉讼法，二审部分的条款基本上将与二审有关的内容全面规定出来了。在后来的三次修正中，二审的这个框架一直未有较大变动。

二、 1996 年《刑事诉讼法》完善二审程序

20 世纪末是我国改革开放深入发展的历史时期，也是我国人权保障运动的高

涨期，也是《刑事诉讼法（1979）》施行十几年后必须进行改革修正的时期。1996 年，在借鉴英美法的学术热潮中，刑事诉讼法迎来了第一次全面修正，此次修正的刑事诉讼法在某些条款上带有一定的英美法对抗制诉讼的色彩。体现在二审程序上，主要有以下演进：

（一）修正了审理方式，拓展了辩护空间

《刑事诉讼法（1996）》的一个重大修正体现在对二审审理方式的规定上。第 187 条第 1 款第 1 句明确规定了第二审人民法院审理上诉案件"应当组成合议庭，开庭审理"。这对强化二审起到了很大的作用。

但是，局限性则体现在该款第 2 句紧接着规定"合议庭经过阅卷，讯问被告人、听取其他当事人、辩护人、诉讼代理人的意见，对事实清楚的，可以不开庭审理"。

第 3 句同样突兀地又紧接着规定"对人民检察院抗诉的案件，第二审人民法院应当开庭审理"。也即在有检察院抗诉的前提下，又可以不用理会前句规定的经过书面审理"对事实清楚的，可以不开庭审理"，而应开庭审理。这一波三折的规定，体现了改革的局限性，既想实现程序公正和二审的价值，又没有平等地对待控辩双方，仅将检察院抗诉规定为二审开庭审理的法定情形，把被告人上诉作为开庭审理的裁量情形。

在此后的司法实践中，二审一直是实行着"中间方式"的审理——处于开庭审理与书面审理之间的一个中间方式审理："阅卷""讯问被告人""听取其他当事人、辩护人、诉讼代理人意见"——一方面有书面审理的典型做法"阅卷"，另一方面有开庭审理的事实调查方法如"讯问""听取意见"，但又没有法庭调查与法庭辩论程序。对于接受二审辩护的代理律师，面临的第一个任务就是如何能够说服法院开庭审理。在 1998 年至 2006 年间，全国法院审结而二审案件的开庭率均在 10%以下，平均每年开庭率仅为 6.89%。[①]

（二）明确了一审程序违法的情形，增强了二审辩护的可操作性

《刑事诉讼法（1996）》关于二审的第二个重大修正就是增加了引起应当裁定撤销原判，发回重审的程序违法的情形，为《刑事诉讼法（1979）》第 138 条笼统的规定专门设计一个独立的条款，作为《刑事诉讼法（1996）》第 191 条：

---

① 参见王超：《刑事审级制度的多维视角》，法律出版社 2016 年版，第 288 页。

"第二审人民法院发现第一审人民法院的审理有下列违反法律规定的诉讼程序的情形之一的，应当裁定撤销原判，发回原审人民法院重新审判：（一）违反本法有关公开审判的规定的；（二）违反回避制度的；（三）剥夺或者限制了当事人的法定诉讼权利，可能影响公正审判的；（四）审判组织的组成不合法的；（五）其他违反法律规定的诉讼程序，可能影响公正审判的。"

以前的法律条文虽然也规定了程序违法严重到影响"可能影响正确判决"时撤销原判发回重审，但是，第一，没有具体规定违法程序的情形，使得辩护时没有着力点；第二，"正确判决"之"正确"的字眼，没有客观衡量的标准，属于主观判断，也让辩护变得很难。

《刑事诉讼法（1996）》具体地指出了"公开审理""回避""审判组织不合法"这些具体的不符合外观正义的情形；进而，将原《刑事诉讼法（1979）》规定违反法定程序"可能影响正确判决"的表述，修改为"可能影响公正审判"，将"正确判决"改为"公正审判"，将实体结论判断修改为外观程序的判断，增强了辩护的操作性，也彰显了立法技术和价值理念的提升。

（三）增加了二审时财物随案移送，使财产辩护成为可能

《刑事诉讼法（1996）》新增第198条，明确规定："公安机关、人民检察院和人民法院对于扣押、冻结犯罪嫌疑人、被告人的财物及其孳息，应当妥善保管，以供核查。任何单位和个人不得挪用或者自行处理。对被害人的合法财产，应当及时返还。对违禁品或者不宜长期保存的物品，应当依照国家有关规定处理。对作为证据使用的实物应当随案移送，对不宜移送的，应当将其清单、照片或者其他证明文件随案移送。人民法院作出的判决生效以后，对被扣押、冻结的赃款赃物及其孳息，除依法返还被害人的以外，一律没收，上缴国库。司法工作人员贪污、挪用或者私自处理被扣押、冻结的赃款赃物及其孳息的，依法追究刑事责任；不构成犯罪的，给予处分。"

如果说宪法上公民的两大基本权利是自由和财产的话，《刑事诉讼法（1996）》这一规定的意义就是将财产辩护提上了日程，使辩护律师针对在案财产问题有了辩护的可能。

（四）条目增多，内容细化，用语精确

《刑事诉讼法（1996）》从第180条到第198条为二审程序的规定，共19条。对于很多环节，比如操作期日的计算等，均作了细化规定。细化操作规定一方面

可以精准实现程序，另一方面可以有效约束裁判权滥用。程序法存在的意义也正是在此。法律用语也作了精确化修正，比如对于"当事人"修改为"被告人、自诉人"。这种具体化、精确化的修改，体现了立法技术的提升，也给律师辩护提供了更具体的法律依据。

（五）增加了被害人及其法定代理人的救济权利

《刑事诉讼法（1996）》第182条明确规定："被害人及其法定代理人不服地方各级人民法院第一审的判决的，自收到判决书后五日以内，有权请求人民检察院提出抗诉。人民检察院自收到被害人及其法定代理人的请求后五日以内，应当作出是否抗诉的决定并且答复请求人。"这在规定权利救济的时候，特别规定了检察机关答复义务，这使得程序措施不再是宣言体，而是向操作性迈进，相较《刑事诉讼法（1979）》，体现了立法技术的提升。

三、2012年《刑事诉讼法》使二审程序实质化

（一）强化了开庭审理，提升了辩护的成功率

二审开庭审理往往是律师辩护争取的第一步。《刑事诉讼法（2012）》第223条对于《刑事诉讼法（1979）》二审开庭审理"一转三折"的规定作出改进，强化了开庭审理的方式。《刑事诉讼法（2012）》第223条第1款规定"第二审人民法院对于下列案件，应当组成合议庭，开庭审理：（一）被告人、自诉人及其法定代理人对第一审认定的事实、证据提出异议，可能影响定罪量刑的上诉案件；（二）被告人被判处死刑的上诉案件；（三）人民检察院抗诉的案件；（四）其他应当开庭审理的案件。"具体规定了在哪些情形下必须开庭，使开庭情形在立法中被具体化，能大大提高对法官决策的约束力，也提升了辩护律师成功争取二审开庭审理的可能。

（二）限制了二审法院发回重审的次数

在司法实践中，上级法院和原审法院之间会出现推诿裁判责任的情形，频繁发回重审，既增加了当事人的讼累，也违背了设定二审程序的意义。《刑事诉讼法（2012）》在第225条里增加第2款，规定"原审人民法院对于依照前款第三项规定发回重新审判的案件作出判决后，被告人提出上诉或者人民检察院提出抗诉的，第二审人民法院应当依法作出判决或者裁定，不得再发回原审人民法院重新审判"。

这里的"前款第三项规定"是指"原判决事实不清楚或者证据不足的，可以在查清事实后改判；也可以裁定撤销原判，发回原审人民法院重新审判"。

因此，《刑事诉讼法（2012）》对二审程序的重大修正是限制了二审法院发回重审的次数，对于属于发回一审重审的案件，上诉到二审程序后，不得以事实不清证据不足为由再次发回，二审法院就必须作出判决，不能再像以前那样反复发回重审。

在司法实践中，既然限制不得以"事实不清或证据不足"为由多次发回重审，很多二审法官还是怠惰行使二审裁判权，在被告人和辩方没有提出程序违法的情况下，在被告人和辩护人诉求二审法院直接改判的情况下，依然会以程序违法为由再次发回重审。殊不知程序的正当性是为保障被告人权利而设定的，在被告人没有提出公权力违法的前提下，裁判者不能径行以裁判程序违法来增加被告人讼累，怠惰行使二审裁判责任。

（三）进一步实质化上诉不加刑

很长一段时期以来，上诉案件被发回重审后，重审一审法院或可能以某些理由加重被告人刑罚，这实际上是对上诉不加刑原则的悖反，变相地实施了上诉加刑。《刑事诉讼法（2012）》在第 226 条第 1 款第 2 句明确增加了禁止对上诉案件发回重审后加重刑罚的规定："第二审人民法院发回原审人民法院重新审判的案件，除有新的犯罪事实，人民检察院补充起诉的以外，原审人民法院也不得加重被告人的刑罚。"该规定对上诉不加刑原则的进一步限制，属于上诉不加刑的内在应有之义。

《刑事诉讼法（2018）》对于二审程序未作变动。

第三节　二审程序及其辩护的目的与任务

一、不同于一审的审理（辩护）对象

二审是对一审的全面审查，因此，与一审的审理对象既区别又联系。只有掌

握这些区别点，才会清楚二审辩护应当从何处着手。

（一）以"一审程序是否违法"为审理（辩护）对象

现代诉讼观认为裁判的正义包含了对程序的遵守，这体现在：举证方式、质证方式，被告人的程序权利，是否经过辩论，等等。这些程序被法定化，成为裁判结论是否正义的一个组成部分。因此，一审审理的程序是否符合法律的规定，属于二审审查的内容之一，这些程序的正当与否，决定着一审的结论是否正当，是否可以被接受。辩护律师针对审理程序寻找辩点，具体应当着眼于：

1. 法庭调查事实的程序

刑事司法裁判的事实认定必须是建立在经历了法庭调查程序的证据基础上的，一审审理中是否对作为定案根据的证据作了符合法定程序的审查，是刑事辩护要关注的重点。

（1）法定证据种类的规范

尽管证据法学理论界对于证据种类的规范意义有所诟病，但是从辩护的角度，凡是对公权力行使有所约束的规范，都应该重视。既然法律明确规定了刑事证据的种类，则辩护律师应该坚持证据种类的规范意义，换言之，不属于法定证据种类的证据不得作为定案根据。

从1996年到2012年，再到2018年，我国《刑事诉讼法》三次大修都没有修正证据概念的相关规范。因此，在司法实践中，证据种类依然是律师作证据辩护时的重要依据。我国《刑事诉讼法（2018）》规定了八种证据种类：①物证；②书证；③证人证言；④被害人陈述；⑤犯罪嫌疑人、被告人供述与辩解；⑥鉴定意见；⑦勘验、检查、辨认、侦查实验等笔录；⑧视听资料、电子数据。

（2）法定证据方法的检验

大陆法系的其他国家把证据概念的核心建构为证据方法。通俗地说，证据方法就是提取证据载体上承载着的与案件事实相关信息的方法，一般有人证、勘验、鉴定、文书、被告人供述等方法。证据方法立法规范抛开证据的具体种类以关注提取证据上的案件信息的方法。因为万事万物的种类是无法穷尽的，以证据种类为核心的概念架构，是聚焦证据的客观物理属性上的结果，欠缺规范意义，是证据学该关注的内容。证据法学的证据概念是用来规范的，应该把如何有效规范诉讼中行为人作事实认定为目标进行概念的架构。围绕证据方法的法定化架构证据概念，可通过法庭调查程序，对诉讼中进行事实认定的裁判者产生规范作用。证据方法以立法规范的形式固定下来，规范裁判者必须以此方法对案件事实信息进行法庭调查，故被称为"法定证据方法"。我国《刑事诉讼法（2018）》中也有少量的法定证据方法的规定。比如：我国立法把对笔录的庭上宣读作为提取笔录上承载的案件信息的法定方法，对血迹必须鉴定，鉴定就是其法定证据方法，等等。这些方法被法定化的效果就是，其会参与到定案依据的正当性中，不符合法定方法的证据，不得作为定案根据。这些规定应该成为证据辩护的重点关注内容。

（3）法定调查程序的审查

法定调查程序是指诉讼法规定的，配合法定证据方法，在法庭调查程序中，对证据所进行的法定的举证、质证、质辩的程序。我国《刑事诉讼法（2018）》对八种证据种类都规定了相应的法庭调查程序。比如：物证——除了上面的信息必须经过鉴定的法定方法之外，物证也必须经过在法庭上出示、辨认，以完成证据的同一性判断，方可作为定案依据；书证——必须在法庭上经过宣读，双方质证；证人证言——必须在法庭上宣读，双方有异议且对案件结果有重大影响的，证人必须出庭；被害人陈述——必须当庭宣读笔录，如果被害人出庭，必须当庭陈述，被告人和辩护人可以对其发问，可以对质；鉴定意见——必须在法庭审判中出示、宣读，如果双方有异议，法官认为有必要的，鉴定人应当出庭，否则鉴定意见不得作为定案根据；电子数据——作为一种新型的证据，我国的最高人民法院、最高人民检察院和公安部更是专门出台了规范电子数据收集、提取程序的规范；等等。刑事诉讼规范里有很多关于证据调查程序的法律规定，这些立法规定在一审程序中是否一一得到落实，都是律师二审辩护要关注的重点，对于违反法定程序的证据，有的法律后果是直接排除，有的是可以补正或合理解释，不能做到补正或合理解释的，应当排除。

2. 非法证据排除的程序

经常有律师提出疑问：二审还能不能提出非法证据排除？不管是从立法上看，还是从法理上分析，在刑事诉讼的进程中，非法证据排除是可以在任何时候提出的，因为规范无法确定非法证据何时被发现。我国《刑事诉讼法（2018）》第56条第1款规定了非法证据排除的两种情形：针对言词证据，即被告人供述、证人证言、被害人陈述，法律规定的是使用"暴力、威胁"等非法方法收集的，"应当排除"；针对书证、物证的收集，法律规定"不符合法定程序，可能严重影响司法公正的""应当予以补正或作出合理解释",对于不能补正与合理解释的,"对该证据应当予以排除"。

对于物证和书证的收集不符合法定程序的情形,有些是被包括在证据法庭调查的内容之中的。换言之,法庭调查程序中对证据的调查就包括《刑事诉讼法（2018）》第56条第1款规定的"不符合法定程序"的内容。

在这里,有几个关键词是辩护应该关注的重点:

(1) 以"暴力""威胁"的方式收集言词证据

二审的时候,需要审查一审没有发现的"暴力"或"威胁"方式收集的言词证据,特别是有无通过"暴力""威胁"的方式收集被告人供述。在有线索证明不排除发生了刑讯逼供时,需要律师排除困难,依法向有关机关申请调取被告人讯问时的同步录音录像,并不吝时间,反复地查看同步讯问录音录像,判断是否存在法定的应当排除的情形。

(2) 何谓"补正"与"合理解释"

在我国刑事诉讼法及相关程序规则中,规范目的一般是两种:一种是保障被告人人权,比如禁止通过"暴力"和"威胁"方式收集证据的规定;另一种是为了保障真相的发现,保障证据的同一性等规范目的,比如毒品犯罪案件中,勘验现场收集到的毒品应当"当场称重",需要通过拍照、包装等固定外形。这一规范的目的是确保法庭审理时拟用以定罪的"毒品"就是抓获犯罪时犯罪行为指向的"毒品",从质到量都具有同一性。如果办案人员违反了这个操作程序,没有当场称重,事后称重时也没有完成法定的条件来确保该证据的同一性,则此时属于瑕疵证据。对于瑕疵证据,应该如何补正？或作出何种合理解释？根据诉讼原理,引起真相疑问的瑕疵证据,应适用补正规范之约束,需以"展开调查"的方法,"另行提交证据"来拨开真相之疑:此毒品就是彼毒品。这个判断过程,是判断新提交的证据在证明标准上是否能够满足得出"此毒品就是彼毒品"的认定。如果可以得出,则属于补正成功,如果新的证据无法证明此结论,则还是依法"应当予以排除"。

(二) 以"一审'判决书认定'是否成立"为审理（辩护）对象

二审审理（辩护）对象的核心是一审判决书的内容。一份判决书不管有多厚,在实体性内容上无外乎两个层面:事实与法律,即对于本案事实的认定,以及对于认定的事实的法律评价,即定罪和量刑。律师辩护需围绕如下内容展开。

1. 事实认定

事实问题裁判的内在逻辑依靠的是经验、常识、常伦和逻辑，是自由心证的部分。如何防止法官远离常识？判决书说理就是制约法官恣意裁判的制度之一。判决书说理，要求法官公开自己的自由心证，解释从证据到案件事实成立或不成立的理由，而不是一个简单的认定，简单的"不予采纳"的结论。判决书说理相当于把事实认定背后依据的常识、常伦和逻辑公开，不但接受社会的检验，还有来自诉权的约束：判决书说理部分可以成为上诉的理由。判决书说理是大陆法系国家约束法官裁判权的重要手段，防止裁判恣意。当下我国判决书说理还做得非常不到位，虽然最高人民法院一再强调判决书要说理，但在我国判决书基本上还是八股体：整块摘抄公诉意见，再整块摘抄辩护意见，最后来一个"法院认定"。这种判决书并没有针对犯罪构成要件事实及其法律评价，对控辩双方的争议焦点进行一一分析，把为什么不采信、为什么采信的论证过程合逻辑性地展示在判决书里。这就需要辩护人在判决书的字里行间寻找判决认定的逻辑。

2. 法律评价

一审判决书对于有罪与无罪的判断是否坚持了罪刑法定？对于此罪与彼罪的判断是否有误？对于从轻、减轻和从重是否准确？这些都是二审审理的内容，当然也是辩护要关注的重点。法律评价部分的辩护，考验的是律师的法学专业功底，尤其是对法学原理的掌握，对法律解释能力的掌握。

3. 审查罪与非罪

卢梭说："人生而自由，但却无往不在枷锁之中。"随着社会现代化程度向纵深迈进，法定犯越来越多，套在人身上的枷锁也越来越多，稍不注意，就违反了刑法，这个社会最严厉的公法。刑法的罪刑法定和刑事诉讼法的无罪推定，就是防止公权力干预公民社会生活的最后一道防线，而这道防线上站着的卫兵，就是司法制度设置的"刑辩律师"。前面已经说到，二审的功能就是纠错。对每一份一审判决书，二审时辩护律师要检验的就是有无出罪的理由，是否存在冤假错案。

4. 审查此罪与彼罪

司法错误除了罪与非罪的错误之外，还包括此罪与彼罪的认定错误。如果被告人的行为导致了社会危害性，且应受处罚，那么接下来就要判断，一审判决书是否精准地适用了罪名，有无适用轻罪的可能？是否存在重复评价？例如，一个原本应该评价为非法经营行为的犯罪，一审判决书认定为诈骗罪，即属于法律评价错误，二审需予以纠正。

5. 审查法律统一适用

二审承担着规则治理的功能，需要落实法律统一适用。二审辩护律师需要关注类案同判原则的落实情况。搜集同案、类案的判决书，在和本案的对比中，在轻判的判决书中找相同，在重判的判决书中找不同，在尊重已生效判决既判力的情况下，以法律统一适用为依据，为被告人辩护。

二、区别于一审的审理（辩护）程序

（一）书面审理与开庭审理

涉及事实问题争议的，需要开庭审理，只有法律问题争议的可书面审理。这一原理对辩护律师的要求是学会区分事实问题争议与法律问题争议，对于拟争取二审开庭审理的案件，一定要严格扣住事实问题争议，来说服法官。

关于二审的审理方式，在《刑事诉讼法（1979）》中并没有具体的规定，只是在第141条中笼统地规定了二审法院在审理时参照一审程序的规定进行。这导致了实践中二审在司法实践中多沦为书面审理的方式。徒法不足以自行，只要是由人来操作的事情，人性都会展现以经济、省事、避免麻烦为导向的行为，制度要起的作用就是制定底线，制定规范，约束人的行为。只有在制度作出明确的规定，要求二审必须开庭的情形，且不依法开庭将有不利后果的情况下，人性才会被规制和约束。

在1996年大修《刑事诉讼法》时，对二审的审理方式专门作出了规定。第187条规定二审原则上应当组成合议庭，实行开庭审理。但是，合议庭经过阅卷，讯问被告人，听取其他当事人、辩护人、诉讼代理人的意见以后，发现案件事实清楚的，可以不开庭审理。法律这个"但书"为不开庭"开了个缝儿"，于是，人性中"钻缝儿"的特性又把司法实践带入一个二审书面审理为常态，开庭审理为例外的局面。虽然立法上规定了二审开庭审理为原则，书面审理为例外，但是，司法实践把它执行成了书面审理为原则，开庭审理为例外。

为了纠正这一现象，从2012年修正《刑事诉讼法》，到2018年底全面修正《刑事诉讼法》，均明确了第二审人民法院对于下列案件，应当组成合议庭，开庭审理："（一）被告人、自诉人及其法定代理人对第一审认定的事实、证据提出异议，可能影响定罪量刑的上诉案件；（二）被告人被判处死刑的上诉案件；（三）人民检察院抗诉的案件；（四）其他应当开庭审理的案件"。

无疑开庭审理的辩护效果要远远好于书面审理，因为开庭审理有了再一次对证据、对事实、对法律，面对面表达异议的机会，因此争取开庭审理往往是二审辩护的第一步。而如果真的只能书面审理的二审案件，就是考验律师是否拥有力透纸背的笔力来说服法官了，在司法实践中，没有开庭，书面审理的二审，发生对一审改判的情形甚少。

（二）形式上的攻防转换

在刑事诉讼活动中，无论一审还是二审，自始至终本质上都是指控为攻，辩护为防，所以是先攻后防。在只有上诉没有抗诉的案件中，法官要求辩护人先发言指出一审审理和判决的问题，公诉人后发言回应辩护人并重复指控逻辑。辩护人发动进攻，攻击一审审理程序和一审判决书，公诉人捍卫一审程序和实体认定，相较于一审而言，形式上攻防转换，发言顺序的改变对于以防守为主的辩护业务来说也是一个挑战，辩护律师先发言，有时会给辩护带来不便，辩护律师更需要非常熟练地驾驭辩护技术。

形式上的攻防转换并不会改变辩护律师在刑事诉讼中"防守"的角色和检察官是"进攻"的本质属性。因为在本质上，辩护律师依然是防，需提出被告人不构成犯罪或者罪轻的证据和法律，而检察官虽然是后发言，但还是以守为攻的一方，以给被告人定罪为目的。因此，在只有上诉的二审案件中，本质上，检察官是以守为攻，辩护律师是以攻为守。

CHAPTER 19
第十九章

非法证据排除

非法证据排除规则是从反面规定的证据采纳规则,是对证据合法性规则的补充,是现代法治国家普遍采纳的一项证据规则。① 联合国《禁止酷刑和其他残忍、不人道或有辱人格的待遇或处罚公约》及两大法系的主要国家均规定了非法证据排除规则。综观非法证据排除规则的发展历史,其滥觞于美国,在两大法系相互融合、相互借鉴的过程中,逐步为大陆法系国家吸收接纳。两大法系在法律文化传统、价值观念以及各国司法现状等诸多方面存在差异,对非法证据排除规则的态度和具体设置也有所区别。② 非法证据排除规则最终在世界主要国家得以推行,主要基于该规则本身所蕴含的尊重与保障人权、促进司法公正等诸多顺应时代发展的价值理念。

---

① 参见何家弘、姚永吉:《两大法系证据制度比较论》,载《比较法研究》2003 年第 4 期。
② 参见黄利:《两大法系非法证据排除规则比较研究》,载《河北法学》2005 年第 10 期。

第一节　相关理念

一、保障人权，限制警察权滥用

综观各国非法证据排除规则的发展历史，虽然在具体的制度设计与发展时间上存在不同，但非法证据排除规则的最终确立，都与保障人权、遏制侦查机关权力的滥用（主要指警察权的滥用）有关。

人权，是人基于其为人的属性而应享有的权利，对人权的尊重是现代法治文明的集中体现。1948年《世界人权宣言》明确规定"任何人不得加以任意逮捕、拘禁或放逐""任何人当宪法或法律所赋予他的基本权利遭受侵害时，有权由合格的国家法庭对这种侵害行为作有效的补救"。

保障人权的理念在刑事诉讼中，最为直接的体现便是"禁止不计代价、不择手段、不问是非的真实发现"[1]。将其更进一步地落实，便是非法证据排除规则。排除非法证据确实可能会使某些犯罪的人逃避处罚，但这是"将个人权利和自由看得很高的社会所必须付出的代价"[2]。"禁止性三不"原则是程序正义的基本诉求，反映了一个国家的法治发达程度，构成了非法证据排除规则的创设基点。[3]

无论是英美法系国家，还是大陆法系国家，均将保障人权作为现代法治国的首要目标之一。从功能性方面来看，非法证据排除规则是用以遏制警察权滥用的制度，而从其本质来看，非法证据排除规则是人权保障理念在刑事司法中的彰显。

二、发现真相，防止冤假错案

非法证据排除规则是发现真相与保障人权间价值权衡的产物。每个国家非法证据排除规则构建的历史过程、具体方法以及排除范围均存在差异，但总体来

---

[1] 林钰雄：《刑事诉讼法》，中国人民大学出版社2005年版，第423页。
[2] 杨宇冠：《论非法证据排除规则的价值》，载《政法论坛》2002年第3期。
[3] 参见孙皓：《非法证据排除规则之本土化》，载《苏州大学学报（法学版）》2018年第4期。

看，仍是绝对排除与裁量排除并存。这一局面实际上是在发现真相与保障人权间权衡的结果，即使是美国，也没有百分之百地排除所有非法证据，在绝对排除的原则之外，也规定了诸多例外。非法证据排除规则的发展同时受发现真相和保障人权两种理念的影响，在极端发现真相理念的指引下，调查取证人员的错误不应当由整个社会为其买单，程序违法并不影响证据的可采性。在极端保障人权理念的引导下，刑讯逼供等违法手段侵害了公民的基本权利，是违背人性的，对通过这些手段获得的证据应当予以排除。

在相对缓和的语境下，发现真相与保障人权并不总是矛盾的，尤其在非法证据排除规则的背景中，保障人权正是发现真相的必要条件。虽然目前存在非法证据排除规则不利于发现案件事实真相的观点，这种观点认为非法证据排除规则会放纵一些事实上犯罪的人，这些人因警察的错误逃避了处罚，可能导致犯罪滋生。① 但反过来看，如果没有非法证据排除规则，那么事实上无罪的被告人很可能由于非法证据被采用而被宣判有罪。禁止警察非法取证，同样也能够避免屈打成招、出现冤假错案。从这个角度看，非法证据排除规则也有避免裁判者根据虚假的证据对案件事实作出错误的认定，是有利于发现真相的。从这个视角看，发现真相与保障人权是统一的。

三、无罪推定

无罪推定要求行为人在经审判机关通过正当程序判决最终确认其有罪之前，在程序和实体上均不得将其作为有罪之人对待，包括不得要求其"自证有罪"。通过非法手段获取的证据，特别是通过暴力、胁迫等手段获取的口供，往往是基于办案人员的有罪推定思维，即在办案人员已经先入为主认定行为人构成犯罪的前提下，为了伸张其认为的"正义"，而在非法取证和合法取证之间作出了牺牲取证过程合法性的选择。在有罪推定的思维模式下，办案人员通过非法手段获得的"有罪"证据（特别是被告人的口供），又会进一步强化办案人员先入为主的有罪推定观念，从而形成恶性循环，进一步强化非法取证行为的"正义性"。

非法证据排除规则，既是无罪推定理念在取证程序上的重要体现，也是从程

---

① 参见杨宇冠：《论非法证据排除规则的价值》，载《政法论坛》2002年第3期。

序上保障无罪推定理念贯彻落实的重要举措。如果坚持无罪推定的理念，办案人员就不会执迷于通过非法手段寻找有罪证据，从而"知法犯法"；反过来，即便办案人员通过非法手段获取了对行为人不利的证据，根据非法证据排除规则，相关证据也不能在法庭上作为定罪依据，从而倒逼办案人员"知法守法"，在制度层面上保障无罪推定理念的贯彻落实。

四、程序正义与最好的辩护

（一）程序正义理念

从本质来看，非法证据排除规则仍是一个程序问题。作为法律程序，尤其是刑事法律程序，程序正义是必须贯彻的法律理念。程序正义指任何法律决定必须经过正当的程序，这种程序的正当性体现为特定的主体根据法律规定和法律授权所作出的与程序有关的行为。程序正义的标准之一便是程序规范的严格遵守。[①] 我国刑事司法改革的经验已经表明，程序公正程度的提高，不仅能够增强程序自身的内在道德性，而且可以对裁判结果产生积极塑造的效果。[②]

人类文明的发展，是一个从追求实体正义，到追求程序正义，且程序正义成为现代正义的核心的发展过程。社会越发达，正义的面孔越复杂，在实体正义越来越多面的今天，程序正义作为看得见的正义越来越成为判断正义的核心指标。换言之，对裁判结论的正当性评价，除了实体要素外，还包括程序要素，如果"外观不公正"，那结果也不可能公正。

非法证据应当排除的逻辑便是手段违法将导致结果不正当，因为程序不公正所以实体不正义。在现代正义观下，手段的正当性参与了对结果是否正当性的评价，不管该证据是否对结果有意义——即便是能够证明犯罪的核心证据，从非法证据排除规则的规范目的和价值出发，都是需要排除的证据。因为如果允许使用违法手段取得的证据作为定案根据，所认定的结果必然也是不符合现代正义的结果。

[①] 参见赵旭东：《程序正义概念与标准的再认识》，载《法律科学（西北政法学院学报）》2003年第6期。

[②] 参见陈瑞华：《论程序正义的自主性价值——程序正义对裁判结果的塑造作用》，载《江淮论坛》2022年第1期。

（二）最好的辩护

传统的刑事辩护更加关注被追诉人的罪与非罪及罪轻罪重等实体问题，往往忽略与被追诉人诉讼权利更加相关的程序辩护。实际上，实体辩护与程序辩护均是我国刑事辩护制度的重要组成部分。随着人权保障、程序正义等理念的完善及被告人诉讼主体地位的进一步确立，程序辩护的重要性与有效性均将进一步增强。程序辩护与实体辩护相互关联，互为前提和保障，均是有效辩护的重要内容。

从辩护的角度看非法证据排除规则，这一制度赋予了辩方新的权利，提高了辩方对抗控方的能力，拓宽了辩方的辩护路径，增强了辩方观点的说服力，有助于辩护意见被采纳，进而最大限度维护当事人的合法权利。非法证据排除规则使辩方在质证环节质疑控方证据合法性之外，增加了将"控方证据阻击在法庭之外"的合法路径。即便排除非法证据的意见不被支持，辩方仍然可以再就控方证据的合法性发表意见。这在客观上给了辩方一种新型"武器"，增强了辩方的进攻能力。实践中有的案件通过排除非法证据，对案件辩护起到了关键的作用。无证据不裁判，据以定罪的证据，必须具有证据能力。证据资格的审查是裁判的首要前提，非法证据应该被排除在法庭之外。美国著名律师德肖维茨曾经说过，最好的辩护是进攻，非法证据排除又是进攻的重要武器，所以从该角度来看，非法证据排除规则给辩方提供了最好的辩护方法。

五、域外考察

（一）非法证据排除规则的源头——美国

美国是非法证据排除规则的发源地。从1914年到1961年，从禁止非法搜查扣押（针对实物证据）发展到沉默权制度（针对口供），从联邦法院发展到各州适用。美国非法证据排除规则是通过包括1943年麦克纳普案［MCNABB v. US，318 U.S. 332（1943）］、1957年玛勒利案［MALLORY v. UNITED STATES，354 U.S. 449（1957）］、1961年马普案［MAPP v. OHIO，367 U.S. 643（1961）］、1966年米兰达案［MIRANDA v. ARIIONA，384 U.S. 436（1966）］等一个又一个判例丰富发展起来的，其准据法是宪法修正案，可见这一制度确立的前提是美国在1803年确立的违宪审查制度，宪法司法化让美国宪法成为了一个真正可以限制公权力滥用的武器。

美国非法证据排除规则是在19世纪三四十年代警察权得到确认、警察违法普遍存在的背景下发展建立起来的,其具体法律依据是美国宪法第五修正案"任何人……不得在任何刑事案件中被迫自证其罪,不经过正当法律程序,不得被剥夺生命、自由或财产……",即不得强迫公民自证其罪。

追本溯源,早在1776年美国独立战争开始,禁止使用非法证据归罪和反对自我归罪的权利就已在13个殖民地中广为人知并得到尊重。[1] 因此,基于保障人权、权利救济、威慑理论、正当程序与尊严、司法公信力、可靠性原则等理论假设[2],美国非法证据排除规则发轫于第四、第五宪法修正案(分别针对非法实物证据与非法言词证据),成形于司法判例的推动与修补,旨在保障公民权利免受非法取证的侵害。依据第四、第五宪法修正案以及美国的刑事司法判例,一般而言,以违宪手段获取的非法证据都应当被排除适用。在其刑事实践中应当被排除适用的非法证据主要包括三类:一是违反不得强迫自证其罪基本原则而取得的证据,二是以非法搜查或扣押等方法而获取的实物证据,三是以非法证据(言词证据和实物证据)为直接线索而取得的其他证据(次生证据),即所谓的毒树之果。[3]

由于非法证据排除规则对警察办案产生了极大影响,对刑事司法惩罚犯罪造成了阻碍,美国的非法证据排除规则逐渐发展出许多例外,限制对非法证据的排除。自柯兰卓案[UNITED STATES v. CALANDRA, 414 U.S.338(1974)]以来,逐渐从理论基础、请求主体资格、适用范围以及排除规则的例外等四个方面限缩非法证据排除规则的适用,其中主要从例外规则方面限缩。主要的例外规则包括,(1)非法证据排除规则本身的例外:善意的例外、公共安全的例外、污点中断的例外、独立来源的例外、必然发现的例外等;(2)非法证据排除规则的程序性例外:仅仅违反部门规章的例外、不适用于大陪审团审理的例外、不适用于私人搜查的例外等。"规则复规则"是美国非法证据排除规则的实质进程,是在平衡社会防卫与保障个人宪法权利之间的平衡。

(二)英美法系主要国家非法证据排除规则

基于正当程序理念,英美法系国家均较早确立了非法证据排除规则。上文已

---

[1] 参见〔美〕弗洛伊德·菲尼、郭志媛:《非法自白应否在刑事诉讼中作为证据使用——英美非法证据排除规则的简要历史》,载《中国法学》2002年第4期。
[2] 参见王超:《非法证据排除的乌托邦》法律出版社2014年版,第17—46页。
[3] 参见冯文杰:《非法证据排除规则:西方经验与中国建构》,载《江西警察学院学报》2018年第1期。

述美国非法证据排除规则的主要发展历史与规则，本节主要介绍英国非法证据排除规则及中间上诉制度。

1. 英国的非法证据排除规则

英国对非法证据采取了自动排除与裁量排除两种方式。① 虽然早在1775年，英国法官曼斯菲尔德爵士便阐明了对不适当的自白应当予以排除，但在1984年《警察与刑事证据法》第76条、第78条及实践法典，英国才正式建立了较为清晰的非法证据排除规则。根据相关规范，英国的非法证据排除规则可表述为"在任何诉讼中，法庭在考虑到包括证据收集在内的各种情况以后，如果认为采纳这一证据将会对诉讼的公正性产生不利的影响，以至于不应将它采纳为证据，就可以拒绝将控诉一方所据以提出指控的这一证据予以采纳。法官在行使这种自由裁量权方面所要把握的基本尺度是：保证被告人获得公正的审判，并排除所有严重妨碍被告人获得公正审判的证据"，"如果被告人的供述是通过以下方式获得的，实行自动排除：(1) 对被告人采取压迫的手段；(2) 实施在当时情况下可能导致被告人的供述不可靠的任何语言或行为。在此情形下，除非控诉方提出反证，并达到法定的证明标准，否则，法庭负有将该供述加以排除的义务，该义务是无条件的，法庭不享有任何自由裁量的余地。如果被告人供述的取得方式违背了该法及其实践法典的其他规定，则实行裁量排除。由法官对该证据的证明价值与它对诉讼的公正性产生的不利影响加以权衡，决定是否排除"②。

溯源来看，英国非法证据排除规则的建立与教会法庭刑讯及宣誓制度相关。在教会法庭适用的程序中，犯罪嫌疑人会被带至教会审讯者面前并被迫发誓说真话，然后由审讯者讯问犯罪嫌疑人。对于审讯者可以问哪些问题没有限制，嫌疑人也不被告知他所涉嫌的罪名、指控他的证据或者指控者是谁。由于审讯者在案件中既担任法官又充当讯问者，如果审讯者认为犯罪嫌疑人的回答表明其有罪，他可以裁决嫌疑人有罪。如果审讯者认为犯罪嫌疑人撒谎，他可以判嫌疑人伪证罪。如果犯罪嫌疑人拒绝回答审讯者的问题，审讯者可以判决嫌疑人有罪。③ 在反对宗教刑讯及宣誓制度的浪潮中产生了英国的反对自我归罪权，即

---

① 参见陈光中、张小玲：《论非法证据排除规则在我国的适用》，载《政治与法律》2005年第1期。
② 中国政法大学刑事法律研究中心：《英国刑事诉讼制度的新发展——赴英考察报告》，载陈光中、江伟主编：《诉讼法论丛（第2卷）》，法律出版社1998年版，第361页、第365页。
③ 参见〔美〕弗洛伊德·菲尼、郭志媛：《非法自白应否在刑事诉讼中作为证据使用——英美非法证据排除规则的简要历史》，载《中国法学》2002年第4期。

"没有人可以被强迫指控他自己"。

因此，虽然英国与美国非法证据排除规则的建立背景以及过程存在差异，但其本质均是"不得强迫自证其罪"原则在刑事司法中的细化落实，是基本权利在部门法实践中的体现。

2. 中间上诉制度

英美法系证据法区别于大陆法系的一个重要特征，是以证据可采性为核心建构起的一系列排除规则。以非法证据排除的实体规范和听证程序为基础，英美逐步发展出旨在审查一审证据裁定的中间上诉制度。

非法证据排除是中间程序的重要内容之一。按照平等武装和公正审判原则，控辩双方都应有权提起中间上诉，而非法证据排除的上诉一般是由辩方提起。当事人首先应向法院申请上诉许可，法院经审查认为符合上诉条件并具有合理理由的，才会批准上诉许可并启动听审程序。法院经中间上诉所作的裁决具有终局效力。尽管英国和美国中间上诉程序有所不同，但从总体上看，中间上诉的出现，表明了证据的可采性问题和被告人的实体罪责问题在上诉环节出现了分离，即非法证据排除问题与被告人实体罪责问题的判断在程序上出现了分离——用独立的诉的形式裁判非法证据排除。

（三）大陆法系主要国家非法证据排除规则

第二次世界大战之后，大陆法系国家才开始重视非法证据排除规则。在大陆法系国家，非法证据的排除通常不具有强制性，但各个国家的具体规定又存在一定差异，本节主要介绍德国、法国与日本的非法证据排除规则。

1. 德国的非法证据排除规则

德国是最典型的大陆法系国家，20世纪之前的德国对于非法证据的使用没有严格禁止，后来由于无法遏制警察违法取证，从1981年修订《德国刑事诉讼法典》开始，逐渐确立了"证据取得禁止"和"证据使用禁止"规则，即对于取证手段违法而获得的证据适用"证据取得禁止"予以排除，对于一些虽然取得手段合法但"使用"的话会侵犯公民基本宪法权利的证据，适用"证据使用禁止"予以排除。

其非法证据排除规则主要规定于《德国刑事诉讼法典》第136条，具体内容包括第一，对被指控人决定和确认自己意志的自由，不允许用虐待、疲劳战术、伤害身体、服用药物、折磨、欺诈或者催眠等方法予以侵犯。只允许在刑事诉讼法准许的范围内实施强制。禁止以刑事诉讼法的不准许的措施相威胁，禁止以法律没有规定的利益相许诺。第二，有损被指控人记忆力、理解力的措施，禁止使用。第三，第1、2款的禁止性规定必须执行，即使被告人同意使用以上措施，亦不予考虑。违反禁止性规定所获得的陈述，即使被告人同意使用，也不可使用。①

但关于其他违反法定程序而收集的证据是否适用上述规范予以排除，德国学术界与实务界均无定论。德国法院与大多数学者反对"自动"排除规则的普遍适用，主张由法官根据个案进行自由裁量。②

2. 法国的非法证据排除规则

法国的非法证据排除规则主要规定于《法国刑事诉讼法典》第170条与第171条等规范中。简单来说，法国非法证据排除规则的内容是，"通过违背法定程序并侵害案中利害关系当事人权利的证据，一律应当被排除使用"③。《法国刑事诉讼法典》规定，通过侵害当事人权益的方式获取的非法言词证据，不得作为定案根据；第116条规定，在当事人首次到案并接受侦查人员的讯问时，若其合法权益受到非法侵犯，则该讯问行为无效。④ 根据该法第7条，第75条等相关规定，通过侵害当事人权益的方式获取的非法实物证据，亦不得作为定案根据，违反法律规定的时间、主体、扣押以及搜查的范围等程序规范进行的非法扣押以及搜查无效；司法机关对犯罪嫌疑人的身份进行审查完毕后，应当继续从事执行或调查程序，违反此规定将产生审查行为无效的后果⑤；违反第100条第7款的规定，对国民议会、参议院的议员的电话线路或律师办公室的通信线路进行的监听以及截收无效。刑事审判庭法官在上诉审程序中，有权力回应预审法官、检察官以及当事人的排除申请，对某些行为或证据作出非法以及无效的认定。这里的"无效"认定将产生排除证据的效力。⑥ 此外，法国刑事判例认为，通过使用诡计

---

① 参见黄利：《两大法系非法证据排除规则比较研究》，载《河北法学》2005年第10期。
② 参见〔德〕克劳思·罗科信：《刑事诉讼法》，吴丽琪译，法律出版社2003年版，第214页。
③ 参见冯文杰：《非法证据排除规则：西方经验与中国建构》，载《江西警察学院学报》2018年第1期。
④ 参见〔法〕卡斯东．斯特法尼：《法国刑事诉讼法精义》，罗结珍译，中国政法大学出版社1999年版，第344页。
⑤ 参见陈光中、张小玲：《论非法证据排除规则在我国的适用》，载《政治与法律》2005年第1期。
⑥ 参见丁晓静：《论刑事诉讼非法证据排除规则》，中国政法大学2011年硕士学位论文，第17页。

等不正当方法获得的用以证明犯罪行为存在的证据，不具有证据资格。

但《法国刑事诉讼法典》以自由心证为基本原则，法官享有相当程度的自由裁量权，看似十分严格的非法证据排除规则在法国多由刑事判例予以缓和。如法国最高法院刑事审判庭1994年4月6日作出的一份判决表明，诉讼当事人以非法手段取得的证据并不必须排除，可以采纳，但是可能影响到该证据的证明力。①

3. 日本的非法证据排除规则

作为大陆法系吸收英美法系制度的典型国家，日本在本土化的基础上建立了非法证据排除规则。

关于非法言词证据，日本在其宪法及刑事诉讼法中进行了明确规定。《日本宪法》第38条第2款规定："用强制、拷问或威胁的方法获得的自白或者因不当羁押、拘留后获得的自白，不能作为证据。"《日本刑事诉讼法》第319条规定："强制、拷问或胁迫获得的自白、因长期不当羁押拘留后作出的自白以及其他非自愿的自白，不能作为证据。"

关于非法实物证据，《日本宪法》第35条规定："违反令状主义进行搜查、扣押取得的实物证据，不仅违反宪法，而且违反宪法所要求的正当程序，因而必须排除；以刑法上应受刑罚处罚的犯罪行为收集的实物证据，也应予以排除；此外，依照刑事诉讼法应当认定为无效的搜查和扣押，也可以认定是应当排除的。"② 在1978年大阪冰毒案中，日本最高法院确立了适用非法实物证据排除规则的两个条件："（1）证据物的收集程序有违宪法第35条及刑事诉讼法第218条第1项的令状主义的重大违法的；（2）从抑制将来的违法侦查的角度来看将该证据物作为证据是不适当的"③。

因此，大陆法系国家虽然借鉴英美法系建立了非法证据排除规则，但仍将法官的自由裁量权作为一项重要的因素，并未全部采用绝对排除的方式对待非法证据。

综上，在英美法系国家，通常将非法证据绝对排除作为原则，同时以例外的方式规定不予排除的一些情形，这正体现出英美法系国家在发现真相与保障人权中更加侧重于保障人权，具体体现为更加重视正当程序，将程序违法与证据排除

---

① 参见何家弘、姚永吉：《两大法系证据制度比较论》，载《比较法研究》2003年第4期。
② 黄利：《两大法系非法证据排除规则比较研究》，载《河北法学》2005年第10期。
③ 黄利：《两大法系非法证据排除规则比较研究》，载《河北法学》2005年第10期。

的结果直接关联。在大陆法系国家,通常将非法证据裁量排除作为原则,同时将严重侵害人权获取的非法证据作为绝对排除的对象,这体现出大陆法系国家更加侧重于发现真相,如果最终能够查明事实,刑事司法中的轻微程序违法是可以被接受的。

第二节 我国相关规范性法律文件的沿革

我国非法证据排除规则经历了由宣言式规定到逐步在实体与程序上细化的漫长立法沿革,整体来看,我国非法证据排除规则从抽象原则落实为具体制度,仍处在不断发展完善的过程中。

一、从1979年入法到1996年《刑事诉讼法》修正

立法伊始,非法证据排除规则便以宗旨性的表达存在于条文中。《刑事诉讼法(1979)》第32条明确规定:"严禁刑讯逼供和以威胁、引诱、欺骗以及其他非法的方法收集证据。"

在《刑事诉讼法(1996)》修正后,非法证据排除规则的条文表达并未得到细化,仍只是在第43条进行了原则性的表述,即"严禁刑讯逼供和以威胁、引诱、欺骗以及其他非法的方法收集证据"。

二、"两高三部"联合出台《排非规定(2010)》

2010年,基于对多起"亡者归来""真凶出现"重大冤错案件的反思,"两高三部"联合出台了《排非规定(2010)》,以14个条文对非法证据排除规则进行了细化,主要体现为:

第一,对言词证据与实物证据区别规定。就关于实物证据的规定而言,关于言词证据的规定更加详细,也更加符合法治理念。对于取得明显违反法律规定的物证、书证,即使可能影响公正判断,也只是在无法补正或者作出合理解释后,才不得作为定案的根据。

第二，对非法言词证据作出界定，并明确规定非法言词证据"不能作为定案的根据"，"不能作为批准逮捕、提起公诉的根据"。

第三，规定了非法证据排除程序的启动、人民法院对非法证据的审查程序及处理，以 6 个条文对非法证据排除规则进行了程序上的规定。

第四，明确了非法证据排除程序中的证明责任。具体表述为"举证方应当对其取证的合法性予以证明"，并申明未尽举证责任的主体应当承担"不能作为定案根据"的后果。

三、从 2012 年《刑事诉讼法》修正到 2017 年"三项规程"

从法律效力来看，《排非规定（2010）》并不属于法律，仅具有"法律指引"的功能，直到《刑事诉讼法（2012）》，才出现了对于非法证据排除较为详细的规定。

2012 年对《刑事诉讼法》的修正中，在第 54 条至第 58 条，对非法证据排除规则进行了规定。同时，此次修正还首次对庭前会议制度作出了规定，为非法证据的排除提供了"绝佳平台"。①

2017 年最高人民法院印发的"三项规程"之一就是关于排除非法证据的《排除非法证据规程》，对刑事诉讼法中关于非法证据排除的规定进一步细化，至此，我国较为明确的非法证据排除规则才建立起来。主要体现为：

第一，对非法证据的概念进一步细化。具体表述为，非法证据是指"以非法方法收集的被告人供述""采用非法方法收集的证人证言、被害人陈述"以及"采用违反法定程序方法收集，可能严重影响司法公正的物证、书证"。

第二，对"非法"的界定提供了相对明确的标准。针对不同证据类型，《排除非法证据规程》对"非法"的标准进行了列举加兜底的方式进行规定：（1）关于被告人陈述明确规定了三种情形：①殴打、违法使用戒具等暴力方法或者变相肉刑的恶劣手段；②以暴力或者严重损害本人及其近亲属合法权益等进行威胁的方法；③非法拘禁等非法限制人身自由的方法。（2）关于证人证言、被害人陈述，将采用暴力、威胁以及非法限制人身自由等界定为非法。（3）关于物证、书证，将"违反法定程序收集"规定为非法。

---

① 参见郭旭：《中国非法证据排除规则研究》，中国人民公安大学出版社 2016 年版，第 50 页。

第三，明确了非法证据的处理方式。《排除非法证据规程》规定对经审查认定为非法的证据，应予排除。排除的具体方式为"不得宣读、质证，不得作为定案的根据"。

第四，对非法证据排除规则的程序规定进一步细化。其中，排除程序的启动主体包括被告人及其辩护人，同时规定人民检察院与人民法院既是非法证据的审查主体，也可作为主动启动非法证据排除程序的启动主体。启动非法证据排除的阶段，既可以是开庭审理前，也可以是开庭审理过程中。

第五，重申非法证据排除规则的证明责任由人民检察院承担。《刑事诉讼法（2012）》与《排除非法证据规程》均明确规定："证据收集合法性的举证责任由人民检察院承担。"被告人及其辩护人申请启动非法证据排除程序的，只需提供"相关线索和材料"，不承担证明责任。

第六，再次强调非法证据应当予以排除的原则，并明确了审查判断的标准。即审查后，"确认或者不能排除存在以非法方法收集证据情形的，对有关证据应当予以排除。"在《排除非法证据规程》中，详细规定了"（一）确认以非法方法收集证据的；（二）应当对讯问过程录音录像的案件没有提供讯问录音录像，或者讯问录音录像存在选择性录制、剪接、删改等情形，现有证据不能排除以非法方法收集证据的；（三）侦查机关除紧急情况外没有在规定的办案场所讯问，现有证据不能排除以非法方法收集证据的；（四）驻看守所检察人员在重大案件侦查终结前未对讯问合法性进行核查，或者未对核查过程同步录音录像，或者录音录像存在选择性录制、剪接、删改等情形，现有证据不能排除以非法方法收集证据的；（五）其他不能排除存在以非法方法收集证据的"属于确认或者不能依法排除存在以非法方法收集的情形。

但遗憾的是，《排除非法证据规程》并未完全吸收《防范冤假错案意见（2013）》中的内容，尤其是关于疲劳审讯获取口供问题。《防范冤假错案意见》规定"采用刑讯逼供或者冻、饿、晒、烤、疲劳审讯等非法方法收集的被告人供述，应当排除"。在相关理解与适用中，最高人民法院工作人员指出"禁止疲劳审讯是法律和相关司法解释的要求，采用疲劳审讯方法取得的口供，属于司法解释界定的非法证据范畴"[1]。但在正式的法律层级文本中，非法证据排除规则并未

---

[1] 罗国良、刘静坤、朱晶晶：《〈关于建立健全防范刑事冤假错案工作机制的意见〉的理解与适用》，载《人民司法（应用）》2014年第5期。

明确排除疲劳审讯获得的口供,这可能是由于立法者认为疲劳审讯已被明确包含于非法方法之中。但在实务中,缺乏明确规范的制度往往无法良好地运行,关于疲劳审讯获得的口供仍无法一律依法排除。

四、"两高三部"出台的《严格排除非法证据若干问题的规定》

2017年4月18日,中央全面深化改革领导小组第34次会议审议通过《严格排除非法证据若干问题的规定》,被称为"排除非法证据的'操作手册'",是在严格防范刑事冤假错案、健全非法证据排除规则的司法现实需要的背景下出台的,是对十八届四中全会提出的"推进以审判为中心的诉讼制度改革"的具体实践。

《严格排除非法证据若干问题的规定》分为五个部分,共计42条,包括一般规定、侦查、审查逮捕和审查起诉、辩护和审判等内容①,在既有的非法证据排除规则基础上作出进一步细化:

一是明确了"严禁刑讯逼供和以威胁、引诱、欺骗以及其他非法方法收集证据,不得强迫任何人证实自己有罪"的基本原则。

二是对"非法"的范围进一步明确。将包括"殴打、违法使用戒具等暴力方法或者变相肉刑;以暴力或者严重损害本人及其近亲属合法权益等进行威胁的方法;非法拘禁等非法限制人身自由的方法"在内的行为,明确规定为非法方法。

三是明确了重复性供述的排除规则及例外情形。规定受先前刑讯逼供影响产生的重复性供述应当排除,在消除刑讯逼供影响后作出的重复性供述不应当一并排除。

四是规定了侦查阶段侦查机关排除非法证据的责任。《严格排除非法证据若干问题的规定》重申侦查机关全面侦查的义务和排除非法证据的义务。"对侦查终结的案件,侦查机关应当全面审查证明证据收集合法性的证据材料,依法排除非法证据。"

五是对讯问场所提出了具体要求。在进一步细化侦查阶段非法证据排除相关规定方面,《严格排除非法证据若干问题的规定》明确"犯罪嫌疑人被送交看守所羁押后,讯问应当在看守所讯问室进行。因客观原因侦查机关在看守所讯问室以外的场所进行讯问的,应当作出合理解释"。

---

① 参见戴长林、刘静坤、朱晶晶:《〈关于办理刑事案件严格排除非法证据若干问题的规定〉的理解与适用》,载《人民司法(应用)》2017年第22期。

五、从 2018 年《刑事诉讼法》修正到 2021 年《刑诉法解释》的细化

（一）《刑事诉讼法（2018）》与《监察法（2018）》两法衔接

2018 年 3 月 20 日，《监察法》正式颁布实施，原由检察院侦查的部分案件以及公安侦查的部分案件，转由监察委员会调查后移送检察院审查起诉，在监察委员会调查阶段，律师无法介入。2018 年 10 月 26 日《刑事诉讼法（2018）》结合《监察法（2018）》，作了相应修正，但是在非法证据规则方面未作调整。《监察法（2018）》第 33 条规定："监察机关依照本法规定收集的物证、书证、证人证言、被调查人供述和辩解、视听资料、电子数据等证据材料，在刑事诉讼中可以作为证据使用。监察机关在收集、固定、审查、运用证据时，应当与刑事审判关于证据的要求和标准相一致。"

因此，普遍认为两法衔接只是程序的二元结构，《刑事诉讼法（2018）》规定的非法证据排除规则同样适用于监察委员会调查取得的证据。但从已经开展的司法实践来看，对监察委取证适用非法证据排除规则，仍面临着现实困境。

（二）《刑诉法解释（2021）》的细化

《刑诉法解释（2021）》对非法证据排除规则进一步调适、细化。

《刑诉法解释（2021）》第四章对证据审查判断和综合运用规则作了完善，涉及非法证据排除的内容主要有：（1）总结推进以审判为中心的刑事诉讼制度改革的经验和成果，对"三项规程"，特别是《排除非法证据规程》的有关规定予以吸收，进一步丰富细化证据部分的内容；（2）根据司法实践反映的问题，对证据部分与实践相比滞后或者不协调的条文作出调整。① 其中，关于"讯问录音录像"的问题，是此次关于非法证据排除规则修改中引起关注的核心问题。

1. 调查过程的录音录像是否随案移送的问题

《刑诉法解释（2021）》第 74 条规定："依法应当对讯问过程录音录像的案件，相关录音录像未随案移送的，必要时，人民法院可以通知人民检察院在指定时间内移送。人民检察院未移送，导致不能排除属于刑事诉讼法第五十六条规定的以非法方法收集证据情形的，对有关证据应当依法排除；导致有关证据的真实

---

① 参见《刑事诉讼法解释》起草小组：《〈关于适用刑事诉讼法的解释〉的理解与适用》，载《人民司法》2021 年第 7 期。

性无法确认的，不得作为定案的根据。"

本条规定的是经人民法院调取仍未移送，进而导致相关证据的真实性、合法性或者关联性无法确认的情形。《刑事诉讼法解释》起草小组认为："对此，无论依据哪个规范性文件的规定，还是刑事诉讼基本法理，都不能作为定案的根据。本条规定只是对此类情形予以细化，并无不妥"。同时，《刑事诉讼法解释》起草小组明确指出，本条规定的"讯问过程录音录像"不限于侦查讯问过程录音录像，也包括监察调查讯问过程录音录像。

但是，《〈监察法〉释义》阐释了："监察机关对调查过程的录音录像不随案移送检察机关。检察机关认为需要调取与指控犯罪有关并且需要对证据合法性进行审查的录音录像，可以同监察机关沟通协商后予以调取。"① 因此，调查过程的录音录像虽然可以依法调取，但关于人民法院能否依法调取，相关条文未进行明确规定。

《刑事诉讼法解释》起草小组的意见则是相对明确的，"《刑事诉讼法（2018）》对讯问录音录像问题作了明确，《监察法》第 41 条第 2 款也规定'调查人员进行讯问以及搜查、查封、扣押等重要取证工作，应当对全过程进行录音录像，留存备查。'而且，相关主管部门也对重要取证环节的录音录像作了进一步细化规定。但是，从司法实践来看，个别案件仍然存在由于未随案移送相关录音录像导致证据存疑的情况，甚至经人民法院调取仍未提供。未将相关法律规定落到实处，切实保障被告人的合法权益"②。

因此，调查过程的录音录像是否随案移送以及人民法院能否调取的问题，在实践中仍无法得到解决，在许多案件中，即使录音录像对于定罪量刑具有关键性作用，也往往无法作为案卷材料移送。

2. 辩护律师查阅录音录像的问题

关于律师查阅录音录像的问题，《最高人民法院刑事审判第二庭关于辩护律师能否复制侦查机关讯问录像问题的批复》（以下简称《复制讯问录像批复》）表述为："自人民检察院对案件审查起诉之日起，辩护律师可以查阅、摘抄、复

---

① 《〈中华人民共和国监察法〉释义》，载豆丁网（网址：https://www.docin.com/p-2318586446.html），访问日期：2022 年 12 月 13 日。

② 《刑事诉讼法解释》起草小组：《〈关于适用刑事诉讼法的解释〉的理解与适用》，载《人民司法》2021 年第 7 期。

制案卷材料，但其中涉及国家秘密、个人隐私的，应严格履行保密义务。你院请示的案件，侦查机关对被告人的讯问录音录像已经作为证据材料向人民法院移送并已在庭审中播放，不属于依法不能公开的材料，在辩护律师提出要求复制有关录音录像的情况下，应当准许。"

但是，《刑诉法解释（2021）》未完全吸收《复制讯问录像批复》内容，未明确"能否复制"。《刑诉法解释（2021）》第54条规定："对作为证据材料向人民法院移送的讯问录音录像，辩护律师申请查阅的，人民法院应当准许。"具体而言：（1）本条未再限定为"已在庭审中播放"。（2）本条明确为"辩护律师申请查阅的，人民法院应当准许"，即对于查阅申请应当一律准许，但对复制未再作明确要求。（3）本条规定的"讯问录音录像"，不限于作为证据材料移送人民法院的"侦查录音录像"，也包括作为证据材料向人民法院移送的相关监察调查过程的录音录像。

根据《刑事诉讼法解释》起草小组的观点，《刑诉法解释（2021）》原本拟吸收上述规定。在征求意见过程中，存在不同认识：（1）一种意见建议不作规定。理由是：关于讯问录音录像的性质，目前《刑事诉讼法》及《最高人民法院、最高人民检察院、公安部、国家安全部、司法部、全国人大常委会法制工作委员会关于实施刑事诉讼法若干问题的规定》（以下简称《六部委规定》）均将其定性为证明取证合法性的证明材料，有别于证据材料。并且，录音录像中可能涉及到关联案件线索、国家秘密、侦查秘密等，尤其是危害国家安全犯罪案件、职务犯罪案件，较为敏感。如允许复制，在信息化时代，一旦传播到互联网中，可能会带来重大国家安全及舆情隐患。将录音录像定性为"取证合法性的证明材料"而非证据材料，并且根据需要调取，较为符合实际。《六部委规定》第19条和《排除非法证据规程》第22条均采取了上述立场。实践中有个别办案机关将讯问录音录像放入案卷随案移送，这属于对法律、司法解释理解不到位导致的不规范做法，应当予以纠正，不能因此认为讯问录音录像就是证据。（2）另一种意见认为，讯问录音录像证明讯问过程的合法性，对于律师应该公开。如果将允许查阅、复制的范围限定在"在庭审中举证、质证的且不属于不能公开的材料"，有可能在执行中成为法院限制律师复制案卷材料的理由。如果讯问录音录像涉密，可以按照涉密规定处理。经研究，《刑诉法解释（2021）》第54条对

《复制讯问录像批复》予以吸收并作适当调整。①

但由于《〈监察法〉释义》对调查录音录像移送的限制,实践中律师查阅调查录音录像的机会仍然极少,并且,在删除关于复制的规定后,办案机关往往会以无查阅场所、工作时间有限等各种理由阻碍律师依法行使查阅录音录像的权利。

(三)《刑事诉讼法(2018)》与排非具体规则之间的差异

《刑事诉讼法(2018)》第 52 条规定:"严禁刑讯逼供和以威胁、引诱、欺骗以及其他非法方法收集证据,不得强迫任何人证实自己有罪",但是非法证据排除规则相关条文中,并未对欺骗手段获得的言词证据进行规定。

对此,主要原因在于刑事诉讼法并未将欺骗方法收集的证据纳入非法证据排除规则的范畴,"主要是考虑到司法实践中引诱、欺骗的含义及标准不好界定,讯问和询问中很多涉及心理较量的语言、行为和策略,都不可避免地带有引诱、欺骗的成分,在法律限度内或者经法律许可的威胁、引诱也并不构成违法。如果将这些讯问、询问方法都视为非法,进而将相关的言词证据作为非法证据排除,将给侦查工作带来巨大的冲击"②。

同时也有观点认为,欺骗手段的使用可能给被追诉人带来精神上的剧烈痛苦,使用亲情、家庭关系进行欺骗的做法,已经触动了人类良知的底线,超出了公众伦理道德的可接纳边界,应该适用非法证据排除规则。③

目前规范虽未将以欺骗手段获得的言词证据作为应予排除的非法证据,但也未认定此类证据属于合法证据。从条文表述以及立法原意来看,目前未对以欺骗手段获得的言词证据进行规制的原因是尚不能对欺骗手段与侦查手段进行明确区分,而非认同欺骗手段的合法性。

因此,对于以欺骗手段获取的言词证据应当区分对待,其中采用欺骗手段,违背犯罪嫌疑人、被告人的意志所获得的非自愿性供述,应该依法予以排除。④ 目前非法证据排除规则尚未规定相应条文,未来有望进一步补充完善。

---

① 参见《刑事诉讼解释》起草小组:《〈关于适用刑事诉讼法的解释〉的理解与适用》,载《人民司法》2021 年第 7 期。
② 戴长林:《非法证据排除规则司法适用疑难问题研究》,载《人民司法》2013 年第 9 期。
③ 参见程雷:《非法证据排除规则规范分析》,载《政法论坛》2014 年第 6 期。
④ 参见李寿伟:《非法证据排除制度的若干问题》,载《中国刑事法杂志》2014 年第 2 期。

第三节 我国非法证据排除规则的目的与任务

我国刑事诉讼中非法证据的概念、理论以及排除规则，是在学习、借鉴国外相关制度经验的基础上，结合本土实际逐步建立和完善起来的。非法证据排除规则在我国的产生过程，与国家对刑讯逼供的治理紧密相关。[①] 在新一轮的司法改革中，非法证据排除规则与推进以审判为中心的诉讼制度改革相辅相成，其目的和任务亦得以不断丰富和完善。

一、防范冤假错案

从我国非法证据排除规则产生和发展的历程看，早期司法解释确立的非法证据排除规则主要是基于防范冤假错案的考虑。非法证据是形成冤假错案的直接原因，也是与现代司法理念和司法制度相对抗的顽疾。[②] 党的十八届四中全会通过的《中共中央关于全面推进依法治国若干重大问题的决定》明确提出，加强人权司法保障，健全落实罪刑法定、疑罪从无、非法证据排除等法律原则的法律制度。完善对限制人身自由司法措施和侦查手段的司法监督，加强对刑讯逼供和非法取证的源头预防，健全冤假错案有效防范、及时纠正机制。刑讯逼供、非法取证是冤假错案的罪魁祸首。只有在刑事诉讼，特别是审判程序，依法排除非法证据，才能倒逼侦查机关按照审判程序的要求规范取证行为，有效防范冤假错案，加强人权司法保障。

非法证据排除规则的任务之一便是最大限度防止冤假错案，从制度和程序上有效遏制刑讯逼供等非法现象，保证刑事司法的实体公正与程序公正。非法证据排除规则能够最大程度地避免犯罪嫌疑人、被告人、证人、被害人被迫作出虚假陈述，从而于最大限度地防止冤假错案的发生。

[①] 参见戴长林、罗国良、刘静坤：《中国非法证据排除制度：原理·案例·适用》，法律出版社2017年版，第3页。

[②] 参见田文昌：《冤假错案的五大成因》，载《中外法学》2015年第3期。

二、准确惩罚犯罪

准确惩罚犯罪既是我国刑事诉讼法的根本任务之一，也是非法证据排除规则的主要目的之一。受苏联刑事法律制度的影响，我国刑事司法价值取向上更偏向于大陆法系发现真相的理念。故在相关条文中，我国非法证据排除规则中的非法证据仅指"采用刑讯逼供等非法方法收集的犯罪嫌疑人、被告人供述和采用暴力、威胁等非法方法收集的证人证言、被害人陈述，以及通过不符合法定程序且可能严重影响司法公正的方式收集的物证、书证"[1]。对于部分"毒树之果"（例如通过违法程序取得实物证据，但尚未严重影响司法公正），以及超期羁押、剥夺律师会见权、超出合法边界的诱惑侦查、违反法律规定采取技术侦查措施等违法侦查行为取得的证据，尚未列为非法证据排除规则的适用对象。[2] 此外，实践中，对瑕疵证据与非法证据存在明确区分，其中非法证据与证据的合法性相关，瑕疵证据与证据的可靠性相关。对于收集程序、方式存在瑕疵，以及其他违反法律规定程序获得的证据，往往界定为瑕疵证据，而不是非法证据。

因此，我国非法证据排除规则虽然规定了对严重侵害人权方式收集的证据（主要是言词证据）应予排除，但将其他存在程序违法的证据是否采信作为法官自由裁量的内容，充分说明在我国刑事诉讼二元价值（惩罚犯罪与保障人权）追求中，"惩罚犯罪"的理念仍然居于主导地位，而非法证据排除规则在其中起到了保障"准确"惩罚犯罪的作用。

三、规范调查取证

由于我国传统上"重实体、轻程序""重结果、轻过程"的政策导向，导致对程序正义的价值和人权保障重视不足，办案人员在收集提取证据过程中，不规范甚至违法取证的情况时有发生。而现代证据规则中，证据能力和证明力早已不再是同一个层面的问题，即并非所有的证据材料都可以进入审判程序并由法庭进行质证并最终作为认定案件事实的依据，只有通过合法方式取得的证据才具有证据能力，才有资格交由裁判者作为认定事实的根据。换言之，非法证据排除规则

---

[1] 戴长林：《非法证据排除规则司法适用疑难问题研究》，载《人民司法》2013年第9期。
[2] 参见戴长林、罗国良、刘静坤：《中国非法证据排除制度：原理·案例·适用》，法律出版社2017年版，第68页。

关注的是证据能力或资格问题，而非证明力问题。因此，在证据能力理论语境下，取证不规范、不合法等问题，就不单纯是证据的"瑕疵"问题了，而是直接影响其是否可以进入法庭并作为证据进行质证的"资格"问题。因此，"非法证据排除规则的价值就在于，其是一项典型的程序制裁制度，使非法收集的证据失去证据效力，体现了程序不正当、其结果不予认可的法治精神"①。故确立非法证据排除规则目的和任务之一就是通过对排非规则的积极宣示，以及对违反规则所获取的证据进行否定性评价，为规范取证行为确立行为指引，促进程序公正的实现。

四、推进庭审实质化

庭审实质化意味着审判权对追诉权进行有效的审查与制约，也意味着控辩双方平等武装、平等对抗的实现。非法证据排除规则是实现审判权、辩护权对侦查、起诉权有效制约的重要手段。②

刑事司法是个体与国家机器的对抗，无论是作为侦查、调查机关的公安机关、监察机关，还是作为公诉机关的人民检察院，较被追诉人与辩护律师而言，均具有明显的优势。在控辩双方不平等的情况下，庭审内外的对抗均无法实际发生，刑事司法将变成控方收集证据对认定的犯罪进行确认的单方行为。平等武装是庭审实质化的前提，也是刑事诉讼的基本原则。《刑事诉讼法（2018）》明确规定了由控方承担证明责任，这是在控方收集证据、控辩双方事实上存在不平等的基础上作出的规定，是实现控辩双方平等武装的手段。非法证据排除规则是对证明责任规定的一种补充，也是为了实现控辩双方平等武装，从而形成平等对抗局面。因此，我国非法证据排除规则的任务之一便是实现控辩双方的平等武装，其目的在于最终实现庭审实质化。同时，严格实行非法证据排除规则，有助于全面贯彻证据裁判原则，充分发挥庭审在查明事实、认定证据、保护诉权、公正裁判中的决定性作用，进而推进以审判为中心的诉讼制度改革。

---

① 陈光中主编：《非法证据排除规则实施问题研究》，北京大学出版社 2014 年版，序言部分。
② 参见孙长永、王彪：《论刑事庭审实质化的理念、制度和技术》，载《现代法学》2017 年第 2 期。

第二十章

认罪认罚程序的律师辩护

认罪认罚从宽制度是中国特色社会主义刑事司法制度的重大改革，也是刑事司法与犯罪治理的"中国方案"。[1] 认罪认罚从宽制度虽然本质上不同于英美的辩诉交易制度，但仍属于刑事程序改革全球浪潮的重要组成部分，在试点实践与最终形成系统规范体系的过程中，也充分参考和借鉴了其他国家和地区辩诉交易、认罪协商等协商性司法制度的有益成分。

认罪认罚制度的底层逻辑，离不开被告人认罪认罚的自愿性保障，而自愿认罪认罚的前提是控辩双方的"信息对等"，否则该制度就不可能实现真正意义上的和谐，甚至可能沦为控方对嫌疑人、被告人单方"碾压"的制度工具，从而导致案件处理结果严重偏离公正基线。因为，在刑事诉讼中犯罪嫌疑人或者被告人作为独立个体，面对强大的国家机器，具有明显的弱势地位，必须借助刑事辩护律师的专业帮助，才能够在制度上保证其基本的诉讼权利，从而最大限度实现程序正义和结果公平。因此，认罪认罚从宽制度在顶层设计上，必须强化刑事辩护律师的介入与参与，以保证犯罪嫌疑人或者被告人在与公权力机关进行"协商"时，不因为办案机关过分追求效率而突破司法公正的底线。

---

[1] 参见张军：《认罪认罚从宽：刑事司法与犯罪治理"中国方案"》，载《人民论坛》2020年第30期。

第一节 相关理念

一、域外考察

认罪协商程序在国际上主要体现为两种典型模式,即英美式辩诉交易模式和大陆法系的刑事协商程序。同时,鉴于我国台湾地区、国际刑事法院和欧洲人权法院的刑事协商程序亦具有一定代表性,本节一并予以概述。

(一) 英美法系国家

1. 美国

辩诉交易制度起源于美国,随后在全球范围内引发了刑事诉讼的"第四范式"① 转型,推动了协商性司法的全球化。在《布莱克法律词典》中,辩诉交易(plea bargain)的含义为"被告自愿有罪答辩来获得检察官指控时减轻罪名或减少罪数,一般是在意图获得轻罪判决或减少指控罪数的情况中,检察官与被告人在协商的基础上所达成的协议"②。

该制度规定于《美国联邦诉讼规则》第 11 条答辩(Pleas)中,从一种非正式的规则到被法院判决认可,最终成为明确的法定制度并广泛适用,辩诉交易制度经历了漫长的过程。在 1971 年的 Santobell v. New York 案判决中,法院第一次明确辩诉交易制度的合法性:"如果每一件刑事指控都要经历完整的审判流程,那么州政府和联邦政府需要将目前法官数量和法庭设施增加许多倍""辩诉交易是刑事司法制度的组成部分,如果效果良好便应当推广"③。虽然目前美国辩

---

① 第一范式指神示裁判时期的弹劾式诉讼模式;第二范式指君主专制及封建时期的纠问式诉讼模式;第三范式指资产阶级改革之后所形成的以法德为代表的审问式诉讼模式和以英美为代表的对抗式诉讼模式;第四范式指在工业化国家,由于犯罪不断增加,司法资源有限,执法机关利用各种方式促使被追诉人认罪,以求刑事案件快速解决,减轻法院的负荷,继而形成了不同类型的"放弃审判制度"。参见熊秋红:《比较法视野下的认罪认罚从宽制度——兼论刑事诉讼"第四范式"》,载《比较法研究》2019 年第 5 期。

② See Bryan A. Garher's Law Dictionary. 8th ed. St. Paul, Minn: West Group, 1999: 1190.

③ Santobell v. New York, 404. U. S. . 25, 260 (1971).

诉交易有着较为统一的依据，但各州与联邦在辩诉交易的实践运用中存在着许多差异，例如在辩诉交易制度运行中，州检察官比联邦检察官更倾向于进行辩诉交易，而联邦法官则较州法官更认可辩诉交易。①

总的来说，辩诉交易制度是在控辩双方的协商下，通过达成被告人认罪而检察官进行轻罪指控或减少指控罪数的协议，最终快速结案的制度。这一制度受实用主义与功利主义哲学的影响，并据此发展出诉讼契约理论。

综合美国辩诉交易的历史源流与实践状态来看，美国辩诉交易制度的首要理念便是诉讼效率，节约司法资源。与此同时注重保障被告人的快速审判权，即刑事诉讼应当及时、迅速的原则。当事人的自愿性是该制度的重点，体现出美国对抗制诉讼中的诉权处分理念。同时规则中要求法院对辩诉交易协议进行必要的审查，体现了美国传统的司法审查理念，也体现了公正原则的司法底线。

2. 英国

英国在 2003 年制定的《刑事司法法》与 2004 年制定的《认罪量刑减轻指南》引入了辩诉交易制度。规范大致内容为"被告人的有罪答辩可以导致法官将刑期轻判四分之一至三分之一"，"辩诉交易包括指控交易、事实交易与答辩交易等交易形式"。英国的辩诉交易制度与美国辩诉交易制度的适用范围大体相同，区别在于检察官与被告人及律师不能就量刑问题进行交易，但律师可以在检察官在场的情况下直接与法官就量刑问题协商。②

通过与美国的对比可以发现，英国的辩诉交易制度也强调诉讼效率理念，具体实践方式更加侧重通过认罪协商的激励作用加快被告人的认罪。但同时英国的认罪协商制度更加强调法院的权力，诉权处分理念更弱而司法审查理念更强。

3. 澳大利亚

澳大利亚的指控交易制度规定于《起诉准则》（the Prosecution Guidelines），其中第 20 条的大致内容包括"指控协商与协议：合意的事实声明""有罪答辩这一事实应当在量刑时予以减轻考虑，应当激励当事人之间进行协商。在刑事案件审理过程中，任何阶段都可以进行协商，但指控协商必须以原则和合理性为基础"

---

① 参见裴仕彬：《美国进步时代辩诉交易的嬗变及其启示》，载《南海法学》2019 年第 1 期。
② 参见冀祥德：《域外辩诉交易的发展及其启示》，载《当代法学》2007 年第 3 期。

"检察官应鼓励进行指控协商程序,并主动提出合适的指控"①。根据澳大利亚新南威尔士州检察长尼科拉·考德雷 2008 年在认罪案件程序改革国际研讨会的演讲,指控交易的结果导致了"指控上的讨价还价",但澳大利亚的指控交易不是对"原则的妥协"。② 在澳大利亚,控辩双方只能就指控的罪名进行协商,而不能对量刑进行协商。指控交易受到严重性原则和排除合理怀疑标准的约束,同时必须综合考虑社区的利益与刑事审判中的资源花费及消耗时间。

由澳大利亚的指控交易制度来看,虽然诉讼效率理念也是澳大利亚指控交易制度的理念之一,但其更加注重公正审判与正义理念,强调正当程序,并追求类似于我国罪刑相适应的结果正义理念。

(二)大陆法系国家

1. 德国

作为大陆法系国家的代表,德国对于辩诉交易制度一直采取排斥的抗拒态度,虽然 20 世纪 70 年代欧洲各国均表现出对刑事诉讼程序借鉴辩诉交易制度进行程序简化改革的倾向,但直到 2009 年通过《刑事程序中的协商规定》,德国才确立了不同于辩诉交易制度的认罪协商制度。

《德国刑事诉讼法典》第 257c 条是其协商制度的主要依据,具体内容为:

(1) 法院可以在适当的时候与诉讼参与人就下列条款规定的诉讼进程和诉讼结果达成协议。(2) 可协商的事项限于具有法律效果的行为,即判决的内容和相关的判决结果以及其他构成侦查程序基础的相关性程序措施和诉讼参与人的诉讼行为。自白是协商的必要条件。但有罪判决以及保安处分措施不属于可协商的事项。(3) 法院应当公布协商的具体内容。其中包括,法院应当在对案件的所有情节和一般的量刑考虑有充分认识的情况下告知被告人可能被处予的最高刑和最低刑。诉讼参与人有充分表达自己意见的机会。如果被告人和检察官同意法官提出的协商意见,则协商正式成立。(4) 如果法律上和事实上具有重要意义的情况被忽略或者出现了新的情况,使得法院确定协商中所承诺的量刑范围与被告人的行

---

① 〔澳〕尼科拉·考德雷:《澳大利亚新南威尔士州的指控协商制度》,季美君译,载张智辉主编:《认罪案件程序改革研究——认罪案件程序改革国际研讨会论文集》,中国方正出版社 2008 年版,第 125 页。

② 参见〔澳〕尼科拉·考德雷:《澳大利亚新南威尔士州的指控协商制度》,季美君译,载张智辉主编:《认罪案件程序改革研究——认罪案件程序改革国际研讨会论文集》,中国方正出版社 2008 年版,第 126 页。

为和责任不相适用时,则协商对法院失去约束力。当被告人将来的诉讼行为与法院预期的行为不一致时,协商对法院也同样失去约束力。但是,这种情形下,被告人做出的自白不能作为证据使用。法院必须将此背离协商的行为尽快告知当事人。(5)被告人应当被告知法院依据第(4)项背离之前做出的承诺的前提及结果。①

在此之前,德国联邦最高法院1997年的判决(BGHSt 43, 195)实际上规定了协商制度的适用条件,即禁止协商放弃上诉,不得以不正当的方式或内容换取被指控人的自白等。② 可以说,在法律明确规定前后,德国法院都坚持着不能以正义交换效率的坚决立场。

在2013年的宪法判决(BVerfG NJW 2013, 1058)中,德国确认了协商制度的合宪性,但指出法院承担着发现实质真实的义务,协商制度的结果必须符合罪责原则,即刑罚与行为人的责任相适应。同时,法官必须审查有罪供述的真实性,并充分履行职权调查义务。③ 在2015年的宪法判决(BVerfG NstI 2015, 172, 174)中,宪法法院更是强调刑事协商必须公开、透明,对于法院而言具有可控制性。④

通过德国法院的判决及法律条文的具体规定可以发现,在实行职权主义诉讼模式的德国,其建立的协商性司法制度完全不同于英美法系的辩诉交易。诉讼效率并非德国协商制度首要追求的理念,相反德国的协商制度要求最终的结果是符合法院查明的实质真实的,这体现出了德国协商制度明显的实质真实、探明客观事实及职权主义理念。

同时,与英美辩诉交易中的诉权处分理念不同,上诉权等诉讼权利在德国协商制度中是不可放弃的。德国协商制度的主要协商主体是法官与被告人,不同于英美辩诉交易由检察官与被告人进行交易,在这种设计中,德国协商制度的协商性更强,被告人可以直接与法官沟通。这种制度设计与该制度的合宪性判决一样,体现出德国传统的法治国理念。

2. 法国

同样受辩诉交易及刑事诉讼程序简化全球化趋势的影响,法国在2004年创设

---

① 参见黄河:《德国刑事诉讼中的协商制度浅析》,载《环球法律评论》2010年第1期。
② 参见李倩:《德国认罪协商制度的历史嬗变和当代发展》,载《比较法研究》2020年第2期。
③ 参见高通:《德国刑事协商制度的新发展及其启示》,载《环球法律评论》2017年第3期。
④ 参见周维明:《德国刑事协商制度的最新发展与启示》,载《法律适用》2018年第13期。

了庭前认罪协商程序（Comparution sur reconnaissance préalable de culpabilité）①，创设了一种庭前轻罪案件被告人认罪后可与控方进行量刑交易的制度。

这一制度主要规定于《法国刑事诉讼法典》第495条，大致内容包括"庭前认罪协商程序仅适用于主刑为罚金刑或者5年及以下监禁刑的犯罪"。"未满18岁之未成年人所实施的犯罪；虚假新闻罪；过失杀人罪；政治罪；追诉程序由专门法律规定的犯罪"不适用庭前认罪协商程序，"被告人必须承认所指控之犯罪事实""检察官可以根据案件情况建议执行一个或数个主刑或附加刑"等。② 与英美法系的辩诉交易制度相比，法国的庭前认罪协商程序适用的范围极其有限，重罪案件、特殊案件等均不适用这一制度。从具体流程来看，被告人认罪是这一制度适用的前提。在协商范围上，检察官与被告人之间只能就量刑问题进行协商，并且最终要经过法官的形式与实质审查。

虽然法国建立协商制度的时间早于德国，但在适用范围等方面却有着更多的限制。法国的庭前认罪协商程序明显地体现出：一方面，法国追求诉讼效率理念，想要通过诉讼制度的改革节约司法资源。另一方面，法国又重视最终结果上的正确，即相较正当程序而言，法律正义更加重要。同时，通过法国对庭前认罪协商程序的具体规定可以看出，法国对于诉讼追求一种精细化的理念，对于适用范围的具体罪名及具体流程的安排，均体现出法国通过司法精细化从而实现司法权威的逻辑。

3. 意大利

意大利是欧洲大陆第一个引进辩诉交易制度的国家，1988年的《意大利刑事诉讼法典》便建立了改良后的辩诉交易制度（patteggiamento）。这既有着诉讼程序简化成为各国共同需求的原因，也受欧洲理事会部长委员会鼓励建立有罪协商（guity-plea）程序或其他类似程序的影响。

尽管作为欧洲大陆第一个借鉴辩诉交易制度的国家，意大利建立的辩诉交易制度却与美国辩诉交易制度存在诸多差异。根据《意大利刑事诉讼法典》第444条及相关规定："被告人和检察官达成刑罚协议，被告人放弃正式审判的权利，检察官则同意给予被告人最高1/3的减轻刑罚；在适用该程序中，被告人可以获取

---

① 参见魏晓娜：《辩诉交易：对抗制的"特洛伊木马"?》，载《比较法研究》2011年第2期。
② 参见吕天奇、贺英豪：《法国庭前认罪协商程序之借鉴》，载《国家检察官学报》2017年第1期。

减轻的刑罚不能超过两年监禁刑。"① 意大利辩诉交易制度适用的范围远小于美国辩诉交易制度，在主动性上，意大利辩诉交易制度中被告拥有更多的提出协商的机会与权利，并可就量刑进行实质的协商，但与德国、法国类似，对定罪问题是不可协商的。②

作为欧洲大陆的先行者，意大利的辩诉交易制度体现出明显的诉讼效率理念与更强的司法民主理念，与法国、德国不同，被告人在协商中并不处于弱势地位。同时，对定罪问题协商的保留，表明了意大利仍坚持着大陆法系传统的实质真实理念。

4. 日本

实行精密司法的日本在司法改革上一直有着保守主义的明显立场，直到2015年日本法治审议会制订提交的刑事司法改革方案，才提出引进美国的辩诉交易制度，建立"协议、同意制度"。最终在2018年的日本刑事诉讼法修正案中，建立起了日本的辩诉交易制度——"司法交易制度"。

司法交易制度并非完整地借鉴了辩诉交易制度，根据《日本刑事诉讼法》的表述，司法交易制度是一种"调查协助型"的交易，该法第350条之1至第350条之15对该制度进行了详细规定，内容大致包括"调查协助型司法交易案件必须属于'特定犯罪'案件"；检察官可对嫌疑人、被告人作出的约定事项包括"对嫌疑人不起诉；撤回对嫌疑人的起诉"等。在具体实行中，被告人、律师与检察官必须在指定场所当面协商，虽然可就程序问题进行协商，但对于定罪量刑的协商空间远小于美国辩诉交易制度的规定。与德国类似，日本的司法交易制度也要求法官履行职权调查义务，追求实质真实，并设立了单独的检察审查会对司法交易进行专门审查。③

日本的司法交易制度是日本在坚持传统刑事诉讼原则前提下进行的改革尝试。与表面上引进当事人主义但实际上仍践行职权主义类似，虽然其引进了美国的辩诉交易制度，但在具体实施上仍体现出日本传统的职权主义与实质真实理

---

① 吴沈括、胡然：《意大利：检察机关量刑建议独具本国特色》，载《检察日报》2020年9月15日第03版。
② 参见施鹏鹏：《法、意辩诉交易制度比较研究——兼论美国经验在欧陆的推行与阻碍》，载《中国刑事法杂志》2007年第5期。
③ 参见欧阳雷蕾：《日本司法交易制度研究》，2018年西南政法大学硕士毕业论文，第16—19页。

念，并在具体实施中贯彻了精密司法的理念。日本的司法交易制度虽然也是一种对诉讼效率的追求，但明显地体现出诉讼效率在此制度中表现为一种后顺位的理念。

5. 俄罗斯

在以《俄罗斯联邦刑事诉讼法典》取代苏联法律后，俄罗斯也借鉴辩诉交易制度建立了独特的认罪特别程序，主要为在签订审前合作协议情况下作出法院裁决的特别程序。

审前合作协议与日本的司法交易制度类似，《俄罗斯联邦刑事诉讼法典》第314条—第317条规定"在国家公诉人或自诉人和被害人同意的情况下，刑事被告人有权表示同意对他提出的指控并申请不经过法庭审理即对刑事案件作出判决"，"签订审前合作协议的申请由犯罪嫌疑人或刑事被告人以书面形式向检察长提出。该申请还应有辩护人的签字"，"如果法官得出结论认为受审人所同意的指控根据充分，已经被刑事案件中搜集到的证据所证实，则法官作出有罪判决并对受审人处刑，刑罚不得超过所实施犯罪法定最重刑种最高刑期或数额的2/3"。① 签订审前协议的被告人在遵守义务的情况下，最终可获得量刑上的优惠。

这一特别程序规定于《俄罗斯联邦刑事诉讼法典》第40章，与美国辩诉交易制度相比，适用范围更为狭窄，认罪的自愿性需经法院的审查，法官也需对证据履行审查义务。

和其他国家相比，俄罗斯的认罪协商制度较为独特，从其具体设置来看，更具俄罗斯地区的传统色彩，虽然也体现出诉讼效率的理念，但也强调职权主义中司法官的义务，效率与资源的节约主要通过辅助完成司法官的义务来实现。同时，申请的启动方式也体现出一种弱协商性，从本质上来说，俄罗斯坚持的仍是实质真实的理念。

（三）我国台湾地区

2004年，在经过长久论战后，我国台湾地区在"刑事诉讼法"中引入了协商制度，规定于我国台湾地区"刑事诉讼法"第7编。

据我国台湾地区学者总结，"协商程序的要点在于：起诉后协商；仅限于'量刑协商'及'负担协商'；法官仅审核是否属于协商案件，并不参与协商；限

---

① 黄道秀：《俄罗斯联邦刑事诉讼法典》，中国民主法制出版社2021年版，第209—215页。

制上诉；应当征询被害人意见"①。

与其他国家和地区类似，我国台湾地区引进协商制度也是受案件量巨大，司法资源有限的现实影响，在诉讼效率的理念下建立的。但不同的是，我国台湾地区的协商制度是在起诉后仅就量刑问题进行协商，法官并不参与协商。更值得注意的是，我国台湾地区协商制度明确要求听取被害人的意见，对于被害人权利的保障较其他国家和地区更加完善。总的来说，除限制上诉等体现出的诉讼效率理念外，我国台湾地区协商制度的协商性虽然较弱，但践行了司法民主的理念，使得当事人与诉讼参与人均参与到协商中。起诉后仅就量刑问题协商的规定，也体现出传统的实质真实理念。

（四）国际法庭及欧洲人权法院

1. 国际刑事法院

2002年《国际刑事法院罗马规约》生效，不仅意味着国际刑事法院正式宣告成立，也在各国刑事诉讼法百花齐放的背景下，形成了适用于国际刑事法院的统一规则。

作为跨越法系的法院，国际刑事法院的认罪（admission of guilty）答辩规则兼顾了大陆法系与英美法系的传统。《国际刑事法院罗马规约》中规定的认罪答辩制度既要求法官对案件进行综合的审查，又强调被告人的自愿性，同时确立了保障当事人权利的规范。②

国际刑事法院的认罪答辩规则更明显地体现出，在诉讼效率理念外，正义理念仍是刑事程序简化必须坚守的底线。同时，对被告人自愿性的审查是认罪答辩程序的重要内容，对当事人权利的保障也体现出英美法系关注的正当程序理念。

2. 欧洲人权法院

欧洲人权法院并不直接审理案件，只是根据《欧洲人权公约》对受公约约束的实体是否违反公约约定进行审查。在 NATSVLISHVILI AND TOGONIDZE v. GEORGIA，No. 9043/05 案中，欧洲人权法院认为在被告人自愿，且辩诉交易过

---

① 王兆鹏：《新刑诉·新思维》，台湾元照出版有限公司2005年版，第170—171页。
② 参见郝瑾：《国际刑事法院认罪程序及对我国的启示》，载《江西警察学院学报》2017年第3期。

程经过法院的司法审查的辩诉交易协议便具有效力。①

可以发现,不追求诉讼效率理念的欧洲人权法院在对辩诉交易制度进行审查时,将当事人的自愿性以及是否经过司法机关的审查作为整个制度的核心。即欧洲人权法院在审查辩诉交易制度时,认为被告人自愿、诉权理念与司法审查理念是这一制度的关键内容。

综上所述,不同国家与地区确立的辩诉交易或认罪答辩制度,很大程度上体现出大陆法系职权主义与英美法系当事人主义的基本特点。但总体而言,又都或多或少体现出诉讼效率的理念。同时,所有确立了辩诉交易或认罪答辩制度的国家和地区,均对被指控人的自愿性提出明确要求,并以司法审查或法官审查的方式进行保障。英美法系的辩诉交易制度对于正当程序理念及诉权自由处分的倾向更为明显;而大陆法系的认罪协商制度,对协商民主及实质真实的倾向则更为明显。通过对强调被害人权利保护的我国台湾地区与国际刑事法院、欧洲人权法院进行考察亦可以发现,"第四范式"② 刑事诉讼的根本理念从未摆脱人类社会对公正与效率所作出的选择与平衡。但总体上,在公正与效率之间,公正永远是司法程序中必须坚守的底线。

二、迅速裁判,提高诉讼效率

如果公正没有成本,那么任何诉讼制度都会将公正作为唯一的目标追求。但遗憾的是,现实生活中公正不仅有成本,而且往往成本巨大。侦查、审查起诉、审判以及刑罚的执行,每一个诉讼阶段和诉讼程序都需要耗费巨大的成本。作为司法追求的价值目标,司法公正与效率是对立统一的矛盾关系。对于司法而言,当公正与效率相冲突时,公正与效率的价值排序永远都是公正排在第一位,为了公正需要牺牲效率。但是,对于一些案件事实没有争议,被告人自愿认罪认罚的案件,在确保正义底线的情形下,很多国家也尝试不再展开法定普通程序的审理,以节约司法成本,提升诉讼效率。因此,不同时期、不同地域、不同司法制度下,如何在维护底线公正的情况下,提高诉讼效率,成为各个国家诉讼

---

① 参见何永福:《欧洲人权法院视野下的辩诉交易协议审查——以纳斯维利斯维利诉格鲁吉亚案为例》,载《中国检察官》2020 年第 10 期。

② 熊秋红:《比较法视野下的认罪认罚从宽制度——兼论刑事诉讼"第四范式"》,载《比较法研究》2019 年第 5 期。

制度"立改废"的重要考量。

受苏联刑事诉讼理念的影响，我国传统的刑事诉讼制度，对不同案件在程序上"一刀切"，繁简不分，导致有限的司法资源没有被高效利用。近年来，随着学术界和司法实务部门对刑事诉讼规律认识的进一步深化，以及对"法律真实"与"客观真实"辩证关系的深入研究与讨论，公正和效率之间的合理平衡问题，特别是犯罪嫌疑人、被告人通过认罪认罚换取从宽处罚制度的建立完善，体现了新时代背景下刑事诉讼效率理念的理性回归。速裁程序、量刑建议等制度的建立与完善，也从另一个侧面反映了认罪认罚从宽制度以诉讼效率为其核心理念之一。

虽然与英美的辩诉交易制度、欧洲大陆的认罪协商制度及其他国家和地区的协商性司法制度相比，我国认罪认罚从宽制度存在着明显的不同，但上述制度在对诉讼效率理念的追求上仍具有不可忽视的共通性。

在不同法系国家的实践中，刑事案件的宽恕和妥协经常出现，案件量产生的压力应该是其主要原因。法国司法部长的多米尼克·贝尔本先生在评价本国庭前认罪程序中直白地指出："案件的冗长迫使我们寻求新的公诉替代方式以及简化公诉的方式……试想一下，如果您是共和国检察官，您所驻的法院处理刑事案件的能力为每星期 50 件。与此同时，如果您每周需起诉 100 个案件，则您将迟缓一个星期。而事实上，法国的现状远比我所举的例子严重得多……应当寻求解决这一问题的各种方案。这一崭新的程序便是其中之一。"①

三、繁简分流，优化资源配置

"繁简分流"强调"简案快审，繁案精审"，虽然也体现出部分诉讼效率的理念，但其核心理念是优化司法资源配置，从而最大限度保证各类案件，特别是疑难复杂案件的审判质量。落实繁简分流理念的核心是构建一整套"又好又快"的办案保障机制。故其与诉讼效率理念相关，但具体内涵和外延并不相同。

传统上大陆法系国家繁简分流主要是将简易程序适用于事实清楚、罪行轻微的刑事案件，英美法系国家则主要是以是否认罪协商为依据来进行繁简分流。自 20 世纪 80 年代以来，大陆法系国家开始借鉴英美法系国家的做法，逐步突破传

---

① 李洪阳：《比较法视角下两大法系认罪协商制度辨析》，载《人民司法》2020 年第 31 期。

统范围,扩大了以认罪为前提的简易、特别程序的适用范围,并且引进了协商程序。如德国于 2009 年确立了量刑协商制度;法国于 1993 年确立了刑事和解程序,2002 年扩大了刑事处罚令程序的适用范围,2004 年创设了庭前认罪答辩程序;意大利于 1988 年设置了简易审判、依当事人的要求适用刑罚、快速审判、立即审判、处罚令程序等多种特别程序等。①

当前我国认罪认罚从宽制度的核心内容也是对认罪认罚案件"区别对待"以"分流处理",主要体现为:实体上从宽量刑,推动宽严相济具体化、制度化;程序上从简处理,区分适用速裁、简易或者普通程序,实现繁简分流规范化、全程化。② 根据认罪认罚案件的上述特点,细化落实值班律师法律帮助,探索完善法庭审理规程,健全速裁程序运行机制,推动诉讼全程简化提速,探索有中国特色的轻罪诉讼体系是认罪认罚制度课题中的应有之义。③

四、宽严相济,认罪从宽为目的

宽严相济的刑事政策是我国的基本刑事政策,从最初提出这一政策的目的来看,是以从宽为其规范诉求的,是针对我国刑事立法过于严苛而提出的。但是,宽严相济的刑事政策在具体的执行中也不免落于中庸,其往往被表述为:该宽则宽,当严则严,宽严相济,罚当其罪。这样的表述过于抽象,对于法律适用的指导意义甚微。实际上,宽严相济的刑事政策的核心是从宽,这与认罪认罚从宽制度的从宽诉求一致,充分体现了现代司法宽容精神,因此,认罪认罚从宽制度也是推动宽严相济刑事政策具体化、制度化的重要探索:

首先,认罪认罚从宽制度,将"坦白从宽、抗拒从严"等司法政策,通过立法形式确认下来,体现了宽严相济刑事政策中区别对待的一面,也体现了宽严相济的刑事政策的进一步制度化。但是,在这里也不得不说,"抗拒从严"是与辩护制度存在冲突的刑事政策,对于诉讼而言,如果说辩护权是一个公民的宪法权利的话,被追诉的国家公民不应因为"抗拒"而受到"从严"的对待,在法律适

---

① 参见熊秋红:《比较法视野下的认罪认罚从宽制度——兼论刑事诉讼"第四范式"》,载《比较法研究》2019 年第 5 期。
② 参见罗书臻:《胡云腾在认罪认罚从宽制度试点工作座谈会上要求 及时总结试点经验 大力推进试点工作》,载《人民法院报》2017 年 7 月 18 日,第 1 版。
③ 参见罗书臻:《胡云腾在认罪认罚从宽制度试点工作座谈会上要求 及时总结试点经验 大力推进试点工作》,载《人民法院报》2017 年 7 月 18 日,第 1 版。

用的动态过程中,如果无法区分"抗拒"与"辩护",则"抗拒从严"的刑事政策便有削弱辩护制度之虞。

其次,认罪认罚从宽制度,将《刑法》第67条第3款规定的"如实供述"内容及有关自首的司法解释中坦白同种罪等量刑情节进行了升级和完善,相当于对实体法上本来就存在的"悔罪从宽"的实体性规范,作出了详细的具有操作性的程序上的规定,具体化了适用规程,增加了程序保障,体现了宽严相济刑事政策的与时俱进。

最后,认罪认罚从宽制度,通过量刑协商的形式,将原来宽严相济中比较模糊的从宽内容,通过量刑建议和认罪认罚具结书的形式相对精确地固定下来,体现了宽严相济刑事政策的进一步具体化、规范化。

因此,认罪认罚从宽制度的核心理念与宽严相济的刑事政策理念是一脉相承的,认罪认罚从宽制度是宽严相济刑事政策在新时期的创新发展和具体体现。

五、协商性司法理念

一般认为,对抗性司法有三个基本的程序理念:一是为个人抵御国家任意追诉而设定的无罪推定机制;二是为维系控辩双方平等武装而建立的一系列程序公正标准;三是为制衡国家刑事追诉权而确立的一些程序保障。[①] 而协商性司法是与对抗性司法相对应而提出的一种司法理念,其核心内容是理性协商,即控辩双方通过对话、协商、妥协解决刑事争端。

协商性司法起源于英美法系,深受实用主义哲学的影响,其中以美国的辩诉交易制度为代表,同时还包括污点证人豁免制度、宣告犹豫制度等一系列相关制度措施。由于司法制度的差异,英美法系和大陆法系的刑事协商制度在适用范围、适用程序简洁程度和认罪优惠幅度等方面都存在一定差异,但两大法系适用刑事协商制度的初衷却基本相同,都是为了缓解"案多人少"的诉讼压力。因此,大陆法系国家虽然较晚引入刑事协商的理念,但经过几十年的发展完善,也逐步建立起比较完善的刑事和解、自白协商、认罪答辩等符合本土司法制度特点的认罪协商制度。

具体到我国认罪认罚从宽制度的基本理念,目前存在"控辩协商"和"职权

---

① 参见陈瑞华:《比较刑事诉讼法》,中国人民大学出版社2010年版,第43页。

宽恕"两种观点。之所以存在上述不同认识，主要是因为目前检察机关主导认罪认罚从宽程序，被追诉人缺乏基本的协商能力，值班律师参与范围有限，因此，认罪认罚案件中的职权因素更为强势，从而使整个制度呈现出较强的职权主义特征。① 相信今后随着认罪认罚制度的进一步改革和完善，"控辩协商"理念会得到进一步落实，立法和司法机关将赋予被追诉人和刑事辩护律师更大的协商权利和谈判空间。

第二节 我国相关规范性法律文件的沿革

一、实体法

虽然目前许多观点均认为我国刑事实体法规范尚未明确规定认罪认罚从宽制度，但这并不意味着认罪认罚从宽是脱离实体法传统的创制。回顾刑事实体法的发展历程，可以发现认罪认罚从宽制度与实体法中宽严相济的政策紧密相关。

宽严相济的刑事政策在我国由来已久，早在1940年的《论政策》中，毛主席便提出镇压与宽大相结合的思想。此后在1942年颁布的《中共中央关于宽大政策的解释》中，又规定"这里是提示了镇压与宽大两个政策，并非片面的，只有一个政策……镇压与宽大是必须同时注意，不可缺一的。"

中华人民共和国成立后，宽严相济的政策在刑事法律实施中被反复提起，1956年党的第八次全国代表大会的报告就曾指出"对反革命分子和其他犯罪分子一贯地实行惩办与宽大相结合的政策"。最终在1979年出台《刑法》时，将"中华人民共和国刑法，以马克思列宁主义毛泽东思想为指针，以宪法为根据，依照惩办与宽大相结合的政策"写在了第1条。

2005年，时任中共中央政治局常委、中央政法委书记罗干在全国政法工作会议上提出要注重贯彻宽严相济的刑事政策。于2006年，第十届全国人民代表大会

---

① 参见陈文聪、李奋飞：《刑事控辩协商机制的确立与争议——认罪认罚从宽制度研究述评》，载《苏州大学学报》2020年第5期。

第四次会议，时任最高人民法院院长的肖扬在工作报告中指出，坚持宽严相济的刑事政策，对犯罪情节轻微或具有从轻、减轻、免除刑罚情节的，依法从宽处罚。时任最高人民检察院检察长的贾春旺指出，认真贯彻宽严相济的刑事政策，坚持区别对待，对严重的刑事犯罪坚决严厉打击，对主观恶性较小，犯罪情节轻微的未成年人，初犯、偶犯和过失犯，则慎重逮捕和起诉，可捕可不捕的不捕，可诉可不诉的不诉。在2006年的第五次全国刑事审判工作会议上，罗干又强调，要正确执行宽严相济的刑事司法政策，实现法律效果和社会效果的统一。同年党的十六届六中全会的《中共中央关于构建社会主义和谐社会若干重大问题的决定》中也明确"实施宽严相济的刑事司法政策"。

虽然在1997年修订的《刑法》中将宽严相济政策的明确表述从条文中删去，但这并不意味着宽严相济从刑事实体法中消失了，在中央政策与刑事具体制度中，宽严相济政策均体现出旺盛的生命力。2011年生效的《刑法修正案（八）》中规定"在刑法第六十七条中增加一款作为第三款：'犯罪嫌疑人虽不具有前两款规定的自首情节，但是如实供述自己罪行的，可以从轻处罚；因其如实供述自己罪行，避免特别严重后果发生的，可以减轻处罚'"，与2015年生效的《刑法修正案（九）》针对刑法第383条修改的"犯第一款罪，在提起公诉前如实供述自己罪行、真诚悔罪、积极退赃，避免、减少损害结果的发生，有第一项规定情形的，可以从轻、减轻或者免除处罚；有第二项、第三项规定情形的，可以从轻处罚"，均是宽严相济政策的具体体现。

目前实体法虽未对认罪认罚从宽制度进行明确规定，但认罪认罚从宽制度中体现出的精神是完全符合宽严相济政策的，即认罪认罚从宽制度是刑事宽严相济政策的一种现代诠释。

二、程序法

认罪认罚从宽制度在程序法中的发展脉络较为清晰，2014年10月在北京举行的中国共产党第十八届中央委员会第四次全体会议审议通过了《中共中央关于全面推进依法治国若干重大问题的决定》，明确指出"加大对虚假诉讼、恶意诉讼、无理缠诉行为的惩治力度。完善刑事诉讼中认罪认罚从宽制度"，正式提出了完善认罪认罚从宽制度。

2015年《最高人民检察院关于贯彻落实〈中共中央关于全面推进依法治国若

干重大问题的决定〉的意见》中提出"坚持宽严相济刑事政策,规范刑事和解制度,探索建立刑事案件速裁机制,完善检察环节认罪认罚从宽处理机制,对轻微犯罪坚持轻缓化处理。"

2016年第十二届全国人民代表大会常务委员会第二十二次会议表决通过《全国人民代表大会常务委员会关于授权最高人民法院、最高人民检察院在部分地区开展刑事案件认罪认罚从宽制度试点工作的决定》,正式开始认罪认罚从宽制度的试点。该决定强调"试点工作应当遵循刑法、刑事诉讼法的基本原则,保障犯罪嫌疑人、刑事被告人的辩护权和其他诉讼权利,保障被害人的合法权益,维护社会公共利益,完善诉讼权利告知程序,强化监督制约,严密防范并依法惩治滥用职权、徇私枉法行为,确保司法公正"。

同年,"两高三部"联合印发《关于在部分地区开展刑事案件认罪认罚从宽制度试点工作的办法》,其中第4条规定:"办理认罪认罚案件,应当坚持下列原则:贯彻宽严相济刑事政策,充分考虑犯罪的社会危害性和犯罪嫌疑人、被告人的人身危险性,结合认罪认罚的具体情况,确定是否从宽以及从宽幅度,做到该宽则宽,当严则严,宽严相济,确保办案法律效果和社会效果。坚持罪责刑相适应,根据犯罪的事实、性质、情节、后果,依照法律规定提出量刑建议,准确裁量刑罚,确保刑罚的轻重与犯罪分子所犯罪行和应当承担的刑事责任相适应。坚持证据裁判,依照法律规定收集、固定、审查和认定证据。"

2017年第十二届全国人民代表大会常务委员会第三十一次会议上,最高人民法院、最高人民检察院作出《关于在部分地区开展刑事案件认罪认罚从宽制度试点工作情况的中期报告》,认为"探索完善认罪认罚从宽制度,完善相关诉讼程序和处罚原则,构建宽严相济、区别对待、繁简分流的多层次刑事诉讼模式,符合我国国情,符合司法规律,有利于在更高层次上实现公正与效率的统一,有利于全面推进依法治国、促进国家治理体系和治理能力现代化,党中央关于推进认罪认罚从宽制度改革的决策部署和全国人大常委会的授权决定是完全正确的"。

在试点经验的基础上,《刑事诉讼法(2018)》增加了"犯罪嫌疑人、被告人自愿如实供述自己的罪行,承认指控的犯罪事实,愿意接受处罚的,可以依法从宽处理"等内容,正式在立法中规定了认罪认罚从宽制度。

2019年,"两高三部"联合印发《关于适用认罪认罚从宽制度的指导意见》,内容包括认罪认罚从宽制度的基本原则是贯彻宽严相济刑事政策,坚持罪责刑相适应原则,坚持证据裁判原则,坚持公检法三机关配合制约原则;适用范围为"贯穿刑事诉讼全过程,适用于侦查、起诉、审判各个阶段。认罪认罚从宽制度没有适用罪名和可能判处刑罚的限定,所有刑事案件都可以适用,不能因罪轻、罪重或者罪名特殊等原因而剥夺犯罪嫌疑人、被告人自愿认罪认罚获得从宽处理的机会。但'可以'适用不是一律适用,犯罪嫌疑人、被告人认罪认罚后是否从宽,由司法机关根据案件具体情况决定。"同时还提及了辩护权的保障,"认罪""认罚"概念的具体理解,被害方权益保障等内容。

从 2014 年到现在,我国认罪认罚从宽制度逐步在刑事政策、刑事法律与刑事实践中全面地建立了起来,并将在未来更广泛地适用于刑事诉讼实务中。

第三节　认罪认罚程序中律师辩护的目的与任务

如前文所述,"控辩协商"是认罪认罚从宽制度的重要理念,"协商"的首要前提是控辩双方至少要在形式上具备平等的地位,其中最为重要的就是控辩双方对于案件信息的掌握是平等的,这一点对于非法律专业出身的犯罪嫌疑人、被告人尤为重要。因为,协商的基础是控辩双方基于同样的案件信息而作出的理性判断,如果案件信息不对称,无论是犯罪嫌疑人、被告人抑或是其辩护人,都无法根据不完整的案件信息作出全面、理性的评估和判断,在这种情况下,无论犯罪嫌疑人、被告人是否被羁押,资源、能力上是否处于弱势地位,都不可能与控方进行平等对话,认罪认罚制度就很容易沦为控方的"职权宽恕"甚至"单方威慑",从而失去认罪认罚"协商"的空间。因此,在认罪认罚程序中,刑事辩护律师的核心目的与任务就是通过依法履职,最大限度地保证犯罪嫌疑人、被告人获得最为全面的案件信息,最大限度地帮助犯罪嫌疑人、被告人基于案件信息和法律规定,作出理性的评估、判断和选择。

一、帮助被追诉人全面获取案件信息

认罪认罚案件中,不是只有"协商"没有"对抗",而是客观上将原本在法

庭中进行的"对抗"提前至审查起诉阶段，甚至提前至侦查阶段。因此，虽然在其他案件中，律师也需要帮助犯罪嫌疑人、被告人全面获取案件信息，但相对而言，在认罪认罚案件中，因为辩方要提前应对是否同意认罪认罚，以及是否同意量刑建议等关键问题，所以辩护律师帮助犯罪嫌疑人、被告人全面获取案件信息就变得更为重要和紧迫。

首先，在侦查阶段，辩护律师应结合案件信息，引导犯罪嫌疑人作出理性评估。《刑事诉讼法（2018）》第39条规定，辩护律师会见在押的犯罪嫌疑人，可以了解案件有关情况，提供法律咨询等。因为该阶段律师还无法阅卷，所以对案件信息的收集主要来自于犯罪嫌疑人的供述与辩解。该阶段的重点任务是结合犯罪嫌疑人所涉嫌的具体罪名以及其本人供述与辩解，就同种罪名的构成要件、辩护要点、量刑情节等有关定罪量刑的问题向犯罪嫌疑人进行了解和说明，帮助其对自己面临的法律风险作出初步评估，并就认罪认罚的可能性和可行性提出建议。

其次，在审查起诉阶段，辩护律师应在核实证据的基础上，帮助犯罪嫌疑人、被告人对案件形成全面的认知。根据《刑事诉讼法（2018）》第39条的规定，案件移送审查起诉后辩护人可以依法向犯罪嫌疑人、被告人核实有关证据。该阶段进入到了认罪认罚程序启动的实质阶段，辩护人律师应当在全面阅卷的基础上，深入核实证据，并根据证据核实情况，就是否建议被告人认罪认罚作出预判。

最后，在审判阶段，辩护律师应当根据当庭质证以及是否有新证据情况，及时向被告人作出信息反馈，为其最终作出同意或者不同意认罪认罚的决定提供决策参考。

二、提出法律分析意见，综合评估案件走向和结果

对于一名认真负责的刑事辩护律师而言，认罪认罚程序看似"简单轻松"，但实际上往往更具有挑战性，因为这套程序对律师的专业判断水准提出了更加严格的考验——将以往准备相对充分的、公开的法庭质证和辩论，突然转为准备时间更短、非公开的私下"协商"，而且最终的"协商结果"并没有明确的衡量标准。这个时候，对于律师而言，一切都成为了"良心活"。但仅有"良心"还是靠不住的，需要有"专业"打底才行：

一是对案件事实证据进行专业讲解，让不精通法律的犯罪嫌疑人、被告人听明白、想清楚。

二是对案件的法律适用问题进行专业分析，让犯罪嫌疑人、被告人基于案件事实和证据，对法律适用问题作出自己的评估和判断。

三是对犯罪嫌疑人、被告人提出的合理或者不合理辩解进行分析，最大限度消除其决策"噪声"。

四是对犯罪嫌疑人、被告人是否可能构成犯罪，以及未来可能判处的刑罚进行分析评估，对其是否认罪认罚以及是否接受具体量刑建议，特别是针对未来案件可能出现不同走向，给出评估和法律建议。

三、协助开展量刑协商，帮助争取最优结果

《刑事诉讼法（2018）》第173条第2款、第3款规定："犯罪嫌疑人认罪认罚的，人民检察院应当告知其享有的诉讼权利和认罪认罚的法律规定，听取犯罪嫌疑人、辩护人或者值班律师、被害人及其诉讼代理人对下列事项的意见，并记录在案：（一）涉嫌的犯罪事实、罪名及适用的法律规定；（二）从轻、减轻或者免除处罚等从宽处罚的建议；（三）认罪认罚后案件审理适用的程序；（四）其他需要听取意见的事项。人民检察院依照前两款规定听取值班律师意见的，应当提前为值班律师了解案件有关情况提供必要的便利。"第174条第1款规定："犯罪嫌疑人自愿认罪，同意量刑建议和程序适用的，应当在辩护人或者值班律师在场的情况下签署认罪认罚具结书。"

如果单纯从上述法律条文看，检察机关听取辩护人意见和签署认罪认罚具结书律师在场，是两个相对独立的程序，但实践中（主要指犯罪嫌疑人、被告人委托了律师进行辩护的情形）上述两个程序往往合二为一，即检察机关在犯罪嫌疑人或被告人、辩护律师三方都在场的情况下（三方在羁押场所的情况较多），同时就听取律师意见、是否同意认罪认罚、是否签署具结书等问题进行讨论，此时的情形就类似于一个微型、压缩版的法庭辩论程序，辩护律师所面临的主要任务就是在确保犯罪嫌疑人、被告人不被控诉方专业"碾压"、丧失谈判筹码的情况下，用律师的专业知识和经验，帮助犯罪嫌疑人、被告人最大限度地反映、辩论、沟通、评估，并最终作出否决或者达成认罪认罚的"协议"的决策。换言之，辩护律师要尽专业所能，让犯罪嫌疑人、被告人的最终决策是经过深思熟虑

而不是不假思索地作出。

四、见证签署认罪认罚具结书

如上文所述，辩护律师不参与前期会见和"沟通"，而单独见证签署认罪认罚具结书的情况多数发生在犯罪嫌疑人、被告人没有委托辩护律师的情况下。此时，本应由值班律师发挥上述辩护律师所应当起到的为犯罪嫌疑人、被告人决策提供全面信息并进行专业分析、评估的作用。但是，由于值班律师往往事先并未与犯罪嫌疑人进行会见沟通，案件移送审查起诉之后也没有进行阅卷，加之值班律师与犯罪嫌疑人、被告人现场沟通的时间非常有限，导致多数犯罪嫌疑人、被告人无法基于案件事实和证据信息作出理性决策。在这种情况下，认罪认罚从宽制度的核心理念，就会更偏重于"职权宽恕"而非"认罪协商"，犯罪嫌疑人、被告人认罪认罚的自愿性和真实性都会被打折扣。因此，在现有司法资源和制度框架下，建议将认罪认罚案件与指定辩护制度进行关联，争取今后赋予值班律师阅卷权和会见权，并逐步向值班律师辩护人化的方向改革。

五、妥善应对认罪反悔情况，尊重被告人的选择权

虽然多数认罪认罚的被告人在法庭上会遵守其之前的"承诺"，在法庭上进行有罪供述和答辩，但也有相当比例的被告人因为种种原因，在法庭上推翻以前的有罪供述，进行无罪或者罪轻辩护。辩护律师首先应当提前预判这种情况，并做好相应预案。同时，辩护律师应当在法庭上通过发问、申请休庭等形式，深入了解被告人反悔的原因，并提出有针对性的法律建议。如果被告人对认罪认罚问题存在误解，应当帮助被告人向法庭说明，重新恢复认罪认罚程序；如果被告人在听取各方意见，特别是听取辩护律师的建议后，仍然选择拒绝认罪认罚，那么作为被告人或其近亲属委托的辩护人，辩护律师应当在充分尊重被告人当庭意见的基础上，积极调整辩护思路，最大限度维护被告人的合法权益。

2017年的《律师办理刑事案件规范》第5条规定："律师担任辩护人，应当依法独立履行辩护职责。辩护人的责任是根据事实和法律，提出犯罪嫌疑人、被告人无罪、罪轻或者减轻、免除其刑事责任的材料和意见，维护犯罪嫌疑人、被告人的诉讼权利和其他合法权益。律师在辩护活动中，应当在法律和事实的基础上尊重当事人意见，按照有利于当事人的原则开展工作，不得违背当事人的意愿

提出不利于当事人的辩护意见。"因此，实践中有的被告人坚持无罪或者罪轻辩护，而其辩护律师却坚持有罪或者罪重辩护的做法，是不符合律师办理刑事案件规范的。

六、案件宣判后的综合评估与法律辅导

对于认罪认罚的被告人，一审作出的判决结果，如果符合被告人的心理预期，其一般不再上诉，案件进入执行阶段，律师的辩护任务完成。但也有部分案件，一审的判决结果并不完全符合被告人的心理预期，或者被告人基于其他想法（如希望通过技术性上诉拖延下监服刑时间等），而准备提起上诉。对于这种情况，辩护律师应当结合一审判决的内容以及全案的事实和证据，为被告人做好法律辅导和上诉后果的评估。考虑到实践中对于认罪认罚的被告人在一审判决作出后提出上诉，特别是对检察机关提出精确量刑建议，法院采纳后被告人无正当理由上诉的，目前检察机关原则上都会提出抗诉的实际情况，辩护律师应当为被告人做足释明工作，为其是否上诉提供决策参考。

CHAPTER 21

第二十一章

死刑复核案件的辩护

人生最宝贵的是生命,一旦失去不可复得。社会是由人组成的,没有人就没有社会。人类文明发展到今天,死刑作为一种单纯的报应,已经被越来越多的国家废除。虽然我国根据国情保留死刑,但是自 2007 年 1 月 1 日起将死刑复核权收归最高人民法院后,极大地减低了死刑的适用率。同时,也给律师在死刑复核程序的辩护提供了巨大的空间。死刑复核案件的辩护要求辩护律师具有良好的沟通能力,在法理、规范解释上及事实认定上,有与最高人民法院死刑复核法官对话的能力,还要熟悉死刑复核案件辩护的流程,为国家贯彻死刑案件"少杀、慎杀"的方针起到应有的作用。

第一节　相关理念、目的与任务

死刑，也被称为生命刑，是指基于法律所赋予的权利，以国家的名义，由特定的国家机关实施的剥夺犯罪分子生命的刑罚方式。由于生命一旦被剥夺就无法挽回，死刑也被视为最严厉的刑罚，又称作"极刑"。

随着死刑存废论的争议，死刑适用的正当性受到了越来越多的质疑。许多国家开始废除死刑，或者基本不再适用死刑。据联合国统计，截至2018年12月底，已有167个国家和地区被视为在法律上或者实践上废除死刑，其中109个国家和地区已经完全废除死刑，9个国家和地区废除对普通犯罪的死刑，49个国家和地区事实上废除死刑①，仍有30个国家和地区保留死刑。②

---

① 截至2018年12月31日，有109个国家和地区完全废除死刑，分别是：阿尔巴尼亚、安道尔、安哥拉、阿根廷、亚美尼亚、澳大利亚、奥地利、阿塞拜疆、比利时、贝宁、不丹、多民族玻利维亚国、波斯尼亚和黑塞哥维那、保加利亚、布隆迪、佛得角、柬埔寨、加拿大、哥伦比亚、刚果、库克群岛、哥斯达黎加、科特迪瓦、克罗地亚、塞浦路斯、捷克、丹麦、吉布提、多米尼加共和国、厄瓜多尔、爱沙尼亚、斐济、芬兰、法国、加蓬、冈比亚、格鲁吉亚、德国、希腊、几内亚、几内亚比绍、海地、罗马教廷、洪都拉斯、匈牙利、冰岛、爱尔兰、意大利、基里巴斯、吉尔吉斯斯坦、拉脱维亚、利比里亚、列支敦士登、立陶宛、卢森堡、马达加斯加、马耳他、马绍尔群岛、毛里求斯、墨西哥、密克罗尼西亚联邦、摩纳哥、蒙古、黑山、莫桑比克、纳米比亚、瑙鲁、尼泊尔、荷兰、新西兰、尼加拉瓜、纽埃、北马其顿、挪威、帕劳、巴拿马、巴拉圭、菲律宾、波兰、葡萄牙、摩尔多瓦共和国、罗马尼亚、俄罗斯联邦、卢旺达、萨摩亚、圣马力诺、圣多美和普林西比、塞内加尔、塞尔维亚、塞舌尔、斯洛伐克、斯洛文尼亚、所罗门群岛、南非、西班牙、苏里南、瑞典、瑞士、东帝汶、多哥、土耳其、土库曼斯坦、图瓦卢、乌克兰、大不列颠及北爱尔兰联合王国、乌拉圭、乌兹别克斯坦、瓦努阿图、委内瑞拉玻利瓦尔共和国。有9个国家和地区仅废除对普通犯罪的死刑：巴西、布基纳法索、乍得、智利、萨尔瓦多、危地马拉、以色列、哈萨克斯坦、秘鲁。有49个国家和地区事实上废除死刑：阿尔及利亚、安提瓜和巴布达、巴哈马、巴巴多斯、伯利兹、文莱达鲁萨兰国、喀麦隆、中非共和国、科摩罗、古巴、刚果民主共和国、多米尼克、赤道几内亚、厄立特里亚、斯威士兰、埃塞俄比亚、加纳、格林纳达、圭亚那、牙买加、肯尼亚、老挝人民民主共和国、黎巴嫩、莱索托、马拉维、马尔代夫、马里、毛里塔尼亚、摩洛哥、缅甸、尼日尔、阿曼、巴布亚新几内亚、卡塔尔、大韩民国、圣基茨和尼维斯、圣卢西亚、圣文森特和格林纳丁斯、塞拉利昂、斯里兰卡、巴勒斯坦国、塔吉克斯坦、汤加、特立尼达和多巴哥、突尼斯、乌干达、坦桑尼亚联合共和国、赞比亚、津巴布韦。2019年3月18日，巴勒斯坦加入旨在废除死刑的《公民权利和政治权利国际公约第二项任择议定书》，成为在法律上废除死刑的国家。

② 截至2018年12月31日，保留死刑的30个国家和地区分别为：阿富汗、巴林、孟（转下页）

一、死刑存废之争

死刑自出现以来，在很长一段时间里，一直被视为一种"天经地义"的刑罚方法，并被广泛使用。直到近代，对生命的尊重上升到自然意义层面，开始有学者质疑死刑的效能和正当性。关于死刑存废之争，各国学者根据自己的立场，形成了充分翔实的理论。

（一）保留死刑说

死刑作为直接剥夺生命的严厉刑罚，支持死刑的观点包括报应理论、国家理论以及预防理论等。

1. 报应理论。报应理论源自复仇是人类的天性，因此符合自然法的义理。在氏族社会时期"同态复仇"成为普适的秩序之一。进入奴隶社会之后，由于国家的产生，个人复仇被法律明令禁止，但复仇思想在国家意志层面以法的形式被保留。我国西汉年间，在儒家思想的影响下，家族本位主义逐渐根植于民众心中，复仇逐渐为大众所谅解并接受。①"杀人偿命"的观念在我国古代民众心中根深蒂固，一度被视为道德与法律的准则。

2. 国家理论。死刑作为国家暴力手段中最严厉的方式，是国家统治权的象征和体现。在我国传统文化中，到处都有复仇的身影，复仇的观念和文化形成之后，对正常的社会秩序会产生一定影响，统治阶级为了维护现有的统治秩序，以国家报复取代了私人复仇。恩格斯也曾指出："我们今日的死刑，只是这种复仇的文明形式。"② 因此，死刑的合理性根本来源于国家政权的合理性，适用死刑源于维护国家政权的需要。

3. 预防理论。预防理论包括特殊预防和一般预防。"一般预防是指防止社会上非特定的人犯罪，即以刑罚警戒效尤者，达到预防犯罪的目的。特殊预防是指

（接上页）加拉国、白俄罗斯、博茨瓦纳、中国、朝鲜民主主义人民共和国、埃及、印度、印度尼西亚、伊朗伊斯兰共和国、伊拉克、日本、约旦、科威特、利比亚、马来西亚、尼日利亚、巴基斯坦、沙特阿拉伯、新加坡、索马里、南苏丹、苏丹、阿拉伯叙利亚共和国、泰国、阿拉伯联合酋长国、美利坚合众国、越南、也门。以上数据参见联合国秘书长报告《死刑和保护死刑犯权利的保障措施的执行情况》，E/2020/53（2020）。

① 参见张燕：《从现代死刑理念看"杀人偿命"的传统意识》，载《法制与社会》2012年第6期。

② 《马克思恩格斯选集（第四卷）》，人民出版社版2012年，第92页。

防止犯罪人重新犯罪的作用。"① 死刑作为最严厉的刑罚,在支持死刑论者眼里,其一般预防的效果是显著的,对非特定人可以产生震慑作用。当然,这一点在废除死刑论者眼里,是站不住脚的。

(二) 废除死刑说

在西方历史上,首次明确提出废除死刑的学者,是被称为"刑法学之父"的意大利刑法学家切萨雷·贝卡里亚。自贝卡里亚之后,对死刑正当性的拷问与反思,成为各国思想家、法学家、社会学家以及政治家始终无法绕开的问题,对于废除死刑的理由方面,也形成了以下几种主流观点:

1. 社会契约说。贝卡里亚在1764年发表的名著《论犯罪和刑罚》一书中,第一次公开提出废除死刑。他在该书的首篇《献给读者》中提出:"控制着人们的道德原则和政治原则的有三个源泉:神的启示、自然法则和自愿结合的社会契约。"但是,贝卡里亚认为,人们最初订立社会契约时,并没有把处置自己生命的权力交给国家。因此,在死刑问题上,"死刑不可能成为一种权利,因此也不是一种权利"。因此,根据社会契约理论,国家无权对罪犯处以死刑。

贝卡里亚紧接着指出,死刑问题"是一场国家同一个公民的战争,因为,它认为消灭这个公民是必要和有益的。然而,如果我要证明死刑既不是必要的也不是有益的,我就要首先要为人道打赢官司"②。

2. 刑罚人道主义。死刑废止论,是从刑罚人道主义出发所得出的必然结论。早期的废除死刑论者,大多是以卢梭的社会契约论和人道主义学说,作为其理论基础。刑罚人道主义的基本理念是:人在任何时候都只应作为目的,而不能作为实现其他目的的手段。同时,刑罚人道主义还具有以下三重含义:第一,保护与尊重犯罪人的人格尊严;第二,禁止把人当作实现刑罚目的的工具;第三,禁止使用残酷而不人道及蔑视人权的刑罚手段。因此,从刑罚人道主义出发,不应对罪犯执行死刑。③

3. 宪法根据说。该学说认为,当代各国宪法的实质精神在于尊重人权和保障人权,其中,保障人的生命权利更是宪法的首要任务。而作为基本法的刑法规定死刑,则是对作为根本法的宪法原则的违反。因此,根据宪法精神,应当废除

---

① 田文昌:《刑罚目的论》,中国政法大学出版社1987年版,第11—12页。
② 〔意〕切萨雷·贝卡里亚:《论犯罪与刑罚》,黄风译,北京大学出版社2008年版,第65页。
③ 参见舒洪水:《刑罚人道主义与我国死刑废止》,载《云南大学学报法学版》2007年第2期。

死刑。

4. 死刑在威慑效力上不如终身监禁。在死刑是否必要的问题上，贝卡里亚说："对人类心灵发生较大影响的，不是刑罚的强烈性，而是刑罚的延续性。""我们的精神往往更能抵御暴力和极端的但短暂的痛苦，却经受不住时间的消磨，忍耐不住缠绵的烦恼，因为，它可以暂时地自我收缩以抗拒暴力和短暂的痛苦。"① 持废除死刑论的学者认为，迄今为止，并没有任何证据表明，死刑的存废与犯罪率的高低之间具有直接关系。不少国家废除死刑后，重大犯罪的发案率并没有上升，反而持续下降；而不少保留死刑甚至大量适用死刑的国家，犯罪率不仅没有明显下降，甚至还不断上升。因此，死刑并没有特殊的威慑力，其威慑作用甚至还不及终身监禁，在一般预防上的效果有限。

（三）我国死刑的目的

在我国，自从夏、商、周时期死刑被列入五刑体系，从奴隶社会到封建社会再到今天，几千年来，死刑在我国的刑罚体系中一直扮演着重要的角色，也蕴含着深刻的理念和目的。

根据我国现行《刑法》第 48 条第 1 款之规定："死刑只适用于罪行极其严重的犯罪分子。对于应当判处死刑的犯罪分子，如果不是必须立即执行的，可以判处死刑同时宣告缓期二年执行。"

1. 死刑对于犯罪人是一种单纯的报应。刑罚对犯罪人的惩罚功能主要体现在限制、消灭犯罪人再度犯罪的条件以及对其改造和感化的作用，对于一般刑罚而言，或可能实现这些目的，但是对于死刑这一刑罚来说，实际上上述目的是随着犯罪人被消灭也一起"被消灭"了，因而，死刑体现的唯一价值就是"报应"，单纯的报应。

2. 对被害人及其家属的安抚。"国家通过对犯罪分子适用刑罚，对犯罪行为予以惩罚、打击，不仅可以制止其继续犯罪，表示对犯罪行为的否定评价，并且可以抚慰被害人，平息社会义愤，满足社会主义正义观念的要求，以维护法制的威严和社会的安定局面。"② 死刑的适用，"在一定程度上满足了被害人及其家属要求惩罚犯罪的强烈愿望，平息被害方面的激愤情绪、抚慰其所受到的精神创

---

① 〔意〕切萨雷·贝卡里亚：《论犯罪与刑罚》，黄风译，北京大学出版社 2008 年版，第 66—68 页。
② 田文昌：《刑罚目的论》，中国政法大学出版社 1987 年版，第 53 页。

伤,从而防止被害方面所作的私人报复行为,避免新的犯罪发生"①。

3. 对其他社会成员的威慑与教育。一是威慑作用。尽管反对死刑论者认为社会学研究表明这一作用是被夸大了的,但在我国目前保留死刑的最大理论支撑就是死刑的威慑效应最大,会使一些有犯罪动机的人望而却步,打消犯罪念头。二是教育功能。死刑是对罪行极其严重的犯罪分子进行的最严厉的制裁,国家通过对犯罪人判处死刑,能够促使公众自觉遵守法律。

二、死刑复核程序的理念

保留死刑是我国的基本态度,而坚持少杀、慎杀是我国的长期死刑政策。出于对生命的尊重和对死刑适用的慎重,我国刑事法律对死刑的适用作出了诸多限制性规定,死刑复核程序就是其中重要的一环。

死刑复核程序是人民法院对判处死刑的案件进行复核所遵循的一项特殊审判程序,由享有复核权的人民法院对下级人民法院报请复核的死刑判决、裁定,在认定事实和适用法律上是否正确进行全面审查,依法作出是否核准死刑的决定。换言之,死刑案件只有经过复核并核准后,死刑判决才发生法律效力。

(一) 国外控制死刑理念简介

对于死刑,首先,世界上200多个国家和地区中,截至2018年统计已有167个国家已经废除了死刑,有30个国家保留死刑;其次,出于对死刑案件的慎重考量,保留死刑的国家对死刑案件诉讼程序的某些环节作出了特殊规定,以严格把关死刑案件的质量。例如必须经过公正的审判程序、必须给予被告人以充分的救济机会、在穷尽所有救济手段之前不应被执行死刑以及应尽量缩小死刑的适用范围等。② 这些规定,体现了程序正义与人权保障的重要原则。

1. 被告人的生命权是人权司法保障中的基本对象

人权,即人因其为人而应当享有的权利,在刑事诉讼中,是指面对公权力的追诉而能享受的因其为人而应当享受的权利。换言之,人权对应的概念是公权,人权的外延是公权可以干预的人的生活的边界。对于犯罪嫌疑人、被告人而

---

① 唐棣、李沛清:《关于死刑的价值观》,载《兰州学刊》2006年第11期。
② 参见陈永生:《对我国死刑复核程序之检讨——以中国古代及国外的死刑救济制度为视角》,载《比较法研究》2004年第4期。

言，生命权是当之无愧最重要的权利，如果生命权没有保障，其他权利都将无从谈起。多大程度上才能允许国家公权力对公民生命权进行干预呢？司法人权保障将此作为核心命题。也因此，对生命权的保障得以成为一项国际刑事司法准则。

2. 法律援助和辩护权是人权司法保障的最基本内容

在死刑案件中，正因为公权力即将剥夺被告人的生命权，而这种刑罚一旦实施便不可逆转，才更应该严格保障被告人的法律援助和辩护权，以尽可能保障被告人的生命权。可以说，"死刑的立法与司法情况是一个国家刑法之人权保障的重要标志"。以辩护权保障为核心的正当程序是人权司法保障的基本要求。① 因此，保留死刑的很多国家，都将"可能判处死刑"作为适用强制辩护的条件，即便被告人没有委托律师，或者拒绝律师，国家也必须要为其指定律师。

3. 程序正义的重要性

美国宪法中将正当程序作为法律概念提出，美国宪法第五和第十四修正案分别针对联邦和州政府的权力作出限制："非经正当法律程序，不得剥夺任何人的生命、自由和财产。"由此，"正当程序"成为美国宪法的一项十分重要的法治原则。英国著名法学家丹宁勋爵对于正当程序的定义是："法律为了保持日常司法工作的纯洁性而认可的方法：促使审判和调查公正地进行，逮捕和搜查适当地采用，法律援助顺利地取得，以及消除不必要的延误，等等。"② 可以看出，正当程序要求程序的公正性、公平性、权利的保障性、权力的制约性、追求目的正当性等，而这也是死刑正当程序所必须具备的基本特点。但是，鉴于死刑是剥夺人最根本的生命权的严厉刑罚，同时具有不可撤销性，因此，对死刑程序的正当性理应具有更高的标准要求。③ 正当程序的严格标准除了体现在犯罪认定和被告人权利保护上，还体现在一个死刑案件判决所经历的时长上。在有些国家，虽然立法上保留了死刑，但是在司法实践中真的要处决一个死刑犯，审理裁决时限甚至可长达 10 年、20 年，而且，处决死刑犯的时间间隔，从已经

---

① 参见穆远征：《死刑复核程序中律师辩护的困境与改革——以人权司法保障为视角》，载《法学论坛》2014 年第 4 期。
② 〔英〕丹宁勋爵：《法律的正当程序》，刘庸安等译，法律出版社 1999 年版，第 1 页。
③ 参见张绍谦：《论死刑"正当程序"的基本特征》，载《河南师范大学学报（哲学社会科学版）》2004 年第 5 期。

发生的判例看①，这体现了这些国家立法虽保留死刑，但司法实践实现了少杀慎杀的基本原则。

（二）我国死刑复核理念嬗变

死刑复核制度在我国具有悠久的历史，该制度起于汉，兴于隋唐，至明清时期发展鼎盛，至今已经发展了两千年之久。在不同的历史时期，死刑复核制度也体现了不同的文化背景和价值取向。

1. 中国古代的死刑复核理念

根据《汉书》记载，早在汉朝，就有由皇帝对二千石以上官吏的死刑案件进行复核的规定；隋唐以后，死刑复核制度基本成形，不仅明确规定了复奏制度，还设立了专门的死刑复核机关；进入明清，朝审、秋审制度的确立，标志着古代死刑复核制度的高度发展与完善。在这一时期，死刑复核制度更多是从统治阶级的角度出发，带有维护政权统治的政治色彩。

（1）仁道矜恤的理念。"仁道"是儒家法思想的重要内容，表现在司法活动中即为以德司法、以情断案，强调慎刑和恤狱。因此，当儒家思想成为社会主流思想后，以限制死刑、防止错杀滥杀为宗旨的死刑复核制度也得以发展和完善。但儒家"仁道"理念的主体是君主，君主实施仁政的目的，归根结底在于维护统治阶级的统治。因此，古代死刑复核制度在很大程度上只是体现君主仁政和民本主义的工具，并非真正为保障无辜者权利而设立的闸门。

（2）君权神授的理念。早在我国周朝时期就出现了"敬天保民""明德慎刑"的法制指导思想。以天子自居的皇帝在行使刑罚权时，通常被视为代天行刑。君主如果随意刑罚，有可能会违背天意，从而丧失道德上的合法性和精神上的感召力。顺应天时之令的行刑方式，也为司法仁道理念披上了神圣化的外衣，死刑复核制度得到统治者的高度重视，同时也在一定程度上体现了统治权的自我约束。

（3）中央集权的理念。中央集权一直是中国封建社会政治体制的核心，而作为国家权力重要组成部分，在以刑事法律为核心的中国法律传统下，死刑无疑是

---

① 据美联社报道，当地时间 2020 年 7 月 14 日上午，美国联邦政府通过注射的方式，对一名杀人犯执行了死刑。1999 年，该名罪犯因被指控于 1996 年杀害阿肯色州的一家三口，并将受害者遗体弃于湖中，最终被判处死刑；但直到 2020 年，他才被正式执行死刑。而这也是自 2003 年后，美国联邦政府层面时隔 17 年以来首次执行死刑。

整个司法权的核心。因此，由掌握国家最高统治权的皇帝亲自控制死刑，体现了君权至上的理念。但在当时的背景下，在制度层面将死刑裁决权全部集中到中央，确实有防止司法擅断、限制死刑数量的客观效果。①

2. 中华人民共和国初期的死刑复核理念

中华人民共和国成立初期的死刑复核制度无疑充满了政治因素的考量。在这一阶段，无产阶级专政模式深入到社会生产生活的每一个领域，死刑复核制度也因此而政治化。毛泽东在《论十大关系》一文中提出，有的人虽有可杀之罪，但杀了不利；可能杀错人；消灭了证据，不利于革命；不能增加生产，不能提高科学水平，不能帮助除四害，不能强大国防等。这在一定程度上解释了当时死刑政策奉行"少杀慎杀"的理由，也体现出当时死刑复核的政治功能。②

3. 中国当代的死刑复核理念

2006 年 12 月 28 日，《最高人民法院关于统一行使死刑案件核准权有关问题的决定》（以下简称《统一行使死刑核准权的决定》），由最高人民法院统一行使死刑案件核准权。这也体现出中国当代死刑复核制度理念的转变：

（1）依法治国的理念。随着我国由计划经济向市场经济转变，意识形态和政治上层建筑也逐渐走向变革。1999 年《宪法修正案》提出，我国实行依法治国，建设社会主义法治国家。法治理念中，"司法权的功能不再是行政权行使的副产品，不再是统治者维持其统治秩序的工具，而应成为公民自由和权利的保障"③。因此，现代死刑复核制度体现的是依法治国、司法公正的理念。

（2）程序正义的理念。程序正义是刑事诉讼程序固有的内在价值，对刑事诉讼活动提出了独立于实体正义的要求和标准。司法中的程序公正与实体公正同样重要，二者缺一不可，否则司法公正将无法实现，一切司法活动也将失去存在的价值。由于死刑的严厉性，其所经历的程序理所应当要比普通案件更复杂、更细致，投入更多的诉讼资源，提供尽可能多的救济权利。因此，在死刑复核程序上，更应当强调实现程序正义。

---

① 参见孙厚祥、屠晓景：《死刑复核制度价值理念的变迁》，载《国家检察官学院学报》2007 年第 3 期。

② 参见孙厚祥、屠晓景：《死刑复核制度价值理念的变迁》，载《国家检察官学院学报》2007 年第 3 期。

③ 韩红兴：《法治语境下我国死刑复核制度价值理念的反思和重塑》，载《北方工业大学学报》2007 年第 2 期。

（3）保障人权的理念。"人权"这一概念伴随启蒙运动产生，在"天赋人权"的影响下，保障人权的呼声日益高涨，而生命权系人权之首，在现阶段我国还不能废除死刑的前提下，慎重对待死刑、从严控制死刑的适用，是敬畏生命、依法保障人权的体现。对死刑案件增设比普通案件更为严格的程序，彰显了生命至上的理念，强调对生命的绝对尊重。死刑复核程序体现了"尊重生命和保障人权"的宪法精神，也推动了我国司法领域人权保障的进程。

三、死刑复核程序的目的与任务

《刑事诉讼法（2018）》第246—251条对死刑复核程序作出了原则性规定，相关司法解释也进一步将上述规定进行细化。根据法律规定和司法实践经验，死刑复核程序需要查明原判认定的犯罪事实是否清楚，据以定罪的证据是否确实、充分，罪名是否准确，程序是否合法，量刑是否适当，并在此基础之上，依据事实和法律，核准正确的死刑裁判，纠正不适当或错误的死刑裁判。因此，死刑复核程序具有其特定的目的和任务。

1. 防止错杀、冤杀。对于死刑案件而言，人死不可复生，司法错误的后果是难以容忍的，并且会严重影响公众对于法律的信仰和司法权威的树立。在绝大多数国家已经废除死刑的国际形势下，保留死刑的各国对于死刑的适用均是非常慎重的，要求在适用死刑的过程中必须采取一切可以采取的措施，以避免错杀和滥杀。在程序上多设置一道关卡，由我国最高审判机关对死刑案件进行复查和审核，更能保证死刑适用的公正性，避免错杀、冤杀。

2. 贯彻少杀、慎杀。基于我国当前的国情，完全废除死刑的条件还不成熟，但严格控制死刑数量势在必行。在我国刑事诉讼两审终审制的基础上，对判处死刑的案件再增设一道死刑复核程序，能够进一步严格限制死刑的适用，这是我国在保留死刑现实条件下的权宜之计，也是死刑复核程序的重要功能之一。① 2007年最高人民法院全面收回死刑案件核准权之后，我国执行死刑的案件数量大幅下降，这也间接证明了死刑复核程序少杀、慎杀的直接效用。②

3. 统一死刑案件法律适用标准。死刑作为剥夺生命权的极刑，在适用时应当尽可能保证实体公正和程序公正，避免死刑案件法律适用的多重标准。但是，过

---

① 参见韩红、杨春雷：《对死刑复核程序功能的理性思考》，载《学习与探究》2009年第3期。
② 参见李蒙：《收回死刑复核权后取得了哪些成就》，载《民主与法制》2016年第39期。

去死刑核准权部分下放的实践结果表明，由于各高级人民法院辖区内社会经济发展水平以及社会治安情况各不相同，导致各省适用死刑的标准不尽相同，同罪不同判的现象也时有发生，这显然与死刑复核程序的初衷背道而驰，更有损司法在公众心中的权威性。因此，最高人民法院统一死刑适用标准，有利于维护我国法治统一，体现法治尊严。①

四、死刑复核辩护的理念与目的

《刑事诉讼法（2018）》第 251 条第 1 款规定："最高人民法院复核死刑案件，应当讯问被告人，辩护律师提出要求的，应当听取辩护律师的意见。"《刑诉法解释（2021）》第 434 条进一步规定："死刑复核期间，辩护律师要求当面反映意见的，最高人民法院有关合议庭应当在办公场所听取其意见，并制作笔录；辩护律师提出书面意见的，应当附卷。"可见在死刑复核程序中，刑事律师仍然可以为被告人进行辩护。而刑事律师在死刑复核阶段的有效辩护，有利于保障死刑判决的公正权威，同时也是挽救被告人生命的最后一次机会。

（一）死刑复核辩护的理念：不应适用死刑

与死刑复核程序本身被赋予的依法治国、程序正义和保障人权的理念和意义有所不同，对于刑事律师而言，在死刑复核辩护中的理念，由始至终只有一个核心，那就是"被告人不应适用死刑"。

生命权是每个自然人最重要的权利，在"死刑"这一最严厉的刑罚面前，刑事律师的当务之急和重中之重，就是要在死刑复核程序中，把握最后一次有可能挽救被告人生命的机会，尽可能让法院作出不予核准死刑的裁判。所以，刑事律师在死刑复核辩护中，应当始终围绕"被告人不应适用死刑"这一核心观点，向法院展示被告人的从轻、减轻情节，穷尽所有救济途径，以求找到对被告人不核准死刑的情节和理由。

（二）死刑复核辩护的目的：找出"不死的理由"

死刑复核辩护的目的也正是如此，它不同于死刑复核程序中防止错杀、冤杀、贯彻少杀、慎杀、统一死刑案件法律适用标准的目的和任务，刑事律师在死

---

① 参见卞建林：《统一行使死刑案件核准权：十年回顾与展望》，载《甘肃政法学院学报》2017 年第 3 期。

刑复核辩护中想要达到的最终目的只有一个，就是要找出被告人"不死的理由"，通过向最高人民法院的法官展示被告人不应核准死刑的情节和理由，说服法官作出不予核准死刑的裁判。

第二节　我国相关规范性法律文件的沿革

《刑法》第 48 条第 2 款规定："死刑除依法由最高人民法院判决的以外，都应当报请最高人民法院核准。死刑缓期执行的，可以由高级人民法院判决或核准。"《刑事诉讼法（2018）》第 246 条规定："死刑由最高人民法院核准。"在我国有权进行死刑复核的机关是最高人民法院。

一、死刑核准权行使的历史沿革

回顾中国古代司法制度，死刑复奏制度起源于汉朝，隋朝时明确了死刑案件需三次奏请皇帝核准的"三复奏"制度。到唐朝，更是区分出地方死刑案件"三复奏"及京师死刑案件"五复奏"两种形式。历朝历代，除个别特殊时期，为维护中央集权、体现"慎刑"的司法理念，死刑案件的终审权、核准权始终控制在中央皇权手里。

中华人民共和国成立后，建立了死刑复核制度，根据不同时期的司法环境和社会治安状况，相关部门也对死刑复核程序进行相应调整。在此期间，死刑核准权先后经历了地方法院和最高人民法院分别行使、最高人民法院统一行使、部分下放给地方法院行使、最终全部收归最高人民法院统一行使的一系列变革过程。

（一）死刑核准权的"分别行使"和"统一行使"

1. 地方法院与最高人民法院"分别行使"死刑核准权

中华人民共和国刚成立时，国家政权处在特定的稳固时期，出现了大量的反革命犯罪案件，为缓解办案压力，按照不同地域，死刑核准权分别由地方人民法院和最高人民法院行使，由最高人民法院行使死刑核准权的地域被限定在较小范围。

1950年7月20日，中央人民政府政务院《人民法庭组织通则》第7条规定：县（市）人民法庭及其分庭判处死刑的，由省人民政府或者省人民政府特令指定的行政公署批准；大行政区直辖市人民法庭及其分庭判处死刑的，由大行政区人民政府（军政委员会）批准。对于匪特反革命分子的死刑判决，同样按照上述规定批准执行，但不得上诉。

1950年7月23日，中央人民政府政务院和最高人民法院联合发布的《关于镇压反革命活动的指示》第4条进一步规定："所有上述各项反革命案件，经当地人民法院或人民法庭判决死刑者，其批准手续，在新解放地区，由省人民政府主席或省人民政府授权之当地专署以上首长批准后执行，在东北、华北及西北老解放区，由省人民政府或大行政区人民政府主席批准后执行，在中央及大行政区直属市，分别由最高人民法院院长及大行政区人民政府（军政委员会）主席批准后执行。"

1954年9月21日，第一届全国人民代表大会第一次会议通过《中华人民共和国人民法院组织法》（以下简称《人民法院组织法》），其中第11条第5款规定："中级人民法院和高级人民法院对于死刑案件的终审判决和裁定，如果当事人不服，可以申请上一级人民法院复核。基层人民法院对于死刑案件的判决和中级人民法院对于死刑案件的判决和裁定，如果当事人不上诉、不申请复核，应当报请高级人民法院核准后执行。"根据上述规定，死刑案件的判决和裁定，一般由高级人民法院核准；如果当事人对高级人民法院终审作出的死刑判决和裁定不服，可以申请最高人民法院复核。

2. 最高人民法院"统一行使"死刑核准权

1957年国家政权稳固后，反革命犯罪大幅减少，国家重心拟转向经济建设，根据全国人民代表大会决议，由最高人民法院统一行使死刑核准权。

1957年7月15日，第一届全国人民代表大会第四次会议通过《关于死刑案件由最高人民法院判决或者核准的决议》，该决议明确："今后一切死刑案件，都由最高人民法院判决或者核准。"自此开始到1966年为止，死刑案件由最高人民法院统一行使核准权。其中，1958年至1962年主要采用电报核准的方式；1963年至1966年，适用全案报请核准的复核形式。

1966年至1976年，经历了十年"文化大革命"的动荡。在这段混乱时期，死刑案件主要由各地革命委员会保卫部门进行核准。1972年，法院系统的工作逐渐开始恢复,死刑案件名义上由最高人民法院行使,但实际上依然比较混乱。事实上,1976年至1979年期间,死刑案件的核准权依然散落在各地。

1979年7月1日,第五届全国人民代表大会第二次会议通过《刑法》《刑事诉讼法》和《人民法院组织法》,确立了现代死刑复核制度的基本框架和模式,再次明确规定死刑由最高人民法院核准。

(二)死刑核准权的"下放"与"收回"

1. 死刑核准权部分"下放"到高级人民法院

20世纪80年代,社会治安状况较为恶劣,全国大中城市中杀人、强奸、抢劫、放火以及其他严重危害社会治安的重大恶性案件频发,导致应当判处死刑的案件大幅增加,国家针对特定地区某些高发类型的案件的死刑核准权进行下放。

1980年2月12日,第五届全国人民代表大会常务委员会第十三次会议批准决定:"在1980年内,对现行的杀人、强奸、抢劫、放火等犯有严重罪行应当判处死刑的案件,最高人民法院可以授权省、自治区、直辖市高级人民法院行使。"

1981年6月10日,第五届全国人民代表大会常务委员会第十九次会议通过《关于死刑案件核准问题的决定》,其中规定:在1981年至1983年内,对犯有杀人、抢劫、强奸、爆炸、放火、投毒、决水和破坏交通、电力等设备的罪行,由省、自治区、直辖市高级人民法院终审判决死刑的,或者中级人民法院一审判决死刑,被告人不上诉,经高级人民法院核准的,以及高级人民法院一审判决死刑,被告人不上诉的,都不必报最高人民法院核准。对反革命犯和贪污犯等判处死刑,仍然按照《刑事诉讼法》关于"死刑复核程序"的规定,由最高人民法院核准。

1983年9月2日,第六届全国人民代表大会常务委员会第二次会议对《人民法院组织法》第13条进行修改,规定:"杀人、强奸、抢劫、爆炸以及其他严重危害公共安全和社会治安判处死刑案件的核准权,最高人民法院在必要的时候,得授权省、自治区、直辖市的高级人民法院行使。"依此,1983年9月7日,最高人民法院发布《关于授权高级人民法院核准部分死刑案件的通知》,授权各省、自治区、直辖市高级人民法院、解放军军事法院核准杀人、强奸、抢劫、爆炸以及其他严重危害公共安全和社会治安犯罪的死刑案件。

在这一框架性决定之下,随着毒品犯罪的迅猛发展,1991年—1997年,最高人民法院多次发布通知,决定除最高人民法院判决的涉外和涉港澳台的毒品犯罪死刑案件外，依法授权云南省、广东省、广西壮族自治区、四川省、甘肃省和贵州省的高级人民法院，行使毒品案件的死刑核准权。

2. 最高人民法院收回并统一行使死刑核准权

死刑核准权下放的时间和范围一步步扩大，历经 27 年。在死刑核准权下放的漫长时间里，围绕应否将死刑核准权收回最高人民法院统一行使的问题，理论界与实务界也进行了激烈的争论。2006 年 12 月 29 日，最高人民法院最终发布《统一行使死刑核准权的决定》，规定从 2007 年 1 月 1 日起，由最高人民法院统一行使死刑核准权。

二、全面收回死刑核准权后，保障死刑复核阶段律师辩护权的重要文件

（一）《最高人民法院关于办理死刑复核案件听取辩护律师意见的办法》

2014 年 12 月 29 日，最高人民法院出台《关于办理死刑复核案件听取辩护律师意见的办法》，该办法第一次明确规定了律师在办理死刑复核案件中的查询案件权、阅卷权、约见法官权、获得裁判文书权等程序性权利，基本解决了之前律师办理死刑复核案件中存在的查询案件难、会见难、阅卷难等突出问题，至此，律师办理死刑复核案件有了较为明确程序性规范。比如，律师可以通过电话查询案件情况、向最高人民法院邮寄委托手续；律师需要在接受委托或者指派之日起一个半月内提交辩护意见；最高人民法院法官接收律师提交的材料后，要开具收取材料的清单；法院应当在宣判后五个工作日内将死刑复核裁定书送达辩护律师等。

其中，最值得称道的是"约见法官权"，诉讼的意义在于当面交流辩护意见，要求法官必须会见死刑复核辩护律师，这极大地增强了死刑复核辩护意见说服法官的可能，面对面的信息交流，弥补了单纯递交书面意见"悄然无声"辩护的缺陷，将辩护由"无声"变为"有声"。

（二）《最高人民法院关于死刑复核及执行程序中保障当事人合法权益的若干规定》

2019 年 8 月 8 日，最高人民法院出台《关于死刑复核及执行程序中保障当事人合法权益的若干规定》。该文件进一步规定，死刑复核裁定作出之后，辩护律师仍然可以向最高人民法院提交辩护意见和证据材料，最高人民法院应当接受并

进行审查。如果律师提交的相关意见和证据材料能够影响到复核结果，则要暂停交付执行或者停止执行。上述规定进一步延伸了律师辩护的空间，更有利于维护死刑复核被告人的合法权益。

（三）《关于为死刑复核案件被告人依法提供法律援助的规定（试行）》

2021年12月30日，最高人民法院、司法部出台《关于为死刑复核案件被告人依法提供法律援助的规定（试行）》，自2022年1月1日起施行。其中规定，死刑复核案件裁判文书应当写明辩护律师姓名及所属律师事务所，并表述辩护律师的辩护意见。上述规定首次明确死刑复核裁定书上应当载明辩护律师姓名及辩护意见，进一步保障了死刑案件被告人的辩护权。

三、全面收回死刑核准权后，控制死刑适用的主要法律法规

（一）《中华人民共和国刑法修正案（八）》

2011年2月25日通过的《中华人民共和国刑法修正案（八）》，进一步限缩了死刑适用的范围：

1. 13个罪名废止死刑

分别为：走私文物罪，走私贵重金属罪，走私珍贵动物、珍贵动物制品罪，走私普通货物、物品罪，票据诈骗罪，金融凭证诈骗罪，信用证诈骗罪，虚开增值税专用发票、用于骗取出口退税、抵扣税款发票罪，伪造、出售伪造的增值税专用发票罪，盗窃罪，传授犯罪方法罪，盗掘古文化遗址、古墓葬罪，盗掘古人类化石、古脊椎动物化石罪。

2. 特别规定了75周岁以上的人限制适用死刑

在《刑法》第49条中增加一款作为第2款："审判的时候已满七十五周岁的人，不适用死刑，但以特别残忍手段致人死亡的除外。"

（二）《中华人民共和国刑法修正案（九）》

2015年8月29日通过的《中华人民共和国刑法修正案（九）》，进一步从立法角度对死刑适用作出限制：

将《刑法》第50条第1款修改为："判处死刑缓期执行的，在死刑缓期执行期间，如果没有故意犯罪，二年期满以后，减为无期徒刑；如果确有重大立功表现，二年期满以后，减为二十五年有期徒刑；如果故意犯罪，情节恶劣的，报请

最高人民法院核准后执行死刑；对于故意犯罪未执行死刑的，死刑缓期执行的期间重新计算，并报最高人民法院备案。"

《刑法修正案（九）》以前，对于被告人在死刑缓期执行期间故意犯罪的，一经查证属实，即报请最高人民法院核准，执行死刑；但《刑法修正案（九）》对于故意犯罪的情形设置了"情节恶劣"的限制条件，降低被判处死缓的被告人适用死刑的可能，进一步从立法上控制了死刑的适用。

(三) 《宽严相济刑事政策意见》

1. 提出了要基于宽严相济刑事政策控制死刑的适用

"宽严相济"刑事政策的核心是"从宽"。2010年2月8日发布的《宽严相济刑事政策意见》中，要求准确理解和严格执行"保留死刑，严格控制和慎重适用死刑"的政策。这里的"严格"是取因"严格"条件和标准，而"少用""慎用"死刑之意。要依法严格控制死刑的适用，统一死刑案件的裁判标准，确保死刑只适用于极少数罪行极其严重的犯罪分子。拟判处死刑的具体案件定罪或者量刑的证据必须确实、充分，得出唯一结论。对于罪行极其严重，但只要是依法可不立即执行的，就不应当判处死刑立即执行。

2. 规定了诸多在死刑案件中同样适用的从宽处理情形

在司法实践中，对于因恋爱、婚姻、家庭、邻里纠纷等民间矛盾激化引发的故意杀人案件可以不判处死刑，其渊源为《宽严相济刑事政策意见》第22条规定："对于因恋爱、婚姻、家庭、邻里纠纷等民间矛盾激化引发的犯罪，因劳动纠纷、管理失当等原因引发、犯罪动机不属恶劣的犯罪，因被害方过错或者基于义愤引发的或者具有防卫因素的突发性犯罪，应酌情从宽处罚。"

(四) 《死刑案件证据规定》

1. 最高人民法院收回死刑复核权后需要进一步提高死刑案件办案质量，是该文件出台的背景

最高人民法院法官主笔的《〈关于办理死刑案件审查判断证据若干问题的规定〉理解与适用》一文中提及该规定的出台背景："自2007年1月1日最高人民法院统一行使死刑案件核准权以来，各高级法院严格依照法定程序和标准办案，报核案件的质量总体是好的，但存在的问题仍然不容忽视。据统计，近三年来，每年因事实、证据问题不核准的案件，均超过全部不核准案件的30%，这其

中还不包括大量在复核阶段补查、完善证据后予以核准的案件。同时，一审报送二审的死刑案件，高级法院改判的比例一直较高，有的省持续达到30%，甚至40%以上。这些问题的发生，严重影响了死刑案件的复核质量和效率，也埋下了发生冤假错案的隐患。"

2. 明确了死刑案件应当执行最严格的证据标准，从证据标准角度控制死刑的适用

《死刑案件证据规定》第5条规定：

办理死刑案件，对被告人犯罪事实的认定，必须达到证据确实、充分。

证据确实、充分是指：

（1）定罪量刑的事实都有证据证明；

（2）每一个定案的证据均已经法定程序查证属实；

（3）证据与证据之间、证据与案件事实之间不存在矛盾或者矛盾得以合理排除；

（4）共同犯罪案件中，被告人的地位、作用均已查清；

（5）根据证据认定案件事实的过程符合逻辑和经验规则，由证据得出的结论为唯一结论。

办理死刑案件，对于以下事实的证明必须达到证据确实、充分：

（1）被指控的犯罪事实的发生；

（2）被告人实施了犯罪行为与被告人实施犯罪行为的时间、地点、手段、后果以及其他情节；

（3）影响被告人定罪的身份情况；

（4）被告人有刑事责任能力；

（5）被告人的罪过；

（6）是否共同犯罪及被告人在共同犯罪中的地位、作用；

（7）对被告人从重处罚的事实。

3. 确立证据裁判原则、程序法定原则、未经质证不得认证原则等重要证据原则，为《刑诉法解释（2012）》中证据方面相关内容的出台奠定了实践基础

《死刑案件证据规定》第2条规定，"认定案件事实，必须以证据为根据"，从而第一次明文确立了证据裁判原则。

《死刑案件证据规定》第3条规定，"侦查人员、检察人员、审判人员应当严

格遵守法定程序，全面、客观地收集、审查、核实和认定证据"，从而确立了程序法定原则。

《死刑案件证据规定》第4条规定，"经过当庭出示、辨认、质证等法庭调查程序查证属实的证据，才能作为定罪量刑的根据"，从而确立了未经质证不得认证原则。

在死刑案件实行最为严格的证据规格要求的基础上，相关证据规则在死刑案件中先行先试，积累司法实践经验，为《刑诉法解释（2012）》中证据方面相关内容的出台奠定了坚实的基础，该司法解释中关于证据方面的条文，吸收和采纳了《死刑案件证据规定》中的大多数规定。

（五）审理毒品犯罪案件的《大连会议纪要》《武汉会议纪要》

死刑案件中毒品犯罪案件占据了较大比例，死刑适用数量较高，基于"保留死刑，严格控制和慎重适用死刑"的刑事政策的要求，我国出台了很多规范性文件，用以严格控制重大案件的死刑适用，其中最具代表性的是最高人民法院出台的《大连会议纪要》及《武汉会议纪要》。

《大连会议纪要》，全称为《全国部分法院审理毒品犯罪案件工作座谈会纪要》，出自最高人民法院于2008年9月23日至24日在辽宁省大连市召开的全国部分法院审理毒品犯罪案件工作座谈会，会上对审理毒品犯罪案件尤其是毒品死刑案件具体应用法律的有关问题达成了共识，并形成工作纪要，用于指导全国毒品案件的审判。

《武汉会议纪要》，全称为《全国法院毒品犯罪审判工作座谈会纪要》，出自最高人民法院于2014年12月11日至12日在湖北省武汉市召开的全国法院毒品犯罪审判工作座谈会，此次座谈会对《大连会议纪要》没有作出规定，或者规定不尽完善的毒品犯罪法律适用问题进行认真研究讨论并达成了共识，形成工作纪要，用于指导全国毒品案件的审判。

《大连会议纪要》《武汉会议纪要》规定了毒品犯罪中可不判处死刑的情形，判处死刑案件需要有毒品含量鉴定等证据标准要求，特请介入案件不适用死刑的情形，运输毒品案件、新型毒品案件不适用死刑的情形，毒品犯罪上下家及共同犯罪控制实用的情形等，上述《大连会议纪要》《武汉会议纪要》的规定，将在《刑事辩护教程（实务篇）》的"死刑复核案件的辩护"中进行详细分析。

CHAPTER 22
第二十二章

未成年人刑事诉讼程序

自 20 世纪以来，青少年犯罪现状不容乐观，可以用"数量大、危害大，发展快"来形容。从数量上看，全国约 2.5 亿学生，其中违法犯罪青少年约占青少年总数的万分之六，大城市更高。从危害性上看，由于青少年心理尚未成熟，思想单纯，易冲动，做事不计后果，所以一旦发生犯罪，危害极大。从发展性看，青少年犯罪模仿性强，其犯罪行为、手段相互传播，结帮成伙，同一类案件可能在某一地区迅速拷贝复制，重复发生。所以青少年犯罪成为当代司法预防和惩治的重点。与此同时，青少年的司法保护也在同步进行，且越来越受到关注。其一，在成年人犯罪程序保护不断发展的同时，更多人关注到，未成年人因其有别于成年人的特点，在程序保护上也应区别对待。其二，青少年作为未成年人，在其成长过程中国家有监护责任，因此对其犯罪行为国家也应承担部分责任。其三，青少年不具有完全责任能力，其未来有着无限可能，国家和社会的未来也建立在对青少年未来无限可能的期待上。因此，对未成年人犯罪应尤为重视，且程序保护上应当区别于成年人。

青少年犯罪不仅是某一群体的问题，也是国际性的社会问题。许多国家很早就开始对青少年犯罪问题进行探索，也早已根据本国国情需要建立了专门的少年司法制度，如美国、德国、日本、瑞典等。我国自进入法治社会以来，在立法上也对未成年人予以特别关注。尤其是在改革开放后，随着未成年人犯罪率的不断提高，我国刑事法律方面与未成年人相关的规定也逐步完善。

第一节 相关理念

一、西方少年司法理念的比较考察

（一）福利模式与司法模式的对抗与融合

综观世界上关于未成年人刑事司法，主要存在两种不同的模式：一种被称为保护模式或福利模式，另一种被称为惩罚模式或司法模式。

福利模式下，触犯刑法的未成年人并不会因为触犯刑法而受到更严厉的处罚。该模式认为，儿童犯罪可能由社会、家庭、自身等多种因素造成，一定程度上，对自己的行为无须承担责任。犯罪是社会的病症，反映了一些社会职能的失败，需要得以改善。该模式对各种类型的案件，都由同一个法官（未成年人法院法官）审理，强调对未成年人采取恢复性治疗。法官只有裁判采取保护性措施的权力。针对未成年人犯罪，未成年人、家庭、社区和国家的利益被认为是一致的。国家的角色是决定未成年人需要什么，并尽可能地提供帮助。所以传统的正当程序保障，比如律师辩护、证据规则等，都被认为是没有必要的，程序上的保障反而被认为是这种模式的障碍。国家根据未成年人的社会背景选择治疗的手段，而非根据其具体实施的罪行。因此，这个模式采取的措施着眼于保护和教育，它假定引起未成年人行为的原因可以在未成年人的社会、经济和家庭背景中找到，并认为比起一个应承担责任的有罪者来说，未成年人更像受害者。

被大多数国家适用的是司法模式，主要基于犯罪学的基本原则，比如实施犯罪的个人责任、应受惩罚性、量刑政策和固定刑等，并辅之初步的教育观念。这是基于对未成年人缺乏刑事责任能力和承担有限的责任的认知产生的一种双重处理方式。一方面是采取教育手段，另一方面是采取惩罚措施。这种模式认为，人们应当对他们的行为负责。犯罪的实施是良知、理性决定、衡量利弊的结果。它强调威慑和补偿，法律惩罚的严厉性应当与所犯罪行的严重性相当；推崇法律面前的平等性，相同的罪行应当得到相同的惩罚；强调程序的正当性，被告人在被判决有罪之前是无罪的，并享有程序上的保护，比如庭审和指控的告知、法律帮助、免受非法搜查、扣押和强迫获取口供以及判决的作出基于排除合理怀疑的证据。法官科处的刑罚替代了个体化的、不固定的措施。

福利模式与司法模式之间的区分，反映了各国立法者在处理未成年人案件时采取的不同方式，体现了不同的价值取向。福利模式主张是贫穷或不良的环境造成了未成年人犯罪，犯罪并不是其自由选择的结果。因此应当对未成年人采取轻缓的态度。主张福利模式的人认为刑罚的目的在于教育、帮助和感化，法院的作用是帮助未成年人，而不是作出有罪的判决。应当让未成年人尽快回归社会。司法模式强调刑罚的威慑性，未成年人应当对他们的行为负责。对于触犯了刑法的未成年人，同样应当接受严厉的惩罚，以刑罚的严厉来防止犯罪的发生。因此这两种模式下的刑事诉讼程序也具有较大的差异，一个是采取与成人刑事诉讼无异的程序，另一个采取宽松的、更适应于未成年人身心特点的诉讼程序。

无疑，福利模式顺应了刑罚的个别化趋势，同时也更能体现对未成年人的保护。而司法模式在保护社会秩序、惩罚犯罪方面具有优势。但是，不能否认这两种模式都存在一定的片面性。随着对未成年人权利保护的进步，以及社会和谐的追求，现代的未成年人司法越来越追求两种模式的兼容。传统上属于司法模式的国家，借鉴了福利模式国家的一些做法，而适用福利模式的国家，则越来越朝着司法模式的方向改变。处理未成年人犯罪的两种模式相互之间不断地吸收和借鉴。

（二）由"实体保护"逐步转向"程序保护"

未成年人刑事案件诉讼程序经历了由"实体保护"逐步转向"程序保护"的过程。

在未成年人司法起源阶段，缺乏对正当程序的关注。但是纵观世界各国未成年人司法制度的发展，在少年司法的转型阶段，人们逐渐认识到以少年保护为目的的少年司法中也存在惩罚性因素，因此，需要加强少年的程序性权利保护，正当程序理念在少年司法中逐渐受到重视。

美国少年司法制度在20世纪中期强化了正当程序对未成年人的程序保护。20世纪前期，美国少年司法制度认为，由少年法院审理少年案件是为了保护少年利益。因此，少年不需要正当程序保护。但这种观点备受各方质疑：（1）少年案件处理的随意性导致同案不同判，有损司法公正性和权威性；（2）法官自由裁量权过大，缺乏必要监督，导致权力滥用。在这种社会背景下，出现了儿童拯救团体，它们强调少年在法律上的权利，希望将少年福利模式转变为对少年在法律上予以保护的模式。1954年发生的霍姆斯案（In Re Holmes）是对少年司法合宪性一次影响深远的质疑，直接促使后来美国联邦最高法院将正当程序条款引入少年司法。尽管在该案的处理中，美国联邦最高法院采取了回避态度，坚持了对少年司法不予干预的传统，却为美国少年司法的转型做了充分预演，也引发了理论界以及美国联邦最高法院对少年司法的反思，为1966年肯特案和1967年高尔特案做了充分的理论和舆论准备。在肯特案（Kent v. United States）中，美国联邦最高法院裁决认为，少年有权聘请律师，律师有权查阅卷宗。高尔特案则是促成少年司法转型的里程碑式判例。在高尔特案（In Re Gault）中，美国联邦最高法院肯定了少年享有如下权利：（1）获得告知权。少年有权获知被控罪名以便准备答辩。（2）聘任律师权。如少年经济能力不足，法院应为其指定辩护人。（3）与证人对质及交叉询问证人权。（4）禁止强迫自证其罪权。法院应告知少年享有沉默权，不得强迫其承认对其不利的犯罪事实。高尔特案确立了少年司法的一大变革方向：将少年法院创立之初减少正式审理程序的立法目的打破，而逐渐恢复少年法院诞生之前的做法。少年司法的哲学基础是国家亲权，但是高尔特案却动摇了传统少年司法的基本理念。由于高尔特案的影响，许多州修改了少年法，将"少年罪错"转变为直接和全部与成人触犯刑法的犯罪行为相当的"少年犯罪"。高尔特案后，美国联邦最高法院加速了对少年司法的合宪性改革。1970年温希普案（In Re Winship）是少年司法进一步走向正当程序的另一个重要案例，此案确立了少年案件与成年人刑事案件同样的证明标准——排除合理性怀疑（proof beyond reasonable doubt）。1975年，美国联邦最高法院在布利德诉琼斯案（Breed v. Jones）中进一步促进了少年司法程序与刑事司法程序的同化。① 美国联邦最高法院通过上述一系列案件，确立了少年的正当程序权利，认为少年应当像成年被告人一样享有一系列宪法性权利。这种发展趋势体现了未成年人司法实体性保护与程序性保护并重的理念。

日本少年司法亦经历了从早期仅仅注重少年福利，到后期同时兼顾少年福利与正当程序。日本在20世纪20年代制定了少年法，目的在于通过刑事政策以及社会政策对未成年人进行保护，防止非法行为发生，保证社会安全。该法也被称

---

① 参见姚建龙：《超越刑事司法：美国少年司法史纲》，法律出版社2009年版，第123—176页。

为旧少年法，它是长期以来斗争和妥协的产物，是裁判权主义与行政主义的折中。旧少年法中对犯罪少年所采取的保护主义，只有在罪质轻微且未满16周岁的少年犯罪时才优先适用，在其他情况下，仍是刑罚优先主义。在旧少年法中最能体现教育主义特色的是少年保护司法的设立。旧少年法被称为"爱的法律"，保护主义就是爱的体现。所谓"爱"，就是不采取刑罚主义，转向依靠由同情仁爱精神而产生的保护主义。但是此时"爱"的思想，很少考虑少年利益与国家相对立或者少年利益受到侵害等情况。这种爱是来自国家单方面的爱。当国家单方以恩惠代替刑罚出现时，国民应该恭敬且顺从，应该无条件接受国家的恩惠。基于这种爱，少年既没有正当程序的保障，也没有上诉、复议权的保护。1945年日本战败后，以美国为首的联军总司令部（GHQ）占领了日本，并对日本宪法进行了修改，确立了立法、司法、行政"三权分立"的精神。旧少年法也面临修改。在国家被占领，新宪法受美国法强烈影响的双重背景下，旧少年法的修改工作变成以美国现行少年法院制度为范本的研究工作。与旧少年法相比，新少年法具有以下特点：（1）由法院决定对少年的保护处分。根据新宪法的精神，剥夺人身自由必须按照法律规定的程序进行。保护处分的目的，虽然在于促进少年的健康成长，但实质却是束缚人身自由的收容处分。因此，不能由行政机关决定，而必须由法官决定。（2）保护处分的决定与执行分离，这一点也体现了少年法对人权保障的一面。（3）采取保护处分优先主义。对于所有的少年案件全面移送家庭法院，由家庭法院决定是予以保护处分，还是转交刑事程序。采用全案移送主义，在程序上确保了保护主义的优势地位。（4）承认对保护处分的上诉复议权。少年法在立足保护主义理念的同时，明确了保护处分会给少年及其保护人带来非利益性的一面。（5）确立了少年案件中调查的科学主义。少年法在家庭法院中设置了调查官制度，规定调查官应尽量利用医学、心理学、教育学、社会学以及其他专门知识进行调查。（6）整理保护处分的内容。鉴于保护处分的非利益性，少年法将保护处分的执行全部归结为国家的责任。少年法将保护处分限定于保护观察、儿童自立支援设施和儿童养护设施、移送少年院三种。这与保护处分由法院决定有关，因为暂时性指导内容的保护处分不适合于审判程序而被排除。保护处分是通过国家权力实行的强制性处分，所以必须充分考虑少年的人权保障。在实体法方面，少年法规定非行的构成要件，也规定了具有法律效果的保护处分。但是非行与保护处分之间，缺乏罪刑法定主义那样的均衡关系。从人权保障的角度出发，最好是现在的科学和经验能够验证，有关非行构成要件的规定，对应作为犯罪危险性表象的一定的非行行为。在程序方面，少年审判程序不适合像刑事审判程序那样的严格形式，因此，少年审判程序采用非正式的形式。即使在少年审判程序上承认形式的缓和，但为保障少年的人权，正确地进行非行事实的认定、人格调查、处遇选择等全部过程，都绝对需要正当程序保障。① 日本学者田口守一教授曾说："日本少年法的发展历史，就是通过正当程序认定案件事实这一司法机能和力图培养少年健康成长这一福利机能相互作用的历史。"②

通过上述对美国和日本两国未成年人刑事司法制度发展历程的考察，可以看出两国未成年人司法制度遵循大致相同的发展规律，从早期仅仅对实施了犯罪行为的未成年人给予非犯罪化、非刑罚化、非机构化的实体性保护，到后期将正当程序的基本理念注入以保护未成年人健康成长为目的的未成年人司法程序之中，实现了对未成年人的实体性保护与程序性保护并重。

二、未成年人的概念界定

未成年人在刑事诉讼中被作为一个特殊犯罪主体提出，是基于其与成年人相对应的概念提出的。

（一）未成年人概念的溯源

在犯罪学领域未成年人犯罪古已有之，且在历史上未成年人并不会受到特殊的照顾，相反，还可能受到比成年人更严厉的处罚。

根据学者张鸿巍的研究，未成年人犯罪的法律规范早在 3700 年前的《汉谟拉比法典》中就有涉及，例如第 192 条规定："养子不承认养父母的，要割舌。"第 195 条规定："儿子殴打父亲的，要断其指。"但细究之，会发现上述两条主要规范父母、子女之间的权利、义务关系，当子女触犯时应承担一定的刑事责任，但对子女的年龄并没有详细界定。③

中国在此有更为详细的规范，在西周时，即有"八十、九十曰耄，七年曰

---

① 参见尹琳：《日本少年法研究》，中国人民公安大学出版社 2005 年版，第 40—115 页。
② 〔日〕田口守一：《少年审判》，载〔日〕西原春夫主编：《日本刑事法的重要问题》（第二卷），金光旭、冯军、张凌等译，法律出版社 2000 年版，第 177 页。
③ 参见张鸿巍：《少年司法通论》（第二版），人民出版社 2011 年版，第 27 页。

悼，悼与耄，虽有罪，不加刑焉"（《礼记·曲礼上》）①，也就是说，在西周时法律已有未成年人的刑事责任年龄意识，对于七八岁的孩子，同八九十岁的老人一样，虽然有罪，但不予追究刑事责任（一般而言，男子七岁、女孩八岁不被追究刑事责任，以及对其减轻处罚的法律规则）。

19世纪末，现代意义上的"未成年人"概念也在此时应运而生。这一概念最先提出是为了区别于成年人，使未成年人能够受到社会的关注，得到社会更多的帮助和关怀。而在法律领域，未成年人概念的提出是为了使未成年人能够得到不同于成年人的待遇，无论是在罪行的考虑上还是在相应的惩罚上，都应当按照不同于成年人的处理方式，使未成年人得到更切实的保护。

随着未成年人犯罪等问题不断引起社会的关注，使得制定专门处理未成年人问题的法律机制和规范成了亟待解决的问题。以美国成立未成年人法院为标志，世界上许多国家纷纷于20世纪早期制定了专门针对未成年人的法律。

对于未成年人法律，大多数国家采用专门针对未成年人的立法，比如德国、奥地利。因此成年人的刑法对未成年人并不适用。另外一些国家，没有关于未成年人的专门立法，通常关于未成年人犯罪的处罚只是在刑法典中专门规定，比如荷兰。但是，不管是否存在独立的未成年人立法，这种专门规定处理未成年人犯罪的法律机制是应得到肯定的。并且不论是否单独立法，刑事诉讼中未成人的年龄界限划分都是至关重要的问题。

在刑事司法理论与实践中，人们常常将"少年""青少年""未成年人""青年"等几个概念混淆。世界各国、各地区因经济发展水平不同、人们所受的文化熏陶不同、生理发育、心理状况及性别等因素的不同，导致各国、各地区对未成年人、青少年的定义也不同，从而对预防青少年犯罪的界定及处理方法也大相径庭。

在美国，青少年犯罪被称为"juvenile delinquency"，通常将其翻译为"青少年犯罪"。根据《美国青少年犯教养法》的规定，"青少年"是指犯罪时未满22周岁的人，"少年犯"是指犯罪时不满18周岁的人。在德国，根据《德意志联邦共和国少年法院法》的规定，少年是指行为时已满14周岁未满18周岁的人，青年是指行为时已满18周岁不满21周岁的人。在日本，青少年犯罪被称为"少年

---

① 胡留元、冯卓慧：《夏商西周法制史》，商务印书馆2006年版，第405页。

非行"。旧的《少年法》规定"少年"是指未满18周岁的人,而新的《少年法》将未满20周岁的人都被称为"少年"。在我国台湾地区,将18周岁以下的公民划分为儿童与少年,少年在生长秩序中,介于"儿童期"与"成年期"之间,有一定的年龄范围,即心理学上常称的"青春期",即十一二岁至十七八岁的年龄阶段定义为少年。

根据《现代汉语词典》中的解释,"少年"是"指人十岁左右到十五六岁的阶段","青年"则"指人十五六岁到三十岁左右的阶段"。在《刑法》中,只存在"未成年人"这一概念,而并无"少年""青少年"或"青年"的相关定义。根据《刑法》《中华人民共和国预防未成年人犯罪法》(以下简称《预防未成年人犯罪法》)、《中华人民共和国未成年人保护法》(以下简称《未成年人保护法》)的相关规定,未成年人的年龄阶段为已满12周岁未满18周岁的人。我国的少年司法制度也主要是关于已满12周岁不满18周岁的未成年人刑事案件的法律和制度。

(二)我国立法上"未成年人"概念的规定

我国立法上"未成年人"的界定有三个法律渊源:

1. 《未成年人保护法》

《未成年人保护法》将未成年人的范围限定为未满18周岁的公民。通常意义上,我国一般也将18岁当作成年人与未成年人的分界线,在日常生活中,家庭、班级、学校等会为一个年满18岁的人举办成人礼,以昭示其进入人生的新阶段。

2. 《刑法》

(1)相对刑事责任年龄:12周岁到16周岁。于2021年3月1日施行的《刑法修正案(十一)》,将实行了41年的14周岁为刑事责任起始年龄降至12周岁。原因在于,近年来,低龄未成年人实施严重犯罪的案件时有发生,引发社会广泛关注。对这一问题,大家的共识是应当管起来,这既是矫正犯罪的需要,也是保护受害人正当诉求和利益的需要。但如何管,是普遍降低刑事责任年龄放到监狱,还是针对未成年人犯罪矫正的特点去完善收容教养制度等,大家还有不同的认识和侧重点。总体上对未成年人坚持教育、感化、挽救,坚持以教育为主、惩罚为辅,这一方针和原则没有变。对低龄未成年人犯罪,既不能简单地"一关了之",也不能"一放了之"。经会同有关方面反复研究,综合考量各方面的意见,2020年12月通过的《刑法修正案(十一)》对《刑法》第17条作了修改，既在特定情形下，经特别程序，对法定最低刑事责任年龄作个别下调，即增加一款规定：已满12周岁不满14周岁的人，犯故意杀人、故意伤害罪，致人死亡或者以特别残忍手段致人重伤造成严重残疾，情节恶劣，经最高人民检察院核准追诉的，应当负刑事责任。

（2）完全刑事责任年龄：满16周岁为完全刑事责任年龄，但不适用死刑刑罚。适用死刑刑罚的需年满18周岁。

（3）适用未成年人刑事诉讼程序：12周岁以上18周岁以下未成年人涉嫌犯罪、人民法院立案时不满20周岁的人涉嫌犯罪的应当适用未成年人刑事诉讼程序，以及人民法院立案时不满22周岁在校读书的学生可以适用未成年人刑事诉讼程序。

三、我国未成年人刑事案件诉讼程序

（一）未成年人刑事案件诉讼程序的本质

在心理、生理以及其他诸多方面的本质差异，决定了未成年人应当区别于成年人来适用刑事诉讼程序。

如果说未成年人具有的身心特点是构建未成年人刑事案件诉讼程序的客观要求，那么刑事诉讼程序具有的显著不同于民事诉讼程序、行政诉讼程序的特点则是设计未成年人刑事案件诉讼程序的内在要求。刑事诉讼打击犯罪的使命以及对犯罪嫌疑人、被告人权利保护的要求，构成了未成年人刑事案件诉讼程序的基本框架。

刑事诉讼程序是国家为打击犯罪而设计的专门程序，旨在维护社会秩序，保障国家和公民的生命、财产安全。它依靠国家强制力，对涉嫌犯罪的单位和个人进行侦查，交由检察机关提起公诉，最终由法院作出判决。在整个过程中，国家机关起着主导作用，所以如果没有合理的制度制约，犯罪嫌疑人、被告人是无力对抗强大的国家机器的。意大利刑法学家贝卡里亚的《论犯罪与刑罚》一书，开创了刑事诉讼人权保障的先河。贝卡里亚首先提出："一切合理的社会都把保卫私人安全作为首要宗旨。"① 从此，刑事诉讼从单纯的关注对犯罪的打击逐步发展到关注打击犯罪的同时还要保障人权的新时代。此后一系列保障犯罪嫌疑人、被

---

① 〔意〕切萨雷·贝卡里亚：《论犯罪与刑罚》，黄风译，北京大学出版社2008年版，第23页。

告人权利的原则在刑事诉讼中得以确立。

我国现行《刑事诉讼法》赋予犯罪嫌疑人、被告人一系列的诉讼权利，强调犯罪嫌疑人、被告人在刑事诉讼中的主体地位，同时给国家专门机构行使权力设置了程序上的限制，防止国家专门机关在追诉、惩治犯罪活动中滥用权力。未成年人刑事案件诉讼程序，首先，必须要服务于刑事诉讼打击犯罪的需要，同时考虑到未成年犯罪嫌疑人、被告人是处于未成年的状态，与成年人相比在身心方面具有显著弱点和劣势，因此相较于刑事诉讼普通程序而言，未成年人刑事案件诉讼程序更加注重对未成年犯罪嫌疑人、被告人权利的保护。之所以这般设置，其初衷就是为了给未成年人提供相对于成年人更好的保护。其次，对未成年人犯罪嫌疑人、被告人权利加重保护，也是顺应了世界范围内对未成年人保护的立法趋势。

（二）未成年人刑事案件诉讼程序与普通程序的区别

如前所述，未成年人具有与成年人不同的心理和生理状态，同时未成年人刑事诉讼具有与成年人刑事诉讼不同的目的。未成年人的特点与未成年人司法的特殊目的要求未成年人应当享有与成年人不同的正当程序保护。美国联邦最高法院在 Bellotti v. Baird 案中曾具体地指出："儿童的宪法性权利不能等同于成年人的三个理由：儿童特有的脆弱；不能以一种被通知的、成熟的方式作出重要的决定；在儿童成长过程中父母角色的重要性。"[①] 尊重被指控者和让其广泛地参与到程序中是程序公平的基本要素。尽管公平的程序不一定产生准确的结果，但公平的程序更能产生准确的结果是一项普遍接受的理论。

对成年人来说，程序的正当性可以通过抗辩式的听审，律师的辩护、证据的出示、质证，最终由中立的第三方做出决定来实现。案件的事实是通过控辩双方的对抗而逐步揭露和证实的，这一过程需要被指控者积极地参与。而此时，律师的参与则可以削减因程序的形式性而对被指控者可能产生的不利。法官作为中立的第三方，必须与当事人保持一定的距离。决定的做出必须基于法律和事实、理由，这样才能保证决定的公平性。

而对未成年人来说，这一套程序可能无法让未成年人完全参与到诉讼中，从而使未成年人在刑事诉讼中的权利和结果的准确性受到影响。因为对未成年人来

[①] Bellotti v. Baird 443 U. S. 622（1979）at 634.

说，法庭的严肃气氛、法官的高高在上、控辩双方的唇枪舌剑，都可能会让未成年人心生害怕，从而将自己置身于程序之外。未成年人身心、智力发展情况也决定其不能也不可能积极地参与到这种形式化的程序中。控辩双方激烈的争辩和使用的诉讼技巧只会让未成年人对争论的内容更糊。未成年人很难理解抽象的权利和生疏的法律语言，烦琐的程序事项对他们来说也只是一种过场，并不能实现程序正当性保障结果公平性的意义。

在分析两种程序的区别时，两种程序不同的目的也应考虑在内。因为两者衡量程序是否公正时的着眼点不同。成年人司法是按照有罪——惩罚这一模式来运行的，而未成年人司法则不同，它追求的是对未成年人的教育和改造。对成年人来说，科处刑事责任的价值主要是一种外在的体现，使一个犯罪者承担法律的制裁，同时对他人起到威慑作用。而未成年人承担刑事责任的目的则更多的是追求内在的改变，帮助教育未成年人认识到错误，并积极悔过，在未来像正常人一样工作、生活。当司法体系从有罪——惩罚体系转换到着重于教育和改造的体系时，刑事诉讼所追求的结果准确和让被指控者参与的含义也发生了改变。如果教育、改造是未成年人司法的首要目的，那么对案件准确性的要求就不仅包括发现犯罪事实，还应当包括对未成年人存在问题的分析以及如何达到教育、改造的目的。例如，如果认定了一个人是个盗窃犯，却不能准确界定他的动机、所存在的内在问题以及所需要的帮助，只能说在成年人司法体系中实现了"准确"，而不能被认为在未成年人司法体系中达到了准确。

显然，对案件准确的认定，很大程度上依赖于未成年人的有效参与，未成年人能够参与到诉讼中来，认识并剖析自身问题，对形成有效的处置方案起到至关重要的作用。后期未成年人对处置方案的积极投入也是方案能够有效运行并发挥作用的关键。此外，在未成年人刑事诉讼中，对未成年人再犯罪和对社会安全造成危险的评估应与最终的处置方案紧密联系在一起。未成年人的风险，取决于是否教育、改造成功。而教育、改造能否成功，很大程度上取决于针对未成年人的处置方案能否发挥作用。而处置方案的形成必须针对未成年人个人的具体情况而定，而这又离不开他们积极主动地参与到诉讼程序中。这是一个循环往复的过程。相反，如果未成年人不能主观上认识到自己的错误，也不能积极参与到随后的改造中，那么程序就不能有效运转，也达不到设立该程序的目的。因此，相对于成年人，让未成年人积极参与到程序中来更具有重要性。为确保未成年人有效参与到程序中，程序必须被设计成能够让未成年人切身地参与其中，必须是适度的、能够被未成年人所理解和接受的。例如，法官在法庭上应当语气和蔼，倾听未成年人的意见，了解未成年人真正需要什么，据此作出可行的处置方案。所有对未成年人的询问，应当尽可能用通俗易懂的语言，告诉未成年人关于他的权利以及后果。同时应当允许未成年人的父母或具有心理学专业知识的人参与到刑事诉讼中，使未成年人在诉讼中感到受尊重，从而更愿意接受处置结果。

第二节　我国相关规范性法律文件的沿革

一、未成年人保护的启动与发展

（一）　1992年《未成年人保护法》出台

1992年1月1日实施的《未成年人保护法》专门列出"司法保护"一章，对公、检、法、司四个司法机关在面临未成年人刑事案件时，应当如何处理作了详细的规范，和一般的刑事案件在程序上处理有不同的要求。随后最高人民法院出台了《关于办理少年刑事案件的若干规定》，针对审理涉及未成年人的刑事案件，从合议庭的组成，到庭审准备及后续的刑罚实施等都进行了规范。公安机关也专门制定了《公安机关办理未成年人违法犯罪案件的规定》，对立案、采取的强制措施、惩罚等都进行了明确规范。

（二）　1999年《预防未成年人犯罪法》出台

为了进一步加强对未成年人的保护力度，国家开始从预防未成年犯罪着手，并于1999年11月1日实施了《中华人民共和国预防未成年人犯罪法》。随着国家对未成年人的重视力度，在刑事诉讼中，设立专门的未成年人刑事案件诉讼程序以维护未成年人的权益显得更为迫切。在这种背景之下，最高人民法院于2001年发布了《关于审理未成年人刑事案件的若干规定》，该规定在一定程度上对之前的关于未成年人刑事案件诉讼程序的规定进行了完善。从这个规定可以看出，我国法律对于未成年人刑事案件与成年人刑事案件在审理程序、合议庭组成、审理原则等方面都有特殊之处。也正是在此基础上，2012年修改《刑事诉讼法》专门设立一章来系统地规定未成年人刑事案件诉讼程序。

（三）未成年人刑事案件司法解释相继出台

最高人民检察院最早于2002年发布了《人民检察院办理未成年人刑事案件的规定》，详细规定了检察机关在办理未成年人刑事案件时的具体程序，并于2007年和2013年两次进行修改以进一步完善。最高人民法院在2006年1月11日颁布《关于审理未成年人刑事案件具体应用法律若干问题的解释》，该解释仍然秉持"教育为主、惩罚为辅"的方针，并且对于未成年人合法权益的保护力度进一步加大，在此基础之上对未成年人犯罪案件，在量刑、缓刑、假释等方面增加了解释规定。中央综治委预防青少年违法犯罪工作领导小组、最高人民法院、最高人民检察院、公安部、司法部、共青团中央于2010年8月28日发布实施的《关于进一步建立和完善办理未成年人刑事案件配套工作体系的若干意见》，对于公安机关、人民检察院、人民法院、司法局在涉及未成年犯罪案件时，从各自的职能出发进行了规范，并对四个司法机关之间的合作也进行了专门规定。这份文件进一步推动了未成年人犯罪案件诉讼程序的系统化，更加有利于加强对未成年人的保护力度。

二、未成年人刑事司法保护正式写入《刑事诉讼法》

2012年3月14日第十一届全国人民代表大会第五次会议修正的《中华人民共和国刑事诉讼法》中新增了第五编，单独设立了"未成年人刑事案件诉讼程序"一章，将散见于各法律文件中关于未成年人犯罪的规定从形式到内容统一起来，特别是对以往未成年人刑事犯罪案件审判实践中积累下来的经验与方式方法，进行总结编纂入法。这也是我国首次于《刑事诉讼法》中创立特别程序编，将未成年人犯罪案件特别程序以立法的形式予以确认。2018年对《刑事诉讼法》进行修正时，仍然延续了这种模式。

全章共计11条法律条文，全面系统地对"未成年人刑事案件诉讼程序"总方针、原则及其具体制度设计等方面作了明文规定。这不只是将我国关于未成年人刑事案件诉讼程序理论和实践经验结合起来，其重要意义在于为未成年人保护与教育提供了最重要的、核心的法律依据，而且也是司法制度建设的进步。

（一）指定辩护的规定

《刑事诉讼法（2018）》第278条规定，未成年犯罪嫌疑人、被告人没有委托辩护人的，人民法院、人民检察院、公安机关应当通知法律援助机构指派律师为其提供辩护。

未成年人的身心发展尚未成熟，面对刑事侦缉的认识、给心理所造成的影响也与成年人不同，且一般而言未成年人相对缺乏自我权利意识和权利能力，往往不能充分理解刑事法律赋予的权利，继而使得自己在刑事诉讼中处于不利的境地。在《世界人权宣言》《公民权利和政治权利国际公约》中都明确了一般人在刑事诉讼中有获得法律帮助及辩护的权利。在《儿童权利公约》《联合国少年司法最低限度标准规则》《联合国保护被剥夺自由少年规则》中都规定了未成年人在刑事诉讼中有权得到法律帮助。

我国《刑事诉讼法（2018）》第278条规定了法律援助机构指派辩护律师的责任。这意味着，未成年犯罪嫌疑人、被告人可以自行委托辩护人，如果没有委托的，则为其指派辩护律师提供辩护服务，维护其合法权益，是国家的一种责任也是从未成年人的切身利益出发。

（二）未成年人犯罪情况调查制度

《刑事诉讼法（2018）》第279条规定了公安机关、人民检察院、人民法院办理未成年人刑事案件，根据情况可以对未成年犯罪嫌疑人、被告人的成长经历、犯罪原因、监护教育等情况进行调查。

作为一项基础性少年司法制度，社会调查是在案件事实之外进行考察，反映未成年犯罪嫌疑人或被告人的成长经历和接受帮教的条件，体现了诉讼中对犯罪未成年人的生理、心理特点、家庭、社会环境、犯罪原因等的关照。这种背景性调查已成为各国少年刑罚裁量中的一项重要制度。《联合国少年司法最低限度标准规则》第16.1条明确规定："所有案件除涉及轻微违法行为的案件外，在主管当局作出判决前的最后处理之前，应对少年生活的背景和环境或犯罪的条件进行适当的调查，以便主管当局对案件作出明智的审判。"由于未成年人处于特殊的年龄段，其知识结构尚不完善、身心发育尚未成熟，还不具备完全的辨别是非和自我控制的能力，行为带有较大的盲目性和突发性，也更容易受到社会不良环境的影响和侵蚀，难以对外界的客观信息作出正确的选择和评价，因此需要对未成年人人格特征形成和现状进行调查。调查结果在一定程度上能够反映其主观恶性、人身危险性、社会危害性以及再社会化的有关情况。司法机关可据此选取具有针对性的处理措施，全面考察量刑情节，以实现对未成年人的有效挽救以及司法公正。

（三）慎用羁押措施的规定

《刑事诉讼法（2018）》第 280 条规定，对未成年犯罪嫌疑人、被告人应当严格限制适用逮捕措施。人民检察院审查批准逮捕和人民法院决定逮捕，应当讯问犯罪嫌疑人、被告人，听取辩护律师的意见。对被拘留、逮捕和执行刑罚的未成年人与成年人应当分别关押、分别管理、分别教育。

宽严相济刑事政策是基于建设和谐社会的要求提出的重要政策，它对于最大限度地预防和减少犯罪、化解社会矛盾、维护社会和谐稳定有着重要的意义，是一种合理平衡有效打击犯罪与保障人权关系的刑事政策，该政策的核心要求是区别对待，"该严则严，当宽则宽，宽严适度，宽严适时"。不同的犯罪行为中，犯罪嫌疑人的主观恶性不同、对社会造成的危害性也不同，在办理案件的过程中，应当视案件情节的不同采取不同的处理方式。在遵守刑事法律的前提下，充分考虑犯罪行为造成的危害结果、行为人的主观故意、引发犯罪行为的客观原因等因素，依照法律规定决定对犯罪嫌疑人是予以从宽处理还是从严对待。当时这一刑事政策推行时，未成年人被当然地纳入从宽处理的范围。

基于未成年人心智发育不完全，易受犯罪诱因的影响，同时生存能力低，行动能力较弱，犯罪的主观恶性程度相对较低，人身危险性相对较小，对社会的危害性相对不大等特点，法律应给予他们特别的关怀和特殊的保护。在处理未成年人犯罪案件时，宽严相济的刑事政策应当侧重其"宽"的一面，注重对涉罪未成年人的教育、感化，缓和强制措施和处罚程度的严厉性，在办案过程中应当以"宽为先"，审查逮捕环节"少捕""慎捕"，将逮捕作为不得已的最后强制措施，但对犯罪情节严重、形式恶劣，主观上不认罪、不悔罪的未成年犯罪嫌疑人则不能一味袒护，坚决从"严"对待。

分管分押体现了人道主义精神，对于性别、犯罪类型和主观恶性等不同的在押人员实现分管分押折射出司法的文明，体现了对在押人员权益的维护。对未成年犯罪嫌疑人进行分押分管能起到预防"交叉感染"的作用，避免将未成年犯罪嫌疑人置于一个"亚健康"的环境中，降低未成年犯罪嫌疑人重新犯罪的可能性。因此，应当严格落实《刑事诉讼法》关于对被逮捕未成年人与成年人的分押分管和分别教育原则。

第一，根据地区需要设置专门用于关押未成年人的监室或者监区，在充分利用资源的基础上保证对被逮捕的未成年人与成年人分别关押。对于有稳定的未成年人羁押量的地区，可以探索根据行政区划设置独立的未成年人看守所来对未成年人实行集中关押。对于未成年人人数较少的地区，可以送往邻近的其他看守所的未成年人监室或者监区进行关押。

第二，制定专门针对未成年人的羁押管理制度和工作机制，采取灵活柔性的管理方法。设置多元化的教育方案和手段，并配备专门人员，开展有针对性的教育矫治，将一般性的通识教育、法律教育等和个性化的教育矫治融于一体。

第三，加强检察机关对刑事执行活动和执行场所的法律监督。巡回检察与派驻检察相结合，专项检察与巡视检察相协调，当发现看守所违反对未成年人分押分管规定的，检察机关应当及时通知看守所予以纠正，必要时可以向有关机关提出检察建议。

（四）建立成年人到场制度

《刑事诉讼法（2018）》第281条规定了对未成年人刑事案件，在讯问和审判的时候，应当通知未成年犯罪嫌疑人、被告人的法定代理人到场。无法通知、法定代理人不能到场或者法定代理人是共犯的，也可以通知未成年犯罪嫌疑人、被告人的其他成年亲属，所在学校、单位、居住地基层组织或者未成年人保护组织的代表到场，并将有关情况记录在案。到场的法定代理人可以代为行使未成年犯罪嫌疑、被告人的诉讼权利。

合适成年人在场制度在一些国家和地区已成为保护涉罪未成年人合法权益的一项重要制度，发挥了积极作用。《联合国少年司法最低限度标准规则》在第15条的说明中指出，父母或监护人参加的权利应被视为是对少年一般的心理和感情上的援助。第7.1条规定："在诉讼的各个阶段，应保证基本程序方面的保障措施，诸如……要求父亲或母亲或监护人在场的权利……"在讯问和庭审过程中，面对关于案件情况的问题，未成年被告人可能不能很好地理解讯问的重要性或他们自己所回答的内容，或者是对审判人员的提问理解得不够透彻，甚至误解，并且可能比成年人更受到他人建议的影响。因此，需要成年人在场的支持，一些友好的成年人能提出建议和帮助他们作出自己的决定。合适成年人在场制度是对讯问、审判时法定代理人到场制度的保障和衔接，对于无法通知、法定代理人不能到场或者法定代理人是共犯的，就需要以合适成年人在场制度予以补充，可以通知未成年犯罪嫌疑人、被告人的其他成年亲属，所在学校、单位、居住地基层组织或者未成年人保护组织的代表到场。

合适成年人在审判程序中应当明确自己的职责：其一，代理。合适成年人参与审判制度是未成年人监护制度的延伸与体现，是对未成年人诉讼行为能力欠缺的补救。其二，协助。帮助未成年被告人理解相关法律语言，理解有关法律的规定和审判程序，协助其与法庭及其他人员的沟通、交流。其三，抚慰。合适成年人可以缓解未成年犯罪嫌疑人的紧张和抵触情绪，消除或减轻未成年被告人的恐惧、焦虑等生理、心理问题，维护未成年人的身心健康。其四，监督。在场的合适成年人应观察讯问人的行为是否适当、公正和是否尊重被讯问者的权利，如果讯问人没有做到这一点，则应提醒他们；对办案人员在讯问、审判中侵犯未成年人合法权益的，可以提出意见。其五，教育。有助于未成年犯罪嫌疑人理解自己的诉讼权利，增强触法未成年人的是非观念，提高法律意识和社会责任感。① 同时，合适成年人也应当尽到自己的义务：如按要求到达讯问现场；保守案件秘密和办案机关的工作秘密；保护未成年人个人隐私；及时迅速地进行社会调查并提出客观、全面的调查报告等。

（五）附条件不起诉制度

《刑事诉讼法（2018）》第 282 条、第 283 条规定了对于未成年人涉嫌刑法分则第四章、第五章、第六章规定的犯罪，可能判处 1 年有期徒刑以下刑罚，符合起诉条件，但有悔罪表现的，人民检察院可以作出附条件不起诉的决定。人民检察院在作出附条件不起诉的决定以前，应当听取公安机关、被告人的意见。在附条件不起诉的考察期内，由人民检察院对被附条件不起诉的未成年犯罪嫌疑人进行监督考察。未成年犯罪嫌疑人的监护人，应当对未成年犯罪嫌疑人加强管教，配合人民检察院做好监督考察工作。附条件不起诉的考验期为 6 个月以上 1 年以下，从人民检察院作出附条件不起诉的决定之日起计算。

附条件不起诉制度是指检察院对符合法律规定起诉条件但情节轻微的未成年人刑事案件，可以暂时不提起公诉，并且附加一定的条件和期限，在期限届满以后再决定是否有提起公诉必要的一种制度。

我国《刑事诉讼法（2018）》及《检察院刑诉规则（2019）》明确规定了未成年人刑事案件附条件不起诉的条件及相关程序要求：

第一，适用条件。根据《刑事诉讼法（2018）》的规定，对于未成年人涉嫌

---

① 参见刘晓：《构建"合适成年人参与"未成年人刑事诉讼的若干思考》，载《法制与社会》2011 年第 7 期。

刑法分则第四章的侵犯公民人身权利、民主权利罪，第五章的侵犯财产罪，第六章的妨害社会管理秩序罪，犯罪嫌疑人可能被判处 1 年有期徒刑以下刑罚，符合起诉条件，但是犯罪嫌疑人有悔罪表现的，人民检察院可以作出附条件不起诉的决定。

第二，听取意见。人民检察院在对未成年犯罪嫌疑人作出附条件不起诉前，应当听取公安机关和被害人的意见。未成年犯罪嫌疑人及其法定代理人对检察院拟作出附条件不起诉有异议的，人民检察院应当作出提起公诉的决定。但是，需要特别注意的是，如果未成年犯罪嫌疑人及其法定代理人提出无罪辩解，人民检察院经审查认为无罪辩解理由成立的，应当直接作出不起诉决定。

第三，考察监督。对于未成年犯罪嫌疑人附条件不起诉考验期内的表现，由检察院对其考察和监督。考验期为 6 个月以上 1 年以下，在考验期内，如果该未成年人违反法律规定表现不好，具体表现为实施新罪、发现附条件不起诉以前的其他需要追诉的犯罪、违反治安管理规定或者考察机关有关监督管理规定的，检察院应当撤销附条件不起诉的决定而提起公诉。

第四，救济程序。公安机关如果认为附条件不起诉的决定有错误的时候，可以要求复议，如果意见不被接受，可以向上一级人民检察院提请复核。被害人不服附条件不起诉决定的，可以向作出不起诉决定的人民检察院的上一级人民检察院提起申诉，但不适用《刑事诉讼法（2018）》第 180 条关于被害人可以向法院起诉（也就是通常所说的自诉）的规定。因为根据《刑事诉讼法（2018）》第 210 条的规定，被害人有证据证明对被告人侵犯自己人身、财产权利的行为应当依法追究刑事责任，而公安机关或者人民检察院不予追究的案件，属于自诉案件。而检察机关是否存在不予追究刑事责任的情形，主要就是通过是否作出不起诉决定来判断。而附条件不起诉决定并非终局性决定，不代表检察机关不追究刑事责任。被害人在此时提起自诉，法院会因不符合自诉条件而不予受理，以致增加被害人诉累，浪费司法资源，引发诸多矛盾。

（六）不公开审理原则

《刑事诉讼法（2018）》第 285 条规定了审判的时候被告人不满 18 周岁的案件，不公开审理。但是，经未成年人被告人及其法定代理人同意，未成年被告人所在学校和未成年人保护组织可以派代表到场。

未成年人不公开审判制度是国际法律文件在程序方面规定的基本规则和制度

之一，目的在于保护未成年被告人的隐私。我国在审判被告人为未成年人以及涉及未成年人隐私的案件时，依法适用不公开审理制度，不向外界披露未成年当事人的姓名、住所、照片及可能推断出该未成年人的资料；在制作必须公开的裁判文书时，除根据裁判需要必须写明的信息外，尽量不向公众公布其他可能推断出该未成年人的基本信息，以充分保护未成年人隐私等。此外，现代的公开审判，不限于庭审公开，还包括其他司法信息的公开。这就产生了未成年人刑事审判不公开的衍生规则：诉讼材料不公开，判决方式不公开，媒体报道受限制等。因此，尊重并遵守未成年人刑事案件不公开审判的其他衍生规则，也是完善未成年人刑事案件不公开审判制度的重要部分。

此外，值得研究和探讨的还有，不公开审判（包括上述不公开审判的衍生规则）在现今社会与公民的知情权和言论自由产生了激烈的冲突。首先，部分不良媒体对未成年人案件细节的挖掘可能会暴露未成人的隐私，将不应当公开的案件信息公之于众。其次，大数据时代与案件的不公开造成新的冲突，通过对案件零散碎片信息的联想、拼凑、数据挖掘，可以基本复原案件全貌以及未成年人全部身份信息。最后，网络时代为每个人提供了发表言论的便利平台和机会。自媒体，网络平台，社区实时发帖、实时讨论导致信息可以在第一时间以发散的方式迅速传播。不得不承认的是，当前舆论主体良莠不齐，缺乏审核环节，这给一些不实言论或不应公之于众的信息传播创造了客观的条件。而对于这些乱象的规制，不论是立法层面还是技术层面，多为事后追责，缺乏事前把控的环节，导致未成年人犯罪案件虽在审判过程做到了不公开，却在案外环节将隐私暴露无遗。

（七）未成年人犯罪记录封存原则

《刑事诉讼法（2018）》第286条规定，犯罪的时候不满18周岁，被判处5年有期徒刑以下刑罚的，应当对相关犯罪记录予以封存。犯罪记录被封存的，不得向任何单位和个人提供，但司法机关为办案需要或者有关单位根据国家规定进行查询的除外。依法进行查询的单位，应当对被封存的犯罪记录的情况予以保密。

犯罪记录封存制度，是指自然人在被法院判决有罪后，符合法律规定的条件时，对其犯罪记录予以封存，使其恢复正常法律地位的一种制度。该制度对于涉罪未成年人的未来有很重要的意义，未成年人年纪小，犯罪记录对于其以后的正常生活无疑有非常不利的影响，如果对其犯罪记录予以封存，对于其回归社会、重新做人有非常重要的意义。

关于犯罪记录封存制度有以下几点需要重点说明：

第一，封存对象。犯罪时不满 18 周岁，被判处 5 年有期徒刑以下刑罚的情况下，人民检察院收到法院生效判决、裁定后，对犯罪记录予以封存。特别注意，生效判决、裁定是由二审人民法院作出的，同级人民检察院按规定封存犯罪记录的，应当通知下级人民检察院对相关犯罪记录也要封存。

第二，适用范围。被封存的犯罪记录无法定理由不得向任何单位或个人提供，并且不得提供未成年人有犯罪记录的证明。法律授权可以查阅犯罪记录的单位，也应当对被封存的犯罪记录予以保密。

第三，解除封存。如被封存犯罪记录的未成年人被发现还有漏罪，或是实施新的犯罪，同时被封存之罪与新实施的犯罪或发现的漏罪数罪并罚后被决定执行 5 年有期徒刑以上刑罚的，应当解除其被封存的犯罪记录。

犯罪记录封存制度主要有三方面的意义。一是未成年人在以后的工作学习中被免除了前科报告义务。我国《刑法》第 100 条规定，犯罪的时候不满 18 周岁被判处 5 年有期徒刑以下刑罚的人，在入伍和就业的时候，免除其向有关单位报告曾被刑事处罚的义务。二是犯罪嫌疑人如果再次犯罪的，其前科不能成为从重和加重处罚的因素。三是对于已经被封存的犯罪记录，任何人不能翻阅知悉，必须由法律作出严格的规定。

另外，根据《检察院刑诉规则（2019）》第 486 条的规定，人民检察院对未成年犯罪嫌疑人作出不起诉决定后，也应当将相关记录予以封存。该规定和前述犯罪记录封存要注意区分，该规定针对的是在审查起诉环节作出不起诉决定的应当封存，犯罪记录封存指的是被告人已经经过法院审判，判处确定具体刑罚的情形，请注意把握。

第三节　我国未成年人刑事司法的目的和任务

一、我国未成年人刑事司法的目的

未成年人心智发育尚未完全成熟，对一些行为尚不能正确、有效辨识，遇事不能冷静、理智思考，往往事后才悔恨不已。从犯罪动机来讲，往往比较简单，有时甚至只是重哥们义气，为朋友两肋插刀，主观恶性不大。未成年人心智发育没有完全成熟，具有很强的可塑性，因此和成年人相比更容易进行教育和挽救。未成年人犯罪后，最终还是要回到社会中来，如果只注重刑法的惩处功能，未成年人回到社会后还有可能再次走上犯罪道路，为社会带来更多不稳定因素。因此，对未成年人犯罪既要注重正面教育也要从内心进行感化，最终达到挽救的目的。秉承这一目的，要求未成年人犯罪办案人员在查清相关犯罪事实的前提下，更要注重释法说理工作，让未成年人真正明白自己所犯错误的严重性，自己给国家、他人带来的严重危害，让未成年人真正做到认错、悔错。当然，教育不能代替惩罚，一味地偏重教育就会导致涉罪未成年人不能正确认知自己的错误行为，把这种教育等同于学校老师、家长的教育，对其心灵不具有震慑性，是对其犯罪行为的放纵，因此必须体现刑法的权威性和严肃性，犯了罪必须要受到惩罚，通过惩罚让未成年人吸取深刻的教训，让他有所畏惧，让他意识到自己的不当行为必然要付出相应的代价，这也是未成年人刑事诉讼程序的另一目的所在。

二、我国未成年人刑事司法的任务

我国未成年人刑事司法很早就确立了"教育、感化、挽救"的方针。1981年《第八次全国劳改工作会议纪要》提出，对待青少年犯，要像父母对待患病的孩子、医生对待患者、教师对待犯错的学生那样，作耐心细致的教育、感化、挽救工作。后来在《未成年人保护法》中正式确立了"教育、感化、挽救"方针和坚持"教育为主、惩罚为辅"原则。2018年修正的《刑事诉讼法》，仍然坚持六字方针和八字原则。教育是国家专门机关对未成年人实施的有计划、有组织、有目的的强制性影响活动，使之成为遵纪守法的公民。在侦查、审查起诉、审判中需要对未成年人进行法制教育，向其讲明什么是违法犯罪，给社会和被害人造成的危害，并有针对性地开展思想政治、文化技能等方面的教育。感化，是真正地关心未成年人的生活、学习、工作，对其动之以情，晓之以理，调动其内心改造的积极性。挽救，是通过教育感化，把实施了犯罪的未成年人从犯罪的泥沼中救助、解脱出来。①

除了上述的方针和原则，未成年人刑事案件诉讼程序还体现以下作用：

1. 有利于预防和制止未成年人犯罪的发生

最高人民检察院 2020 年 6 月 1 日公布的《未成年人检察工作白皮书（2014—2019）》（以下简称《白皮书》）显示，我国未成年人犯罪数量虽然在前些年持续下降，但是近几年却有所回升。在受理审查逮捕未成年犯罪嫌疑人方面，2017 年之前经历连续三年下降后，2018 年、2019 年又同比上升 5.87%、7.51%；在受理审查起诉未成年犯罪嫌疑人方面，2019 年同比上升 5.12%。②

而且随着社会和经济的发展，未成年人犯罪除了传统罪名之外，还出现了一些新情况，如最近几年新出现的网络犯罪、危险驾驶罪等罪行，也在未成年犯中予以体现。而且近几年，未成年人犯罪年龄开始逐渐呈现低龄化的趋势，未满 14 周岁未成年人严重暴力行为在近两年也屡见报端，其中不乏严重超越人伦底线和破坏社会良善氛围的行为。未成年人犯罪还呈现出以下特点：其一，未成年人的犯罪类型也从最初的盗窃罪、抢夺抢劫罪、故意伤害罪等罪行向诈骗罪、强奸罪等多种犯罪类型发展；其二，未成年人的文化程度普遍偏低；其三，未成年人犯罪的组织形式主要以团伙犯罪为主；其四，未成年人犯罪的手段日益暴力化、智能化。

未成年人刑事案件诉讼程序实际上是给这些犯了错误的未成年人提供一个较为宽松的认知环境，在一定意义上讲，是给未成年犯罪嫌疑人重新树立正确的世界观和人生观的过程，在诉讼过程中，通过慢慢引导、教育，促使未成年人认识到错误，并愿意改正。让其感受到这个社会并没有抛弃、放弃他。这样可以促使未成年人在未来的生活中走向正轨。同时，通过设立一个专门的诉讼程序，通过老师、家长乃至社会的宣传，对于其他未成年人来说，也是很好的教育和警示，能够有效地起到预防和制止犯罪的作用。

2. 有利于未成年人回归社会

打击犯罪和保障人权是现代刑事司法所追求的两大目标。未成年人犯罪案件属于刑事司法的一部分，所以和成年人犯罪案件一样，具有打击犯罪和保障人权

---

① 参见杨春洗主编：《刑事政策论》，北京大学出版社 1994 年版，第 349—350 页。
② 参见《最高检发布〈未成年人检察工作白皮书（2014—2019）〉》，载微信公众号"最高人民检察院"，2020 年 6 月 1 日。

的双重目标，只是两个目标的权重不同。我国专门制定未成年人刑事案件诉讼程序，表明了对于未成年人合法权益的特殊保护。在程序中既没有单纯地提倡保护，也没有一味地强调惩罚，而是协调惩罚和保护的关系，使惩罚和保护不再对立，成为互相补充、互相依存的两个方面，是两者的有机结合，最大限度地统一。程序注重对未成年人犯罪心理的矫正和治疗，使其能更好地融入正常的生活，这样既兼顾了对未成年犯罪人个人利益的保护，同时也减少其再犯的可能性，有利于未成年人经过矫正后重新回归到社会。

3. 有利于保障未成年人的诉讼权利

由于未成年人缺乏法律知识，语言表达、理解能力也较弱，因而未成年人在诉讼过程中不仅享有和成年人一样的正当程序保护，还享有一些特殊的诉讼权利，比如对于未成年人案件不公开审理、指定辩护权以及未成年人法定代理人到场权等。这些都是对于未成年人的特殊性而设置的保护未成年人诉讼权利的规定。但是，笔者还要强调的是，未成年人所享有的特殊诉讼权利的实现不仅需要法律的明文规定，也需要司法机关在司法实践中依法保障未成年人的诉讼权利，将其落到实处，比如在办理涉及未成年人的刑事案件时，司法机关应当履行告知义务，明确告知未成年人享有哪些诉讼权利以及如何行使等。

4. 有利于与国外未成年人刑事案件诉讼程序接轨

从全球范围的发展现状来看，未成年人刑事案件诉讼程序已经建立得比较完善。1899年美国法院建立少年法庭，这是全球范围内第一个专门审理未成年人案件的专门法庭。在此之后，大多数国家都开始建立不同于一般刑事诉讼程序的未成年刑事案件诉讼程序，很多国家还形成了符合自身的未成年刑事司法制度。1980年以后，联合国制定了多部有关未成年人权益保护的公约，如《公民权利和政治权利国际公约》《儿童权利公约》《联合国少年司法最低限度标准规则》《联合国预防少年犯罪准则》《囚犯待遇最低限度标准规则》《保护被剥夺自由少年规则》等，这些公约为世界各国建立未成年人刑事案件诉讼程序提供了借鉴作用。这也意味着未成年人司法制度已经在全球范围内建立起来，成为一个全球面临的课题。

在未成年人刑事案件诉讼程序方面，我国的理论构建和实施，较发达国家迟，故完善水平也低了一大截。为了加快步伐，对外我国与联合国多次磋商，承认和签署了一系列相关文件；对内则加紧修改《刑事诉讼法》。《刑事诉讼法

（2012）》专门针对未成年人刑事案件诉讼程序独立设置了一章予以规定，其中很多内容都是借鉴了国际做法，做到了与国际接轨，但是又独具中国特色。随着社会的不断发展，中国对于未成年人刑事案件诉讼程序将会随着社会和国情的变化不断修改完善。

第二十三章

涉外刑事辩护业务

随着我国经济的不断发展，外国人来华与国人出国的人数增加，以及我国同国际社会的合作与交流愈发紧密，我国涉外刑事案件的数量呈现出大幅度上升的趋势，与此同时涉外刑事业务也应运而生。为适应社会新形势的需要，研究涉外刑事业务，就成为一项具有重要意义的迫切任务。涉外刑事业务所包含的范围可能非常广泛，凡是具有涉外因素的刑事业务都可以纳入其中。具体来讲包括我国司法机关所管辖的具有涉外因素的刑事案件、国家间引渡追逃案件、跨国刑事犯罪所涉及的国际司法协助业务、违反国际公约涉嫌国际刑事犯罪业务，以及涉外刑事合规业务等。鉴于本书主要面向在我国执业的刑事辩护律师，本章重点讨论较为常见的国内涉外刑事诉讼案件、引渡、国际（区际）司法协助等相关业务。

第一节 概　述

刑事诉讼是一国司法权中最具主权特征的代表，因此也最具有排外属性。开展涉外刑事辩护，需要了解本国及涉外国在涉外刑事诉讼方面的规范及其参与的相关国际公约。

一、涉外刑事诉讼的界定

（一）涉外刑事诉讼的概念

涉外刑事诉讼泛指我国公安机关（含国家安全机关）、人民检察院、人民法院和司法行政机关所处理的具有涉外因素的刑事诉讼程序。其中，涉外因素主要体现在以下三个方面：一是被告人或被害人中有外国人或无国籍人；二是犯罪行为或结果发生在外国或者涉及外国国家、组织、公民利益；三是适用法律方面涉及外国法律或有关国际条约与协定。涉外刑事诉讼案件由我国管辖，适用我国法律，在需要遵守普通刑事案件法律适用的一般性规范之外，涉外刑事诉讼还有自身的特别规定和制度设计。

此外，如果从辩护的客观需求看，涉外刑事诉讼辩护除前述狭义刑事诉讼的三种涉外因素之外，还包括犯罪行为人、犯罪行为地均在国内，但是犯罪后，或人逃至国外，或财产在国外，或犯罪证据转移至国外，此种情形也涉及需要国际司法援助来进行追逃、追缴、取证。

（二）涉外刑事诉讼案件的特征

涉外刑事诉讼是我国司法机关依法受理和侦查、起诉、审判、执行具有涉外因素的刑事案件的诉讼活动，主要包括外国人、无国籍人作为当事人或其他诉讼参与人的刑事案件，以及涉及司法合作的刑事案件。涉外刑事诉讼案件通常具有以下三个特征：

1. 涉外刑事诉讼具有向域外间接延伸的可能性和必要性

涉外刑事诉讼中，由于当事人或其他诉讼参与人及犯罪证据在域外，可能会涉及诸如需要向我国领域外的人送达诉讼文书或域外取证等问题，就需要我国司法机关根据条约或惯例委托他国代为进行涉外刑事诉讼行为，这就是涉外刑事诉讼行为具有向域外延伸的可能性和必要性。

2. 涉外刑事诉讼的法律依据包含本国承认或缔结的国际条约等

涉外刑事诉讼除当事人和其他诉讼参与人涉及外国人，诉讼所依据的法律不仅有国内法，还有我国参加或缔结的有关国际条约、公约、专约、规约、协议备忘录、联合声明以及协定等。当然，我国声明保留的条款将不予适用。

3. 涉外刑事诉讼往往需要国家外事部门的配合与支持

司法机关处理涉外刑事案件，往往牵涉国与国之间的关系，有的与国家日常的外交事务有关，需要向外交部门通报案情，征求意见，争取外交部门的配合及一定的参与。如对于享有外交特权和豁免权的外国人犯罪，若应追究刑事责任，需通过外交途径解决。参与诉讼的律师需要关注和考虑外交部门的某些特殊要求，特别是要注意外交部门提供的司法建议以及外国使领馆的要求，要依法平衡好维护被告人利益与遵守外交政策的关系。

(三) 涉外刑事案件辩护与代理的基本原则

基于涉外因素这一特殊性，涉外刑事诉讼案件的辩护与代理具有不同于国内刑事诉讼的一些处理原则。根据有关规定及司法实践经验，涉外刑事诉讼具有以下原则：

1. 维护国家形象

代理涉外刑事案件要有国家形象意识。在涉外刑事诉讼中有外国人、无国籍人、国籍不明确的人，涉案过程和涉案结果都会引起国际社会的极大关注，并直接与国家在国际社会的形象挂钩，影响国家的国际地位，代理律师应该更加慎言慎行。

2. 当事人诉讼权利义务同等

外国公民在我国进行刑事诉讼，与我国公民一样，同等享有诉讼权利，并承担诉讼义务。司法机关应同等对待，并应加以保护，对其享有的诉讼权利，不能以任何借口加以剥夺；同样，也不能因外国公民身份的特殊性，而免除其应履行的诉讼义务。

3. 信守国际条约

涉外刑事诉讼要坚持主权原则，就要适用我国《刑事诉讼法》。但是，在适用我国《刑事诉讼法》的前提下，还必须兼顾我国参加或缔结的有关国际条约、公约、专约、规约、协议备忘录、联合声明以及协定等。当然，我国声明保留的条款将不予适用和遵守。

4. 确保当事人用母语理解诉讼活动

我国法律规定诉讼的进行和司法文书的制作都要使用我国通用的语言文字，若不同语言版本的文书中出现冲突或不一致时，均以中文文本为准。为当事人或被害人提供翻译，既是为方便当事人进行诉讼，又是审理涉外案件的需要。我国法律规定为外国人提供或送达的司法文书，例如起诉书、判决书或裁定书等，应当以中文本为主本，在中文本上加盖司法机关的印章。送达外籍被告人或被害人的应当是中文副本和外文译本，外文本应当注明为译本，而不注明副本，而且不加盖司法机关的印章。辩护人有义务为当事人用其母语解释诉讼文书和法律适用。

5. 指定或委托中国律师参加诉讼

这一原则是贯彻落实国家主权原则的重要体现。律师制度是司法制度的组成部分，一个国家的司法制度只能在本国领域内适用，而不能延伸于国外；一个主权国家也不允许外国在其领域内干涉它的司法事务。因此，我国只允许本国律师在本国以律师身份参加诉讼，而不允许外国律师以律师身份在中国进行诉讼活动。

二、涉外刑事案件的管辖

每个国家都会在法律中规定其对于涉外刑事案件具有管辖权，原因就在于刑事案件管辖权是国家主权不可分割的一部分。对涉外刑事案件行使管辖权，就是宣示并行使国家主权。涉外刑事案件的管辖一般有以下几种国际通行的管辖原则：

（一）属地管辖

属地原则（the principle of territorial jurisdiction），是指在本国领土范围之内所发生的一切犯罪行为，都要受到该国法律的管辖，都应当适用该国法律。这条原则也是各个不同法系国家行使刑事管辖权的最基本原则。普通法系国家，如英美，基于其判例法特征，在法院判例规则中确认，国家对在其领土范围内的人和事即发生的民事、刑事案件，具有排他的和绝对的管辖权。大陆法系国家，如《德国刑法典》第3条规定："德国刑法对国内犯罪适用之。"我国《刑法》第6

条规定:"凡在中华人民共和国领域内犯罪的,除法律有特别规定的以外,都适用本法。凡在中华人民共和国船舶或者航空器内犯罪的,也适用本法。犯罪的行为或者结果有一项发生在中华人民共和国领域内的,就认为是在中华人民共和国领域内犯罪。"

属地管辖原则是最基本的涉外刑事案件管辖原则,但它有其固有的缺陷,即对国外发生的犯罪行为发挥作用有限,如外国人在境外实施的危害本国利益或本国国民权益的案件,或本国公民在国外实施的犯罪。因此,涉外刑事案件的管辖权还需要在属地管辖之外,再配合属人原则和保护原则等规定。

(二)属人管辖

属人原则,又叫作国籍原则(the principle of nationality jurisdiction),是指一国对其国民具有管辖的权利,不论其国民在国内或国外犯罪或成为受害人,该国均有权进行管辖。根据本国国民在犯罪行为中的身份不同,又可细分为主动属人原则和被动属人原则。

主动属人原则,是指由实施犯罪行为的行为人之国籍国对犯罪行为进行管辖。该原则的设立最初是为了使本国国民不被引渡到国外,但由于历史原因,该原则曾经一度成为殖民统治的有效工具,也叫作治外法权。即在殖民地地区,保护本国国民不受犯罪地法律的制裁。治外法权被很多国家拒绝,但在日本和韩国等国还有保留。在现代,主动属人原则受到属地为主原则的制约,消除了治外法权的特性,并已经被多数国家接受。如《印度刑法典》第4条规定,该法典适用于在印度国境外任何地方的任何印度国民实施的任何犯罪。我国《刑法》对我国公民在国外犯罪采取限制的态度来行使刑事管辖权。《刑法》第7条规定:"中华人民共和国公民在中华人民共和国领域外犯本法规定之罪的,适用本法,但按本法规定的最高刑为三年以下有期徒刑的,可以不予追究。中华人民共和国国家工作人员和军人在中华人民共和国领域外犯本法规定之罪的,适用本法。"

被动属人原则,即受害人国籍国管辖原则。该原则的适用是为了保护本国侨民,主张外国人在外国对本国公民犯罪的,当外国行为人进入本国境内时,可以对其行使刑事管辖权,该原则与对本国利益和国民权益进行保护性管辖的原则有一定的重合。

2002年3月,上海市第二中级人民法院对发生在南非的一起华人抢劫杀害华人案件进行了审理。该案被告人胡嘉生等4人早年由上海去南非,在2000年9月抢劫了南非约翰内斯堡的一家华人珠宝店，并杀害了店主的姐姐和外甥女。南非警方初步侦查判定凶手为华人，但侦破工作一度陷入困境。2001年7月，被害方珠宝店店主陈某（原籍上海）向上海警方报案，经与南非警方合作，被告人胡嘉生等人在上海落网。① 此案犯罪行为人和被害人均属中国籍，虽犯罪行为发生在南非，中国司法机关仍可依据属人原则对其进行管辖。

（三）保护性管辖

保护性原则（the principle of protective jurisdiction），是指不论侵害行为人是本国人还是外国人，只要在国外实施了危害本国的国家利益或本国国民的利益，本国就有权进行管辖。保护原则是属地原则和属人原则的补充，每个国家都有权维护本国利益和国民利益不被侵犯。该原则最早出现于19世纪欧洲大陆法系国家，被沿用至今。《日本刑法典》第2条规定："外国人在外国对日本犯有内乱、外患、伪造文书、有价证券和伪造印章的罪行，日本有权对其行使刑事管辖。"我国刑法也限制性采用该原则，《刑法》第8条规定："外国人在中华人民共和国领域外对中华人民共和国国家或者公民犯罪，而按本法规定的最低刑为三年以上有期徒刑的，可以适用本法，但按犯罪地法律不受处罚的除外。"

（四）普遍管辖

普遍管辖原则（the principle of universal jurisdiction），是指以国际条约的约定为基础所确定的管辖权，针对各国共同认可的国际犯罪，不论犯罪行为发生在哪个国家，犯罪行为人和被害人的国籍为何，每个国家特别是犯罪所在地国家都有权行使刑事管辖权。该原则最早产生于中世纪意大利各城邦，针对海盗罪提出。"二战"后，国际条约的方式已经不能满足打击国际罪行和跨国犯罪的需要，为了抑制国际犯罪的发生，各国以国际条约进行具体约定，规定了各缔约国应将条约所规定的国际犯罪规定进行国内法转化，并采取必要的措施打击犯罪行为。相关条约有1958年《日内瓦公海公约》、1970年《关于制止非法劫持航空器的公约》、1971年《精神药物公约》、1973年《关于防止和惩处侵害应受国际保护人员包括外交代表的罪行的公约》、1979年《反对劫持人质国际公约》、1982年《联合国海洋法公约》、1980年《核材料实物保护公约》，等等。在缔约国国内法

---

① 参见李海文：《论涉外刑事管辖权的原则与实践》，载《上海公安高等专科学校学报》2003年第3期。

转化方面,《德国刑法典》第 6 条规定:"在国外之犯罪,基于对德国有约束力的国际条约应行追诉的,无论犯罪地法律为何规定,德国刑法适用之。"我国《刑法(2020)》第 9 条也作了原则性的规定:"对于中华人民共和国缔约或者参加的国际条约所规定的罪行,中华人民共和国在所承担条约义务的范围内行使刑事管辖权的,适用本法。"

上述各项管辖原则均有其利弊,在各国刑事司法实践中,基本都兼顾采用。一般以属地管辖原则为主,以属人管辖原则、保护性原则和普遍原则为辅。当属地管辖原则与其他原则相冲突时,一般优先适用属地管辖原则。因为属地管辖可以立即行使,有实际控制权且便于侦破案件。相比之下,其他管辖原则可能需要向犯罪行为人所在地国家申请,将犯罪行为人引渡回本国,才能有效行使刑事管辖权,控制力较弱。

第二节 引渡和国际司法协助

涉外刑事案件除国内管辖的刑事诉讼案件之外,还涉及与他国、地区司法机关进行国际和区际合作的一些特别制度,如引渡和司法协助制度,而司法协助制度又分为国际司法协助制度,以及我国"一国两制"制度所产生的区际司法协助制度。这部分业务要求承办律师不但要精通我国内地的法律规定,还要熟悉他国、其他地区的相关法律规范以及国际条约和协议的具体内容,对外语的要求也相对更高。对于这一部分内容,将结合法律规定和实务案例进行分析解读。

一、引渡

引渡,是指一国把在该国境内而被他国指控为犯罪或已被他国判刑的人,根据有关国家的请求移交给请求国审判或处罚的制度。引渡制度是一项国际司法协助的重要制度,也是国家有效行使管辖权和制裁犯罪的重要保障。在国际法上,国家没有必须引渡的义务,引渡的法律依据应为含引渡条款的国际条约、国际公约以及相关国内立法。《中华人民共和国引渡法》(以下简称《引渡法》)

于 2000 年 12 月 28 日颁布施行，为国内有关机关处理中外之间的引渡问题提供了重要的法律依据。根据《引渡法》第 15 条的规定，在我国，引渡以条约或互惠承诺为基础。

引渡是值得刑事辩护律师高度重视的一块业务，虽然目前案件量并不大，但是随着国际交往的日益增加，与引渡相关的法律规范日益完善，业务领域前景非常可观。对引渡的请求进行司法审查时，需要开庭审理，被请求引渡人必须有律师为其辩护，与请求引渡国的代表或针对其书面意见，就能否引渡展开法庭辩论。这就要求被委托律师具有专门的引渡方面的法律知识，并对请求国法律的相关规定具有一定的了解，具备一定的外语工作能力则更有利于开展工作。

以马尔丹·米歇尔涉嫌强奸引渡案为例[1]，我国在接到法国对马尔丹涉嫌强奸的引渡请求后，外交部首先进行审查，然后移送最高人民检察院和最高人民法院，此后最高人民法院指定云南省高级人民法院审查，云南省高级人民法院开庭听取被请求引渡人马尔丹和他律师的陈述和意见，并最终就引渡请求是否符合《引渡法》规定的引渡条件作出认定。由此可见，开庭审理是引渡审查的关键环节，在这个环节中律师起着不可替代的重要作用。

（一）引渡的审查程序

1990 年联合国大会通过的《引渡示范条约》第 5 条规定，引渡请求"应通过外交渠道在司法部或缔约国指定的任何其他当局之间直接传递"。因此，我国引入与引出的对外联系机关都是外交部。

1. 引出

外国政府向我国外交部提交引渡请求书后，我国外交部将对引渡请求书及其所附文件、材料是否符合我国引渡法和引渡条约的规定进行初步审查，认为可以进入司法审查程序的，再将上述材料转交最高人民检察院和最高人民法院。最高人民法院指定的高级人民法院将会对引渡请求是否符合《引渡法》与相关引渡条约的规定进行裁定，再由最高人民法院对该裁定进行复核。

最高人民检察院在审查过程中认为不应当由我国司法机关追诉的，应当通知法院以便及时进入审查程序；认为应由我国司法机关追诉的，则将准备提起刑事

---

[1] 中华人民共和国最高人民法院刑事审判第一、二、三、四、五庭主办：《中国刑事审判指导案例》，法律出版社 2017 年版，第 248 页。

诉讼的意见分别告知最高人民法院与外交部。在人民法院作出裁定之前，最高人民检察院如作出应由我国司法机关追诉的决定，人民法院可予采纳，作出不符合引渡条件的裁定；如果在人民法院已作出符合引渡条件的裁定后，最高人民检察院作出应由我国司法机关追诉的决定的，法院不再改变原裁定。

马尔丹涉嫌强奸案中，法国政府根据 1990 年联合国大会通过的《引渡示范条约》第 5 条关于引渡请求"应通过外交途径在司法部或缔约国指定的任何其他当局之间直接传递"的规定，向我国外交部递交了引渡请求书，外交部在对引渡请求书及其所附文件、材料是否符合我国《引渡法》和引渡条约的规定进行初步审查后，认为该案可进入司法审查程序，遂转最高人民检察院和最高人民法院。最高人民法院鉴于马尔丹被采取强制措施后，羁押在云南省昆明市，且云南省高级人民法院具有一定涉外刑事案件的审理经验和条件，故指定被请求引渡人被羁押地的云南省高级人民法院负责对案件进行审查。①

2. 引入

在我国向他国提出引渡请求时，根据我国《引渡法》第 50 条的规定，"被请求国就准予引渡附加条件的，对于不损害中华人民共和国主权、国家利益、公共利益的，可以由外交部代表中华人民共和国政府向被请求国作出承诺。对于限制追诉的承诺，由最高人民检察院决定；对于量刑的承诺，由最高人民法院决定"。限制追诉及量刑承诺的决定权分别由最高人民检察院与最高人民法院行使。

（二）引渡的审查内容

引渡的审查内容是律师应当关注的重点，这也是引渡审查开庭审理的核心。我国《引渡法》对引渡审查的内容未作具体规定，但在第 12 条请求国请求需提供的材料中，规定了需提供必要的犯罪证据或者证据材料。② 最高人民法院认为，提供犯罪证据的目的在于审查被请求引渡人所涉嫌的罪行是否应由我国追

---

① 中华人民共和国最高人民法院刑事审判第一、二、三、四、五庭主办：《中国刑事审判指导案例》，法律出版社 2017 年版，第 248 页。

② 《引渡法》第 12 条规定："请求国请求引渡，应当在出具请求书的同时，提供以下材料：（一）为了提起刑事诉讼而请求引渡的，应当附有逮捕证或者其他具有同等效力的文件的副本；为了执行刑罚而请求引渡的，应当附有发生法律效力的判决书或者裁定书的副本，对于已经执行部分刑罚的，还应当附有已经执行刑期的证明；（二）必要的犯罪证据或者证据材料。请求国掌握被请求引渡人照片、指纹以及其他可供确认被请求引渡人的材料的，应当提供。"

诉，而非进行可罚性的审查。① 因此，如果请求引渡人所涉的罪行应由我国追诉，则律师应根据中国法律的相关规定，结合请求国所提供的犯罪证据和证据材料，提出拒绝引渡的意见。必要时，可以进行调查取证工作，提供案件应由中国法院受理的进一步证据。

（三）拒绝引渡的理由

《引渡法》第 7 条、第 8 条规定了应当拒绝引渡的情况。

（1）本国国民不引渡原则。在国际实践中，除非有关引渡条约或国内法有特殊规定，一般各国都有权拒绝引渡本国国民。我国则直接在《引渡法》第 8 条第 1 项中直接规定了，被请求引渡人是我国公民的应当拒绝引渡。

（2）不构成双重犯罪不引渡。只有在请求国和被请求国的法律都认定被请求引渡人的行为为犯罪时，才能进行引渡。如果其行为不被我国的《刑法》认定为犯罪，即不构成双重犯罪时，不准予引渡。此原则有例外规定，《联合国反腐败公约》第 44 条第 2 款规定："尽管有本条第一款的规定，但缔约国本国法律允许的，可以就本公约所涵盖但依照本国法律不予处罚的任何犯罪准予引渡。"

（3）可能遭遇不公正司法程序或非人道对待的不引渡。《引渡法》第 8 条第 7 项规定，外国向中华人民共和国提出的引渡请求，有下列情形之一的，应当拒绝引渡："……（七）被请求引渡人在请求国曾经遭受或者可能遭受酷刑或者其他残忍、不人道或者有辱人格的待遇或者处罚的……"。

最高人民法院的意见为，上述待遇仅限于来自请求国政府及其附属机构的请求，不包括来自羁押场所中其他人犯或其他公民个人的请求。同时，对"不人道待遇"也应作狭义理解，即限于对被请求引渡人，不包括因引渡而对被请求引渡人亲属方面造成的不人道情况。②

（4）政治犯不引渡。各国对于政治犯的界定方法也存在较大差异，在实践中存在犯罪嫌疑人恶意利用"政治犯不引渡"原则，增加引渡工作困难的情况。

（5）军事犯不引渡。

（6）收到引渡请求时，刑事诉讼程序已经终结的不引渡。

（7）收到引渡请求时，已过追诉时效或被赦免的不引渡。

---

① 参见南英、高憬宏主编：《刑事审判方法（第二版）》，法律出版社 2015 年版，第 629 页。
② 参见南英、高憬宏主编：《刑事审判方法（第二版）》，法律出版社 2015 年版，第 629 页。

（8）在请求国被缺席判决的不引渡，但请求国承诺引渡后给予被请求引渡人在其出庭的情况下重新进行审判机会的除外。

除此以外，《引渡法》第9条还规定，我国对引渡请求所指的犯罪具有刑事管辖权，并且对被请求引渡人正在进行刑事诉讼或者准备提起刑事诉讼的；或被请求引渡人的年龄、健康等原因不适宜引渡的，可以拒绝引渡。

在法院审查马尔丹涉嫌引渡案时，马尔丹及其委托的中国律师提出，马尔丹在中国与中国公民奚某同居并生有一女，如其被引渡回国，会造成其与中国妻子及子女无法团聚，会损害他们的合法权益，此外还提出法国马赛监狱管理不善，其在那儿可能受到同监室关押人员的残忍对待。最高人民法院审查本案时，对此十分关注。首先，对于可能受到马赛监狱同监室人员残忍对待问题，法院认为，我国《引渡法》第8条第（4）项规定的"被请求引渡人在请求国曾经遭受或者可能遭受酷刑或者其他残忍、不人道或者有辱人格的待遇或者处罚"，仅限于来自请求国政府及其所属机构的请求，不宜包括来自羁押场所中其他人犯或者其他公民个人的请求。同时，对"不人道待遇"也应作狭义理解，即限于被请求引渡人，不包括因引渡而对被请求引渡人亲属方面造成的不人道情况。对于马尔丹及其律师提出的如将其引渡回国，会造成其与中国未办理正式结婚手续的妻子及女儿无法团聚的问题，法院认为，虽然该问题不属于应当拒绝引渡或可以拒绝引渡的法定情形，但事关被请求引渡人及其亲属的合法权益的保护，为此，最高人民法院向法国驻华使馆提出，根据人道主义原则，这一问题能否妥善解决将可能影响是否予以引渡，并要求法国方面予以澄清。法国方面积极配合，为马尔丹的女儿做了公证，证明其为法国公民，并承诺会尽一切可能创造能够使他们团聚的条件，得到此承诺后，最高人民法院最终作出符合引渡条件的裁定。①

（四）引渡的效果

罪犯被请求引渡国引渡回国后，只能依照其被引渡时所指控的犯罪行为接受审判和处罚；且未经引出国同意，不能被转引渡给第三国。

（五）遣返

遣返是当前境外追赃追逃工作中经常采用的追逃方式，遣返主要涉及当事人

---

① 参见中华人民共和国最高人民法院刑事审判第一、二、三、四、五庭主办：《中国刑事审判指导案例》，法律出版社2017年版，第248页。

是否违反了所在国的移民法律规定，是否存在移民欺诈问题，从而导致在当地的居留身份无效而被遣返回原籍国。遣返是所在国依据当地移民法规进行审查的结果，在审查过程中，中国律师可以与所在国律师进行配合，提供证据，进行风险评估，在必要的时候还可以与境内办案机关进行沟通争取自首等情节。

遣返本身不属于国家之间的刑事司法协助行为，而是遣返国的单方面决定。遣返本身不受条约前置主义及双重犯罪等原则的制约，只要被遣返者违反了遣返国关于移民的法律规定，就可以将其遣返。目前大部分国家都以引渡条约为程序启动的前提，而我国与发达国家之间签订的引渡条约数量有限。因此，相较于引渡制度，遣返的适用范围更广，更能满足跨境追逃等司法实践的需要，所以遣返等引渡替代机制在境外追逃活动中经常被灵活运用。

在等待相关国家做出引渡或遣返决定之前，部分人员在审时度势后，可能会放弃在当地的移民审查程序、自愿遣返回国，并在遣返后如实供述，那么即使其在等待决定期间被采取强制措施、一定程度上处于我国有关机关的控制之下，其行为也可能被认定为自首。自愿遣返不仅可以使办案机关省去冗长的司法程序和后续追逃工作，同时也表明外逃人员具备投案的自愿性与自动性，降低了境外追逃的成本。就争取自首这一从宽处罚量刑情节，中国律师可以为当事人提供专业的咨询意见，并与国内办案机关进行沟通，最大限度地维护当事人的利益。

二、国际司法协助

涉外刑事案件中，国际司法协助日益增多。联合国和我国都从立法层面上建立起司法协助机制，并对境外证据收集、跨境作证、查封冻结境外资产、文书送达、缺席审判、判决的认可与执行方面做了详细规定，这些都与律师所办理的涉外刑事案件密切相关，律师应熟练掌握并灵活运用。

2000年12月我国签订了联合国主持起草并通过的《联合国打击跨国有组织犯罪公约》，并于2003年正式加入；2005年10月27日，全国人大常委会批准加入了《联合国反腐败公约》，2006年2月12日该公约对我国生效；2014年APEC部长级会议上通过了《北京反腐败宣言》，并建立了APEC反腐败执法合作机制；2018年10月26日，全国人大常委会表决通过了《中华人民共和国国际刑事司法协助法》（以下简称《国际刑事司法协助法（2018）》）。此外，我国司法解释也分别规定了人民法院与人民检察院在国际刑事司法协助中的相关职权。《刑诉法解释（2021）》第 493 条规定，人民法院请求外国提供司法协助的，应当层报最高人民法院。外国法院请求我国提供司法协助，属于人民法院职权范围的，经最高人民法院审核同意后转有关人民法院办理；《检察院刑诉规则（2019）》第 672 条规定："人民检察院刑事司法协助的范围包括刑事诉讼文书送达、调查取证、安排证人作证或者协助调查，查封、扣押、冻结涉案财物，返还违法所得及其他涉案财物，移管被判刑人以及其他协助。"

（一）协助涉外刑事证据收集

从国际法的角度来看，一国未经他国同意不得在其境内开展刑事司法活动，因此，一国在域外的刑事证据收集工作一般都需要通过司法协助的形式进行。

在调查取证申请的审查上，一般会采取相对宽松的标准。相较于引渡等具有强制性的措施，调查取证本身具有中立性，面对是否符合双重犯罪、是否属于政治犯等问题时更加灵活，这些并不必然会成为申请被拒绝的理由。《国际刑事司法协助法（2018）》在拒绝申请情形的条文中采取了"可以拒绝提供协助"的表述，这也就给予审查机关更大的裁量权。

一般而言，在协助调查取证活动中的程序问题适用被请求国的法律规定。但是，不排除请求国有时会提出特别要求，对此，我国《国际刑事司法协助法（2018）》第 16 条第 3 款规定主管机关审查后，"外国对执行其请求有保密要求或者特殊程序要求的，在不违反中华人民共和国法律的基本原则的情况下，主管机关可以按照其要求安排执行"。

在调查取证方式问题上，《国际刑事司法协助法（2018）》第 25 条第 2 款中规定了"请求外国协助调查取证时，办案机关可以同时请求在执行请求时派员到场"，同时在接受外国协助调查取证申请时，也可以允许外国的主管机关派员调查。但是无论采用哪种形式，被请求协助国的主管机关都具有调查的主导权，这一点在《国际刑事司法协助法（2018）》第 29 条中也有所体现。

除此以外，在进行调查取证的刑事司法协助时，对被追诉人辩护权的保障问题尚存在一定争议。根据《刑诉法解释（2021）》第 77 条第 2 款的规定，当事人及其辩护人、诉讼代理人获得的来自境外的证据材料，应当经所在国公证机关证明，所在国中央外交主管机关或者其授权机关认证，并经我国驻该国使、领馆认证。但是因为在传统国际法上，国际刑事司法协助的主体都是国家，个人力量在境外调查取证活动中能力有限，使得实践中被追诉人在域外的调查取证权几乎很难实现。

此外很多国家都在证据合法性审查问题上采纳了"不审查原则",即请求国不会对被请求国的调查取证行为进行审查,而是默认其行为具有合法性。《刑诉法解释(2021)》第 77 条第 1 款中规定,对来自境外的证据材料,人民检察院应当随案移送有关材料来源、提供人、提取人、提取时间等情况的说明。经人民法院审查,"能够证明案件事实且符合刑事诉讼法规定的,可以作为证据使用。但提供人或者我国与有关国家签订的双边条约对材料的使用范围有明确限制的除外;材料来源不明或者真实性无法确认的,不得作为定案的根据"。其中,对适用范围有明确限制的,我国侦查机关在实践中通常会进行转换后使用。虽然《刑诉法解释(2021)》第 77 条有但书规定,但是现实中法院对于转化后的证据并不排斥。

(二)协助有关人员赴请求方作证

《联合国打击跨国有组织犯罪公约》第 18 条第 10 款中规定:"在一缔约国境内羁押或服刑的人,如果被要求到另一缔约国进行辨认、作证或提供其他协助,以便为就与本公约所涵盖的犯罪有关的侦查、起诉或审判程序取得证据,在满足以下条件的情况下,可予移送:(一)该人在知情后自由表示同意;(二)双方缔约国主管当局同意,但须符合这些缔约国认为适当的条件。"

当出现需要解送在押人员去请求国出庭作证或协助调查的情况时,请求国应当始终保证在押人员处于被羁押状态,直至相关程序结束后将其送回。当我国的在押人员去国外作证或协助调查时,根据《国际刑事司法协助法(2018)》第 38 条第 2 款的规定,其"在外国被羁押的期限,应当折抵其在中华人民共和国被判处的刑期"。

通过司法协助的形式协助调查或传唤出庭作证的污点证人具有豁免权,即其只能作为证人接受询问,不能因其入境前实施的犯罪而被采取强制措施或接受审判。《国际刑事司法协助法(2018)》第 33 条规定:"来中华人民共和国作证或者协助调查的证人、鉴定人在离境前,其入境前实施的犯罪不受追诉;除因入境后实施违法犯罪而被采取强制措施的以外,其人身自由不受限制。证人、鉴定人在条约规定的期限内或者被通知无需继续停留后十五日内没有离境的,前款规定不再适用,但是由于不可抗力或者其他特殊原因未能离境的除外。"当然,这种豁免权一般仅限于其入境前的行为,入境后在中国境内实施的犯罪不在此豁免权的范围内。仅在个别双边条约中,这种豁免权被扩大到部分入境后的行为。①

一般而言,因为《国际司法协助法(2018)》中没有证词豁免的相关规定,如果条约中没有特殊规定,我国可能会对证人的作伪证或扰乱法庭秩序的行为采取强制措施或追究刑事责任。

(三) 协助执行查封和扣押并实行冻结

根据不同目的,查封、扣押、冻结可以被划分为两个类型,一类是以调查取证为目的的查封、扣押、冻结;另一类是以资产追缴为目的的查封、扣押、冻结。其中《国际刑事司法协助法(2018)》第六章调整的就是以资产追缴为目的的查封、扣押、冻结。

在我国,在立案前进行的查封、扣押和冻结是被禁止的,此时在国际司法协助中就面临着一个矛盾,即外国请求查封、扣押、冻结财产的案件往往发生在境外,没有损害中国公民或者国家利益,这种情况下我国司法机关不会立案,查封、扣押、冻结财产的请求的接受面临着程序上的矛盾点。因此《国际刑事司法协助法(2018)》规定了协助外国查封、扣押、冻结不需要以立案为前提,解决了这一问题。

目前,执行外国的查封、扣押、冻结请求的法定条件包括:(1)查封、扣押、冻结符合中国法律规定的条件;(2)查封、扣押、冻结涉案财物与请求国正在进行的刑事案件的调查、侦查、起诉和审判活动相关;(3)有可执行的财物;(4)执行请求不影响利害关系人的合法权益;(5)执行请求与中国有关机关正在进行的调查、侦查、起诉、审判和执行活动不冲突。除此以外,根据外国请求查封、扣押、冻结涉案财物还应当考虑到《国际刑事司法协助法(2018)》第14条的相关规定。与调查取证问题不同,以资产追缴为目的的查封、扣押、冻结应当严格遵循双重犯罪的前置条件,如果外国的相关请求所针对的行为在我国并不构成犯罪,则不应当对当事人的财产权进行处置。

(四) 协助文书送达与缺席审判

国际刑事司法协助中的文书送达需要遵循一些特殊的规则。比如《国际刑

---

① 比如《中华人民共和国和波兰人民共和国关于民事和刑事司法协助的条约》第28条规定:"对通过被请求的缔约一方通知前来出庭的证人或鉴定人,无论其国籍如何,提出请求的缔约一方不得因其入境前所犯的罪行或者因其证词、鉴定或其他涉及诉讼内容的行为而追究其刑事责任和以任何形式剥夺其自由。"即请求国不能因为证人的证词或者其他诉讼行为而追究其刑事责任和以任何形式对其采取强制措施。

事司法协助法（2018）》第 22 条第 2 款规定："请求协助送达出庭传票的，应当按照有关条约规定的期限提出。没有条约或者条约没有规定的，应当至迟在开庭前三个月提出。"另外，传唤最好不要有强制性的表述，同时应当附有译文。

国际刑事司法协助中的文书送达，特别是传唤通知，一般不能以被告人为对象。这往往会被认为是对引渡程序的规避，因此大多数刑事司法协助条约都会明确规定这种情况下被请求方没有送达义务。此外，《国际刑事司法协助法（2018）》第 22 条第 3 款也规定："对于要求中华人民共和国公民接受讯问或者作为被告人出庭的传票，中华人民共和国不负有协助送达的义务。"

根据《刑事诉讼法（2018）》第 292 条的规定，人民法院应当通过有关国际条约规定的、外交途径提出的司法协助方式，或者被告人所在地法律允许的其他方式，将传票和起诉书副本送达被告人。

在缺席审判程序中，上述两项规定产生了一定的矛盾。2017 年《关于适用犯罪嫌疑人、被告人逃匿、死亡案件违法所得没收程序若干问题的规定》第 12 条第 2 款规定："人民法院已经掌握境外犯罪嫌疑人、被告人、利害关系人联系方式，经受送达人同意的，可以采用传真、电子邮件等能够确认其收悉的方式告知其公告内容，并记录在案。"当对方不接收时，则需要尝试建立其他符合相关国家法律的途径，比如邮寄送达、通过外交领事人员送达等。

缺席审判程序的正当性建立在被告人事先知悉开庭信息和听审权并自愿放弃此权利的基础上。因此如果想要启动缺席审判程序，必须保障文书送达工作。

此外，启动缺席审判程序时应当有可信证据能够证明犯罪嫌疑人、被告人在境外且未死亡。如果无法证明犯罪嫌疑人、被告人在境外，而仅仅是失踪，则不能启动缺席审判程序；如果有证据证明犯罪嫌疑人、被告人曾在境外并能取得联系，但之后失去了联系，则应当考虑中止相关的缺席审判程序。

目前刑事缺席审判制度和我国的一些境外追逃措施是存在矛盾的。对外缔结的引渡条约一般都明确规定，根据缺席判决提出的引渡请求应该被拒绝，或者请求国做出保证，缺席判决不生效，引渡后会进行重新审判。因此缺席审判制度往往只能作为其他手段都不奏效的兜底手段，滥用缺席审判制度将会对国际间的追逃、追赃合作工作造成极大的负面影响。

（五）判决的认可与执行

1. 服刑人员的移管

某些在境外服刑的华人，想申请回国服刑，回到自己熟悉的环境，方便见到亲戚和朋友，有利于改造和回归社会。此类案件中，律师可依据相应移管规定，为当事人积极争取并推动被判刑人的移管程序。与引渡、遣返不同，被判刑人的移管不是强制性的，应当得到判刑国、执行国和被判刑人的同意。

移管是一种国家之间相互承认和执行刑事裁决的国际合作方式，其不仅能减轻判刑国执行判决的负担，同时也有助于保障服刑人员的各项权利，有助于其在服刑后重返社会，因此总体来说，这是一种符合人道主义精神的、对各方均有利的合作形式，而这种合作的条件之一就是被判刑人同意接受移管。①《国际刑事司法协助法（2018）》第58条特别强调，"主管机关应当对被判刑人的移管意愿进行核实。外国请求派员对被判刑人的移管意愿进行核实的，主管机关可以作出安排"。

根据《国际刑事司法协助法（2018）》第63条、第64条的规定，向我国移管被判刑人时，由主管机关指定刑罚执行机关先行关押，并由中级人民法院作出刑罚转换裁定。对于外国法院判处的刑罚性质和期限符合我国法律规定的，按照其判定的刑罚和期限予以转换；对于外国法院判处的刑罚性质和期限不符合我国法律规定的，依照法律规定的原则确定刑种和刑期。②

在移管后，刑罚的执行、减刑以及假释、暂予监外执行等都依照我国相关法

---

① 《国际刑事司法协助法（2018）》第56条第1款规定："向外国移管被判刑人应当符合下列条件：……（四）被判刑人书面同意移管，或者因被判刑人年龄、身体、精神等状况确有必要，经其代理人书面同意移管……"

② 《国际刑事司法协助法（2018）》第63条规定："被判刑人移管回国后，由主管机关指定刑罚执行机关先行关押。"第64条规定："人民检察院应当制作刑罚转换申请书并附相关材料，提请刑罚执行机关所在地的中级人民法院作出刑罚转换裁定。人民法院应当依据外国法院判决认定的事实，根据刑法规定，作出刑罚转换裁定。对于外国法院判处的刑罚性质和期限符合中华人民共和国法律规定的，按照其判处的刑罚和期限予以转换；对于外国法院判处的刑罚性质和期限不符合中华人民共和国法律规定的，按照下列原则确定刑种、刑期：（一）转换后的刑罚应当尽可能与外国法院判处的刑罚相一致；（二）转换后的刑罚在性质上或者刑期上不得重于外国法院判处的刑罚，也不得超过中华人民共和国刑法对同类犯罪所规定的最高刑期；（三）不得将剥夺自由的刑罚转换为财产刑；（四）转换后的刑罚不受中华人民共和国刑法对同类犯罪所规定的最低刑期的约束。被判刑人回国服刑前被羁押的，羁押一日折抵转换后的刑期一日。人民法院作出的刑罚转换裁定，是终审裁定。"

律办理,而被判刑人对外国法院判决的申诉,则应向外国有管辖权的法院提出。①

此外,《刑法》第 10 条中规定了对外国刑事判决消极承认的情况。② 但是《国际刑事司法协助法(2018)》第 64 条第 2 款规定,"人民法院应当依据外国法院判决认定的事实,根据刑法规定,作出刑罚转换裁定",这一条实际上是对《刑法》第 10 条的限制规定。这一规定与《国际刑事司法协助法(2018)》第 66 条一起,确认了外国法院在认定事实方面的专属权。

2. 没收违法所得与返还

在没收违法所得与返还的国际合作方面,《联合国反腐败公约》等国际条约倡导各国相互承认与执行没收裁决。

根据《国际刑事司法协助法(2018)》第 3 条第 2 款规定:"执行外国提出的刑事司法协助请求,适用本法、刑事诉讼法及其他相关法律的规定。"根据《关于适用犯罪嫌疑人、被告人逃匿、死亡案件违法所得没收程序若干问题的规定》第 17 条第 1 款的规定:"申请被没收的财产具有高度可能属于违法所得及其他涉案财产的,应当认定为本规定第十六条规定的'申请没收的财产属于违法所得及其他涉案财产'。"外国提供的相关证据只要符合"高度可能"这一标准,我国相关主管机关就可以对其提出的没收申请同意协助没收。

对于请求返还的申请程序,则存在两种形式——"简易返还"与"没收后返还"。此外在返还时,《国际刑事司法协助法(2018)》第 54 条还规定了分享制度,即"对于外国请求协助没收、返还违法所得及其他涉案财物的,可以由对外联系机关会同主管机关提出分享的请求。分享的数额或者比例,由对外联系机关会同主管机关与外国协商确定"。

目前来讲,在国际司法协助程序中,中国律师的参与度还较为有限。但实务中存在律师代理身在境外的被追逃人员,与境内承办机关进行沟通谈判,进而为

---

① 《国际刑事司法协助法(2018)》第 65 条规定:"刑罚执行机关根据刑罚转换裁定将移管回国的被判刑人收监执行刑罚。刑罚执行以及减刑、假释、暂予监外执行等,依照中华人民共和国法律办理。"
《国际刑事司法协助法(2018)》第 66 条规定:"被判刑人移管回国后对外国法院判决的申诉,应当向外国有管辖权的法院提出。"
② 《刑法》第 10 条规定:"凡在中华人民共和国领域外犯罪,依照本法应当负刑事责任的,虽然经过外国审判,仍然可以依照本法追究,但是在外国已经受过刑罚处罚的,可以免除或者减轻处罚。"

当事人争取自首情节的情况，同时也为下一步代理国内刑事诉讼做好准备。近年来，国际间刑事司法协助的交流与合作越来越多，相信中国律师在国际司法协助程序中的参与度和作用也会进一步加强。

三、区际司法协助

（一）我国港澳特别行政区尚未与内地建立区际刑事司法协助制度

在规范层面上，《香港特别行政区基本法》与《澳门特别行政区基本法》都明文规定港澳特别行政区可以与内地其他地区的司法机关通过协商依法进行司法方面的联系和相互提供协助，这一规定奠定了区际间开展刑事司法协助的法律基础。

在实践层面，虽然香港特别行政区、澳门特别行政区回归已久，但是目前区际刑事司法协助的进程却仍然十分缓慢，目前还没有专门的协议或法律用以解决内地与港澳特别行政区的刑事司法协助问题，合作大多依靠三方的沟通与默契进行，这也导致其存在不稳定的特性。实践中已经出现大量跨区的刑事案件，主要以侵犯财产权案件为主，因为尚无正式的协助机制，导致在调取证据、人员抓捕和移送等方面的现实困难，也出现过因跨区作案而被重复抓捕的情况，这些问题都需要通过建立起区际刑事司法制度来解决。

在"一国两制"的制度之下，本地居民不移交、死刑犯不移交、双重犯罪原则和政治犯不移交等原则是否适用，都存在与国家间的司法协助工作不同的情况，也需要通过立法进一步研讨与确认。

（二）我国台湾地区与大陆之间的刑事司法协助事项

我国台湾地区与大陆虽然尚未签署全面的刑事司法协助协议，但在逃犯遣返移交、被判刑人移管等事项上已经建立起正式的个案合作机制，关注此类业务的律师应熟练掌握相关制度要求和规定，维护当事人的合法权益。

1. 遣返

1990年9月，为合作打击两岸间的违法犯罪活动，大陆红十字会总会与我国台湾地区红十字组织在金门举行商谈，就解决违反有关规定进入对方的居民和刑事嫌疑犯或刑事犯的遣返问题进行协商，并签订了《金门协议》；2009年4月26日，大陆海峡两岸关系协会与台湾海峡交流基金会在南京签署了《海峡两岸共同打击犯罪及司法互助协议》（以下简称《南京协议》）。

《南京协议》中约定了逃犯的移交需要符合双重犯罪原则，并补充规定"一方认为涉嫌犯罪，另一方认为未涉及犯罪但有重大社会危害的"，可以采取个案协助的方式进行合作。

但在政治犯的处理上，《南京协议》采取了回避的态度。大陆的大多数学者认为政治犯损害国家整体利益，出于两岸属于一个主权国家等方面的考虑，与我国台湾地区间的逃犯移交不应适用该原则；而我国台湾地区学者则认为应当坚持这一点，且我国台湾地区"海峡两岸缉捕遣返刑事犯或刑事嫌疑犯作业要点"中明确规定两岸不得遣返的对象包括政治犯、军事犯和宗教犯。

此外，关于移交的程序问题，《南京协议》没有作出明确规定，仅仅是在第3条说明由"各方主管部门指定之联络人联系实施"，但没有进一步就"主管部门"的内涵进行说明。大陆出台的《公安部关于实施大陆与台湾双向遣返工作的通知》规定也较为粗略，两岸的逃犯移交司法合作仍然存在众多阻碍。

2. 移管

《南京协议》第 11 条规定："双方同意基于人道、互惠原则，在请求方、受请求方及被判刑人（受刑事裁判确定人）均同意移交之情形下，移管（接返）被判刑人（受刑事裁判确定人）。"

2013 年初，我国台湾地区通过了"跨国移交受刑人法"，其适用于我国台湾地区、大陆及港澳间的受刑人移交工作。我国台湾地区对这些互助活动规定了双重犯罪原则、三方同意移管原则、一罪不二罚原则、管辖权保留原则等规则。其中，需要说明的是，三方同意移管原则是指接受被判刑人，需要移交方和接收方的同意，以及被判刑人或者其法定代理人的书面同意。

我国台湾地区的相关规定中规定，被判刑人的接受由"法务部"检察署的检察官向法院提出申请许可，法院以裁定形式决定是否接受以及刑罚转换的结果。如果裁定驳回，检察官还可以抗诉至上级法院，实行两审终审制。

"跨国移交受刑人法"对刑罚的转化执行仅限于徒刑，包括无期徒刑和有期徒刑，但对财产刑（不论是附加刑，还是主刑）却没有明确规定；对于被判刑人是否要对犯罪行为侵害他人权益承担相应的民事责任同样没有进行说明。

此外"跨国移交受刑人法"并没有明确规定被判刑人移管的拒绝条件，只是在刑罚转换问题中规定了对违反我国台湾地区善良风俗或者公共秩序的刑罚附加条件应予以否定，但仍不是将公序良俗作为评价移管请求是否合理的标准。

在很多与移管有关的公约、条约及一些国家和地区的相关规定中都规定了被移管人的申诉权保障问题。比如《国际刑事司法协助法（2018）》规定，接收的被移管人有权向外国有管辖权的法院提出申诉。但是这一点在我国台湾地区的相关规定中却留下空白，缺乏对被判刑人申诉权及其行使渠道的规定。

综上所述，涉外刑事业务的相关规定较为繁杂，所涉及的范围很广。目前来看，律师的涉外刑事业务主要集中在代理域外人犯罪案件上，引渡、司法协助方面的业务量相对较少，但却有很大的发展空间。与此同时，涉外刑事合规业务也是值得高度关注的领域，中国企业走出去、外企境内合规问题都需要涉外刑事律师深度参与，为企业合法合规发展保驾护航。

第三节　我国相关的规范性法律文件及参与的公约

涉外刑事诉讼案件基于涉外因素的本质特征，案件办理过程中会涉及普通刑事案件不会遇到的特殊情况，需要进行特别规定，包括从最开始的案件侦查阶段，要解决外籍嫌疑人可能存在的语言障碍，保障国际条约义务中外籍嫌疑人所享有的领事会见权，保障其获得律师帮助的权利，境外证据的调取，特殊量刑因素的考量，等等。

一、管辖

涉外刑事案件中，管辖问题是常见争议焦点，管辖问题直接关乎案件的承办机关是否有权立案或审理本案。管辖也可能会影响嫌疑人或被告人的关押地，从而对案件的处理方式与当事人的切身权益密切相关。虽然现在涉外刑事案件的管辖权从中级法院下放到了基层法院，但仍然有法定和酌定的情形可能导致管辖权上移，同时，法律也有相关的精细化规定，律师可在熟练掌握具体规定的基础上，根据具体案件情况进行审查并提出意见。

（一）级别管辖的变迁

《刑事诉讼法（1996）》制定时，立法将外国人犯罪的刑事案件交由中级人民法院负责一审，主要是考虑涉外刑事案件涉及外交，这么做能够保证案件的审判质量，而且当时改革开放刚刚开始不久，涉外刑事案件不多，不会给中级人民法院带来太大的工作量。然而十多年后，我国的对外交流和法制状况均发生了重大变化，不但基层公、检、法机关的专业技能和法律素养得到了很大提高，而且随着改革开放的深入，越来越多的外国人来到中国，外国人犯罪案件的数量也逐年大幅度上升。在这种情况下，《刑事诉讼法（2012）》改变了涉外刑事案件的级别管辖规定，赋予基层公、检、法机关直接受理涉外刑事案件一审的权限。

《刑事诉讼法（2012）》规定，第一审涉外刑事案件，除第 20 条至第 22 条规定的（危害国家安全案件、恐怖活动案件、可能判处无期徒刑或者死刑的案件及全省性、全国性重大刑事案件）案件以外，一律由基层人民法院管辖。

此外，中级人民法院也可以根据案件的具体情况，对于并非由中级人民法院管辖的部分较为疑难复杂、政策性和敏感性较强的第一审涉外刑事案件，依照《刑事诉讼法（2018）》第 24 条的规定，直接进行审理。基层法院发现案情重大复杂，难以把握的涉外刑事案件，也可以主动移送中级人民法院管辖。

（二）地域管辖的规定

我国刑诉法划分地域管辖的主要依据是犯罪地。所谓犯罪地是指犯罪行为发生地和结果发生地。划分地域管辖的辅助性依据是被告人居住地，根据刑事诉讼法的规定，对涉外刑事案件的地域管辖的划定也应遵守上述原则。

《刑诉法解释（2021）》第 6—12 条规定，在国际列车上的犯罪，根据我国与相关国家签订的协定确定管辖；没有协定的，由该列车始发或者前方停靠的中国车站所在地负责审判铁路运输刑事案件的人民法院管辖。

在中华人民共和国领域外的中国船舶内的犯罪，由该船舶最初停泊的中国口岸所在地或者被告人登陆地、入境地的人民法院管辖。

在中华人民共和国领域外的中国航空器内的犯罪，由该航空器在中国最初降落地的人民法院管辖。

中国公民在中国驻外使领馆内的犯罪，由其主管单位所在地或者原户籍地的人民法院管辖。

中国公民在中华人民共和国领域外的犯罪，由其登陆地、入境地、离境前居住地或者现居住地的人民法院管辖；被害人是中国公民的，也可以由被害人离境前居住地或者现居住地的人民法院管辖。

外国人在中华人民共和国领域外对中华人民共和国国家或者公民犯罪，根据我国《刑法》应当受处罚的，由该外国人登陆地、入境地或者入境后居住地的人民法院管辖，也可以由被害人离境前居住地或者现居住地的人民法院管辖。

对中华人民共和国缔结或者参加的国际条约所规定的罪行，中华人民共和国在所承担条约义务的范围内行使刑事管辖权的，由被告人被抓获地、登陆地或者入境地的人民法院管辖。

（三）管辖权争议

律师在办理涉外刑事案件时，可以根据上述规定审查案件的承办机关是否具有法定管辖权。对于不具有管辖权的承办机关，可根据案件需要综合考量，及时提出管辖权异议的法律意见。

二、涉外刑事案件的委托

建立委托关系是律师介入刑事案件的关键步骤，但由于当事人特殊的涉外身份，可能会存在一定的现实困境，如何解决这些困难，顺利地建立起正式的委托关系是应当关注的重点。与涉外刑事案件中的当事人建立委托关系的方式主要分为委托辩护与指定辩护。

（一）委托辩护

首先，与本国刑事辩护案件当事人一样，涉外刑事案件的外籍嫌疑人、被告人也可以由其近亲属代为委托辩护人。我国《刑事诉讼法（2018）》第34条第3款规定："犯罪嫌疑人、被告人在押的，也可以由其监护人、近亲属代为委托辩护人。"因此，在押的犯罪嫌疑人如果在我国境内有监护人或近亲属，又能确定其监护人或近亲属身份的，可以由他们直接签署授权委托书，聘请中国律师辩护。如果位于境外，相关委托手续和亲属关系证明须经公证认证。

《刑诉法解释（2021）》第486条规定："外国籍当事人从中华人民共和国领域外寄交或者托交给中国律师或者中国公民的委托书，以及外国籍当事人的监护人、近亲属提供的与当事人关系的证明，必须经所在国公证机关证明，所在国中央外交主管机关或者其授权机关认证，并经中华人民共和国驻该国使领馆认证，或者履行中华人民共和国与该所在国订立的有关条约中规定的证明手续，但我国与该国之间有互免认证协定的除外。"但是据了解，实务操作中有时把握尺度略有不同，存在当事人在我国境外的近亲属签署了授权委托书，并在我国驻该国的使领馆作亲属关系认证，即视为满足要求，承办机关认可律师已与当事人建立了正式委托关系。

其次，使领馆可以为涉嫌犯罪的外国当事人委托辩护。使领馆为本国国民委托辩护律师的法律依据是《维也纳领事关系公约》，该公约是世界各国确保领馆能代表本国有效执行职务而签署的一项公约，我国于 1979 年 7 月 3 日向联合国秘书长交存未附保留的公约加入书，同年 8 月 1 日公约对中国生效。

《维也纳领事关系公约》第 36 条第 1 款第 3 项规定："领事官员有权探访受监禁、羁押或拘禁之派遣国国民，与之交谈或通讯，并代聘其法律代表。领事官员并有权探访其辖区内依判决而受监禁、羁押或拘禁之派遣国国民。但如受监禁、羁押或拘禁之国民明示反对为其采取行动时，领事官员应避免采取此种行动。"

《刑诉法解释（2021）》第 485 条第 2 款规定："外国籍被告人在押的，其监护人、近亲属或者其国籍国驻华使领馆可以代为委托辩护人。其监护人、近亲属代为委托的，应当提供与被告人关系的有效证明。"

在实务操作中，有的使领馆可以直接为本国嫌疑人出具委托函，如肯尼日利亚使馆即为本国涉嫌犯罪的国民直接委托律师，以使馆名义出具《律师申请会见信函》，表明"某律师已经代理了某某案件，并申请去看守所会见"。还有一种做法就是使领馆工作人员在行使领事探视权的时候，领事当面与当事人本人直接签署委托中国律师代理其案件的委托书。这两种做法更为直接，省去了家属亲属关系证明和境外签订委托书所需要进行的公证认证工作，提高了效率。

总之，外国籍嫌疑人或被告人依法享有获得律师帮助的权利，这也是其行使辩护权的体现。与国内普通刑事案件相比，涉外刑事案件当事人在最初与律师确立委托关系的时候，委托途径和相关手续有特殊的规定，律师应明确知晓。

外国籍当事人委托律师辩护、代理诉讼或者外国籍当事人国籍国驻华使领馆代其聘请律师，应当委托或者聘请通过国家统一法律职业资格考试并依法取得执业证书的律师。外国籍被告人委托其近亲属或者监护人担任辩护人，符合《刑事诉讼法》及有关司法解释规定的，人民法院应当准许。外国籍被告人的近亲属或者其国籍国驻华使领馆代其办理委托辩护人事宜时，应当提供与该外国籍被告人关系的有效证明。外国籍被告人没有委托辩护人的,人民法院可以为其指定辩护人。外国籍被告人拒绝人民法院指定的辩护人为其辩护的,应当由其出具书面意见,或者将其口头意见记录在卷并由其签名后,人民法院予以准许。

需要注意的是,在中华人民共和国领域外居住的外国人寄给中国律师或者中国公民的授权委托书、外国籍被告人的近亲属或者其国籍国驻华使领馆代其办理委托事宜提供的与该外国籍被告人关系的证明文件,应当经被告人国籍国公证机关证明、该国外交机构或其授权机关认证,并经中国驻该国使领馆认证,才具有法律效力。但中国与该国有互免认证协定的除外。

外国籍被告人在押的,其监护人、近亲属代为委托的,应当提供与被告人关系的有效证件。居住在我国域外的被告人监护人、近亲属寄给中国律师的授权委托书,必须经过所在国中央外交主管机关或者其授权机关认证,并经中国驻该国使领馆的认证,才具有法律效力。但我国与该国之间有互免认证协定的除外。外国籍被告人也可以委托自己的近亲属或监护人担任辩护人,但委托人应当提供与当事人关系的证明。

最高人民法院认为,刑事诉讼中对于外国当事人参加诉讼的授权委托书除与《民事诉讼法》规定的要经所在国公证机关认证,并经我国驻该国使领馆认证外,还需要由所在国外交部或者其授权机关认证。[1]

(二)指定辩护

《刑事诉讼法(2018)》第35条第1款规定,犯罪嫌疑人、被告人因经济困难或者其他原因没有委托辩护人的,本人及其近亲属可以向法律援助机构提出申请。对符合法律援助条件的,法律援助机构应当指派律师为其提供辩护。也就是说,嫌疑人和被告人可以通过法律援助获得指定辩护人为其提供的法律服务,该规定也适用于外籍犯罪嫌疑人和被告人。

法律援助是指法律援助机构为刑事案件中的嫌疑人或被告人免费提供律师辩护服务的方式。通过法律援助方式获得律师帮助,有利有弊。有利的一面是,通过法律援助机构的指派,律师与外国当事人建立起委托关系,而这种委托手续的办理一般较为顺利,因为这种做法不存在亲属代为委托中的亲属关系证明开具过程中可能遇到的麻烦。开具亲属关系证明可能因亲属位于境外而需要履行相应的

---

[1] 参见南英、高憬宏主编:《刑事审判方法(第二版)》,法律出版社2015年版,第625页。

公证认证手续，容易造成拖延，不利于律师在第一时间开展工作；同时，法律援助的费用由国家承担，外国当事人可以避免此部分开销。但法律援助的弊端是，当事人没有律师选择权，法律援助律师是由法律援助机构所指派的律师事务所指定的，外国当事人无法根据自己的意愿选择承办律师。此外，部分地区的法律援助工作基于不同诉讼阶段而分别指派，可能导致律师工作缺乏连贯性，不利于实施贯穿案件全过程的整理辩护思路和策略。总体而言，获得法律援助有当事人主动申请或司法机关指派两种方式。

（1）主动申请，得允后指派：通过主动申请及司法机关指派，外籍犯罪嫌疑人和被告人可以获得律师帮助。犯罪嫌疑人、被告人因经济困难或者其他原因没有委托辩护人的，本人及其近亲属可以向法律援助机构提出申请。对符合法律援助条件的，法律援助机构应当指派律师为其提供辩护。

申请人被羁押的，可向羁押机构或案件承办单位递交申请，并由其转交法律援助机构，所需提交的有关证件、证明材料可由相关机构通知申请人的法定代理人或者近亲属协助提供。被羁押人的近亲属也可以直接到办案单位对应的法律援助机构申请援助。

注意申请应当采用书面形式，以书面形式提出申请确有困难的，可由法律援助机构工作人员或者代为转交申请的有关机构工作人员作书面记录。

法律援助机构收到法律援助申请后，对符合法律援助条件的，及时决定提供法律援助；对不符合法律援助条件的，书面告知理由。申请人对法律援助机构作出的不符合法律援助条件的通知不服的，可以向确定该法律援助机构的司法行政部门提出异议，司法行政部门在收到异议之日起 5 个工作日内审查，认为申请人符合法律援助条件的，以书面形式责令法律援助机构及时对该申请人提供法律援助。

（2）司法机关直接指定：如外国籍嫌疑人为未成年人，盲、聋、哑人，尚未完全丧失辨认或者控制自己行为能力的精神病人，可能被判处无期徒刑、死刑的人，有权获得指定法律援助帮助。

刑事辩护全覆盖：自 2017 年 10 月以来，根据《刑事辩护全覆盖办法》，北京、上海、浙江、安徽、河南、广东、四川和陕西 8 个省（直辖市）开展了刑事案件律师辩护全覆盖的试点工作。按照此办法，只要是刑事案件当事人自己没有委托律师的，在各个诉讼阶段都可以申请获得法律援助帮助。并且，从 2019 年起，该试点工作范围将扩大到全国 31 个省（自治区、直辖市）和新疆生产建设兵团。另外，"两高两部"于 2022 年 10 月 22 日联合出台了《关于进一步深化刑事案件律师辩护全覆盖试点工作的意见》，就深化刑事案件律师辩护全覆盖试点工作也提出了诸多意见。

因此，在刑事辩护全覆盖试点范围内，所有外籍嫌疑人、被告人在各个诉讼阶段均可以获得法律援助服务。但是需要注意的是，在《刑事辩护全覆盖办法》指导下，北京地区对此类案件是把每个诉讼阶段单独计案，各个诉讼阶段都会向当事人询问是否需要法律援助，再由法律援助中心进行指派，一个案件不同阶段基本不会指派给同一个律师。也就是说，对于一个刑事辩护全覆盖案件，侦查阶段、审查起诉阶段、一审阶段、二审阶段为嫌疑人、被告人提供法律援助的辩护律师很可能各不相同，各个诉讼阶段的辩护律师之间缺乏沟通和配合，可能会在一定程度上影响整体辩护效果。

三、确认被代理人国籍

非本国公民涉嫌刑事犯罪，应首先明确嫌疑人的国籍和身份。对于律师而言，确认国籍与涉外刑事案件的辩护工作也密切相关，原因有三点：第一，只有确认了国籍国，才能有效行使领事探望权和律师委托权，有助于律师与当事人建立起委托关系；第二，国籍国对涉案情况的法律规定如与我国规定不同，则可能是证明当事人主观恶性较低的酌情从轻处罚情节；第三，确认所属国也直接关乎驱逐出境这一刑罚执行方式的适用，直接影响当事人今后的生活。因此，代理此类案件需要首先明确当事人的身份。在确认身份的环节，律师应当熟练掌握法院的国籍认定规则。在此基础上，根据当事人和案件的具体情况，如存在更为有利的国籍身份情况，律师可以提交相关的证据，与承办机关积极沟通，最大限度维护当事人的合法权益。

《刑诉法解释（2021）》第 477 条作了原则性规定："外国人的国籍，根据其入境时的有效证件确认；国籍不明的，根据公安机关或者有关国家驻华使领馆出具的证明确认。国籍无法查明的，以无国籍人对待，适用本章的规定，在裁判文书中写明'国籍不明'。"

根据上述规定，认定被告人国籍的基本依据是其入境时所持的有效证件，主要是外国政府签发的护照和与护照具有同等效力、能够替代护照作为出入境证件的其他证件。对于被告人入境时所持证件,应当着重审查其真实性和有效性。实务中,发生过涉案嫌疑人使用一国的护照入境,但在境内生活期间签证已经过期,被采取刑事措施后,办案机关和其入境证件所属国联系,结果得到该人并非该国公民的回复。经再次讯问犯罪嫌疑人后,犯罪嫌疑人给出其真实所属国的信息,再向该国进行核实,从而确定其有效国籍国身份。

对于持有两个以上国际证件的犯罪嫌疑人、被告人,如果其系通过海关入境的,应以其通关时所持证件的国籍认定,多次入境的,应以其案发前最后一次入境时所持的证件认定其国籍的依据①;对于该条在具体实务中如何操作,最高人民法院在《刑事审判方法》一书中曾给出详细解读。

(1) 对于定居中国,具有中国国籍同时又持有外国护照的华人,应如何认定其国籍?

根据《中华人民共和国国籍法》(以下简称《国籍法(1980)》)第 3 条的规定,我国不承认双重国籍。《国籍法(1980)》第 9 条规定:"定居外国的中国公民,自愿加入或取得外国国籍的,即自动丧失中国国籍。"但如果仅仅是取得了外国的护照或绿卡而未在该国定居,则不符合自动丧失中国国籍的法定条件。根据《国籍法》第 15 条、第 16 条规定,"受理国籍申请的机关,在国内为当地市、县公安局","加入、退出和恢复中国国籍的申请,由中华人民共和国公安部审批",因此,具有双重国籍的人未根据上述规定办理退出中国国籍的申请并获批准前,仍具有中国国籍。因此对定居中国、具有中国国籍又持有外国护照的被告人一旦经过上述方法确认具有中国国籍后,我国政府即不承认该类人具有外国国籍。② 这意味着在评价其涉嫌的犯罪行为时不考虑其外国国籍国法。

(2) 当事人持《中华人民共和国旅行证》以我国台湾地区居民身份入境,同时又持有其他国家护照的,如何认定国籍?

2001 年 4 月,外交部、最高人民法院、最高人民检察院、公安部、国家安全部、司法部联合召开的"《关于处理涉外案件若干问题的规定》执行情况讨论会会议纪要"指出,如被告人同时持有外国(甚至多国)有效护照和我国有效身份证件,应当以其入境时持有的证件为准。如果犯罪嫌疑人、被告人持《中华人民共和国旅行证》以我国台湾地区居民的身份入境,视为中国公民;如果持外国护

---

① 参见南英、高憬宏主编:《刑事审判方法(第二版)》,法律出版社 2015 年版,第 618 页。
② 参见南英、高憬宏主编:《刑事审判方法(第二版)》,法律出版社 2015 年版,第 618 页。

照入境的，以护照确定身份；如果被告人多次入境的，以最后一次入境时所持的有效证件确定被告人身份。如对被告人的身份确有疑问的，由公安机关出入境管理部门协助予以查明，并通报同级人民政府外事部门。①

（3）当事人入境时使用的证件于案发后被确认无效，又主张自己是证件签署国公民的，应如何认定其国籍？

对于嫌疑人、被告人入境时所使用的证件于案发后被确认系无效证件的，如果证件签署国大使馆或者领事馆书面确认嫌疑人、被告人为本国公民的，以确认证明作为认定其国籍的依据。如果证件签署国否定当事人为本国公民的，以公安机关会同外事部门查明的为准；如果查明被告人为第三国公民的，认定嫌疑人、被告人为第三国公民，确实无法查明的，对其应当以无国籍人对待。如果证件签署国与我国无外交关系，也无与我国有外交关系的利益代管国，既无法确认也无法排除嫌疑人、被告人的国籍主张的，应当按嫌疑人、被告人自报国籍作客观表述。②

（4）当事人否定自己为证件签署国公民，主张为第三国公民的，应如何认定其国籍？

如果第三国确认嫌疑人、被告人为本国公民，以确认的证明为认定国籍的依据。

如果第三国否定嫌疑人、被告人为本国公民，而证件签署国确认其为本国公民的，以证件为认定国籍的依据。

如果第三国和证件签署国均确认被告人为本国公民的，认定嫌疑人、被告人具有双重国籍。

如果第三国和证件签署国均否认嫌疑人、被告人为本国公民的，而且也无法确认其为其他国家公民的，应当以无国籍人员论。

如果第三国及我国无外交关系，也无与我国有外交关系的利益代管国，而证件签署国又否认被告为本国公民，因而既无法确认也无法排除当事人之国籍主张的，按照其自报国籍作客观表述。

如果第三国及证件签署国均与我国无外交关系，也无与我国有外交关系的利

---

① 参见南英、高憬宏主编：《刑事审判方法（第二版）》，法律出版社2015年版，第618—619页。
② 参见南英、高憬宏主编：《刑事审判方法（第二版）》，法律出版社2015年版，第619页。

益代管国,应查明嫌疑人、被告人否定自己为证件签署国公民的理由是否成立,然后根据具体情况分别按被告人自报国籍作客观表述,或者确认为证件国国籍。

(5)当事人无法提供任何能够证明其国籍的有效证件,但又主张自己是某国公民的,应如何认定国籍?

嫌疑人、被告人未通过海关入境,也无法提供任何能够证明其国籍的有效证件,并主张自己系某国公民的,如果被主张国确认该嫌疑人、被告人为本国公民,对被告人应当以无国籍人员论。如果被主张国与我国无外交关系,也无与我国有外交关系的利益代管国,因而既无法确认也无法排除被告人之国籍主张的,按被告人自报国籍作客观表述。①

四、强制措施

《刑事诉讼法(2018)》中的五类强制措施都适用于涉外刑事案件,但由于被告人的外籍身份,在适用这些强制措施时有比较特殊的规定。律师可以审查强制措施的适用是否有违规、越权审批的问题,有针对性地为当事人申请取保候审,维护当事人的合法权益。

1. 对某些特殊对象使用拘传需层层上报

对普通外国人犯罪后需拘传的,不必逐级层报审批。但对于没有外交豁免权但具有重要地位的社会知名人士及有影响的社会名流等需要拘传的,要逐级层报,由公安部或最高人民法院会同外交部审批,地方司法机关不能擅自审批。②

2. 不宜适用监视居住情形

在华无长期居所的外国人、临时过境的外国人在中国涉嫌刑事犯罪时,不适宜采取监视居住措施。对于这类人员办案机关一般采取其他方法限制其离境,比如,对其采取限制出入境措施。

3. 刑事拘留

1987年8月27日外交部、最高人民法院、最高人民检察院、公安部、国家

---

① 参见南英、高憬宏主编:《刑事审判方法(第二版)》,法律出版社2015年版,第619—620页。

② 参见南英、高憬宏主编:《刑事审判方法(第二版)》,法律出版社2015年版,第620页。

安全部、司法部《关于处理涉外案件若干问题的规定》中规定,对外国人的拘留应按法律程序办理。但在执行拘留前,办案单位的主管公安机关(或国家安全机关)应及时将案情、处理意见和对外表态口径呈报其上级主管机关,并抄送外交部。因此,对外籍人员采取刑事拘留措施的,应当呈报上级主管机关,并抄送外交部。

外籍人士被拘留后,应及时通知被拘留人所属驻华使领馆。对于通知的时限规定,如当事人所属国家已同我国签订有领事条约的,按条约规定办理。如无此类条约规定的,亦应在拘留 24 小时内通知。个别因侦查需要,暂不宜通知有关驻华使领馆,或暂不准其探视的特殊案件,主管部门应事先将主要案情、不宜通知、不准探视的理由,以及可能引起外交交涉的对策、口径等呈报其上级主管机关并报外交部后处理。①

4. 取保候审

刑事案件中,在批捕期为当事人争取到取保候审,直接对案子的走向会有重大影响,也是律师工作的重点,俗称"黄金 37 天"。逮捕或取保候审,作为审前强制措施,本不会对刑罚产生实质影响,而真正影响所判刑罚的是事实认定和量刑情节。但在实践中,"强制措施的适用与法院的最终判决有着某种潜在的千丝万缕的联系,审前的强制措施已无法仅仅作为一种程序上的强制措施,而具有一种实质上犯罪性质预判断、预先执行的功能"②。实践中,审前强制措施的逮捕或取保候审,已异化为审判机关决定判处实刑还是缓刑的决定性因素。因此,对外国籍犯罪嫌疑人争取取保候审,是辩护工作的重中之重。除普通刑事案件中在此阶段所应考虑的因素以外,还应着重考虑会影响检察官作出是否批捕决定的特别因素。

现行取保候审制度下,取保候审的范围较窄,担保方式仅包括保证人担保、保证金担保。从检察院的角度考虑,如作出不批捕决定,在考虑案件本身是否应当批捕的同时,还需要考虑取保候审的现实可能性问题,如果后者无法解决,也会增加批捕的可能性。取保候审的现实问题有:许多外籍嫌疑人无钱缴纳保证金,也无法提供保证人,其进入中国国境时所凭借的旅游护照或其他护照可能已到期或者将在取保候审期间到期;审查逮捕期限较短(仅 7 天),批捕机关可能

---

① 参见南英、高憬宏主编:《刑事审判方法(第二版)》,法律出版社 2015 年版,第 621 页。
② 宁韬:《论取保候审功能的异化》,载《研究生法学》2009 年第 5 期。

来不及通知外国人所属国家的驻华外交、领事工作人员，即便通知了，相关驻华外交、领事工作人员也很可能无法及时反应、予以担保。①

作为律师，可以从检察官顾虑的因素出发，提前收集、准备相关的保证人资料、与使领馆沟通获取担保，并积极与承办检察官沟通工作进展，打消其顾虑。需要注意的是，如果外国国民作为取保候审担保人的，该担保人需具备下列条件：(1) 担保人在中国有永久居所；(2) 担保人是被担保人的亲属；(3) 担保人要保证被告人在一定期间内不得离开中国境内。同时采取限制出境措施。② 如此，从承办人角度去思考问题，为其解决后顾之忧，可以增加律师为当事人申请取保候审的成功概率。

5. 逮捕后的使领馆人员、亲属探望权

《刑诉法解释（2021）》第482条第1、2款规定："涉外刑事案件审判期间，外国籍被告人在押，其国籍国驻华使领馆官员要求探视的，可以向受理案件的人民法院所在地的高级人民法院提出。人民法院应当根据我国与被告人国籍国签订的双边领事条约规定的时限予以安排；没有条约规定的，应当尽快安排。必要时，可以请人民政府外事主管部门协助。涉外刑事案件审判期间，外国籍被告人在押，其监护人、近亲属申请会见的，可以向受理案件的人民法院所在地的高级人民法院提出，并依照本解释第四百八十六条的规定提供与被告人关系的证明。人民法院经审查认为不妨碍案件审判的，可以批准。"

当被逮捕的外国人的亲属及其所属的驻华使领馆人员提出会见被逮捕人时，凡不妨碍审判的，可准予会见；凡有碍审判暂不予会见的，要经省、市、自治区公安厅（局）或高级人民法院决定，并报公安部、外交部、最高人民检察院批准。有权提出会见的人限于被逮捕人的直系亲属、监护人以及所属国驻华使、领馆人员。③

此法律规定使得外籍嫌疑人享有比本国国民更为优越的待遇，即案件未决期间的家属会见权。众所周知，国内刑事案件在押嫌疑人或被告人，在未获得生效判决前是无法见到家属的，但上述司法解释规定外籍在押嫌疑人享有家属会见的

---

① 参见杨冰：《外国人犯罪高逮捕率的原因及对策》，载《安徽警官职业学院学报》2016年第2期。
② 参见南英、高憬宏主编：《刑事审判方法（第二版）》，法律出版社2015年版，第621页。
③ 参见南英、高憬宏主编：《刑事审判方法（第二版）》，法律出版社2015年版，第621—622页。

权利，这可能是考虑到其母国法律对于审前未决羁押的相关规定。实践中律师应当以此规定为依据，积极协助当事人家属申请家属会见，以实践促进法律规定的有效实施，维护当事人的合法权益。

五、获得翻译帮助

法律规定涉外刑事案件开庭时，应当为外国籍被告人提供翻译，但并未明确规定律师会见时是否需要提供翻译服务。实务中，翻译问题一般由律师自行解决。《公安机关刑事程序规定（2020）》第54条规定，辩护律师需聘请翻译人员共同会见在押嫌疑人的，应当经公安机关批准。目前在检察环节和审判环节并未设置相应的翻译人员审查会见程序。

同时，翻译问题还有另外一个方面，如果不需要翻译，还要不要翻译？其实当前部分刑事辩护律师具有较强的外语工作能力，可以用外语与当事人自由交谈，因此在交流时并不需要翻译在场提供帮助。在律师会见时，因为只涉及律师与当事人之间的交流，如果不需要翻译，可以不特别安排翻译人员在场。但在开庭审理时，因为涉及当事人的基本诉讼权利，配备专门的翻译人员是必须的，哪怕被告人能够熟练使用汉语。需要指出的是，实务中也出现过因翻译人员并不特别了解刑事案件术语，或案件所涉行业专业性非常强，从而导致翻译无法准确表达各方意思、影响庭审进程的情况。对此，涉外刑事辩护律师应有一定程度的外语技能，一是能及时发现翻译中存在的关键问题，予以澄清和纠正；二是有利于根据翻译人员的翻译水平，有效调整发言节奏，有利于把握庭审现场，增强辩护效果。

与当事人获得翻译帮助的相关规定如下：

《刑诉法解释（2021）》第484条规定："人民法院审判涉外刑事案件，使用中华人民共和国通用的语言、文字，应当为外国籍当事人提供翻译。翻译人员应当在翻译文件上签名。人民法院的诉讼文书为中文本。外国籍当事人不通晓中文的，应当附有外文译本，译本不加盖人民法院印章，以中文本为准。外国籍当事人通晓中国语言、文字，拒绝他人翻译，或者不需要诉讼文书外文译本的，应当由其本人出具书面声明。拒绝出具书面声明的，应当记录在案；必要时，应当录音录像。"

该条删除了原司法解释中"翻译费用由被告人承担"的规定，顺应了国际上为外籍被告人免费提供翻译的做法。《公民权利和政治权利国际公约》第 14 条规定："如他（被告人）不懂或不会说法庭上所用的语言，能免费获得译员的援助。"

翻译人员回避问题。对于被告人以翻译人员参加过侦查、审查起诉或一审程序为由，申请翻译人员回避的，应当如何处理？最高人民法院刑事审判第三庭认为："翻译人员系以其专业知识参与到诉讼中从事技术性工作的人员，其虽系诉讼参与人，但不属于侦查人员、检察人员和合议庭组成人员，故被告人以翻译人员参与过侦查、审查起诉或一审程序为由，申请翻译人员回避的，应当驳回申请，不予准许。"① 值得注意的是，该条规定的不予准许翻译人员回避申请的理由仅限于翻译人员参与过侦查、审查起诉或一审程序。也就是说，如果律师发现，翻译人员在翻译时存在曲解、改变被告人意思表达的，超越一般的翻译错误或翻译水平局限影响的，仍应当积极提出翻译回避、要求更换翻译的申请，以最大限度地维护当事人的合法权益。

六、获得使领馆保护的权利

涉外刑事案件的当事人和家属，往往非常关心外籍身份能给他们带来哪些特别保护，其国籍国的使领馆能为他们做些什么，相关的法律规定是怎么规定的。因此，了解相关的法律规定，有助于律师满足当事人和家属的预期，顺利达成委托，建立并增强彼此间的信任关系。

人民法院审理涉外刑事案件，应当按照有关国际条约的规定，由高级人民法院及时通知有关国家驻华使领馆。当事人要求不通知的，也可以不通知，但应当由其本人书面提出要求。②《刑诉法解释（2021）》第 479 条规定："涉外刑事案件审判期间，人民法院应当将下列事项及时通报同级人民政府外事主管部门，并依照有关规定通知有关国家驻华使领馆：（一）人民法院决定对外国籍被告人采取强制措施的情况，包括外国籍当事人的姓名（包括译名）、性别、入境时间、护照或者证件号码、采取的强制措施及法律依据、羁押地点等；（二）开庭的时间、地点、是否公开审理等事项；（三）宣判的时间、地点。涉外刑事案件宣判后，应当将处理结果及时通报同级人民政府外事主管部门。对外国籍被告人执行

---

① 南英、高憬宏主编：《刑事审判方法（第二版）》，法律出版社 2015 年版，第 623 页。
② 参见南英、高憬宏主编：《刑事审判方法（第二版）》，法律出版社 2015 年版，第 623 页。

死刑的，死刑裁决下达后执行前，应当通知其国籍国驻华使领馆。外国籍被告人在案件审理中死亡的，应当及时通报同级人民政府外事主管部门，并通知有关国家驻华使领馆。"

需要向有关国家驻华使领馆通知有关事项的，应当层报高级人民法院，由高级人民法院按照相关规定通知。

在涉外刑事案件审判期间，外国籍被告人在押，其国籍国驻华使领馆官员要求探视的，可以向受理案件的人民法院所在地的高级人民法院提出。人民法院应当根据我国与被告人国籍国签订的双边领事条约规定的时限予以安排；没有条约规定的，应当尽快安排。必要时，可以请人民政府外事主管部门协助。

公开审理的涉外刑事案件，外国籍当事人国籍国驻华使领馆官员要求旁听的，可以向受理案件的人民法院所在地的高级人民法院提出申请，人民法院应当安排。①

涉外刑事案件宣判后，外国籍当事人国籍国驻华使领馆要求提供裁判文书的，可以向受理案件的人民法院所在地的高级人民法院提出，人民法院可以提供。

七、法律制度差异问题

各个国家刑事法律的定罪量刑存在一定的差异。虽然法律规定不同不属于法定量刑情节，但是最高人民法院认为被告人所属国的法律规定不同，可能成为法院酌情考虑的量刑情节，辩护人可以就此提出对当事人有利的辩护观点：

（1）如果被告人所属国法律的相关规定轻于我国，甚至不认为是犯罪的，一般情况下在对被告人量刑时应当酌情从轻，主观恶性和人身危险性均较小。

（2）如果被告人所属国法律的相关刑法规定重于我国刑法规定，不得以此为理由对被告人酌情从重处罚，这是由我国罪刑法定原则所决定的。②

八、涉外证据的取证问题

很多时候，为了进行有效辩护，刑事辩护律师需要进行调查取证，收集能够证明当事人无罪或罪轻的证据。在涉外刑事案件中也是如此，涉外案件中有

---

① 参见南英、高憬宏主编：《刑事审判方法（第二版）》，法律出版社2015年版，第623页。
② 参见南英、高憬宏主编：《刑事审判方法（第二版）》，法律出版社2015年版，第627页。

时关键证据或证人位于国外，需要跨国调取。从可控性和操作便利角度考虑，一般优先考虑律师直接调取或家属主动提供，此时只要履行公证认证翻译等程序即可，而如果无法自行调取，则可以申请通过国际司法协助程序进行调取。

（一）当事人、辩护人、诉讼代理人提供的境外证据

《刑诉法解释（2021）》第77条第2款明确规定："当事人及其辩护人、诉讼代理人提供来自境外的证据材料的，该证据材料应当经所在国公证机关证明，所在国中央外交主管机关或者其授权机关认证，并经中华人民共和国驻该国使领馆认证，或者履行中华人民共和国与该所在国订立的有关条约中规定的证明手续，但我国与该国之间有互免认证协定的除外。"

虽然《刑事诉讼法（2018）》中未列明提交外文书证，必须附有中文译文，但是根据我国刑事诉讼中使用中国通用语言文字的原则，无论是公安机关、检察机关通过司法协助取得的外文书证，还是当事人、辩护人、诉讼代理人提供的外文书证，都应由证据提供者将外文书证交有资质的翻译机构进行翻译。在翻译无误的情况下，法院只需对中文译文进行审查，控辩双方只需对中文译文进行质证即可，而不必引用外文书证的原文。但是，在控辩双方对译文的用词产生争议，而关键词语的翻译对案件处理结果有影响的情况下，法院还是应当慎重审查外文书证原件，并作出认定。①

（二）通过国际司法协助获得境外证据

《刑事诉讼法（2012）》第17条规定："根据中华人民共和国缔结或者参加的国际条约，或者按照互惠原则，我国司法机关和外国司法机关可以相互请求刑事司法协助。"该规定是我国国内法就刑事司法协助问题确立的第一个严格意义上的法律规范，第一次将刑事司法协助问题纳入我国刑事诉讼法调整的领域，确认了我国司法机关在国际刑事司法协助中的主体地位和主导作用。

按照国际刑事司法协助的内容、使用的条件和程序，可以将国际刑事司法协助的范围归纳为六大类，即文书送达、信息通报、调查取证、引渡、刑事案件的诉讼移转、外国刑事判决的承认和执行。

我国请求刑事司法协助的相对方是外国的司法机关。对于由外国司法机关调

---

① 参见南英、高憬宏主编：《刑事审判方法（第二版）》，法律出版社2015年版，第626页。

查取证，人民法院无需就该证据本身施加程序及手续上的限制，只要其具备了完整的证据属性，即客观性、关联性和合法性，就可对该证据进行认定。

《公安机关刑事程序规定（2020）》第 380 条规定："需要请求外国警方提供刑事司法协助或者警务合作的，应当按照我国有关法律、国际条约、协议的规定提出刑事司法协助或者警务合作请求书，所附文件及相应译文，经省级公安机关审核后报送公安部。"

《检察院刑诉规则（2019）》第 673 条第 2 款规定："办理刑事司法协助相关案件的地方各级人民检察院应当向最高人民检察院层报需要向外国提出的刑事司法协助请求，执行最高人民检察院交办的外国提出的刑事司法协助请求。"

《刑诉法解释（2021）》第 77 条第 1 款对此作出了明确规定，人民检察院应当随案移送有关材料来源、提供人、提取人、提取时间等情况的说明。经人民法院审查，能够证明案件事实且符合刑事诉讼法规定的，可以作为证据使用，但提供人或者我国与有关国家签订的双边条约对材料的使用范围有明确限制的除外；材料来源不明或者其真实性无法确认的，不得作为定案的根据。

对于律师而言，如果需要通过刑事司法协助程序调取境外证据，则需向案件的承办机关公安机关、检察院或者法院提出调取证据的申请，写明调取的理由和必要性，由承办机关进行审核，认为确需通过司法协助程序调取的，通过层层上报审批，最终通过相关部门与境外司法机关对接，申请境外司法机关协助进行调取。虽然理论上这种方法确实具有可行性，但实务中基于律师申请而启动司法协助程序的非常少。究其原因，在于通过司法协助程序进行境外证据收集难度大，一方面，受到我国是否与取证第三国存在刑事司法合作协议的限制；另一方面，司法协助取证的成本花费也是必须考虑的现实问题，故承办机关常以节约司法资源为理由而放弃收集境外证据。尽管如此，对关键证据律师应当积极申请调取，敢于尝试，以个案推动司法实践的进步。

九、刑罚适用

（一）管制刑、缓刑

管制刑和缓刑都是对被告人的生活影响最小的刑罚执行方式，对于可能判处管制或缓刑的案件，律师应根据下述规定，及时向承办机关有针对性地提出证明被告人有固定住所、家庭、工作单位、生活来源及居留权等方面的相关证据，促进管制刑和缓刑的最终适用。

《全国法院审理涉外、涉侨、涉港澳台刑事案件工作座谈会纪要》指出，对外国籍被告人是否使用管制刑，要看是否有条件执行。对在我国没有相对稳定的住所及单位的外国籍被告人，不宜判处管制。对有条件执行管制的，可以依法适用管制。与适用管制刑的考量因素相同，要看是否有执行缓刑的条件。

对外国被告人是否适用管制或缓刑，应当综合考虑各种因素，如被告人在我国是否有固定的驻所、家庭、工作单位，在我国是否能够独立或者依靠家庭成员生活。对外国被告人拟判处管制、缓刑，而其合法居留权尚未解决的，应当事先同公安机关协调解决被告人合法居留权问题。①

（二）驱逐出境

与中国人犯罪相比，外国人犯罪在刑罚适用上的最大不同就是驱逐出境，这既是只对外国被告人才能适用的刑罚，也是外国被告人非常关注的一点。对于某些轻罪案件，被告人非常希望能够直接回到国籍国，忘掉在中国所发生的涉罪事件，而对于另外一些在中国长期居住生活的外籍人士，或者仅有外籍身份而本身一直生活在国内的华人，他们愿意选择继续在中国生活和工作，所以一旦涉案他们最担心的是会不会被驱逐出境。因此，律师只有了解与驱逐出境相关的法律制度和裁判尺度，才能根据当事人的实际情况和需求，采取相应的诉讼策略，提出专业性的意见和建议。

总体来说，法院的裁判规则是，对犯罪的外国人，以独立或附加适用驱逐出境为原则，例外情形下可以考虑不适用驱逐出境。此外，因为涉及两国问题，所以也可能要考虑一些国际政治和外交因素。《全国法院审理涉外、涉侨、涉港澳台刑事案件工作座谈会纪要》指出，对外国籍被告人适用驱逐出境，既要考虑被告人犯罪的性质、情节、后果，也要考虑国家间的关系及政治外交的需要。

1. 独立适用驱逐出境

独立适用就是指对犯罪的外国人不判处其他刑罚，直接判处驱逐出境。从法理上来看，由《刑法》分则中各罪的法定刑没有规定驱逐出境，所以独立适用驱逐出境的，属于直接适用《刑法》总则的规定作为犯罪后果。② 也就是说，外国

---

① 参见南英、高憬宏主编：《刑事审判方法（第二版）》，法律出版社2015年版，第627页。
② 参见臧德胜：《法官如此裁判 刑事审判要点解析》，中国法制出版社2019年版，第143页。

人犯罪的法定刑除分则规定之外，还包括驱逐出境。驱逐出境属于刑罚的一种，所以独立适用驱逐出境不同于免予刑事处罚。

那么什么样的案件可以独立适用驱逐出境呢？一种情况是罪轻，对于被告人犯罪情节轻微危害不大，或者患有严重疾病、传染病等不宜在中国监狱关押的，可以独立适用驱逐出境；另一种情况是出于外交因素考虑，对于论罪应当判处较重刑罚但根据实际情况认为可以独立适用驱逐出境的，应当报高级人民法院审核。[1] 独立适用驱逐出境对于某些案件来讲，是对被告人较为理想的处理结果。尤其是对于某些刚来中国不久的外国人来说，直接适用驱逐出境，无疑是一种更好的处罚方法。对于这类案件，律师可以收集相关的情节和证据，提出独立适用驱逐出境的意见并与承办人积极交换意见，为当事人争取最佳的结果。

2. 附加适用驱逐出境

附加驱逐出境，是对外国人犯罪较为常见的处罚方式。《刑法》第 35 条规定的"对于犯罪的外国人，可以独立适用或者附加适用驱逐出境"，这里使用的是"可以"，而非"应当"。也就是说，外国人犯罪，并非一律驱逐出境。但有实务专家认为："《刑法》中的可以蕴含着应当的含义，没有特殊情况的都应当照办，具体到驱逐出境，对犯罪的外国人，以附加驱逐出境为原则，以不附加驱逐出境为例外。"[2] 对被告人判处主刑，在主刑执行完毕以后，执行驱逐出境。但凡是原则，必有例外，根据当事人的需要，律师可以针对以下几种情况，提出不予驱逐出境的意见：

一是被告人仅具有外国人的身份，但工作、生活及家庭关系均在中国，而在国外无居所。实践中，有些被告人系中国人移民国外，只是具有外国人的身份，除身份之外其与国内人并无区别，工作、生活以及社会关系均在国内。相反，其在国外并无收入和居所，如果将其驱逐出境，其将陷入困境，基于人道等因素考虑不予驱逐出境。[3]

二是所犯罪行较轻，悔罪态度好，再犯罪可能性小；对于罪行较轻且在我国境内有企业、财产，刑满后需继续留驻我国的被告人，可不附驱逐出境；再犯可能性小的案件，比如一些过失犯罪，或者危险驾驶罪等轻罪。

---

[1] 参见南英、高憬宏主编：《刑事审判方法（第二版）》，法律出版社 2015 年版，第 627 页。
[2] 臧德胜：《法官如此裁判 刑事审判要点解析》，中国法制出版社 2019 年版，第 143 页。
[3] 参见臧德胜：《法官如此裁判 刑事审判要点解析》，中国法制出版社 2019 年版，第 144 页。

三是基于案件特殊因素考虑，比如基于国家安全、外交等因素考虑而需要特殊处理的。

此外，《全国法院审理涉外、涉侨、涉港澳台刑事案件工作座谈会纪要》指出，对于犯有危害国家安全、严重危害社会治安等严重犯罪的外国被告人，应当附加驱逐出境。因此，此类案件律师为当事人争取不适用驱逐出境的空间就相对较小了。

3. 判处死刑、无期案件能否适用驱逐出境

从法理来看，被判处死刑、无期徒刑的被告人，不能附加驱逐出境，否则会与主刑相矛盾。① 但对于判处死刑缓期二年执行，或者判处无期徒刑之后减刑为有期徒刑的，是否可以一并裁定适用附加驱逐出境呢？在这一点上，实务和理论界存在一定的争议。

有学者认为："根据案件具体情况有必要驱逐出境的，法院可以在做出减刑裁定时一并对被告人附加驱逐出境。"② 而有学者认为，对于判处无期徒刑或者死刑的外国籍被告人，也不能在减刑或假释的裁定中对被告人决定驱逐出境。其理由是，驱逐出境是刑罚的一种，只能在经过审理后作出的判决中依法宣告，而不能在减刑或假释的裁定中增加适用，否则，既与法理不合，也剥夺了被告人的辩护权和上诉权。③

实务中，如果被告人被减刑或者假释，刑罚执行完毕，可能会被公安机关以违反《出境入境管理法》第 81 条 "外国人从事与停留居留不相符的活动，或者有其他违反中国法律、法规规定，不适宜在中国境内继续停留居留情形的，可以处限期出境" 为依据限期出境。

---

① 参见臧德胜：《法官如此裁判　刑事审判要点解析》，中国法制出版社 2019 年版，第 143 页。
② 罗鹏飞：《林大卫诈骗案（附加驱逐出境）》，载国家法官学院、中国人民大学法学院编：《中国审判案例要览》（2012 年刑事审判案例卷），中国人民大学出版社 2014 年版，第 45 页。
③ 参见南英、高憬宏主编：《刑事审判方法（第二版）》，法律出版社 2015 年版，第 629 页。

编者介绍

About the Editors

主编简介

《刑事辩护教程（理论篇）》《刑事辩护教程（实务篇）》
《刑事辩护教程（实训篇）》

▍田文昌▍

男，北京市京都律师事务所律师、创始合伙人、名誉主任；西北政法大学法学硕士毕业。1983年至1995年在中国政法大学任教，曾任法律系副主任；1995年离开教职，创立北京市京都律师事务所做专职律师。

现为中华全国律师协会刑事专业委员会顾问，兼任西北政法大学博士生导师、刑事辩护高级研究院名誉院长和中国政法大学、国家检察官学院等多所高校客座教授；曾获评北京市首届十佳律师，CCTV 2013年度法治人物，2013年《亚洲法律评论》全国十佳诉讼律师，香港卫视2015年全球华人影响力盛典"最具影响力华人大律师"，美国刑事辩护律师协会"终身荣誉会员"。被中央电视台《东方之子》《实话实说》《三百六十行》《面对面》《人物》等栏目先后进行了多次专访报道。

以擅长办理各类典型疑难诉讼案件而著称，并坚持不懈地从事理论研究和参与立法活动，为推动立法、司法改革和律师制度的建设而不断探索，以各种形式提出关于国家法治建设、法学理论研究、法律实务研究及法学教育改革的理论观点和探索性建议。

多年来，曾出版《刑罚目的论》（专著）、《律师与法治》（专著）、《中国大律师辩护词精选——田文昌专辑》（一、二、三辑，专著）、《与法治同行》（个人论文选集)、《田文昌谈律师》(专著)、《刑事辩护学》(主编)、《〈中华人民共和国刑事诉讼法〉再修改律师建议稿与论证》(主编)、《律师制度》(主编)、《刑事辩护的中国经验》(合著)、《刑事诉讼：控辩审三人谈》(合著)、《新控辩审三人谈》(合著)等著作，发表论文达数百万字。

副主编简介
《刑事辩护教程（理论篇）》《刑事辩护教程（实务篇）》

门金玲

女，中国社会科学院大学副教授、刑事辩护研究中心执行主任；北京市京都律师事务所律师，兼任西北政法大学刑事辩护高级研究院副院长；北京大学诉讼法学博士毕业，主要研究方向为刑事诉讼法学、证据法学、刑事辩护和法律诊所教育。

独著《侦审关系研究》（中国社会科学出版社2011年版），主编《刑事辩护实务操作指南——尚权刑辩经验与风险提示》（法律出版社2011年版）、《刑事辩护操作指引》（法律出版社2015年版），第二主编《刑事辩护：策略、技术与案例》（法律出版社2017年版），第一主编《刑事辩护：策略、技术与案例（二）——经济犯罪辩护特辑》（法律出版社2020年版）。参著、参编著作、教材十余部。

为公检法司律培训、讲座及研讨疑难案件累计近百场，代理刑事案件累计近百件，有着深厚的刑事诉讼法学、证据法学理论功底和丰富的辩护实践经验。

副主编简介
《刑事辩护教程（实训篇）》

刘仁琦

男，内蒙古自治区呼伦贝尔人，西北政法大学刑事法学院教授，法学博士；研究方向为刑事诉讼法学。现任西北政法大学刑事法学院副院长、刑事法律科学研究中心副主任，刑事辩护高级研究院副院长。兼任中国法学教育研究会模拟法庭专业委员会副主任，国家检察官学院陕西分院兼职教师。主持完成、在研国家社科基金项目两项，纵向、横向课题近20项；曾在西安市雁塔区法院刑庭、雁塔区检察院公诉部挂职。在《法律科学》《法学》《当代法学》等核心期刊发表论文二十余篇，出版合著著作2部，参编教材5部。

撰稿人简介
（按姓氏音序排列）

蔡 华

男，广东啸风律师事务所主任，广东省律师协会常务理事，中华全国律师协会刑事专业委员会委员，西北政法大学刑事辩护高级研究院副院长，华南师范大学律师学院兼职教授。

曾获2001年首届全国律师电视辩论大赛优秀辩手、2011年广东省公诉人与律师控辩大赛最佳辩手、2008年深圳首届十佳刑事辩护律师（第一名）、2017年度中国律师行业最受关注人物、2018年改革开放40年深圳市律师协会30年十佳专业律师。

承办过刘汉、刘维组织领导黑社会性质组织案，湖南临武城管致瓜农死亡案,福建缪新华故意杀人再审无罪案,深圳"太空迷航"爆炸重大责任事故案,深圳"光明滑坡"重大责任事故案,可卡因(1.7吨)走私、运输、贩卖毒品案等。

■ 傅庆涛 ■

男,北京市京都律师事务所刑事诉讼部顾问;西北政法大学法学硕士;任北京市文化娱乐法学会合规与风险管理法律专业委员会委员。原山东省首批员额法官、中级人民法院高级法官,对各类经济犯罪、职务犯罪、刑事涉财产执行案件有丰富的办理经验和深入的研究。

从事司法工作近二十年,期间有论文、案例数十篇公开发表或获奖。撰写的《承运过程中承运人将承运货物暗中调包的行为如何定性》收录于最高人民法院《刑事审判参考》第89集,被定为第807号指导性案例;担任《刑法适用常见问题释疑》(青岛出版社2015年版)的撰稿人、编委;担任《刑事案件常见罪名认定证据规范》(人民法院出版社2020年版)的撰稿人。

■ 高文龙 ■

男,北京市尚权律师事务所副主任、合伙人。中国政法大学校外实务导师,中国社会科学院研究生院法学系硕士研究生实践导师,安徽大学刑事辩护中心兼职研究员。获得中国法学会案例法学研究会与中国政法大学刑事辩护研究中心联合颁发的"2017年度刑事辩护杰出成就奖",担任中国政法大学和北京市尚权律师事务所联合举办的"蒙冤者援助计划"项目负责人,担任在刑事辩护业界颇有影响力的《尚权刑事辩护指引》(内部发行)修订负责人。承办过环保大V寻衅滋事案、缪新华故意杀人案等再审无罪案件。

■ 韩 哲 ■

男,北京大学刑法学博士,北京市世航律师事务所律师、主任。中国刑法学研究会理事，中华全国律师协会刑事专业委员会委员，北京市律师协会职务犯罪预防与辩护专业委员会副主任。专著《刑事判决合理性研究》（中国人民公安大学出版社出版2008年版），主编《金融犯罪辩护丛书（6册）》（中国金融出版社2018年版）、《矿业犯罪司法适用与判例》（中国大地出版社2009年版）、《公务犯罪研究综述》（法律出版社出版2005年版）等，发表论文60余篇。

曾代理太平人寿保险公司原纪委书记张某职务犯罪案件（涉案5亿余元）、青海某公司非法采矿案（涉案37.4亿余元）、上海善林金融周某某非法集资案（涉案736亿余元）等重大案件。

柳 波

男，北京市京都律师事务所律师、高级合伙人；中国政法大学刑法学硕士；中国政法大学语言与证据研究中心研究员、刑事司法研究中心研究员、西北政法大学硕士研究生实务导师、中国预防青少年犯罪研究会第七届理事会理事、北京市律师协会刑事实务研究会副主任。

专注于职务犯罪、经济犯罪、金融犯罪类刑事案件的辩护，以及刑事风控与合规、刑民交叉业务；办理过国家能源局煤炭司原副司长魏某某被控巨额受贿和巨额财产不明案、原济南军区原副参谋长张某某被控贪污和受贿案、河南梁某某被控合同诈骗2亿余元无罪案、山东刘某某被控受贿和滥用职权无罪案，北京朱某某涉嫌诈骗1900余万被不起诉案、杨某某被控欺诈发行债券和擅自发行债券罪检察院撤销起诉案、全国手机走私第一大案——珠海黄某某被控走私普通货物案（涉案金额78亿余元）、广东许某某被控组织领导黑社会组织等罪案等在内的刑事案件百余起。

发表法学论文数十篇，著有《证据的脸谱：刑事辩护证据要点实录》《程序正义的细节：刑事辩护程序难题应对技巧与策略》等专业书籍多部。曾得到中央电视台、北京电视台、《人民日报》《法治日报》《方圆律政》等媒体的采访和报道。

刘 均

男，山东照岳律师事务所律师、党支部书记。中华全国律师协会首届青年律师领军人才。现任西北政法大学刑事辩护高级研究院研究员，中华全国律师协会海商海事专业委员会委员，山东省律师协会常务理事、刑事法律风险防范专业委员会主任，青岛市律师协会副会长、扫黑除恶业务指导委员会主任。

于 2019 年荣获"'1+1'中国法律援助志愿者行动杰出贡献者"、2021 年荣获"建党百年《中国法律年鉴》年鉴人物优秀专业律师"、2021 年荣获"中国律界公益先锋人物"、2019 年荣获"齐鲁先锋"、2019 年荣获"山东省律师行业先锋"、2012 年荣获"山东省优秀律师"、2019 年荣获"山东省律师行业社会公益奖"、2021 年荣获"山东省优秀仲裁员"、2019 年荣获"青岛市工人先锋"等。

刘立杰

男，北京市京都律师事务所律师、合伙人，曾任京都律师事务所业务管理部主管；中国政法大学刑法学博士；曾任教育部全国青少年普法网专家库成员，中国社会科学院大学法学院实务导师。2007 年进入首都某中级人民法院工作，具有基层人民法院、中级人民法院、高级人民法院和最高人民法院（四级两审及死刑复核）工作经历，2017 年辞去公职加入京都所。

参与办理各类案件超过 1000 件。其中，办理的多起重大、疑难、复杂案件被中央电视台、北京电视台、财新网、腾讯网、搜狐网等媒体关注报道。现为中国运载火箭技术研究院、国网英大投资管理有限公司等单位常年法律顾问。

出版专业著作多部，在《人民法院报》《人民司法》《中国法律评论》《刑事审判参考》《中国法院 2017 年度案例》《中国审判案例要览》及香港特别行政区《文汇报》《大公报》等发表专业文章五十余万字。

梁雅丽

女，北京市京都律师事务所律师、高级合伙人、京都刑事辩护研究中心主任；获西北政法大学学士学位；苏州大学法律硕士学位；兼任西北政法大学刑事辩护高级研究院副院长、高级研究员，西北政法大学硕士研究生实务导师，北京外国语大学法学院硕士研究生导师，中国刑法学研究会第三届理事会常务理事，中国法学会法律文书学研究会理事，北京市法学会电子商务法治研究会理事，北京市律师协会第十一届商事犯罪预防与辩护专业委员会委员，北京市律师协会第十一届惩戒委委员。

律师执业近三十年，专注于刑事辩护，擅长刑事和民商事交叉领域以及刑事和行政交叉领域业务，并致力于研究企业风险的法律防控，先后为多家大型企业、政府部门、事业单位及外商投资企业提供了出色的法律顾问服务，其代理的山东招远麦当劳故意杀人案，E租宝系列非法吸收公众存款，集资诈骗案，ACN外汇按金交易平台实际控制人被控诈骗案，"保险行业首例"北京曾某被控利用未公开信息交易案，辽宁丹东某上市公司财务高管被控欺诈发行股票违规披露信息案，上海某资产管理（上海）有限公司涉嫌操纵股票价格案，广东深圳某上市公司董事长被控挪用资金背信损害上市公司利益案，宝塔集团高管被控票据诈骗违规出具金融票证案，黑龙江农垦某供热有限公司法定代表人被控骗取贷款挪用公款案，内蒙古某矿业股份有限公司高管被控重大责任事故案，广东深圳某集团有限公司董事长被控虚开发票案等诸多案件被媒体广泛报道。

独著《非法经营罪的辩护之道》，第二主编《贪污贿赂罪·无罪判例规则与辩护攻略》《故意伤害罪·无罪判例规则与辩护攻略》《扰乱市场秩序罪·无罪判例规则与辩护攻略》，主编《企业环境合规蓝皮书（2021）》，参编《企业刑事合规实务指引》《新刑事诉讼法热点问题及辩护应对策略》。

多次得到人民网、法治网、《检察日报》《民主与法制》《法制晚报》《法律与生活》《新京报》等全国权威媒体采访与报道，并获得"年度刑辩律师""年度优秀律师""公益普法奖""商事法治建设年度典范人物""LEGALBAND中国刑事合规律师15强""21世纪金牌律师""2022钱伯斯大中华区争议解决领域领先律师""品牌影响力·践行社会责任典范律师"等多项荣誉和称号，被誉为京都"刑辩八杰"之一。

◼ 毛立新 ◼

男，北京市尚权律师事务所主任，兼任中国政法大学、安徽大学兼职教授，西北政法大学刑事辩护高级研究院副院长，中国法学会案例法学研究会常务理事，中国刑事诉讼法学研究会理事，北京市律师协会刑法专业委员会副主任。

先后毕业于安徽大学、中国人民公安大学，获法学学士学位、诉讼法学硕士学位、刑事诉讼法学博士学位。曾任职于安徽省公安厅、北京师范大学刑事法律科学研究院，两次荣立个人二等功；专著《侦查法治研究》（中国人民公安大学出版社 2008 年版），发表学术论文六十余篇。

先后办理过安徽滁州赵世金合同诈骗再审无罪案、北京律师张某被控敲诈勒索无罪案、刘汉涉黑案、福建莆田许金龙等四人故意杀人再审无罪案、福建宁德缪新华等故意杀人再审无罪案、河南许昌曹红彬故意伤害再审无罪案、海南黄鸿发涉黑案、深圳贺建奎"基因编辑案"等。主编《胜辩——尚权无罪辩护案例选析》（中国法制出版社 2017 年版）。

◼ 聂素芳 ◼

女，北京市京都律师事务所律师、合伙人；西北政法大学刑事辩护高级研究院研究员、刑辩技能培训项目导师，北京市犯罪学研究会会员；曾多年供职于某大型国有企业，积累了丰富的企业管理和企业法律风险防控经验。2008 年加入北京市京都律师事务所后，开始专职从事律师工作，并主要致力于各类刑事案件的辩护和研究，尤其擅长诈骗类犯罪、职务犯罪、涉税犯罪案件的辩护。曾参与编写《刑事律师执业权益保障指南》，多次在清华大学、中国社会科学院大学进行专题授课，并多次受邀担任中国政法大学模拟法庭大赛评委嘉宾。执业十余年来，承办了大量刑事诉讼案件，并为多家企业提供了刑事风险防控专项法律服务，其中包括北京盘古氏公司骗贷案、山西省原副省长妻子郝某珍受贿案、魏某生贪污案、马某亮受贿案、民生银行航天桥支行行长合同诈骗案、多起涉案金额超10亿元的特大虚开增值税专用发票案件及多起公安部挂牌督办的涉黑案件等备受社会关注的案件。以严谨的工作态度、优秀的专业素养、丰富的实务经验，最大限度地维护当事人的合法权益，通过准确把握辩护方向、选取辩护角度、充分有效沟通，很多案件取得了无罪、不起诉、免予处罚、缓刑或变更罪名、大幅减少刑期等良好的辩护效果。

牛支元

男，北京市京都律师事务所律师、高级合伙人；毕业于北京钢铁学院，工学学士；毕业于南开大学，经济学硕士；毕业于山西大学（高等教育自学考试），法学专业；1993年以全省第一的成绩获律师资格；2004年获法律职业资格；曾任某市团市委副书记、市委办公厅副主任、区委副书记、某省政府法制办副主任、《政府法制》编委会常务副主任、某大型集团副总、某公司董事长、上市公司独立董事。律师执业十几年来，专注于刑事辩护、企业并购、行政诉讼。曾代理国家能源局副局长王某某受贿案、中国人保总裁王某某家族系列案、某省首富杨某某非法吸收公众存款案、公安局局长李某某滥用职权案（全省监委1号案件）等。

彭吉岳

男，北京市京都律师事务所律师、高级合伙人；硕士研究生学历，法学学士，管理学硕士；最高人民检察院控告申诉检察专家咨询库特聘专家律师，《法治日报》首批律师专家库律师，西北政法大学刑事辩护高级研究院研究员。曾担任世界500强跨国公司企业高管，在德国、西班牙、马来西亚等国工作近十年。

彭吉岳律师曾办理2016年度轰动社会的"雷洋案"，原铁道部装备局、北京市铁路局局长杨某职务犯罪案，北京市公安局某分局原副局长田某受贿案，湖南省政协原副主席、某地级市市委书记童某玩忽职守案，中国"第一例被裁定破产"的包商银行行长王某违法发放贷款案，哈佛博士、某上市公司董事长夏某背信损害上市公司利益案等，还曾为360公司、百度公司、富力地产公司等企业高管辩护过，部分案件曾被CCTV有关频道、财新网等媒体报道。

多次受邀到中国人民大学、中国政法大学等高校发表演讲，出版过专著《辩护的力量》。

孙广智

男，北京市京都律师事务所律师、合伙人；西北政法大学刑事辩护高级研究院研究员；从事刑事法律服务工作十余年，主要工作方向为针对经济犯罪案件、职务犯罪案件、"涉黑"案件的刑事辩护，为众多企业和企业家提供有关刑事法律方面的合规咨询、诉讼代理等刑事法律服务，在执业过程中积累了丰富的刑事法律工作经验及工作业绩，形成了成熟、完善的辩护经验和辩护心得，并屡次取得良好的辩护效果和社会效果，最大限度地维护了当事人的合法权益；曾参与代理原重庆市公安局副局长文强受贿等案、葛兰素史克商业贿赂案、"E租宝"案、盘古氏投资有限公司系列案、康得新复合材料集团股份有限公司高管涉证券犯罪案件等职务犯罪、经济犯罪案件。

常年受邀前往北京大学、中国人民大学、中国政法大学、北京师范大学、首都医科大学等各大高校，为高校学子讲授刑事辩护技巧，剖析热点法律事件，指导、点评北京市、全国模拟法庭比赛工作。

汤建彬

男，北京市京都律师事务所律师、高级合伙人；北京市律师协会刑事诉讼法专业委员会委员，北京市犯罪学研究会会员，中国药物滥用防治协会会员，中国刑法学研究会会员，《法治日报》律师专家库成员；受美国国务院邀请作为"IV-LP"项目参访者，荣获《法制晚报》"2017年度公益普法奖"。

擅长死刑复核、毒品犯罪、食品药品犯罪、环境犯罪、刑事申诉等重大复杂疑难案件的辩护，承办案件先后入选2018年度最高人民法院八大毒品犯罪典型案例及2019年度最高人民法院十大毒品犯罪典型案例。

汪少鹏

男，湖北立丰律师事务所发起创始人、首席合伙人，立丰（海口）律师事务所总顾问，一级律师。中国刑事诉讼法学研究会理事、刑事辩护专业委员会委员，西北政法大学刑事辩护高级研究院副院长、兼职教授，中南财经政法大学刑事辩护研究院副院长、兼职教授。曾荣获"首届湖北省十佳律师"、西北政法大学"首届杰出校友"等荣誉称号。先后在国内重要法学刊物发表数十篇法学理论与实务文章。辩护了众多有重大影响、疑难复杂的各类刑事案件，最具代表性的是成功辩护了轰动国内外的湖北巴东"邓玉娇故意伤害罪"一案。

翁小平

男，北京市京都律师事务所律师、合伙人；刑法学博士；西北政法大学刑事辩护高级研究院培训导师，中国社会科学院大学法学院实务导师，北京城市学院兼职教师，北京企业法律风险防控研究会会员，中国法学会会员；曾长期担任中华全国律师协会刑事专业委员会顾问田文昌律师助理，参与了大量重大、复杂经济犯罪、职务犯罪、走私犯罪等案件的辩护工作，取得了良好的辩护效果；对涉及互联网信息安全、数据安全、互联网金融、刑民交叉等问题有深入了解和研究，在企业法律风险防范以及合规领域亦有大量的研究和实务经验。

王馨仝

女，北京市京都律师事务所律师、合伙人；任北京市律师协会涉外法律服务研究会秘书长；专注于涉外刑事辩护、互联网犯罪、白领犯罪及企业合规等业务领域。曾在英国伦敦国际刑事、国际商事大律师事务所，黎巴嫩特别刑事法庭，塞拉利昂特别刑事法院，前南斯拉夫国际刑事法庭工作。在英国、法国、德国等国家完成国际刑法、国际商事诉讼与仲裁等方面的培训。曾代理石家庄卓达集团非法吸收公众存款案件、某民营医院涉嫌诈骗社保基金案件、某上市公司侵犯公民个人信息案件等具有重大社会影响力的案件，均取得了良好辩护效果。

译著《说服法庭——讼辩高手进阶指南》（法律出版社）。该书是英国畅销讼辩技巧书籍《魔鬼辩护人》的中文编译版，译者在编译本书的过程中加入了自己的执业感悟，能为提升律师讼辩技能提供有效的帮助和指引。

万学伟

男，北京市京都律师事务所律师、合伙人；任北京市律师协会刑事诉讼法专业委员会委员，多家仲裁机构仲裁员；常设中国建设工程法律论坛成员，中国中小企业法治人才库律师组成员；曾被评为北京市律师行业优秀共产党员，曾任北京市西城区律师行业党员代表大会代表、北京市西城区宣联委副主任等职；曾就职于法治日报社，后从事律师行业，深耕刑事辩护业务十余年，期间办理了大量重大有影响的刑事案件，很多案件得到无罪、不起诉、轻判的良好结果，受到当事人的一致好评；多篇文章在《光明日报》《瞭望东方周刊》《中国律师》等媒体发表。合著有《建设工程施工企业及从业人员刑事法律责任及风险防范》《施工企业合规风险识别与管理》。

夏　俊

女，北京市京都律师事务所律师、合伙人；法律硕士；现任北京市律师协会刑事实务研究会秘书长，西北政法大学刑事辩护高级研究院研究员，北京邮电大学研究生校外实践导师，《法治日报》律师专家库成员，中国法学会会员，曾获2015—2018年度北京市朝阳区"优秀律师"荣誉称号。

曾在检察院等政法机关工作多年，律师执业十余年来，专注于刑事辩护业务，承办过大量刑事诉讼案件，具有丰富的司法实务经验和律师执业经验，擅长"经济犯罪""职务犯罪"以及刑民交叉类案件的辩护与代理，曾承办过多起具有一定社会影响的疑难复杂案件，其中包括银监会主席助理系列受贿案件、恒丰银行董事长系列贪污案件、天津某科技公司涉案金额数百亿非法吸收公众存款案件等等，其承办的案件有多起获得了"不批捕""不起诉""缓刑""二审发回重审或改判"等良好辩护效果，深受委托人的信任和认可。

曾多次接受《法治日报》《北京晚报》、财新网等媒体的采访，担任过《法制晚报》法律大课堂的主讲嘉宾，并多次受邀前往中国政法大学、北京师范大学等高校担任模拟法庭大赛的评委嘉宾。撰写的法律文章多次在《律师文摘》《京都律师》等杂志上刊登转载。曾出版过专著《侵犯财产类犯罪辩护流程与办案技巧》。

徐 莹

女，北京市京都律师事务所律师、高级合伙人；本科毕业于中国政法大学，后在北京大学攻读硕士研究生；中国社会科学院大学法学院实务导师，西北政法大学刑事辩护高级研究院校外导师，西北政法大学刑事辩护技能培训项目导师。北京市犯罪学会理事，中国刑法学研究会会员，北京市律师协会刑事诉讼法专业委员会秘书长，北京市朝阳区律师协会第三届会员代表大会代表，北京市朝阳区律师协会第三届惩戒委员会副秘书长，北京市朝阳区律师协会刑事业务研究会委员，《法治日报》律师专家库成员，入选首批北京市涉案企业合规第三方监督评估机制专业人员。美国国务院"国际访问者领导项目"（IVLP）成员，全国律师协会青年律师领军人才培训对象，2019年被评为全国律师行业"庆祝新中国成立70周年工作先进个人"。

2005年加入北京市京都律师事务所，担任田文昌律师助理十年，曾协助整理张军、姜伟、田文昌著《新控辩审三人谈》，田文昌、陈瑞华著《刑事辩护的中国经验》。与田文昌律师共同办理或个人独立承办大量具有社会影响力的重大疑难刑事案件。包括：内蒙古自治区兴某集团非法采矿案；肖某组织、领导、参加黑社会性质组织、非法采矿、盗窃罪等案；中国海洋石油总公司原副总经理、党组成员吴某某被控受贿罪案；江西省委原书记苏某妻子于某某被控受贿、利用影响力受贿罪案；辽宁省委原委员、国网辽宁省电力有限公司原总经理、党组副书记燕某某被控受贿罪、巨额财产来源不明罪案；吉林"最美最狠拆迁女市长"韩某某被控受贿罪案；北京红黄蓝儿童教育科技发展有限公司虐待被看护人案等。2020年，担任被害人代理人的案件"网络爬虫非法抓取电子书"侵犯著作权罪案，该案例同时入选"2020年度北京法院发布的'知识产权司法保护的十大典型案例'"和"2020年度北京市检察机关知识产权保护典型案例"之一。

印 波

男，北京师范大学刑事法律科学研究院副教授、博士生导师，北京市京都律师事务所律师；英国阿伯丁大学法学博士；任中国行为法学会理事、中国行为法学会新闻舆论监督专业委员会副会长、中国行为法学会法律风险防控委员会常务理事、中国银行法学研究会理事、中国廉政法制研究会理事和中国伦理学会法律伦理专业委员会秘书长。在《中国法学》、International and Comparative Law Quarterly、Social & Legal Studies 等期刊公开发表论文百余篇，出版著作 5 部，曾获得高铭暄刑事法学青年教师优秀科研成果奖专著类一等奖。专业领域主要为刑事辩护，擅长重大、复杂、疑难案件，取得撤案、不起诉、改判轻罪的效果。办理过大量企业刑事合规业务，为多家企业提供商业模式合规策划与风险控制法律服务。

杨大民

男，北京市京都律师事务所律师、高级合伙人；毕业于中国政法大学，1998年开始从事律师职业。中国刑法学会会员、中国法学会案例法学研究会理事、中国廉政法制研究会理事、西北政法大学硕士研究生实务导师。被最高人民检察院《方圆律政》杂志评选为"中国十大精英律师"。

执业二十余年，先后代理辩护过原铁道部装备部主任、北京铁路局局长杨某受贿案、重庆市公安局缉毒总队副总队长罗某故意杀人案、福建省某知名律师诈骗无罪案、云南省投资集团董事长保某受贿案、贵州省铜仁市委常委玉屏县委书记王某某受贿案、河北省张家口市副市长李某受贿案、山西省大同市副市长王某某受贿案、河北省涿鹿县委书记高某受贿案、河北省张北县人民法院院长夏某受贿案等国内有重大影响的刑事案件。承办的案件入选"2011 年中国十大影响性诉讼"和最高人民法院发布的指导性案例。

长期担任《京都律师》杂志主编。著有律政实录《明星维权：我让宋祖德败诉》、诗集《时光牧马》；编有《田文昌谈律师》《京都记忆》《写给郑渊洁的66封信》和《父亲的草原母亲的河——白银库伦回忆文集》。

杨照东

男，北京市京都律师事务所律师、高级合伙人；中国政法大学经济法学硕士；中华全国律师协会刑事专业委员会委员，曾任黑龙江省高级人民法院刑二庭法官，曾担任黑龙江省律师协会刑事业务委员会主任、黑龙江省政府法律专家委员会委员、哈尔滨市人大法律顾问。

在职务犯罪和经济犯罪领域有深入的研究并取得了显著的业绩，执业以来先后担任过中国大陆前首富黄光裕内幕交易案、浙江亿万富姐吴英集资诈骗案、山东原恒丰银行董事长蔡国华贪污受贿案、哈尔滨焦英霞集资诈骗案、浙江袁柏仁非法吸收公众存款案、山东新立克集团改制中的贪污案、北方工业总公司黑龙江分公司总经理王某某信用证诈骗案、重庆市保税区主任刘某某受贿案、黑龙江省政府秘书长何某某受贿案、黑龙江省森工总局党组书记姜某某受贿案等国内重大刑事案件的辩护律师。

接受过国内外百余家媒体的采访及做客各类法制节目，被媒体誉为"大要案专家"。曾代表中华全国律师协会前往捷克参加国际人权对话。2009年荣获"中国律政年度十大精英律师刑事辩护奖"、2010年荣获"北京市百名优秀刑辩律师奖"、2013年荣获"《亚洲法律评论》年度全国十佳诉讼律师"、2020年荣获"界面金榜优秀律师"等荣誉。

臧德胜

男，北京市京都律师事务所律师；法学博士；从事司法实务工作二十余年，办理各类刑事案件两千余件，其中十余件被《刑事审判参考》《人民司法》等刊物收录为指导案例。出版著作《有效辩护三步法：法官视角的成功辩护之道》《法官如此裁判：刑事审判要点解析（刑法总则卷）》《法官如何思考：刑事审判思维与方法》等，发表学术论文、案例分析四十余篇，开设个人微信公众号"刑事胜谈"。兼任中国法学会案例法学研究会理事，中国政法大学、中央民族大学、对外经济贸易大学等高校硕士研究生实务导师。在办理刑事案件方面，有着深厚的法理分析功底和实践经验。

张启明

男，北京市京都律师事务所律师、高级合伙人；曾就职于某直辖市检察院，曾获得"市十佳公诉人""市优秀公诉人"等称号。从事刑事法律工作17年，主要业务范围为刑事案件辩护、代理和企业刑事法律风险防控。曾办理"老鼠仓"案、强迫职工劳动案以及多件在全国有重大影响的中央、省级督办的职务犯罪案件和金融犯罪案件，所承办的多个案件被作出不批准逮捕、撤销案件、不起诉或者从轻、减轻处罚的结果。多年从事互联网金融、大数据、区块链法律风险防控研究。所代理的诸多案件曾被中央电视台、北京电视台、《法治日报》、凤凰网、腾讯网等多家媒体报道。曾为中国农业银行、中信银行、华夏银行等授课，著有《金融犯罪专业化公诉工作样本》一书，在各类期刊发表学术论文数十篇。

张小峰

男，北京市京都律师事务所律师、合伙人；毕业于西北政法大学；曾在山东某检察院任职，从事公诉和反贪的侦查工作。2007年加入北京市京都律师事务所，隶属刑事部，主要从事刑事辩护工作。近些年专注对诈骗类案件和职务犯罪案件的办理与研究，成功办理的代表性案件有河北冯某、广东成某涉嫌诈骗被判无罪案件，某矿务局原董事长涉嫌受贿、贪污案，银监会主席助理涉嫌受贿案，重庆某区人大副主任王某涉嫌受贿案及重庆某区政协主席张某涉嫌受贿案等。

曾被评为"北京市优秀律师党员"，多次被评为"北京市朝阳区优秀律师党员"。代表性著作有《危害税收征管类犯罪辩护流程与办案技巧》。

朱勇辉

男，北京市京都律师事务所主任、律师、高级合伙人；毕业于湖南大学，学士学位；曾就职于北京市某大型国有企业、中共中央某部。律师执业二十年来专注于刑事辩护，擅长办理企业家涉刑案件，其代理的三九企业集团董事长赵某某滥用职权等诸多案件被媒体广泛报道，被《方圆律政》杂志誉为京都"刑辩八杰"之一。曾参与《刑事诉讼控：辩审三人谈》《新刑事诉讼法热点问题及辩护应对策略》《律师制度》等出版物的编辑撰写；兼任北京大学法学院法律硕士刑法中心兼职导师，"北大刑辩讲堂"授课律师，中国社会科学院大学法学院"律师实务"任课教师，中国政法大学语言与证据研究中心研究员和西北政法大学刑事辩护高级研究院副院长、高级研究员、法律硕士教育学院刑事辩护方向研究生实务导师。

朱娅琳

女，北京市京都律师事务所律师、合伙人；西北政法大学刑事辩护高级研究院研究员，中国法学会会员。自2004年起任职于中国企业家协会，从事法律服务工作。2008年入职北京市京都律师事务所，结合之前的工作经验一直致力于企业合规法律研究及经济犯罪、职务犯罪领域的刑事辩护工作。从业十数年来，积累了丰富的工作经验和扎实的法学理论功底，承办了"天津海关副关长受贿案""国家财金司副司长受贿案""刘某百亿元诈骗案""曾某诈骗案""肖某受贿案"等国内具有影响的重大刑事案件，得到当事人及相关办案人员的认可。近年来更是投身于法律公益服务事业，并关注和研究未成年人刑事犯罪，以期通过自己的专业知识为未成年人提供更多的法律帮助。